KB051554

알파벳의 발명

조해나 드러커 지음
최성민 최슬기 옮김

알파벳의 발명

문자의 기원을 향한
탐구의 역사

arte

차례

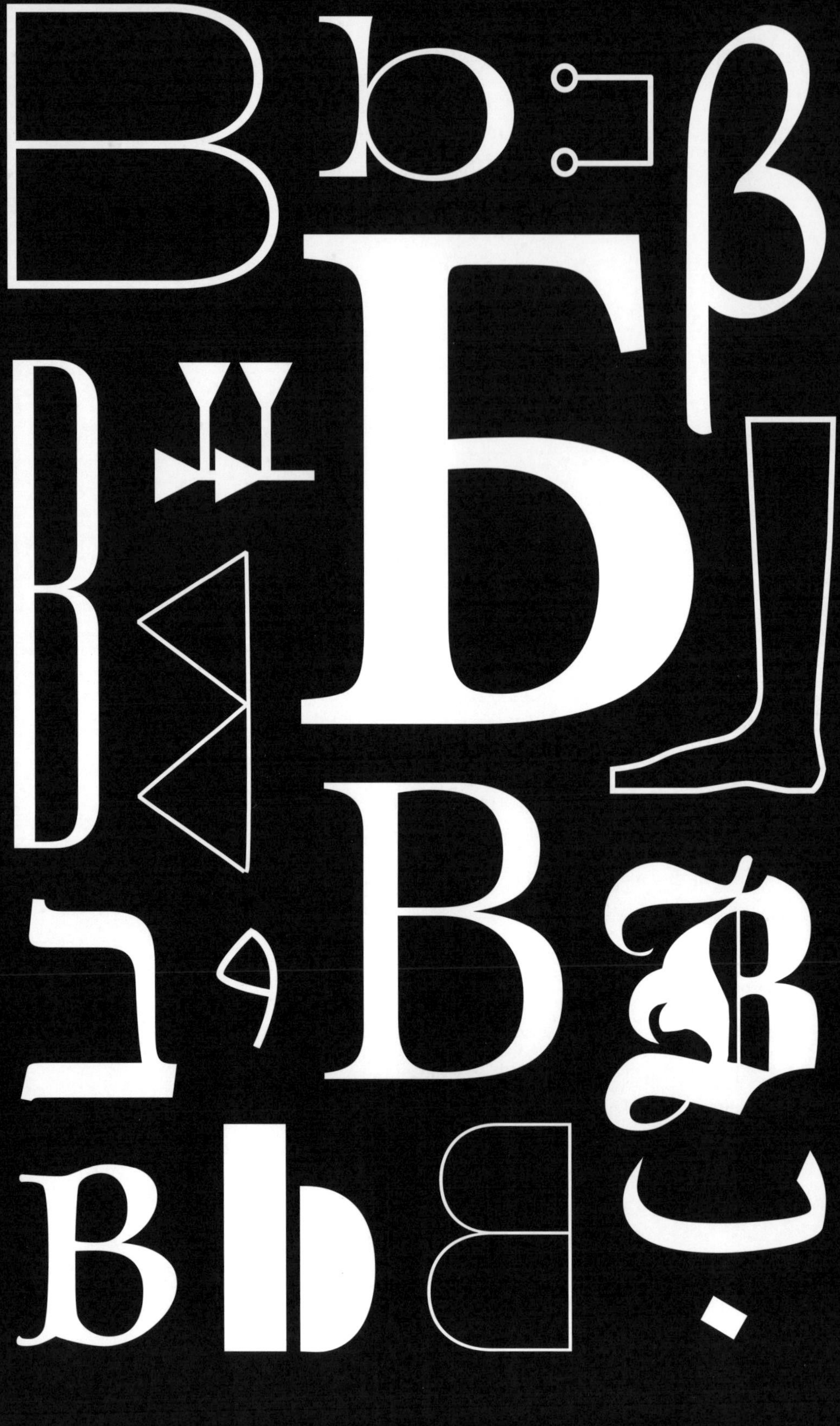

머리말

인간이 발명한 제도 중 알파벳만큼 오래 꾸준히 쓰인 것은 거의 없다. 지식과 문화를 생산하거나 전파하는 데 그처럼 중요한 역할을 한 예도 거의 없다. 한자에서 영향 받은 예(중국, 한국, 일본)를 제외하면 알파벳은 여러 파생 형태를 통틀어 오늘날 가장 널리 쓰이는 문자이지만, 그 기원이나 역사를 굳이 고민하는 사용자는 많지 않다. 알파벳 문자는 언제 어디에서 나타났을까? 어떻게 거의 전 세계로 확산했으며 그 과정에서는 어떤 변화가 일어났을까? 어떻게 근 4000년 전에 발명된 문자 형태가 현재 전 지구의 의사소통을 떠받치게 되었을까? 이런 질문은 일상 대화는커녕 학문적 토론의 주제로 오르는 일도 드물다.

하지만 본 연구의 목적은 알파벳의 역사에 관한 여러 권위서에 하나를 더하려는 것이 아니다.[1] 그런 계열 서적으로는 아이작 테일러의 『알파벳(The Alphabet)』(1883)과 데이비드 다이링어의 『알파벳—인류사의 열쇠(The Alphabet: A Key to the History of Mankind)』(1948) 외에 최근에 나온 연구서도 많다.[2] 오히려 이 책은 알파벳의 역사라는 주제에 관한 정신사에 이바지하려 한다. 알파벳에 관해서 누가 무엇을 언제 알아냈는가? 그리고 그런 지식이—글, 그림, 명문(銘文), 또는 유물을 통해—획득된 방식은 알파벳 서자(書字)의 정체와 기원을 인식하는 데 어떤 영향을 끼쳤는가? 역사학(historiography) 연구로서 이 책은 지식과 믿음이 어떻게 알파벳 서자에 관한 이해를 빚어냈는지 추적한다.

　　이 분야에는 초보적인 오해가 많다. 보통 지식인에게 알파벳에 관해 물으면 이런 반문을 받곤 한다. "어떤 알파벳 말씀이세요? 우리가 쓰는 알파벳? 그러니까 그리스 알파벳 말씀인가요?" 사실 알파벳은 고대 중동에서 셈어 사용자들이 발명한 것 하나밖에 없다. 확산 과정에서 자모 형태는 달라졌지만, 모든 알파벳 계열 문자는 같은 뿌리에서 갈라져 나왔다. 아랍, 키릴, 라틴, 그리스, 히브리, 데바나가리, 타밀, 게즈 문자 등은 시각적으로 서로 달라 보이지만 근원은 같다. 이 뿌리는 근 4000년 전 이집트인, 가나안인을 비롯한 셈어의 모어가 되는 아프리카·아시아 어권 주민 사이에서 문화 교류를 통해 생성되었다. 알파벳 혁신에 관한 세부 사실은 고대어에 관한 지식과 명문 연구에 힘입어 점차 구명되고 있다. 초기 알파벳에 관한 물증들은 기원전 2000년기에 지중해 연안에서 알파벳이 전파된 과정을 시사하는 유적지들과 지리적으로 엄밀히 맞물려 정리된 상태이다.

　　알파벳보다 넓은 범주인 문자는 인류사에서 몇 가지 다른 형태로 발명되었다. 이집트 신성문자, 메소포타미아 설형문자, 크레타의 여러 선(線)문자, 신대륙과 인더스강 유역, 이스터섬 등지의 기호와 문자 등이 이에 포함된다. 그중에서 현재에도 쓰이는 것은 한자밖에 없다.* 한자는 고대 중국에서 독립적으로 발명되었고, 현재까지 알려진 가장 오래된 예는 기원전 1600년경에 새겨진 명문에 남아 있다. 다른 시대에 등장했다가 사라져 버린 문자도 있을 법하다. 그러나 이집트와 메소포타미아의 문자를 제외하면, 이들은 알파벳의 역사와 무관하다. 기호나 표식(表式)으로 수를 세거나 별과 행성의 움직임을 추적하는 표기법에는 문자보다 오랜 역사가 있다. 다른 기록법—왐펌,** 키푸,*** 목피화(木皮畵), 역법(曆法), 추상기호 등—에도 각기 독립된 역사가 있다. 그러나 알파벳만큼 꾸준히 널리 쓰이는—또는 전 지구적 영향력이 그처럼 강하다고 볼 만한—문자는 없다.

　　음성언어와 문자 표기법의 관계를 수립하는 데 필요한 지적 상상력은 인류가 거둔 가장 심오한 성취에 속한다. 알파벳 문자는 예컨대 그림문자, 표장, 상징물은 물론 초기 신성문자와도 다르다. 후자는 모두 사물이나 수량, 개념을 나타내는 기호였다. 고대 이집트에서 가장 많이 쓰인 초기 문자는 신성문자와 신관문자(이집트 문자를 흘려 쓴 형태)였

---

* 저자는 1443년에 창제되어 현재에도 쓰이는 한글을 언급하지 않는다. 그러나 음소문자인 한글을 일종의 알파벳으로 간주한다면, 이 역시 완전히 틀린 말은 아니다. 더군다나 한글이 몽골의 파스파 문자에서 영향 받았다는 일부 학설에 따르면, 한글 역시 간접적으로나마 티베트 문자, 굽타 문자, 브라흐미 문자, 아람 문자, 페니키아 문자를 거쳐 모든 현대 알파벳의 원류로 연결된다.

** 왐펌(wampum): 북아메리카 이스턴우드랜즈(Eastern Woodlands)의 원주민 전통 조개껍질 염주. 역사적 사건이나 중요한 계약을 기록하는 수단으로 쓰였다.

*** 키푸(quipu): 남아메리카 안데스 지역 원주민 사이에서 쓰이던 기록법. 줄의 매듭을 이용해 주로 수량을 표시했다고 알려졌지만, 실질적인 문자로 기능했다는 설도 있다. 동아시아에서 문자 이전에 쓰인 결승(結繩)과 유사하다.

고, 메소포타미아에서는 설형문자가 많이 쓰였다. 이들 문자가 훗날 말소리와 연관되기 시작하면서, 단순화한 표기법이 고대 중동에서 출현했다. 그림에서 벗어나고 수량이 축소된 표기 기호세트는 알파벳이 등장하는 토대가 되었다. 말에는 다루기 편한 수준으로 수를 줄일 수 있고 일정하게 정해진 기호들로 표상할 수 있는 음운—음절이나 음소, 자음, 모음 등—이 있다는 사실은 상당한 분석력을 갖춰야 이해할 수 있다. 정확히 어떤 과정이나 동기에서 그런 발전이 일어났는지 제대로 밝혀내기는 불가능하겠지만, 초기 알파벳은 셈어 사용자가 말소리를 분석한 바를 표현했다. 바로 이 성취 덕분에 알파벳이 발전하고 확산했으며, 다양한 언어 사용자가 알파벳을 받아들여 말을 표시할 수 있게 되었다.

현재는 학술 연구법 덕분에 알파벳사의 기초를 설명하는 실증적 토대가 정립된 상태이다. 그러나 19세기 말까지만 해도 알파벳의 역사를 뒷받침하는 물증은 별로 없었다. 형성 초기에 만들어진 명문 몇 점이 전부였다. 20세기에는 상황이 극적으로 달라졌다. 덕분에 기원전 2000년기에 나온 원시 시나이 문자와 원시 가나안 문자가 언제 어떤 단계를 거쳐 기원전 1000년경 페니키아 문자로 굳어졌는지 밝혀졌다. 이 과정의 구체적 세부 사항에 관해서는 여전히 논쟁이 진행 중이다. 그러나 알파벳이 어떤 경로를 따라 남으로는 아라비아와 북아프리카로, 서북으로는 소아시아로, 서로는 에게해의 여러 섬과 이탈리아반도와 이베리아반도로, 동으로는 캅카스산맥과 인더스강 유역을 넘어 인도와 동남아시아로 퍼져 나갔는지는 잘 정리되어 있다. 알파벳에서 변화는 대부분 천천히 일어났지만, 때로는—대체로 후기에는—의도적인 개입이 이루어지기도 했다. 4세기에 메스로프 마슈토츠가 창안한 아르메니아 알파벳 문자나 9세기에 키릴로스가 디자인해 이름을 남긴 문자가* 그런 예다. 이들은 기존 알파벳을 본바탕으로 삼되—자모 순서, 이름, 소릿값 또는 '힘'을 유지한 채—그래픽 특성을 바꾼 사례이다. 바이 음절문자와** 체로키 음절문자는 모두 20세기 초에 창안된 독자적 발명품이지만, 둘 다 기존에 정립된 표음법을 원용했고 알파벳에서 영감을 받았다. 각 언어의 고유한 요건이나 재료와 도구에 맞춰 개량된 결과 개별 자모나 문자 전반의 외관에 변화가 일어나기도 했다. 잉크, 종이, 금속, 돌, 진흙, 파피루스에는 저마다 특정 표시 양식을 뒷받침하는 독특한 성질이 있다.

이처럼 변화를 거쳤는데도 여러 자모에서는 원조 문자의 시각적 형태를 여전히 알아볼 수 있다. 초기 알파벳 기호의 도식적 형태도 아직

*
동로마제국의 사제 키릴로스가 슬라브어 표기를 위해 개발했다고 전해지는 키릴 문자를 말한다.

**
바이(Vai) 음절문자: 서아프리카 라이베리아에 거주하는 소수 민족 바이족의 문자이다.

남아 있다. 이들 형태는 꾸준한 메아리를 통해 매일같이 우리를 거의 4000년 전 과거와 연결해 준다. 한자문화권에서도 인터넷 인프라스트럭처와 디자인에서는 알파벳이 일정한 역할을 한다. 영숫자표기법이 디지털 화면에 텍스트를 표시하는 국제표준인 유니코드의 기초이기 때문이다.

근본적으로 이 책은 '알파벳' 관념을 구축한 인용, 사자(寫字), 전파의 계보를 추적하는 문헌 연구 성격을 띤다. 알파벳이란 무엇인가? 이에 대한 답은 근거가 되는 증거가 새로 출현함에 따라 다양한 역사적 시기와 지적 틀에서 각기 다른 모습을 띤다. 오해가—예컨대 서두에서 언급한 그리스 알파벳 이야기 등이—형성되는 과정도 지식생산과 전파가 일어나는 긴 역사의 일부이다. 초창기 알파벳사 서술에는 알파벳의 기원을 신의 손가락에, 별들이 쓴 글에, 시나이반도를 방랑하던 유대인에게, 이집트의 신 토트에게, 페니키아인에게 돌리는 등 신화와 부분적 사실이 뒤섞여 있었다. 이들 예처럼 알파벳의 기원을 구명한 역사 지식은 당대에 알려진 증거와 믿음의 결합을 바탕으로 형성되었고, 이는 현재의 정설 수립에 이바지한 지적 유산이 되었다.

알파벳 역사학은 서양 사상의 역사와 연관해서도 매혹적인 사례연구가 된다. 지식생산과 전파의 물성이 어떻게 지적 개념을 낳는지 통찰해 주기 때문이다. 예컨대 알파벳 글자의 시각적 형태를 텍스트로 묘사해서는 구체적인 예가 나타나지 않는다. 유물과 고대 명문은 쉽게 읽히지 않을 수도 있다. 역사적 과거와 연관해 사물의 계보를 수립하려면 여러 고고학 연구법이 필요하다. 증거물의 성질이 역사적 주장을 빚어낸다.

알파벳의 역사는 이제 상당히 정확하게 기술할 수 있지만, 알파벳의 역사학은 아직도 별로 알려지지 않았다. 다른 여러 분야에서는 정규 문헌을 밝히고 연구하는 일이 이루어지고, 그런 정규 문헌에는 이제 권위가 떨어진 예도 포함된다. 서양철학을 연구하는 학생은 플라톤과 아리스토텔레스, 데카르트, 칸트 등 지금도 자주 언급되는 철학자의 저작을 배운다. 천문학, 물리학, 사학, 시문학에도 비슷한 목록이 있다. 그러나 흐라바누스 마우루스, 요하네스 트리테미우스, 테세오 암브로조, 안젤로 로카, 토머스 애슬, 에드먼드 프라이, 찰스 포스터, 아이작 테일러, 프랭크 무어 크로스, 요세프 나베 같은 이름이나 그들이 쓴 알파벳 관련 저작을 익히 아는 이가 과연 얼마나 될까? 막 언급한 저자들은 중대한 역할을 했다. 모두 특정 경향이나 신념이 퇴조하거나 무용해질 때까지 타인의 저작을 옮기고 인용했다. 그중 일부는 여전히 필수 불가결한 논쟁거리이다. 이 책은 그와 같은 지적 전통과 신념의 틀을 명시적으로 식별하고 기술한다. 그들은 이야기의 배경이 아니라 주인공이다.

내가 이 연구를 시작한 것은 수십 년 전이다. 1980년 버클리의 캘리포니아대학교 대학원 과정 첫 학기에 나는 중앙도서관의 개가식 자료실에서 판 헬몬트 남작의 『자연 히브리 알파벳(Alphabeti vere naturalis Hebraici)』(1667)을 만났다. 초판 그대로 피지에 제본된 책은 손바닥에 쏙 들어와 내 이해의 좁은 지평을 폭파했다. 내가 무엇을 보고 있는지, 왜 칼데아 문자와 히브리 문자가 새겨진 왕관을 쓴 인물의 종단면에 발성기관이 묘사되어 있는지, 나는 알 도리가 없었다. 칼데아 문자가 무엇인지도 몰랐다. 이 책—아울러 책장의 비슷한 자리에 놓여 있던 여러 책—과 이를 포함한 지적 전통을 이해하려는 노력은 이후 내 연구에서 꾸준히 이어진 흐름이었다.

1994년 템스앤드허드슨(Thames and Hudson)에서 펴낸 내 책 『알파벳의 미로—역사와 상상 속의 문자(The Alphabetic Labyrinth: The Letters in History and Imagination)』는 문자의 시각적 표현과 이미지로서 문자에 투영되는 가치에 집중했다. 『알파벳의 미로』는 시기별로 그래픽 형태로서 문자에 관해 알려지거나 가정된 바가 무엇이었는지 서술했다. 그러나 『알파벳의 발명』은 우리가 이 역사에 관해 아는 바를 어떻게 알게 되었는지 서술한다. '무엇'과 '어떻게'의 차이는 사물을 연구하는 일과 사물에 관한 지식생산을 연구하는 일 사이에 있다.

이 연구에서 각 장은 지식을 전파하는 특정 기술[고전과 성서 문헌, 중세식 사자, 총람, 고유물(古遺物), 표, 고고학과 고문자학 연구법 등]을 다룬다. 장은 연대순으로 배열했지만, 이들 접근법 중 다수는 현재에도 남아 다른 기술과 중첩되곤 한다. 알파벳의 기원에 관한 고전 문헌이나 성서의 서술을 해석하는 작업은 아직 완료되지 않았고, 고대 유물이나 고고학 연구법에 관한 논의 역시 마찬가지이다. 과거에 관한 설명은 시간에 따라 변하지만, 또한 주어진 순간에 특유한 이해의 지평에 늘 구속된다. 이들 역사가 서로를 무효화하라는 법은 없고, 전후 순서를 엄밀히 따르라는 법도 없다. 시기마다 역사가들은 스스로 이해하는 바에 따라 완전하고 정당하게 과거를 설명했다. 과거의 학자들—고유물 연구

판 헬몬트 남작, 『자연 히브리
알파벳』(1667). 히브리 자모
달레트(dalet)의 여러 버전이
왕관, 발성기관 모양, 아래에
있는 상자 안에 배열된
모습이다. 위 왼쪽부터 방형
현대 히브리 문자, 선행
형태들, '반달꼴' 문자,
기타 변종.

가, 신비주의자, 감식가 등—에 대해 우월감을 품어 보아야 소용없다.
현재 우리가 과거를 이해할 때 의지하는 모델도 근간이 되는 지식의 한
계가 노출되면 다른 모델로 대체될 것이다. 학문은 언제나 방법과 역사
적 관계를 맺으며 생산된다. 알파벳에는 풍부한 문화사가 있어서 지식
대상의 개념화에 역사성이 어떻게 개입하는지 드러내기에 이상적인 바
탕이 된다. 알파벳은 역사적으로 규정되고 제한된 인식에 따라 꾸준히
발명되었다. 고고학 연구법, 디지털 분석, 언어학적 섬세성, 고문자학
기법은 알파벳과 그 기원에 관해 완전한 지식을 제공하는 듯하지만, 후
대 역사가는 현재에 유효한 방법과 신념의 지평을 넘어설지도 모른다.

　개인적으로, 대학원 시절 멘토인 버트런드 오그스트(Bertrand
Augst)가 1980년 가을에 시작한 내 연구를 알아보고 지지해 주지 않
았다면, 나는 아마 학자가 되지 못했을 것이다. 사랑하는 의붓어머니 제인
드러커(Jane Drucker)는 이 책의 모든 장을 적어도 두 가지 다른 버전으

로 읽고 논지 구조와 여타 세부 사항에 주의를 환기해 주는 등 결정적인 도움을 주었다. 도판과 판권을 확보하는 데 세심한 인내심을 발휘한 헨리 로즌(Henry Rosen)도 마땅히 인정받아야 한다. 30년간 이 책을 포함해 여러 작업을 지원해 준 수전 빌스타인(Susan Bielstein)에게도 깊은 사의를 전한다.

1

알파벳은 언제
'그리스 문자'가 되었는가?

문자를 신이 모세에게 내려 준 선물로 묘사하는 구약성서는 알파벳에 관한 지식을 역사적으로 성찰할 때 당연히 떠올리는 출발점일 것이다. 그러나 꾸준히 전해진 사료 중 알파벳을 처음 언급한 예는 오히려 기원전 440년경 그리스인 역사가 헤로도토스가 쓴 글에서 찾을 수 있다. 그가 남긴 문구는 알파벳학에서 지속적으로 등장하고 인용되었으며, 21세기에도 연구의 시금석으로 쓰이고 있다. 헤로도토스는 알파벳이 그리스인의 발명품이 아니라 카드모스와 페니키아인에게 받은 선물이라고 분명히 밝혔다. 정확히 언제 어디에서 어떤 형태로 알파벳이 그리스에 전파되었는지는 여전히 연구가 필요하다. 그러나 알파벳이 그리스에서 기원했다는 오인은 어떤 고대 문헌에도 근거를 두지 않았다. 이 주장은 20세기에 고전학 내부에서 일어난 문화정치가 낳은 결과로, 핵심에는 그리스인이 언제 알파벳을 쓰기 시작했으며 당시 그들 문화에서 문자성의 실태는 어떠했는가 하는 질문이 있었다. 이 질문은 그리스 알파벳을 그 근원인 셈 문자로부터 구별하는 데 이용되었다. 5세기부터 현재까지 고전 문헌을 원용해 이루어진 학술 연구를 검증해 보면 알파벳이 언제 그리고 왜 그리스의 발명품으로 여겨지기 시작했는지 알 수 있다. 고전 저자, 특히 헤로도토스를 중심으로 논의를 시작해 보자.

헤로도토스의 글

알파벳은 헤로도토스보다 훨씬 유구하고 그가 쓴 글보다 수백 년 먼저 그리스에 전래되었지만, 그가 기술한 역사적 사건의 기본 요지에는 논쟁의 여지가 없다. 『역사』 제5권의 핵심 구절은 다음과 같이 요약되곤 한다[권위 있는 1922년 러브클래식스(Loeb Classics) 판에서 발췌했다].

> 카드모스와 함께 온 페니키아인은 (……) 다른 여러 학식과 더불어 알파벳을 헬라스에 가져왔다. 그전까지 그리스인은 알파벳에 관해 아는 바가 없었던 것 같다. 세월이 흐르면서 문자의 발음과 형태는 달라졌다.
>
> 이때 그들 주변에 살았던 그리스인은 대부분 이오니아인이었는데, 페니키아인에게 글을 배운 그들은 문자 형태를 거의 바꾸지 않고 썼다. 그러면서 이 글자에 페니키아 문자라는 이름을 붙였다. 나 자신도 보이오티아의 테베에 있는 이스메노스 아폴로(Ismenian Apollo)의 신전에서 삼각대 몇 개에 새겨진 카드모스 문자를 보았는데, 대부분은 이오니아 문자 같았다.[1]

헤로도토스는 문자를 거명하고 중요성을 인식해 주의를 환기했고, 그가 정립한 차용 내력은 수백 년간 영향력을 유지했다. 그는 페니키아와 이오니아의 교류를 기술했고, 이어 "보이오티아의 테베"에 있는 어느 신전에서 "카드모스 문자"를 직접 관찰한 증언을 내놓았다. 그리스어 원문에서 헤로도토스가 문자를 가리키며 쓴 단어는 '그라마타(grammata)'였다. 라틴어 알파베툼(alphabetum)이 처음 쓰인 기록은 몇 세기 후 서기 2~3세기에 카르타고 출신 로마 기독교인 저술가 테르툴리아누스가 쓴 글에 남아 있다.[2] 그리스 문법학자들은 음성언어와 문자를 서로 다른 용어로—각각 '스토이케이아(stoicheia)'와 '그라마타'로—불렀는데, 이로써 그들이 말소리와 표기를 구별했다고 짐작할 수 있다.[3]

헤로도토스의 문장은 텍스트라는 한계가 있었다. 구체적으로 말해, 그의 글은 스스로 논하는 문자를 보여 주지 못했다. 즉, 정확히 어떤 페니키아 문자를 지칭하는지 예시하지 않았다는 뜻이다. 이 문화 교류가 정확히 언제 어디에서 일어났는지도 분명히 못 박지 않았다. 이오니아와 보이오티아는 각각 소아시아와 그리스 본토에서 식별할 수 있는 지명이지만, "이때"나 "헬라스에"는 모호한 말이었다. 그런데도 그리스 제도나 본토에서 발견된 거의 모든 고대 명문의 연대와 출처는 언제 어디에서 알파벳이 전파되었는지 확정하려는 의도에서 이 글에 견주어 추정되었다. 예컨대 20세기 중엽 고전학자 릴리언 제프리는 1961년에 발표한 획기적 저작 『고대 그리스의 지역 문자(Local Scripts of Archaic Greece)』에서 헤로도토스의 글을 기준으로 발견 사항을 정리했다.[4] 그는 고대 문헌이라는 틀에 비춰 증거물을 가늠해 초기 명문의 연대를 추정하는 실증법을 썼다.

페니키아 알파벳이 그리스에 수용된 과정과 그러면서 일어난 변형에 관한 여러 세부 사항—예컨대 왼쪽에서 오른쪽으로 글자를 써 나가는 서자 방향이 언제 그리스에서 표준화되었는지 등—은 여전히 논쟁거리이다. 헤로도토스 같은 고전 저자는 알파벳 전파를 복잡한 문화 교류 과정으로 기술했지만, 증거—고고학과 유물에서 나온 증거—가 축적되면서 이들 고대 문헌의 의미는 꾸준히 변했다. 이들의 논지를 이해하려면 논쟁이 진행된 역사를 추적해야 하는데, 이에는 17세기 이후 근세 학계에서 조금씩 재정의된 고대이집트의 역할과 페니키아인의 정체성에 관한 논의도 포함된다.

헤로도토스의 글 전문

헤로도토스의 『역사』 5권 57~59절 전문은 지금은 이해할 수 없는 여러 구체적 대상이 언급된 서두와 재료에 관한 부가 설명이 포함되어 있어서 더욱 복잡하다.

57. 히파르코스를 살해한 이들이 속하는 게피라이오 씨족은 본래 에레트리아 출신이라고 스스로 말하지만, 내가 알아본바 그들은 카드모스와 함께 오늘날 보이오티아라 불리는 나라로 이주해 온 페니키아인 무리에 속한다. 그곳에서 그들은 타나그라 땅을 할당받아 정착하였다. 그 후 카드모스족은 먼저 아르고스인에게 밀려 추방되었고, 이어서 게피라이오족도 보이오티아인에게 추방당하여 아테네로 피신하였다. 아테네는 그들을 조건부로 받아들여 시민으로 인정하면서 몇 가지를 금하였는데, 무슨 일을 금하였는지까지 여기에서 언급할 필요는 없으리라.[5]

> 58. (……) 이오니아인은 또한 예로부터 파피루스를 가죽이라고 불렀다. 파피루스를 구할 수 없던 시절, 그곳에서는 양이나 염소의 가죽을 대신 썼기 때문이다. 오늘날에도 그러한 가죽에 글을 쓰는 외국인은 많다.[6]

이 구절에 포함된 세부 서술은 사람들의 정체(카드모스족 또는 페니키아인과 동일시되는 게피라이오족), 출신지(에레트리아), 접촉 지역(보이오티아, 타나그라, 아테네), 필기 재료(파피루스와 가죽) 등으로 언급 대상을 확대한다. 모두 위 서술에서 역사 정보를 모으는 데 유효한 단서이다.[7]

이오니아는 소아시아, 즉 오늘날 튀르키예의 서부 해안에 있었고 그리스 중부의 보이오티아는 테베(이집트에 있는 동명 도시와는 거리가 멀다)라는 고대도시가 있던 곳이다. 에레트리아는 보이오티아 근처 에비아만 건너편에 있었다. 이곳이 기원전 8세기에 주로 그리스인 사이에서 교역이 이루어진 곳이라는 점, 그러나 융성한 시기는 기원전 6세기라는 점은 고고학적 발견으로 뒷받침된다. 헤로도토스는 카드모스족이라는 이름과 게피라이오족이라는 이름을 같은 뜻으로 쓰고, 그들이 임시 정착지에서 아르고스인과 보이오티아인에게 차례로 쫓겨났다고 기록했다.[8] 이런 진술은 페니키아인의 본고장이 어디였는지 답하지 않고, 다만 그들이 그리스가 아니라 동방 출신이라는 점만 밝힌다. 기원전 9~8세기에 페니키아인은 광범위한 통상로를 운영했는데, 아마 이 사실은 헤로도토스도 알고 있었을 것이다. 고대인은 이동하는 인구 사이에 이루어진 문화 교류의 미로에서 자기 정체성을 파악했다. 그러나 헤로도토스의 지리적 서술이 명확한 데 반해 그가 그린 연대기는 모호했다. 그는 수 세기에 걸쳐 일어난 사건을 한 서사로 압축했다. 그러면서도 알파벳의 근원에 관해서는 혼동하지 않았다. 그리스가 알파벳 서자에—그리고 알파벳 도래 이전의 문자성에—공헌한 바를 이해하려면 알파벳이 그리스에 전파된 시기를 반드시 알아야 하기에, 후대 학자들은 헤로도토스는 접할 수 없었던 고고학 연구에 체계적으로 관여했다.

고전기 그리스보다 먼저 등장했던 미케네와 미노스문명에서는 문자의 초기 형태가 창안된 바 있다. 일반적으로는 그리스에서 이들 고도 청동기 문명이 몰락한 기원전 1200년 이후 어느 시점에 해당 문자도 더는 쓰이지 않게 되었다고 간주된다. 선문자 A는 기원전 2000년대 초 미노스 문명에서 등장했고 아직 전부 해독되지는 않았다. 선문자 A에서 파생된 선문자 B는 기원전 1600년에 이미 미케네의 그리스어 사용자 사이에서 쓰였다.[9] 이집트와 빈번히 접촉한 영향인지 미노스에는 신성문자 같은 기호로 이루어진 문자도 있었는데, 이 또한 아직 해독되지 않았다. 미노스 명문은 동으로 우가리트, 키프로스, 시리아 해안에서도 발견되었지만, 그리스 본토에서는 발견된 적이 없다. 이런 선대 문자가 기원전 1100년에는 이미 쓰이지 않게 된 점을 고려하면 이들이 훗날 그리스의 문자성과 직접 관계있을 성싶지는 않다. 물증이나 문헌 증거 없이는 문자성에 관한 기억이 알파벳 도입을 촉진했다는 주장을 입증하기가 어려울 텐데, 적어도 이후 300년, 어쩌면 그보다 오랜 기간에서 유래한 관련 증거는 없다.[10]

페니키아 알파벳은 기원전 1050년경에 안정되었지만 그리스에서 발견된 최초의 알파벳 명문은 그보다 몇 세기 후로 측정되므로, 그간에는 그저 문자 없이 교역이 이루어졌는가 하는 의문이 인다. 한편 초기 그리스 명문은 페니키아 문자에서 이탈하는 데 걸린 시간에 맞게 개량과 변형의 흔적을 보여야 할 것이다. 이런 변화에 필요한 시간을 어떻게 추산하느냐에 따라 초기 그리스 명문의 연대측정과 문자에 변화를 가한 그리스 문화의 성격 규정도 달라질 수 있다. 도입 시기를 늦춰 잡으면 그리스 문화가 아시아에 영향 받지 않고 독립적으로 발달했다는 해석이 나올 것이고, 당겨 잡으면 문자성이 드물던 환경에서 적용이 더 느리게 진행되었다는 암시가 가능해질 것이다. 이처럼 도입 시기 측정은 문화 발전에 관한 평가와 결부된다.

알파벳사에서 가장 자주 인용되는 고대 권위자는 헤로도토스이지만, 이 외에도 지난 2000년간 꾸준히 언급된 고전 저자는 더 있다. 대다수는 물건이나 비문 형태로 뒷받침되지 않은 의견을 제시했을 뿐이지만 그들이 남긴 글은 전통 사료를 통해 전승되는 참고 자료가 되었다. 고고학과 금석학이 실제 명문에 집중하기 시작할 무렵, 고대 학설은 그런 증거를 평가하는 역사적 틀이 되었다. 그와 같은 고전이 없었다면 근대에 일어난 수정과 발견에는 전통의 울림과 풍요가 깃들지 못했을 것이다. 그러나 19세기까지는 이 지적 계보 어디에도 알파벳이 그리스의 발명품이라고 주장하는 저자가 없었고, 이 사실만 해도 의미심장하다.

정규 고전 문헌 목록

문자와 알파벳의 기원에 관해 고전 저자들이 전하는 말은 일종의 정규 문헌 목록을 형성한다. 이 계보가 인쇄된 지면에 정립되자, 16세기부터 현재까지 출간된 자료에는 같은 인용문이—개별 평가는 달라지더라도—거듭 등장하게 되었다.[11] 후대 학자들은 이미 인용과 패러프레이즈로 가득 찬 고대 문헌을 재활용했다. 예컨대 요세푸스, 에우세비오스, 알렉산드리아의 클레멘스 등은 역사가가 흔히 찾는 참고 자료의 집성체(集成體)를 이루었다.

이 정규 문헌 계보는 20세기 권위자 고드프리 드라이버의 책에도 남아 있다. 1948년 저서 『셈 문자—그림문자에서 알파벳까지(Semitic Writing: From Pictograph to Alphabet)』에서 드라이버는 고전 자료를 간략히 요약했다. 그들은 문자의 기원을 이집트와 중동에서 찾았다. 플라톤은—헤로도토스보다 반세기 이상 후에 쓴 글에서—"문자의 발명자로 이집트 사람 테우트를 거명했고, 서기 1세기 시리아인 비블로스의 필론은 이 전설을 옮겨 전했을 뿐이다. (……) 타키투스도 같은 견해였다."[12] 이들 저자는—자모를 언급은 하지만—알파벳에 국한하지 않고 문자 자체를 다루었다. 드라이버는 고전 저자들이 문자 발명과 기존 문자 전파를 엄밀히 구별하면서도 기원에 관해서는 페니키아파와 이집트파로 양분되어 있었다고 지적했다. 그러나 그리스에 들어온 알파벳이 중동에서 발명되었다는 데에는 의견이 일치했다고 한다. 예컨대 서기 109년경에 쓰인 타키투스의 『연대기(Annales)』 11권에는 이런 구절이 있다.

동물 그림을 사용한 이집트인은 기호로써 생각을 표상한 첫 민족이었다. 인류사상 최초의 기록물에 해당하는 이들 기호는 오늘날 돌에 새겨진 형태로 볼 수 있다. 그들은 스스로 이집트 알파벳을 발명했노라 말하기도 한다. 바다를 지배하던 페니키아인은 이 지식을 그리스로 수입하였고, 이렇게 빌려 온 것을 마치 처음 발견한 것마냥 공을 차지했다. 전통적으로 미개한 그리스 민족에게 글 쓰는 기술을 가르친 이는 페니키아 선단을 몰고 온 카드모스라고 알려진 탓이다. 아테네의 케크롭스[또는 테베의 리노스]와 트로이 시대에 아르고스의 팔라메데스가 열여섯 자모를 발명하였고 나머지는 나중에 다른 작자들, 특히 시모니데스가 더하였다고 전하는 이도 있다.[13]

후대에 자모를 더한 그리스인으로 시모니데스와 팔라메데스가 거명
되기는 하지만, 이 외에는 헤로도토스가 전하는 정보와 다른 부분이 별
로 없다. 타키투스는 로마 알파벳이 에트루리아 알파벳에서 유래했다고
옳게 서술했는데, 에트루리아인은 그리스 알파벳뿐 아니라 이와 별개
로 페니키아의 원조 알파벳에도 노출된 적이 있었다. 그의 말은 19세기
에 같은 발전 과정을 정리한 독일인 학자 아돌프 키르히호프를 예견했
다.[14] 헤로도토스가 『역사』를 쓴 시기는 라틴 알파벳이 등장한 지 얼마
지나지 않은 때였다. 그러나 타키투스는 로마의 세계시민이었고, 글을
쓴 시기도 그보다 다섯 세기 이상 지난 때였으니 원용할 만한 역사 서술
도 더 많았을 것이다. 타키투스는 페니키아 문자가 그리스와 로마로 갈
라져 내려온 내력을 구분할 줄 알았으며, 그의 저작에서 알파벳 문자는
확정된 체계가 유포된 것이 아니라 완만한 변형과 개량을 통해 나타난
결과로 이해되었다. 그가 제시한 구분법은 로마인이 자신을 그리스인의
후예로 보지 않았다는 점과 자신의 문자, 이른바 포에니('페니키아'가
변형된 말) 문자도 그리스에서 빌려 오지 않았다는 점을 분명히 밝혔다.

드라이버가 인용한 또 다른 고전 저자는 기원전 1세기에 살았던 그
리스인 역사가였다. "시칠리아의 디오도로스는 시리아인이 알파벳을
발명했다고 주장했다. (……) 아마 그가 뜻한 바는 대(大)플리니우스가
말한 대로 아시리아인이었을 것이다."[15] 시리아라는 말은 헤로도토스도
쓴 바 있다. 어떤 학자는 그가 튀르키예 중부를 가리켰다고 믿지만, 로
마시대에 시리아는 오늘날의 레반트 부근을 지칭했다. 1세기 로마인 플
리니우스는 저서 『박물지』 5권에서 페니키아인 이야기를 되풀이했고,
7권에서는 "아시리아인이 문자를 '발견'"했으며 카드모스는 이 문자를
그리스에 들여온 사람이라고 부연했다.[16] 플리니우스는 세부 사항을—
풍부하게—더해 변주를 가하면서 정설을 되풀이했다. "트로이전쟁 중
에 팔라메데스가 네 자를 더했고 이후 시모니데스가 (……) 네 자를 더
발명했다고 한다. 아리스토텔레스는, 헤르몰라우스 바르바루스가 증언
한 것처럼 고대 원형 문자의 자모가 열여덟 개였으며 팔라메데스가 아
니라 에피카르모스가 두 자를 더했다고 주장했다. 그뿐만 아니라 1세기
저술가 크리티아스도 루카누스와 함께 페니키아 발명설을 지지했다. 게
다가 그리스의 사전 편찬자 수이다스와 9세기의 포티오스도—비록 후
자는 '아게노르'라는 인물을 발명자로 더하기는 했지만—기본적으로 같
은 설을 지지했다."[17]

플리니우스의 서술은 헤로도토스를 반박하지 않고 그의 설에 살을 붙이고 증거를 더하기만 했다. 이들이 바로 역사를 인용의 사슬로 설명하는 초기 문헌이다. 드라이버는 유대인 역사가 에우폴레모스도 언급하는데, "서기 2세기에 그는 모세가 알파벳을 발명했노라고, 그로써 제 민족을 영광스럽게 했노라고 주장했다"[18] 서력 원년쯤에는 알파벳 서자의 기원을 보는 시야가 넓어지면서 언급 대상도 더 늘어났고, 각각은 고대 중동 발상지에 관한 정보를 더 동원해 이야기를 장식했다. 그러나 그리스인이 알파벳을 선물로 받았다는 설은 누구도 부정하지 않았다.

21세기 독자에게 헤로도토스, 플라톤, 플리니우스 외에 다른 저자는 대부분 낯설 것이다. 그러나 그리스와 로마 고전에 몸을 담그다시피 한 르네상스 이후 서양 저자에게는 모두가 익숙한 이름이었다. 알파벳의 기원을 다루는 모든 연구에서는 똑같은 이름과 발췌문이 언급되고 논의되었다. 알파벳학은 정해진 패턴, 즉 서두에서 고대인들이 그리스인을 알파벳의 발명자가 아니라 수용자로 명시했음을 논하는 패턴을 따랐다.

근세 연구의 인용 패턴

17세기에 이르러 문자사 연구는 범위가 넓어졌고 기원에 관해서도 초점이 고대 레반트로 명확히 옮아갔다. 클로드 뒤레가 1613년에 써낸 『세계 언어사의 보배(Thrésor de l'histoire des langues de cest univers)』는 야심적인 제목으로 연구 범위와 주장의 크기를 암시했다.[19] 뒤레의 문자사 연구는 이후 수백 년간 다른 권위서에서 자주 인용하는 자료가 되었다. 뒤레는 시칠리아의 디오도로스를 인용하며 역사적 사건 탓에 문자의 기원이 혼란스러워진 사정을 설명했다. "이집트인은 스스로 문자, 천문 궤도, 기하학 등 갖은 예술과 과학을 처음 발명하였노라 주장한다"[20] 그는 디오도로스의 글을 풀이하며 이렇게 이어 갔다. "태양의 아들 아텐(Aten)이 이집트에 있을 때 이집트인에게 점성술을 가르쳐 주었고, 그리스에서는 대홍수로 모든 것이 파괴되고 수만 명이 죽고 문자에 관한 기억도 잊혔는데, 이를 바탕으로 수백 년 후 사람들은 아게노르의 아들 카드모스가 처음으로 그리스에 문자를 소개하였다고 추측하게 되었다는, 그리하여 그리스인은 익숙한 오류와 무지 탓에 문자가 그의 발명품이라고 상상하게 되었다는 주장이 성립된다."[21]

문자가 발명된 곳을 구명하는 일은 더욱 복잡해지고 있었다. 같은 시기에 활동한 또 다른 권위자 헤르만 휘호도 『최초의 문자(De prima scribendi)』(1617)에서 디오도로스를 인용하며 그리스인이 이런 선물을 준 카드모스를 늘 기렸다고 주장했다.[22] 수십 년 후인 1662년, 10여 차례 중판된 장편 로마사 연구서의 저자 토머스 고드윈은 플리니우스와 디오도로스 같은 익숙한 증인을 인용했다. 그러나 고드윈은 또 다른 권위자, 즉 기원전 6세기 고대 에트루리아의 왕 세르비우스도 소환했는데, 그의 면밀한 문장에는 상당한 지혜가 담겨 있었다. "어느 나라 문자도 갑자기 완성된 것은 없고 모두가 단계적으로 발전하였다. 문자의 작자와 발명자에 관하여 고대인의 의견은 일치하지 아니하였다."[23] 고드윈은 이어서 이렇게 열거한다. "혹자는 카드모스가 그리스에 가져왔다고 하고, 또 누구는 팔라메데스라고 하고 (……) 혹자는 라다만토스가 아시리아에, 멤논이 이집트에, 헤라클레스가 프리기아에, 카르멘타가 라티움에 가져왔다고 한다. 혹자는 페니키아인이 처음 문자를 알고 썼다고도 한다."[24] 고드윈은 광범위한 지역의 여러 인물에게 공을 돌려 역사를 더욱 복잡하게 만들었다. 그는 역시 자주 인용되는 구절, 즉 시인 루카누스가 쓴 『내란기(Pharsalia)』의 한 구절을 가져왔다.[25]

> 페니키아인은 처음으로—이야기를 믿는다면—
> 감히 글자를 써서 기록하려 하였다. 하지만
> 파피루스는 아직 짜이지 아니하였고
> 멤피스의 사제들은 벽에 신비한 의미의
> 기호를—짐승이나 새 모양으로—새겨
> 제 마법의 비밀을 보존하였다.[26]

루카누스의 운문 또한 주기적으로 재출현하며 문자에서는 페니키아가, 상징기호와 비문에서는 이집트가 역사적으로 앞섰음을 인정해 주었다. 16세기부터 19세기까지 저자들은 알파벳의 역사를 건드리는 여러 책에서 같은 고전 권위서를 인용했지만, 문자의 기원에—또는 페니키아인의 정체성에—관해 모두가 동의하지는 않았다.[27] 16세기 카발라 신자 기욤 포스텔은 그리스인이 히브리인에게 문자를 얻었으며 히브리인이 바로 페니키아인이라고 주장했다. 포스텔은 대(大)플리니우스와 에우세비오스를 포함한 여러 고전 권위자의 저작을 원용해 알파벳이 칼데아 문자라는 주장을 내세웠다.[28] 이 명칭은 고대 히브리 문자를 가리키는 용도로 쓰이는데, 근거가 된 자모 이름[예컨대 히브리 자모 알레프(aleph) 는 알파(alpha)가 되고 베트(beth)는 베타(beta)가 되는 등]은 그리스 어로 뜻이 통하지 않았다. 헤로도토스 등 고전 저자를 당연하다는 듯 언 급하는 데서는 문헌 증거에 관한 확신이 드러났다. 근세 학자들은 고대 인의 말이 서로 모순되거나 성서와 어긋날 때조차 그들을 믿었다.

이들 인용구는 정교한 계보를 창출하는 한편 근세 알파벳학자들이 처했던 복잡한 상황을 보여 준다. 한 예가 바로 저명한 영국인 고유물 연구가 존 잭슨의 저작이다. 그가 써낸『연대순 고유물(Chronological Antiquities)』(1752)은 출간 후 당대에 영어로 고대사를 쓰는 이라면 누 구나 참고하는 필독서가 되었다.[29] 잭슨은 페니키아인과 이집트인을 함 족, 즉 신화에서 대홍수 이후 지구를 나눠 받은 노아의 세 아들 중 하나 인 함(나머지 땅은 야벳과 셈이 나누어 가졌다)의 후손으로 간주되던 아프리카 민족과 동일시했다. 잭슨의『연대순 고유물』을 읽을 만한 독 자라면 '함족'이라는 용어는 충분히 이해할 수 있었을 것이다. 잭슨이 적기로, 고대인은 문자의 기원을 헤르메스와 토트 또는 타우트에서 찾 았고, 그러면서 이집트를 발원지로 인정했다. 잭슨은 헤르메스와 토트 가 각기 그리스어와 이집트어로 서로 다른 이름인데도 둘의 정체를 동 일시했는데, 이는 두 신화 속 존재에 관한 일반적 해석이었다. 그러나 그는 상쿠니아톤이라는 저자, 즉 솔로몬 시대에 살았다고 알려진 페니 키아인 역사가를 인용하기도 했다. 상쿠니아톤의 글은 3~4세기 인물 에 우세비오스의 저작에 부분부분 인용된 형태로만 보존되어 있는데, 에우 세비오스는 페니키아어로 쓰인 그의 저작을 비블로스의 필론이 번역했 다고 적었다. 잭슨은 3세기 신플라톤주의 철학자 포르피리오스(역시 페 니키아인)가 상쿠니아톤을 두고 "트로이전쟁 전이나 전쟁 무렵에 아시 리아를 다스렸던 세미라미스 여왕 치세에 살면서 도시국가들의 공식 문 서, 일부는 신전의 성스러운 기록"에서 고대사 정보를 얻은 인물로 소 개했다고 언급해 상쿠니아톤의 평판을 높였다.[30]

이와 같은 관계망은 무척 정교하다. 잭슨의 독자는 고대사에 익숙하 고 글에서 언급되는 대상들에 관해서도 알고 있으리라 기대되었다. 그 러나 위 인용문은 문자의 기원을 페니키아에서 추적하려는 노력이 중동 깊숙이 파고들어 티레나 시돈 같은 도시와—기원전 9세기에 세미라미 스 여왕이 다스렸다고 알려진—아시리아제국의 더욱 오래된 역사에까 지 다다랐음을 보여 주기도 한다. 이 정도로 자세한 묘사는 근세 학계에

서 일반적이어서 17세기 이후 여러 다른 저자의 연구에서도 비슷하게
복잡한 설명을 찾아볼 수 있다.[31] 잭슨 같은 고유물 연구가의 주된 목적
은 "성스러운"(즉 성서에 기반한) 고대사와 "세속적인"(즉 고전에 입
각한) 고대사의 관계를 정리하는 데 있었는데, 고전 문헌과 성서 구절의
혼직(混織)은 두 문헌 전통을 조화시키는 데 도움이 되었다.

이들 사례는 알파벳학 계보에서 정규 고전 참고 문헌이 꾸준히 쓰였
음을 증명한다. 초기 권위자들이 언급한 저자들―플리니우스, 디오도로
스, 타키투스, 루카누스, 상쿠니아톤 등―은 모두 지금도 인정받고 있지
만, 그중에서 가장 주목받은 이는 역시 헤로도토스였다.

고유물 연구에서 헤로도토스의 위상

이후 어떤 필자도 헤로도토스가 남긴 글의 권위나 신빙성을―신화 형태
를 취했을지언정 모종의 실제 사건을 기록했음을―의심하지 않았다. 헤
로도토스가 쓴 『역사』의 문헌 계보는 잘 정리된 상태로, 10세기 필사본
파편에서 이미 상당히 안정된 판본을 확인할 수 있다.[32] 2500년간 헤로
도토스의 이야기는 서양의 어느 고대 문헌 못지않게 온전하고 믿을 만
한 자료로 세대를 거듭해 전승되었다. 앞에서 적은 대로, 그가 한 말은
알파벳의 역사에 관해 서기 원년 이후 나온 거의 모든 서술과 적어도 16
세기 이후 현재까지 출간된 자료에 줄곧 등장했다. 헤로도토스 글의 이
곳저곳이 뜻하는 구체적 의미에 관한 연구도 광범위하게, 최근까지도
이루어졌다. 이들 연구는 알파벳이 지중해 동부에서 출발해 전 지구적
문자로 확산된 과정을 이해하는 데 결정적인 역할을 한다. 헤로도토스
는 사실을 확인하는 데 인용되기도 했지만, 저자의 논지와는 다른 주장,
심지어 알파벳이 그리스에서 발명되었다는 인식을 뒷받침하려는 목적
에서 왜곡되기도 했다.

17세기에 헤로도토스의 글은 논쟁 주제가 되는 여러 지역과 시간대
에 결부되기 시작했다. 보이오티아의 테베는 이집트의 테베와 같은 곳
인가? 둘은 무슨 상관이 있는가? 이오니아인은 어떤 사람들이었는가?
카드모스는 언제 왔는가? 그리고 이런 역사적 서술은 문자의 기원과 확
산, 변형에 관해 마찬가지로 흥미롭게 언급되는 성서상 역사적 사건, 그
중에서도 이정표가 되는 아담, 모세, 십계, 대홍수 등과 어떻게 조응하
는가? 질문은 복잡해졌고 증거는 확대되었다.

헤로도토스의 글은 그리스인이 여러 민족, 즉 여러 면에서 역사는 모호해도 정체성은 뚜렷한 이민족과 문화적으로 교류하는 가운데 자신을 어떻게 생각했는지 상당 부분 시사해 준다. 거의 한 세기 후 플라톤은 문자의 기원(알파벳이 아니라 문자의 기원이라는 점이 중요하다)을 이집트 신 토트(테우트)의 업적으로 돌리면서 더욱 다면적인 언어 발전 개념을 소개했다. 플라톤은 천문학, 기하학, 건축, 시간 기록 같은 지식 등 그리스 문화의 여러 측면처럼 문자도 외부에서 수입해 왔다는 사실을 잘 알았다. 그리스인은 자신을 외부 영향이나 세계 문화 교류에서 고립된 존재로 여기지 않았다.

17세기 알파벳학의 실태는 에드워드 스틸링플리트의 『성스러운 기원(Origines sacrae)』(1662)을 보면 판단할 수 있다. 책에서 그는 알파벳의 발명과 문자의 발명을 대체로 동일시했지만, 민족에 따라 다양하게 변이된 알파벳을 풍부하게 일람하기도 했다.

> 갈릴레오는 〔알파벳이〕 "인간의 발명품 중 최고 불가사의(admirandarum omnium inventionum humanarum signaculum)"라고 마땅히 칭찬하였다. 그리고 고대사의 커다란 수수께끼에 관하여 다른 증거가 없는 이상, 이는 문자의 첫 발명자에 관한 견해차가 크다는 점만으로도 입증된다. 거의 모든 민족에는 문자의 창제자가 몇 명씩 있기 때문이다. 유대인의 문자는 아담이나 모세에게서 비롯되었다. 이집트인은 토이트(Thoyt) 또는 메르쿠리우스가 문자를 발명하였다고 여긴다. 고대 그리스인은 카드모스에게, 페니키아인은 타우투스에게, 로마인은 사투르누스에게 공을 돌리는가 하면, 에티오피아인을 꼽는 민족도 있다. 피그미족이라고 적이 없을까 하니 어떤 이는 '학의 비행(a gruum volatu)'에서 문자가 발견되었다고 생각한다. 이처럼 대다수 민족이 마찬가지이다. 그들은 자기 민족에게 처음 일어난 일을 온 세상에서 처음 일어난 일로 여긴다.[33]

그러고 그는 기지를 발휘해 이렇게 덧붙였다. "그리스인은 뒤늦게 문자를 쓴 편이면서도 누구보다 완강하게 자신이 원조라고 주장한다."[34] 그러고는 이 주장에 단서를 단다. "카드모스의 시대, 즉 페니키아인이 그리스에 와서 페니키아 식민지를 세우기 전까지 그리스인에게는 그들끼리 쓰던 문자가 없었음을 우리는 확신한다."[35] 스틸링플리트는 표준적인 고전 구절을 흥미롭게 해석했다. 카드모스라는 이름이 "동방"을 뜻하는 히브리어에서 유래했다고 설명한 데서 볼 때 그는 고대에 일어난 문화 교류를 분명히 이해하고 있었다. 그러나 스틸링플리트는 역사적 시간에 관한 상대적 감각도 이해했기에, 그리스인에게 고대사에 관한 지식을 기대할 수는 없다고 지적했다. "그들은 카드모스가 그리스에 온 일처럼 비교적 근래에 일어난 사건도 굉장한 고대사로 여기기 때문"이라는 지적이었다.[36] 스틸링플리트는 천지창조와 성서에 연계된 연대기를 상정했고, 이따금 언급되는 카드모스의 아버지 아게노르의 시대를 구약성서 인물들과 연결해 보려고도 했다. 대개 그렇듯, 헤로도토스에 관한 지적은 그의 글이 정확하다는 인식을 전제했다.

17~18세기의 전형적인 풍토에 따라, 스틸링플리트는 "필로스트라토스(Philostratus), 아테나이오스가 인용한 크리티아스, 라에르티오스(Laertius)가 인용한 제노도토스(Zenodotus), 섹스투스 엠피리쿠스가 인용한 티몬" 등 다른 고전기 권위자들을 인용하며 헤로도토스를 옹호하고 박식을 과시했다.[37] 다음으로 명망 높은 근세 석학 조제프 스칼리제르를 거론한 그는 "이오니아식" 문자에 관한 스칼리제르의 논의를 이어서 언급했다. 스물네 자로 이루어진 이오니아 알파벳은―앞에서 인용한 구절에 따르면―팔라메데스와 시모니데스가 추가한 자모를 통해 완성되었다고 한다. 그는 그리스인이 이오니아 알파벳을 공식 문자로 수용하기로 합의했으며, 이는 기원전 403년 아테네에서 정해진 일이라고도 지적했다.[38] 그리스인이 "제 역사를 소화하기에는 시기적절한 초기 기록이 부족"하다고 매도하기도 했다.[39] 스틸링플리트가 자신의 주장을 뒷받침하는 근거로 삼은 근세 정규 자료는 별로 폭넓지 않았지만, 이 또한 게라르두스 보시우스, 사뮈엘 보샤르, 스칼리제르 등 같은 자료를 다룬 여러 저자의―이제는 대체로 잊혔어도 당시에는 자주 인용되던 인물들의―공통점이었다.[40]

한 세기 후, 역시 고유물 연구법에 중요하게 이바지한 토머스 애슬은 저서 『문자의 기원과 발전―원소문자와 신성문자를 포함하여(The Origin and Progress of Writing, as well Hieroglyphic as Elementary)』(1784)에서 고전기 출전을 나름대로 체계적으로 조사·정리했다.[41] 애슬은 위에서 논한 저자들 외에도 이전까지 별로 주목받지 못했던 인물 셋을 더했다. 첫째는 앞에서도 언급한 상쿠니아톤인데, 신화 속 인물일 가능성이 있는 페니키아인 역사가로서 그의 망실된 저작은 주로 에우세비오스

가 인용한 몇몇 단편으로 보존되어 있다. 둘째는 이집트 사제 마네톤이
고, 그가 기원전 3세기에 쓴 『이집트지(History of Egypt)』의 연대기는
널리 이용되었다. 세 번째는 기원전 3세기 바빌로니아 저자로 『칼데아
지(History of Chaldea)』를 쓴 베로소스였다. 애슬은 상쿠니아톤이 "헤
르메스의 시조 타우트의 글을 바탕으로 신들과 인간의 기원에 관한 첫
저작들을" 썼다고 했고, 나아가 "그[타우트]는 우라노스 또는 크로노스
치세에 (……) 문자를 발명하였다. 그리고 크로노스와 함께 페니키아에
머물렀다"라고도 적었다.[42] 애슬은 출간된 권위서들을 원용해 포괄적
으로 증거를 제시하려 했고, 그가 인용한 고대와 근세 저자 목록은 익숙
한 이름들로 구성되어 있었다.

　　애슬은 여전히 고전기 문헌을 다루면서도 스틸링플리트와 마찬가지
로 성서와 고전 연대기를 일치시키려고 부심했다. 헤로도토스도 거론은
되었지만 유일한 원천은 아니었다. 애슬은 페니키아에 관한 논의를 확
장해 그곳이 팔레스타인(당시에 해당 지역을 지칭하던 이름)의 해상도
시뿐 아니라 고대 유대와 가나안족과 히브리인의 국가로도 구성되었다
고 시사했다. 그는 헤로도토스를 인용해 페니키아인의 셈 정체성을 보
강했다. "[페니키아인은] 히브리인 또는 유대인으로도 명명되었다. 그
에 따르면 페니키아인은 할례를 받았지만 티레나 시돈 사람은 이 관습
을 준수하지 아니하였기 때문이다."[43] 그는 여러 로마 권위자를 거론하
며 표준화된 페니키아론을 뒷받침했고, 그러면서 그리스인이 문자뿐 아
니라 "신들의 역사를 페니키아인과 이집트인에게" 얻었다고 적었다.[44]
그는 상쿠니아톤이 기록한 인류사("이 저자에 따르면 인류는 페니키아
에 산다")와 모세의 역사, 즉 "상고시대에 속하는 매우 다른 전설에 기
초한 듯한" 기록에 차이가 있음을 눈여겨보았다.[45] 고전에 입각한 역사
와 성서에 입각한 역사의 경계를 흐리고 둘을 비교하려는 의도는 분명
했지만, 그는 알파벳이 "천지창조 후 열둘 내지 열세 세대 후에 살았던
타우트에 의하여 페니키아에서" 발명되었다는 데 의심의 여지가 없다
고 단정했다. "같은 타우트를 이집트인은 토트라고 부른다."[46] 여기에서
도 문자와 알파벳은 하나로 취급되었다. 이후에도 이집트 기원설은 여
러 형태로 돌아왔지만, 알파벳과 신성문자는 물론 같은 것이 아니다.

　　애슬이 조밀하게 엮은 글에서 헤로도토스의 말은 그물처럼 얽힌 참
고 자료와 정보에 끼워 맞춰졌다. 다른 고유물 연구가와 마찬가지로 애
슬도 "원조" 알파벳을 좇다 보니 히브리어에 관해서나 히브리어와 다

른 언어의 관계에 관해 상당한 정보를 검토하게 되었다. 그러나 알파벳
이 그리스에 전파되었다는 서술 자체는 당연시되었다. 애슬은 그리스
와 페니키아의 교류가 최초 발명이라는 결정적 순간보다 훨씬 후대에
일어났다고 생각했고, 카드모스가 전파한 "그 알파벳"은 자세한 내용
을 별로 덧붙이지 않고 언급했다. 문자 형태에 관심이 많았던 애슬은 다
른 점 하나에서도 타키투스와 의견이 일치했다. 에트루리아 알파벳(따
라서 로마 알파벳)을 파생한 문자는 그리스, 고트, 콥트, 러시아, 일리리
아* 문자 등과 같은 계열의 근원에서 독자적으로 갈라져 나왔다는 믿음
이었다. 그는 두 번째 계열이 모두 페니키아 문자의 동방 변종에 해당하
는 이오니아 문자의 후손이라고 옳게 믿었다. 고대 그리스 문자의 변종
간 차이를 더 충분히 이해하고 이들의 연대를 명문에서 얻을 수 있는 물
증에 비춰 확인하는 데까지는 한 세기가 더 걸렸지만, 애슬의 추측은 대
부분 옳았고 이는 알파벳 문자 형태가 그리스와 이탈리아에서 다단계로
발전된 과정에 관해 향상된 이해를 보였다.

　　오스틴 너톨의 『고전 고고학 사전—고대와 중세 유명 민족들의 예
절, 풍습, 법률, 제도, 예술 등(A Classical and Archaeological Dictionary
in the Manners, Customs, Laws, Institutions, Arts etc. of the Celebrated
Nations of Antiquity and of the Middle Ages)』은 애슬의 주저보다 고작
60년 뒤에 출간되었지만 전혀 다른 지성 시대에 속한 책이었다.[47] 1840
년에 나온 너톨의 연구서에서는 애슬과 대비되는 학술 방법과 어조가
엿보이는데, 덕분에 알파벳 문헌학 계보가 얼마나 급속히 체계화되었
는지 알 수 있다. 권위 있는 출전으로 이루어져 익숙한 목록에는 고유물
연구의 기존 틀이 남아 있었다. 고드윈, 애슬 등과 더불어 상쿠니아톤,
베로소스, 마네톤, 호메로스, 헤로도토스, 디오도로스, 스트라본, 크세
노폰, 플리니우스, 요세푸스 등이 복잡하게 뒤얽힌 목록이었다. 그러나
너톨은 신화와 성서의 연대기에서 벗어났다. 그는 페니키아에 관한 서
술을 근대적인 연표에 맞춰 정리했다. 그의 추산에 따르면 페니키아인
은 기원전 2000년경부터 주요 밀무역 해로를 운영했고, 카드모스가 보
이오티아에 이주해 "페니키아 자모를 그리스에 도입하고 테베를 세운"
정확한 연도는 기원전 1493년경이었다.[48] 여기에서도 카드모스가 맡은
세부 역할은 헤로도토스에게 그대로 빌려 왔지만, 이제는 거기에 근대
적 연표와 시간 기록이 더해졌다. 너톨이 측정한 연도는 너무 일러서 후
대 역사가들의 수정을 거쳐야 했다. 그러나 헤로도토스가 전한 이야기

*

일리리아(Illyria): 오늘날
발칸반도의 서부 지역을
가리킨다. 고대에는 이곳에
인도·유럽어의 일종인
일리리아어를 사용하는
민족이 살았다고 알려졌다.

는 그리스인과 페니키아인의 정체성에 관해 의문이 제기되기 전까지 놀라운 안정성을 유지했다.

정체성 정치

19세기까지만 해도 페니키아인의 문화정체성을 문제 삼는 필자는 없었다. 그들의 언어와 문자는 히브리와 친족 관계였고 풍습도 마찬가지였는데, 그들과 유대인(이들이 독립된 집단으로 등장한 것은 일찍이 유대교 탄생의 계기가 되는 사건, 즉 아브라함과 신의 계약이 체결되었다고 가정되는 기원전 15세기쯤으로 추정된다)의 지리적 인접성을 고려할 때 이는 자연스러운 일처럼 보였다. 페니키아인은 셈족이었다. 유대교를 따르지는 않았어도 그들의 언어와 문자는 같은 지역에서 셈어권 주민이 쓰던 것과 실제로 유사했다. 19세기에는 그리스인의 정체성에 관한 새로운 생각이 일어났고, 이에 따라 고대 그리스 본토와 제도에 살았던 헬라인과 후대 그리스인이 구분되기 시작했다.

　1852년 영국인 저술가 에드워드 포코키는 『그리스의 인도(India in Greece)』를 발표했다. 이 책에서 그는 헬라인의 뿌리가 인도·유럽어권에 직접 닿는다고 주장했다. 포코키는 문헌학자, 특히 산스크리트어 연구로 인도·유럽어족의 공통 뿌리를 수립하는 데 공헌한 프란츠 보프의 연구를 확장했다. 이는 유럽어를 보는 시각을 근본적으로 바꾸어 놓는 한편 유럽어를 고대 중동의 아프리카·아시아어족에서—옳게—분리했다. 알파벳은 셈어를 쓰는 페니키아인이 가져왔을지 몰라도, 이를 도입한 그리스인은 근본적으로 인도·유럽어족에 속하는 언어를 사용했다. 포코키는 그리스 문화 기원의 해답이 바로 이 언어에 있으며, 지명에는 그들이 고대 이전 인도에서 출발해 이란과 소아시아를 거쳐 이주했다는 증거가 숨어 있다고 주장했다. 그는 헬라스의 최초 정착민을 가리키는 용어인 '펠라스기아인'에 특히 집중했다. 이는 그리스어가 존재하기 전에 산스크리트어에서 물려받았다는 주장이었다.[49] 포코키는 어원론을 이용해 펠라스기아인의 신화와 정체성을 고대 인도의 이미지와 문화(예컨대 바퀴 달린 전차의 기원)에 연결했다. 이를 뒷받침하는 증거는 고대 지명과 산스크리트어 어원을 연결해 찾을 수 있다고 믿었다.[50]

　포코키의 책은 헬라 민족에게 인종 정체성을 새겨 넣었다. 그리스의 문화와 언어에 인도의 기원을 부여한 포코키는 헤로도토스라면 생각하지 못했을 법한 구분법을 창안했다. 기원전 5세기 역사가 헤로도토스는 자신의 이야기에서 이오니아인이라는 말로 그리스 민족의 한 계통, 즉 튀르키예와 가까운 동부 본토와 제도에 살았던 헬라인을 가리켰고, 펠라스기아인은 그들 이전에 그리스 지역에 살았던 사람들을 지칭하는 용어로 사용했다.[51] 일반적으로 펠라스기아인은 '바닷사람'을 뜻하며, 지중해 연안의 다양한 집단을 가리키는 말로 통용한다. 포코키의 인식은 아시아 스텝에서 용맹하게 전차를 몰던 민족, 즉 얌나야족이 기원전 3000년대에 유럽을 침략했다는 설과 관련된다. 그리스의 '아리아인' 기원론을 정당화하는 데 이따금 이용된 학설이다.

초기 그리스 명문 관련 증거

그리스와 페니키아 고문자학이 발전하면서 전설의 카드모스가 언제 어디를 통해 그리스에 갔으며 구체적으로 어떤 알파벳 문자가 그곳 주민에게 전파되었는지 더욱 정확히 알아내는 일도 점차 가능해졌다. 19세기에 이르러 물리적 증거와 체계적 학문이 결합하면서 헤로도토스의 서사도 분석적으로 검증할 수 있게 되었다.

휴 제임스 로즈가 1825년에 저서 『원대 그리스 명문(Inscriptiones Graecae vetustissimae)』을 펴냈을 때, 그가 활용한 사례는 100점 이하에 불과했다.[52] 그로부터 거의 60년 후인 1883년, 영국의 걸출한 알파벳 석학 아이작 테일러는 "뵈크, 프란츠, 몸젠, 키르히호프 등 위대한 독일인 금석학자들"의 풍부한 연구를 원용해 두 권짜리 총괄서를 펴냈다.[53] 해당 분야에서 영국 학자들이 뒤처져 있다고 인정한 테일러는 독일 학계를 칭찬하면서 이제 "명문의 대략적인 제작 연도와 장소, 기원을 결정"할 수 있게 되었다고 말했다.[54] 테일러는 그리스 알파벳의 페니키아 기원설에 "고전 저자들이 만장일치로" 동의한다고 적으며 논의를 시작했다. 그러나 그는 흔한 이야기를 확장해 카드모스가 먼저 테라섬에 갔으며, 그곳에는 본디 카리아인, 즉 아나톨리아 서남부에서 온 그리스계 민족이 살고 있었다고 시사했다. 카드모스는 그곳에 식민지를 건설했지만 이후 나머지 선원들과 함께 타소스섬과 보이오티아로 옮겨 헬라인에게 문자를 가르쳤다고 한다. 테일러는 테라에 "현존하는 그리스 비문 중 최고(最古) 유물"이 있다고 믿었고 테베와 코린토스에 있는 보이오티아 식민지는 트로이전쟁 전, 즉 기원전 12세기경에 건설되었다고 측정했다.[55] 호메로스가 서사시를 지은 시기(기원전 12~8세기)와 겹칠 뻔했지만, 더는 인정받지 못한다. 이제 테라에 있는 최초의 비문은 기원전 7~6세기에, 그리스 본토에 있는 다른 비문들은 기원전 750년경에 제작되었다고 측정된다.[56] 이전 세기 페니키아 문자와 형태가 유사한 점이 눈에 띄고, 이는 한 문자가 다른 문자로 변형되는 데 걸린다고 추산한 기간과도 맞아떨어진다.[57]

테일러는 더 폭넓은 역사 지식을 원용해 연대를 측정했고, 페니키아 식민지 수립은 기원전 12세기에 히타이트제국이 무너지고 해안 도시에 난민이 쏟아져 들어온 상황에서 일부 촉발되었다고 시사했다. 테일러가 계산하기로, 페니키아인은 그리스 제도와 본토에서 200년 이상 머물지 않고 기원전 10세기경 정착지를 버리고 떠났다. 그리스와 페니키아의 접촉은 기원전 10세기에 시작되었으며, 이때 그리스인이 알파벳 문자 개념을 익히기 시작했을 가능성을 내세우는 학자도 있다. 그러나 문자 전파에 필요한 지속적 접촉이 조기에 일어났음을 뒷받침하는 결정적 증거는 발견되지 않았다.

테일러의 견해에 따르면, 페니키아 문자가 그리스 알파벳으로 변형되는 데는 최소한 2~3세기, 어쩌면 4~5세기가 걸렸을 것이다. 테일러는 나일강 상류 아부심벨신전에 있는 놀라운 이집트 기념물을 언급했다. 거기에는 "온갖 시대에 그곳을 찾아온 무수한 여행자가 여러 알파벳으로 새긴" 문장들이 있었다.[58] 그중에는 기원전 7세기 이전에 이집트 왕 프삼티크 치하에서 일하던 그리스 군인들이 남긴 글귀도 있었다. 평범한 군인이 이름과 방문 날짜를 긁어 쓰고 메시지를 남길 정도였다면, 당시 그리스에서는 귀족뿐 아니라 일반인 사이에서도 알파벳 문자가 널리 퍼져 있었다고 추정할 만하다. 이 비석에 새겨진 알파벳에는 여섯 모음자와 셈어 표기법에는 없었던 새 자모 세 개 등 현대 그리스 문자에 쓰이는 자모들이 포함되었으며, 왼쪽에서 오른쪽으로 쓰여 있었다. 테일러는 신화적인 고전기 서술을 훨씬 넘어 그리스 알파벳의 발전 과정을 기록한, 고도로 전문적인 학술 자료를 원용했다. 이처럼 새로운 증거와 학식에 힘입어, 전파가 '언제' 일어났는지에 대한 답도 점차 정교해졌다.

여전히 인용되는 또 다른 권위자로 독일인 고전학자 아돌프 키르히호프가 있다. 1867년 저서에서 키르히호프는 여러 고대 그리스 문자를 지도에 배열했는데, 이 체계는 빨강(서부), 파랑(동부), 초록(도서지방) 등 그가 지역을 표시하는 데 사용한 색상으로 여전히 언급된다. 이를 이용해 그는 페니키아와 가깝고 추가 자모가 없는 명문과 완전한 그리스 알파벳에 가까운 사례를 구분했다.[59] 키르히호프가 작성한 여러 접촉 전파 지도와 비교적 이른 측정 연대도 고대 미케네·미노스 문자와 알파벳 사이의 공백은 메워 주지 못했다. 키르히호프의 저작은 그리스인이 미케네 시대의 문자성에서 배운 교훈을 '기억'했는지 묻지 않았다. 테일러는 키르히호프의 연구를 원용하며 그리스 문자를 동서로 나누는 구분법을 받아들였고, 알파벳 자모가 여러 경로를 통해 그리스에 유입된 양상을 훨씬 상세히 기술했다. 서부와 동부 그리스 문자의 뚜렷한 차이는 몇몇 자모—예컨대 눈에 띄게 다른 람다—에서 감지되는데, 이는 전파된 자모의 근원이 다르다는 점을 시사한다. 헤로도토스가 언급한 그리스 중부 보이오티아는 실제로 티레 또는 시돈의 무역상에게서 자모를 얻은 듯했지만, 동부의 이오니아나 소아시아의 그리스인은 기원전 6세기 이후 가까운 리키아와 킬리키아의 셈족에게서 알파벳을 배운 것처럼 보였다. 명문과 권위 있는 출전을 면밀히 연구한 테일러는 두 바빌로니아 전통에서 서로 다른 무게와 크기 측량법이 전해진 경로가 알파벳이 전파된 경로와 유사할지도 모른다고 제안했다. 테일러와 키르히호프는 셈어권 문화가 두 가지 다른 채널로—소아시아에서는 육로로, 제도와 본토로는 해로로—그리스에 도래했다고 시사했다.[60] 두 경로 모두 같은 근원에서 비교적 최근에 갈라져 나왔기에 형태 특징과 구조가 유사한 알파벳을 전해 주었다는 가설이었다.

    이 논의에서 헤로도토스의 서술은 반증되지 않았으며, 확장되고 수정되었을 뿐이다. 다양한 지역에서 발견된 명문의 측정 연대도 카드모스 설화를 뒷받침했다. 테일러가 책을 쓰던 당시 보이오티아는 고대 명문이 발견되지 않았는데도 여전히 그리스에서 알파벳이 처음 자리 잡은 곳으로 여겨졌기 때문이다. 테일러는 이오니아 명문, 즉 마지막으로 아테네에 도입된 알파벳의 원형이 "표준 그리스 문자로 발전한 과정을 연대순으로" 보여 주는 반면, "이오니아 외의 명문은 그러한 순서에서 자리를 찾지 못한다"라고 강조했다. "이들은 다른 알파벳 유형, 즉 둘 중 여러 면에서 고대 형태에 더욱 가깝고 비록 헬라스에서는 쫓겨났지만 이탈리아 알파벳에서는 살아남아 결국 현존 서유럽 알파벳의 선조가 된 부류에 속한다."[61] 테일러는 페니키아 알파벳이 그리스에 도입된 세 단계를 서술하며 논의를 마무리했다. 첫 단계에서는 글자 형태가 페니키아나 카드모스의 원형과 무척 유사했다. 둘째 단계에서는 지역별 문자가 융성했다.[62] 그러나 세 번째 단계에서는 두 가지 "고전 유럽 알파벳"의 원형이 각각 정립되었다. 하나는 서유럽의 에트루리아, 움브리아, 오스크,* 로마 문자로 이어졌고, 다른 하나인 이오니아 문자는 현대 그리스, 콥트, 슬라브 문자** 등 동방의 문자들을 낳았다. (이 역시 1세기에 타키투스가 이미 기록했던 바이다.) 테일러는 첫 단계 접촉을 무역상과 "그리스의 반(半)미개인" 사이에 일어난 사건으로 묘사했다.[63] 이런 교류를 거치면서 그리스인이 알파벳을 쓰게 되었다는 설이었다.

테일러의 견해는 지금까지도 이어지는 쟁점, 즉 비(非)문자문화가 과연 알파벳을 도입할 수 있었겠느냐는 성찰로 더욱 복잡해졌다. 말소리와 기호의 관계를 깨닫는 데 필요한 개념 발전이 이루어지려면 음운을 분석적으로 이해할 수 있어야 했다. 앞에서 언급한 대로 미케네에서는 기원전 1400년경 선문자 B가 형성되며 문자성이 발달했지만, 200년 후 미케네문명이 몰락하면서 문자에 관한 지식과 용례도 함께 사라지고 말았다. 미노스 음절문자를 만들어 썼던 크레타섬과 그리스 본토 남부의 그리스인들은 이후 수백 년간 문자성에 관한 지식을 잃어버렸던 듯하다. 다시 밝히지만, 기원전 8세기 또는 7세기에 페니키아에서 영향 받은 명문이 등장하기 전까지 수백 년 사이에는 알파벳이 더 일찍 전파되었다는 일관된 기록이 나오지 않았다.

테일러가 뚜렷이 현대적이고 실증적인 토대에 권위 있는 업적을 세우면서, 그리스 알파벳(그리고 셈 문자 등)에 관한 연구는 굳건한 토대에 서게 되었다. 테일러는 '그리스 문자'와 '진짜 알파벳'을 동일시하지 않았고, 오히려 그리스가 페니키아 문자를 수용하고 개량해 간 전파와 변형 과정을 기술했다. 이로써 사안은 종결되는 듯했으나, 이제 그리스의 알파벳 도입을 어떻게 보느냐를 두고 다른 의제들이 나타났다.

근대의 고대 그리스 문자 연구

20세기의 고전 석학 릴리언 제프리는 1961년 기념비적 연구 『고대 그리스의 지역 문자』를 펴내면서 첫 장의 상당 부분을 무려 2500년 전에 헤로도토스가 쓴 글에 할애했다. 그는 고전 저자 가운데 "오직 헤로도토스만이 세월의 시험을 통과했다"라고 적었다.[64] 그의 글은 제프리가 당시까지 알려진 모든 고대 그리스 명문을 망라하고 체계화하는 연구에서 지적 기틀로 쓰였다. 제프리는 기원전 8세기에서 5세기 사이에 만들

* 오스크 문자(Oscan): 고대 이탈리아반도 남부에서 쓰이던 문자이다.

** 슬라브 문자(Slavonic): 키릴 문자의 다른 이름이다.

어진 명문을 철저히 분석하고 이를 헤로도토스의 서술과 연관해서 보려 했다. 명문에서 얻을 수 있는 증거와 역사가의 글은 각기 권위의 성질이 달랐지만, 그리스인이 언제 어디에서 그리스 알파벳의 원형이 된 문자 형태를 도입했는지 밝히려면 둘 중 어느 쪽도 무시할 수는 없었다.

　제프리는 고문서학자이자 역사가였지 문학자는 아니었다. 그는 역사 정보를 얻으려고 헤로도토스의 말을 살폈다. 키르히호프나 테일러처럼 그도 지리를 면밀히 따지며 고문서, 문헌, 역사적 증거를 통해 전파 연대를 수립하려 했다. 시간, 장소, 명문 형태는 모두 중대한 요소였다.

　제프리는 도자기 파편과 돌, 금속 표면에 새겨진 글자 같은 물증을 분류하면서 페니키아 기반 알파벳이 언제 어디에서 그리스 문화의 일부로 편입되었는지 알아내려 했다. 진퇴양난에서 벗어나려면 여러 질문에 답해야 했다. 알파벳은 자음에 기초한 발음 체계로 셈어를 기록하려고 개발되었다. 인도·유럽어족에 속하는 그리스어를 명료하게 표상하려면 확실한 모음 표기법이 필요했다. 그러나 제프리는 모음 표기법이 페니키아 알파벳과 그리스 알파벳을 명확히 구별하는 논거로는 취약하다고 지적했다. 셈어에서 몇몇 자모―특히 와우(waw)와 요드(yod)―는 모음 소릿값을 띨 때도 있었기 때문이다.[65] 더욱이 도입 후 페니이카 자모에 일어난 변화와 지역별 변이가 일어난 시간도 고려해야 했다. 서자 방향과 개별 자모 형태에서 일어난 변화 또한 설명해야 했다.

　테일러 등 이전 연구자들과 마찬가지로, 제프리에게도 중대했던 질문은 문자가 쓰이지 않던 그리스 문화에서 일정한 사전 이해 없이 어떻게 신기술이 활용될 수 있었느냐였다. 미케네문명이 몰락한 기원전 12세기와 페니키아 문자가 도입된 기원전 7세기 사이에 놓인―적어도 3세기라는―시대 차는 늘 골칫거리였다. 그리스어 사용자 주민 사이에서 문자 개념과 실천이 자리 잡고 알파벳이 받아들여지려면 문자문화와 비(非)문자문화 사이에 상당히 오랫동안 문화 교류가 지속되어야 했을 것이다. 우발적이고 산발적인 접촉만으로는 충분하지 않다. 접촉은 지속적이었어야 한다. 이중언어가 쓰이는 정착지, 즉 단지 교역만 이루어지는 장소가 아니라 공동생활이 지속된 곳이라면 전파가 일어나기에 이상적인 조건이었을 것이다.[66]

　테베에 페니키아 왕국이 있었다는 헤로도토스의 주장을 논하던 제프리는 그곳에 카드모스 이름을 딴 궁전은 있지만 실망스럽게도 페니키아인이 살았던 흔적은 발견되지 않았음을 인정했다. 그가 말하기로, 테베는 해외가 아니라 내륙 무역에 집중한 곳이었으며, 따라서 페니키아와의 교류는 제한적이었을 것이다. 헤로도토스의 서술은 증거의 무게와 제프리의 분석에 눌려 허물어지기 시작했다. 제프리는 언어학, 고고학, 지리학, 고문서학 증거를 함께 분석해 헤로도토스의 말을 검증했을 뿐만 아니라 자신의 증거도 같은 근거에 비춰 해석했다.

알파벳 전파가 일어나기에 알맞은 지리적 위치와 문화적 조건을 찾던 그는 다른 가능성으로 눈을 돌렸다. 그는 크레타, 테라, 밀로스 등 도리아인이 살던 섬들을 살펴봤다. 이번에도 키르히호프와 같은 입장에서, 그는 그곳에서 발견된 명문이 다른 지역 문자보다 오히려 북셈 문자 원형에 가깝다고 결론지었다. 크레타섬에서 발견된 상아는 통상로를 통한 시리아와의 직접 교류가 있었음을 시사했지만, 페니키아인이 장기 정착한 적 없는 그곳에서 전파가 일어났을 법하지는 않았다. 디오도로스는 로도스섬이 "카드모스를 따르는 무리가 정착한 곳"이었다고 설명한 바 있다.[67] 그러나 그곳에는 정착 사실을 뒷받침하는 물증이 없었다. 제프리는 문학과 역사에서 얻은 정보를 고고학과 거듭 비교하면서 물증이 시사하는 전개 양상과 고전 문헌이 기록하는 사건을 조응시키고자 했다. 이 딜레마에 대해 그는 놀라운 해답, 즉 페니키아 해안에 형성된 그리스인 정착지에서 알파벳 전파가 일어났을지도 모른다는 발상을 내놓았다. 그리고 시리아의 알미나를 잠재적 전파 장소로 식별하기까지 했다. 문화 교류 지점을 레반트의 그리스인 정착지로 옮겨 본 것은 대담한 시도였다. 이 해답은 이베리아반도, 이탈리아, 북아프리카 등 여타 지중해 연안 지역에서 일어난 전파를 어떻게 같은 교류 모델에 통합할 것인가 하는 문제를 남겼다. 이들도 그리스와 유사한 흡수와 변형이 일어난 곳이기 때문이다. 그러나 알파벳 전파가 이중언어권에서 발생했다는 주장에는 상당한 설득력이 있었다.

제프리는 조기 전파론에 반대했다. "그리스에서 기원전 8세기 초 또는 그 이전에 문자가 알려져 있었다면 (……) 글자를 쓰고자 하는 실천 본능이 그처럼 장기간 휴면 상태에 머물렀다는 점은 기이한 일이다."[68] 만약 그리스인에게 알파벳이 있었다면 실제로 쓰지 않았겠는가? 결국 다음과 같은 제프리의 평가에는 금석학자로서 받은 훈련이 결정적인 역할을 했다. "전반적 유사성이 가장 뚜렷한 곳에 도입 연대가 있다."[69] 그에 따르면, 연대측정에 쓸 만한 근거는 고대 북셈 문자와 현존하는 가장 오래된 그리스 문자의 형태를 면밀히 비교한 결과밖에 없었다. 그래서 그는 기원전 8세기에 시리아 페니키아 해안에 있던 그리스인 정착지가 바로 근원지라고 결론 내렸다.

그가 제시한 증거와 논지가 키르히호프나 테일러와 정확히 일치하지는 않았다. 두 사람은 모두 여러 장소에서 접촉과 전파가 일어났으며 그리스 영토 전역에서 더 점진적이고 지역적인 변형이 일어났다고 시사했다. 제프리는 헤로도토스의 서술을 지침 삼아 논의를 전개했지만, 결국에는 몇몇 구체적인 면에서 그와 배치되는 결론에 다다랐다. 그는 물리적 유물에서 찾은 증거를 문화 조건이나 교류 맥락에 대한 고려와 조화시키고자 했다.

이집트 기원설

헤로도토스의 글은 알파벳 문화전파를 설명하는 데 중요했지만, 이집트에서 문자가 발명되었다는 플라톤의 주장에도 여전히 강한 영향력이 있었다. 그리스 문화의 토대가 국제 교류로 형성되었다는 점은 고대 철학자 플라톤은 물론 후대 학자들에게도 명확해 보였다. 아타나시우스 키르허, 즉 알파벳이 이집트에서 기원했다는 설을 강력히 지지한 17세기 예수회 박식가도 그런 축에 속했다. 고대 중동 문자가 거의 알려지지 않았던 르네상스 시대 유럽(설형문자는 18세기 말에야 간신히 알려졌다)에서는 신성문자의 정교성이 분명히 인정받았다. 구체적인 사항에서는 모호했지만, 플라톤의 통찰과 키르허의 사색은 후대 연구로 얼마간 뒷받침되었고, 이집트의 공헌은—정확히 그들이 상상했던 그대로는 아니지만—현재 통용되는 정설에도 영향을 끼치고 있다.

기원전 5세기에 쓰인 『파이드로스(Phaedrus)』에서 플라톤은 이집트 신 토트(테우트)가 문자를 발명했다고 말하면서 그리스 문화 형성에 이집트가 이바지한 바를 인정했다. 신화적 성격을 띠기는 해도 토트를 언급한 구절에 중요한 증거의 요지가 내포되어 있다는 점은 로제타석을 해독해 유명해진 샹폴리옹의 형 샹폴리옹피자크의 긴 문장에도 제시되어 있다.

이집트를 방문한 적 있는 플라톤은 소크라테스의 입을 빌려 다음과 같이 말한다. "이집트 도시 나우크라티스 지역에는 고대 신이 있었는데, 그에게는 따오기라 불리는 새가 봉헌되었다고 들었다. 그의 이름은 테우트였다. 그는 숫자와 산술, 기하학, 천문학 등 과학을 발명한 존재이고, 체스 놀이와 문자 또한 그가 발명하였다. 당시 이집트 왕은 타무스(Thamus)였는데, 그는 그리스어로 이집트 테베라 불리며 아몬이라는 신을 숭배하는 상이집트의* 대도시에 살았다. 테우트는 왕을 찾아가 자신이 발견한 것들을 설명하고, 이 지식을 이집트에 퍼뜨려야 한다고 말하였다." 테우트는 이들 발명 가운데 무엇이 유익하고 무엇이 그렇지 않은지 왕에게 설명해야만 하였다. 문자에 관하여 그는 다음과 같이 말한다. "위대한 왕이시여, 이 과학은 이집트인의 지혜를 더욱 깊게 만들 것이며 그들에게 더욱 충실한 기억을 선사할 것입니다. 지식을 얻고 유지하는 어려움을 해소하여 줄 것입니다." 이에 왕은 답한다. "지혜로운 테우트여, 어떤 이는 기술을 발견하는 데에 능하고 또 어떤 이는 기술이 얼마나 유익하거나 해로운지 판단하는 데에 능하지요. 문자의 아버지인 그대는 선입견에 이끌려 눈이 먼 나머지 실체를 보지 못하고 있소이다. 문자를 배운 이는 기억에 맡겨 두어야 마땅한 것을 떠올리는 수고를 모조리 이 기묘한 형상들에 떠맡길 터이고, 정작 자신은 실제로 기억에 아무것도 담아 두지 않을 터이오. 그러므로 그대는 기억의 수단이 아니라 회고의 수단만을 발견한 셈이오. 그대는 제자들에게 실제로 지혜롭지 아니하면서도 지혜로운 척할 수 있는 수단을 선물하였소. 그들은 스승의 지도 없이 읽을 것이고, 실제로는 무지하면서도 스스로 만사에 지혜롭다고 자신할 것이며, 그들의 대화는 견디기 어려워질 것이기 때문이오." 플라톤은 테우트 또는 어떤 신적 존재가 음성을 모음, 혼음, 약음으로 분리하였다고 말한다.[70]

시칠리아의 디오도로스도 문자의 발명을 비슷하게 서술했고, 당대에 통용되던 전설, 즉 "헤르메스(토트)가 바로 공통어의 정확한 발음을 처음 정하고 이전까지 명칭이 없었던 대다수 사물에 이름을 부여하였으며 문자 쓰는 기술을 발견한 존재"라는 설을 후대에 보존해 주었다.

키르허는 알파벳 이집트 기원설을 열렬히 지지했다. 17세기 중반에 활동한 키르허로서는 성서에 묘사된 내용 말고는 티그리스-유프라테스 계곡의 고대 문명에 관해서나 알파벳 형성에 이바지한 장기간의 발전 과정에 관해 아는 바가 별로 없었을 것이다. 그러나 이집트의 문자와 문화(건축, 조각, 회화, 종교)는 증거가 발견된 다른 어느 문명보다

*
상이집트: 초기 왕조 시대에 고대 이집트는 나일강을 따라 상(上)과 하(下) 두 지역 왕조로 나뉘었다. 상이집트는 나일강 삼각주와 누비아 사이의 지대에 있었고, 수도는 테베였다. 하이집트는 오늘날의 카이로 근방에 형성되었다.

도 유구했다. 그가 이집트어에 보인 관심은 1636년에 출간된 『콥트 문자 또는 이집트 문자의 전신(Prodromus Coptus sive Aegyptiacus)』으로 처음 표출되었다.[71] 콥트 문자는 그리스 알파벳의 변종이었지만 콥트어는 셈어를 포함한 아프리카·아시아어족에 속하는 고대 이집트어였다. 여기에서 우리는 역전파 현상을 본다. 그리스 문자는 셈 문자 원형이 인도·유럽어에 맞게 변형된 것이었는데, 이에서 파생된 콥트 문자가 인도·유럽어가 아닌 아시아·아프리카어에 쓰인 현상이다. 키르허는 콥트어가 고대 이집트어라는 점은 인식했지만 이에 쓰인 문자는 히브리, 라틴, 그리스 문자와 공통점을 보인다고 믿었다. 특히 그는 신성문자로 물을 뜻하는 '무(mu)'가 자모 '엠(M)'의 잠재적 원형이라고 밝혔다.[72] 키르허의 견해와 공로는 이후에도 자주 인용되며 알파벳의 발전을 설명하는 가설로서 이집트 기원설의 생명을 유지해 주었다.

그리스의 발명품으로 탈바꿈한 알파벳

1930년대 초 젊은 미국인 학자 밀먼 패리는 구술 중심 작법과 문자 중심 작법의 차이를 중심으로 호메로스 서사시를 분석할 수 있다고 시사하는 논문을 발표해 고전 연구에서 신기원을 이룩했다.[73] 이 논문은 호메로스 운문을 연구하는 데에도 엄청난 영향을 끼쳤지만, 아울러 구술성과 문자성, 고전어, 그리고 그 연장선에서 알파벳의 그리스 전파 시기를 논하는 데에도 시금석이 되었다. 패리가 활동한 기간은 짧았다. 때이른 사고로 목숨을 잃은 그의 연구는 사후에 편집 출간되었다. 그러나 그가 제시한 주장은 근본 연구로서 꾸준히 인용되었고, 그가 시문 구조에 관해 발견한 바는 확설로 인정받게 되었다.

패리는 문자가 쓰이지 않던 시대에 시를 기억하기 쉽게 하려고 고안된 장치들이 호메로스 운문에 있다고 주장했다. 그는 운문 전체에서 반복되는 짧은 음 단위나 단어 패턴을 식별해 내고 이에 '표현식(formula)'이라는 이름을 붙였다. 그리고 이 구조는 후대의 그리스어 작법, 예컨대 플라톤의 에세이 같은 산문과 매우 다르다고 주장했다. 『크라틸로스(Cratylus)』에서 플라톤은 문자가 기억력을 파괴하리라고 주장했는데, 패리는 이에 기대어 자신의 명제를 세웠다. 플라톤이 문자를 논평하며 제시한 기술결정론은 수천 년간 거듭 활용되고 재활용되었다.

그러나 패리의 연구는 문자성과 구술성에 관한 논쟁에 문을 열어 주기도 했다. 자신의 명제를 뒷받침하는 근거로, 그는 호메로스 운문에서 시인을 가리키는 말이 '가수'라는 점을 지적했다. 이와 같은 구술 전통과 특성이 살아남은 문화를 찾던 패리는 세르비아 남부의 시인 집단을 연구했다. 잔존하는 세르비아 구술 서사시 전통과 고대 시인의 작품에 유사성이 있다고 본 패리는 서사시의 구술적 구조가 바로 해당 작품이 문자 없이 존재했다는 증거라고 간주했다. 따라서 패리는 그리스인이 알파벳을 수용한 시기가 상당히 후대라고, 즉 알파벳은 이미 문학이 고도로 발달한 문화권에 도래했다고 시사했다.

그리스의 발전 도상에서 '야만'기는 패리의 논문 덕분에 사라지게 되었다. 이제 그리스 알파벳은 문화 교류가 낳은—여러 지역에서 완만하게 일어난 변형과 여러 개량 끝에 만들어진—결과물이 아니라 이미 발달한 문화에 봉사한 단일하고 완전한 기술이 되었다. 이 논지에서 알파벳은 복잡한 사정 없이 온전하고 독자적인 기술로, 발전된 사유와 언어에 유익한 기호집합으로 묘사되었다. 패리의 논제에 도움이 되려면 그리스에서 개발된 알파벳에는 독특하고 고유한 정체성이 있어야 했다. 셈 문자의 후손처럼 보여서는 안 되고 원시 알파벳이 아니라 실제 알파벳으로 이해되어야 했다. 이 주장에서는 그리스어 같은 인도·유럽어에 필수적인 명시적 모음 표기법이 완전히 고유한 문자의 결정적인 특징으로 여겨졌다.

이로써 알파벳은 장기적인 문화 형성 과정의 일부로 고려되기보다 일정한 개념적 패러다임에 끼워 맞춰지게 되었다. 이런 수사적 기동의 결과로 그리스 문자는 '진짜 알파벳'이 되었고, 원형 셈 문자는 불완전한 형성물로 폄하되고 말았다. 이 구별은 모음을 명확히 표기하지 않는 셈 알파벳이 음성 분석과 표상에 바탕을 두지 않았다는 오인에 기초했다. 그러나 셈 문자가 그리스에 도입되는 과정에서 그리스어 등 인도·유럽어 표상에 필요한 변형은 가해졌지만 문자로 말소리를 표상하는 구조적 원리 자체는 달라지지 않았다. 패리는 그리스 알파벳이 어떻게 과도기 없이 완전히 변형된 형태로 나타났는지 설명하지 않았다.

페니키아인 정체성의 변화

근래에는 헤로도토스의 표준 해석을 수정한 학계의 믿음 탓에 그리스 알파벳의 정체성과 역사에 관한 인식이 왜곡되기에 이르렀다. 이에 내포된 인종주의 정치는 알파벳이 '언제' 그리스화했느냐 하는 문제와 직결되어 있었다.

리스 카펜터의 영향력 있는 논문 「카드모스의 문자(The Letters of Cadmus)」는 1935년 《미국문헌학저널(American Journal of Philology)》에 게재된 후 헤로도토스를 재해석하는 작업에 일조했다. 카펜터는 "페니키아인 카드모스는 어쩌면 단순한 신화 속 인물일 수도 있고 실제 전통의 일부일 수도 있다"라고 시사하며 논의를 시작했다.[74] 물론 "카드모스에 관한 고대 문헌은 헤로도토스의 설에 근본적으로 동의"한다고 덧붙이기는 했지만, 이런 관찰만으로는 만족하지 않았다. 그는 근래에 나온 학설과 발견을 알리면서 마이어스 교수를 인용했는데, '그리스인은 누구였는가(Who Were the Greeks)'라는 강의에서 그는 "카드모스는 기원전 1400년경에 테베에 왔다고 추산된다"라고 했다.[75] 그러고는 카드미아, 즉 테베의 전설적 시조에서 이름을 딴 성채에서 안토니오스 케라모풀로스가 발굴한 유적지에, 그가 판단하기로 6세기 이전에 만들어졌다고는 보기 어려운 명문이 있었다고 지적했다. 후대 명문은 페니키아 원형과 거리가 먼, "헤로도토스라도 읽을 수 있었을" 정도로 완전히 변형된 그리스 알파벳이라는 설명이었다.[76] 카펜터는 전설의 카드모스가 온 시기를 당겨 추산해 이 증거의 괴리된 연대를 설명하려 하면서, 기원전 11세기 중엽까지는 페니키아 알파벳조차 안정된 형태가 아니었다는 사실을 무시했다. 그는 그리스에서 "두 차례에 걸친 문자성 발현"이 일어났다고—다시—주장했다. 먼저 아서 에번스의 연구를 통해 유명해진 크레타 선문자가 있었는데, 이는 헬라스 시대인 기원전 1400~1200년에 속하며, 두 번째 문자성 시대는 기원전 8세기 후반에 시작되었다는 것이다. 카펜터의 주장에서 새로운 점은 카드모스가 들여온 문자가—페니키아 문자가 아니라—고대 헬라 문자, 즉 크레타 선문자라고 시사했다는 점이다. "지역이 맞고 환경도 적당하며 연대도 들어맞는다면, 그리스의 민속 기억이 참된 전설이었음을 인정하고 헤로도토스의 표현을 빌려 헬라 문자를 '카드모스 문자'라고 부르지 말라는 법이 있는가?"[77] 이 질문에 대한 대답은 간단했다. 선문자 B는 형태나 구조 면에서 페니키아의 셈 알파벳과 무관하다는 것이다. 그런데도 카펜터는 주장을 굽히지 않았다.

이어서 그는 두 번째 문자성도 페니키아인과 접촉해 형성되었지만 이는 엄밀히 별개의 사건이었다고 기술했다. 어쨌거나 "헤로도토스는 카드모스가 전통적으로 페니키아인이었다는 납득할 만한 이유에서 두 효과를 하나로 합쳤다"라는 것이다.[78] 카펜터는 초기 문자, 즉 그가 헬라 문자로 식별한 선문자 B를 연구한 결과, "셈 문자의 요소나 영향을 시사하는 바는 전혀 없었다"라고 주장했다.[79] 이는 옳지만, 그는 더 나아가 카드모스와 교류가 이루어진 현장인 테베가 페니키아와 상관없는 곳이었다고 단정하면서, 그곳을 순수한 헬라스―즉 초기 그리스―도시로 묘사했다. 그러고는 페니키아의 정체성 자체를 송두리째 일축했다. "그리스인은 왜 북시리아 해안 도시에 살던 셈족 주민에게 페니키아인이라는 이름을 붙였을까?"라고 그는 물었다.[80] 그리고 "정작 그들은 자신을 시돈인이라고 불렀다"라면서, "페니키아인(Phoinikes)"이라는 말은 아예 쓰지 않았다고 주장했다.[81] 페니키아인이 자신을 가나안인이라고 밝혔던 것은 맞지만, 헤로도토스가 사용한 말은 전자였다.

이렇게 페니키아인의 정체성을 수정한 카펜터는 "진정한 카드모스 문자"란 기원전 7~6세기의 문자가 아니라고 주장하면서, 이 표찰을 선문자 B에 옮겨 붙였다.[82] 나아가 그는 이렇게 말했다. "카드모스가 비(非)셈계 비(非)시리아계 페니키아인이었다는(이는 그의 가계가 시리아나 셈족 계열이 아니었다는 점과도 일치한다) 뜻에서만 카드모스 문자는 '페니키아' 문자였다."[83]

카드모스를 후대에 일어난 문자 확산에서 분리해 초기 문자와 연계하면서, 카펜터는 사실상 그리스 영토에서 일어난 일차 '헬라' 문자성과 후대에 도입된 문자를 구분했던 셈이다. 두 번째 파고는 알파벳을 통해 일어났지만 이미 성숙한 문자문화에 접목되었을 뿐이라는 주장이었다. 더욱이 셈 알파벳의 근원지를 그리스 본토나 제도에서 거리가 먼 소아시아나 레반트에서 찾으면, 두 번째 전파는 문화 혼합을 전제하지 않고도 이해할 수 있었다. 알파벳 전파가 우발적이었다고, 즉 제 땅에 형성된 정착지를 통해서가 아니라 최소 접촉만을 통해 일어났다고 보면, 비록 셈족과 연관된 외래 기술을 취득했다고는 해도 그리스인은 인종적 순수성을 보존할 수 있었다. 이 모두가 카드모스, 즉 다른 모든 서술에서 기원전 7세기에 그리스를 방문한 셈계 페니키아인이라고 한 이의 정체성을 왜곡했다.

1990년에 출간된 저서 『카드모스 문자(Cadmean Letters)』에서 마틴 버널은 카펜터가 제시한 연대가 "자연과학 주변 분야에서 형성된 과학적 확신과 실증주의"라고 날카롭게 비판했다.[84] 버널은 상당한 고문서학 증거를 바탕으로 전파와 발전 연대를 측정했다. 후대 전파론은 그리스가 독립적으로 발전해 알파벳이 전래될 무렵에는 이미 문자문화를 구가하는 "우월한" 문화를 이룬 상태였다고 시사한다. 조기 전파론은 그리스의 문자성이 동방 이웃에 영향을 받으며 천천히 나타났다고 암시한다. 이 논쟁에서 우세한 위치는 결국 전적으로 독자적인 그리스 문화 개념이 차지하게 되었는데, 이는 헤로도토스 시대에는 존재하지 않았던 인식이었다.[85]

　카펜터와 버널은 모두 고전 문헌, 특히 헤로도토스를 직접 다루었으며, 문헌 또는 문학을 통한 지식 전파가 역사적 기억을 보존하면서도 곡해하는 양상을 연구했다. 그러나 카펜터가 헤로도토스의 서술에 담긴 역사적 사실을 왜곡한 반면, 버널은 정확성을 입증하려 했다.

현행 연구

최근 학계는 헤로도토스의 글에 기술된 세부 사항을 감안하면서도 이에 더해 언어분석, 문화연구, 고문서학에서 새로 나온 증거들을 고려한다. 레반트의 셈어와 그리스, 이탈리아, 스페인 등 유럽 지역의 인도·유럽어에 차이가 있음을 고려할 때, 알파벳에 변형이 가해졌다는 점에는 일리가 있다. 초기 알파벳과 그리스 문자를 선명히 구별하는 근거로 그토록 자주 언급된 모음 표기법은 선행 표기법에서도 미지의 요소가 아니었다. 언어를 음운으로 분석하고 그런 분석을 바탕으로 기호에 소릿값을 할당해 음성언어를 표기하는 방법은 중동 지역에서도 발달해 있었다. 라스 샴라의 명문에서 발견된 우가리트 음절문자는 알파벳 음절을 설형문자 형태로 쓴 격이었다. 이는 모스부호나 속기부호로 알파벳 자모를 쓰는 일에 비견할 만하다. 음소 단위 서자에서 근본이 되는 언어 구조 이해는 그리스에 알파벳이 도입되기 전부터 통용되고 있었다. 말의 특성을 표상하는 데 쓰이는 그래픽 기호가 다르다고 해도, 그런 이해가 바로 알파벳 표기법을 가능하게 한 지적 돌파구였다.

　『그리스 문자, 크노소스부터 호메로스까지(Greek Writing from Knossos to Homer)』(1997)에서 로저 우더드는 페니키아에서 그리스로 알파벳이 전파된 시기가 기원전 1050년경보다 이를 수는 없다고 결론지었다. 제프리와 마찬가지로, 그 또한 이중언어 사용이 전파의 선결 조건이었으며 지속적인 문화접촉도 필요했으리라고 주장했다.[86] 우더드는 시리아 해안의 알미나가 이 모든 필요조건에 부합하는 후보지라는 제프리의 견해에 동의했다.

알파벳이 호메로스의 운문을 받아 적으려는 목적에서 도입되었다는 인식에 찬동하는 이는 여전히 있다. 그리스 알파벳은 개별적이고 고유하며 근원의 원형과 충분히 차별되므로 그리스인이 "알파벳을 발명"한 셈이라는 인식은 역사적 증거 앞에서 산산이 무너지는데도, 그들은 이 주장을 끊임없이 되풀이할 만하다고 여긴다.[87]

아울러 우더드는 그리스인이 이미 문자를 쓸 줄 알았다면 알파벳 도입이 촉진되었으리라고 시사하기도 했다. 이 주장에 따르면 적어도 키프로스에서는 필경사들이 음절문자로 그리스어를 쓰는 일에 익숙했다고 한다.[88] 키프로스 음절문자는 기원전 11세기까지도 쓰였고, 이 문자가 점차 쓰이지 않게 된 시점은 안정된 페니키아 알파벳에 노출된 시점과 일치한다. 음절문자에 비해 알파벳에 장점이 많아 전자를 대체하기에 충분한 이유가 되었으리라는 주장은 논리적으로는 타당하지만 입증하기는 어렵다. 여러 최근 학자와 마찬가지로 우더드는 그리스와 페니키아의 관계를 좀 더 미묘하게 파악하는, 즉 문자가—음절문자와 알파벳이—작동하는 바탕으로서 기존 지식을 인정하는 접근법에 관심을 두었다. 우더드는 모음 표기법을 갖춘 "완전한" 문자와 자음자만으로 이루어진 "원시적" 문자를 선명히 구분하기 어렵다고 보았다. 그는 알파벳을 도입하려면 문자와 말소리의 관계를 이해할 수 있어야 했으리라고 인정했는데, 이는 단절과 과격한 변화보다 연속성과 점진적 변화를 지지하는 주장이었다.

언어와 인종 정체성을 혼동하는 태도는 편견과 무지에 기초하지만, 알파벳사의 정치학은 여전히 작동 중이다. 루카시 니에시올로프스키스파노는 2008년에 쓴 글에서 몇몇 권위자를 인용해 그리스어를 쓰던 비셈계 민족 '블레셋인'이 알파벳을 그리스에 전달한 매개였다는 인식을 뒷받침했다.[89] 이 논지의 "출발점은 카드모스, 즉 알파벳을 전파한 주역으로 여겨지는 신화적 인물이 페니키아인을 인격화한 존재라고 볼 필요가 없으며 오히려 레반트에 살던 '그리스어 사용 인구 집단', 즉 블레셋인의 상징으로 보아야 한다는 주장"이었다.[90] 이들이 미케네문명 몰락 후 레반트 해안에 정착했다는 증거가 실제로 있다. 그러나 그들이 선대 문자를 사용했다거나 전파했음을 입증하는 명문은 없다.

알파벳이 그리스에 전파되었다는 근본 사실은 명확하다. 그러나 정확히 언제 전파되었느냐 하는 문제는 해결되지 않았다. 일찍이 기원전 1400~1200년에 그런 일이 일어났다면, 페니키아 문자가 안정되기 전에 알파벳이 전파되었다는 뜻이며, 이후 300~400년간 제작된 명문이 없는 공백도 설명되지 않는다. 기원전 8세기가 되어서야 비로소 전파가 일어났을 수도 있고, 장소는 소아시아나 북시리아의 식민지나 그리스 제도와 본토의 페니키아인 정착지일 수도 있지만, 후자를 뒷받침하는 고고학적 증거는 별로 없다. 중론은 후대에 하나 또는 둘 이상의 지역에서 지속적인 문화접촉이 이루어지면서 아마도 기원전 8~7세기에 소아시아나 레반트의 정착지에서 먼저 전파되고 이어 육로나 해상로를 통해 그리스로 전해졌다는 것이다.

빌레메인 발은 2018년에 써낸 포괄적인 글에서 고고학, 금석학, 언어학 증거를 종합해 기원전 11세기에 시작되는 전파 연대를 설득력 있게 제시했다. 발의 논의를 규정하는 인식은 "셈어학자는 고전학자에 비해 조기(기원전 11~9세기) 전파설을 지지하는 경향이 있다"라는 말로 표현된다.[91] 발은 카펜터의 글에서 출발해 문자 형태와 서자 방향, 이런저런 자모의 존재 또는 부재, 명문의 위치, 알파벳과 언어의 관계에 관한 논의를 두루 검증하며 이들 논지를 재조명한다.

발은 초기 그리스 비문과 알파벳의 여러 발전 단계를 비교하는 셈 학자 요세프 나베의 연구를 원용하기도 한다. 발에 따르면, 나베의 논지는 "후대의 페니키아 문자 필기체보다 오히려 원시 가나안 문자가 그리스 문자 자모 형태와 유사점이 많다"라는 것이다.[92] 이런 형태적 증거는 그리스 비문에 서로 다른 서자 방향이 섞여 있다는 점(페니키아 문자에서 우에서 좌로 진행하는 서자 방향은 기원전 8세기에 표준화되었다), 개별 자모 형태가 다양하다는 점, 단어를 나누는 요소(점이나 선)가 쓰였다는 점과 함께 조기 전파론을 뒷받침한다. 이와 같은 특징을 고려한 발은 그리스 알파벳의 표준화가 몇 세기에 걸쳐 이루어졌으며, 소아시아 해안에서부터 그리스 본토와 제도를 아우르는 분산된 장소에서 일어났다고 결론지었다. 본질적으로 발의 주장은 카펜터의 묘사, 즉 선진문화를 구가하고 "극히 활동적인 민족"이었던 그리스인이 이처럼 "훌륭한 발명품"을 받아들이고 개량해 "계몽된 헬라 사유의 해로를 따라" 전파하는 데 50년 이상이 필요했으리라고는 "생각조차 할 수 없다"라는 서술을 반박한다.[93] 오히려 발은 이런 발전이 "상당 시간, 아마도 몇 세기에 걸쳐 단계적으로 일어났으며, 이는 지역적 다양성을 설명해 준다"라고 주장했다.[94]

맺는말

"고대 그리스 이후 서양 문화권의 제 민족은 (……) 알파벳 문자의 자손이었다."[95] 2016년 로런스 더 루즈가 발표한 글에 실린 이 문장은 서양 알파벳이 그리스에서 발명되었다는 끈질긴 신화를 되풀이한다. 이런 오인은 2500년에 이르는 알파벳학의 역사에서 후기에 나타났다. 대다수 학자는 헤로도토스의 글이 정확하다고 확신했다. 이 외에도 고전 저자들은 그리스인이 다른 여러 지식이나 기술과 마찬가지로 알파벳도 다른 문화권에서 빌려 왔다는 사실을 잘 알았다고 분명히 밝혔다. 17세기까지도 역사는 대체로 문헌에서 얻을 수 있는 정보에 의지했다. 헤로도토스나 플라톤 등이 중요했던 것은 새로운 증거를 확인하는 데 바탕이 되는 초기 증언을 기록해 주었기 때문이다. 문자에 이름을 붙이는 데—그래서 관심과 연구 대상이 되도록 한 데—그쳤더라도 헤로도토스의 공로는 상당했을 것이다. 그러나 수 세대에 걸쳐 해설과 재평가가 쌓인 결과, 그가 한 말은 중요한 시금석이 되었다. 그런 작업은 문자 그대로 받아들일 수는 없어도 신빙성 면에서는 여전히 유용한 역사 해석으로 기능한다. 그리스 알파벳을 낳은 문자의 기원으로는 페니키아를, 문자가 등장한 문화적 도가니로는 이집트를 함께 지목하는 자료들은 알파벳을 배출한 문화 혼합이 상당히 널리 인정되었음을 기록으로 입증한다. 고전 저자들의 글에 잘 보존된 대로, 서양 문화의 뿌리는 아프리카·아시아 문화권에 있었고, 그리스인뿐 아니라 로마인도 그들 문화의 토대가 된 이집트와 아시아 문화의 풍요로움을 통절히 의식했다. 이 역사를 부정하려는 욕구는 알파벳 관련 문헌에서 일정 간격을 두고 거듭 되풀이되었다. 9장에서 다시 다루겠지만, 특히나 치명적인 과거 부정은 아무리 박식한 말로 포장해도 참된 동기, 즉 문자성 규정을 동원해 편향된 문화적 위계를 세우려는 의도를 거의 숨기지 못한다.

　알파벳의 기원과 연관된 성서 구절도 수백 년간 꾸준히 인용되었다. 그들의 권위 역시 존중과 검증을 두루 받았다. 그리스인은 스스로 알파벳을 발명하지 않았음을 알았고, 알파벳의 기원은 수수께끼라고 여겼

다. 앞에서 언급한 고드윈은 에우세비오스가 3~4세기에 써낸 글을 인용
해 이를 명확히 밝혔다. "그러나 그보다는 모세가 유대인에게 문자 사용
법을 처음 가르쳤고 페니키아인이 유대인에게 이를 배웠으며 그리스인
이 페니키아인에게 다시 배웠다고 생각하는 편이 낫다."[96] 알파벳학의
다음 장이 그런 내용이다.

2

신이 내린 선물

원조 문자,
모세,
시나이산 석판

헤로도토스 등의 고전은 수 세대에 걸쳐 학계를 자극해 그리스에 알파
벳이 전래된 때와 장소를 추정하게 했다. 구약성서 구절과 성서 기반 역
사가들의 연구도 이에 못지않게 꾸준히―그러나 문자라는 발명품의 기
적과 같은 위력에 더욱 큰 경외감을 불러일으키며―질문을 자극했지만,
질문의 내용은 달랐다. 모세가 받은 석판에 쓰였던 '원조' 문자는 무엇
이었을까? 히브리 문자였을까, 칼데아 문자였을까, 아니면 사마리아 문
자였을까? 글로 쓰인 계명을 받아 든 모세는 어떻게 배우지도 않고 이를
읽을 수 있었을까? 그리고 아담의 장남 셋은 어떻게 시나이산에서 신이
선물을 내리기 수 세대 전에 이미 벽돌 기둥과 돌에 선친의 유훈을 새길
수 있었을까? 고전 전통에 속한 학자들과 달리, 이와 같은 쟁점을 조사
하던 이들은 고고학적 증거를 찾아 문제를 해결할 수가 없었다. 잘 정리
된 명문은 사실(史實)과 신화를 분별하는 데 도움이 되지만, 시나이산
의 잠재적 역사 현장에서 아무리 열심히 바위를 뒤진들 신이 손가락으
로 새긴 석판의 증거를 발굴할 가능성은 없을 것이다. 그러나 신앙, 믿
음, 성서의 권위 같은 문제에 힘입어 '문자의 원조'를 찾으려는 탐색은
계속되었고, 이는 알파벳학과 관련해 성서에 기록된 과거에서 검증할
수 있는 측면을 찾으려는 연구와 함께 현재까지 이어지고 있다.

출애굽기를 보면 시나이산에서 신이 모세에게 선물을 내리는 장면
은 극적이기는 해도 간략한 구절로만 묘사되어 있다. 하지만 19세기에
거장 귀스타프 도레는 그래픽 기량을 동원해 빛과 바람, 경외심 어린 군
중이 석판을 부수려 하는 모세를 맞이하는 모습으로 충만한 장면을 생
생하게 그려 냈다. 그리스인이 알파벳 수용을 이민족 간 문화 교류로 이
해했다면, 유대계 역사가들은 훨씬 야심적인 신성 기원설을 내세웠다.
기적과 영감으로 가득한 이 설화에도 나름대로 문헌 계보가 있다. 성서
전통에서 알파벳과 연관된 다른 주요 구절도 마찬가지이다.

　구약성서는 문자의 기원을 설명할 때 꾸준히 인용된다. 오늘날 사실
과 전설을 조화시키려는 노력에도 영향이 남아 있을 정도이다. 출애굽
기 구절을 문자 그대로 받아들이는 학자는 19세기에도 많았다. (비유로
해석하는 이는 지금도 있다.) 이들의 권위는 결국 신앙에 좌우된다. 모
세와 신의 선물이 실존했음을 믿느냐 마느냐에 따라 달라지는 문제이
다. 그렇지만 성서고고학(19세기와 20세기 초 고대 중동 유적지 탐험에
서 자주 쓰인 말)계에서는 구약성서에서 언급되는 일을 검증하려는 시
도가 다수 이루어졌다. 모세가 올라간 곳과 '원조 문자'가 무엇이었는지
실증적으로 밝히려는 연구는 지금도 이어진다.[1] 출애굽기 등 성서로 전
해지는 설화의 역사적 근거를 확인하려는 탐색에는 세속학자와 종교학
자가 모두 참여했다.

　내용은 다르지만, 고전기 자료와 성서는 모두 텍스트를 통한 지식 전
파 방법으로서 빈번히 인용, 전승, 중역되고 다양한 해석에 노출되는 구
절에 의지한다. 두 전통에서 알파벳은 각기 다르게 인식된다. 고전 저자
들은 알파벳을 언어를 기록하는 표기 기술로 이해했다. 성서 전통에서
문자는 신성에서 기원하는 만큼 대단한 힘을 지닌다고 주장된다. 이보
다 상반되는 개념은 드물다. 두 전통은 알파벳의 발명에 관해—그리고
정체성에 관해—근본적으로 다른 이야기를 전한다. 따라서 고전 저자들
의 역사적 정확성이 문헌 증거와 물증에 견주어 꾸준히 재평가된 반면,
문자의 기원에 관한 성서 문헌은 서술을 반박하거나 지지하려고 개발된
논리적 주장을 통해 먼저 검증되었다.

　성서 구절은 학문 패러다임이 전환되는 상황에 따라 재해석되었다.
고대 말기와 중세에는 공인된 말씀으로 여겨져 의심 없이 받아들여졌
다. 르네상스 시대에는 신비주의 전통, 특히 기독교 학계의 일부가 된
카발라의 맥락에서 분석되었다. 얼마 후에는 성서에 서술된 과거를 확

그림 2.1 ←

귀스타프 도레, 〈성서〉.
석판을 부수려 하는 모세를
그린 출애굽기 삽화(런던:
캐슬 피터 갤핀, 1866).

인하려는 고유물 연구가들이 성서 구절을 물증과 연관해서 보기 시작했다. 18세기에는 역사에 대한 이성적 접근과 여행가들이 기록한 경험을 바탕으로 명문을 검증하고 성서와 연결하는 지리적 기틀이 만들어졌다. 그리고 이 틀은 고고학, 언어학, 고문자학(paleography) 연구법을 통해 확장되었다. 성서 이야기에 관한 학문적 해석이 발전하면서 첩첩이 쌓인 인용의 무게는 감당하기 어려워졌고, 결국 모세가 무엇을 알았는가 또는 알파벳이 어디에서 기원했는가 하는 쟁점은 고대와 근대 권위서를 언급하는 덤불 속에서 사라지다시피 했다. 지금도 성서에 기록된 서술과 고고학적 증거를 연결해 '원조' 문자를 찾으려는 시도는 얼마간 긴장을 유발한다.

핵심 구절

신이 모세에게 석판을 선물하는 이야기는 출애굽기 19장과 24장의 몇 구절에 나타난다. 여기에서는 권위 있는 마소라 본문을 20세기 초에 영역한 판본에서 인용한다.*

> 19장 5~6절: "이제 너희가 나의 말을 듣고 내가 세워 준 계약을 지킨다면, 너희야말로 뭇 민족 가운데서 소중한 내 것이 되리라. 온 세계가 나의 것이기 때문이니라. 너희야말로 사제의 직책을 맡은 내 나라, 거룩한 내 백성이 되리라."
>
> 19장 20절: 야훼께서 모세에게 산봉우리로 오르라고 하시자 모세가 올라갔다.
>
> 24장 4절: 모세는 야훼의 말씀을 다 기록한 다음, 아침에 일찍 일어나 산 밑에 제단을 쌓고 이스라엘의 열두 지파를 표시하는 돌기둥 열두 개를 세웠다.
>
> 24장 7절: 그러고 나서 계약서를 집어 들고 읽어 백성에게 들려주었다.
>
> 24장 12절: 야훼께서 모세에게 말씀하셨다. "내가 있는 이 산으로 올라와 머물러 있어라. 내가 훈계와 계명을 기록한 돌판을 너에게 주리니 너는 이를 그들에게 가르칠 것이다."[2]

*
마소라 본문(Masoretic Text): 유대교 성서의 히브리어 본문. 공인된 유대교 성서 한국어 번역판을 찾지 못해, 이 역서에서는 대한성서공회가 1999년에 펴낸 기독교 공동번역성서 개정판을 참고하고 번역해 인용한다.

위에 옮긴 구절에서는 율법이 글로 쓰였을 뿐만 아니라 신에게 명받은 모세가 즉시 읽고 쓸 줄 알았다는 점도 분명히 나타난다. 이들은 십계, 즉 석판에 새겨진 열 가지 계율에 초점을 둔다. 하지만 1세기 유대계 로마인 학자 플라비우스 요세푸스에서 유래한 역사 전통에서는 원대의 문자 사용에 관한 또 다른 이야기가 전해진다. 즉, 아담이 장남 셋에게 "글이 새겨진 기둥"을 두 개 세워 지혜를 보존하라고 지시했다는 이야기이다.[3] 요세푸스의 영향력이 워낙 막대하다 보니 이 이야기도 성서에 나오는 것처럼 취급되었지만, 그렇지는 않다. 두 문헌 모두 반복적으로, 흔히 천지창조에서 시작되는 상세 연대기의 일부로 인용되곤 했다. 근대적 시대구분법이 쓰인 후대 학계에서는 그런 연대기가 고고학적 증거와 성서 서술을 비교하는 데 이용되었다.

이들 구절을 논한 중세와 르네상스 시대 랍비 문헌 다수는 다양한 언어, 문화공동체에서 생산되었지만, 중세 말에 발전한 신비주의 전통 카발라(Kabbalah. 기독교 학계에서는 대체로 'Cabala'가 공인된 철자로 쓰인다)는 12~13세기 스페인에서 라틴어를 쓰던 학자들의 연구에 유대 전설이 유입되며 등장했다. 카발라 문헌 원전은 모세 이야기는 전하지 않았지만 알파벳의 기원에 관한 논쟁에는 이바지했다. 카발라는 알파벳을 신성시하고 문자에 힘이 깃들어 있다고 여기는 신비주의 전통을 환기하면서 폭넓은 토론장에 계율을 끌어들였다.[4] 히브리 랍비 전통에서 모세 이야기가 해석된 방식, 즉 유대 민족이 율법이라는 근본 선물을 받은 의미와 신의 속성이 중심을 이루는 해석을 제대로 다루려면 별도 연구가 필요할 것이다.[5] 그러나 알파벳학 관련 문헌 저자들은 십계가 히브리 문자로 쓰였는지, 그리고 천지창조에서 알파벳이 맡은 역할을 카발라식으로 어떻게 볼 것인지에 집중했다.

성서와 초기 역사가들

모세에 관한 논쟁의 궤적은, 대개 첫 유대인 역사가로 여겨지며 아마도 기원전 2세기 헬레니즘 시대에 살았던 학자 에우폴레모스의 저작에 실린 몇몇 구절로 시작한다. 하지만 이런 계보가 흔히 그렇듯 에우폴레모스의 실제 문헌은 남아 있지 않다. 그가 모세를 논한 내용은 기원전 1세기 그리스인 학자(이자 로마의 노예) 알렉산드로스 폴리이스토르의 글에 인용된 상태로만 보존되어 있다. 폴리이스토르 또한 대개는 서기 3세기 필자 에우세비오스의 글에 인용된 형태로 접할 수 있고, 에우세비오스의 저작 역시 대부분 다른 자료에 인용되어 전승된다. 예컨대 에우폴레모스의 관련 구절은 폴리이스토르의 말로 보존되었고, 이 말은 알렉산드리아의 클레멘스(서기 215년 몰)가 쓴 글과 한 세기 후 에우세비오스(서기 260년생)가 쓴 글에 인용되어 전해졌다. 이처럼 다층으로 삽입된 인용은 클레멘스의 『스트로마타(Stromata)』에서 직접 가져온 특정 진술과 문장을 기계적으로 반복하는 일로 이어진다.[6] 한 부분을 발췌해 보자. "그리고 에우폴레모스는 유대 왕들에 관한 책에서 이르되 '모세는 최초의 현자이고 유대인에게 문법을 처음 전수하였으며, 유대인은 페니키아인에게, 페니키아인은 그리스인에게 이를 전하여 주었다.'"[7] 고대의 유대인 역사가와 기독교인 필자에게 모세는 역사적 실존 인물이었고, 그에 관한 구체적 사실은 무조건 인정할 수 있다고 여겨졌다. 수 세기 후, 신이 내린 선물은 다른 면에서도 고려되었다. 예컨대 중세에 백과사전 편집자로 활동했던 이스팔레우시스 이시도루스가 7세기에 펴낸 포괄적 저서 『어원지(Etymologies)』에는 알파벳에 관해 다음과 같은 분석적 문구가 있다.

> 라틴 문자와 그리스 문자는 히브리 문자에서 유래한 모양이다. 히브리 문자에서 첫 자모는 '알레프'라고 불리는데, 이에서 그리스인은 음이 비슷한 '알파'를 얻었고, 그로부터 라틴어 사용자는 A를 얻었기 때문이다. 음을 옮긴 이는 한 언어에 필요한 자모를 다른 언어의 비슷한 음에서 빚어내었다. (즉, '이전' 언어에서 음이 비슷한 자모의 이름과 형태를 가져왔다.) 고로 우리는 히브리어가 모든 언어와 문자의 어머니임을 알 수 있다. 그러나 히브리인은 구약성서 스물두 권을 따라 스물두 자를 쓰지만 그리스인은 스물네 자를 쓴다. 라틴어는 둘의 중간쯤으로 스물세 개 자모가 있다. 히브리어 자모는 모세가 전달한 율법에서 시작되었다. 시리아와 칼데아의 문자는 아브라함과 더불어 시작하였으니, 글자 개수와 음에서 히브리 문자와 호응하고 모양만 다른 것도 그러한 이유 때문이다.[8]

이시도루스는 모세가 문자의 근원이자 율법의 전파자 역할을 했다는 데 의문을 달지 않았지만, 문자를 더 자세히 논하는 대목에서는 자모 이름과 수, 발음을 다루기도 했다. 시리아와 칼데아를 언급하고 아브라함과 관련지었는데, 이는 지리적으로 그럴듯한 추론이었다.[9] 아브라함은 칼데아에서 가나안으로, 즉 메소포타미아 땅에서 레반트로 이주했기 때문이다. 이시도루스에게는 이들 지역이나 다양한 고대 문자에 관한 지식이 얼마간 있었고, 설형문자는 당시 알려지지 않은 상태였어도 그가 언급한 대상은 히브리 문자를 넘어섰다. 『어원지』는 중세 지식 총람 중 가장 영향력 있는 축에 속했으므로 이시도루스의 모세론에는 중대한 의미가 있었다.

요세푸스와 아담의 아들

성서를 제외하면 고대 유대인 권위자 중 가장 많이 인용된 인물은 1세기 유대계 로마인 학자 플라비우스 요세푸스(서기 37~100)였다. 그의 『유대 고대사(Jewish Antiquities)』는 유대 민족에게 중요한 지식의 근원이 되었다. 나아가 근세 학계에서는 영향력과 명망이 대단했던 16세기 석학 조제프 스칼리제르가 관심을 둔 덕분에 그의 위상이 확고해졌다. 스칼리제르는 박식과 언어 지식을 통해 고전 전통을 넘어 고대 이집트와 중동 문화로까지 유럽의 역사관을 확장했다. 그는 그리스어와 라틴어에 더해 셈어 등 중동 지역 언어—히브리어, 아랍어, 시리아어, 페르시아어—도 습득했고, 덕분에 이들 언어에 익숙한 유럽 학자가 몇 명 없던 시대에 세 언어로 쓰인 글을 전해 주는 주요 통로가 되었다.[10] 스칼리제르의 주저 『연대 수정 신론(Opus novum de emendatione temporum)』(1583)은 고대의 연대 계산법을 집중적으로 다루었는데, 이는 알파벳학과도 직접적으로 관련된 연구였다.[11]

만약 요세푸스가 사후 1500여 년 후에 활동을 재개하려고 홍보 전문가를 물색해 나섰다면, 아마 스칼리제르만 한 사람은 찾기 어려웠을 것이다. 스칼리제르는 대놓고 이렇게 말하기까지 했다. "요세푸스는 자신의 역사에서 고도로 진실한 저자이자 다른 어느 저자보다도 믿을 만하며 참으로 신앙 깊은 인물이다."[12] 스칼리제르가 요세푸스의 신뢰도를 보증하고 저작을 인용한 덕분에, 모세와 십계에 관한 묘사, 아담과 셋의 기둥에 관한 전설은 근대 학자들의 확실한 관심사가 되었다. 구약성서 구절도 요세푸스의 패러프레이즈도 고고학 유물로는 검증할 수 없었다. 셋의 기둥이나 모세의 석판은 상징으로서는 강력했는지 몰라도 물리적으로는 존재하지 않는 물건이었다. 결국에는 시나이반도와 유대인의 이집트 탈출 경로로 짐작되는 지역에서 발견된 고대 명문이 성서 서술을 입증하려는 시도에 이용되었다. (지금도 그렇다.) 그러나 수백 년간은 히브리 알파벳의 정체와 그것이 인류의 '원조' 알파벳이라는 주장을 논하는 데 증거로 쓸 만한 것이 문헌밖에 없었다.

여러 역사가는 요세푸스가 편향된 증인이라고 생각했다. 그는 서기 1세기에 유대인이 봉기했을 때 로마 편으로 전향했고, 따라서 유대인 정체성의 진실성을 의심받곤 했다. 그러나 대다수 저자는 요세푸스가 쓴 글의 진위나 신빙성을 논하기보다 특정 전설의 주요 출처로 그를 인용했고, 그렇게 인용된 이야기들은 공인된 전통의 일부가 되었다. 예컨대 요세푸스의 글에서 문자가 새겨진 기둥은 그가 셋을 "품성이 훌륭한 인물"로 묘사한 직후에 나온다.[13]

> 이 세상이 한 번은 불의 힘으로, 또 한 번은 물의 위력과 양으로 파괴되리라는 아담의 예언에 따라, 그들은 자신들의 발명이 충분히 알려지기도 전에 사라질까 하여 두 기둥을 세웠다. 하나는 벽돌로, 다른 하나는 돌로 지었고, 양쪽 모두에 자신들이 발견한 바를 새겼다. 즉 벽돌로 지은 기둥이 홍수로 파괴되는 경우, 돌로 지은 기둥은 남아 그러한 발견을 인류에게 전할 터였다. 그리고 그들이 세운 벽돌 기둥이 하나 더 있었음을 알리기도 할 것이었다. 이 기둥이 바로 오늘날 시리아드 땅에 남아 있는 물건이다.[14]

이 기둥과 시리아드(Siriad) 유적지를 찾으려는 탐사 활동에는 새겨진 문자의 형태에 관한 질문과 어떻게 셋이 문자 쓰는 법을 배웠느냐는 질문이 뒤따랐다. 아담은 모세보다 거의 16세기 전에 살았던 인물이기 때문이다.[15] 성서 관련 주요 문헌에 주장된 것처럼 모세가 문자를, 구체적으로는 히브리 문자를 신에게 내려받은 첫 인간이라면, 셋이 쓴 문자에는 어떤 식으로든 단서가 붙어야 앞뒤가 맞을 것이다. 논리적 질문과 연대 계산은 이런 분석에서 중대한 역할을 했다. 그러나 신화적 기원에 관한 인식이 학계에 수용되면서 문자 형태도 논의 대상이 되었다. 히브리 문자가 원조 알파벳이라는 보편적 믿음은 16세기까지도 우세했지만, 이때 재발견된 사마리아 문자는 또 다른 가능성을 제기하며 잠시 의심을 부추겼다. 더욱이 방형 히브리 문자가 비교적 근래(기원전 2~1세기)에 발명되었다는 인식이 점차 확산하면서, 도대체 어떤 문자가 '원조'였느냐는 질문이 제기되기도 했다. 히브리 문자에 관한 생각은 유대교 카발라 전통을 원용해 아담, 셋, 아브라함, 모세 이야기에 또 다른 차원을 더했다. 유대교 신비주의 전통사상에서는 알파벳 창조가 신의 위업이기도 하지만 우주적 사건이기도 하다. 이는 모세 이야기와 별개로 일어나며, 그가 문자를 내려받은 일은 더 장대한 드라마의 두 번째 장에 해당한다.

카발라에 서술된 천지창조

유대교 카발라의 고전에 해당하는 초기 문헌 『형성의 서(Sefer Yetzirah)』에서 알파벳 문자는 세상이 탄생하는 데 중요한 역할을 맡는다. 『형성의 서』가 쓰인 시기는 정확하지 않지만 교리의 유사성이나 언어 형태로 볼 때 대개 기원전 2세기에서 서기 1세기 사이로 여겨진다. 이 책은 정체가 불분명한 '고대' 랍비 설화, 유대교 신비주의와 관계있지만 원대 필사본은 존재하지 않는다.[16] 믿을 만한 최초 해설은 10세기에 나왔지만, 이 책이 스페인 등지에서 유대교 신비주의의 시금석이 된 시기는 12~13세기이다. 책에는 훨씬 오래된 전통의 특징이 있었는데, 예컨대 자모를 "모음자, 약음자, 유성음자 등 세 계열"로 나누는 방법은 헬레니즘 시대 문헌에도 나타난 분류법이었다.[17] 전통적으로 이 문헌의 저자는 아브라함으로 알려졌지만, 고대의 역사적 인물을 내세우는 습관은 책에 과거의 신비를 씌우고 위대한 권위자의 후광을 더하는 흔한 수법이었다. 마법 중에는 천사와 시질(끈 문자),* 기호, 그리고 서기 초로 거슬러 가는 알파벳 관련 상징 등을 불러내는 비술이 많았다. 설령 이들이 결국에는 카발라 교리와 관계를 맺었다고 해도, 모두가 카발라나 관련 문헌에서 직접 유래하지는 않았다.

　『형성의 서』는 신의 역사(役事)에서 가장 중요한 측면, 즉 무에서 세상을 만들어 낸 일을 다루었다. 그러므로 완벽한 질서와 계시 체계로 일차 원소에 숫자 상징체계를 결부하는 복잡한 패턴의 열쇠가 거기에 있었던 것도 놀랍지는 않다. "세피로트와** 마찬가지로 숫자는 열 개이고[히브리 알파벳에서] 자모는 스물두 개이니 이들이 바로 만물의 근본이다."[18] 텍스트는 원초적이고 신비한 열 가지 범주—영혼에서 시작해 공기, 물, 불, 그리고 지구의 깊이와 방위—를 설명했다. 그중 두 번째가 공기인데, 문자는 거기에서 나타난다. "영(靈)에서 나오는 공기로써 신은

* 시질(sigil): 마법에서 쓰이는 상징의 일종. 대개 이런저런 천사나 악령을 뜻하는 기호로 만들어졌다.

**

세피로트(sefirot): 카발라에서 우주에 현현한 신을 묘사하는 도식. 뿌리에서 가지들이 갈라져 나오는 형상을 띠어서 '생명의 나무'로 불리기도 한다. '세피라' 열 개와 이를 연결하는 스물두 경로로 구성된다.

스물두 개 문자, 즉 수꽃술을 형성하시었다. 그중 셋은 근본 자모 또는 모자(母字)이고 일곱은 복자(複字)이며 열둘은 단자(單字)이다. 따라서 영이 먼저이다.”[19] 설명이자 계시로 동시에 기능하는 이 상징체계는 섬세하게 짜인 천지창조 체계에서 원소적이고 생성적인 역할을 하는 알파벳을 보여 준다. 알파벳 문자에 신성한 힘을 부여하려는 욕망은 카발라 사상에서 중심을 이루었는데, 이는 헬레니즘 세계의 다른 신비주의 전통—그리스의 문자 개념을 복잡한 우주 질서와 연결한 영지주의와 피타고라스 상징 등—에서도 공유하는 특징이었다. 이들 신념 체계는 알파벳이라는 원동력의 심오한 힘을 인식하고 살피려 했다.

카발라 신비주의 전통은 알파벳에 두 가지 중요 개념을 물려주었다. 첫째는 히브리 문자가 천지창조의 초기 단계에서 유래했다는 생각이다. 둘째는 이를 별자리에서 확인할 수 있다는 생각인데, 이는 1538년에 출간된 『히브리어의 기원(De originibus seu de Hebraicae linguae)』에서 기욤 포스텔이 구상화하고 한 세기 후 자크 가파렐이 『전대미문의 진귀품—페르시아 부적 조각, 족장들의 별점과 별자리 읽기(Curiositez inouyes sur la sculpture talismanique des Persans, horoscope des patriarches et lecture des estoilles)』(1650)에서 이어 간 개념이다.[20] 히브리 문자의 기원에 관한 그들의 연구에는 알파벳의 직접적 유래를 자세히 그려 주는 천상도(포스텔이 고안하고 한 세기 후 가파렐이 그대로 옮겼다)가 포함되었다.[21] 별자리에 자모가 쓰인 모습은 문자의 신성한 위상을 확인해 주었다. 알파벳은 말 그대로 자연이라는 책에 신이 쓴 글이 되었다. 천상의 문자는 신이 쓴 것이므로 글자 형태도 의심 없이 받아들여졌다. 16~17세기에는 고대 히브리 문자의 존재와 형태가 거의 알려지지 않은 상태였다. 어쩌면 저자들 자신이 별자리에서 하필이면 그런 형태를 찾아냈을지도 모른다. 현대 히브리 문자가 나타난 시기와 초기 카발라 경전이 쓰인 시기는 비슷했을지도 모르지만, 고대 히브리 문자에는 신비주의 문헌보다 수백 년 앞서는 훨씬 유구한 역사가 있었다.

알파벳은 신이 내린 선물, 힘으로 충만한 선물이라는 개념은 조반니 피코 델라미란돌라와 요하네스 로이힐린에게 영감 받은 르네상스 시대 기독교 카발라 필자들 사이에서 대단히 인기를 끌었다. 로이힐린의 저술은 히브리어를 모르는 르네상스 시대 유럽 문화권에 카발라 지식을 전달하는 주요 통로였다. 1530년에 출간된 그의 『카발라 비술(De arte Cabalistica)』은 신비주의적 역사 서술이 시들해진 18세기 초까지 해당 분야에서, 특히 라틴어를 읽고 쓰는 학자들 사이에서 가장 꾸준히 언급된 책이다.[22] 오컬트와 유대 밀교는 알파벳에 꾸준히 주목했지만, 신의 천상 배열에 기원이 있다는 인식은 알파벳학에서 점차 주변으로 밀려났다.

기독교도 학자가 유대교 신비주의를 연구하려면 히브리어에 능해야 했다. 피코 델라미란돌라와 로이힐린은 모두 능숙한 히브리어학자였을 뿐만 아니라 히브리어 연구를 주창한 인물이기도 했다. 로이힐린의 연구 대부분은 『형성의 서』에서 그리스도의 존재를 상상할 가능성, 특히 히브리 문자로 신성한 창조주의 이름을 나타내는 신명사문자에* 다섯째 자모를 더하는 방법에 집중했다.[23] 알파벳은 오컬트 지식과 신비주의적 진실의 열쇠로서 중요한 역할을 했다. 로이힐린이 히브리어에 관심을 둔 데는 종교적 이유와 인문학적 이유가 모두 있었다. 그는 신앙을 확인하고자 했을 뿐만 아니라 기독교사상을 그보다 유구한 유대인 현자들의 역사와 연결해 주는 전통을 이해하고자 했다. 1500년에는 "히브리어를 아는 기독교인이 극소수"였지만, "1550년에는 모든 주요 대학에서 히브리어 강습을 받을 수 있었다".[24] 이런 변화는 얼마간 로이힐린의 노력 덕분이기도 했다. 그는 16세기 초 여러 대학에 히브리어 교수직을 설치하는 데 일조했다. 막시밀리안 1세가 유대교 문헌을 불태우라는 포고령을 내린 1511년, 그는 유대 교육을 열정적으로 옹호하는 책 『모든 유대교 도서를 몰수하고 파손하고 불태울 것인지에 관한 권고(Recommendation Whether to Confiscate, Destroy and Burn All Jewish Books)』를 써내기도 했다.[25] 히브리어를 향한 그의 애정에는 신비주의적 믿음이 스며 있었다. "히브리어를 읽을 때면, 이야말로 주님과 천사들이 저 위에서 인간에게 당신의 뜻을 전하시며 쓰신 언어임을 생각하니 스스로 말씀하시는 주님을 뵙는 듯하다. 그러므로 나는 두려움과 공포에 떨지만 또한 말할 수 없는 기쁨도 없지 아니하다."[26] 유대교와 기독교의 카발라는 알파벳이 신의 창조물이라는 신비주의적 믿음을 고취했다.

카발라 사상을 다룬 기독교학자 중 독창적인 인물이 바로 판 헬몬트 남작이었다. 헬몬트는 "자연" 문자, 즉 신에게 가장 가까운 문자를 찾으려는 노력을 천문학뿐 아니라 생물학으로도 끌고 갔다. 저서 『자연 히브리 알파벳』(1667)에 그는 히브리 문자와 칼데아 문자를 나란히 보여 주는 도판을 실었다.[27] 헬몬트의 목표는 이들 자모 형태가 발성기관과 유사함을 보여 주고 이로써 그들이 여러 의미에서—별자리, 신의 손가

*
신명사문자(神名四文字, Tetragrammaton): 유대교와 기독교에서 신의 이름을 나타내는 히브리 문자 네 개를 뜻한다. 라틴 문자로는 YHWH로 쓴다. 한국어 성서에서는 여호와 또는 야훼로 옮긴다.

락, 구강 기관, 신성한 의미와 형태가 밀접히 얽힌 점에서—"자연적"임을 보장하는 일이었다. 핵심은 자연 히브리 알파벳을 통해 성서를 이해하는 데 있었다. 히브리 문자가 신성하다면 만물, 특히 경전 자체와 체현된 발성에서도 같은 패턴을 찾을 수 있지 않겠는가? 헬몬트는 『형성의 서』의 핵심 신앙, 즉 문자가 우주의 근본 구성 요소라는 점을 유대인조차 망각했다고 느꼈다.[28] 17세기에 인간 사유를 위한 알파벳, 즉 보편 문자를 찾으려 애쓴 고트프리트 라이프니츠는 헬몬트를 지지했고, 관련 주제에 관해 그의 책을 대필해 주기까지 했다.[29] 기독교 카발라는 알파벳을 신의 발명품으로 보는 꾸준한 전통의 일부로서 문자의 기원에 대한 확신을 흡수했다. 그러나 이 설화에는 모세가 등장하지 않았다.

고대와 근세의 인용 양상

하지만 학자들은 모세가 맡은 역할을 꾸준히 탐문했다. 고대 말과 중세 초에는 에우세비오스와 이시도루스의 저작에 이에 관한 추정이 있었다. 두 저자 모두 르네상스 시대 필자들에게 상당한 영향을 끼쳤고, 그들은 모세가 히브리 문자를 탄생하게 한 중개자였다는 설을 거의 예외 없이 지지했다. 그중에서 특히 자주 인용된 저자로는 15세기 철학자 피코 델라미란돌라와 16세기 히브리어학자 아브라암 데 발메스, 17세기 역사가 헤르만 휘호 등이 있다.[30] 1489년에 출간된 피코 델라미란돌라의 『헵타플루스(Heptaplus)』는 유대교 카발라 사상을 라틴어로 처음 소개하고 비밀의 원리를 논한 책이었다. 여기에서 문자 신성 기원설은 모세가 지혜에 눈뜨는 경위에 관한 연구와 결합했다.[31] 데 발메스는 영향력 있는 철학 성향 히브리어 문법서(1523)에서 최초의 알파벳으로서 히브리 문자의 우월성과 선재성을 서술했다.[32] 휘호는 모세에 관한 언급을 피했지만, 히브리 알파벳이 원조라는 주장은 견지했다.

모세가 어떻게 석판을 읽을 수—그리고 쓸 수—있었느냐 하는 질문은 성서를 역사적 사실로 받아들이던 근세 필자들에게 특히 골칫거리였다. 알파벳이라는 화제에 관해 영어로 처음 출간된 문헌 중에는 알렉산더 톱의 저서가 있다. 『올리브 잎(The Olive Leafe)』(1603)에서 톱은 히브리 문자의 유구한 역사를 결연한 어조로 단정하면서, "내가 힘써야 하는 바는 그것이 태어난 때를 계산하는 일뿐"이라고 말했다.[33] 톱은 자모와 문자에 관한 논지를 지지해 주는 성서 구절 해설을 죄다 긁어모았는

데, 그중에는 그가 말하기로 신이 표시를 남겼다는—즉 몸에 기호를 썼다는—카인에 관한 논의도 있었다. 톱은 이런 점을 중심으로 논리를 구축하고는, "인간이 그러한 표시를 읽을 수 없었다면 주님의 글은 헛되었을 터이다"라고 말했다.[34] 톱은 문헌을 샅샅이 분석하며 "이 작은 형상들"이 언제 어떻게 쓰였는지 알아내려 했다. 그는 문자 창조론의 결정적 증거로서 신이 첫 주에 한 일이 스물두 개이고 자모도 "상응하는 합만큼" 만들어졌다는 견해를 내세웠다. 그러고는 히브리 문자가 인간의 모든 업적을 뛰어넘는 만큼 인간의 발명일 리 만무하다고 말했다(이후 수백 년간 거듭 표출된 정서였다). 오직 "전지전능하신 하느님, 사소한 일을 살피실 만큼 한가하지 아니하시는 그분"만이 "이러한 형태를 당신의 손가락으로써 가히 심각하게 쓰거나 새기실 수" 있었으리라는 주장이었다.[35]

휘호는 톱과 같은 시대 인물이었고, 1616년에 나온 저서 『최초의 문자』는 오로지 문자사(文字史)만을 다룬 책이었다.[36] 그는 히브리 알파벳에 최초의 문자라는 위상을 부여하면서도 그것이 아담의 발명품일지도 모르며, 그가 바로 신에게서 문자를 얻은 주역일지도 모른다고 시사했다.[37] 휘호는 고대와 근세 자료를 섞어 참고했다. 전자에는 에우세비오스, 폴리도로스, 플리니우스, 루카누스 등이 있었고 후자에는 알파벳을 다룬 16세기 문헌에 자주 등장한 인물로 기욤 포스텔, 테오도레 비블리안데르, 조제프 스칼리제르, 그리고 바티칸도서관장 안젤로 로카 등이 있었다.[38] 모두 알파벳학에서 교과서적인 인물로, 휘호의 권위자 목록에 등장해 원조 알파벳의 구체적 자모에 관한 논지를 뒷받침하는 데 활용되었다.

비블리안데르는 1548년 『만국어와 문자의 일반 관계에 관하여(De ratione communi omnium linguarum & literarum commentarius)』에서 여러 고대어와 파생 언어를 비교하며 방대한 언어 지식을 뽐냈다. 그의 광범위한 인용구들은 해당 주제에 관한 학문적 성과의 목록으로 유용하다. 비블리안데르는 12세기 성서학자 모세스 킴히와 르네상스 시대의 획기적인 히브리어학자 겸 카발라 신도 로이힐린을 인용해 원조어로서 히브리어의 선재성을 주장했다. 그는 최초의 알파벳이 취했던 형태는 추측만 할 수 있을 뿐이라고 주장해 부담을 덜기도 했다. 그가 그리스어의 네 가지 주요 방언[아티키(Attick), 아이올리코스(Aeolicam), 도리아, 이오니아]을 논하는 데 참고한 자료는 헤로도토스였지만, 더불어 그는 놀라우리만치 다양한 언어가—이집트어, 에티오피아어, 칼데아어, 라틴어, 히브리어, 아랍어, 아르메니아어, 튀르키예어, 페르시아어, 리투아니아어, 프로이센어, 타타르어, 세르비아어, 달마티아어, 에트루리아어, 가나안어 등이—발전한 과정도 추적했고, 마지막 언어는 히브리어와—옳게—동일시했다. 비블리안데르는 책 전체에서 성서를 인용했지만, 피타고라스, 플라톤, 키케로 등을 원용해 자모가 여러 별 중 "항성"의 위치에 기원한다는 이론을 뒷받침하는 등 카발라 외 자료로도 해당 개념을 보충했다.[39] 로카의 『교황 식스투스 5세의 바티칸도서관(Bibliotheca apostolica Vaticana a Sixto V)』(1591)은 해당 도서관 소장 보감(寶鑑)을 개괄한 총람으로, 모세가 최초의 히브리 문자를 발명했다는 진술을 뒷받침하는 문헌을 꼼꼼히 기록해 증거로 제시했다. 이들 학자에게는 텍스트의 권위가 유일한 권위였지만, 그런 문헌에는 그래픽 범례가 점차 많이 실렸고, 이 역시 글귀와 마찬가지로 이 자료에서 저 자료로 전수되었다. 로카가 제작한 출중한 문자 비교표가 한 예이다.

이런 여러 상황을 자세히 들여다보면 알파벳의 기원 문제가 16세기와 17세기 초에 중대 관심사였음을 알 수 있다. 이 시기의 학술 현황은 인용과 축약, 직접인용, 발췌, 지적 속기(速記) 등이 뒤얽힌 데서 엿볼 수 있다. 휘호나 비블리안데르 등의 저작은 일반 대중이나 폭넓은 독자를 염두에 두고 쓰인 책이 아니라 신학적, 지적 문제를 박식하게 다룬 연구서였다. 출처는 흔히 약어(예컨대 "Eus. Prae."는 에우세비오스의 저작을 가리켰다)로 표시되는가 하면 표준과 다르거나 학자들이 익히 안다고 당연시되는 라틴어 철자로 쓰이기도 했다.[40] 비블리안데르와 로이힐린, 휘호는 히브리어가 원조라는 주장을 정당화하려고 연구 범위를 태초에 가까운 고대로까지 잡아 늘렸다. 그들이 원용한 자료에는 교회와 고전문학에서 배웠음 직한 여러 신학 문헌과 해설이 포함되었다.

휘호는 카발라와 신비주의 사색에 거의 관심을 표하지 않았지만, 그보다 앞서 활동했던 피코 델라미란돌라와 로이힐린, 또는 휘호의 동시대인으로 중요한 클로드 뒤레는 마법 전통과 역사를 딱히 구분하지 않았다. 뒤레가 1613년에 써낸 『세계 언어사의 보배』는 모든 가용 자료에서 마법과 역사 정보를 망라해 뒤섞은 혼합체였다.[41] 뒤레의 추정에 따르면, 문자의 기원은 언제나 신의 위업과 관계있었지만 매개체는 석판에 글을 새긴 신의 손가락이 아니라 천국에 쓰인 글이었다. "세상의 첫 민족 히브리인은 천국에서 표현되고 새겨진 자신들의 히브리 문자를 고정된 별의 위치에 따라 보여 주었다.”[42] 여기에서도 뒤레는 포스텔을 거쳐 카발라 전통을 빌려 쓰고 있었다. 포스텔의 1538년도 결정판 『히브리어의 기원』이 바로 천상 배열에 문자의 기원이 있다는 인식의 출발점이었다.[43] 카발라는 뒤레의 논의를 그보다도 과거에 활동한 저자 아우구스티누스와 연결해 주었다. 『신국론』에서 아우구스티누스는 “원시 교회에서 그는 아담이 지었으나 워낙 오래된 탓에 기독교인에게 수용되지도 인정받지도 못하는 책들을 보았다”라고 말했다.[44] 『형성의 서』에 관한 카발라 해설과 천사 라지엘(Raziel) 등을 가리키는 듯한데, 이는 『형성의 서』가 아우구스티누스 시대(4~5세기)에 알려져 있었다는 증거일지도 모른다.[45] 뒤레의 책에서 신성한 알파벳 개념은 너무나 많은 필자의 권위를 통해 연장되는 탓에 이를 모두 나열하는 일은 시작조차 불가능할 지경이다. 1000여 쪽에 이르는 책에는 모호하거나 불완전하기 일쑤인 인용문이 쪽당 평균 열다섯 내지 스무 개씩 포함되어 있었다.[46]

　　문자와 알파벳의 기원 문제를 해결하려 애쓴 저자는 대부분 최종 결론을 도출하기보다 가용한 증거를 죄다 제시하는 데 만족했다.[47] 그런데도 끈질긴 질문은 남았다. 원조 문자는 무엇이었는가? 근세 논쟁에서는 모세가 두 가지 문자 유형을—신이 쓴 문자와 세속적 목적에 쓰이는 “이른바 사마리아 문자”를—썼다는 제안이 나타났다.[48] 16세기에 사마리아 문자는 미지(未知) 상태에서 벗어나 서양 학자들의 의식에 들어왔다.[49] 사마리아 주민 사이에서 보존된 오경(五經)은 기원전 3~2세기에 나온 그리스어 번역본보다 오래된 듯했다. 이른바 ‘칠십인역성경’으로 알려진 그리스어 구약성서는 단절 없이 이어진 가장 유구한 문헌 전통을 형성한 상태였다.[50] 17세기 초에 이르러 사마리아 문서와 문자의 발견은—또는 재발견은—풀어야만 하는 문제를 던졌다. 신성한 문자와 세속적인 문자를 구별하면 히브리 문자의 성스러움을 훼손하지 않고도 사마리아 문자에 보조적 역할을 부여할 수 있었다.

18세기—대니얼 디포, 소설가의 서술

이와 같은 인용과 주장의 계보는 18세기로도 이어져 저명 소설가가 해당 질문을 가장 풍성하게 논하는 결과를 낳기도 했다. 1726년에 출간된 문헌에서 대니얼 디포는 “문자의 원조”를 열정적으로 논했다.[51] 디포가

구사한 언어는 생생했고 논지는 박식할 뿐 아니라 복잡하기도 했다. 디
포의 책에는 근사한 18세기식 산문으로 논지의 다차원을 나열하는 제
목이 붙었다. 전체 제목은 다음과 같았다.『문학에 관한 소론, 또는 시나
이산에서 하느님이 손가락으로 쓰신 두 석판이 세계 최초의 문서였음
을, 다른 모든 알파벳이 히브리 문자에서 유래하였음을 증명하는 한편
문자가 알려지기 전에는 그것의 부재를 보완하려고, 이후에는 사용법을
개선하려고 고대인이 사용한 방법을 잠시 살펴보는, 고대와 문자의 원
조에 관한 연구(An Essay upon Literature, or An Enquiry into the Antiq-
uity and Original of Letters Proving That the Two Tables, Written by the
Finger of God on Mount Sinai, Was the First Writing in the World; and
That All Other Alphabets Derive from the Hebrew, with a Short View of
the Methods Made Use of by the Antients, to Supply the Want of Letters
Before and Improve the Use of Them, After They Were Known)』. 짧은
글인데도 디포의 소론은 제목이 내세운 약속을 지켰다.

디포는 문자 이전에 시간이 존재했는지, 대홍수 전 인류가 문자를 사
용했는지 등을 물으며 글을 시작했다. 그가 말하기로, 모세는 노아 말년
에서 시대적으로 그리 먼 인물이 아니었다.[52] 오경의 저자 모세는 최초
의 역사가였고, 그가 서술한 문자 이야기는 글쓰기에 관한 인류 최초의
지식이 되었다. "성경은", 디포가 이어 가기로 "세상에서 일어난 이런
일에 관하여 가장 진실할 뿐만 아니라 가장 유구한 서술이기도 하다".[53]
이는 그가 헤로도토스나 플리니우스 등 고대인을 대한 태도와 근본적
으로 대비된다. 그는 모세가 신의 권위에 의지한 데 반해 고대인은 근세
필자와 마찬가지로 오류에 취약한 보통 사람이었다고 간주했다.

디포는 십계가 최초의 문서이고 이에 적힌 문자는 신의 손가락으로
쓰였으므로 이스라엘의 자손은 이를 절대로 변형하지 않았으리라 믿었
다. 그러나 그들은 선물을 받기 전에도 이미 문자를 쓰고 있었어야 했
다. 그렇지 않았다면 "이스라엘의 자손이 어찌 그것을 읽을 수 있었겠는
가?"[54] 관련 설화를 논한 필자 거의 모두와 마찬가지로 그도 이 익숙한
난제에 괴로워했다.

디포는 페니키아인이 세계에서 이집트인 다음으로 "오래된 민족"이
라고 여겼지만, 문자의 발명에 관해서는 그들의 선재성을 인정하지 않
았다.[55] 페니키아 주화에는, 그가 주장하기로 명문이 없었다.[56] 그는 중
국과 일본이 유구하다는 주장도 폄하하면서, 세계의 역사가 1만 1000

년이라거나 자신들의 왕조가 7000년간 이어졌다면서 내놓는 계산도 허구라고 일축했다. 이처럼 경쟁자를 제친 그는 카드모스가 어떤 역할을 했느냐 하는 문제로 돌아왔다. "이 카드모스가 도대체 누구였느냐부터가 의심스럽기 때문이다."[57] 절묘한 논리를 동원해, 디포는 다른 모든 주장이 허위이거나 미심쩍으므로 문자는 신의 발명품이자 선물일 수밖에 없다고 거듭 주장했다. 이 선물의 연대를 모세와 연결한 데는, 만약 그전에도 문자가 존재했다면 이미 만물이 글로 적혀 있었으리라는 논리가 깔려 있었다. 여기에서 디포는 소설가로서 상상력을 발휘해, 문자가 있었다면 노아와 그의 주벽에 관한 이야기도 죄다 기록되었으리라고 시사했다. "문헌에 밝혀지기로 노아는 포도주를 과음하지 아니한 날이 단 하루도 없어 점차 통탄할 호대(戶大), 일종의 습관성 주정뱅이가 되었기 때문이다."[58] 더욱이 이전에 문자가 있었다면 베누스가 "만고불역의 매춘부, 한없이 되바라진 창녀"라는 사실도 폭로되었을 것이다.[59] 디포는 신화를 동원해 성서상 역사를 정당화하는 괴상한 일을 개의치 않았던 듯하다.

디포는 출애굽기 이야기가 실제로 일어난 해가 정확히 2515년, 즉 모세가 여든 살 된 해였다고 측정했다.[60] 디포의 서술에는 익숙한 권위자가 다수 등장했다. 성 유다뿐 아니라 플리니우스와 아우구스투스도 있었는가 하면, 1614년 초창기 세계의 상세 연대기를 작성했던 월터 롤리도 있었다.[61] 이들의 서술을 하나씩 짚어 가면서, 디포는 요점을 요약하고 일축하거나 논했다. 예컨대 그는 아우구스투스를 인정했는데, 그가 "히브리 문자는 모세에게 주어진 율법에서 유래하였다"라고 주장했기 때문이었다.[62] 그는 또 다른 권위자를 인용하며 이와 같은 평가를 뒷받침했다. "우리 기독교인의 (……) 아울러 히브리인의 미천한 견해인 즉 히브리 문자의 작자는 모세이며, 이는 에우폴레모스와 아르타파노스 등 속세의 필자들도 확인해 주었다."[63]

17세기에는 현대와 고대 히브리 문자가 같지 않다는 사실이 밝혀지면서 세부 역사가 한층 복잡해졌다. 증거는 소수 주화밖에 없었어도 방형 현대 히브리 문자가 고대 문자와 일치하지 않는다는 점은 명확했다. 이 차이에는 설명이 필요했다. 17세기 말 정설은 고대 유대인에게 두 가지 문자가 있었다는 것이었다. 초기의 모세 문자는 아브라함이 가나안에 가져왔고 야곱이 이집트에 가져갔다. 일곱 세기 후, 성서 연대기에 따르면 유대인은 바빌론유수 와중에 문자를 망실했다. 유대인이 풀려난 후 새로운 문자를 만든 업적은 에스라의 공으로 인정된다. 이와 같은 일 반적 서술은 근대와 고대 히브리 문자의 차이를 설명해 주었다. 그러나 이 지점에서 디포가 정확히 어떤 고대 문자를 염두에 두었는지는 불분 명하다. 그는 원조 알파벳으로 사마리아 문자도, 칼데아 문자도 언급하 지 않았기 때문이다. 디포는 요세푸스의 셋 기둥 이야기를 충실히 인용 했지만, 거기에 쓰인 초기 문자와 모세가 가져온 문자의 시대 관계를 정 리하려 애쓰지는 않았다.

디포의 상상은 대홍수 전대 문자 개념에도 자극받았고, 이에 관한 증 거는 다른 필자들의 글에서 끌어모았다. 그중에는 17세기 초 학자 제임 스 보너벤처 헵번도 있었는데, 디포가 주장하기로, 그는 "에녹이 대홍 수 전대 문학의 아버지라고 주장"한 인물이었다.[64] 신약성서에서 성 유 다는 에녹이 쓴 책이 있다고 암시한 바 있다. 더욱이 아담, 에녹, 노아가 쓴 편지의 사례는 디포가 인용한 여러 저자의 글에 제시되었는데, 그중 토머스 뱅의 『문예 연습(Exercitationum literariarum)』(1657)에는 여러 알파벳의 긴 목록이 실려 있었다.[65] 전설의 에녹서와 이에 쓰인 문자는 오컬트 연구자 사이에서 유명했고, 디포는 기존 자료를 성실히 인용해 서술의 포괄성을 유지했다.[66]

결국 디포는 다음과 같은 결론에 다다랐다.

아무튼 산에서 보인 양식, 원조가 있고, 이는 익히 알려진바 하느님 의 손가락으로 쓰여 모세에게 내려졌다는 점, 어떠한 역사도 이보다 믿을 만하지도 합리적이지도 못하다는 점, 이전의 문자에 관한 거짓 지식에는 근거 이전에 개연성마저도 없다는 점은 충분하다. 그들이 그러한 지식의 유물을 남기는 일에서 얼마나 거리가 멀었으면, 그들 의 후손은 저 아둔하고 되지도 않는, 말하자면 멍청한 신성문자 언어 에, 피조물의 형상에 끝없이 가치를 두고, 짐승을 통해 말하는가 하 면 말을 위해 제대로 된 글자를 형성할 줄도 모르고, 글자에 음운을 배당할 줄도 모르게 되었느냐는 말이다.[67]

그러나 이처럼 정교한 주장으로도 디포는 여전히 남은 기본 모순을 해 소하지 못했다. 모세가 석판을 받기 전에 문자가 존재하지 않았다면, 그 와 이스라엘의 자손은 어떻게 율법을 읽을 수 있었는가?

18세기―근세 역사가들

디포를 위시한 근세 필자들은 에우세비오스로 거슬러 가는 연대순 고대
사 모델에 근거해 역사에 접근했다. 역사는 별개 사건들의 연속으로 취
급되었지만 반드시 발전 과정으로 여겨지지는 않았다. 진보 개념이 알
파벳학을 뒷받침하기 시작하면서 문자와 언어, 문자 형태는 단번에 발
명되어 현재까지 변함없이 보존되는 것이 아니라는 점도 명백해졌다.
문자의 기원에 관한 연구에서는 두 영국인 학자가 특히 두드러진다. 한
명은 문자에 집중했던 안셀름 베일리이고, 다른 한 명은 저명한 고유물
연구가 존 잭슨이다.[68]

　18세기에 이르면 고대어에 관한 지식이 상당히 넓어져서 기원에 관
한 연구로 역사 전개 순서를 제대로 기술하려면 아시리아, 칼데아, 사마
리아 등의 문자에 관한 여러 주장을 조명해야 했다. 1758년에 베일리는
『문학·철학 언어 개론(An Introduction to Languages, Literary and Phil-
osophical)』에서 흔한 공식을 간명하게 진술했다. "하느님은 십계라고
알려진 율법을 당신의 손가락으로 쓰셨다. 즉, 그분이 이 문자의 유일한
작자이시다."[69] 과거 학자에게는 이처럼 명료한 진술이면 족했을 테지
만, 베일리의 설명은 진보 또는 그가 쓴 표현으로 "언어의 순서와 유래"
를 논하는 방향으로 전환하는 경향을 보였다. 그는 이렇게 말했다. "히
브리어, 따라서 칼데아어, 고대 시리아어,* 가나안어, 페니키아어, 포에
니어, 에티오피아어, 아랍어, 페르시아의 일부 언어, 그리고 오늘날 시
리아, 메소포타미아, 아라비아, 아르메니아, 아비시니아에서 쓰이는 언
어에는 칼데아의 위대한 유산이 남아 있다고 여겨진다."[70] 베일리가 섬
세하게 추적한 언어 계보와 연관 역사는 브라이언 월턴 주교의 연구에
서 얼마간 영향을 받았는데, 월턴이 편찬한 다국어 성서는 거의 한 세기
전 다양한 문자를 이용해 아홉 가지 언어로 출간된 상태였다.[71] 히브리
문자가 원조 알파벳이라 해도 플리니우스가 언급한 고대 아시리아에서
쓰인 문자는 설명해야 했고, 사마리아 문자와 히브리 문자의 연관성도
마찬가지였다. 칼데아는 아브라함이 살던 땅이었으므로, 고대 시리아
문자의 일종으로 지칭되는 칼데아 문자는 퍽 유구한 예로 간주되었다.

　베일리의 책에서 발췌한 짧은 문장은 이런 학자들이 문헌 증거를 정
리할 때 고대 저자를 먼저 살피고 다음으로 근대 저자로 넘어갔음을 잘
보여 준다. "누구는 이 민족에게 문자의 기원이 있다고 하고, 또 누구는

＊
고대 시리아어(Syriac):
서기 1세기 이후 오늘날
시리아 지역에서 나타난
아람어의 방언. 현재는
일상적으로 쓰이지 않으며,
시리아 기독교 정교회의 전례
언어로만 남아 있다.
영어에서 시리아의 언어나
문자, 민족적 특징을
일반적으로 가리키는
Syrian과 구별된다. 원서에서
두 용어를 늘 엄밀히
구분하지는 않는 듯하나,
역서에서는 전자를 '고대
시리아어/문자'로, 후자를
'시리아어/문자'로 구별해
옮겼다.

저 민족에게 있다고 하니, 플리니우스는 페니키아인, 이집트인, 아시리아인에게서, 플라톤은 바르바로스(Barbaros), 즉 그가 시리아인과 칼데아인이라고 부르기도 하고 이집트인이라고 부르기도 하는 외국인에게서, 시칠리아의 디오도로스는 크레타인과 시리아인에게서, 에우세비오스는 그가 시리아인이라고 부르는 히브리인과 특히 그들에게 율법을 선물한 모세에게서 기원을 찾는다. 이에는 여러 고대 필자도 동의하는 바이니, 에우세비오스가 인용한 에우폴레모스 등이 그러하고, 알렉산드리아의 클레멘스, 아우구스투스, 근대인으로는 존 오언 박사, 게일, 찰스 울즐리 경, 존슨 씨 등이 그러하다."[72] 신이 내린 선물이라는 핵심 질문에 관해, 그는 "사실에든 전설에든 모세의 역사에든 확고한 증거는 없는 듯"하다고 말했다. 그러나 "시나이산에서 하느님은 당신의 손으로 새긴 율법을 선택된 민족에게 주셨다. 히브리인에게 문자가 도입된 시기로 이보다 올바른 연대는 측정하기 어렵다".[73] 나아가 그는 모세가 이집트의 지식을 교육받았으며, 그가 문자를 쓸 줄 알았다면 시나이산에서 신의 도움은 받을 필요가 없었으리라고 지적했다.[74] 여러 필자와 마찬가지로 베일리도 문자의 발명은 인간 능력을 벗어나는 일이라고 확신했다. 그리고 이는 신이 내린 선물임을 옹호하는 결론으로 이어졌다.

첫째, 이성을 통해 아는바 인간이 말소리에 적당한 문자를 꼭 필요한 수만큼 저절로 떠올리기는 불가능에 가까우니, 그에게 모방과 변용은 쉬워도 창안은 쉽지 아니하기 때문이다. 그러므로 리비우스가 문자의 발견을 신성한 기적으로 보는 것도 정당하다. 둘째, 모세의 역사에 남은 증거로 보건대 히브리인이 도입한 문자는 인간이 아니라 하느님에게서 나온 듯하다. 셋째, 다른 민족에는 시나이산에서 율법이 전해지기 전부터 문자가 있었음을 증명하는 유적이 잔존하지 아니하며, 민족에 따라서는 훨씬 후대까지도 그러한 증거가 없다.[75]

히브리 문자의 구체적 형태에 관해, 베일리는 또 다른 논지를 강조했다. 이 문자를 신이 "당신의 손으로" 썼다면, 이후 유대인은 이 알파벳에서 절대로 벗어나려 하지 않았을 것이다. 사람은 신에게 받은 선물을 버리지 않는 법이다. 더욱이, 그가 말하기로 "히브리 문자의 아름다움은 눈으로 보기에 너무나 좋고 그처럼 기하학적인 비례로 만들어져 이 세상의 무엇과도 비교할 수 없다"라고 한 점도 신성 기원설을 뒷받침하는 증거였다.[76] 베일리가 묘사한 문자는 획과 형질이 우아한 '방형' 현대 히브리 자모였지 고대 히브리 문자(역시 퍽 정미하지만)가 아니었다. 후자는 소수 주화에서만 접할 수 있었을 것이다.[77]

베일리와 거의 동년배였던 존 잭슨은 명성이 자자한 학자였고, 그의 연구는 베일리보다 폭넓은 시야와 역사적 야심을 보였다. 『연대순 고유물』(1752)에서 잭슨은 "유대 민족의 기록은 세월이 흐르며 변질하였"으며 "진실한 성경의 모세 연대기는 신의 섭리에 따라 변질하지 않은 그리스어판 구약성서에 보존되어 있으니, 이는 요세푸스의 『유대 고대사』에도 포함된 박식한 유대인들이 변질되지 않은 히브리어판을 저본으로 번역한 것"이라고 특기했다.[78] 잭슨은 셋이 "히브리 문자를 발명하였다는" 주장은 "근거 없다"라며 일축했다.[79] 나아가 말하기로, "모세가 스스로 쓴 대홍수 전사(前史)에는 문자가 언급되지 아니하므로, 당시에 셋이나 에녹이나 여타 족장이 그들을 발명하였다는 유대 전설에는 근거가 없다. 만약 그와 같은 옛 시대에 문자가 발견되었다는 서술을 모세가 하나라도 알았다면," 특히 그가 천막이나 하프처럼 유용성이 훨씬 떨어지는 물건의 발명에 관해서도 말했음을 고려할 때, "그처럼 훌륭하고 유익한 발명의 작자를 언급하지 아니하였을 까닭이 없다".[80] 잭슨은 천지창조 1000년 후 오아네스가 문자를 가르쳐 주었다는 칼데아의 신화를 "우화"라고 일축하고, 문자는 대홍수를 통해 인류가 흩어진 이후에 발명되었음이 분명하다고 주장했다.[81] 하지만 칼데아에는 "최소한 서력기원전 2234년에도 문자가 알려지고 쓰였으며, 그보다 훨씬 오래전부터 분명히 문자가 있었음"을 보여 주는 문서 기록이 있었다.[82] 이처럼 상세한 세부 사항은 잭슨에게 자료 종합력이 있었음을 입증하지만, 그의 글이 이처럼 영향력 있었던 것은 그가 성서에 기반한 역사의 세부만을 고수한 덕택이었다.

이성적 주장

역사가들의 연구와 별개로, 18세기에는 고문서학(diplomatics)이라는 분야가 새로 등장해 알파벳학에 이바지했다. 프랑스인 학자 장 마비용이 1681년 기초 연구서 『고문서론(De re diplomatica)』를 펴내며 정립된, 주로 문서의 진위를 가리는 데 집중한 분야였다. 두 핵심 인물인 프랑스인 학자 샤를프랑수아 투스탱과 영국인 저술가 토머스 애슬(런던탑 기록물 관리자)은 알파벳 문자를 더 포괄적인 역사 발전의 맥락에서 파악했다는 점에서 언급할 만하다. 두 사람 모두 알파벳의 역사 연대기를 수립하려고 부심했다.

1750년 저서 『고문서학 신론(Nouveau traité de diplomatique)』에서 투스탱은 성서의 익숙한 난제를 단도직입적으로 물었다. "문자가 이미 존재하지 않았다면 글로 쓰인 율법이 대체 무슨 소용이었겠는가?"[83] 신이 모세에게 문자 지식을 선사하고 이를 모세가 이스라엘인에게 가르쳤을까? 바빌로니아인이 쓰던 문자, 즉 투스탱이 주장하기로 18세기 중반에 모세보다 더 오래된 문자로 밝혀진 바빌로니아 문자는 어떻게 설명해야 할까? 중국 한자는 이보다 역사가 길다며, 투스탱은 틀린 예를 들기도 했다. 그는 바빌론유수를 언급해 현대와 고대 히브리 문자의 차이를 설명하는 입장을 되풀이하는 한편 페니키아인, 즉 그가 히브리인과 동일시하는 민족에게 최초 발명의 공을 돌리는 역사 전개 순서에서 아시리아와 사마리아 문자의 자리를 찾아보려 애쓰기도 했다. 투스탱은 당시까지 알려진 모든 권위자를 끌어와 그들의 의견을 일관된 서사로 종합하려 했다.[84] 그러나 발명 주체가 노아인지 아브라함인지 모세인지 아니면 신인지를 두고 벌어진 이견을 해소하는 일은 결국 포기하고 말았다.[85] 그와 동시대에 활동했던 애슬은 "하느님이 스스로 모세에게 처음 문자를 전하셨으며, 다른 주장도 있었지만 십계가 바로 최초의 알파벳 문서라는" 사실을 의심하지 않았다.[86]

하지만 애슬은 아무리 모세의 말이라도 엄밀히 검증해야 한다고, 그것이 "이성 또는 경전으로 보증되는지" 알아보아야 한다고 믿었다.[87] "우리에게는 성경 자체에 의지할 의무가 있다"라고 밝히면서도, 그는 학문의 보조로서 이성을 언급했다.[88]

나아가 그는 성경에서 문자의 첫 사례는 출애굽기 17장 14절에 기록되어 있다고 적기도 했다. "야훼께서 모세에게 말씀하셨다. '이 일을 책에 기록하여 후세에 남겨 두어라. 그리고 (……) 여호수아에게 똑똑히 일러 주어라.'"[89] 그는 여기에 "문자가 방금 발명되었다고 믿을 만한 단서는 조금도 없다"라고 지적했다. "오히려 책에 기록된 것이 무엇인지 모세가 이해하였다는 결론은 내릴 수 있을 것이다. 아니면 하느님께서는 노아에게 방주 짓는 법을 가르쳐 주시었듯 모세에게도 가르침을 내리시었을 터이다."[90] 논의를 이어 간 애슬은 모세가 "이해에 어떠한 어려움도" 표하지 않았으며, 출애굽기의 첫 스물한 장은 사실 모세가 "석판은 약속조차 받기" 전에 썼음을 거듭 지적했다.[91] 모세는 "스스로 알파벳을 발명하였다고 말하기는커녕 어디에서도 자신의 시대에 알파벳이 새로운 문물이었다고 언급하지 아니한다. 오히려 그는 문자가 마치 잘 알려진, 익히 사용되는 기술인 양 말한다".[92] 심지어 애슬은 모세가 문자를 발명했다면 "돌과 황금에 이름과 문장을" 새기라고 일꾼에게 지시하면서 "너희는 이 비문에 야훼께서 내게 내려 주시고, 또는 내가 이제 발명하고, 너희에게 사용법을 가르쳐 준 알파벳 글자를 사용하여야 하느니라"라고 명했으리라 시사하기까지 했다.[93] 그러나 모세는 그러지 않았다.

애슬은 토트나 테우트 또는 메르쿠리우스 같은 신이 문자를 창조했다는 설화를 일축하면서, 플라톤을 인용해 자신의 입장을 방어했다. "어떤 이는 해결하기 어려운 난제가 있을 때 기계 같은 것에 신을 태워 내려보내 매듭을 끊어 버리도록 하였다."[94] 그는 윌리엄 워버턴의 『신의 사절 모세(The Divine Legation of Moses)』에 나오는 내용을 옮기며 이렇게 말했다. "박식한 글로스터 주교님이 말씀하시기를 고대인은 기원에 관하여 여하한 기록이 있는 것은 아무것도 신의 위업으로 돌리지 아니하였다고 한다. 그러나 발명에 관한 기억이 사라진 것, 예를 들어 식용 옥수수나 포도주, 문자, 시민사회 등은 신의 업적이 되었다."[95] 그는 이 논의를 이렇게 결론지었다. "성경은 이 주제에 관하여 연구할 여지를 남겨 두었고 속세의 필자들은 만족스러운 답을 내놓지 못하였으므로, 우리는 자유로이 문자의 기원을 탐구할 수 있다."[96] 이를 위해 그는 체계적인 방법을 동원해 문자의 속성과 힘, 즉 음을 상상했다.

이상과 같은 분석을 통해 애슬은 신의 역사도, 신화에 나오는 존재의 개입도 없었음을 확인했다. 그는 알파벳이 어음(語音) 분석에 근거하며, "기호는 인류가 문자 사용법을 알기 전부터도 널리 사용되었다"라고 말했다. "그러므로 후자의 발명은 전자의 표상 방법을 음운에 전이한 것일 뿐"이라는 결론이었다.[97] 훗날 고고학적 증거로 입증된 분석을 애슬은 18세기 말에 도출했던 셈이다.

이처럼 명석한 분석적 이해를 끝으로 이 장을 마쳐도 될 듯하다. 다만 알파벳 문자에 관한 이해가 이성적 장으로 옮겨 갔다고 해서 성서를 증명하고 근거로 삼으려는 탐색이 간단히 사라지지는 않았다는 점을 밝힌다. 주류 학계가 애슬의 논리정연한 통찰을 따라잡기까지는 한 세기 이상이 더 걸렸다.

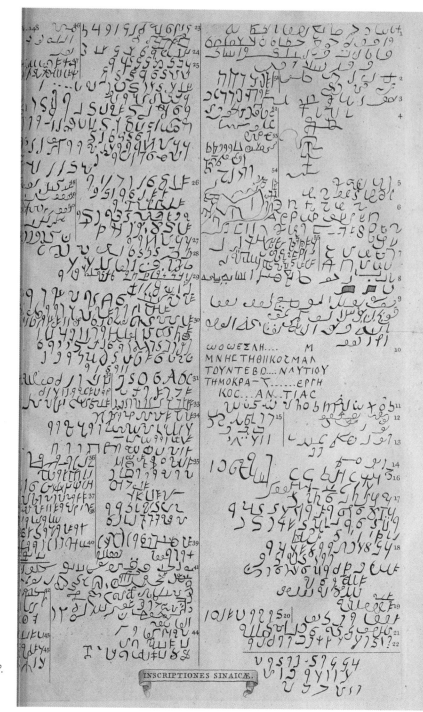

그림 2.2

리처드 포코키, '시나이 명문'.
『동방 서술기』(런던,
1743) 중.

맺는말

모세가 시나이산에서 석판을 받은 증거를 찾으려 한 여러 여행가와 고 고학자는 출애굽기에서 유대인이 이집트를 탈출하며 밟았다고 여겨지 는 경로를 상세히 서술했다.『동방 서술기(A Description of the East)』 (1743)에서 시나이 명문 사본을 공개한 리처드 포코키도 그런 초기 학 자 중 한 명이었다. 그는 이집트, 아라비아, 기타 중동 지역 여행을 잘 기 록했는데, 그중에는 성서에서 얻은 단서를 면밀히 추적해 보려는 시도 도 있었다.[98] 모세가 석판을 받은 장소를 찾아내는 일은 이후에도 여행 가와 지도 제작자, 사진가 등이 성서에 기록된 묘사와 일치하는 지리적 특징을 찾아 나서는 동기가 되었다. 포코키는 "이스라엘의 자식이 걸은 길"을 좇았다고 말해 후대 연구의 틀을 설정해 주었다. 그가 방문한 곳 중에는 성카타리나수도원(St. Catherine's Monastery)도 있었는데, 그 는 "시나이산으로 이어지는 계곡에 널린 바위들"에 명문이 많이 새겨 져 있었다고 적기도 했다.[99] 포코키는 명문을 읽을 수도 없었고 연대측 정은커녕 쓰인 언어조차 식별할 길이 없었지만, 형태는 정확히 사자해 다른 학자들이 연구할 수 있게 했다. 이는 시나이 명문을 최초로 사자한 이미지 중 하나로 근대 고문자학에서 중요한 이정표이자 자료가 되었다.

이들 명문에 모세라는 이름은 등장하지 않으며, 방형 히브리 문자나 '칼데아' 문자도 마찬가지로 부재한다. 시나이 명문에 쓰인 언어를 둘러 싸고—히브리어냐 가나안어냐, 성서상 인물을 뒷받침하는 증거가 있느 냐 없느냐를 두고—최근에 벌어진 다툼은 무척 민감한 사안이다.[100] 핵 심 신앙과 현대의 발견을 조화시키고픈 욕망은 여전히 성서에서 일말의 진실을 찾아내려는 동기가 된다. 수천 년이 지난 지금도 고전 문헌과 성 서는 알파벳의 기원과 정체를 연구하는 기틀로 쓰인다. 만약 '문자의 원 조'가 실제로 기원전 14세기 내지 13세기에 창조되었다면, 모세라는 신 화적 인물의 역사적 연대가 증거와 일치하게 된다. 하지만 그런 연구도 석판과 신의 손가락, 주요 원인으로서 신의 개입이 필요했던 이유는 설 명하지 못할 것이다.

성서 자료에 대한 관심은 여전하고, 여행기는 명문에 관한 일차 지식 과 기록의 폭을 넓히며, 축적되는 증거는 진행 중인 연구와 결합해 역사 적 논지 개발의 바탕이 되는 세부 사항을 확산시킨다. 모세가 글을 쓰지 못했거나 알파벳을 몰랐다면 대체 어떻게 율법을 읽을 수 있었겠느냐는 논리적 질문을 해결한 이는 아무도 없다. 그러나 고대에서 시작해 근세에 이르는 동안 역사가들은 성서 구절을 문자 그대로 읽는 데서 벗어나 이성적으로 해석하는 쪽으로 방향을 돌렸다. 그들의 정교한 인용 문헌 계보는 다른 지식 전파 수단이 등장하면서 점차 뒤로 물러나게 되었다. 또 다른 전파 수단, 즉 그래픽을 통한 사자 역시 신화적 전통을 보전하고 문자에 마법적 힘을 불어넣는 데 일조했다.

3

중세의 사자생

마법 자모,
신화 문자,
이국 알파벳

사자 전통은 알파벳학에 시각적 차원을 더해 준다. 고전 문헌과 성서에서 알파벳 계열 문자는 언급은 되었지만 보여지지는 않았다. 그리스인은 알파벳을 문화 교류로 유포되는 표기법으로 여겼고, 성서와 카발라 전통에서 알파벳은 세상을 탄생시킬 힘을 지닌 신의 선물로 여겨졌다. 그러나 그래픽을 통한 전파는 알파벳이 특정한 시각적 형태로 이루어졌으며 이 형태에는 상징적 힘이나 역사적 정체성이 잠재한다는 인식을 드러낸다. 고대부터 사자되어 전승된 문자 중에는 문서 작성에 사용된 실제 알파벳뿐 아니라 글을 적는 데는 쓰인 적이 없는 범례를 그대로 옮긴 마법, 신화, 이국 알파벳도 있었다. 근대에 들어서도 신화 문자와 실존 문자는 철저히 구분되지 않았고, 총람에는 두 사례가 함께 실리곤 했다.

그래픽을 통한 전파

수백 년간 그림이나 글을 복제하는 일은 모두 손을 이용한 사자로 이루어졌고, 모든 사본은 고유한 성격을 띠었다. 말로 이루어진 텍스트는 구술이나 필기로 전파할 수 있었지만, 시각적 문자는 눈으로 보고 옮겨야만 했다. 말로 아무리 묘사한들 필경사가 본 적도 없는 문자를 그리는 데 필요한 정보는 충분히 제공할 수 없었다. 시각적 범례 없이 낯선 문자를—노아나 천사가 만들었다는 문자는 물론 히브리, 아랍, 콥트, 고대 시리아 문자 등도—옮겨 쓰는 일은 불가능했을 것이다. 꾸준히 쓰이던 알파벳은 필사에 필요한 지식의 일부가 되었고, 획 패턴이나 습자를 통해 익혀졌다. 그러나 낯선 형태를 옮기려면 글자 특징을 획이 아니라 구체적인 도형으로 다루어 사자해야 했다.

특히 공상으로 지어낸 문자는 한 자씩 옮겨 써야만 했다. 그런 문자는 마법, 천상, 신화, 이국 알파벳 등 몇 종류로 나뉘고, 각각에는 독자적인 계보가 있다. 실제로 언어를 기록하는 데 쓰인 것은 드물지만, 모두 수백 년간 상당한 정확성을 유지하며 복제되었다. 이들 문자는 먼저 필사본으로, 나중에는 인쇄본을 통해 전파되었지만, 단일한 원형을 찾으려는 노력은 대부분 끝없는 수수께끼로 퇴행하는 결과를 낳았다. 초기 역사에 해당하는 시대에 관해서는 증거가 유실된 경우가 많다.[1] 예컨대 획 끝에 반달꼴이 달린 천상 자모가 처음 나타난 시기와 필사본 또는 명문이야 틀림없이 있을 테지만, 그 시기가 정확히 언제이고 어떤 물건에 처음 나타났는지 알아낼 도리가 있을까? 이와 마찬가지로, 신화 속 여행가 아에티쿠스 이스테르가 발명했다는 알파벳의 원조는 아마 그림 솜씨가 뛰어난 필경사의 작품일 것이다.

가공 문자 중에는 그리스·이집트 마법과 바빌로니아 주문 전통에서 유래한 마법 알파벳의 역사가 가장 길다. 문자와 천사를 관련짓는 전통에는 최소한 서기 초 몇 세기로 거슬러 가는 역사가 있다. 천상 문자는 유대교 신비주의와 초기 기독교 영지주의에서 기원했고, 히브리 문자에서 변형되어 나왔다.[2] 역사상, 성서상 인물—아브라함, 아담, 노아, 솔로몬 왕 등—과 결부된 몇몇 신화 알파벳은 실제 히브리 문자나 아람 문자와 관계있다. 이국 알파벳 중에는 순전히 가공된 것도 있었지만, 히브리 문자나 룬 문자 등도 문화적 의도에 맞춰 이국적으로 그려지곤 했다.

언어적 맥락

중세와 초기 인쇄술 시대에 유럽과 잉글랜드의 독자들은 낯선 알파벳을 다양한 문화적 맥락과 지리적 장소, 시대와—정확도는 경우마다 다르지만—결부했다. 로마제국 붕괴 후 도심과 대학, 통신체계가 점차 정립된

중세 후기까지는 제한된 소수 언어만 알려지고 연구되었다. 라틴어는
제국과 교회의 문어로서 신학 해설, 교회법, 종교사, 교부의 글을 적는
데 쓰였다. 중세 초 유럽의 성직자와 학자 들은 이런 문헌을 다루느라
바빴고, 약초와 역사, 고전기 작품 소량 등과 더불어 학계에서 읽고 쓰
는 대다수 글도 그런 문헌이 차지했다. 로마제국이 무너진 후 1000년간
지역어가 점차 나타나면서 고대 영어, 프랑스어, 이탈리아어, 독일어,
슬라브어, 스칸디나비아어 등으로 쓰인 자료(인가서, 행정 공문서, 문학
작품 등)가 만들어졌다. 이와 동시에, 여러 지역과 민족의 필체(라틴 알
파벳의 지역적 양식 변종)도―예컨대 고대 영문체(Old English), 카롤
링거체, 독일 흑체(black letter), 이탈리아 로툰다체(rotunda), 공문체
(chancery), 법원체(charter hand) 등으로―융성해졌다.

　　몇몇 언어공동체는 말소리를 표상하려고 자모를 조금씩 변형해 독
자적인 알파벳 계열 문자를―키릴 문자, 고대 슬라브 문자, 아르메니아
문자 등을―개발했다[예컨대 라틴 문자에는 고대 영문에 쓰인 자모 손
(thorn)이나 에드(eth)가 없었다]. 룬 문자(서기 초 게르만어파와 북게
르만 언어권에서 발명된 알파벳 문자) 같은 몇몇 부류는 기원이나 모양
이 신비롭다고 여겨지기도 했는데, 초기에는 이들에 관한 역사적 지식
이 없었기 때문이다. 그러나 이 모든 신종 알파벳에는 명료하게 분별되
는 역사가 있다. 현재 쓰이는 여러 문자는 중세 시대에 현대적인 형태
를 얻었다. 사실 활자와 문자 디자인에서 양식적 발명은 현재까지 지속
되고 있지만, 서양에서 알파벳에 주요한―키릴 문자에서 자모가 추가된
것 같은―변화가 일어난 것은 중세가 마지막이다.

　　중세에는 유럽인이나 영국인 학자가 아는 언어가 극히 제한되어 있
었다. 필경사 중에는 자신의 지역어(즉 앵글로·색슨이나 켈트 방언) 외
에 글로 쓰인 그리스 알파벳과 라틴 알파벳, 어쩌면 일부 룬 문자에도
익숙한 사람이 있었을지 모른다. 하지만 그리스 문자나 드물게나마 히
브리 문자가 어눌하게 쓰인 모습은 그런 문자에 익숙하지 않았던 솜씨
를 분명히 드러낸다.

　　그리스어가 쓰이거나 보존된 공동체에서는 칠십인역성경 원서 등
중요 신학, 고전 문헌에 접근할 수 있었다. 11세기에 동서 교회의 분열
이 일어나면서 언어공동체도 더욱 멀리 갈라졌다. 1453년 콘스탄티노
플이 오스만제국에 함락되고 그리스인 학자 상당수가 유럽으로 이주하
면서 교류가 재개되기는 했지만, 라틴어로 의식을 치르고 공부하던 서

방 교회에서는 히에로니무스가 성서를 번역한 덕분에 학자가 아닌 일반인이 그리스어를 배울 필요는 없어진 상태였다. 옛 로마제국의 범세계적 중심지와 고대 중동의 주요 도시 밖에서는 언어 교육에 맞는 환경도 제한되어 있었다.

유럽에서 고대어 연구에 적합한 환경은 11세기 내지 12세기에—리스본, 파리, 케임브리지, 옥스퍼드, 나폴리, 툴루즈 등에—대학교가 처음 세워지고 나서야 비로소 형성되었다.[3] 예컨대 영국에서는 1066년 노르만정복 전까지만 해도 히브리어에 관한 지식이 전무하다시피 했다. 요하네스 로이힐린이 대학에 관련 교수직을 설치하라고 촉구한 15세기까지도 유럽에서 '신성어', 즉 히브리어를 읽을 줄 아는 학자는 1000명 이하, 어쩌면 그 절반가량밖에 안 되었을 것이다.[4]

칼리프가 지배하던 바그다드의 교육 중심지 등 이슬람제국의 학문 중심지에서는 8세기부터 선진 의학, 천문학, 기타 과학 출판과 아울러 고전 문헌을 아랍어로 번역한 책들이 나왔다. 그러나 문화적 단절뿐 아니라 언어적 고립 탓에도 이들 공동체는 한동안 유럽과 분리된 상태를 유지했다. 북아프리카, 시칠리아, 스페인 남부에서만 실질적인 언어 지식 양성에 필요한 문화 교류가 일어났고, 그마저도 10세기 내지 11세기까지는 제한된 환경에서만 발생했다. 이후에는 통상로와 군사 원정을 통해 아랍과 헬레니즘의 영향이 유럽에—나아가 점차 영국제도에도—유입되었다. 스페인 모사라베와 이탈리아 남부에서는 문화와 언어, 신앙이 뒤섞인 결과 아랍어를 라틴어로 옮기는 번역업이 성했지만, 이 또한 11세기 내지 12세기에야 벌어진 현상이다. 아랍어와 아랍 알파벳, 나아가 중동과 이슬람 황실에서 꾸준히 이어진 마법 전통에 관한 지식은 중세 후기에야 유럽에 유입되었다. 12세기 번역가 제라르드 데 크레모나가 내놓은 과학과 의학 문헌은 수 세기에 걸쳐 축적된 학식뿐 아니라 고전 지식도 유럽에 가져다주었다. 그러나 잉글랜드에 아랍어 관련 대학 교수직이 처음 설치된 해는 윌리엄 로드가 옥스퍼드에 해당 직을 마련한 1636년이다.[5]

이집트 영토와 아라비아, 소아시아 등지의 '이국적' 언어를 기록한 여행기가 증명하듯, 중세 유럽에서는 사마리아어나 고대 시리아어, 칼데아어(아람어) 같은 중동 지역 셈어가 사실상 알려지지 않은 상태였다. 그러다가 십자군원정이 시작되고 근세 통상로가 확립되면서 이들 언어도 점차 유럽에 들어오게 되었다. 셈어에 관한 관심이 커졌음을 알려 주는 단서로는 다국어 성서 출판에서 셈어가 차지한 비중을 들 수 있다. 최초의 다국어 성서로 1501년에 출간된 콤플루텐세 성서에는 그리스어, 라틴어, 히브리어 본문이 실렸다. 다국어 성서의 대역어 수와 레이아웃, 인쇄 기법은 점차 복잡해졌다. 브라이언 월턴이 편집하고 런던에서 1655년부터 1657년까지 여섯 권으로 나뉘어 출간된 성서에는 아홉 가지 언어(고대 시리아어, 히브리어, 그리스어, 라틴어, 아람어, 에티오피아어, 아르메니아어, 사마리아어, 페르시아어)로 된 본문이 나란히 실렸다.[6] 이런 책을 펴내려면 문자별로 활자를 깎고 주조해야 했다. 17세기에 이르러 '초기 기독교 지식'과 이면의 교리를 밝히려는 학문적 관심이 늘면서 그리스어, 고대 시리아어, 아람어, 히브리어 연구열이 일었다.[7] 한때 이국적이었던 문자는 평범해졌다. '원조' 문자를 찾으려는 탐구가 진행 중이었다.

중세에는 고대에서 유래했다고 내세우며 내용을 정당화하는 위서도 다수 나왔다. 마법 주문이 실린 그리무아르는* 성서에 나오는 왕의 저작이라고—허위로—주장되는 『솔로몬의 열쇠(Key of Solomon)』 등 '잃어버린' 고대 문헌을 들먹였다. 연금술사 로저 베이컨의 책은 시각 기호뿐 아니라 인용, 개작, 표절, 창작된 글을 짜깁기하며 학문적 엄밀성과 환상의 경계를 흐렸다.[8] 베이컨은 13세기 중반 히브리어 문법을 정리하려 했는데, 결함은 있었지만 이 작업은 당시 그런 사업에 동원할 수 있었던 자료의 단면을 제시해 주었다.[9]

이런 맥락에서 마법 문자와 이국적 알파벳은 여행기와 신비주의 자료뿐 아니라 그리무아르 필사본과 오컬트 문헌에 실린 범례를 통해서도 접할 수 있게 되었다. 그중 몇몇 알파벳은 부단히 사자되고 온전히 유포되었다. 반면 복제 과정에서 여러 형태로 변형되거나 변질한 예도 있었다. 일부는 마법에 쓰이는 글자 몇 개나 개별 자모 또는 기호, 시질(끈문자)에 그치기도 했다. 그러나 이와 같은 가공 알파벳 중 일부가 현재까지도 상당히 일관성 있게 전해진다는 사실은 사례들이 유포된 범위가 상당했음을 말해 준다.

마법 문자와 천상 자모

천사나 마법과 연관된 천상 자모는 필사본과 인쇄본에 이따금 나타났고, 때로는 글자 몇 개로만 표시되기도 했다. 이런 글자는 그래픽 기호

*
그리무아르(grimoire):
마법을 배우는 데 쓰이는
실용적 교과서. 부적을
만드는 법, 주문 읊는 법,
점치는 법, 천사나 혼령 등을
소환하는 법 따위가 실린다.

의 힘에 대한 믿음 덕분에 길고 성공적인 역사를 누렸다.[10] 일부는 고대 후기의 바빌로니아·이집트와 그리스에서 유래한 마법 문헌에 기원을 두는데, 이처럼 '유구한' 기원은 이들에 신비한 권위의 기운을 더해 주었다. 아랍 학자들은 이런 문자를 서양에 전하는 통로가 되었고, 유대교 신비주의 전통 역시 마찬가지였다. 고대 유물에 남은 증거로 추정컨대 일부는 아람 명문과 주문에서 유래한 듯하지만, 초기 역사는 불분명하다.[11] 유대 마법에 관한 최근 연구에서는 이들의 복잡한 기원과 전파 과정이 검증되는데, 이에 따르면 히브리 문자처럼 생긴 형태는 뚜렷한 정체성으로서 보존되었어도 다른 측면은 전용 과정에서 변형되었을 가능성이 있다.[12]

마법에 쓰이는 문자는 '브릴렌부흐슈타베(brillenbuchstabe)'나 '고리 문자(ring letters)', '카락테르(charaktêr)'[아랍어 '카라크티라야(Karaqtiraya)' 또는 '칼라크티라야(Kalaqtiraya)']' 등으로 불렸다.[13] 획끝에 작은 고리 모양(또는 반달꼴)이 달려 있고, 히브리 기도서에 종종 등장했다. 그리스어 카락테르는 이들 문자에 마법적 성질이 있음을 상기시키려는 목적으로 쓰였다. 같은 카락테르가 아랍, 그리스·이집트, 유대 문헌에 두루 사용되었고, 언제나 시각적 변화 없이 "고대 후기에서 중세 카이로로 원만하게 전승된" 히브리 자모 형태를 띠었다.[14] 이들 자모는 카이로 게니자에서* 발견된 필사본뿐 아니라 그리스 파피루스에 적힌 주문에도 등장했다.[15] 게니자에 있던 20만 개 단편 중 1000점 이상이 마법과 관계있었고 그중 다수에는 '고리 문자'가 적혀 있었다.

오컬트 문헌에서 마법 문자는 복잡한 시질 또는 기호와도 관련되어 있었다. 시질에는 여러 획을 연자(연결된 자모)로 합쳐서 마력이 충만해 보이는 복잡한 상징이 쓰였다. 13세기 내지 14세기에 쓰였다고 추정되는 마법 문헌 『솔로몬의 열쇠』 필사본에서는 여러 예를 볼 수 있다. 엄밀히 말해 알파벳은 아니지만, 이런 합성 기호는 문헌에서 마법 문자와 함께 발견되곤 했다. 대개 천사와 관계있다고 믿어진 이들 기호는 종종 천사 이름에 쓰이는 일부 자모의 조합으로 구성되었다. 시질은 획이 연결된 모습 때문에 '끈 문자'라고도 불렸다. 천사와 관련된 알파벳에 대한 관심은 중세에 아슈케나즈 유대인** 사이에서 일어났다. 기데온 보하크의 최근 연구에 따르면, 이 공동체에는 "거의 무한히 다양한 천사 알파벳이 있었다"라고 한다. "이곳저곳 옮겨 가며 쓰였다. 아마도 비밀스러운 문자일 텐데 정확히 무엇에 쓰고자 했는지 궁금하다. 같은

*
게니자(genizah): 유대교 회당이나 공동묘지에 딸린 문서고. 카이로 게니자는 이집트 카이로의 벤 에스라 회당에 있는 문서고인데, 1896년 영국 케임브리지 대학교 발굴단이 이곳에서 고대 말과 중세 초 문서를 다량 발견했다.

**
아슈케나즈 유대인 (Aschkenasim): 유럽, 특히 중부 유럽에 거주하던 유대인.

필사본에 적힌 마법 주문의 실제 카락테르를 해독하는 데에도 전혀 쓸 모가 없었던 듯하다."[16] 알파벳 연구와는 간접적 관계밖에 없지만, 이들 상징은 그리무아르 등 악령, 마법, 천사론 관련 문헌에서 일정한 역할을 했다.[17]

이런 자모에 마법적 성질이 있다는 인식은 역사가 유구하다. 의식 (儀式)에 쓰이는 필사본과 물건에는 고대 그리스·이집트와 바빌로니아 의 마법 문헌이 새겨져 있었다. 서기 초 유대 아람어 주문 그릇에는* 천 사들의 이름과 그들에 관한 언급이 종종 적혔다. 그중 일부는 19세기 에 고고학자 오스틴 헨리 레어드가 니네베 등 고대 바빌로니아 유적지 에서 발굴하고 처음 정체를 밝힌 유물이었다.[18] 1853년 레어드의 저서 『니네베와 바빌론 유적지의 발견(Discoveries of the Ruins of Nineveh and Babylon)』에 도판으로 실린 어느 그릇에는 천사들을 줄줄이 호명하 는 문장이 적혀 있었다. "바라키엘(Barakiel), 레미엘(Ramiel), 라미엘

그림 3.1

카이로 게니자에서 나온 사례. 연도 미상. 아래쪽에 마법 '고리 문자'가 보인다. 문서 T-S. K1 92(6~19세기 추정) 중.

＊

주문 그릇: 고대 메소포타미아 지역에서 액막이용으로 쓰이던 물건. 우묵한 그릇 안쪽에 주문이 적혀 있다. 악령 그릇, 악령 덫, 마법 그릇 등으로도 불린다. 땅에 묻어 두면 악령을 잡아 가둔다고 믿어졌다.

그림 3.2

요한 후저(Iohan Huser)의
『마법 대공(Archidoxis
magicae)』(1590)에 포함된
시질. 『아우레올리 필리피
테오프라스티 봄바스츠 폰
호엔하임 파라첼지(Aureoli
Philippi Theophrasti
Bombasts Von Hohenheim
Paracelsi)』(스트라스부르,
1616) 중.

*
레트라스 안테오하다스
(letras anteojadas):
원서에는 이 스페인어 표현이
'이미 본 문자(already seen
letters)'로 번역되어 있다.
이는 원서 주 20에 명시된
데이비드 잭슨(David
Jackson)의 번역을 그대로
옮긴 것으로 보인다. 그러나
같은 출전에 달린 온라인
댓글에서 잭슨은 '원거리
문자(far away letters)'가 더
정확한 번역일지도 모른다고
인정했다. 그에 따르면
'anteojadas'는 'anteojo', 즉
안경이나 망원경을 이용해
보는 행위를 뜻한다.

(Raamiel), 나하비엘(Nahabiel), 샤르미엘(Sharmiel)의 이름으로 그대의 기원을 올리노라."[19] 중세 문헌과 후대의 마법 출판물에도 같은 이름들이 등장한다. 이런 고대 주문 그릇 대다수는 고통을 덜거나 생활에 도움을 바라는 기도에 쓰였다.

중세에는 연금술 같은 글에 정교한 주문과 묘약 제조법이 나란히 실리는 그리무아르가 유행하면서 문자의 힘에 관한 인식도 팽배해졌다. 1601년경에 쓰였다고 추정되는 아랍어 필사본 『불가사의의 서(Libro de dichas maravillas)』에도 이런 '레트라스 안테오하다스(원거리 문자)'가* 일부 포함되어 있지만, 그보다 이른 예도 찾을 수 있다.[20] 마법 문자는 서기 초에 쓰인 헤르메스주의 문헌과 연결되곤 했다. 그중 일부는 '알하미아도(aljamiado)', 즉 1567년 스페인 왕 펠리페 2세가 아랍어 사용을 금지한 후 아랍 문자로 작성된 저항문학에 속했다.

이런 알파벳과 카락테르는 13세기 스페인에서 출현한 카발라와 밀접한 관련이 있었다. 영향력 막대한 『라지엘의 서(The Book of Raziel)』가 처음 등장한 것이 바로 이때이다. 그리무아르, 즉 실용 마법서로 간주되는 『라지엘의 서』는 중세에 히브리어와 아람어로 작성되었고, 라틴어로 번역되며 『대천사 라지엘의 서(Liber Razielis archangeli)』가 되

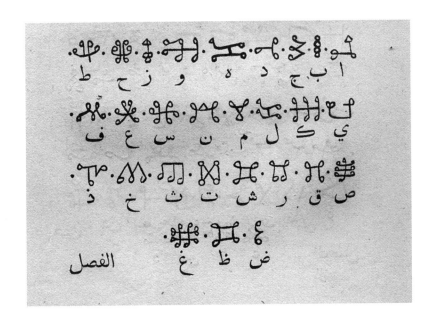

그림 3.3

이븐 와흐시야의 글에 나타난 콜포테리오스의 마법 문자. '알하미아도'로 쓰였다.

었다(이후 라틴어에서 '라지엘'은 '라파엘'로 바뀌었다). 당시 스페인에서는 유대교 신비주의 신앙이 체계화되던 중이었다. 이전에도 『라지엘의 서』가 존재했다는 증거는 없지만, 역시 유래가 불분명한 『모세의 검—고대 마법서(The Sword of Moses: An Ancient Book of Magic)』에서 언급된 적은 있었다.[21] 이처럼 근원이 모호한 것은 일부는 의도적이고 일부는 우연이지만, 아무튼 유대교 카발라가 등장한 시기는 고대가 아니라 중세로 추정된다. 1896년 모세스 가스테르가 13세기 내지 14세기 필사본 소장품을 저본으로 편역한 『모세의 검』 영어판에는 주문과 제법 등이 소개되었는데, 그중에는 『형성의 서』 등 다른 문헌에서 문자의 힘에 관한 내용을 빌려 언급하는 부분도 있었다. 마법 알파벳은 중세 이후 문헌에서 독특한 형태를 통해 시각적 신빙성을 높이는 일반 요소가 되었다. 최근 디지털 자료로 제작되어 라이프치히도서관에 소장된 마법 필사본들은 그런 작업을 특히 풍성하게 일람해 준다.[22] 그중에서 "17세기에—주로—히브리어로 쓰인 마법 필사본"에는 "하이칼로트(Heikhalot)[밀교와 신비주의] 문헌뿐 아니라 카이로 게니자에서 발견된 것과 동일한 기법"도 있었다.[23] 이런 문자에 관한 지식은 밀교 관련 네트워크를 통해 유포되었다. 한 예가 바로 마법을 찾아 다마스쿠스, 예루살렘, 이집트, 레반트 전역을 누비며 관련 문헌을 사자한 테살로니키 출신 학자 요세프 벤 엘리야후 티르솜의 연구이다.[24]

그림 3.4

『라지엘의 서』, 초판
(암스테르담, 1701).

그림 3.5

라틴어판 『현자의 목표』,
즉 『피카트릭스』 필사본.

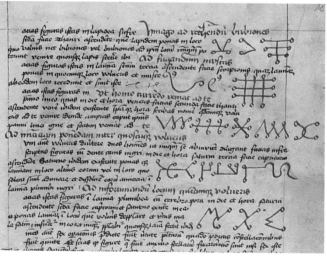

결국 천사 알파벳은 지나치게 범람한 탓에 방만한 그래픽 통화(通貨)가 되어 버렸고, 눈에 보이는 반달꼴은 무조건 마법을 연상시키게 되었다.『라지엘의 서』여러 판 지면을 비교해 보면 관련 구절과 마법 요소가 얼마나 완벽하게 옮겨졌는지 알 수 있다. 그래픽은 판마다 다른 특징을 보인다. 어떤 판은 정밀하게 인쇄되어 마법 문자도 깔끔한 선으로 찍혀 있다. 하지만 어떤 판에는 이런 형태를 모방한 목판이 쓰였는데, 그 결과는 훨씬 거칠고 중세적으로 보인다. 이는 오랜 역사와 깊은 신비를 나타내려고 일부러 택한 방법일 수도 있고, 자모를 금속으로 주조하기보다는 목판을 깎아 찍는 편이 쉬웠을 테니 단지 제작 편의를 위한 선택이었을 수도 있다.

아랍 마법을 전파한 주요 논저『피카트릭스(Picatrix)』[『가야트 알하킴(Ghayat al-hakim)』, 즉『현자의 목표』]는 대개 11세기에 쓰였다고 추정된다.『피카트릭스』에는 마법 알파벳 사례가 다수 있었는데, 이는 이 책이 유대교 신비주의나 후대의 기독교 카발라와 관계있었다는 뜻이다. 필사본에는 단편적 구절을 표기하는 반달꼴 문자가 다수 그려져 있었다. 천사들은 말이 짧았던 모양이다.

『피카트릭스』는 14세기와 15세기의 히브리어 저술에 영향을 끼쳤고, 코르넬리우스 아그리파에게는 결정적인 자료가 되었다. 1533년에 완간되고 이후 빈번히 인용된 아그리파의『오컬트 철학(Philosophia occulta)』은 관련 주제의 포괄적인 참고서였다.『피카트릭스』필사본에는 여러 기호가 등장했지만, 아그리파의 책에 실린 전체 마법 알파벳과 중복되는 것은 없다.『오컬트 철학』은 널리 번역되고 유통되었으며, 그 자체도 이런 천상 알파벳(그리고 천사 등과 연관된 몇몇 사례)의 출처로 자주 인용되었다.

마법 문자와 마찬가지로, 소위 천상의 문자 역시 천국의 배열에서 유래한 것처럼 보이려는 단서로서 획 끝에 고리 모양이 달려 있었다. 이는 16세기 카발라 신도 기욤 포스텔이 체계화하고 이후 17세기 프랑스인 카발라 신도 자크 가파렐이 확장한 전통이었다.[25]

가파렐은 만물, 즉 식물, 꽃, 물고기 비늘, 하늘을 나는 두루미 떼는 물론 마침내는 천상의 배열에서도 문자를 보았다. 그는 포스텔이 이런 지식을 유럽에 들여왔다고 인정했으며, 익숙한 오컬트 필자—기독교 카발라, 요하네스 로이힐린, 피코 델라미란돌라, 코르넬리우스 아그리파, 하인리히 쿤라트, 로버트 플러드, 이 외에 여러 유대교 랍비—계보를 인

그림 3.6

자크 가파렐, 『전대미문의
진귀품』(1632) 중. 기욤
포스텔의 책에서 거의 똑같이
옮겼다.

＊

『조하르(Zohar)』: 유대교
신비주의 카발라의 근본
경전. 모세오경을
신비주의적으로 해석한
내용이다. 서기 2세기 유대
랍비 시몬 벤 요하이의
가르침이라는 주장이
있었으나, 실제로는 이를
주장한 13세기 말 스페인
랍비 모세스 데 레온(Moses
de León) 자신이 쓴 문헌으로
추정된다.

용해 자신의 이론을 뒷받침했다.[26] 가파렐은 포스텔이 그린 천상의 문
자도를 복제해 천국에 분포한 문자 형태와 유래를 보여 주면서, 별들이
그려 내는 문자 형태는 사마리아 문자나 아랍 문자가 아니라 히브리 문
자가 분명하다고 지적했다.[27] 그는 성서의 첫 구절을 "처음에 하느님께
서 천국의 문자 또는 글자를 지으셨다"라고 해석했다.[28] "천사들이 쓴
글"은 필경 천상에 쓰인 문자를 뜻한다고, 가파렐은 『조하르』의＊ 랍비
시몬 벤 요하이 등을 인용해 적었다. 박식한 유대인 랍비 모세스(아마도
모세스 킴히)가 문자는 영혼을 타고나 생동하는 '축복받은 지성'이라는
인식을 지지했다는 말도 있었다.

　이상 언급한 그리무아르와 마법서 외에도 몇몇 문헌이 문자 전파 역
사에서 일정한 역할을 맡았다. 그중에는 이븐 와흐시야의 저작으로 추
정되는 독특한 9세기 문헌도 있었다.

이븐 와흐시야

이븐 와흐시야는 9세기에 여러 마법과 '고대' 문자 사례를 수록한 독특한 아랍어 필사본을 쓴 저자로 알려졌다. 헤지라력 241년, 즉 서기 863년에 쓰였다고 추정되는 이 문헌은 1806년 요제프 하머 폰 푸르크슈탈이 영어로 번역해 『고대 알파벳과 신성문자 해설(Ancient Alphabets and Hieroglyphic Characters Explained)』이라는 제목으로 나왔다. 아랍 마법에 관한 최근 연구에서 베니셔 포터는 같은 원제를 좀 더 생생하게 '고대 문자의 수수께끼를 풀고자 하는 광신도의 욕망(The Frenzied Devotee's Desire to Learn about the Riddles of Ancient Scripts)'으로 번역하기도 했다.[29] 문서의 진위는 입증되지 않았고, 거기에 소개된 마법 알파벳이 그토록 풍성한 것은 사자뿐만 아니라 창작 덕분인지도 모른다. 대다수 사례는 창의적인 필경사가 지어낸 작품으로 보이며, 더 오랜 전통과 결부된 정체가 밝혀진 예는 소수에 불과하다.

하지만 이븐 와흐시야[또는 와시아(Washiah)]는 역사적으로 실존했던 인물이다. 그의 이름이 붙은 작품은 여러 아랍어 백과사전에 기록되어 있지만, 그가 고대 알파벳에 관한 글을 썼는지는 미심쩍다. 19세기에 그의 책을 번역한 하머는 이스탄불에서 10년 이상 지낸 외교관이자 동양학자였다. 그는 『고대 알파벳과 신성문자 해설』의 원서가 헤지라력 241년에 칼리프 압드 알말릭 이븐 마르완의 금고에 예치되었다고 주장했다.[30] 실존 인물 와흐시야는 『나바테아 농업(Nabathaean Agriculture)』 연구서로 가장 유명하지만, 그의 이름이 붙은 다른 저작의 제목을—『과학교육의 주옥(Pearls of Scientific Instruction)』 『자연 마법(Natural Magic)』 『파라다이스의 나무(Tree of Paradise)』 등을—살펴보면 그가 전통 지식과 마법을 어떻게 결합해 연구했는지 얼마간 짐작할 수 있다. 최근 연구에 따르면 『고대 알파벳과 신성문자 해설』은 여러 저자가 공동 집필하고 신뢰도를 높이려고 와흐시야 이름으로 펴낸 일종의 총람인 듯하다.[31] 와흐시야의 글은 고대 지식과 문화가 활발히 전파되던 시기에 "시리아와 알렉산드리아의 헬레니즘을 통해 보존·확대·변형된" 고대 자료를 "잇따라 다시 쓰고 고쳐 쓴 결과"일 공산이 있다.[32] 필사본에서 신성문자가 거론되고 알파벳 총람에 이집트 기호가 섞여 있었다는 사실만 보아도 유럽의 그리무아르나 카발라 필사본과 구별되는 북아프리카와 시리아의 연관성을 짐작할 수 있다.

와흐시야의 문헌에는 다양한 문자가 소개되어 있었다. 약 80개에 달하는 문자 각각에는 형태와 추정되는 정체, 유래에 관한 서술이 붙어 있다. 쿠픽 문자나 마그레브 문자, 인도 숫자 등 실존 문자도 일부 있었다. 인도 사례와 나란히 고대 중동의 알파벳, 즉 히브리, 시리아, 그리스, 나바테아, 마스나드(Masnad. 인도?)나 힘야르(고대 예멘 왕과 관계있었다) 문자도 실렸다. 연관성은 불분명할 때도 있었고, 이처럼 판별 가능한 알파벳 다음에는 식물, 별자리, 철학자, 군주 등—모두 9세기 이슬람권 지식인에게는 알려져 있었을 법한 것들—과 관련된 문자가 잔뜩 따라왔다. 포함된 철학자 중에는 그리스인(플라톤, 피타고라스, 아리스토텔레스 등)도 있었지만 아랍계와 유대계[조시무스(Zozimus)], 동양계

그림 3.7

밈심 알파벳. 이븐 와흐시야, 『고대 알파벳과 신성문자 해설』(요제프 하머 폰 푸르크슈탈 옮김, 1806) 중. 밈심 글자 아래에는 아랍 알파벳이 오른쪽에서 왼쪽으로 쓰여 있다.

도 더러 있었다.[33] 와흐시야는 헤르메스와 연관된 문자들을 언급했고, 앞에서 기술한 천사 알파벳과 유사한 대홍수 전대 문자로 밉심(Mim-shim)이라는 예를 소개했다. 일정하지 않은 이름과 철자 표기로 볼 때 책의 내용은 혼합적이었고, 각 문자 무리는 중동의 여러 전통을 하나씩 추적하는 단서가 되었다. 그중 하나만 파고들어도 두꺼운 책을 한 권씩 쓸 수 있을 정도로 『고대 알파벳과 신성문자 해설』은 광범위한 책이었다. 일부 문자는 다른 책에도 나오지만, 다수는 다른 데서 언급된 적 없는 이례적인 그래픽 자료였다.

하머조차도 서문에서 이들 문자의 진위에 대해 조심스러운 태도를 보이며 암호나 비밀문서에서 이들이 맡은 역할이 있었으리라는 가설을 내세웠다. "여기에 판독된 80개 알파벳 중 실제 민족들 사이에서 쓰인 것이 얼마나 되는지, 혹은 각 알파벳에서 저자 자신에게 충분한 정보가 없거나 무지하고 미숙한 필경사 탓에 훼손되고 왜곡된 자모가 얼마나 되는지는 말하기 어렵다. 하나 대다수 예에는 밑바탕에 진실이 깔려 있다고, 즉 통상 문서에는 아니 쓰인 알파벳이라도 상이한 동방 민족 사이에서 암호로 쓰이기는 하였으리라고 주장하여도 외람되지는 아니할 것이다."[34] 이 맥락에서 동방은 중동을 가리키는데, 와흐시야는 자신의 진술로 이런 인식을 보강했다. "고대와 근대 알파벳의 공통 근원이 된 원조 알파벳은 세 가지밖에 없다. 첫째는 고대 시리아 알파벳, 즉 전지전능하신 하느님께서 아담에게 가르쳐 주신 최초의 신성 알파벳이다. 둘째는 천상 알파벳, 즉 셋(건강하소서)이 천국에서 받은 책에 쓰인 알파벳이다. 셋째는 천사 가브리엘이 가져다준 에녹의 알파벳이다."[35]

와흐시야 필사본에 기록된 문자 무리 중 각 사례는 고대 시리아 문자(해당 지역의 다른 셈 문자들과 연관된 아람 문자의 일종)와 얼마간 유사성을 보였다. 와흐시야는 이런 원조 알파벳 중 가장 오래된 문자로 칼데아 문자를 지목했는데, 인쇄본에 제시된 범례는 그런 문자의 바탕이 되었을 법한 어떤 원조 아람 문자와도 뚜렷한 유사성을 보이지 않았다.[36] 와흐시야건 누구건 책을 엮은 이는 아마도 바그다드나 카이로의 도서관에 있었을 법한 자료를 구해 보아야 했을 텐데, 이는 필사본이 제작된 장소를 뒷받침하는 근거가 된다.

이 책의 역사는 못 박기 어렵지만 하머의 책이 유일한 번역본은 아니었을 것이다. 더욱이 그가 1806년에 사용한 저본은 최소한 수백 년 전에 만들어진 것이었다.[37] 17세기 학자 아타나시우스 키르허는 와흐시야의 책을 한 부 소장했다고 알려져 있었다. 스스로 주장한 바에 따르면, 키르허는 "아벤 바시아(Aben Vaschia)"가 쓴 아주 낡은 "아랍어 고문서"를 몰타에서 튀르키예인을 통해 입수했다고 한다.[38] 하머는 키르허가 주장한 때보다 150년 뒤에 카이로에서 아랍인을 통해 저본을 입수했다. 하머 판 후기에는 그가 입수한 원서 자체도 사본이며, "헤지라력 413년"(대략 서기 1040년)에 취득된 필사본을 재필사한 사본을 바탕으로 헤지라력 1166년(서기 1790년)에 제작된 인쇄본이라고 밝혀져 있다. 더욱이 어떤 자료에 따르면 이 책은 10세기에 이슬람 학자 이븐 알나딤이 엮은 『도서 편람(Kitab al-fihristi)』에서도 언급된다고 한다.[39] 이런 사자 전통은 책에서 여러 알파벳이 일관성을 띠는 이유를 설명해 주는데(경우마다 한 사람이 필사했다는 뜻이므로), 문제의 필사본이 서양 그리무아르나 마법서에서 영향을 받지 않고 작성되었다면, 다른 마법 문자들과 유사성이 없는 점도 이로써 설명된다.

그런 알파벳 중 대홍수 전대 문자로 지목된 밈심은 '반달꼴' 또는 '고리' 문자와 연관성을 보였다. 처리 방식, 즉 갈래 끝마다 작은 원이 붙은 모습이 같았다. 실제 글자는 다른 어느 표준 문자와도 일치하지 않지만, 반달꼴은 중요한 시각적 단서였다. 하지만 와흐시야의 책에 실린 다른 여러 알파벳은 창작품이 분명하며 다른 자료에는 등장하지 않는다. 물론 와흐시야가 원자료로 이용한 아랍어 필사본 전통에는 이 모두에게 제자리가 있었는지도 모른다.[40] 그러나 하머 판에 실린 드로잉의 일관된 스타일은 한 작가의 상상이 여러 문자 형태에 적용되었음을 뚜렷이 시사한다.

와흐시야의 책은 독특하다. 그처럼 폭넓고 다양한 예를 보여 주는 총람은 같은 시기 어디에서도, 아랍 문헌사 어디에서도 알려진 바 없다. 철저함에서는 17세기 초 안젤로 로카와 제임스 보너벤처 헵번이 총람을 시도하기 전까지는 견줄 데가 없을 정도였다. 로카와 헵번은 모두 바티칸도서관 소장 자료에 접근할 수 있었지만, 누구도 와흐시야의 필사본에 관해서는 아는 바가 없는 듯했다. 도서관에 해당 필사본이 소장되어 있었더라도 그들의 관심을 끌지는 못했는지 로카와 헵번의 표에는 와흐시야가 소개한 문자가 거의 포함되지 않았다. 와흐시야의 문자 대부분은 그 자신의 책에서밖에 확인되지 않는다.

신화적 알파벳―
강 건너기, 솔로몬, 호노리우스의 테베, 아담, 아브라함, 노아

이븐 와흐시야의 책에 등장하는 문자들이 독특하다 못해 날조된 듯하기까지 하다면, 수백 년에 걸쳐 필사본과 인쇄 출판물을 통해 제법 표준화된 문자도 있다. 그중 몇몇은 고유명사로 식별되며 꾸준히 반복해서 등장하기도 했다. 강 건너기 문자, 호노리우스의 테베 문자, 천상 문자(Celestial), 말라흐 문자* 등이 그런 예다. 아담의 알파벳이라고 식별된 문자, 솔로몬과 연관된 문자, 때로는 노아와 관련된 문자도 있다. 이 외에도 자주 쓰이는 식별자로 대홍수 전대 알파벳, 필경사 에스드라(에스라)의 이름이 붙은 문자, 에녹의 이름이 붙은 문자 등이 있다. 이런 문자는 언제나 완전한 알파벳 표본으로 제시되었다. 성서에 나오거나 역사적인 인물에서 유래했다는 문자가 더 신빙성 있어 보인 것은 당연하다. 그리무아르나 마법서의 출처가 미심쩍은 것도 같은 이유 때문이다. 예컨대 3세기에 쓰였다고 추정되는 『비밀의 서(Sefer Ha-Razim)』는 노아가 대천사 라지엘에게 받아 솔로몬 왕에게 전해 준 책으로 알려져 있다. 그렇다면 이 책은 앞에서 논한 여타 유대교 신비주의 문헌과 같이 13세기에 쓰였다고 짐작되는 카발라 기초 경전 『조하르』의 허구적 탈무드 연대보다도 오래된 작품이 된다.[41]

이렇게 명명된 알파벳들이 속한 세계는 마법 필사본이었겠지만, 오컬트와 암호술 문헌 전반에 등장하는 학자 요하네스 트리테미우스의 저작에서도 이들은 중요한 요소로 등장했다. 그의 1518년 저서 『다중 표기학(Polygraphia)』에서 처음 예시된 테베 알파벳이 한 예다. 학자이자 수도사였던 트리테미우스는 슈폰하임수도원에 대규모 도서관을 짓는 일을 책임졌고, 대단히 폭넓은 지식을 동원해 이 과업에 응했다. 그의 전작 『암호학(Steganographia)』은 1499년에 탈고되었지만 마법(어쩌면 오컬트)에 대한 두려움 탓에 실제 출간은 그가 사망한 후 1608년에 이루어졌다.[42] 트리테미우스의 관심사는 암호통신이었지만 그의 정교한 암호술은 악령을 불러낼지도 모른다는 의심을 샀다.

『다중 표기학』에서 트리테미우스는 '테베' 알파벳이 중세 그리무아르 『호노리우스의 맹세서(Liber juratus honorii)』를 쓴 호노리우스의 작품이라고 밝혔다. 필사본으로는 이 문자의 흔적이 남지 않은 듯한데, 아마 원저자나 실제 기원에 문제가 있었다기보다 수도사와 성직자들이 마

*
히브리어로 말라흐(malach)는 천사, 즉 신의 전령을 뜻한다.

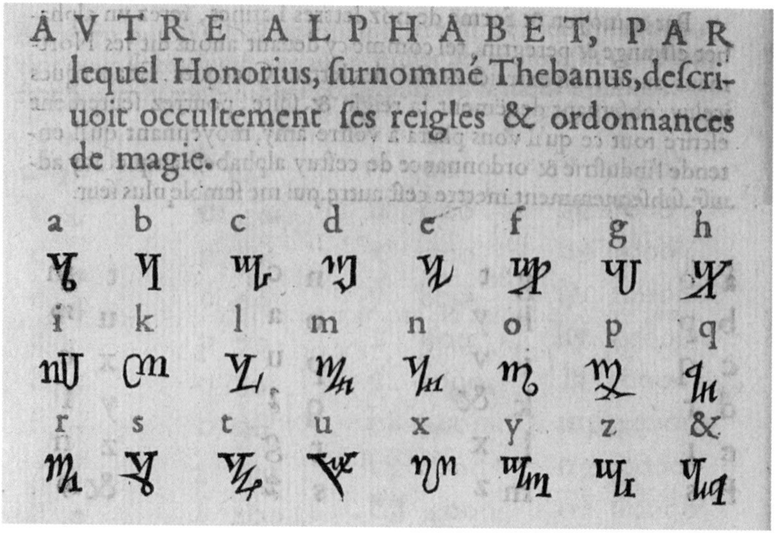
AVTRE ALPHABET, PAR
lequel Honorius, surnommé Thebanus, descriuoit occultement ses reigles & ordonnances de magie.
a b c d e f g h
i k l m n o p q
r s t u x y z &

그림 3.8
요하네스 트리테미우스, 테베 알파벳. 『다중 표기학』(1518) 중.

법 관련 자료를 체계적으로 파괴한 탓일 것이다. 트리테미우스의 사례는 여러 차례 사자되었다. 한 예로 아그리파의 1533년 저서 『오컬트 철학』에도 테베 문자가 등장하는데, 거기에서는 이 문자를 창안한 사람이 13세기에 요일별 의식과 이를 각기 주관하는 천사들을 다룬 유명한 책 『헵타메론』을* 쓴 피에트로 다바노로 되어 있다. 아그리파는 인용 사실을 밝히지 않았지만 그의 책에 실린 사례는 트리테미우스의 사례와 워낙 유사하므로 거기에서 옮겨 왔다고 보아도 무방하다. 피에트로의 『헵타메론』과 『호노리우스의 맹세서』는 모두 중세 그리무아르로서 내용이 중복되므로 혼란을 낳았을 수도 있다.[43] 중세 마법 문헌은 저자가 불분명한 경우가 많았고 출처를 밝히지 않는 사자 관행도 흔했다.

아그리파의 인쇄본은 널리 복제되고 번역되었으며 그의 저작은 아직도 이런 알파벳의 주요 자료로 남아 있다. 이와 같은 전승 전통에서는 상당한 일관성이 유지되었지만, 개별 글자나 이에 붙는 이름에는 변이가 일어나기도 했다. 아그리파 판에서는 트리테미우스가 소개한 '테베' 문자가 전부 새로 그려진 형태로 실렸고, '식별' 문자는 테베 문자와 같은 목판에 같은 양식으로 새겨졌다. 반면 트리테미우스의 책을 찍은 인쇄인은 식별 문자를 금속활자로 짜고 빨강으로 찍어 목판에 검정으로 인쇄한 테베 글자와 대비시켰다. 아그리파의 제판 담당자는 각 글자 형태를 면밀히 연구했지만 세로획 처리에 일관성이 떨어지고 자모들이 조금씩 다른 각도로 놓이는 등 전체적으로 조금 거칠고 불안정한 인상을

* 헵타메론(Heptameron): 그리스어로 '일곱'을 뜻하는 입타(ηπτα)와 '날'을 뜻하는 이메라(ημερα)를 합친 말이다.

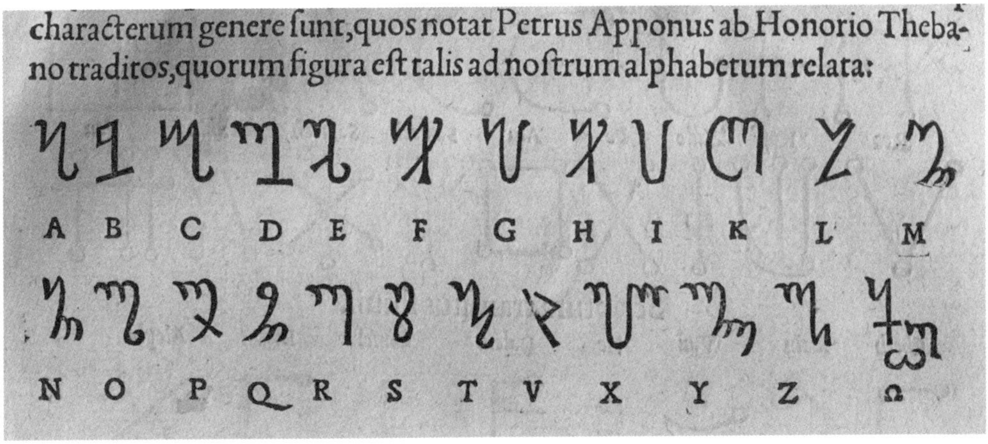
characterum genere sunt, quos notat Petrus Apponus ab Honorio Thebano traditos, quorum figura est talis ad nostrum alphabetum relata:
A B C D E F G H I K L M
N O P Q R S T V X Y Z Ω

그림 3.9 코르넬리우스 아그리파, 테베 알파벳. 『오컬트 철학』(1533) 중. 문자의 출처는 피에트로 다바노로 밝혀져 있다.

준다. 아그리파 판은 첫판을 그림으로 그린 격이었고, 모든 자모가 한 판에 새겨졌다는 사실은 이 알파벳이 따로 쓰이는 요소들의 집합이 아니라 단일체라는 점을 강조했다.

이보다 더 빈번하게 복제된 알파벳인 트란시투스 플루비(Transitus Fluvii), 이른바 강 건너기 문자는 전통적으로 아브라함이 칼데아를 떠난 사건과 관계있다고 믿어졌고,* 따라서 그런 이름이 붙었다. 이 문자는 1530년에 출간된 연금술사 요하네스 판테우스의 『보아르카두미아(Voarchadumia)』에 실렸는데,** 거기에서는 목판에 거칠게 새겨진 모습을 보였다. 이에는 '원조' 문자임을 시각적으로 주장하는 듯 원초적이다시피 한 그래픽의 힘이 있었다. 대부분은 반달꼴 글자였지만 모든 자모가 그렇지는 않아서, 알레프는 방형 히브리 문자에 가까웠다. 1533년 아그리파 판에서 이들 문자는 더 섬세하고 곡선이 많은 점으로 볼 때 금속활자로 주조된 듯하다. 여기에서는 대개 '날아가는' 알레프가 첫 자모로 등장하지만, 클로드 뒤레의 1613년 판 『세계 언어사의 보배』에 실린 도판에서 드러나듯 이에도 변이는 있었다. 강 건너기 문자는 총람에서 총람으로 거듭 전해 내려오면서도 변형은 일부 글자에서만 사소하게 일어났다.[44] 기본 반달꼴은 천상의 문자와 같은 중세 기원을 시사했고, 이름은 성서상 고대와 관계있다는 인상을 주었다. 이 문자의 변종은 천상 문자라는 이름이 붙기도 하고 돌기가 안으로 꺾인 방형 알레프와 베트를 포함하기도 하는데, 이들 역시 꾸준히 사자되었다.

널리 사자된 예로는 흔히 아담과 연관된 문자도 있다(때로는 천사 라파엘, 즉 라지엘의 선물로 지목되기도 했다). 와흐시야의 책에도 일종

* 창세기에서 칼데아를 떠난 아브라함이 유프라테스강을 건너 가나안으로 이주한 일을 가리킨다.

** 이 책의 원제는 『연금술에 반하는 보아르카두미아(Voarchadumia contra alchimiam)』이다. 저자 판테우스에 따르면, '보아르카두미아'는 금(金)을 뜻하는 칼데아어 단어와 '루비 두 개로부터'라는 뜻의 히브리어 표현을 합성한 것으로, '완벽하게 결합된 금'이라는 뜻이라고 한다.

그림 3.10

요하네스 판테우스,
강 건너기 문자(트란시투스
플루비).『보아르카두미아』
(1530) 중. 금속활자로 찍힌
식별 문자와 대비해 목판
질감이 두드러진다.

의 아담 알파벳이 실렸는데, 이는 저자가 유사한 전통 자료를 접했다는
증거이다.[45] 하지만 와흐시야의 책에 실린 "아담의 알파벳"이 고대 시
리아 문자와 훨씬 가까운 데 반해 1539년 테세오 암브로조가 편찬한 방
대한 총람에서는 같은 문자가—정체불명의—『불의 서(Book of Fire)』를
통해 아담과 그의 자손에게 라파엘이 전해 준 문자로 기술되었다.

대체로 아담의 이름이 붙은 알파벳에는 모세와 연관되는 고대 히브
리 문자나 사마리아 문자와도 다르고 반달꼴과도 거리가 먼 부호 형태
가 몇 개 있었다. 둥근 획과 리라처럼 생긴 형태에서 드러나듯, 아담의
알파벳에는 어쩌면 이집트 콥트 문자에서 빌린 그래픽의 영향이 있었
다. 강 건너기 문자와 마찬가지로, 이 역시 문자 총람에 가공 알파벳을
넣는 관행이 사라진 18세기 말까지 온전한 형태를 유지하며 거듭 사자
되었다.

이런 가공 문자 중 따로 이름이 붙은 알파벳으로는 말라흐 문자도 있
었다. 특이한 알레프와 베트, 가지가 여럿 달린 사메크(samech), 방형
헤트(cheth) 등이 무척 독특했는데, 이런 특징 역시 거듭 모사되었고 그
래픽을 통한 전파 과정에서도 꽤 충실히 형태를 유지했다.

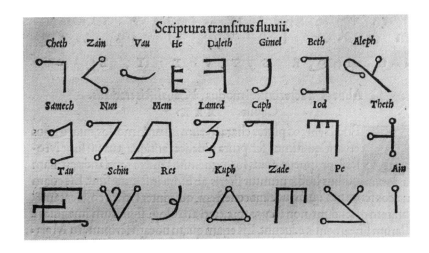

그림 3.11
코르넬리우스 아그리파,
강 건너기 문자. 『오컬트
철학』(1533) 중. 금속활자의
유연한 곡선이 돋보인다.

그림 3.12
클로드 뒤레, 강 건너기 문자.
『세계 언어사의 보배』
(1613) 중.

노아의―때로는 모세의―이름이 붙은 알파벳은 사실 고대 히브리
문자의 일종이었다. 이 문자는 트란시투스 플루비나 말라흐만큼 탄탄
한 이력은 쌓지 못해서 오컬트 총람에 실리기도 하고 빠지기도 했다. 개
별 문자는 제법 일관성 있게 사자되었지만, 이들 알파벳은 군집이 아니
라 개체로 옮겨 다녔다. 더브리 형제 같은 총람 편찬자가 백과사전적 충
동을 실천에 옮기면서 그중 다수가 면밀하게 그려지거나 새겨진 형태로
재출현했고, 특징과 기원도 충실히 기술되었다. 중요한 점은 이들이 알

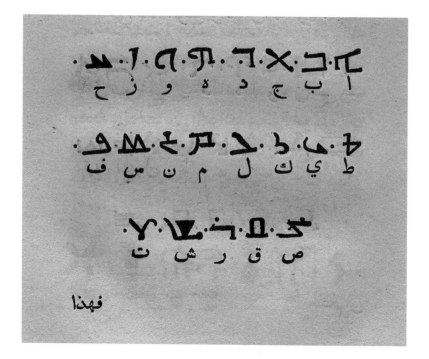

그림 3.13

이븐 와흐시야, 아담의
알파벳. 9세기.

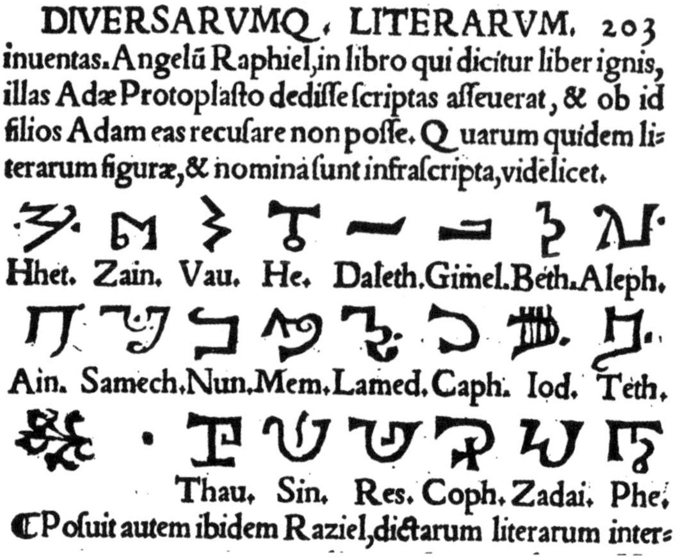

DIVERSARVMQ. LITERARVM. 203
inuentas. Angelū Raphiel, in libro qui dicitur liber ignis,
illas Adæ Protoplafto dedifle fcriptas affeuerat, & ob id
filios Adam eas recufare non pofle. Q uarum quidem li-
terarum figuræ, & nomina funt infrafcripta, videlicet.

Hhet. Zain. Vau. He. Daleth. Gimel. Beth. Aleph.

Ain. Samech. Nun. Mem. Lamed. Caph. Iod. Teth.

Thau. Sin. Res. Coph. Zadai. Phe.
℃Pofuit autem ibidem Raziel, dictarum literarum inter-

그림 3.14

테세오 암브로조, 아담의
알파벳. 『칼데아어 개론』
(1539) 중. 와흐시야 판과
시각적 유사성이 거의 없다.

그림 3.15

더브리 형제,『전 세계의
알파벳과 문자(Alphabeta et
charactères, jam inde creato
mundi)』(1596). 모세의
이름이 붙은 문자 사례는
적절히도 고대 히브리
문자이다. 방형 현대 히브리
문자는 아래에 실려 있다.

파벳이었다는 사실, 원소기호로서 정체성을 유지했다는 사실이다. 글
자 하나하나는 세상의 구성 요소였고, 마법 문자와 천상 문자는 저마다
신성한 힘이 깃든 우주의 기초 단위가 되기를 열망했다. 카발라 신앙 등
신비주의 전통에서 집요하게 울려 나온 반향이었다.

에녹

마법 전통에 속하는 알파벳 중 드물게 실제로 쓰인 예로서, 에녹 문자는
존 디와 에드워드 켈리의 마술 활동에서 일정한 역할을 했다.

에녹서는* 일부 내용을 아는 듯한 초기 기독교 저자 몇몇이 언급한
바 있다. "유대계 또는 사마리아계 그리스인"이 썼다고 짐작되는 이 문
헌의 단편들은 흔한 전달 통로였던 알렉산드로스 폴리이스토르(기원전
1세기 그리스인 역사가)와 에우세비오스를 통해 전해졌다.[46] 원문이 기
록된 원대 필사본은 없지만, 몇몇 학자는 사해문서에 원문 일부가 존재
한다고 주장한 바 있다.[47] 3세기 성서학자 오리게네스와 4세기의 아우

에녹서: 구약성서상 노아의
증조부 에녹의 이름이 붙은
문헌. 가톨릭과 개신교에서는
구약 외경으로 분류된다.

구스티누스는 모두 에녹에 관한 기존 자료를 위작이라고 일축한 듯하지만, 서기 초 수백 년간 에녹서를 언급한 저자는 많았다. 가장 오래된 필사본은 기원전 5세기경에 출현한 고대 남부 셈어인 게즈어로 쓰여 있는데, 이는 에녹서가 유구하다는 주장에 부합한다. 동방에서 에녹서는 9세기에—서방에서는 조금 더 일찍—논의에서 사라졌다가 중세에 들어 학자 알렉산더 네컴(12세기)과 뱅상 드 보베(13세기)가 언급하며 다시 알려지게 되었다.[48] 후대 학계에서는 에녹서가 본디 아람어로 쓰였으며 흔히 그렇듯 몇몇 저자의 공동 작품일지도 모른다는 추정이 나왔다. 한동안 유실되었다고 믿어졌던 이 문헌은 18세기 후반 아비시니아에서 유럽으로 사본들이 유입되었고, 19세기 초에는 영역본이 나왔다.[49] 판테우스의 1530년 저서 『보아르카두미아』에는 앞에서 논한 트란시투스 플루비와 함께 에녹 문자라고 명기된 예가 있었다. 다른 여러 마법 문자처럼 에녹 문자도 이후 여러 차례 사자되었고, 때로는 변형이 가해지기도 했다.

그림 3.16

요하네스 판테우스, 에녹 문자. 『보아르카두미아』 (1530) 중. 아마 첫 인쇄본일 것이다.

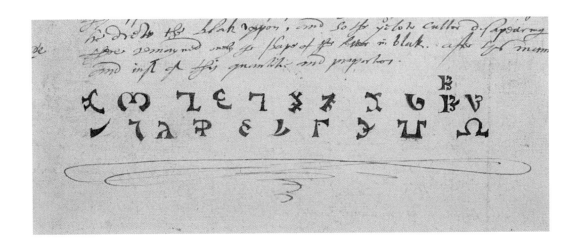

그림 3.17

대영도서관 소장 필사본
「존 디와 천사들의 대화
(John Dee's conferences with
angels)」(Sloane MS 3188),
104면. 존 디의 공책에 에녹
문자가 적혀 있다. 1583년경.

디와 켈리는 에녹서의 필사본을 소장했다고 알려졌지만, 두 마법사
가 채용한 에녹 문자의 족보는 해당 외전과 마찬가지로 불투명했다.[50]
디의 연구 기록에 따르면 1583년 3월 26일 어떤 알파벳이 "드러났다"
라고 한다.[51] 이 천사 알파벳은 K와 Y가 빠지고 "21개 자모만 지닌 변종
로마 문자"였던 듯하다.[52] 디 또는 켈리가 기록한 에녹 문자는 그들의
다양한 필사본에 등장했다.[53] 디의 에녹 문자는 판테우스가 소개한 예
와 일부만 일치하므로, 거기에서 옮기지는 않은 듯하다.[54] 디는 암호통
신법뿐 아니라 마법 주문도 포함된 탓에 금서로 취급되던 트리테미우스
의 암호해독법 관련서 『암호학』을 입수하려고 무진 애쓰기도 했다. 17
세기 이래 학계는 디가 본 자료를 논하는 데 몰두했다. 17세기에 메리크
카소봉은 디의 천사 자모가 테세오 암브로조에서 유래했으며, 암브로조
자신은 그것을 "스스로 고백하건대 마법서에서" 찾았다고 시사했다.[55]
디는 암브로조의 1539년 저작 『칼데아어 개론(Introductio in Chaldai-
cum linguam)』을 소장하고 있었는데, 이 책에는 판테우스(1530)와 아
그리파(1533)가 인용되어 있었지만 에녹 문자는 암브로조의 책에도 아
그리파의 책에도 실리지 않고 오로지 판테우스의 책에만 등장했다. 아
그리파는 트리테미우스의 1518년 저서 『다중 표기학』에 깊이 의지했는
데, 이는 역사적으로 그래픽을 통한 전파가 이런 문자를 퍼뜨리는 데 중
심 역할을 했음을 다시 한번 입증한다.[56] 디와 켈리의 문자는 이후 에녹
문자로 정식화했지만, 정확한 유래는 아직 밝혀지지 않았다.

흐라바누스 마우루스와 아에티쿠스 이스테르

7세기 내지 8세기의 허구적 필자 아에티쿠스 이스테르가 썼다고 전해지는 알파벳이 있는데, 이 신기한 문자는 서로 다른 시기와 지역에서 제작된 몇몇 중세 필사본에 대단히 일관성 있는 형태로 사자되어 나타났다. 아에티쿠스 알파벳은 이른바 창작자 자신과 마찬가지로 신화에 기원을 두며, 문서 기록에는 사용된 적이 없다. 그러나 복제는 여러 차례에 걸쳐 상당히 정확하게 이루어졌다. 같은 범례를 직접 사자할 때에야 얻을 수 있는 성과였을 것이다. 판마다 자모는 여느 알파벳과 마찬가지로 일관된 형태와 이름, 순서를 보여 주는데, 덕분에 아에티쿠스 문자는 상호 동일성뿐 아니라 표준 문자에 구조적으로 상응하는 특징도 보유하게 되었다.

아에티쿠스 알파벳은 『천지학(Cosmographia)』 필사본 중 적어도 두 권에 사자되어 있다. 하나는 8세기에 나왔고[현재 보들리도서관 소장] 다른 하나는 10세기에 제작되었는데(현재 레이던대학교도서관 소장), 이들 필사본에서 아에티쿠스 문자는 이야기의 일부로 본문에 붙어 있다.[57] 아에티쿠스는 자신이 현대 이란 지역 출신 스키타이 유목민이라고 주장했다. 그러나 그의 이름이 붙은 알파벳은 해당 지역의 어느 문자와도 연관성이 없다. 7세기 내지 8세기에 쓰인 여행기 『천지학』에서 그는 허구적인 등장인물 두 사람 중 하나로, 히에로니무스와 대화하는 장면에 등장한다. 시대가 맞지 않는 주장과 언급 때문에 '위서'로 간주되기도 하지만, 이 책에는 여러 이국 지역에 관한 '정보' 외에도 불경한 내용과 해학이 풍부하게 담겨 있다. 같은 알파벳이 9세기 내지 12세기에 나온 여러 필사본에 등장하는데, 그중에는 앵글로·색슨인 수도사 비르트페르스가 제작한 아주 유명한 룬 문자 총람도 있다. 아에티쿠스 알파벳은 결국 인쇄본에도 다다랐는데, 이때는 지엽적 관계밖에 없는 독일 또는 스칸디나비아 룬 문자와 함께 실리는 일이 잦았다.

탁월한 룬 문자 전문가 르네 데롤레즈는 이런 전파의 역사를 9세기에 풀다(Fulda)의 독일계 수도원 주교로 있던 흐라바누스 마우루스의 글과 관련지었다.[58] 마우루스가 쓴 『문자의 발명(De inventione litterarum)』에서 아에티쿠스 알파벳은 그리스·라틴·히브리 문자와 더불어, 필사본에 따라서는 다양한 룬 문자와 함께 등장한다. 데롤레즈는 마우루스가 쓴 단편의 필사본 계보를 추적하며 모든 사례에서 아에티쿠

그림 3.18 →
장크트갈렌수도원도서관 (Stiftsbibliothek St. Gallen) 소장 필사본 『이시도루스의 어원지 20책(Isidore's Etymology in 20 books)』 (Cod.Sang.237). 9세기. 가운데에 아에티쿠스 이스테르 알파벳이 있다.

alfa· beta· gama· delta· notanumeri· Zeta· &a· theta· iota· kappa· lauda

moy· noy· xi· phi· RO· simma· phi· chi· psi· o· notanumeri

a e e c e numeni emanuhel

alimon· b&hi· chau· delfoi· effothu· fom&hu· hormu· iofou· karhu· lethfu·

malathi· nablacche· ocehoe· chori&ehe· p hmrin· falathi· mtalech·

theothmei· irchoni zodochi

Gabrihelon archangelum cumorar inmente habe et omni cebirobi

michahelem cumte maneleuas inmente habe &m te habet

or ihelam contra aduersariu tuu inmente habe &omauinci

Raphahele cu panetuu exporiu minas inmente habe &omah m ulabir tibi

Raguhelon cum mitinere eris inmente habe pspere agis

barachihelem cu iudicem aliqueporenrem falutare uolueris inm

habe eromma explicabir

pantafa ron cum inconutuumueneris inmente habe &cum

congaudebunt tibi fiarpax di incordetuo am

스 문자의 존재와 부재를 조사했다. 때로는 자모 이름[알라몬(alamon), 베하(becha) 등]이 남았어도 형태는 없는 예도 있었다(이런 경우 그리스 문자나 라틴 문자를 변형한 글자가 삽입되어 있었다). 주로 종교적인 글로 알려졌고 놀라운 시각시(視角詩)로도 유명한 마우루스의 전작(全作)에서 문자에 관한 단편이 차지한 비중은 크지 않았다. 그러나 그가 쓴 글의 몇몇 필사본에는 유사한 알파벳이 있었다. 예컨대 9세기 초 풀다에서 나온 필사본 코덱스 산갈렌시스 878에는 스칸디나비아 룬 알파벳, 푸사르크 문자와* 더불어 그리스, 히브리, 앵글로·색슨 룬 문자가 있었다.[59] 이들은 모두 당시 쓰이던 문자였고, 룬 문자가 다루어진 것은 전례뿐 아니라 지리적 위치와 가용 언어와도 얼마간 관계있었을 것이다. 룬 문자는 서기 이후에 나타났고, 오컬트와는 훨씬 후대에 연관되었다. 본디 라틴 알파벳의 변형으로 쓰인 룬 문자는 돌과 나무에 새기기

*

푸사르크 문자(Furthark): 룬 문자의 일종. 고대 푸사르크 문자는 주로 북유럽에서 서기 2세기 내지 10세기에 쓰였고, 이후 스칸디나비아 룬 문자 등으로 변형되었다.

그림 3.19

옥스퍼드대학교 세인트존스 칼리지 소장 필사본 「소니 콤푸투스(Thorney Computus)」(MS 17), 5좌면. 12세기(1100~1111년경). 도표의 일부분으로, 오른쪽 끝 단에 비르트페르스의 이스테르 알파벳 첫 자모들이 나와 있다.

그림 3.20 →

흐라바누스 마우루스의 12세기 필사본. 왼쪽 단 가운데에 아에티쿠스 알파벳이 있다. 국립게르만 박물관 소장 자료 (Mss. 1966), 121좌면~ 122우면. 12세기 후반 뉘른베르크.

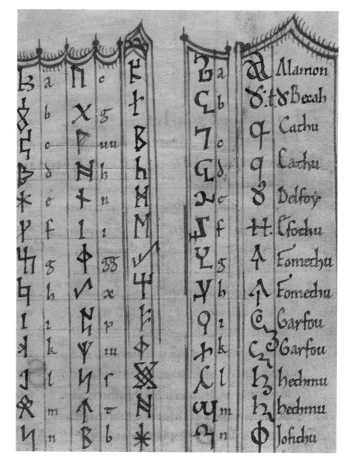

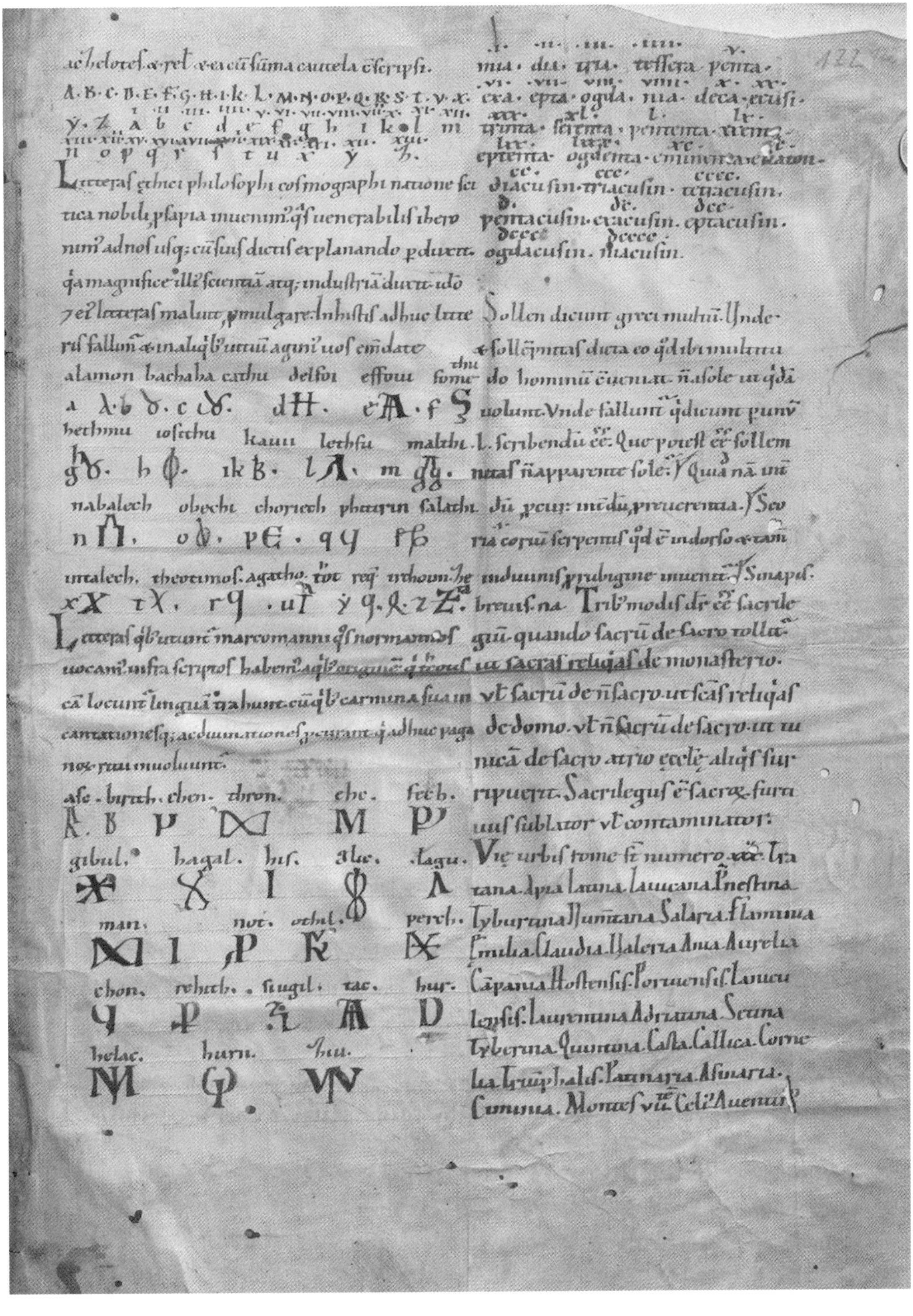

122

A·B·C·D·E·F·G·H·I·K·L·M·N·O·P·Q·R·S·T·V·X·
Y·Z·a·b·c·d·e·f·g·h·i·k·l·m·
n·o·p·q·r·s·t·u·x·y·z·

Litteras etiam Æthici philosophi cosmographi natione Scythica, nobili prosapia, invenimus, quas venerabilis Hieronymus presbyter ad nos usque cum suis dictis explanando perduxit, quia magnifice ipsius scientiam atque industriam duxit; ideo et ejus litteras maluit promulgare. Si in istis adhuc litteris fallimur, e in aliquibus vitium agemus, vos emendate.

멜히오어 골다스트,
『독일 고문자』(1606).
마우루스의 글을 복제한 지면
두 번째 줄에 아에티쿠스
알파벳이 있다.

편하도록 짧은 직선으로 이루어졌다. 아에티쿠스 알파벳을 룬 문자와 함께 묶는 구성은 가공 문자의 유래보다 마우루스가 살던 지역에 관해 말해 주는 바가 더 많았다. 다만 데롤레즈는 룬 문자의 계보, 즉 베다 베네라빌리스에서 시작해 카롤링거 문자를 개발했다는 수도사 앨퀸을 통해 유럽에 건너가 마우루스의 책까지 다다른 과정을 시사하는 학술 전통을 특기하기도 했다. 아에티쿠스 문자도 룬 문자와 함께 전해졌다는 논지였다.[60]

마우루스는 이스테르 알파벳을 옹호하면서 히에로니무스가 이에 관해 더 깊은 지식을 요구했다고 주장했다. 이는 마우루스가 『천지학』에 실린 대화를 실제 사건으로 오해한 결과일 개연성이 크다. 『천지학』에서 히에로니무스는 아에티쿠스와 대화하는 인물로 등장하며, 두 사람의 대화는 서사를 이끄는 장치가 된다. 그러므로 9세기에 마우루스가 지칭한 히에로니무스는 4세기에 활동했던 편집자 겸 번역가가 아니라 8세기 창작물 『천지학』에 등장하는 허구적 인물이었다.[61] 같은 알파벳이 실린 예로는 12세기 초에 제작되어 현재 독일국립박물관과 오스트리아 국립도서관 등 몇몇 장소에 소장된 마우루스 필사본도 있다.[62] 아에티쿠스 알파벳은 12세기에 앵글로·색슨인 비르트페르스가 집필해 중세 과학 지식을 정리한 주요 문서로 유명해진 필사본(1130)에도, 몇몇 룬 문자와 나란히 배치된 모습으로 등장했다. 이런 사자를 통해 유럽에서 건너오면서도 형태가 손상되지 않은 것이 분명했다.[63] 멜히오어 골다스트의 『독일 고문자(Alamannicarum rerum scriptores aliquot vetusti)』(1606)에서도 아에티쿠스 알파벳은 룬 문자 근처에 놓였다.[64]

각진 획에서 희미하게 룬 문자 같은 특징이 있기는 했지만, 아에티쿠스 문자는 글에서 집자된 바 없고 이미 논한 가공 알파벳처럼 사자되기만 한 가공 문자였다(데롤레즈는 "위조" 문자라고 불렀다). 이 문자는 『천지학』의 다른 필사본에서도 거의 똑같이 반복되었는데, 데롤레즈의 20세기 결정판 『룬 필사본(Runica manuscripta)』에는 룬 문자와 아에티 쿠스 문자의 연관성을 뒷받침하려고 만들어진 예시가 다양하게 실려 있 다.[65] 일단 이렇게 자리를 잡고 위조 계보가 정립되자, 아에티쿠스 문자 는 신빙성을 띠게 되었다. 아에티쿠스 문자는 그래픽의 구체성, 즉 어느 문자와도 닮지 않았지만 순서와 글자 수에서 알파벳이 분명하다는 사실 덕분에 실존 문자처럼 보였다. 이국적으로 보이는 룬 문자와 함께 있을 때에는 특히 그랬다.

맨더빌과 그의 문자, 펜텍스투아

히브리 문자도 또 다른 허구적 여행가인 12세기인 존 맨더빌의 필사본 에서는 '이국적'인 문자로 취급되었다. 이른바 영국인 기사로서 예루살 렘을 여행한 화자 '맨더빌'은 "경이로운 동방"과 인도와 성서에 나오는 땅의 불가사의를 기술했다. 이 책은 베스트셀러가 되어 열 개가 넘는 언 어로 번역되었고, 비교적 유명한 독자만 꼽아도 크리스틴 드 피장,* 크 리스토퍼 콜럼버스, 월터 롤리, 헤르하르뒤스 메르카토르 등에게 영향 을 끼쳤다.[66] 얼마 후 실제 순례자였던 베른하르트 폰 브라이덴바흐가 써낸 여행기에는 히브리, 사라센, 콥트 문자 등 실존 알파벳의 이미지 몇 점이 실렸는데, 여행을 입증하는 증거로서 이들은 저자의 이야기에 신빙성을 더해 주었다. 이런 맥락에서 이국적인 것과 인위적인 것이 늘 뚜렷이 구별되지는 않았고, 허구적인 서술과 공상 역시 마찬가지였다.

존 맨더빌의 정체에 관한 논쟁은 가공인물임이 분명한 아에티쿠스 와 달리 쉽게 해소되지 않았다. 맨더빌은 실존 인물의 가명이었을지도 모르지만, 그의 유명한 『여행기(Travels)』에 묘사된 장소 중에서 그가 실제로 가 본 곳은 하나도 없는 듯하다. 그가 "서술한 나라 각각의 수수 께끼 같은 알파벳"으로 소개한 문자들은 신빙성을 더하는 제스처가 되 어 가공된 경험을 더욱 실감 나게 해 주었다.[67]

학자 맬컴 레츠는 모든 맨더빌 필사본에 나오는 알파벳의 목록을 작 성하고는 이야기에서 거명된 문자로 그리스, 히브리, 이집트(콥트), 사 라센, 페르시아 또는 칼데아, 타타르·러시아 문자와 키타이 문자 또는 펜텍스투아르(Pentextoire)가 있다고 결론지었다. 첫 세 문자를 제외하

* 크리스틴 드 피장(Christine de Pisan): 1364년 이탈리아 베네치아에서 태어나고 프랑스 파리에서 자라 활동한 여성 저술가. 『크리스틴의 환영(L'Avision de Christine)』『잔 다르크 전기 (Le Ditié de Jehanne d'Arc)』 『현왕(賢王) 샤를 5세의 업적과 선행(Le Livre des fais et bonnes meurs du sage roy Charles V)』『여인들의 도시(Le Livre de la cité des dames)』 등을 썼다.

고 나머지는 명칭이 불안정하고, 그래픽 형태의 근원을 찾다 보면 가능성의 지뢰밭을 지나게 된다. 예컨대 앞서 아에티쿠스와 관련해 언급한 룬 문자학자 데롤레즈는 맨더빌의 저작에 나오는 "키타이" 문자를 "서기 1000년경 프랑스에서 공부한 어느 레겐스부르크 필경사"라는 구체적 인물의 고트 문자와 비교하고는 "두 알파벳은 같은 원형에서 유래했다"라고 결론지었다.[68] 아울러 그는 맨더빌의 칼데아 문자에 아에티쿠스의 『천지학』에 첨부된 스키타이 알파벳 자모가 포함되어 있다고도 지적했다. 하지만 스키타이 알파벳이—곧은 선, 가지 달린 나무 같은 형태 등에서—룬 문자를 닮았다면 아에티쿠스 알파벳(둥글고 부드러웠다)은 콥트 문자에 가까웠다.[69] 실존 문자들과 대조적으로, 키타이 "펜텍스투아르"는 "동화에 나오는 프레스터 존"(전설상의 기독교도 군주)의 왕국에서 쓰였다는 순전히 "환상적인 알파벳"인 듯하다.[70]

이들이 "책 전체를 감도는 불가사의하고 신비한 분위기를 더하려고" 날조된 자모일 뿐일지도 모른다는 인식은 신빙성 있어 보인다.[71] 그렇다면 알려진 문자와 유사성이 조금만 있어도 충분했을 것이다. 어떤 알파벳은 제시 방법뿐 아니라 제시 여부에서도 상당한 차이가 있는 점으로 볼 때, 원작 필사본에서 옮긴 것이 아니라 필경사들이 더한 것으로 보인다. 필사생 멋대로 문자를 더한 결과, 1430년에 나온 어느 필사본에는 알파벳이 열일곱 개나 포함되어 있기도 하다. "산속 노인"이라고 이름 붙은 문자가 실린 필사본이 있는가 하면, 어느 대담한 필경사는 중국 한자를 더하기도 했다.[72] 즉, 아에티쿠스 알파벳이 전파 과정에서 정확하게 옮겨진 것과 달리 맨더빌은 글을 꾸미는 필경사가 다른 문자와 가공물을 더해도 된다고 느꼈다는 뜻인데, 이는 일반 문자가 아니라 특유한 문자로서 아에티쿠스의 진실성이 인정받았음을 보여 주는 흥미로운 단서이다.

문자의 이데올로기, 즉 문화적 의도에서 문자를 이용하는 태도 역시 맨더빌의 작품, 특히 히브리 문자가 지리적으로 규정된 데에서 명확히 드러났다. 중세학자 마샤 쿠퍼가 면밀한 연구를 통해 밝히기로, 맨더빌 필사본에 문자를 더한 필경사들은 중세로 거슬러 가는 총람을 바탕으로 낯선 문자 형태와 근사한 이미지를 미숙하게 그려 냈다고 한다. 예컨대 그들은 "이집트, 칼데아, 사라센 문자를 위해 글자와 룬 문자를 지어냈다."[73] 알파벳과—또는 언어와—국경선을 결부해 특히 유대인이 다양한 지역사회에서 생활하지 않고 특정 지역에 한정되어 있었다고 시사했다

는 주장이었다.[74] 이처럼 알파벳의 지리적 분포는 인종적 함의로 굴절
되었다.

논의를 이어 간 쿠퍼는—250편이 넘는 자료 중—한 필사본에서 필
경사가 "단일 알파벳, 즉 히브리 문자를 완벽하게 복제"한 모습을 기술
했다. 해당 이미지는 "고고학적으로 정확하고 면밀하게 모델을 사자한
캘리그래퍼"의 솜씨였다. 쿠퍼는 이 사자 기법을 "민족 정체성을 재현"
하는 데 쓰이는 "흉내"라고 불렀다. 해당 필사본은 샤를 5세가 주문했
고, 거기에 실린 히브리 문자는 문자 획 패턴에 익숙한 사람이 쓴 것이
아니라 "낯선 형태를 면밀히 옮겨" 그린 것이었다.[75] 쿠퍼는 이를 "완전
한 캘리그래피" 히브리 문자 사례와 대조했다.[76] 주문한 필사본에 실린
숙련된 글자 그림은 샤를 5세가 "원형적인 신성어 (……) 하느님과 인
간이 대화할 때 쓰인 원어에 능숙한 군주, 박식한 군주"라는 이미지를
뒷받침했다.[77] 이때는 샤를 5세가 반유대주의 정책을 실시하던 와중이
었다(1394년 국왕이 다스리던 모든 프랑스 지역에서 유대인 추방령이
시행되었다).[78] 쿠퍼는 알파벳을 그래픽으로 그리는 작업이 문자를 실
제보다 더 또는 덜 이국적으로 보이게 하고 이를 특정 민족과 결부하는
인식을 정당화해 이념적 목적에 이용될 수 있음을 선명하게 입증했다.

필경사들이 맨더빌 필사본을 쓸 때 활용한 자료 중에는 이스팔레우
시스 이시도루스의 『어원지』도 있었다. 이 책에서 문자의 기원을 논하
는 부분은 8세기 후반으로 거슬러 가므로 필사본 중에는 문자 총람을
포함한 것이 있었을지도 모른다.[79] 학자 엘마어 제볼트는 알파벳 총람
이 실린 필사본 몇 편을 식별해 냈는데, 이런 총람에는 적어도 당시 알
려져 있었음이 분명한 칼데아(아람), 이집트(콥트), 그리스, 히브리 문
자 등이 포함되어 있었다.[80] 사자에 필요한 신빙성 있는 자료는 존재했
고, 따라서 모든 여행기가 허구적으로 지어낸 알파벳을 쓰지는 않았다.

이국적인 문자—룬 문자, 고대 시리아 문자, 사마리아 문자

여러 마법 문자와 신화 문자가 여행기 전통에 보존되었지만, 몇몇 실제
알파벳 또한 문자 이미지를 활용하는 저작에서 이국적인 문자로 그려졌
다. 이에는 신빙성을 높이려는 의도는 물론—쿠퍼가 논한 히브리 문자
사례처럼—문화접촉과 더불어 일어나는 '타자화'의 문화정치에 개입하
려는 뜻도 있었다. 1480년대 초, 부유한 독일인 성직자 베른하르트 폰

브라이덴바흐는 그간의 악한 삶을 청산하고 겸손과 믿음을 증명하겠노라 결심했다. 그는 몇몇 친구와 함께 중동 여행을 준비했다. 이 순례를 서술한 책 『성지 여행기(Travels to the Holy Land)』는 1486년에 처음 출간되었다.[81] 놀라우리만치 정확한 지도 도판과 더불어, 초판에는 독특해 보이는 문자 몇 종이 인쇄되어 실렸다.[82] 유럽인 독자에게는 이국적으로 보인 알파벳이었다. 그들에게는 히브리 문자나 아랍 문자, 그리스 문자조차도 낯설게 느껴졌고, 오늘날 라틴 알파벳을 쓰는 이들이 그렇듯이 콥트 문자나 시리아 문자, 에티오피아 문자는 아예 미지의 영역에 속했다. 책에 실린 문자는 모두 당대에 사용되던 언어로 쓰인 글에서 정확히 사자한 알파벳이었다. 상상하거나 가공한 문자는 하나도 없었다. 그러나 이들은 이국적인 땅에서 온 표본으로, 유럽과 영어권 독자에게는 여전히 경험 세계 밖에 있던 언어들을 그래픽으로 구현한 사례로 제시되었다. 글자들은 "일찍이 성지에서 언어를 익히며 한 해를 보내고 1483년 여름에는 브라이덴바흐의 예루살렘 여행을 함께한 프란체스코 파 수사 (……) 귀글링겐(Güglingen)의 파울 발터"가 제공한 원도를— 아마도 같은 책에 유명한 목판화를 제작해 준 삽화가 에르하르트 레위이흐가—새긴 볼록판으로 인쇄되었다.[83] 이런 세부 사실은 직접 관찰과 기록이 이루어졌음을 시사한다.

상당한 정성과 전문 기술이 이런 그래픽 사례를 제작하는 일에 동원되었다. 인쇄판 제작에 쓰인 원도는 다른 글에서 집자한 자모를 바탕으로 그려졌을 것이다. 자모들은 표본처럼 아베케다리움* 형태로, 각자 이름(알레프, 베트 또는 베타 등)을 달고 관례적인 순서로 배열되고 제시되었다. 이와 같은 알파벳 표본 제시 방법은 중세 필사본에서 이미 관행으로 굳어진 상태였으나, 브라이덴바흐의 책은 기행문이었기에 이들 문자를 특정 억양으로 읽게 하는 맥락이 되었다.

이런 문자의 시각적 특징이 서사를 읽는 독자에게 전달하려 한 바가 몇 가지 있다. 이국적 성질은 브라이덴바흐의 글에 신빙성을 더하는 한편 성지에 타자성을 부여했다. 성지를 오가는 일은 수백 년 전부터 제한되어 있었다. 십자군원정으로 중동과 성지, 아라비아와 접촉이 재개되었고 지중해 무역은 애초에 중단된 적이 없었다고는 하지만, 이런 교류는 대부분 베네치아에서 독점 관리했다. 그리스어를 제외하면 유럽과 영국에서 이들 문자로 쓰인 언어에 관한 지식은 제한되거나 전무하다시피 했고, 따라서 이처럼 이국적이되 고도로 조직된 문자들이 실린 지면

*
아베케다리움(abecedarium):
알파벳 자모를 순서대로 새긴
글. 대개 글자 교육용으로
만들어졌다.

은 대중의 공상뿐 아니라 학문적 관심을 자극하기도 했다. 공상이나 전설에 나오는 생명체(맨더빌의 『여행기』에도 등장하는 발이 우산만 한 인간이나 유니콘 따위) 이미지와 달리, 브라이덴바흐의 책에 실린 문자들은 당대에 실제 언어를 기록하는 데 쓰이던 알파벳을 면밀히 연구해 발췌한 것이었다. 그래픽을 통한 전파 양식 중 브라이덴바흐의 서술은 엄밀한 사실에 근거했다는 점에서 돋보인다.

맺는말

그래픽으로 지식을 전파하고 정보의 시각적 형태를 복제하는 일은 텍스트 생산과 무척 다르다. 패러프레이즈나 고쳐쓰기를 통해서도 텍스트 정보가 조금은 바뀔 수 있지만, 그래픽에 오류가 생기면 시각적 정보는 쉽사리 쓸모없어진다. 그래픽을 통한 사자는 눈으로 보고 연구하고 복제해야만 하는 원형, 묘사하기보다 예시해야 하는 범례에 의존한다.

사자는 획순과 제스처 패턴의 모방이 될 수도 있고 문자를 이미지로 취급해 처음부터 그리는 그림이 될 수도 있다. 중세 필경사의 손에서 획순과 제스처는 고도로 길들었고, 문자 형태를 만드는 기술은 몸에 배어 숙련된 규칙성을 띠게 되었다. 필경사는 한 획을 그을 때마다 멈춰 고민하는 식이 아니라 오랜 습관을 통해 길든 물리적 제스처로 글을 써 나갔다. 문자를 그리는 행위는 쓰는 행위와 다르고, 이 차이는 중요하다. 문자 그리기는 습관으로 형성된 획 패턴을 따르기보다 모든 시각적 그래픽 형태를 형상으로 간주해 연구하고 그리는 행위이다. 이처럼 구별되는 사자 방식 탓에, 낯선 시각적 범례를 옮기는 행위로 구현된 문자 사례는 이국적으로 보이게 된다. 복제는 가시화된 재매개(再媒介)이다. 19세기에 기계적인 복제 수단이 등장하기 전까지는 모든 사자에서 사람의 눈과 손이 동원되어 그러한 재매개가 이루어졌다.

후대에 활동한 습자 명인의 솜씨는 글자—필체, 양식, 문자 종류, 심지어 인쇄된 자모—를 정미하고 정확하게 옮기는 능력에서 입증되었다. 이렇게 사자된 글자 중 일부는 능숙한 손놀림으로 쓰였지만, 이와 달리 문자를 따라 그린 그림에 속하는 예도 있었다. 흥미롭게도 르네상스 시대 습자 명인의 작품에는 마법 알파벳이 거의 등장하지 않았다. 예외가 있다면 고작 조반니 바티스타 팔라티노의 1540년 저서 『습자 신서(Libro nuovo d'imparare a scrivere)』와 우르바누스 뷔스의 『습자서(Das

Schreibbuch)』(1549)에 실린 반달꼴 문자 정도이다.[84] 이들 안내서는 기량을 내보여 의뢰인을 끌기 위한 홍보물이었는데, 여기에서 마법 알파벳은 매력이 별로 없었을 것이다.

이국적 알파벳에는 독자적인 계보가 있고, 공상적인 문자들도 일부는 추적할 수 있다. 아에티쿠스 문자 같은 가공 문자 또는 '위조' 알파벳에서 그래픽 형태를 온전하게 전파할 방법은 사자밖에 없었다. 이와 마찬가지로 마법이나 천상, 천사 문자 같은 '인공' 알파벳은 모방을 통해 전승되었다.

18세기에 이르러 이런 가공 문자와 이국 문자는 대체로 주변화해 '진지한' 문자사 연구에서 배제되었다. 완전히 사라지지는 않았지만, 세계의 문자를 다루는 총람에 포함되는 일은 사실상 없어졌다. 에드먼드 프라이의 1799년 저서 『만유문자(Pantographia)』는 두드러지는 예외였다.

4

언어 혼란과 문자 총람

총람이 유행한 16세기 초에는 알파벳 문자 표본을 실은 인쇄본이 잇따라 나왔다.[1] 이에는 다양한 요인이 있었다. 오컬트나 밀교 지식을 수집하려는 충동, 이국적인 문자와 고대 문자에 관한 호기심, 방대한 역사와 지역 정보를 백과사전처럼 파악하려는 욕망 등을 꼽을 만하다. 역사적 사실로 간주되던 바벨탑의 언어 혼란을 뒷받침하는 증거로 언어의 다양성이 분석되면서, 인류의 '원조' 알파벳을 찾으려는 탐색도 이어졌다.

'원조' 알파벳의 정체에 관한 질문은 16세기와 17세기에—다른 형태로나마 이후에도—학자들을 사로잡았다. 문자에 관한 지식이 늘면서 히브리어는 '최초의' 언어가 아닐지도 모른다는 인식, 기원전 7세기에서 기원전 1세기 사이에 발명된 방형 현대 히브리 알파벳은 원조 문자가 아닐지도 모른다는 인식이 자라났다. 이에 따라 바벨탑 전과 후에 벌어진 일에 관한 재평가도 불가피해졌다. 이 질문에는 성경의 신빙성에 관한 신학적 함의가 실려 있었고, 이를 해결하려는 욕구에서 고대어와 다양한 문자 사례 수집에 대한 관심이 일어났다.

총람에는 다른 역할도 있었다. 전 지구로 점점 넓어지는 세계의 표본을 진열하고, 이국적이기로는 그런 표본 못지않은 고대 문자와 신화적 알파벳의 역사를 대표하는 사례를 함께 제시해 다양성을 통합하는 일이었다. 학자들은 곤충이나 조개껍데기, 식물을 수집하듯 문자 표본을 찾아다녔고, 알파벳 총람은 세계와 역사 지식의 표상을 정리 정돈하는 데 이바지했다.[2] 총람은 '타자'의 낯선 문자를 기록하는 한편 원조어(元祖語)의 존재에 관해 통일된 서사를 제시해 문화적 차이를 표시하는 동시에 지워 버렸다.

이런 백과사전적 충동을 보여 주는 예가 바로 콘라트 게스너의 『미트리다테스(Mithridates)』(1555)이다. 제목은 언어에 박식하기로 유명했던 기원전 2세기 아나톨리아의 황제 이름을 연상시킨다.[3] 게스너는 다음과 같은 말로 책을 열었다. "성서에서 전해지는 언어 혼란 이야기를 또 들을 필요는 없다."[4] 『미트리다테스』는 "당시까지 알려진 세계 고대어와 근대 언어의 카탈로그"로 "개별 언어와 그들의 역사, 유전 관계 이론에 관한 16세기의 지식을 집약"했다.[5] 게스너는 시각 표본에 집중하지 않았다. 대신 그는 언어를 열거하며 지리에 연결하는 어휘 목록을 창안했고, 이는 이후에 나온 언어 지도와 지명 사전의 기초가 되었다. 1545년에서 1549년 사이에 게스너는 더욱 방대한 참고서 『만물 도서관(Bibliotheca universalis)』을 집대성했는데, 이는 실존했던 모든 저자의 전작 목록과 더불어 전 세계의 동물, 식물, 곤충을 빠짐없이 나열하려고 지어진 책이었다.[6] 대다수 총람 편찬자는 언어 혼란 이야기를 매번 새로 들을 필요는 없다는 게스너의 말에 동의했다. 그들은 언어의―그리고 문자의―차이를 이미 주어진 역사적 조건으로 받아들였다. 게스너의 역사 모델은 분석적이라기보다 기술적(記述的)이었지만, 그는 다양한 장소의 언어공동체가 보이는 공통점과 차이가 임의적이거나 무작위적이지 않다는 사실을 인식했다.

성서상 역사에 관한 다른 근본 질문들도 16세기와 17세기 학자들이 언어에 접근할 때 의지한 지적 기틀에 이바지했다. 어떤 이는 만물에 이름을 붙이라는 신의 명령을 따르면서 아담이 어떤 언어를 사용했는지―그리고 그가 문자를 사용했는지―궁금해했다. 셋에 관한 이야기는 학술 문헌에 꾸준히 인용되었지만, 이를 둘러싼 논쟁은 없었다. 돌과 벽돌로 세운 기둥도 역사적 사실처럼 기술되었다. 또 다른 질문으로는 노아가 히브리어를 썼는지, 세 아들과 그들의 자손에게 이 언어로 가르침을 내렸는지, 만약 그랬다면 대홍수에서부터 모세의 시대(문자와 율법)나 바벨탑(혼란)까지는 얼마나 많은 세월이 흘렀는지 등이 있었다. 이들 질문이 알파벳학과 유관한 이유는 가장 유구하고 원초적이고 '신성한' 성

서의 문자를 재발견하고자 하는 욕망이 꾸준했기 때문이다.[7] 주요 후보
로는 다양한 유형의 히브리 문자와 칼데아 문자, 시리아 문자, '재발견'
된 사마리아 문자나 기타 셈 문자, 아람 문자 등이 있었다. 비교적 가까
운 1850년대에도 기원전 2세기에 아람 문자에서 파생된 나바테아 문자
가 '가장 오래된' 알파벳이라는 주장이 나왔을 정도이다.[8] 각 후보는 단
일 조상언어에서 유래했느냐 하는 질문에 따라 성서상 역사에 비춰 평
가되었다.

총람은 필사본으로도 존재했지만, 서지 인용 문화에서 운용된 것은
인쇄본이었다.[9] 총람 편찬자는 문헌의 권위와 그래픽 범례에만 의지해
연구한 마지막 학자였다. 17세기와 18세기에는 유물과 물증을 접하기
가 점차 쉬워졌고, 이에 따라 연구의 역사적 준거 틀도 근대적인 쪽으
로 옮겨졌다. 모든 총람에 오컬트나 천사 문자가 실리지는 않았고, 그
렇게 모인 알파벳이 모두 밀교적인 것도 아니었다. 그러나 총람 저자들
은 밀교 언어와 자연 언어, 오컬트에 쓰인 문자와 생존 구어 기록에 쓰
인 문자를 뚜렷이 구별하지 않았다. 마법 알파벳은 다수 전통―그리스
헤르메스주의, 바빌로니아에 뿌리를 둔 고대 마법, 기독교 영지주의, 유
대교와 기독교의 카발라 등―과 연관된 체계적 지식의 은밀한 열쇠로
서 매력을 유지했다. 총람 편찬자의 박식한 저작은 후대 알파벳학자들
이 이런 여러 전통과 계통을 추적하는 데 필요한 인용의 사슬을 체결해
주었다.

총람 전통

이 장은 16세기와 17세기에 이루어진 연구에 집중한다. 단, 두 가지 예
외가 있다. 첫째는 수 세기에 걸쳐 이어진 인용의 역사에 의미심장한 종
점을 찍으며 1799년 런던에서 출간된 에드먼드 프라이의 걸작 『만유문
자』이다.[10] 프라이의 책은 성서 시대구분에 뿌리를 두고 16세기 초반에
요하네스 트리테미우스에서 시작된 절충적이며 폭넓은 총서 전통이 18
세기 후반에 근대적 역사와 지식 개념에 충실한 연구로 전환되던 시기
에 쓰였다. 프라이는 절충적일 뿐만 아니라 포괄적인 컬렉션을 제시했
고, 서지 인용에서는 모든 표본의 출처를―참고한 자료의 쪽 번호까지
도―밝혔다. 18세기 마지막 해에 출간된 프라이의 책은 지질학적·고고
학적 발견 덕분에 시대에 관한 이해가 성서에서 더 장구한 기간으로 전

환되던 시점에 출현했다. 그의 저작은 당대 대영제국의 언어학 현황을 개괄해 주는 한편 절충적 전통의 종식을 고했다. 이후 대세를 이룬 것은 전문화였다. 총람은 지금도 여전히 제작되지만, 이 장 마지막에서 다룰 두 번째 예외, 즉 피터 대니얼스와 티머시 브라이트가 『세계의 문자(The World's Writing Systems)』(1996)에서 논하듯, 이제는 다른 가정을 전제하게 되었다.[11]

엄밀히 말하면 총람은 장르가 아니다. 문법서나 사전, 백과사전 등과 달리 총람은 참고서로 식별되지 않는다. 일부는 문자의 '형태와 힘'(모양과 음)에 관한 논의와 함께 현대어나 고대어 문법서에 삽입되기도 했다. 총람에는 언제나 표본이 포함되었지만, 표제용으로 습자 명인이 제작한 도판을 제외하면 이들이 표본으로 국한되지는 않았다. 사례는 다양한 언어에 관한 학문적 주장과 함께 제시되었다. 언어의 진화에 관한 장기적 역사 지식은 19세기가 되어서야 비로소 접할 수 있게 되었다.

서양에서 출현한 인쇄물 생산 기술도 총람 제작에 영향을 끼쳤다. 인쇄본의 기계 복제는 낯선 문자를 체계화하고 안정화하는 데 일조했다. 15세기 중반부터는 인쇄용 도판(목판과 동판)뿐 아니라 라틴, 그리스, 히브리 문자, 나아가 점점 많은 문자의 표준 폰트가 생산되며 문자에 주의가 환기되었다. 폰트 제작에 필요한 노동은 예컨대 다국어 성서 인쇄나 특정 독자 집단을 위한 자료 제작 등에서 정당성을 찾아야 했다. 펀치를* 제작하고 새 문자를 주조하는 작업은 부담이 컸고, 상업적·실용적 가치가 없는 금속활자 제작은 무의미했다. 1626년부터 가톨릭교회 포교성성에서** 사용할 목적으로 폰트 개발이 왕성히 이루어졌다는 사실은 종교적 교리를 퍼뜨리는 데 활자가 핵심 역할을 했음을 입증한다.[12] 종교 문헌을 출판, 번역, 유포하고 교구(敎區)를 확장하는 데 외국어와 고대어 지식은 필수였다.

신화나 성서에 준거한 역사 개념이 점차 변한 것은 고전과 성서에 머물던 참고 대상(헤로도토스, 플리니우스, 디오도로스, 구약성서, 요세푸스 등)이 근세 저자들이 쓴 정규 문헌으로 확장된 결과였다.[13] 이들의 저작은 알파벳학에서 단단히 결속된 사슬을 형성했다. 예컨대 트리테미우스는 수십 년 후 영향력 있는 제자 코르넬리우스 아그리파가 인용했고, 이어 여러 저자가 그를 뒤따랐다. 이 특정 인용 계보는 프라이에서 끝난다. 역사 연구의 개념적 토대가 전환한 탓이다. 18세기에 이르러 마카베오 가문*** 시대 주화나 로마시대 주화처럼 역사적 사건을 기록한

---

*
펀치(punch): 서양에서 금속활자 대량생산에 쓰이던 도구. 글자 모양이 양각된 금속 조각으로, 이를 이용해 음각 모판을 만들고 이 모판에 녹인 금속을 부어 활자를 제작했다.

**
포교성성(布敎聖省, Sacra Congregatio de Propaganda Fide): 선교 활동을 담당하는 교황청 행정 기구. 1982년에 인류복음화성(人類福音化省, Congregatio pro Gentium Evangelisatione)으로 명칭이 바뀌었다.

***
마카베오 가문: 헬레니즘 시대에 유대 독립운동을 이끈 유다 마카베오(Judas Maccabeus)의 일가. 기원전 140년부터 37년까지 유대 지방을 지배한 독립 왕조 하슈모나이(Hasmonean) 왕국을 세웠다.

유물과 특정 역사 시대와 연관된 증거가 발견되면서, 고유물 연구가는 가공 알파벳과 실존 알파벳을 구분하기 시작했다. 천사 라파엘이 바로 알파벳을 전한 주역임이 분명하다고 시사하는 이전 자료는 무시당하기 시작했다.

총람은 지적 친연성과 시대를 기준으로 몇 가지 무리로 나눌 수 있다. 첫째는 16세기 초 학자들의 저작이다. 트리테미우스(『다중 표기학』, 1518), 요하네스 판테우스(『보아르카두미아』, 1530), 코르넬리우스 아그리파(『오컬트 철학』, 1531), 기욤 포스텔[『열두 언어 문자 개론(Linguarum duodecim characteribus differentium alphabetum introductio)』, 1538], 테세오 암브로조[『칼데아어 개론』, 1539] 등이 이에 해당한다.[14] 이들은 출간 시기뿐 아니라 카발라와 오컬트를 다룬다는 점에서도 서로 밀접히 연관된다.

두 번째 무리는 영향력 있는 습자 명인들로 이루어진다. 조반니 바티스타 팔라티노(『습자 신서』, 1540), 우르바누스 뷔스(『습자서』, 1549), 더브리 형제(『전 세계의 알파벳과 문자』, 1596) 등이 그렇다.[15] 이들은 수집 범위가 넓고 실제 알파벳에 이국적 문자를 섞어 넣었다는 점에서 언급할 만하다.

세 번째 '무리'는 단일 작품, 즉 너비와 깊이에서 나머지 책을 모두 능가하는 클로드 뒤레의 기념비적 업적 『세계 언어사의 보배』(1613)이다.[16] 아흔아홉 장에 전체 1000쪽이 넘는 이 책은 당대 언어 지식에 관해 거의 무궁무진한 정보원이 된다.

네 번째 무리는 직접 차용을 예시하는데, 요아네스 밥티스타 흐라마이어의 책[『전 세계 여러 언어와 문자의 표본(Specimen litterarum & linguarum universi Orbis)』, 1622]은 새뮤얼 퍼처스의 유명한 기행 문집[『해클루트의 유작, 또는 퍼처스의 순례기(Hakluytus Posthumus, or Purchas His Pilgrimes)』, 1625]에 포함된 문자들의 출처 노릇을 했다.[17] 다른 총람도 많지만, 그중에서 블레즈 드 비제네르의 작품[『숫자론(Traicté de chiffres)』, 1586]과 이를 통째 도용한 프랑수아 코유테의 책[『외국 언어 문자 숫자론(Traittez des langues estrangères, de leurs alphabets et des chiffres)』, 1660] 등 두 권은 독특한 연관성을 일부 고려해 언급할 것이다.[18] 이 외에도 총람은 많지만, 끝없는 인용과 패러프레이즈 탓에 대개 논지는 중복된다.

프라이의 마지막 컬렉션은 이들 같은 과거 문헌을 다수 언급하지만,

브라이트와 대니얼스의 20세기 총괄서는 현대 총람의 학문적 기틀을 세운 최근 사례에 속한다.

첫 총람, 16세기 초

최초의 주요 인쇄본 총람인 트리테미우스의 『다중 표기학』은 적절한 제목으로 1518년에 출간되었다. 이 책은 필사본과 인쇄본 사이에서 중요한 다리 노릇을 했고, 수 세기에 걸쳐 학자들이 인용하는 자료가 되었다.[19] 트리테미우스 자신은 다른 자료를 인용할 때 대개 서지 자료나 필사본을 특정하지 않고 막연하거나 모호하게 인용 사실을 인정하는 데 그쳤다.

『다중 표기학』의 첫 네 권은 트리테미우스가 심취했던 분야, 즉 암호 문자를 하나씩 차례로 제시했다.[20] 이에는 원판을 돌려 대체문자(자모와 수치를 교환하기 위한 암호키)를 시각적으로 찾을 수 있게 하는 볼벨이나* 변환표 같은 암호화 도구가 다수 포함되어 있었다.[21] 트리테미우스의 글에 소개된 다른 암호로는 4자 암호와 9자 암호도 있었다. 각각 최소 구성단위를 네 개 또는 아홉 개 요소와 조합해 문자를 나타내는 기법이었다.[22] 트리테미우스가 이런 암호를 실제로 사용했을 성싶지는 않다. 부호 모양이 복잡하고 암호문으로 옮기는 데 상당한 노력이 필요했으리라는 점을 감안할 때, 실용성은 높지 않았을 듯하다.

암호술은 기밀 외교문서와 연관된 기술이지만, 트리테미우스의 복잡한 암호들은 오컬트 지식체계와도 관계있었다. 예컨대 그는 고대 헤르메스주의와 신플라톤주의에서 나온 서열과 상징체계를 종합한 기독교 카발라를 원용해 요일별 천사에 서로 다른 암호를 할당했다. 그는 모든 것을—천문학, 신화, 연금술, 원소 등을—연관시켰다. 이런 형식 구조는 신의 계획이 갖춘 전반적 완벽성과 지식이 표징에 근거한다고 보는 중세적 접근법에 조응해 세계의 조직을 모든 차원에서—물질적으로나 정신적으로나—명료하게 하려는 방편이었다. 트리테미우스가 마술이나 흑마술을 행했다고 시사하는 기록은 없다. 유명한 추종자이자 조수였던 아그리파와 마찬가지로, 그도 '오컬트' 철학을 단순히 자연과학을 넘어선 지식으로 규정했을 뿐이다.

트리테미우스의 신화적 역사관은 문자 표본을 제시하는 제5권 서두에서 분명히 드러난다. 세계의 기원, 문자 이전의 삶, 인간사에서 화성

*
볼벨(volvelle): 동심원 회전 원판 한 쌍으로 이루어진 기구. 중세 시대부터 천문학 등 과학기술 분야에서 주로 계측에 쓰였다.

과 금성, 목성, 수성이 맡는 역할을 논하던 그는, 형성기에 세계는 행성 수준의 지성이 천사(아나엘, 사카리엘, 오르피엘 등)에게 보조받아 관장했다고 시사했다. 트리테미우스는 문자를 포함한 요소들을 신과 행성에 맞춰 정렬했다. 천상과 지상의 자연계 요소들과 마찬가지로, 자모도 여러 연상관계를 통해 연결되었다. 그는 고도로 형식화한 구조들을 지식(오컬트)의 차원에서 단일한 지혜의 체계로 통합했다. 이 작업에서 알파벳과 밀교적인(드물고 낯선) 문자는 더 높은 수준 또는 차원을 여는 열쇠처럼 보였다. 르네상스 시대 독자들은 15세기에 플로티노스 등의 글에 대한 관심이 되살아난 덕분에 2세기와 3세기의 헤르메스주의와 신플라톤주의에서 끌어온 개념들에도 익숙했을 것이다.

트리테미우스는 상징 언어를 확장해 시대를 구분하려 했다.[23] 그는 문자가 메르쿠리우스의 영향하에 발명되었다고 말했다. 그러고는 카드모스가 그리스인에게 선물을 준 일이 플라톤이 서술한 이집트 문자 이야기 직후에 일어났다며, 압축된 시대구분법을 제안했다.[24] 그는 다양한 문자가 범람하는 데서 자극받은 개인들이 사생활을 관리하려고 나름대로 비밀 문자를 창안했다고 시사하며 암호를 이 역사 내부에 배치했다.[25] 그가 말하기로 "고대의 여러 폭군과 군주 대공은 일반적이고 보편적인 자모 구조와 전혀 다른 자기들만의 고유한 문자를 차지하고 쓰기를 주저하지 아니하였다". 그는 미래를 생각하는 선견지명에서, 즉 행여 이들이 사라져 없어지지는 않을까 하는 우려에서 이처럼 알려지지 않은 문자들을 복제하기로 했다고 설명하면서, 이들의 출처가 "매우 고대의 저자들, 이러한 문자로 오컬트 과학과 마법을 기술한 이들"이라고 밝혔다.[26]

제5권에서 트리테미우스는 암호가 아닌 문자 표본 열네 점을 제시했다. 출처는 아마도 그의 본업, 즉 슈폰하임수도원을 교육 연구시설로 전환하는 사업을 통해 입수한 자료였을 것이다.[27] 그는 40권에 불과했던 도서관 장서를 당시로서는 상당한 규모인 2000권으로 늘렸다고 알려졌다. 트리테미우스는 이 도서관에 "기독교 세계에서 알려진 모든 학문 분야의 책들"이 소장되어 있다고 주장했다.[28] 이 중 상당수가 필사본이었다고 믿어진다[그가 쓴 「필경사 예찬(In Praise of Scribes)」은 오늘날에도 자주 인용되는 논문이다].[29] 자신의 글에 모아 놓은 정보는 그가 중요한 참고 자료를 직접 이용할 수 있었다는 증거이지만, 그는 출처 표기를 최소한으로만 하는 습관이 있었다. 그가 소개한 알파벳들은 이후 여

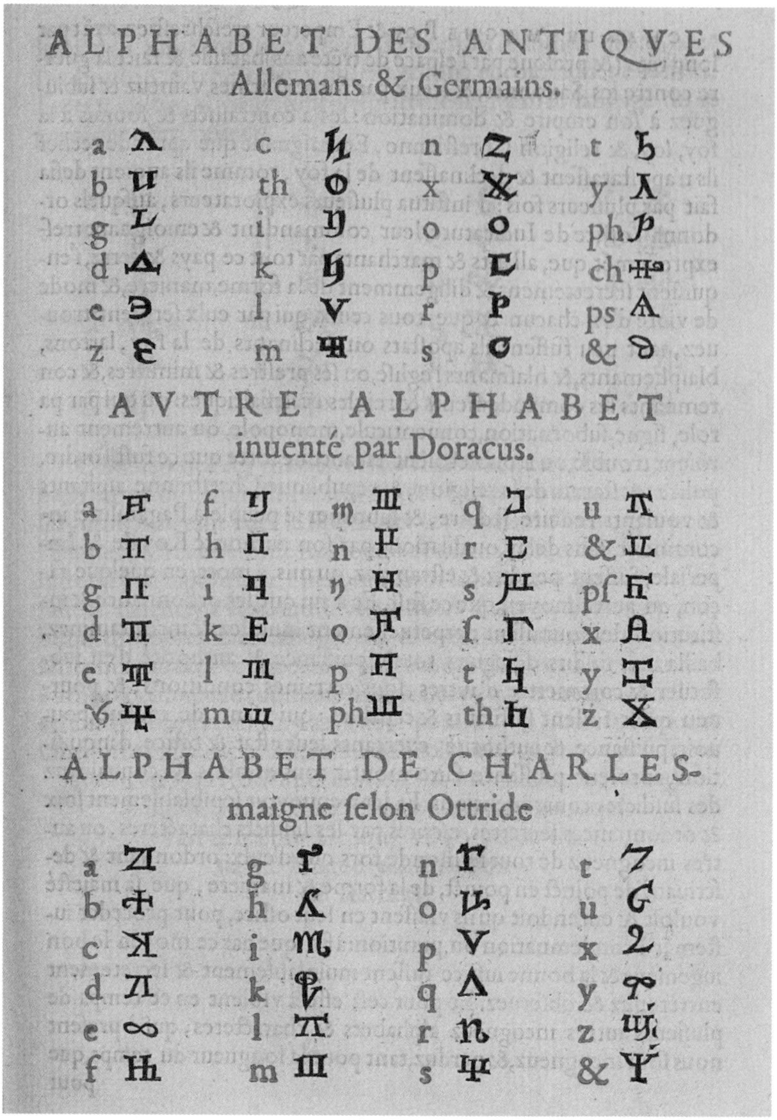

ALPHABET DES ANTIQVES
Allemans & Germains.

AVTRE ALPHABET
inuenté par Doracus.

ALPHABET DE CHARLES-
maigne selon Ottride

그림 4.1

그림 4.1

요하네스 트리테미우스의
『다중 표기학』 프랑스어판
(De polygraphie)에서
어렴풋이 룬 문자처럼 보이는
사례 문자 세 자가 실린 면.

러 저자가 활용했지만, 정작 이들 자체의 근원을 더 깊이 추적하다 보면
『다중 표기학』이 소실점이 되는 경우가 잦았다.[30]

트리테미우스의 저작이 끼친 영향을 고려할 때, 거기에 실린 고문자
와 밀교적 문자 표본은 세심히 살펴보는 편이 합당할 것이다. 그중에는
일부 신화적 사례를 포함해 오래된 유럽 문자와 기원이 불문명한 몇몇
사례가 실존 사례와 함께 섞여 있었다. 첫째는 "셉텐트리온과 노르트만
(Septentrionaux & Nortmans)", 즉 북쪽에서 온 사람들의 문자이다[프

랑스어판에는 아유망(Allemans)과 제르맹(Germains)으로 분별되어 있다*]. 트리테미우스가 주장하기로, 그들은 베다 베네라빌리스의 조언에 따라 그리스 문자를 개량해 기밀문서를 위한 나름의 문자를 만들었다고 한다.[31] 이는 룬 문자와 유사했고, 이어 소개된 세 알파벳도 마찬가지였다. 각각 독일 문자, 도라쿠스라는 인물의 문자, 그리고 오트리데(Ottride)라는 사람에 따르면 샤를마뉴의 문자에 해당하는 사례였다.[32] 이들은 현존하는 몇몇 자모 형태에서 특징을 빌리되 어떤 개별 문자도 직접 복제하지는 않은 혼성 문자였다.[33] "별로 아름답지 아니하다"라고 기술된 다른 사례 하나도 샤를마뉴의 문자로 분류되었다. "고대식 글자"로 이루어진 문자도 있었다. 고대 점술가 히쿠스의 문자로 분류된 것도 있었고, 베다 베네라빌리스의 저작에서 집자했다고 알려진 사례도 둘 있었다.[34] 이들과 일치하는 특정 룬 문자를 찾아 보아야 대체로 헛된 일이다. 실제로 트리테미우스는 이들이 정보를 숨기는 데 유용한 암호로 기능한다는 데 특히 관심을 두었던 듯하다.[35]

트리테미우스의 책에 실린 문자 중에서 가장 많이 사자된 사례는 테베의 호노리우스가 창안했다고 적힌 문자인데, 아마 고대 마법과 연관성이 있었기 때문일 것이다. 이 책은 해당 문자가 실린 첫 인쇄본이다. 몇 년 후 이 문자를 복제한 아그리파는 출처를 중세 학자 피에트로 다바노로 밝혔다. 트리테미우스는 연금술을 도덕적으로 순결하게 활용해야 한다고 주창했으며, 정치적·종교적 예법을 고수함으로써 마법에 기우는 성향을 스스로 억제했다. 그가 소개한 마지막 사례 중에는 키케로의 속기[키케로의 노예 필경사 이름을 따 티로(Tiro)의 수기라고 불리기도 한다]에서 끌어온 기호 몇 세트가 있었다.[36] 마지막에 그는 "당신의 시대에 은밀하고 신비한 일에 알파벳을 이용하신 매우 현명하고 유식한 분"으로 알려진 고대 북극 왕 이아미엘(Iamiel)의 문자 사례를 추가했다.[37] 모호한 역사는 이들 문자의 기원에 신비하고 고대적인 장막을 쳤고, 그러면서 권위를 더해 주기도 했다.

트리테미우스의 영향은 대단했지만, 16세기에 오컬트 전통과 연결된 밀교적 문자와 알파벳의 이미지가 실린 책을 펴낸 이는 그뿐만이 아니었다. 암브로조의 엄밀한 『칼데아어 개론』(1539)은 충실한 칼데아어, 고대 시리아어, 아르메니아어 문법서였고, 부록에는 라지엘, 라피엘(Raphiel), 솔로몬의 문자 등이 소개되어 있었다. 판테우스의 독특한 『보아르카두미아』(1530)는 연금술 논문으로, 소개된 문자는 히브리 문

*

둘 다 독일을 뜻한다.

자(모세의 이름이 붙어 있다), 강 건너기 문자(아브라함과 관계있다), 에녹의 이름이 붙은 알파벳 등 세 개밖에 없었지만, 이들은 인용의 연결 고리로서 중요했다.『보아르카두미아』는 연금술적 변환에 초점을 두었는데, 이를 두고 판테우스는 오컬트 지혜를 전제하는 "교양 학문"이라고 불렀다. 히브리 문자를 제시하던 판테우스는 이들 자모도 다른 원소들—불, 공기, 물, 흙—과 마찬가지로 다른 물질에서 창출되는 황금처럼 변환에 필요한 힘을 지니는 구성 요소라고 기술했다. 이는 문자가 조물주의 조수로서 우주 빚는 일을 도왔다고 믿는 카발라 교리였다.[38] 판테우스는 표본의 출전을 밝히지 않았고, 이들 표본은 목판으로 깨끗하게 제작되어 무척 선명했다. 판테우스와 트리테미우스의 책은 후대 학자들(그리고 인쇄인들)이 문자의 형태와 정체를 옮기는 자료가 되었다.

코르넬리우스 아그리파

청년 학도 코르넬리우스 아그리파는 요하네스 트리테미우스 아래에서 공부했다. 학업을 마칠 즈음(1510년경) 그는 저서『오컬트 철학』을 스승에게 헌사하기로 했다. 책은 1531년이 되어서야 출간되었지만, 인사말에는 트리테미우스에 대한 사의와 그들이 만난 일이 언급되었다. 트리테미우스는 아그리파가 서른 살이 되던 1516년에 사망했지만, 두 사람의 직접적 연관성은 연구 내용에 반영되었다. 아그리파의 철학관은 스승보다 폭넓었고 영향력은 더욱 크고 장기적이었는데, 이는 필시『오컬트 철학』이 물질세계의 여러 측면을 검토하며 형이상학적 차원을 이해하려 한 총괄서였기 때문일 것이다. 아그리파는 세계를 원소계, 천상계, 지성계로 나누었다. 오컬트 지식에 대해 그가 취한 접근법은 인간 사이에서 벌어지는 "매력"의 속성, 즉 여러 개인을 하나로 연결해 주는 힘을 기술하고 논하는 예를 보면 이해할 수 있다. 반대로 알파벳에 관한 연구는 철학적이라기보다 문헌학적이었다. 그는 표본 네 점을 간략히 언급만 하면서, 이들이 "다름 아닌 미지의 자모와 문자로, 하느님의 신비를 간직"하고 있다고 지적했다.[39] 히브리 문자에 관한 해설은 표준 카발라 사상에서 조금도 벗어나지 않았다. "그러므로 둘 하고도 스무 개 자모가 있으니 이들은 세계의 근본이요, 이들 자모로써 불리는 모든 실존 피조물의 근본이며, 모든 말의 근본이고, 모든 피조물은 이들로 이루어져 있으며 이들의 운동에 따라 이름과 존재, 가치를 얻는다."[40]

아그리파의 책에 등장한 네 표본은 이후 수백 년간 너무 자주 인용된 탓에 해당 원전에서 차지하는 비중이 부풀려진 감이 있다. 이들은 『오컬트 철학』 3권 몇 쪽에 빼곡하게 정리되어 있을 뿐이다.[41] 첫 번째 표본, 즉 테베 알파벳의 출처로 그는 트리테미우스를 언급했다. 그러나 해당 문자가 13세기 내지 14세기에 살았던 이탈리아인 철학자 겸 점성가 피에트로 다바노가 쓴 책에 처음 소개되었다고 말하며 출전 하나를 더하기도 했다.[42] 이어서 아그리파는 불분명한 중세 출전에 족보가 닿은 문자 세 개를 소개했다. 천상 문자, 말라흐 문자, 도하 문자(Transfluvial. 강 건너기 문자) 등이었다.

아그리파의 오컬트 문자 표본은 여러 출판물에서 이런저런 모습으로 나타났다. 레온하르트 투르나이서가 1583년 『연금술 사전(Onomasticum)』에서 몇몇 고트, 룬, 동프랑크 문자 등과 함께 소개한 천상 문자의 출전도 아그리파일지 모른다.[43] 수 세기에 걸쳐 아그리파라는 이름은 오컬트 전통과 동의어가 되다시피 했고, 그가 말한 오컬트의 뜻과 당시 맥락에서 오컬트가 무슨 의미였는지에 관해서는 상당한 오해가 빚어지곤 했다. 스승 트리테미우스와 마찬가지로, 아그리파도 지식체계를 종합해 만물 이면의 유일하고 신성한 패턴을 드러내려 했다. 여기에는 당연히 문자도 포함되었다. "하느님의 처소, 즉 천국에서 별들의 위치가 처음 정하여지고, 그들의 모양에 따라—히브리의 스승들이 증언해주듯이—천상 신비의 자모가 가장 완전하게 조형되었으니, 이는 그들의

그림 4.2

레온하르트 투르나이서, 『연금술 사전』[베를린: 노클라움폴첸(Noclaum Voltzen), 1583].

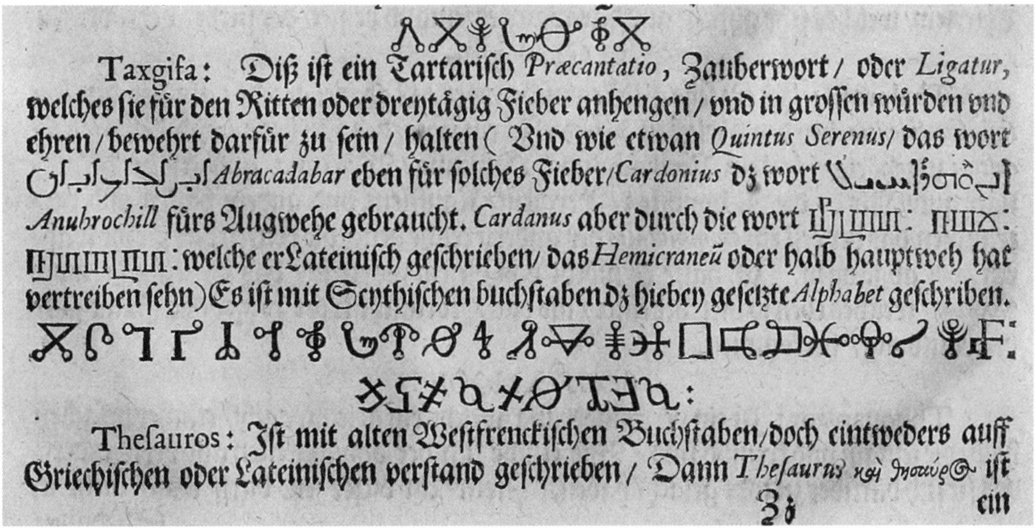
Taxgifa: Diß ist ein Tartarisch *Præcantatio*, Zauberwort / oder *Ligatur*, welches sie für den Ritten oder dreytägig Fieber anhengen / vnd in grossen würden vnd ehren / bewehrt darfür zu sein / halten (Vnd wie etwan *Quintus Serenus*/ das wort *Abracadabar* eben für solches Fieber/*Cardonius* dz wort *Anubrochill* fürs Augwehe gebraucht. *Cardanus* aber durch die wort : : welche er Lateinisch geschrieben/ das *Hemicraneū* oder halb hauptweh hat vertreiben sehn) Es ist mit Scythischen buchstaben dz hiebey gesetzte *Alphabet* geschriben.

Thesauros: Ist mit alten Westfrenckischen Buchstaben/doch eintweders auff Griechischen oder Lateinischen verstand geschrieben / Dann *Thesaurus* ist

Zi ein

모양, 형태, 의미뿐 아니라 그들이 표시하는 수에 의하여서도, 아울러 다양한 결합의 조화에 의하여서도 조형된 것이다."[44] 유대교 카발라 신비주의 전통에 따라, 그는 스물두 개 히브리 자모를 열두 단자, 일곱 복자, 세 모자로 나누었다. 이는 각각 열두 궁, 일곱 행성, 세 원소(불, 물, 흙)에 상응하는 수였다. 그는 당연히 히브리 문자를 원조로 인정했지만, "천국의 진정한 본질은 천사들의 문자, 이른바 말라흐 문자에 있다"라고 덧붙였다.[45] 아그리파의 오컬트 개념 틀에서는 만물의 성질이 겉모습이 아닌 본질을 기준으로 이해되었고, 문자를 포함한 만물의 힘은 피상적 친연성 너머에서 드러나게 되어 있었다. 아그리파는 가장 오래된 문자, 즉 본디 "모세와 선지자들"이 사용한 문자는 사라졌다고 인정했다. 그 형태는 "누구에게도 쉽사리 발견될 것이 아니다. 오늘날 사용되는 문자는 에스드라스가* 도입한 것이기 때문이다"[46] 이 역시 잃어버린 고대 히브리 문자가 바빌론유수 이후 현대적인 형태로 이행한 일에 관한 통상적 서술이었다.

포스텔과 사마리아 문자

아그리파와 동시대에 활동한 기욤 포스텔은 프랑스인 카발라 신도이자 '동방' 언어 연구가였다. 그의 총람 『열두 언어 문자 개론』은 1538년에 출간되었다.[47] 포스텔의 연구 동기는 암호 제작자 트리테미우스나 오컬트 철학자 아그리파와 매우 달랐다. 그는 파리에서 출발해 이탈리아를 거쳐 보스니아, 달마티아, 아르메니아, 러시아, 아라비아를 여행하며 접한 언어들의 문자를 다루었다. 고전 언어나 고대어와 마찬가지로, 이들은 기독교 신앙과 문화 관계에 대한 믿음에 물든 유럽·오스만 관계의 지정학적 경험을 반영했다. 총람에 실린 사례들은 보편어, 즉 다른 언어들을 통일할 잠재성이 있는 원초적 언어에 대한 믿음에서 수집된 것으로, 그가 오스만제국에서 프랑스의 국익을 신장하려고 일하던 중 기록한 내용이었다. 포스텔은 종교전쟁이 예수 재림을 위한 무대를 마련해 주리라고 믿었다.[48] 알파벳과 역사가 메시아 서사와 뒤섞인 양상이었다.

포스텔의 책에 소개된 열두 언어는 레반트와 중동 지방의 언어였다. 각 절은 실존 문자를 하나씩 다루었다. 히브리, 칼데아, 사마리아, 포에니, 아랍, 인도, 그리스, 조지아,** 체르비아,*** 달마티아, 아르메니아, 라틴 문자 등이었다. 포스텔은 단지 표본을 제시하는 데 그치지 않았다.

*
에스드라스(Esdras)와 에스라(Ezra)는 같은 인물이다. 전자는 후자를 그리스·로마식으로 옮긴 인명이다.

**
포스텔의 책에서 조지아 알파벳(alphabetum Georgianorum)이라고도 불리고 야곱 알파벳(alphabetum Iacobitarum)이라고도 불리는 문자는 조지아 문자가 아니라 콥트 문자이다.

***
포스텔의 책에 체르비아 문자(alphabetum Tzeruianorum)라고 소개된 알파벳은 옛 교회 슬라브어를 적는 데 쓰였던 글라골 문자이다. 훗날 키릴 문자의 바탕이 되었다.

그는 표시된 열두 문자 각각에 관해 발음, 문화권, 표시된 여타 언어와의 관계, 주기도문을 옮겨 적은 문자 표본 등을 안내문으로 실었다. 그의 책은 해당 지역 언어를 설명하고 소개하려 했다.

　히브리, 아랍, 그리스, 라틴 문자 표본은 금속활자로 인쇄되었지만 다른 문자(칼데아, 사마리아, 인도/에티오피아, 조지아/야곱, 히에로니무스/달마티아, 아르메니아, 천상/강 건너기 문자)는 모두 목판으로―꽤 조잡하게―제작되었는데, 이는 이들이 드물고 낯선 문자이기에 금속활자로 주조할 가치가 없다고 여겨졌음을 방증한다. (슬라브 계열 문자인 체르비아 문자는 금속활자로 보인다.) 그가 소개한 칼데아 문자는 고대 시리아 문자의 일종이지만, 지면에서는 실존 알파벳 컬렉션에서 유일하게 신비주의적인 문자였던 천상 반달꼴 히브리 문자, 즉 이제 익숙해진 강 건너기 문자와 나란히 배치되었다. 아그리파의 사례에 비해 무겁고 거친 편이었지만, 알레프 한 자를 제외하면 포스텔의 표본은 아그리파와 같은 그래픽으로 이루어져 있었다. 중세 시대에 그토록 중시되던 사자 전통은 인쇄된 범례를 성실히 제작하는 일로도 이어졌다.

　포스텔은 히브리어가 모든 "동방" 언어, 즉 그가 뜻하기로 언어뿐 아니라 고대에 유래해 현존하는 모든 문자의 선조라고 분명하게 단정했다. 그는―여러 동시대인과 마찬가지로―언어 간에 차이가 벌어진 근원을 대홍수 후 노아의 자손들이 흩어진 일과 그로부터 약 100년 후 일어난 언어 혼란에서 찾을 수 있다고 믿었다.[49] 포스텔은 진실한 단일 종교를 찾고자 했고, 통일된 신념 체계가 어떻게 나타날 수 있을지 알아내려고 유대교와 이슬람교를 연구했다. 중동 지역 언어에 대한 관심은 쿠란, 유대교 경전, 카발라 문헌 등을 읽는 일과 직접 관계있었는데, 그는 이런 문헌이 "원초적 인간 언어를 발견하고 재건하는 열쇠가 되리라"라고 믿었다.[50] 프랑스인이었던 포스텔은 켈트어가 노아에게서 유래했다고도 시사했는데, 여기에서는 민족의 '원조' 언어와 문자를 셈어 전통 밖에서, 고전 전통과도 무관한 곳에서 찾으려 하는 태도가 출현할 조짐이 보였다.[51]

　포스텔의 저서가 거둔 주요 성과 중에는 사마리아 문자 표본을 수록한 일이 있다. 이는 해당 문자가 인쇄 출판물에 등장한 첫 사례였다. 이 표본만도 선풍적이었지만 이와 더불어 실린, 히브리 문자가 새겨진 주화 도판 두 개는 고대 셈 문자의 실제 명문을 보여 주는 첫 복제화로 알려졌다. 포스텔은 1536년 콘스탄티노플을 여행할 때 사마리아 필사본

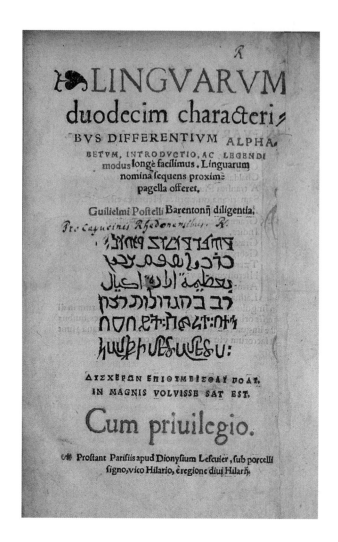

그림 4.3

기욤 포스텔, 『열두 언어와
문자 개론』(파리, 1538),
표제면. 지면 중앙에 실린
문자 표본은 목판으로 제작한
듯하다. 첫 줄은 사마리아
문자이고 셋째는 아랍,
넷째는 히브리, 다섯째는
"인디카"(에티오피아)
문자이며, 둘째와 여섯째는
그의 표본 중 일치하는 예를
찾기 어렵다.

을 적극적으로 찾아 나선 바 있었다.[52] 마침내 그는 베네치아 인쇄인 다니엘 봄베르그 주변의 문학인 집단에서 그리스어·히브리어 전문가로 일하던 변호사 파비우스 스폴레타누스라는 인물에게서 필사본 한 부를 입수하게 되었다.[53] 실제 사마리아 문자가 포함된 필사본을 본 포스텔은 흥분에 겨워 해당 문자를 즉시 사자하게 했다. 로마에 도착한 그는 이를 "당대 학계에서 가장 박식한 다국어 박사 플라미니우스"에게 보여 주었다. "사마리아 문자가 틀림없다고 선언한 그는 마다하지 않고 해당 알파벳을 손수 옮겼다."[54] 이처럼 손으로 글자를 복제하는 방법은 무척 중요했는데, 포스텔의 책에 실린 문자 형태는 놀라우리만치 정확했다. 필경사와 도판 제작자가 모두 꼼꼼한 솜씨를 발휘한 덕분이었다.[55]

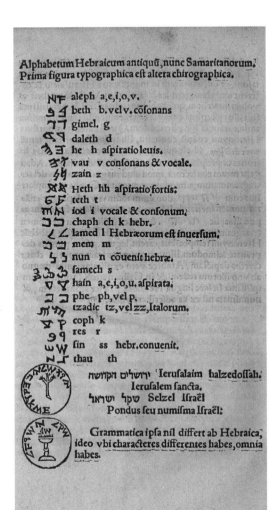

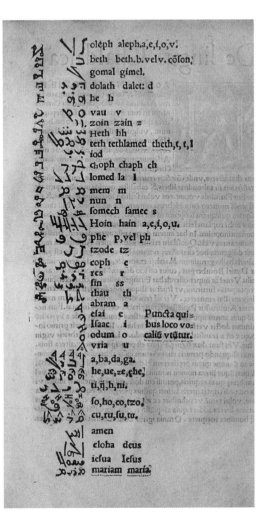

사마리아인은 아브라함이 가나안으로 이주할 때 칼데아에 남았다고 (현재는 요르단강 서안 지구 인근에 거주한다) 믿어진 소수 민족이었다 (여전히 소수민족이다). 이들은 헬레니즘 시대에 뿔뿔이 흩어졌고 고유 언어와 문자는 보유했지만 인구가 적었으며, 주민은 카이로, 다마스쿠스, 알레포, 현대 레바논 지역 곳곳에 분산되어 있었다.[56] 사마리아어와 이 언어로 쓰인 토라는 16세기에 '재발견'되었지만, 서유럽에서 사마리아 오경은 17세기, 즉 장 모랭이 파리에서 2개 언어 대역본을 펴낸 1631년 이전까지만 해도 구할 수 없는 문헌이었다.[57] 많은 이가 사마리아어로 된 구약성서야말로 곡해되지 않은 원본이며 사마리아 알파벳은 현대 히브리 문자보다 오래되었을지도 모른다고 믿었다.[58] 사마리아 문

그림 4.4(왼쪽)

기욤 포스텔, 『열두 언어와 문자 개론』(1538). 손으로 쓴 사마리아 문자를 활자로 옮긴 사례.

그림 4.5(오른쪽)

기욤 포스텔, 『열두 언어와 문자 개론』(1538). 칼데아 문자와 천상 문자 비교.

자가 율법을 기록한 원조 문자라는 말이 탈무드에 적혀 있다는 사실은
시각적 사례나 직접 지식 없이도 해당 문자를 꾸준히 언급한 랍비 전통
에서 잘 알려져 있었다. 13세기 유대인 학자 모세스 벤 나흐만은 고대
히브리 문자를 쓸 줄 알았으며 이를 사마리아인이 읽을 수 있었다고 주
장했다는 말이 있다. 실제로 사마리아 문자는 고대 히브리 문자의 분파
이고 방형 현대 히브리 문자보다 오래된 문자이다. 사마리아 문자가 원
조 알파벳인지, 혹은 아담이나 모세가 발명한 문자인지에 대한 논쟁은
꾸준히 이어졌다. 아무튼 방형 현대 히브리 문자와 선조 문자들의 뚜렷
한 차이는 설명할 필요가 있었다. 포스텔의 시대에 이는 어떤 문자가 가
장 유구하고 "가장 신성한 알파벳"인가 하는 논쟁의 일부였다.[59]

히브리 문자는 천지창조 이후 변하지 않았으며 바벨탑보다도 오래
된 문자인가? 이 문제는 기독교와 유대교 카발라에서 벌어진 논쟁에 뒤
얽혔고, 두 공동체는 모두 성서와 주해서에 의지했다. 예컨대 히에로니
무스는 사마리아 문자와 히브리 문자의 자모 수가—발음이 같은 고대
시리아나 칼데아 문자와 마찬가지로—같다는 점에 주목했다. 그리고 고
대 문자와 현대 문자의 형태 차이에 관해서는 관습적 설명을 옹호했다.
즉, 바빌론유수 이후 필경사 에스라가 "지금 우리가 사용하는 추가 자모
네 개를 발견했다"라는 설명이었다. "그전까지만 해도 사마리아 문자와
히브리 문자는 자모 수가 같았다."[60] 이 설명은 자주 인용되었지만 누구
나 동의하지는 않았다. 저명한 15세기 철학자 피코 델라미란돌라는 그
런 변화가 일어난 적이 없으며 모세와 족장들도 현재 쓰이는 것과 같은
히브리 문자를 사용했다고 시사했다. 이를 뒷받침하는 근거로, 그는 모
세가 다른 문자나 변형된 문자를 썼다면 그가 글에 숨긴 신의 비밀을—
카발라로—식별할 수 없다는 점을 들었다.[61] 이 논쟁에는 저명한 13세
기 카발라 신도 아브라함 아불라피아의 해설, 예컨대 '메타카락테리스
모스(metacharakterismos)'(한 글자씩 사자하는 방법)가 히브리 문자
를 쓰려고 발명되었다는 의견 등도 인용되었다.

알파벳학에서 피코는 또 다른 역할을 맡기도 했다. 1494년에 사망한
그의 장서들이 수집가 도메니코 그리마니에게 팔린 덕분이다. 이는 테
세오 암브로조를 위시한 여러 학자가 밀교 문자를 연구할 때 참고 자료
로 쓰였다. 그리마니의 장서는 결국 카스텔로의 산탄토니오(Sant'An-
tonio) 아우구스티노수도원으로 옮겨졌다가 1687년 튀르키예와 전쟁
을 치르던 중 보급창으로 쓰이던 수도원에 화재가 일어나 소실되고 말

았다.[62] 그러나 화재 전에 이미 대다수 오컬트 문자와 마법 알파벳은 이를 미심쩍은 자료로 간주한 수도사들 손에 제거된 상태였다.[63] 이 장서는 현재는 인쇄본에만 남아 있는 시각적 범례를 전파하는 데 결정적인 역할을 했다. 그리마니의 주치의였던 이탈리아인 학자 아브라암 데 발메스가 1523년 베네치아에서 펴낸 문법서 『아브라함의 선물—히브리어와 라틴어 문법(Mikneh Avram: Peculium Abrae; Grammatica Hebraea una cum Latino)』이 한 예다.[64] 그는 이 책에 트란시투스 플루비(강 건너기 문자) 사본을 포함했고, 이 사례를 아주 낡은 책 한 권에서 찾았다고 적었다. 발메스는 트란시투스 플루비가 사마리아 문자일지도 모른다고 상상했다. 당시만 해도 사마리아 문자의 사례는 유포되지 않았기 때문이다. 하지만 그는 같은 문자에 아람어를 기록한 "실제 아시리아 문

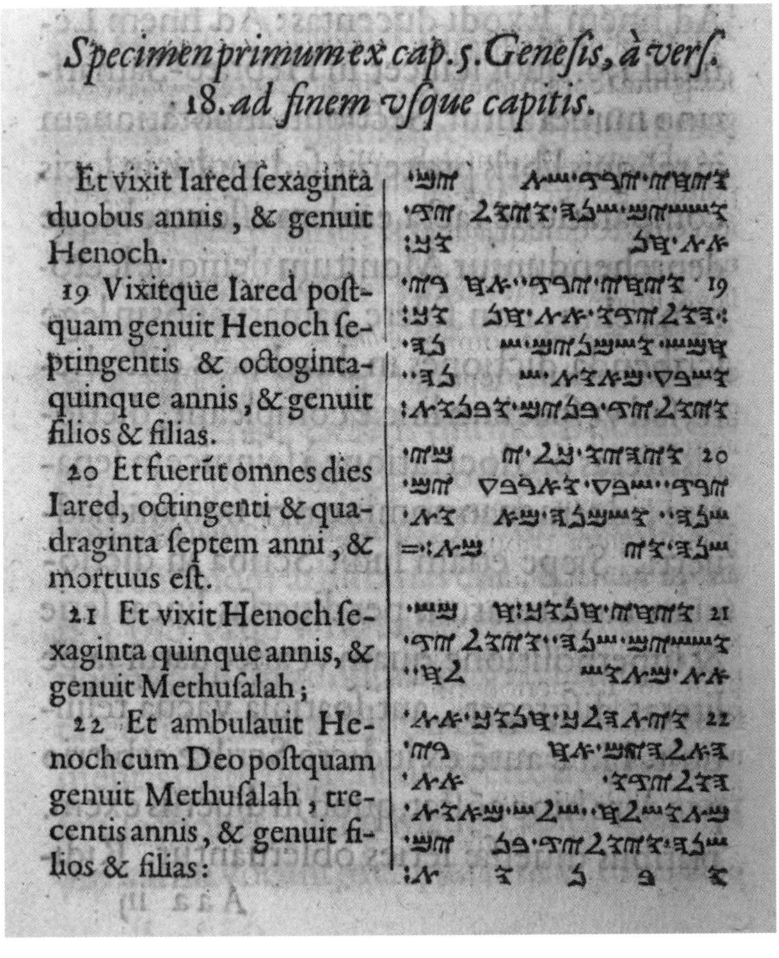
Specimen primum ex cap. 5. Geneſis, à verſ. 18. ad finem vſque capitis.

Et vixit Iared ſexaginta duobus annis, & genuit Henoch.

19 Vixitque Iared poſtquam genuit Henoch ſeptingentis & octoginta-quinque annis, & genuit filios & filias.

20 Et fuerũt omnes dies Iared, octingenti & quadraginta ſeptem anni, & mortuus eſt.

21 Et vixit Henoch ſexaginta quinque annis, & genuit Methuſalah;

22 Et ambulauit Henoch cum Deo poſtquam genuit Methuſalah, trecentis annis, & genuit filios & filias:

그림 4.6

장 모랭이 편집한 사마리아어와 라틴어 대역판 사마리아 오경. 1631년 출간.

자"라는 이름을 붙이며 성서에 쓰인 가나안의 지리적 위치와 연관시키기도 했다.[65] 발메스의 책은 2년 후 시지스몬도 판티의 출판물로 이어졌는데, 여기에도 같은 트란시투스 플루비가 수록되었다. 1529년 활자 디자이너 조프루아 토리는 이를 "칼데아 문자(Lettres Chaldaiques)"라는 이름으로 사자했고, 1540년 조반니 바티스타 팔라티노는 같은 사례를 다시 사자해 "에스라 전대 히브리 알파벳"이라는 이름을 붙였다.[66] 이 문자가 에스라 이전의 히브리 알파벳이라는 관념이 일반화된 결과, 포스텔이 처음 직접 지식을 제공한 사마리아 문자 문제는 한켠으로 제쳐지고 말았다. 포스텔의 책에 실린 모든 문자는 클로드 뒤레의 광범위한 1613년 저서 『세계 언어사의 보배』에도 실렸고 습자 명인 우르바누스 뷔스의 책에도 등장했는데, 후자에서 손으로 그린 문자 사례는 전혀 다른 독자층을 염두에 둔 것이었다. 포스텔과 뒤레의 저작이 학술적인 데 비해 뷔스의 사례는 전시와 과시 목적이 강했다.

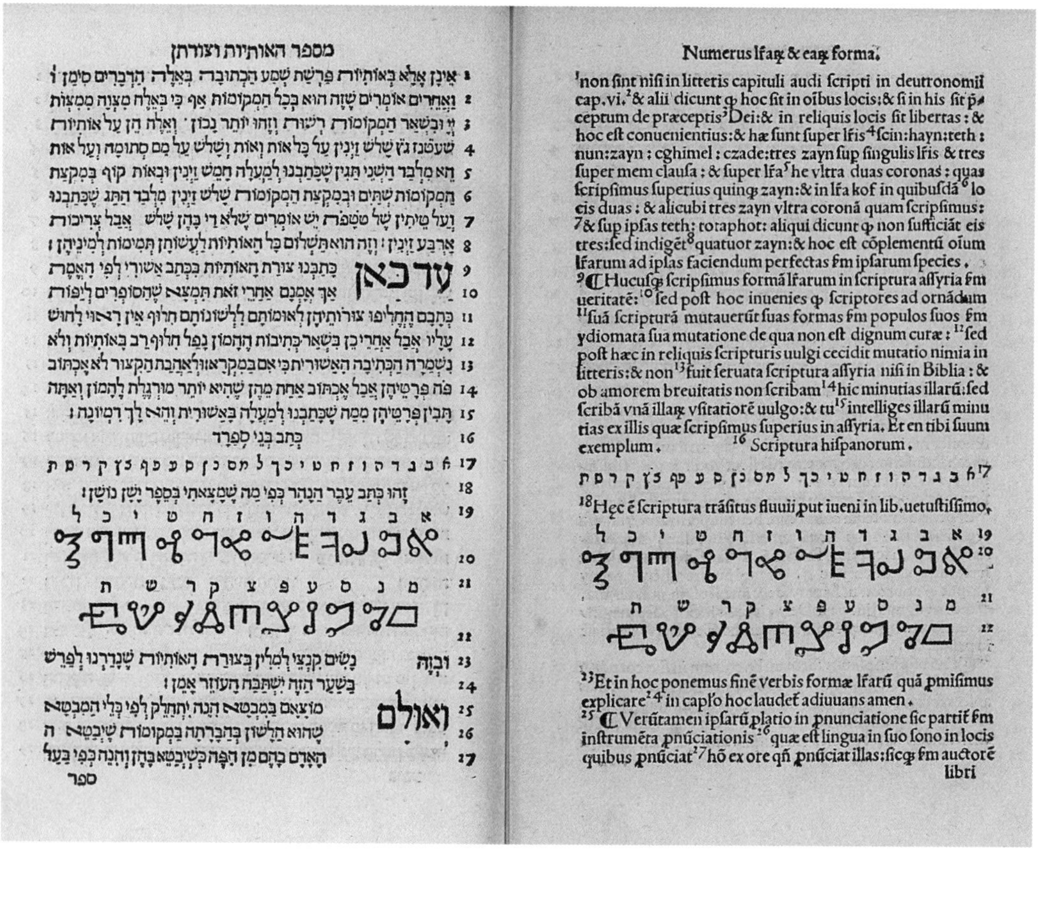

그림 4.7

아브라암 메이르 데 발메스, 『아브라함의 선물—히브리어와 라틴어 문법』(베네치아: 봄베르그, 1523). 똑같은 신비주의 문자가 히브리어와 라틴어 본문에 나란히 삽입되어 있다. 트란시투스 플루비의 노련한 인쇄 품질은 획이 깔끔하고 고르다는 점에서 이전의 목판과 대조된다.

암브로조─문법과 언어

이 학문 전통에서 특이한 에피소드 하나는 포스텔과 동료 테세오 암브로조의 경쟁이다. 1539년에 출간된 암브로조의 『칼데아어 개론』은 문법서였다. 여기에는 몇 가지 아람 계열 문자와 함께 서로 다른 표본 서른여섯 개와 각각의 발음법을 설명하는 "다양한 언어 부록"이 실렸다. 암브로조가 기울인 노력은 언어 지식 확충에 봉사했을 뿐만 아니라 모든 총람의 동기가 되는 수집열을 증명하기도 했다. 본론에서 그는 고대 시리아어, 칼데아어, 아람어에 집중하고─그러나 히브리어는 제외하고─포스텔의 알파벳을 논했으며, 루도비코 (파비우스?) 스폴레타누스, 즉 포스텔에게 문자 표본을 구해 준 인물과 동일인에게 입수했다고 하는 사마리아 문자 사례를 도판으로 제시했다. 나아가 그는 트레비소 (Treviso)의 철학자 안토니오 데 판티의 장서도 원용했다.[67]

　　암브로조는 자신이 소개한 사마리아 문자의 출처로 다시 그리마니의 장서를 꼽았지만, 그의 표본에는 실제 문자와 닮은 면이 없었다.[68] 알레프가 두드러지는 아담의 알파벳과 솔로몬의 이름이 붙은 알파벳, 천상의 문자 등은 모두 이집트, 에트루리아, 고트 문자라고 표시된 도판과 나란히 실렸다. 그는 대다수 출전(예컨대 판테우스의 『보아르카두미아』)을 밝혔고, 세부에 크게 아랑곳하지 않으며 원조 문자를 아담이나 천사 라파엘의 작품으로 돌렸다.

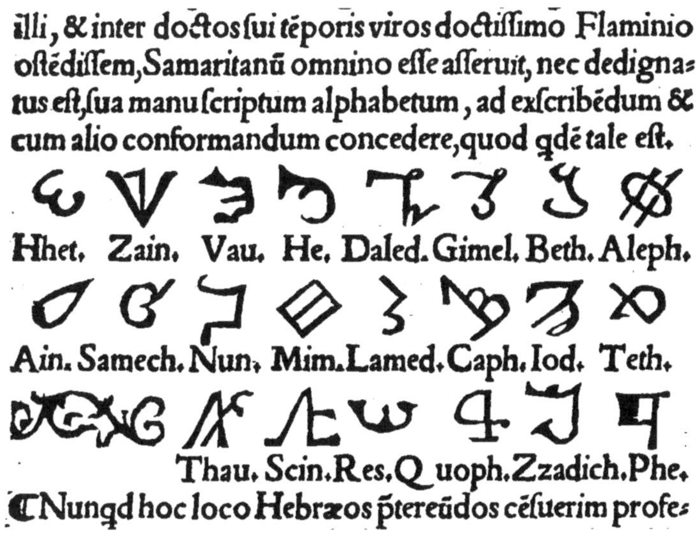

그림 4.8

테세오 암브로조의 『칼데아어 개론』(1539)에 소개된 사마리아 문자.

illi, & inter doctos fui téporis viros doctissimo Flaminio ostédissem, Samaritanū omnino esse asseruit, nec dedignatus est, sua manu scriptum alphabetum , ad exscribédum & cum alio conformandum concedere, quod qdé tale est.

Hhet.　Zain.　Vau.　He.　Daled. Gimel. Beth. Aleph.

Ain. Samech. Nun. Mim. Lamed. Caph. Iod.　Teth.

Thau. Scin. Res. Q uoph. Zzadich. Phe.
¶ Nunqd hoc loco Hebræos þtereūdos céfuerim profe-

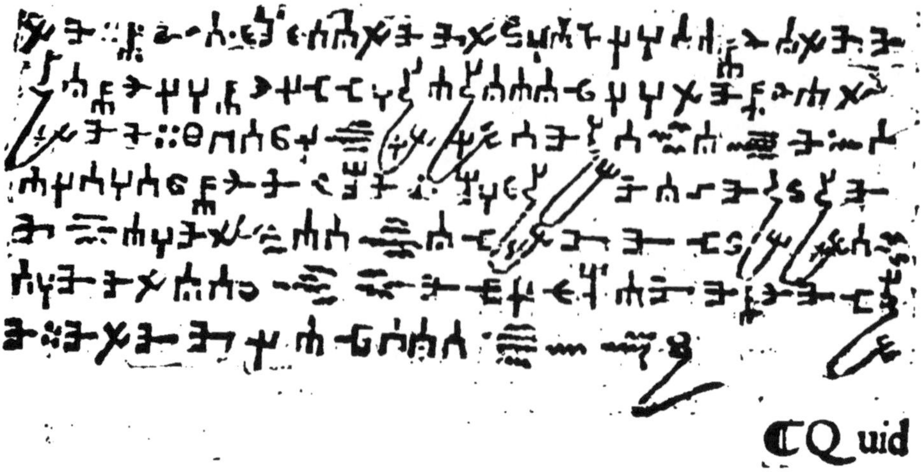

그림 4.9

테세오 암브로조의
『칼데아어 개론』(1539)에
실린 악마의 글.

그러나 암브로조의 책에서 가장 특이한 표본은 악마가 작성했다고 쓰인 문장이었다. 암브로조는 사마리아 문자 표본의 출처인 스폴레타노가 악마를 소환해 질문에 답하게 했다고 시사했다. 일단 자세를 잡자 신비한 힘이 펜을 쥔 손을 조종해 지면에 기록된 문장을 쓰게 했다는 것이다. 이는 암브로조보다 먼저 사마리아 문자를 발표하려 한 포스텔을 놀리는 말이었을지도 모른다. 이 글은 해독되지 않았다. 그의 표본에는 다양한 아르메니아 알파벳과 에티오피아 알파벳의 특징이 있었고, 몇 행에 걸쳐 문자를 둘러싸며 나머지 글을 괴롭히는 쇠스랑 모양의 독특한 그래픽도 있었다.

습자 표본집―팔라티노, 뷔스, 더브리

학자들이 언어와 문자의 역사를 두고 고민하는 동안, 르네상스 시대 습자 명인들은 캘리그래피 제작 능력을 과시하는 표본집을 전례 없이 제작해 인쇄용 금속활자체와 경쟁하려 했다. 이런 작품에는 해설이 실리지 않았지만, "에스라 전대" 등 그들이 사용한 표본 식별 방식에는 알파벳학을 시사하는 측면이 있었다. 그들은 이국적인 문자를 일상에서 쓰이는 문자 사이에 섞어 넣어 익숙한 느낌이 들도록 하면서도 새로 발견된 땅과 연관시켜 한층 이국적으로 보이게 했다.

저명 캘리그래퍼 조반니 바티스타 팔라티노는 1540년에 출간된 표본집 『습자 신서』에 이국적인 문자 몇 개를 수록했다.[69] 그중 둘은 논리 조합으로 형태가 구성된 암호 문자 또는 "레트레 치프라테(Lettre Cifrate)"였다. 다음으로 그리스, 히브리, 에스라 전대 히브리, 고대 칼데아, 아랍, 이집트, 인도, 시리아, 사라센, 히에로니무스(일리리아 또는 슬라브), 키릴 문자가 이어졌다. 아울러 수수께끼가 실린 지면이 몇 쪽 포함되어 당시 유행하던 신성문자와 시각 기호에 대한 관심을 반영하기도 했다. 이 표본집은 다른 총람과 마찬가지로 실존 문자와 신화적 문자를 구별하지 않았는데, 이는 습자 명인이 실제로는 절대로 쓰이지 않았을 표본까지 수록하는 데 일정한 가치가 있다고 보았음을 입증한다.

1549년, 또 다른 펜글씨 전문가인 취리히의 우르바누스 뷔스는 거의 같은 이국적 문자 컬렉션을 싣고 『습자서』라는 책을 펴냈다.[70] 우아하게 쓰인 뷔스의 지면은 활자가 발명된 지 100년이 넘은 시대에 달인의 육필을 선보였다. 120쪽이 넘는 지면 각각의 이미지는 목판을 파서 찍은 표본에 특별히 디자인한 테두리를 두른 모습이었다. 대다수 표본은 캘리그래피의 틈새시장이 된 헌장, 공식 초대장, 정중한 서한 등 목적과 상황에 맞는 글씨체 양식으로 쓰였다.

이런 표본 대부분은 정체, 필기체, 기타 변형체[흑체나 텍스투라* 등]로 쓰였지만, 뷔스는 라틴 문자 외에 히브리, 그리스, 에스라 전대 히브리, 인도, 아랍, 시리아, 사라센, 일리리아, 이집트, 고대 칼데아 문자 등 팔라티노가 복제한 것과 거의 같은 문자 컬렉션을 실었다. 여기에서도 에스라 전대 히브리 문자는 일종의 천상 문자 형태를 취했고, 그러면서 필경사 에스라가 현대 히브리 문자를 발명했다는 기존 설명에 힘을 실어 주었다.

이스라엘 더브리와 테오도르 더브리가 1596년에 펴낸 거장다운 책 『전 세계의 알파벳과 문자』에도 총람이 실렸다.[71] 더브리 형제는 아메리카를 여행하는 민족지학 연구서 몇 편을 펴낸 바 있는데, 그중에는 자주 언급된 토머스 해리엇의 화보판 『버지니아에서 새로 발견된 땅에 관한 간략하고 참된 보고서(A Briefe and True Report of the New Found Land of Virginia)』(1590)도 있었다.[72] 테오도르는 해리엇에게 판화를 제작해 주었는데, 그런 삽화 중에는 신대륙 문화에 관해 근거 없이 충격적인 이미지를 형성한 식인 광경 등도 있었다. 테오도르가 묘사한 아메리카 원주민의 모습에는 유럽인의 편향이 분명히 배어 있었지만, 그는 『스페인이 완전히 파괴한 인디언 지역에 관한 서술(Narratio Regionum indicarum per Hispanos Quosdam devastatarum verissimai)』 1614년 판

*
텍스투라(textura):
흑체의 일종. 14세기 내지 15세기에 프랑스, 벨기에, 네덜란드, 영국, 독일 등 서유럽에서 많이 쓰였다. 길쭉하고 직선적인 형태가 특징이다.

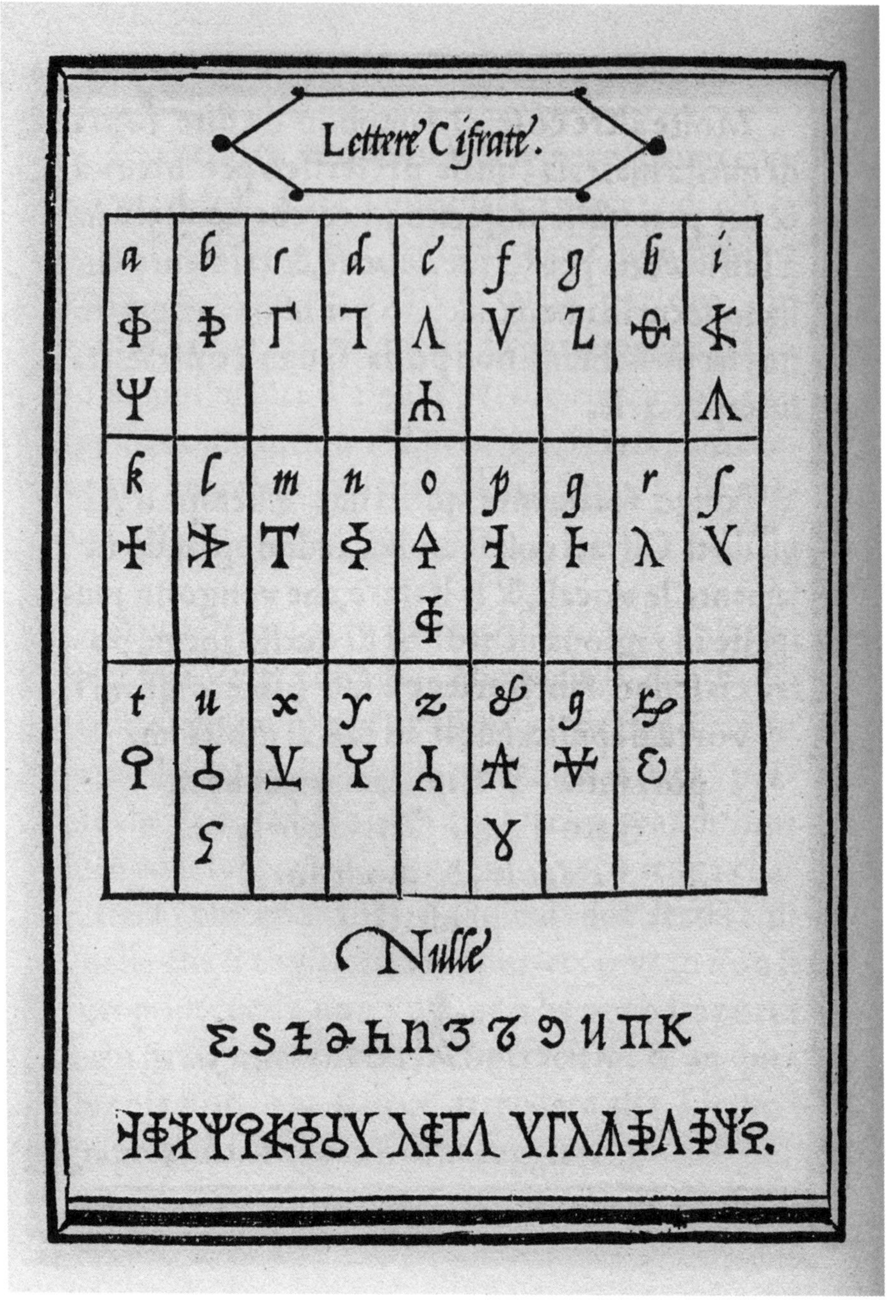

그림 4.10

조반니 바티스타 팔라티노,
『습자 신서』. 1568년 판에서
가져왔지만 도판은 1540년
초판과 같다. 위: 암호 문자.

오른쪽: 에스라 전대 히브리
문자('날아가는' 알레프 형태가
아그리파의 트란시투스
플루비와 거의 같다).

그림 4.11

더브리 형제, 『전 세계의 알파벳과 문자』(1596). 동판 인쇄된 고대 칼데아 문자(상단)와 아브라함의 문자라고 적힌 고대 시리아 문자(하단).

에서 바르톨로메 데 라스 카사스가 기록한 스페인의 만행을 생생히 묘사하기도 했다.[73] 이처럼 삽화가 곁들여진 여행기는 『전 세계의 알파벳과 문자』의 모델이 되었으니, 이 역시 문자로 쓰인 세계에 관해 비슷한 기행문을 제시했기 때문이다.

서문에서 더브리 형제는 아브라함이 발명한 칼데아 문자가 최초의 문자라고 시사했다. 표제면에 실린 판화에는 고대 시리아 문자(아람 문자)가 새겨진 석판을 들고 있는 아브라함과 반대편에 서 있는 카드모스가 묘사되어 있고, 위쪽 소형 삽화에는 석판에 글자를 쓰는 신의 손가락이 그려져 있다. 성서와 역사가 혼합된 인물 조합이었다. 그러나 본문은 표준 서술에 충실했다. "이 문자는 모세와 유대인에게 전해졌지만 정확히 같은 글자는 아니다. 후자는 에스라가 발명하여 책을 쓰는 도구로 변환한 문자이다."[74] 더브리 형제의 문자 목록은 그들이 보기에 가장 오래된 문자, 즉 아브라함이 발명한 문자와 고대 칼데아 문자(팔라티노의 사례와 동일하다)로 시작해 다른 고대 문자로 넘어간다. 천상 문자, 말라흐 문자, 모세의 알파벳이 나오고 이집트, 아랍, 사마리아, 그리스 문자가 이어지는 순서였다.[75] 엄밀하지는 않아도 느슨하게나마 연대순을 따른 배열이었다. 더브리 형제는 문자 컬렉션에 이들을 포함시켜 자신들의 다른 책과 연결했다. 그리고 다른 외국 문화 관련 작업과 같은 방식으로 이들의 이국적 성격을 강조했다.

　습자 명인들은 18세기까지도 기량을 과시하는 작품을 내놓았다. 그러나 밀교적, 역사적 문자에 대한 관심은 줄었다. 고대 페니키아 문자나 칼데아 문자 또는 천사들의 문자를 이용하는 사업이 하늘을 바라보며 별무리에서 문자를 찾으려고 애쓰지는 않는 상인과 상업적 의뢰인을 위한 서비스로 대체되었기 때문일 것이다.

『세계 언어사의 보배』―클로드 뒤레와 세상의 언어

16세기에 습자 명인이 펴낸 책들은 문자를 읽고 쓰는 일반 대중 사이에서 이국적 문자에 대한 관심이 일었다는 증거로 볼 수 있다. 그러나 이들은 학술서가 아니라 표본집이었다. 언어와 문자의 역사를 다룬 첫 책은―그리고 지금까지도 가장 포괄적인 축에 드는 책은―클로드 뒤레의 『세계 언어사의 보배』(1613)이다.[76] "이 세상 언어의 역사"를 지향한 뒤레의 주제는 "기원, 미(美), 완벽성, 타락, 변이, 변화, 전환, 몰락" 모두였다.[77] 뒤레는 언어에 관해 알 수 있는 바를 모두 수집해 기념비적 대작으로 종합했다. 이 작업은 그의 선대인과 당대인이 공유했던 확신, 즉 세계인은 본디 같은 언어를 썼다는 믿음에 근거했다. 창세기에는 인간의 교만과 신이 내린 벌, 바벨탑 이후 언어가 다양해진 일이 분명하게 서술되어 있었다.

　뒤레는 토속 철학자와 히브리, 그리스, 라틴 신학자가 언어의 기원을 어떻게 설명했는지 논하면서 광범위한 연구를 시작했다. 2장은 이렇게 시작한다. "창세기 2장에서 위대하고 앙망하는 히브리 선지자 모세와 (……) 『유대 고대사』에서 역사가 요세푸스는 이 세상 최초이자 최고(最古) 언어인 히브리어가 바벨탑이 건설되고 지어지던 시기에 나타났음을 분명히 입증하였다."[78] 나아가 그는 모세의 서술에 은유적 속성이 있다고 시사한 유대인 필론의 반론에 맞서 자신의 논리를 길게 옹호했다. 그러고는 연쇄 인용을 통해 알렉산드로스 폴리이스토르와 시불라(Sybil)에서부터 에우세비오스를 거쳐 랍비 아브라함의 『세데르 올람(Seder olam)』(2세기에 나온 유대인 연대기)까지 이어지는 다양한 저자의 견해와 베로소스(칼데아의 사제), 아반 에스라, 여러 유대교 랍비, 질베르 제네브라르, 기타 유대 역사 권위자 등의 주장을 요약해 대홍수

에서부터 히브리어 등장까지 얼마나 많은 시간이 흘렀는지 확인하려
했다. 그가 내린 결론은—어떤 자료에 근거하느냐에 따라—340년이나
301년, 또는 고작 150년이었다.[79]

뒤레는 노아의 세 아들—셈, 함, 야벳—이 흩어져 세계를 세 언어권
(중동, 아프리카, 유럽)으로 나누었고, 이것이 훗날 인종적 특징의 토대
가 되었다고 기술했다. 알파벳의 유구한 역사가 근대적 정체성 정치의
토대가 되어 가고 있었다. 뒤레는 노아와 그의 자손이 수 세대에 걸쳐
융성한 과정을 추적하면서도 성서에 나오는 지명을 두고는 고심을 거듭
했다. 그는 드루이드교도, 브르타뉴인, 고대 히브리 카발라 신도를 거론
하며 스물두 히브리 자모의 힘에 대한 믿음을 뒷받침했고, "우리의 비밀
기록, 우리의 암호 아래에는 참된 문자가 숨어 있다"라고 시사했다.[80]

뒤레가 보기에 세계 최고(最古)의 언어는 당연히 히브리어였다.

모세가 창세기 2장에서 이르되 대홍수가 난 지 몇 년이 지나고 함의
후손들이 동양의 사분면을 발견하고 센나르(Sennar) 땅에 살게 된
시기에 지상의 모든 사람은 같은 언어를 쓰고 말하였으니, 족장 노아
와 그의 아들들과 그들로부터 나온 모든 가족은 함께 살지는 아니하
더라도 말은 같은 것, 즉 세상의 시초에 영원하신 하느님께서 지상의
낙원에서 우리의 아버지 아담과 그의 후손을 위해 내려 주시고 가르
쳐 주신 히브리어를 썼다.[81]

뒤에 다른 장에서는 아담에게 계시된 언어, 즉 그가 세상 만물에 이름을
붙이라는 명을 수행할 때 사용하고 후대에 전해 주어야 했던 언어로서
히브리어의 역사를 상술했다.[82] 첫 세계는 1656년간 지속했고 아담은
930년을 살았으며, 그와 "그의 후손은 히브리어를 보존했다".[83] 그의 정
교한 주장은 모두 같은 논지, 즉 대홍수 전에는 언어가 단 하나만 있었
으며 그 언어는 히브리어였고, 아담의 진정한 아들인 노아는 이 언어를
보존하고 아들들에게 가르쳤다는 요지를 뒷받침하는 증거였다. 대홍수
가 일어나고 64년이 지나자 타락할 조짐이 보이기는 했지만, 바벨탑이
세워진 센나르 평야에서 사람들은 여전히 같은 언어를 쓰고 있었다. 혼
란을 겪지 않은 사람은 셈의 자식과 후손들뿐이었으며, 바로 이들 사이
에서 히브리어가 살아남았다(따라서 이 언어에는 셈어라는 이름이 붙
었다).[84]

뒤레의 책 차례를 보면 그가 포괄적인 지식과 전 지구적 수집이라는 총람 편찬자의 꿈을 좇아 얼마나 광범위한 역사와 지역을 다루었는지 알 수 있다. 언어의 발명, 즉 원조 히브리어와 바벨탑에 따른 언어 혼란을 먼저 논한 그는, 이어 기독교 카발라 신도 피에트로 갈라티노의 저작에 깊이 의지해 카발라를 상세히 논했다. 다음으로는 탈무드를 요약하고(주제와 절), 유대 종파와 집단, 랍비, 공동체의 역사를 서술했다. 이 역사가 100쪽가량 진행된 후 첫 문자가 소개되었다. 천사 라파엘이 아담에게 준 문자였다(뒤레는 이를 암브로조의 책에서 옮겼다).[85] 다음으로는 기욤 포스텔의 책에서 옮긴 천상 문자 알파벳을 제시하면서, 가나안을 향해 칼데아를 떠나는 아브라함에게 내려진 문자라고 소개했다(하지만 익숙한 강 건너기 문자도 따로 실렸다). 그는 말라흐 문자도 언급했고, 에우세비오스와 이시도루스에 따르면 모세가 발명한 문자라는 말도 적었다. 방형 히브리 문자를 제시하면서 이 형태가 기념물에 새겨진 문자에서 발췌되었다고 단정하기도 했다. 암브로조와 판테우스의 책에서 옮긴 에녹 문자도 다른 히브리 문자와 함께 등장했다. 히브리 문자와 기타 연관 문자에 관한 절은 솔로몬 문자 두 개, 에스라의 이름이 붙은 문자 하나, 아폴로니우스 티아넨의 이름이 붙은 문자 하나, 독일계와 스페인계 유대 흘림체 두 개로 마무리되었다.

뚜렷한 계보에 따라 판테우스, 포스텔, 암브로조로 이어지는 인용의 역사는 이들 문자에 정당성을 부여했다. 각 문자에는 꼼꼼한 설명이 붙었고, 성서상 역사와 연관되었다. 자모 이름의 어원, 신비주의, 게마트리아,* 조합론, 기타 카발라 전통에 속하는 문자 기반 비술은 물론 그보다도 유구한 연관 전설—문자 상징론과 빛, 행성, 수, 천사 등—도 길게 논의되어 본문과 표로 제시되었다. 천국에서 천사들이 부르는 히브리어 노래와 솔로몬이 지은 노래들은 물론 천상 지성의 역할 등은 모두 히브리어가 신성하다는 증거였다. 초기 문자 목록은 시작에 불과했다. 형식은 도식적이었을지언정 뒤레의 인상적인 컬렉션은 압도적이었다.[86]

방대한 책의 3분의 1쯤 되는 부분에서, 뒤레는 바벨탑 이후 언어가 70종으로 증식되었다고 기술했다.[87] 그는 그중 60종가량을 표제면에 나열했다. 대부분 고대어였지만 동서 유럽과 아프리카, 발칸반도, 인도, 중국, 일본, 뉴기니, 신대륙 원주민의 언어도 있었다. 본문에서 그는 연대와 지리를 결합한 도식에 따라—예루살렘, 유대인이 겪은 고난과 재난, 히브리어의 타락 등으로—장을 배열했다. 가나안, 사마리아, 칼데

*
게마트리아(gematria): 알파벳 자모마다 수를 부여해 이름이나 단어의 수치를 계산하는 법.

아, 시리아, 이집트의 언어(그리고 마법)와 카르타고어, 포에니어를 추적하기도 했다.[88] 피코 델라미란돌라와 마르실리오 피치노를 인용하며 칼데아 계열 언어를 길게 논하는 내용에는 유대어와 칼데아어, 마론어(Maronites)를 더했다. 그러고는 아랍어, 모하메드의 종교와 신앙, 아베로에스와 아비센나의 지혜에 관한 내용을 수록했다. 나아가 그는 사라센(이슬람교를 믿지 않는 아랍인), 페르시아인, 타타르인은 물론 그들의 카발라 교리까지 논하고는 아프리카, 에티오피아, 누비아, 사제왕 요한에 관한 논의로 넘어갔다. 그리스의 기독교도, 즉 알바니아인에 관해서도 서술했고, 아르메니아어, 라틴어, 조지아어, 고트어, 기타 여러 언어권과 어족에서 발명된 글자들을 소개하기도 했다. 심지어 아에티쿠스에 관한 논의도 실었지만 그의 알파벳 표본은 소개하지 않았다.[89] 아르메니아 문자, 체르비아 문자(기묘한 일리리아 문자), 달마티아 문자와 키릴 문자, 조지아 또는 야곱 문자는 포스텔의 책을 되풀이했지만, 뒤레는 여기에 콥트 문자와 에트루리아 문자, 심지어 중국 한자 사례를 더하고는 신대륙 인디언으로 내용을 마무리 지었다. 마지막 부분에서는 인쇄술을 포함한 제작술을 다루었고, 언어에서 타락과 변질을 야기하는 원인을 논했다. 가장 마지막 장은 놀랍게도 동물과 새의 언어에 집중했다.

뒤레의 시야는 전 지구적이었고, 역사 개념은 지리적이었으며, 저술 범위는 모든 현대어에 익숙한 모습을 드러냈다. 이런 맥락에서 그는 원조 알파벳 문제를 모든 문자의 근원을 찾는 문제로 파악했다. 뒤레는 사마리아 문자가 "독자적인 자모나 글자는 하나도 없고, 모두 히브리 문자이지만 매우 고대의 것이며, 이는 히브리어나 고대 시리아어, 기타 고대어에 능통한 이들 사이에서 잘 알려진 바"라고 단정했다.[90] 그가 소개한 사마리아 문자 표본은 실제 고대 히브리 문자였다.[91] 결국 뒤레가 암시한바 다양한 알파벳은 단일 그래픽 시스템이 여러 방식으로 번안된 결과로 이해해야 한다는 것이었다. 저서 부제에 적힌 "변형과 변이" 아래에는—경우마다 재가공되었을 뿐—지상의 여러 언어에 공통 역사가 있음을 보여 주는 '진짜' 원조 알파벳이라는 밑바탕이 있었다.

훔친 문자들—비제네르와 코유테

뒤레의 책과 밀접히 연관된 책이 두 권 있다. 하나는 그보다 전에, 다른 하나는 후에 나온 책이다. 1586년 블레즈 드 비제네르는 『숫자론』을 펴 냈고, 거의 한 세기 뒤인 1660년에 프랑수아 코유테는 『외국 언어 문자 숫자론』을 발표했다.[92] 두 책은 언어와 알파벳의 역사에서 서로 다른 국 면에 등장했지만, 모두 뒤레의 1613년 저 『세계 언어사의 보배』와 밀접 한 관련이 있었다. 비제네르의 책에 실린 문자들(그리고 그들의 출전) 은 선행 저작과 출전에 소개되었던 표본의 범위를 반복했지만, 몇 가지 특수한 사례는 언급할 만하다. 비제네르는 판테우스의 『보아르카두미 아』에서 에녹 알파벳을 복제했고(당연히 출전은 밝혔다), 이어서 강 건 너기 문자, 여러 칼데아 문자, 암브로조의 책에 나왔던 사마리아 문자, 나아가 포스텔이 복제했던—중동의—문자들, 즉 고대 시리아, 페니키 아, 그리스, 아르메니아, 조지아 문자를 소개하고, 다음으로 이집트 문 자와 에티오피아 문자를 제시했다. 그는 몇 가지 이국적 문자의 출전으 로 그리마니의 장서도 인용했고, 피에트로 다바노가 쓴 책에 실렸었다 는 테베 문자뿐 아니라 과거 저자들이 인용했던 살로몬(Salomon. '솔로 몬'의 오기)과 천사 라파엘의 문자도 실었다. 총람의 계보는 온전했고, 이런 반복 덕분에 인용의 역사는 정식화되었다.

비제네르는 역사 서술을 절충적으로 선별했다. 그는 에녹이 아담의 비서였다고 말했다(천지창조와 바빌론유수 사이에 흐른 세월을 고려하 면 불가능한 일이지만, 비네제르는 이런 서술에 대체로 수반되는 계산 을 생략했다). 에녹 알파벳이 바로 셋의 기둥에 쓰인 글자라고 시사해 사안을 더욱 혼란스럽게 하기도 했다. 그는 성서 연대에 따르면 대홍수 (1656년에 일어났다고 측정되었다)와 아브라함의 탄생(1996) 사이에 는 300년 차가 있다고 계산했다. 지금도 에티오피아에서는 에녹이 숭배 대상이라고 특기했는데, 이는 해당 지역과 에녹서의 연관성에 부합하는 말이었다. 그는 알파벳과 그 역사와 근원에 관한 잡다한 지식을 뒤섞어 가며 『조하르』나 『형성의 서』, 기타 카발라 신앙을 논했다.

그의 글은 지배적인 믿음을 반영했다. "에스드라스와 유대인은 고 대 글자를 지킨 덕분에 참된 종교를 지킬 수 있었으며, 참되고 유일하신 하느님은 다른 글자와 문자를 쓰고자 하였던 이들과 관련이 일절 없으 시었다. 사마리아인도 고대 문자를 보존하였다."[93] 이 믿음은 결국 가용한 물증에 비춰 근대 고문자학과 셈 금석학의 검증을 받게 되었다. 비제 네르의 책에서는 벌써 진품성에 더 큰 문화적 의미가 부여되고 있었다. '고대 글자' 개념을 고수한다는 것은 역사적 선재성이라는 지위뿐 아니라 신성한 계약을 뜻하는 신호로도 받아들여졌다. 비제네르는 자신이 참고한 자료에 통상적인 저자와 문헌뿐 아니라 다양한 메달, 구슬, 청동 골동품도 포함된다고도 언급했다. 이 역시 앞으로 나타날 연구법을 예 견했다. 그는 약 50년 전인 1538년 포스텔이 『열두 언어 문자 개론』에 소개한 두 주화가 그렇게 골동품 증거를 제시한 첫 사례라고 인정했다. 비제네르의 책에 실린 마지막 알파벳 무리는 트리테미우스의 책에서 그 대로 옮긴 것이었고, 그는 이 사실을 인정했다.[94]

비제네르의 문자들은 프랑수아 코유테의 『외국 언어 문자 숫자론』 (1660)에 통째로 옮겨졌다.[95] 코유테는 이처럼 심각한 도용 행위를 전 혀 부끄러워하지 않았고, 「독자에게 알림(Advis du lecteur)」에 이렇게 쓰기까지 했다.

> 본인은 이 알파벳 도표가 비제네르의 책에 있었음을 알아차리는 순 간 견자는 이 책이 사본일 뿐이며 본인이 비제네르의 삽화뿐 아니라 담화도 가져왔다고 믿으리라는 점을 의심하지 아니한다. 그러나 청 컨대 한번 훑어보기만 하면 전혀 다른 판단을 내리게 되리라. 본인이 몇 가지 면에서는 저 위인의 발자국을 좇은 것이 참이다. 하지만 그 에게서 가져온 것이 많지 아니하고 오히려 이탈리아 시에나에서 태 어난 풀비오 몬타우리 경이 그에 관하여 쓴 바를 더욱 밀접하게 따 랐으나, 그분의 연구에서 영광을 훔칠 뜻은 없다. 고로 밝히건대 그 가 『이탈리아어 해설을 곁들인 고대 알파벳 모음(Raccolta di diversi Antichi Alphabeti con l'annotationi in linguia Italiana)』이라는 책을 작성하였고 이를 1643년 되던 해에 국왕의 윤허를 받아 출판하였으 며 필사본은 본인의 인쇄인 수중에 떨어진바 본인은 각 삽화에 이를 설명하는 담화도 곁들일 수밖에 없었다.[96]

코유테는 작고한 부친의 장서를 이용했다는 둥 인쇄인에게 탈고 압력을 받았다는 둥 여러 핑계를 댄다. 그가 주장하기로 그에게는 1년 치 일을 마칠 시간이 3주밖에 없었기에, 마치 마감이 닥친 대학생처럼 실질적인 내용 대부분을 기존 자료에서 "빌리는" 데 만족했다고 한다.[97]

코유테는 모세가 자신만 알던 저속한 글자를 십계에 썼는데, 신은 모세 자신뿐 아니라 후세를 위해서도 그가 글을 쓰기 바랐다는 견해를 밝혔다. 이렇게 전개되는 이야기는 코유테의 글에서만 나타났다. 나아가 그는 오늘날 쓰이는 히브리 문자가 모세가 쓴 것과 같은지, 에스드라스가 발명한 문자인지 아니면 마소라 서기관들이 쓴 문자인지 전혀 모른다고 말해 까다로운 문제를 피해 갔다. 코유테는 유대인이 문자를 바꾼 이유가 구원의 상징이라는 이유로 십자가처럼 생긴 자모를 없애 버리려는 악의에 있었다고 시사했는데, 여기에서는 일종의 반유대주의가 자라나고 있었다. 아무튼 인용과 패러프레이즈는 흔한 일이었는데도, 코유테 같은 대량 도용은 눈에 띄었다.[98]

순례자와 문자―흐라마이어와 퍼처스

제 나름대로 대량 도용을 저지른 새뮤얼 퍼처스는 요아네스 밥티스타 흐라마이어의 1622년 저서에서 문자 사례를 통째로―아마도 그들이 새겨진 목판 자체까지―가져와 1625년 네 권으로 출간된 『해클루트의 유작, 또는 퍼처스의 순례기』에 실어 버렸다.[99] 흐라마이어의 작은 책은 여행 중에 수집한 표본을 엮은 책이었으므로 방랑하는 저자에 관한 퍼처스의 서술에 꼭 맞았다. 여정에서 얻은 노획물이나 기록과 동등하게 제시된 이들 문자는 신빙성 있는 '타자'의 문자로 기능했다.

『거의 일백 가지 알파벳을 개괄하고 그 못지않게 많은 현존 사례를 주해하며 위대한 체계와 저자의 연구를 공개하는 전 세계 언어와 문자 표본(Specimen litterarum & linguarum universi orbis, in quo centum fere alphabeta diversa sunt adumbrata, & totidem quae supersunt annotata operisque majoris ratio & auctoris institutum aperitur)』(1622)이라는 제목이 말해 주듯, 흐라마이어의 책은 표본을 모은 세트에 불과했다.[100] 흐라마이어는 히브리 문자로 내용을 시작하며 역사적 선재성을 인정했고, 해당 문자의 기원을 아담에게 돌렸다. 그러고는 랍비 문헌을 무심코 인용하며 셋의 이야기와 모세 이야기를 차례로 전했다. 그리스 문자와 라틴 문자는 상세히 논했는데, 이들 표본이 금속활자로 제시된 점이 눈에 띈다. 다음으로 두 쪽에 걸쳐 문자를 비교하는 표가 실렸는데, 한쪽에는 고대 히브리, 현대 히브리, 에티오피아, 고대 시리아, 아랍, 아르메니아, 달마티아 문자가 소개되었고, 다른 쪽에는 러시아, 야곱,

이집트, 인도, 페르시아, 튀르키예, 고대 시리아 문자가 소개되었다. 이
표에서는 개별 자모에 모음자 a가 붙어 문자의 시각적 특징과 함께 소릿
값이 설명되어 있었다. 흔히 등장하는 문자들—천상, 말라흐, 고대 히브
리, 룬, 포에니, 칼데아, 색슨 문자 등—이 특별한 순서 없이 여기에도 실
렸다. 기록된 출전으로는 트리테미우스, 뒤레, 포스텔처럼 익숙한 저자
도 있었지만, 토머스 모어(유토피아 문자가 자주 등장했다), 안젤로 로
카, 헤르만 휘호 등도 있었다. 이제 이런 정통 계보는 확고히 정립된 상
태였고, 유럽에서 수집의 무대로 삼은 고대 레반트의 지리 역시 마찬가
지였다.

이들 문자는 그의 순례와 여러 텍스트에 관한 서술에 '진실한' 차원
을 추가해 주었다. "이 세계에 저 세계를 무엇보다 확실하게 소개하려
면, 어느 한 저자가 쓴 세계 이야기보다 여러 저자가 쓴 세계 이야기가
더욱 적합하리라 생각하였다."101 퍼처스는 여러 출전에서 여행기를 수
집했고, 책은 여러 권으로 부풀었다. 그가 이용한 출전 중에는 사후에

그림 4.12

새뮤얼 퍼처스, 『해클루트의
유작, 또는 퍼처스의 순례기』
(1625). 흐라마이어의
책에서 그대로 빌려 온 여러
문자 중 아홉 개 사례가
보인다.

20. 21. 22. are *Cabalisticall* Alphabets attributed, one to the Angell *Raphael*, the next to *E-*
noch, the third to *Abraham*: of which forts *Duret*, *Poftellus* and others haue deliuered, with like
credit to these. 23. The old *Celtike* of *Dotatus* 24. The *Carmike* or *Finnike* of *Vlphila*. 25. The
old *Saxon* of *Otfridus* (*Monachus*. *Lazius*, *Munfter*, *Thefeus Ambrofius*, *&c.* haue defcribed o-
thers. 26. The *Punike*. 27. The *Cretan* or *Phrygian* of *Hercules*. 28. The *Chaldean* of *Abra-*
ham, that alfo varied by others.

출간된 리처드 해클루트(1616년 몰)의 원고도 있었다. 해클루트는 신대륙 식민지 개척을 열심히 주창한 인물이었다. 이 백과사전 같은 컬렉션은 다음과 같은 부제에 담긴 약속을 지키려 했다.『해클루트의 유작, 또는 퍼처스의 순례기―영국인 등의 항해와 지상 여행기를 통한 세계의 역사 수록. 세계의 저자들이 목격한 세계적 진귀품들과 더불어 신, 자연의 경이와 신의 섭리, 인간의 행동과 예술, 다양성과 교만에 관한 이야기(Hakluytus Posthumus, or Purchas His Pilgrimes Containing a History of the World in Sea Voyages, & Lande Travelles, by Englishmen & Others; Wherein Gods, Wonders in Nature & Providence, the Acts, Arts, Varieties & Vanities of Men, with a World of the World's Rarities Are by a World of Eyewitness Authors Related to the World)』.[102]

퍼처스는 발상이나 구성에서 어떤 독창성도 주장하지 않았다. 그는 다른 저자의 말과 권위를 인용하고 고쳐 쓰고 편집하고 출간했을 뿐이다. 그가 제시한 알파벳의 역사는 요세푸스, 플리니우스, 성서에 근거한 표준형이었다. 자신의 언어 지식에 관해서는 이렇게 말했다. "여기에서 본인은 스칼리제르[유럽의 미트리다테스(Mithridates) 대왕]에 근거하여 모어와 동양 언어에 관한 이야기를 들려줄 것이다."[103] 그는 상충하는 견해 사이에서 어떤 판정도 내리지 않고 단지 포스텔과 스칼리제르가 "가장 오래된 문자"는 페니키아 문자 또는 "오늘날 불리는 말로 사마리아 문자로서, 처음에는 가나안인(페니키아인은 가나안인의 일족이다)과 히브리인이 썼다"라고 믿었다고 전할 뿐이었다.[104] 퍼처스는 사마리아 문자의 실제 정체나 그로서는 알 수 없었을 고대 셈 문자의 여러 변종 간 차이를 정확히 밝히지 않은 덕분에 일부 사안에 관해서는 옳은 입장을 취할 수 있었다. 그는 스칼리제르가 시사한 대로 "칼데아인은 오늘날 네스토리우스인과 마론인이 쓰는 페니키아 문자를 좇아 제 문자를 형성"했지만, 히브리 문자와 페니키아 문자 모두 "나머지 세계의 모태(母胎) 문자"라는 설을 따랐다.[105] 퍼처스는 문자를 이용해 신빙성과 역사성, 문화정체성, 그리고 자신은 가 본 적 없는 이국땅의 현실을 알렸다. 이들 순례자는 여정에서 이국적 문자에 관한 지식 이상을 얻고자 했지만, 문자 표본은 고대 지리를 바탕으로 형성된 신화적 기원 설화를 보강해 주었다.

질문하는 토머스 뱅

토머스 뱅의 『동양과 고대 세계의 하늘(Caelum orientis et prisco mundi yriade exercitationum literarium repraesentatum curisque)』(1657)은 이와 같은 반복적 인용 순환의 마지막 사례에 해당한다.[106] 뱅은 문자를 "발명"한 이로 무려 서른세 명을 나열했다.[107] 그는 『에녹서』라는 책을 번각하고는 서문에서 에녹에게 알파벳이 있었는지 여부를 뒷받침하는 증거에 관해 길게 논하기도 했다. 뱅이 참고한 자료에는 로렌츠 슈라더(1592), 더브리 형제(1596), 제임스 보너벤처 헵번(1616), 앞에서 논한 저자들 등 당시 기준으로 해당 분야 권위서가 망라되어 있었다. 그는 한 장 전체를 아담이 알파벳을 발명했는가 하는 질문에 할애하고는, 선행 저자들과 마찬가지로 아담에게 언어가 없었다면 어떻게 만물에 이름을 붙일 수 있었겠느냐는 수수께끼를 두고 씨름했다. 그에게 언어가 있었다면, 과연 무슨 언어였을까?

　　뱅은 권위서를 하나씩 검증하며 문자가 천상에서 유래했다는 증거가 있는지, 아담이 대홍수 전대 문자를 발명했다는 인식이 믿을 만한지 확인하려 했다. 그는 헵번의 표에서 아담의 문자로 여겨지는 사례 둘을 복제하고 로카, 뒤레, 암브로조 등에게서 가져온 증거를 이용해 분석을 보강했다.[108] 그는 판테우스의 책에 실린 에녹 문자를 트집 잡고는 다른 버전을 제시했고, 이에 더해 뒤레와 암브로조의 책에서 옮긴 노아의 문자도 소개했다.[109] 헵번이 옳을까? 그는 물었다. 그의 증거는 타당한가?[110] 그는 다섯 가지 이집트 문자를 자세히 분석했고, 모랭이 다국어 성경용으로 인쇄한 활자에서 사마리아 문자에 기초한 표본을 발췌해 제시했다.[111] 마무리로 그는 에트루리아 문자와 몇 가지 표준 카발라 문자를—천상 문자, "이중" 문자(두 평행선이 반달꼴을 연결하는 형태), 말라흐 문자 등을—논했다. 이런 문자의 역사적 기원과 계보를 따지면서, 그는 아그리파, 랍비 아브라함, 아타나시우스 키르허, 레온하르트 투르나이서 등을 인용했다.

　　뱅의 저작과 함께 총람은 일정한 컬렉션 안에서 인용과 복제를 통해 증거를 자기 검증하는 폐쇄회로를 완성했다. 언급되는 문자들은 철저히 정식화된 결과 실제 전통상 쓰임새가 문제시되지 않는 그래픽 형태로 받아들여지게 되었다. 사마리아 문자나 히브리 문자처럼 실제로 쓰인 문자도 일부 있었지만, 아담, 노아, 아브라함, 에녹 등의 알파벳에 관한 연구에도 그들과 같은 수준의 학문적 주의가 기울여졌다. 뱅이 문제 삼은 것은 이들 주장의 구체적인 세부였지 증거의 권위가 아니었다.

프라이의 『만유문자』—1799년

총람 유행은 17세기 이후 쇠퇴하기 시작했다. 무엇보다 당시에 나타난 고유물 연구법은 단지 표본을 찾아 문헌 목록을 뒤지는 수준이 아니었기 때문이었다. 그러나 이 전통에서 나온 마지막 작품—실존 문자와 신화적 문자를 여전히 구분하지 않고 나란히 보존한 책—이 바로 에드먼드 프라이의 1799년 작 『만유문자』였다.[112] 편찬에 16년이 걸렸고 여러 이유에서 놀라운 이 책은 무엇보다 표본집이었다.[113] 펀치 조각가 겸 활자 제작자였던 프라이는 모든 표본을 스스로 제작했다. 책에는 다음과 같은 사례가 실렸다는 주장이 부제로 달렸다. "세계의 모든 알려진 알파벳의 정확한 사자, 더불어 각 자모의 독특한 효력 또는 힘에 관해 영어로 쓰인 설명, 이에 더하여 신빙성이 입증된 모든 구어의 표본으로 형성된 종합적인 음운론 개요." 18세기 특유의 상세한 제목은 당시 대영제국의 정치적·문화적 힘에 맞게 부풀려진 지적 오만을 표현했지만, 동시에 이 책이 주제의 범위와 다양성 면에서 특별한 작품임을 내세우기도 했다. 그리고 이는 사실이었다.

프라이는 새로운 고고학적 접근법이 역사적 이해를 재구축하기 시작하던 바로 그때 표본 총람을 펴냈다. 그의 문헌 목록은 과거의 연대기적 구조에 관한 18세기 말의 일반적 견해를 스냅 사진처럼 요약해 주었다. 그가 해당 주제에 관해 쓴 주석은 성서, 신화, 우주론, 역사적 이해 등 여러 타래를 하나로 그러모았다. 이처럼 다양한 기틀과 더불어 알파벳의 역사에 관한 명료한 관심이 나타났다.

프라이는 참고 자료 출전, 작품, 쪽 번호를 성실히 밝혔고, 덕분에 그의 총람은 알파벳사 연구에 관한 참고 문헌으로 무척 유익해졌다. 그가 기술한 문자 일부(예컨대 일본의 문자와 중국 한자)는 알파벳이 아니었고, 로마자로 음운을 옮겨 적은 언어 다수는 문자가 존재하지 않는 토착어("버지니아어"와 "에스키모어")였다.

프라이가 총람에 포함한 문자 중에는 칼데아 문자 스무 종도 있었다. 이들 역시 언어를 기록한 적도, 문서 작성에 쓰인 적도 없으며 오컬트 비술과 신비주의에 기원을 두고 그리무아르와 연금술 문헌을 통해 전해

28

CHALDEAN 1.

CHALDEAN 2.

CHALDEAN 3.

에드먼드 프라이,
『만유문자』(1799). 세 가지
칼데아 문자를 보여 준다.
첫째는 별 모양에서 가져와
"천상 문자(Coelestial)라고
불리었다"라고 밝혀져
있다(가파렐). 둘째는 테세오
암브로조에 따르면 천사
라파엘이 아담에게 전해
주었다는 문자이다(뒤레).
셋째 역시 "아담이
사용했다고 전해진다".

진 문자였다. 프라이는 대다수 당대인과 마찬가지로 언어와 문자는 틀림없이 신에게서 기원했다고 믿었다. 인간의 발명품이라기에는 너무 훌륭했기 때문이다. 인간이 맡은 역할은 자신의 필요와 지역적 습관에 맞게 선물을 수정하고 변경하는 일뿐이었다. 프라이의 역사 모델은 성서 연대에 기초했지만, 알려진 사건에 해당하는 연도나 인류사적 시대와 아울러 더욱 장구한 우주적 시간을 포함하기도 했다.

프라이가 칼데아 문자 무리에 포함한 스무 문자는 모두 유럽과 영국에서 출처를 확인할 수 있는 마법, 천상, 천사 알파벳이었다.[114] 그의 칼데아 문자에서 빠진 사례는 호노리우스 문자와 허구적 인물인 아에티쿠스 이스테르의 알파벳밖에 없었다. 프라이는 과거 신화 못지않게 영국의 제국 세력권에도 관심이 있었다. 그가 소개한 활어 표본은 전 지구를 포괄했다. 참으로 제국을 반영한 범위였다.

19세기에는 알파벳이 형성된 문화 교류, 지역, 과정에 관한 이해가 극적으로 달라졌다. 프라이의 책은 문헌 지식과 그래픽 전파의 시대, 언어와 문자의 신성 기원설이 여전히 지배적이던 시대의 끝을 알리는 보고서가 되었다. 그는 천사나 천상 패턴 등 상상력 넘치는 문자 기원 개념을 기꺼이 받아들였다. 문자라는 기호가 워낙 강력하다 보니 오직 그런 기원만이 말이 되는 듯했다. 고대 왕국 칼데아 개념 역시 고고학적 증거에 따라 달라졌고, 칼데아 알파벳에 관한 이해도 관련 역사의 다른 면과 마찬가지로 재구성되었다. 그러나 총람 편찬자들은 지식을 표징으로 간주한 중세적 관념에서 문헌과 그래픽을 통해 문자를 서술하는 전통과 전 지구로 확장된 틀, 즉 식민지 탐험과 지리의 맥락에서 알파벳을 역사적으로 파악하기 위한 기틀 사이에 다리를 놓아 주었다.

맺는말

총람은 알파벳에 관한 지식을 통일하는 동시에 여러 언어와 역사적 시대, 지역과 연관된 문자를 수집해 그런 지식을 다양화했다. 원조 문자의 정체를 밝히려는 노력에서는 히브리 문자를 유력한 후보로 하는 진짜 알파벳 개념이 구체화되는 한편, 변종의 존재가 점차 명확해지면서 여러 알파벳 개념이 만들어지기도 했다. 총람은 알파벳 문자들이 발전하고 확산한 점진적 역사에 기초를 닦아 주기도 했지만, 이들을 단일 서사에 종속시키기도 했다.

18세기 중반에 이르면서 가공 알파벳과 실존 알파벳은 분명히 구별되었고, 잉글랜드와 유럽의 대학 커리큘럼과 학문 활동에서는 고대어 지식이 문법과 어휘 목록으로 정식화되었다. 고대어 지식은 경전 원본을 읽는 데 꼭 필요하다고 여겨졌지만, 가장 오래된—가장 성스러운— 알파벳이 무엇인가 하는 문제는 해결되지 않았다. 이제 전문 지식은 과거의 역사적 증거를 연구하는 데 쓰이고 있었다.

20세기 학자들은 알파벳 문자와 모든 변종을 종합적으로 연구하는 접근법을 거의 취하지 않는다. 티머시 브라이트와 피터 대니얼스의 편저 『세계의 문자』(1996)처럼 그런 접근법이 쓰일 때에도 문자를 자율적 그래픽 시스템이 아니라 구어 기록 방법으로 보는 이성적 태도를 취한다.[115] 이처럼 견고한 학문 방법은 상상과 공상의 여지를 거의 남기지 않으며 이전 세기 총람 편찬자들과는 무척 다른 전제에서 연구 대상을 다루게 한다. 이런 현대적 태도에서는 인간 소통을 위한 일차적 수단으로서 구어가 중시된다. 그러나 덕분에 알파벳학은 단순한 표기 기제 이상이 달려 있던 풍부한 문화적 의제에서 분리되고 만다. 글을 쓰는 데 천상 문자를 사용할 수는 없었을지 몰라도, 알파벳에 현존하는 신성의 상징으로서 천상 문자가 지녔던 힘은 무시할 수 없다. 이런 믿음이 수백 년간 견지되었다는 사실을 고려하면 특히 그렇다. 브라이트와 대니얼스의 책에는 과거의 역사 개념과 기원을 바탕으로 한 알파벳 지식의 역사가 제거되고 없다. 근대 이전의 지적 담론은 대부분 부정확하거나 불완전하다고 일축된다. 그러나 과거에 총람 편찬자가 쓴 글은 알파벳이 어떻게 상상되었는지에 관해 소중한 통찰을 제시한다. 이런 선대 학자들이 이바지한 바를 이해하는 일은 이제 잊히거나 가려졌지만 나름대로 완전히 현상을 설명하는 지성사를 구축하는 데 필수적이다. 종합 지식을 정리하고 체계화하려 한 총람 편찬자들의 시도는 근대적 학문 연구법으로 옮아가는 중간 단계를 형성했다. 기원과 발전 과정을 이해하는 데 필요한 도구는 없었지만, 그들은 그런 이해의 토대가 되는 사실 정보와 신화적 정보를 모두 수집하고 보존했다. 다음 단계 지식생산에서는 물증 조사가 신화적 구성물을 제치고 전면에 부상했다.

5

고유물 해설

문자의 기원과 발전

17세기부터 18세기까지 알파벳의 기원에 관한 주요 정보 출처는 문헌 자료였다. 인용문과 이미지는 유구한 사자 계보를 따라 전승되었지만 실물 관찰로 보완되는 일은 드물었다. 물증은 여전히 희박했다. 그리스나 이탈리아 남부 등 지중해 연안에서 발견된 몇몇 비문은 알파벳 문자의 확산 과정을 보여 주었지만, 이들 유물의 확실한 연대에 관한 관심이 아무리 늘어도 알파벳의 기원은 알아낼 수 없었다. 신성문자, 중국·일본·한국에서 쓰이는 한자, 신대륙 문자 등도 모두 나름대로 수수께끼였지만, 대다수는 신이 내린 선물 같은 신화나 자연에서 받은 영감 등으로 설명되었다.

중동에서 알파벳의 초기 근원과 관련 있다고 지목된 유물은 몇 개밖에 없었지만, 고대 유물에 대한 관심은 문자의 발전을 역사적으로 이해하는 데 서서히 변화를 가져오기 시작했다. 18세기에 이르러 관련 연구는 크게 두 가지 상보적인 흐름을 형성했다. 하나는 희귀한 물건과 이들의 역사적 의미에 매료된 고유물 수집가 사이에서 일어났다. 이런 물건을 해독하려면 고대어 지식뿐 아니라 명문의 시각적 형태와 물성을 연구하는 기술도 필요했다. 다른 흐름은 고문서학에서 발전했다. 문서의 진위 판별을 목적으로 하는 고문서학에서는 밀랍 봉인, 양피지, 종이,

특히 필체 같은 물성을 연구하는 데 체계적인 법의학 기법이 동원되었다. 고유물 연구는 과거에 관한 서사를 확장하는 데 주력했고 고문서학은 현재 문서의 기능를 역사적으로 보증하는 데 집중했지만, 두 분야는 연구와 서술에서 실증적 방법을 선호한다는 유사성이 있었다. 하지만 그보다 근본적인 공통점은 아무리 기적처럼 보이는 알파벳이라도 신비한 선물이나 신성한 기원이 아니라 인간의 발명품이라는 인식을 지지한다는 사실이었을 것이다.

문자 형태의 점진적 변화, 또는 '문자의 진보'에 대한 관심이 늘면서, 알파벳의 '기원'을 찾으려는 노력도 이어졌다. 문헌 연구도 완전히 포기되지는 않았지만 더는 충분하다고 여겨지지 않아서, 자연과학에서 빌린 기법이 역사 분석을 뒷받침하기 시작했다. 완전하고 변하지 않는 '진짜' 알파벳이 단번에 창안된 것이 아니라 시간을 두고 발달했다는 새로운 역사관이 조성된 데에는 이런 배경이 있었다. 이 연구는 진품실(珍品室)과 개인 컬렉션에 수집된 주화, 조각상, 도자기, 기념물 등 '골동품'의 형태로 복원되거나 현장에서 사자되어 호화로운 서적에 실린 명문으로 뒷받침되었다. 이 시대에는 애호가와 전문가의 경계가 또렷하지 않았지만, 특히 유럽과 영국에서는 대개 국립학술원 설립을 통해 학문계 네트워크가 공고해졌다. 흥미롭게도 최초의 학술 단체로 1667년에 설립된 프랑스학술원의 다섯 개 분과 중 하나가 명문문예원이었는데, 이는 학문 연구에서 문서가 중시되었음을 말해 준다.

유물의 가치

17세기와 18세기에 영국과 서유럽에서는 재력과 시간에 얼마간 여유가 있는 신사라면—때로는 숙녀도—거의 누구나 고유물에 골몰했던 듯하다. 이 경향을 시사하는 단체로서 영국고유물연구회는 1707년 12월 5일에 첫 모임을 열었다.[1] 참석자 중에는 험프리 웨인리, 존 탤먼, 존 배그퍼드 등이 있었는데, 이들은 이런 모임을 통해 물건을 공동 검증하기도 하고 역사 이론을 논하기도 했다. 300여 년이 지난 지금은 익숙한 이름이 아니어도 당대 영국 학계에서 이들은 저명인사였고, 이들이 창립 회원이라는 사실은 고유물 연구의 위상을 제고하는 데 도움이 되었다. 1751년에—이제 훨씬 성장한—학회는 역사적 유물을 전문으로 하는 단체로 정식 인가를 받았다.

고대 영국도 매혹적이었지만, 장구한 인류사를 탐구하려면 더 먼 곳에서 자료를 구해야 했다. 그런 수집벽이 꺼림칙한 명분으로 정당화되던 전례가 있었다. 예컨대 1620년대에 애런덜 백작과 버킹엄 공작은 콘스탄티노플의 고대 성벽에서 대문 하나를 통째 가져오려 한 적이 있었다[해당 고도(古都) 시민의 항의로 무산되었다].[2] 이 정도로 대담한 제스처는 흔치 않았지만, 먼 이국 땅에서 가져온 소품으로 진품실을 채운 수집가는 많았다.[3] 전 지구적 탐험은 사료를 얻을 수 있는 출처의 범위를 넓혔고, 문화재 약탈 같은 악독한 행위도 당시에는 지금과 다른 의미로 이해되었다. 유럽과 영국의 여러 수집가는 유적지에서 고대 유물 빼내기를 주저하지 않았다.

고유물(antiquities)이라는 용어 사용이 늘어난 것도 학계에서 물건에 대한 관심이 일어난 사실을 알렸다. 베네딕트회 수도사이자 고유물 연구의 기초를 다진 인물인 베르나르 드 몽포콩의 주저로 1719년 여러 권에 나뉘어 2절판으로 출간된 『고유물 해설 도감(Antiquité expliquée et representée en figures)』에는 제목에서부터 이 용어가 등장했다.[4] 반세기 후 1752~1757년에 켈뤼 백작이 고대 유물을 꼼꼼히 연구하고 그려서 새기고 찍어 낸, 역시 백과사전 같은 출판물 『이집트, 에트루리아, 그리스, 로마 고유물집(Recueil d'antiquités égyptiennes, étrusques, grecques et romaines)』에서도 여전히 같은 주제가 다루어졌다. 켈뤼는 서문에 다음과 같이 정당성을 옹호하는 말을 실었다. "고대 기념물은 지식 획득에 필수이다. 이들은 구체적인 용도를 설명하여 주고, 여러 저자 사이에서 잘못 알려졌거나 애매하게 되어 있는 사실들을 밝혀 주며, 예술의 진보를 눈앞에 드러내어 주고, 수집 관리하는 이들에게 모델이 되어 준다. 그러나 고유물이 언제나 이리 여겨지지는 아니하였음을 기억하는 일이 중요하다. 이들은 오로지 장황한 해설에 종속되는 고립 문헌으로, 역사의 부록이나 증거로만 여겨졌다."[5]

이 말에 구현된 것처럼 물건에 집중하는 태도는 고유물을 연구하는 여러 학자의 공통점이었다. 예컨대 1763년 『문자의 기원과 발전(The Origin and Progress of Letters)』에서 역사가 윌리엄 매시는 글자가 새겨진 셋의 기둥에 관해 요세푸스의 익숙한 구절을 인용하고는, "대홍수 전대 문자를 보여 주는 사례가 발견되지 아니한다면" 셋 이야기는 그럴듯한 설화일 뿐이라고 결론지었다.[6] 아담 이름이 붙은 문자 표본은 여러 총람에 꾸준히 실렸지만, 아담의―또는 그의 아들의―알파벳이 쓰인 필사본이나 명문은 밝혀진 바 없었다. 고유물 연구가의 목록과 분석에서는 그런 '위조' 문자가 대부분 사라졌다. 성서에 나오는 서술은 증거물로—유물로—뒷받침되어야 한다고 고집했다는 점에서 매시는 이전 학자들과 달랐다. 그는 아무리 권위 있는 고대 문헌이라도 인용만 하는 데는 만족하지 못했다.

증거를 평가하는 방법이 점차 체계화된 덕분에 고유물 연구가는 증거물에서 문자사 관련 지식을 얻게 되었지만, 이와 동시에 알파벳 유물도 점차 실증적으로 관찰하고 평가해야 하는 증거물 자체로 여겨지게 되었다. 고유물 연구가는 물건에서 정보를 얻고자 했고, 과거에서 온 물증을 스스로 검증하고자 했다. 이런 실증적 성향이 바로 고유물 연구의 감수성을 구별해 주는 특징이었다.

수많은 학자가 역사적 유물을 적극적으로 정리, 식별, 수집, 분류하는 동안, 몽포콩이나 켈뤼 같은 저자의 책에서 꼼꼼한 물건 검증은 말 그대로 물건, 즉 맥락에서 벗어나 고립된 사물에 머물곤 했다. '그리스'나 '에트루리아'로 분별되어 해설이 붙은 물건이라도 출처는 유실되거나 불완전하거나 애매한 경우가 많았고, 개중에는 연대를 확인하기 어려운 것도 있었다. 고유물 연구가가 부딪힌 또 다른 딜레마는 여전히 성서에 기반해 측정되던 기존 연대에 증거물을 끼워 맞추는 일이었다.

알파벳학과 직접 관련된 두 학문 계통 중, 고유물 연구는 역사 연구에 지성적·문화적으로 참여했고 고문서학은 처음부터 실증적 방법에 기초해 '과학'을 표방한 전문 분야였다. 고문서학은 근대 기록물 연구와 실무의 기초가 되었다. 고유물 연구에는 정해진 규칙이 없었고, 정식 문서나 매뉴얼로 기본 교범이 정리된 적도 없었다. 두 분야 모두 증거에 입각했고 실증적 관찰과 형태 기술에 의지했다. 그러나 고문서학이 유물을 평가할 때 소장 기록에 유의한 데 반해, 고유물 연구에서 이런 측면은 쉽게 잊히거나 간과되곤 했다.

고유물 연구가들은 새로운 증거를 낡은 연대 패러다임에 배치하면서도 현대의 과학적 역사 연구를 예견했다. 그러나 그들은 예컨대 튜턴인, 켈트인, 브리턴족, 앵글로·색슨족 등 신화적 과거에 뿌리를 둔 유럽 민족 정체성에 독자적 문화 기원이 있다는 믿음처럼 당대에 유행하던 지적 경향에서 동기를 얻기도 했다. 이런 상상에서는 룬 알파벳의 발견과 분석이 특별한 역할을 맡았지만, 그와 함께 켈트어, 벨기에어, 스페인어 등의 진정한 기원에 대한 주장도 나왔다.

　고유물을 추적하는 데는 능란한 언어 지식과 역사 연대에 대한 이해
가 중대했다. 전자는 명문을 읽고 해석하는 데 필요한 수단이었다. 후자
는 고유물을 평가하는 시간적 기틀을 마련해 주었다.

고대어

고대어와 이국적 언어에 관한 지식은 17세기 서양 학계에서 꾸준히 늘
어났다. 독특한 예로, 1631년부터 1645년까지 트리니티칼리지 학장을
맡았던 토머스 코머를 꼽을 만하다. 그는 현대어(프랑스·스페인·이탈
리아어)와 고전어(라틴어와 그리스어) 외에 중동 지역 언어(히브리·아
랍·콥트·사마리아·고대 시리아·칼데아·페르시아어)도 익힌 인물이었
다.[7] 예수가 아람어(고대 시리아어 초기 형태와 연관된 언어)를 썼다는
확신과 히브리어 성서를 이해하려면 아랍어가 필수라는 인식이 자라나
면서, 이들 언어에 대한 학문적 관심도 늘어났다. 17세기 초에는 옥스퍼
드와 케임브리지에 모두 히브리어와 아랍어 교수직이 설치되었다. 아울
러 유럽인의 여행, 무역, 선교 활동이 더욱 폭넓어지면서, 아프리카, 신
대륙, 아시아 언어 사전이나 문법서와 더불어 여행자를 위한 회화집도
나타났다.[8] 1654~1657년에 출간된 브라이언 월턴의 유명한 다국어 성
서에는 히브리어, 사마리아어, 그리스어, 칼데아어, 고대 시리아어, 아
랍어, 에티오피아어, 페르시아어, 라틴어 본문이 실렸는데, 이는 17세기
후반의 방대한 언어 지식(그리고 타이포그래피 디자인 기술) 현황을 보
여 준다.[9]
　비교언어학은 19세기에 독일에서 문헌학 연구가 이루어진 후에야
성숙했지만, 크리스티안 라피스가 1649년 『동양 언어론(The Discourse
of the Oriental Tongues)』에서 "히브리어, 칼데아어, 사마리아어, 시리
아·아랍어, 에티오피아어"를 모두 같은 언어로 나열할 때 이미 연구는
진행 중이었다.[10] 실제로 이들은 모두 아프리카·아시아어족에 속하고,
거기에서 셈어는 비중이 큰 일족을 이룬다. "이들의 역사는 일체의 유
럽어보다도 오래되었음을 모두가 인정한다."[11] 히브리어가 "비교할 수
없을 정도로 유구"함은 당연한 사실로 치부되었고, 모든 인간이 원래는
한 가지 언어, 아담에게 주어진 언어를 썼다는 생각도 마찬가지였다.[12]
라피스는 모든 언어가 본디 하나였다는 점은 문자를 살펴보면 확인할
수 있다고 믿었다. 다윗과 선지자들 이후 현재까지 모든 사람은 스물두

자모만을—상황에 따라서는 스무 개로 축소해—사용했다. 언어만 하나
였던 것이 아니라 철자법도 하나였다는 뜻이다. 라피스의 인식은 상식
에 속했고, 그가 인용한 출전 역시 헤로도토스를 필두로 고대와 근대의
익숙한 저자들로 이루어져 있었다. 17세기에는 사마리아어 문서가 체
계적으로 재발견되면서 사마리아 문자의 유구한 역사와 고대 히브리 문
자의 관계에 대한 믿음이 곳곳으로 퍼졌다.

16세기까지 유럽 기독교도 사이에서는 사마리아어 지식이 전무하다
시피 했다. 사마리아인을 쿠타인이라고 부르던 유대인은 자신들의 히브
리어와 사마리아어의 연관성을 궁금히 여겼다.[13] 사마리아어를 직접 접
하는 계기는 앞에서 언급한 기욤 포스텔의 책이 16세기에 나오고 장 모
랭의 사마리아 오경 대역본이 1631년에 출간되면서 찾아왔다. 17세기
유럽에서 사마리아 문서에 관한 체계적 연구가 이루어지자 사마리아 문
자가 고대 히브리 알파벳이라고 시사하는 이가 늘었다.[14] 이 문자에 관
한 지식은 실제 사마리아어가 새겨진 고대 주화, 특히 세겔화를 연구하
고 이를 주화에 쓰인, 사마리아 사제들이 읽을 줄 알던 고대 히브리 문
자와 비교해 얻을 수 있었다.[15] 이런 연구는 상상된 역사가 아니라 꼼꼼
한 관찰에 기초해 이루어졌다.

연대기적 기틀

알파벳과 그 역사를 이해하는 데 언어 맥락이 한 가지 기틀을 마련해 주
었다면, 연대 계산 또는 '콤프투스(comptus)'는 고유물 학계에서 또 다
른 중대 측면이었다. 조제프 스칼리제르는 영향력 있는 저작 『연대 수정
신론』(1583)에서 역사적 시간을 이해하는 틀을 그리스·로마 너머 바빌
로니아, 이집트, 여타 다양한 중동 민족으로 넓혔다.[16] 그는 3~4세기 역
사가 에우세비오스의 『연대기』를 재구성하며 연구를 이어 갔다. 이 연
대기에 기록된 세부 사실에 관한 논쟁은 뜨거운 반응을 불러일으키고
반론 출판을 자극했지만, 이교도 자료라도 기독교의 진실을 확인해 줄
수 있다고 믿은 스칼리제르는 완전하고 정확하게 인류사를 서술하려 했
다. 그의 저작은 이후 수백 년간 서양의 연대기 연구를 뒷받침했다.

상세하고 영향력 있는 연대기는 모든 역사 연구의 일부였다. 월터 롤
리가 1614년 옥중에서 써낸 다권본 『세계의 역사(The History of the
World)』에는 천지창조를 일별로 자세히 분석하고 신이 한 일을 논하며

올바른 안식일은 무슨 요일인지—토요일인지 일요일인지—따지는 내용이 있었다.[17] 롤리는 셋에서 시작해 에녹, 노아, 므두셀라를 거쳐 모세로 이어지는 일반적 성서 설화를 따라 문자 발명 과정을 상세히 서술했다. 모세는 유대인에게 문자 사용법을 가르쳐 주었고, "이웃 민족 페니키아인은 그들에게 문자를 받았다. 그리고 그리스인은 카드모스를 통해 페니키아인에게 받았다".[18] 롤리는 고유물 연구가가 아니었고 근거로 삼은 자료가 문헌밖에 없었지만, 그가 지닌 권위 덕분에 그의 연대기 개요는 잦은 인용을 보장받았다.

그보다도 중요한 연대기 저자가 제임스 어셔 주교였다. 그가 합산한 『구약성서 연대기(Annales veteris testamenti, a prima mundi origine deducti)』는 1650년에 라틴어로 처음 출간되었다.[19] 1658년 영어판에 실린 주석이 얼마나 권위 있었던지 천지창조가 일어난 날을 기원전 4004년 10월 23일로 추산하는 그의 연대표는 19세기에 나온 킹 제임스 성서에서 사건을 해설하는 주석에 쓰이기까지 했다.[20] 이 문제에는 천문학자이자 물리학자인 아이작 뉴턴까지 끼어들었다. 1728년에 출간된 『고대 왕국 개정 연대기(The Chronology of Ancient Kingdoms Amended)』에서 조금 다른 추산에 다다른 그는 몇 년 차이를 두고 어셔의 연대표를 문제 삼았는데, 천지창조 연도를 기원전 4000년으로 잡은 그의 계산을 두고 엄청난 논란이 일기도 했다.[21] 17세기와 18세기에 이런 연대기가 발휘한 영향력 때문에 물증과 이를 설명하는 체계는 상호 절충되어야 했고, 알파벳 문자는 이 도식 안에서 자리를 찾아야 했다.

존 잭슨의 상술

앞에서도 특기한 18세기 영국인 고유물 연구가 존 잭슨의 저작은 연대기와 고유물학이 어떻게 얽혀 알파벳학과 연관되었는지 보여 주는 좋은 사례이다. 『연대순 고유물, 또는 천지창조 이후 5000년간 고대 왕국의 문물과 연대기 삼부작(Chronological Antiquities, or The Antiquities and Chronology of the Most Ancient Kingdoms, from the Creation of the World, for the Space of Five Thousand Years, in Three Volumes)』(1752)에서 잭슨은 유대인과 유대 역사가를 폄하하는 내용으로 시작해 성서 연대기에 관한 견해를 밝혔다.[22] 아우구스티누스를 인용하며 그가 시사하기로 "유대인은 기독교를 질시한 나머지 기독교 교회에서 쓰이던 그리스어 경전의 권위를 떨어뜨릴―그리고 예수님의 재림 시기를 혼란스럽게 할―목적으로 (대홍수 전대) 기록을 훼손하였다는 의심이 있다. 온 유대인을 통제하는 산헤드린을 통하면 간단히 할 수 있는 일이었다."[23] 잭슨이 말하기로, "히브리식 합산을 따르건 그리스식을 따르건 간에, 경전의 연대기와 상고시대 다른 민족, 특히 이집트, 칼데아, 중국의 연대기를 조화시키는 일은 불가능하다고 여겨졌으며 그러므로 시도조차 된 바 없다."[24] 잭슨은 현존 히브리어 성서와 칠십인역성경에서 천지창조 이후 아담의 출생까지 걸린 시간을 합산한 수치가 거의 1400년 차이가 난다고 지적했다. 18세기에 통용되던 이해 범위에서 이는 이론적 추상이 아니라 실질적인 문제였다.

고대어 서술에서 잭슨은 지배적인 관점을 되풀이했다. "사마리아 문자가 유대 경전의 고대 또는 원조 글자임은 학식 있는 유대인과 기독교인 대다수가 승인하는 바이다."[25] 잭슨은 3세기 학자 오리게네스와 4세기 교부 히에로니무스는 원조 히브리 문자가 페니키아 또는 사마리아 문자였다고 믿었으며 고대 세겔 주화에 새겨진 문자가 사마리아 문자라는 점도 알고 있었다고 시사했다.[26] 잭슨은 깊은 확신을 실어 표준 설화를 되풀이했다. 바빌론유수 중―익숙한 필경사 에스라 이야기에 따르면―원래 고유 문자를 포기했던 유대인이 나중에 아시리아 또는 칼데아 글자를 수용했다는 설이었다.

잭슨은 이집트인이 함족의 후손이며 이집트 문자의 기원은 헤르메스, 토트, 또는 타우트에게 있다는 세부 사항을 더했다. 덕분에 이집트인은 "대홍수 전에 (……) 문자와 기록물"을 사용했다고, 그가 보기에는 허위인 주장을 할 수 있었다.[27] 그렇지만 그는 "천지창조의 역사가 아담에게 계시된" 때부터 "대홍수가 일어나기 전까지 세상의 초기에 모종의 자모나 글자가 쓰였다"라는 생각은 합리적이라고 여겼다.[28] 잭슨은 연대를 정교하게 계산했다. 그가 말하기로, 토트는 노아의 후손들이 흩어진 때, 즉 대홍수 발생 531년 후에 살고 있었다. 만약 토트가 대홍수 후 150년쯤 지나서 태어나 460년을 살았다고 치면, 대홍수 후 610년 또는 노아 후손이 분산된 후 79년쯤 지나서 페니키아에서 살다가 문자를 갖고 이집트에 왔으리라는 계산이었다. 이런 계산은 알파벳학에 권위를 부여했다.

문자 발명에 관해 잭슨이 펼친 논지에서는 대홍수의 연도가 중대했다. 셋이 히브리 문자를 발명했다는 유대 전설은 근거 없다고 일축하고,

페니키아인은 아시리아에 전부터 문자가 있었다고 믿었다는 플리니우스의 주장을 인용하면서도, 그는 모세오경 어디에서도 대홍수 전대 문자가 언급되지 않는다고 지적했다. 나아가 모세가 천막이나 하프처럼 사소한 발명품은 이야기하면서 "그처럼 훌륭하고 유익한 발명의 작자를 언급하지 아니하였을 까닭이 없다"라고도 주장했다.[29] 따라서 잭슨은 페니키아인, 시리아인, 이집트인, 칼데아인이 저마다 문자를 발명했노라 주장하며, 대홍수가 일어나기 훨씬 전 "세상의 초기"부터 문자가 쓰였다고 하지만 실제로 문자는 "인류가 여러 대륙으로 흩어진 후"에 발명되었다고 보았다.[30] 선입견이 있는 인물이었지만, 결국 잭슨은 셈어를 쓰는 칼데아인이 가장 오래전에 문자를 사용했다고 주장할 만하다는 데 동의했다. "기독교 시대보다 적어도 2234년 전에 그들이 문자를 알고 있었다는 기록이 있기" 때문이었다.[31]

성서 연대기에 관한 이런 주장은 증거가 없다는 난점이 여전히 있었다. 사실 잭슨이 인용한 물증 중 가장 오래된 것은 1444년 이탈리아의 고도 이구비움 부근에서 발견된 동판 일곱 점이었다. 1세기 내기 2세기 물건으로 측정되는 이들 동판에는 초기 형태의 라틴 알파벳이 적혀 있었다. 잭슨은 각 자모의 유구한 연대를 매우 꼼꼼히 분석하면서 역사를 추적하고 어떤 현대 자모가 없는지 지적했다.[32] 그러나 아무리 근시안적인 고유물 연구가라도 라틴 문자가 히브리 문자보다 훨씬 나중에 나타났다는 사실쯤은 알고 있었다.

한편 시게이온 명문에 관한 서술이 입증하듯, 고전 명문과 이들의 제작 연대에 관한 상세 연구는 본 궤도에서 꾸준히 진행되고 있었다.

시게이온 명문

1710년대에 아나톨리아 서부 해안에서 '발견'되어 선풍을 일으킨 시게이온 명문의 수용 과정은 문헌 연구와 역사 연구법 사이에서 자라나던 긴장을 일부 드러냈다. 명문을 알아본 인물은 1703년 스미르나에 영사로 부임해 고대 명문을 찾고 사자하는 취미를 계발한 식물학자 윌리엄 셰러드였다.[33] 그의 '발견'은 상당히 유명해졌고, 문자 형태는 그리스 알파벳의 발전 과정을 둘러싼 논쟁에서 중심을 점하게 되었다. 이 돌기둥은 튀르키예 서부 시게이온의 성게오르기우스교회(Church of St. George) 입구에서 오랜 세월 지역 주민의 치유 의례에 이용되었으므로

유럽인의 눈을 빌려 '발견'할 필요는 없었던 물건이다. 석판은 교회 옥
외로 옮겨지기 전까지 좌석으로 쓰였던 탓에 닳아 있었고, 셰러드가 주
의를 환기시킨 후에도 같은 위치에서 계속 일반에 공개되었다. 명문 손
상은 그전에도 상당 수준으로 벌어졌지만, 1801년경 엘긴 백작이 각종
유물을 떼어 대영박물관으로 옮기는 악명 높은 사업을 벌이면서 이 석
판을 대상에 포함시켰을 때는 글귀 대부분이 지워진 상태였다.[34]

　17세기는 물론 18세기에도 중동 지역 여행은 어렵고 위험했으므로
가볍게 해 볼 만한 일이 아니었다. 유물은 대개 셰러드처럼 외교 관직
에 있거나 사업체와 연관된 인물이 수집했다. 셰러드의 동료로서 스미
르나의 레반트회사에서 사제로 봉직하던 에드먼드 치셜도 그런 인물이
었다. 1721년 치셜이 해당 명문에 관한 첫 책으로 써낸 『시게이온 명문,
부스트로페돈의 최고 사례(Inscriptio Sigea antiquissima Boustrophedon
exarata)』는 저명 고전학자 리처드 벤틀리의 관심을 끌었다.[35]

　이 명문에 쓰인 글자는 당시까지 발견된 가장 오래된 그리스어 서자
기록임이 거의 즉시 확인되었고, 문자 형태가 직선적이고 메달이나 주
화를 통해 알려진 기존 사례와 유사성을 보인다는 점에서 페니키아 선
조에 가까운 형태라고 인식되었다.[36] 글은 부스트로페돈, 즉 글자 방향
과 순서가 한 행씩 번갈아 바뀌는 고대 서법으로 쓰여 있었는데, 이는
이오니아 명문에서 거의 볼 수 없는 형태였다. 벤틀리에 따르면, 명문
이 발견된 시게이온은 다르다넬스해협 근처에 있는 도시로 "고대 트로
이의 잔재로 세워진" 곳이었으며, 따라서 "높이가 아홉 척에 달하는" 이
석판은 "한때 프리아모스 왕의 궁전 입구를 지키던 물건이었다고 상상
해 볼 수도 있다".[37] 이 기둥에 트로이전쟁의 측정 연대(기원전 12세기)
와 연결되는 족보가 있을지 모르나, 두 명문은 훨씬 나중에 새겨진 것이
어서 실제로 글이 쓰인 때가 언제인지는 불분명하다.

　치셜의 해석은 역사적 정보뿐 아니라 돌에 쓰인 글의 해독에도 의지
했다. 그는 두 글의 내용이 같다고 밝혔다. 아래에 있는 긴 글은 아테네
에서 쓰이던 아티카(본토) 그리스어였고, 위에 더 큰 글자로 적힌 글은
지방에서 쓰이던 이오니아 방언이었다. 글은 파노디코스(Phanodikos)
라는 사람이 시게이온에 선물한 예식용 기물을 기념했지만, 다른 역사
적 사건은 언급하지 않았다.[38] 하지만 두 방언이 쓰였다는 사실은 해당
명문이 쓰인 연대가 기원전 6세기 초, 즉 아테네가 미틸리니 식민지를
침공하고 기원전 585년에 사망한 코린토스의 통치자 페리안드로스와

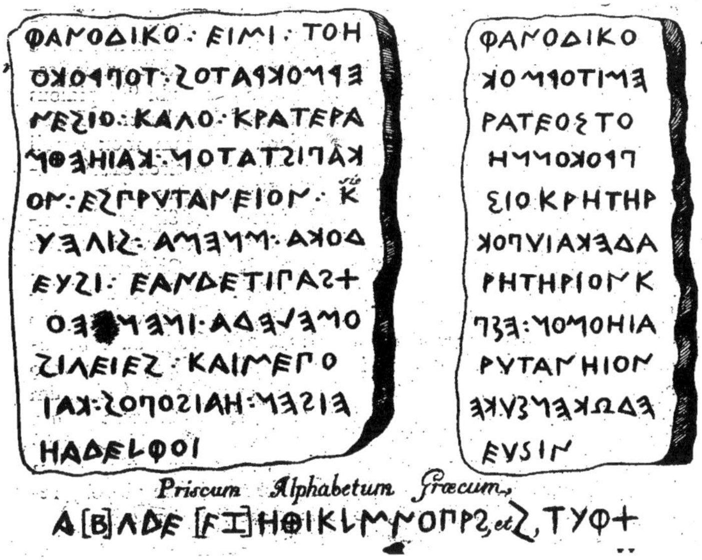

ΦΑΝΟΔΙΚΟ · ΕΙΜΙ · ΤΟΗ
ΟΚΟΜΤΟΓΟΣ · ΖΟΤΑΡΚΟΜΙ3
ΜΕΞΙΟ · ΚΑΛΟ · ΚΡΑΤΕΡΑ
ΨΟΚΙΣΤΑΤΟΜ · ΜΟΤΑΤΖΙΚΑ
ΟΜ · ΕΞΓΡΥΤΑΜΕΙΟΜ · Κ
ΥΛΑΚΑ · ΨΕΜΜ · ΑΧΟΚ
ΕΥΖΙ · ΕΑΝΔΕΤΙΓΑΖ+
ΟΨΕΨΕΔΑ · ΙΜΕΨΜΕΟ
ΖΙΛΕΙΕΖ · ΚΑΙΜΕΓΟ
ΙΑΧ · ΖΟΥΟΖΙΑΗ · ΜΕΖΙΕΝ
ΗΑΔΕΛΦΟΙ

ΦΑΝΟΔΙΚΟ
ΧΟΜΤΟΤΙΜΕ
ΡΑΤΕΟΖΤΟ
ΗΜΜΟΚΟΙΓ
ΕΙΟΚΡΗΤΗΡ
ΛΟΕΚΑΙΥΟΚ
ΡΗΤΗΡΙΟΝΚ
ΑΙΗΟΜΟΗΙΑ
ΡΥΤΑΝΗΙΟΝ
ΕΔΟΚΕΝΕΞΕΚ
ΕΥΖΙΝ

Priscum Alphabetum Græcum,

Α [Β] ΛΔΕ [F] Η ΘΙΚΛΜ ψ ΝΟΠΡ ϟ Σ ꟿ Τ Υ Φ +

그림 5.1

에드먼드 치셜, 『시게이온 명문, 부스트로페돈의 최고 사례』(1721). 후대에 나온 판에서조차 바로잡히지 않은 부주의한 사자 탓에 자모 형태 연구에 쓸모없는 복제물이 되었다.

협상 끝에 시게이온을 받아 낸 시기라는 점을 시사한다. 미틸리니는 아테네의 지배에서 벗어나는 데 성공했다가 기원전 535년에서 524년 사이에 다시 아테네에 종속되었다. 이런 역사적 기틀을 정리한 치셜은 명문의 연대를 기원전 6세기 초로 추산할 수 있었다. 이는 특히 자모의 종류와 형태가 "카드모스 문자"(원조 페니키아 문자)에 가까웠기 때문이었다. 치셜의 설명에는 다른 세부 사항도 있었는데, 벤틀리는 그중 일부 그리스어 해석이 부정확하다고 보았다. 예컨대 치셜은 기둥에 적힌 "이솝과 그의 형제들이 나를 만들었다"라는 구절이 유명한 우화 작가를 가리킨다고 시사했다. 벤틀리는 이런 해석에 유의했다.

벤틀리는 치셜의 책을 친구인 리처드 미드 박사를 통해 받았으며, 정확히 그날 밤 잠들기 전에 다 읽었노라고 주장했다.[39] 그러고는 미드에게 편지를 써 치셜의 박식에 공경을 표하면서도 몇 가지 쟁점을 언급했다. 벤틀리는 명문에 언급된 이솝이 유명 작가가 아니라 지역 장인일 뿐이며, 명문은 본디 예식용 기물에 쓰여 있다가 공적인 자리에서 이를 떠받치는 기둥으로 옮겨졌다고 믿었다. 벤틀리는 명사의 격과 동사 변형의 역사적 용례를 논하는 등, 두 글에 쓰인 그리스어를 세부적인 부분까지 능란하게 분석했다.[40] 그의 접근법을 뒷받침한 것은 지리나 역사적 사건에 대한 지식이 아니라 문헌학, 그리고 고대어에 관한 전문가의 식견이었다.

명문의 연대에 관해서는 치셜과 벤틀리가 동의하는 점도 몇 가지 있었다. 벤틀리는 문자 형태를 바탕으로 명문이 모음 표기를 위해 "시모니데스의 네 자모"가 도입되기 전에 쓰였다고 추정했다. 실제로 벤틀리는 첫째 명문(이오니아어)에는 "카드모스 문자"에 없는 자모가 두 개 쓰였지만 둘째 명문(아래에 있는 아티카어)은 "카드모스 문자"로만 쓰였음을 특기했다.[41]

치셜은 총괄서 『아시아 고유물(Antiquitates Asiaticae)』(1728)에 시게이온 기념물을 더 자세히 복제한 도판을 실었다. 이에는 호메루스(최초 사본을 제작한 튀르키예인 안내자)와 새뮤얼 리슬(셰러드를 동행했던 인물)의 드로잉 외에 세 번째로 명문을 사자한 B. 몰드의 드로잉이 포함되었고, 덕분에 직접 관찰한 결과에도 차이가 생긴다는 사실이 환기되었다. 치셜은 언어나 문헌 증거를 배제하지는 않았지만, 역사와 형태분석까지 포함하는 방향으로 방법을 확장시켰다.

연대측정을 둘러싼 논란은 해당 세기말까지도 유효한 논쟁거리로 여겨졌는지, 1799년 1월 《젠틀맨스매거진(Gentleman's Magazine)》에는 이에 관한 논의가 실렸다.[42] 로마 파르네세궁에 보존된 헤로데스 아티쿠스(Herodes Atticus)의 기둥에서 옮긴 명문에 관한 기사로, 중간쯤에 이 명문과 시게이온 명문의 그리스 문자를 비교하는 부분이 있었다.[43] 비교점 중에는 명문에 쓰인 모든 자모를 대조하는 대목도 있었는데, 이에 따르면 두 명문은 하나만 빼고 모두 같은 글자를 사용하고 있었다고 한다. 이 논쟁에서는 점차 하나로 합쳐지던 방법론, 즉 근대적인 역사 접근법과 문헌 전통에 충실한 접근법이 충돌했다.[44] 당대에는 벤틀리의 고상한 고전 학식이 이겼지만, 치셜의 방법은 미래를 예견했다.

고유물 해설—몽포콩의 기초 연구

알파벳의 기원을 연구하는 데 방해가 되는 장애물이 몇 가지 있었다. 고대 중동 관련 자료는 희소했을 뿐만 아니라 시게이온 명문이나 이구비움 동판처럼 극적인 물건에 비해 눈에 띄지도 않고 알아보기도 어려웠다. 돌 표면에 긁힌 사소한 자국이나 도기 조각에 엉성하게 새겨진 부호는 고전기의 우아한 기념비 유물과 겨루어 이목을 끌 수 없었다. 로마 유물에 길든 눈에는 원시 가나안어 필경사가 남긴 거친 부호가 딱히 인상적으로 보이지 않았을 것이다. 몇몇 18세기 여행가, 특히 리처드 포

LAPIS SIGEUS, VERA, QUA HODIE JACET, FORMA ET MAGNITUDINE.

Scriptionis Etruscæ Specimen è Bartolij monumentis veterum. Fig. XCIII.

Tabulæ Eugubinæ Specimen è Grutero Pag. CXLII. Lin. XXV.

Juxta apographum S. Homeri, Græci.

Juxta apographum S. Lisle S.T.P.

Juxta apographum B. Mould. A. M.

Literarum in Lapide Sigeo vera forma et magnitudo.

Verus et Integer statuæ Hermæ status

In Tarentinorum nummo Goltziano.

Ornatissimo Doctissimoq. Viro RICHARDO MEAD, M.D.
Reg. Med. Lond. Collegij. et Societatis REG. Sodali Meritissimo,
hanc Tabulam summæ observantiæ ergò, et gratitudinis.
D.D.D.Q.E.C.

코키가 시나이반도의 바위 표면에서 발견된 명문을 눈여겨 보았을 뿐만 아니라 탁본을 뜨고 상당한 공을 들여 정확한 사본을 얻어 내기까지 했다는 점은 괄목할 만하다. 지금도 알파벳의 기원에 관한 물증은 고고학적 기념비나 고문서 보관소에 있는 문서 컬렉션에 비해 시각적으로 소박한 것이 사실이다.

고유물학에서 베네딕트회 수도사 베르나르 드 몽포콩의 중요도와 영향력은 아무리 말해도 지나치지 않다. 그의 이름은 사실상 해당 분야에서 시조와 동의어일 정도이다. 명문을 포괄적으로 연구한 1708년 저서 『그리스 고문자학(Palaeographia Graeca)』으로 시작해 기념비적인 『고유물 해설 도감』(영어 초판은 1721~1722년에 나왔다)으로 공고해진 그의 연구는 고유물 연구의 토대가 되었다.[45] 첫 저서 서문에서 그는 명문에 쓰이는 모든 재료(파피루스, 납, 잉크, 돌과 각각에 맞는 필기도구)를 나열하고 그리스 도서관들의 역사를 상세히 기술했으며, 모든 런던 도서관들에 소장된 그리스어 필사본의 목록까지 덧붙였다. 유물에 대한 입장은 두 번째 저서 서문에 명백히 밝혔다. "말로 하는 묘사가 아무리 정확하고 구체적이라 하여도 실물 자체를 실제로 보고 그린 이미지와 그림처럼 명료한 관념을 형성하여 주지는 못한다."[46] 실물 원본을 보는 경험은 "추측에 의지하여 그린 디자이너의 그림이나 필자의 묘사를 바탕으로 형성할 수 있는 관념을 월등히 능가한다."[47]

그리스 알파벳의 역사는 카드모스까지만 거슬러 갔다. 여기에 몽포콩은 사마리아 문자에 관한 논의를 더했다. 그는 이전 세기에 이루어진 연구, 즉 히브리어는 가나안의 언어였으며 사마리아어와 문자는 그보다 오래된 원조 언어이자 문자라는 설과 함께 사마리아 문자의 역사가 유구하다는 주장을 지지했다. 이를 뒷받침하는 증거로 그는 신화가 아니라 역사적 실존 문자로 간주한 도하 문자를 유대인이 획득한 곳이ー칼데아를 떠나 강을 건너 도착한ー가나안인데 신명사문자는 항상 히브리 문자로 쓰는 관습이 잔존했다는 점을 꼽았다. 그는 모세스 마이모니데스나 랍비 아자리아 같은 권위자를 다양하게 인용하면서도 사마리아 문자에 관한 논의는 박물관에 있는 주화나 유럽의 도서관들에 소장된 표본과 관련지었다. 정교한 드로잉에 관해서는 출전을 꼼꼼히ー예컨대 "304쪽에 실린 표본은 왕실 문서 2498호에서 옮겼음" 하는 식으로ー밝혔다.[48] 심지어 사마리아 알파벳의 자모별 내력을 무척 자세히ー월턴, 바티칸, 다양한 주화 등으로ー밝히기까지 했다.[49] 그리스, 페니키아, 사마리아 문자는—스칼리제르의 책에서 옮겨—절제되고 우아한 방식으로 제시되었으며, 비교 이미지에는 신화나 마법 문자가 뒤섞이지 않았다.[50]

『고유물 해설 도감』에서 몽포콩은 먼저 자신이 읽은 고전(그리고 근대 저작)을 나열하고는, 이렇게 덧붙이며 관찰의 중요성을 재차 강조했다. "신화와 역사의 설명에 스스로 만족하지 아니한 필자는 5년 내지 6년 전부터 드로잉과 고대 유물을 수집하기 시작하였다."[51] 그는 "고대 기념비와 진품실을 찾아" 이탈리아를 여행했다. 물리적 자료 외에는 아무것도 연구하지 않기로 작정했던 까닭에 유대 고유물은 전혀 언급하지 않았다. 문헌상으로만 존재하는 물건이었기 때문이다. 그는 "예루살렘 성전, 방주, 예배소, 촛대" 등의 형태가 "오로지 집작"으로 제시되었다는 사실에 반발했다. "미심쩍은 사안에 관하여 입장을 택하느니 차라리 이러한 고유물의 형태와 형상은 미지(未知)에 속한다고 여기는 편이 나으리라."[52] 이런 차이를 평가 기준에 넣은 점이 바로 그가 취한 방법의 특징이었다. 그는 이집트의 아브라삭스 보석과* 장례 예식의 세부 사항을 길게 다루고 튜닉, 토가, 버클, 걸쇠의 정교한 드로잉을 책에 실었다. 바알, 즉 20세기에 세라비트 엘카딤 비문 분석에서 일익을 맡게 되는 이름을 언급하며, 그를 "동방 민족 다수, 특히 바빌로니아인과 아시리아인이 숭배"한다고 밝히기도 했다.[53]

1719년에서 1724년 사이에 폴리오 열다섯 권으로 출간된 방대한 『고유물 해설 도감』은 고대 유물을 향한 열정이 학계와 대중의 상상을 사로잡았다는 증거였다. 꼼꼼한 드로잉과 전문적인 복제화를 이용하는 몽포콩의 접근법은 고유물 연구에 기준을 세워 주었다. 그러나 설령 관찰에 근거하더라도, 손으로 그린 드로잉은 대상을 재매개했다. 이 과정에서 여러 외국 물건 그림은 유럽 중심 시각으로 왜곡되고 말았다. 낯설기 일쑤인 고대 모티프를 18세기 그래픽으로 번역하면서 당대 어법을 사용한 까닭이었다. 유창하기는 해도 사물이 만들어진 물리적 장소나 문화적 맥락은 생략된 이미지였다. 이런 정보가 결여된 유물은 중대한 면에서 불완전할 수밖에 없었다.

전반적으로 몽포콩에게는 성서상 역사를 뒷받침하는 증거를 찾겠노라는 욕망이 있었다. 고전이나 이집트 유물은 넉넉하게 찾았지만 성서와 연관된 자료는 찾지 못해 실망한 그는 이런 현실을 구체적으로 언급했다.

*
아브라삭스(abraxas): 영지주의 교부 바실리데스(Basilides)의 철학에서 신비주의적 의미로 쓰이던 단어. 아브라삭스 보석은 이 단어가 새겨진 보석으로, 부적 같은 용도로 쓰였다.

고유물 연구 분야

고유물 학계는 문헌 중심에서 실증적 방법으로 점차 돌아선 저자들이
빈번히 인용된 역작 일군을 내놓은 17세기와 18세기에 융성했다. 그런
저작 중 알파벳학에 중요한 예가 몇 개 있다.

자주 인용된 에체힐 슈판하임의 『고대 주화 기능 용도 연구(Disser-
tationes de præstantia et usu numismatum antiquorum)』(1671)는 카이
사르 이전 그리스·로마의 주화를 보여 주는 동판화로 1000쪽에 달하는
분량이 채워진 책이었다.[54] 지역별, 주제별로 정리된 슈판하임의 저서
는 그리스·로마의 역사와 명문을 연구할 때 표준으로 참고하는 자료가
되었다. 에드워드 기번이 『로마제국 쇠망사』를 쓸 때 원용한 상세 정보
상당량이 여기에서 나왔다. "Span. *Diss.*"라는 약어는 고유물 연구서에
정기적으로 등장했지만, 알파벳의 기원에 관해서는 별다른 정보를 주지
않았다.

토머스 고드윈의 『로마사 선집 개정 증보판—영어로 설명하는 로
마 고유물(Romanae historiae anthologia recognita et aucta: An English
Exposition of the Roman Antiquities』(초판 1623)도 고전 자료와 긴밀
히 연관되어 있었다.[55] 그는 고전 문헌에서 얻을 수 있는 정보를 긁어모
았다. "어느 나라 문자도 갑자기 완성된 것은 없고 모두가 단계적으로
발전하였다. 문자의 작자와 발명자에 관하여 고대인의 의견은 일치하지
아니하였다."[56] 그는 카드모스, 페니키아인, 이집트인, 아시리아인 등에
관한 흔한 서술을 요약했다. 그러나 고드윈은 히브리 알파벳에도 유의
했다. "유대인이 처음부터 모음자나 억양 표시를 사용하였는가, 아니면
이들은 마소라 서기관들이 추가한 것인가를 두고 상당한 논쟁이 있다.
이를 이해하려면 첫째로 마소라 서기관이 어떤 인물들이었는지, 둘째로
그들이 한 일이 무엇인지 물어야 하며, 그러고서는 이 시점에서 개연성
있는 가설을 제시하여야 한다."[57]

1662년 에드워드 스틸링플리트는 『성스러운 기원, 또는 기독교 신
앙의 근거에 관한 이성적 서술(Origines sacrae, or A Rational Account
of the Grounds of Christian Faith)』에서 비슷한 논지를 내세웠다.[58] 새
뮤얼 셕퍼드의 『연결된 세계의 신성한 역사와 세속적인 역사, 천지창
조에서부터 사르다나팔로스의 죽음에 따른 아시리아제국의 해체, 아하
스와 베가 치하 유대왕국과 이스라엘왕국의 변화까지(The Sacred and

Prophane History of the World Connected, from the Creation of the World to the Dissolution of the Assyrian Empire at the Death of Sardanapalus, and to the Declension of the Kingdoms of Judah and Israel, under the Reigns of Ahaz and Pekah)』(1731)에서도 같은 인용이 반복되었다.[59] 그는 최초의 언어가 히브리어인가 시리아어인가 아니면 칼데아어인가 하는 익숙한 질문으로 시작한다.[60] 이어서 그는 "문자는 일찍부터 사용되었음이 분명하다. 아니면 세계의 최초 시대에 관한 짤막한 기록들이 남지 아니하였을 터이다"라고 덧붙였다.[61] 성서에 기록된 서술을 두고 한 말이었다. 그의 고유물 연구 감각은 헤로도토스가 기술한 삼각대를 다루는 부분에서 나타난다. 그는 스칼리제르가 이 삼각대에 새겨진 고대 이오니아 문자 명문 사본이 있다고 말한 점을 질타했다. 스칼리제르에게 있었던 것은 "아피아가도에 굳게 서 있는" 헤로데스의 트리오피움 기둥에서 옮긴 사본일 뿐인데 그가 이름과 용어를 혼동했다고 확신했기 때문이다.* 주지하다시피, 헤로도토스가 말한 삼각대는 아직 발견되지 않았다.

  셔퍼드는 파르네세궁 명문, 즉 헤로데스 명문의 연대를 둘러싼 논쟁에도 관심을 두고 이렇게 말했다. "이 기둥에 새겨진 문자는 고대 이오니아 문자와 같지 아니하다. 치셜의 시게이온 명문 또는 몽포콩이 사본으로 소개한 델로스 거상 대좌(臺座)의 문자와 비교하면 알 수 있다. 오히려─치셜 박사가 상상하듯─그것은 탁월한 고유물 연구가로서 모작을 만들 줄 알았던 헤로데스가 이오니아 문자를 따라 만든 모작이거나, 이오니아 문자와 별로 다르지 아니하다는 점을 고려하면, 전자가 별로 길지 아니한 시간을 두고 변화한 결과일 것이다."[62] 1799년《젠틀맨스 매거진》에 실린 동판화를 보면, 해당 자모는 시게이온 명문의 간결한 직선 형태와 비교해 눈에 띄게 다른 필체를 띤다. 두 유물은 복제물을 통해 충분한 가시성을 확보한 덕분에 논쟁의 공통 기준이 되었다. 유물을 둘러싼 토론과 평가에서 명문 형태가 요인이 되기 시작했다.

  셔퍼드는 알파벳이 그리스인, 아르카디아인, 이탈리아인 사이로 퍼져 나간 과정을 이전 저자들보다 정확히 기술했다. 그는 페니키아인이 이집트인에게 문자를 배웠다는 아타나시우스 키르허의 주장을 반박하며 그리스 자모의 이름이 이런 관점과 일치하지 않는다고 지적하고는, 기존 문헌─스칼리제르, 카소봉, 휘호 흐로티위스, 보시우스, 보샤르, 모랭, 월턴 등─의 견해를 망라해 평가했다. 이 중 반박할 수 없는 증거

*
트리오피움(Triopium):
로마에서 아피아 가도를 따라
5킬로미터쯤 떨어진 곳에
있는 토지이다. 아테네 출신
철학자이자 로마에서
정치인으로도 활동했던
헤로데스 아티쿠스
(101~177)가 소유했다고
알려졌다. 셔퍼드는
스칼리제르가 헤로데스의
트리오피움을 헤로도토스의
삼각대(tripod)로
착각했다고 시사했다.

로 뒷받침되는 주장은 하나밖에 없었다. "윌턴 주교는 세겔이라고 불리는 예루살렘 주화를 바탕으로 모순 없는 견해를 제시하였다."[63] 역시 물증이 중요했다.

몇 년 후에 출간된 『알파벳 서자의 기원과 발전에 관한 추측성 관찰(Conjectural Observations on the Origin and Progress of Alphabetic Writing)』(1772)에서 찰스 데이비는 히브리·사마리아·고대 시리아·그리스 문자가 모두 같은 작자의 작품으로 간주되었다는 말을 필두로 거의 똑같은 서술을 반복했다.[64] 그러고는 자모 이름의 유래가 된 사물들이, 적어도 어느 "작고하신 고유물 박식가"의 견해로는, 모두 아랍 텐트 안에 있던 물건이라는—유대인이 쓰던 텐트에도 같은 물건들이 갖춰져 있었다는—놀라운 사실을 관찰했다.[65] 이처럼 문자의 기원을 새롭게 보는 인류학적 시각은 단순한 신앙이나 신과 맺은 관계가 아니라 더 복잡한 문화적 맥락에 문자를 결부시켰다. 그렇지만 그는 자모가 유래한 원

그림 5.3

《젠틀맨스매거진》(1799년 1월 호)에 실린 파르네세궁 명문 복제화. 언어는 그리스어이지만 대다수 자모는 그리스 문자가 아니다.

리보다 말소리를 표상하는 능력이 훨씬 중요하다는 의미심장한 주장도 곧바로 덧붙였다. 자모의 '힘'—소릿값—은 전에도 문법서와 사전에서 논의된 바 있었지만, 비교를 중추로 하는 신식 언어 연구법에서 어음 분석은 더욱 중요해졌다.

데이비는 할리카르나소스(Halicarnassus)의 디오니시오스에서부터 치설 같은 동시대인까지 교과서적인 저자들을 포함해 문자의 역사에 관한 정규 문헌을 검토했다. 뉴턴을 특히 중요한 출처로 여겨 그의 연대 산법을 엄밀히 지킨 데이비는 페니키아에서 그리스로 문자가 전해진 때가 기원전 1039년이라고 못 박았다.[66] 데이비가 자모의 형태를 입 모양과 맞춰 보려 한 점도 독특하다. 이는 알파벳을 '자연'과 결부해 설명하려는 시도로서 19세기까지도 '가시 언어(visible speech)'라는 이름으로 지속된 개념이었다.[67] 이런 해부학적 설명은 역사적 근거가 없었는데도 나름대로 권위를 행사했다. 신비한 문자는 없어졌지만 인용이 집중되면서 권위는 커지는 한편, 모든 사람이 같은 언어를 사용했다는 최초 시대에 히브리인이 '문자의 원조'를 받았다는 믿음은 꾸준히 강화되어 갔다. 이런 개작이 증거에 기반한 논증을 발전시키지는 못했지만, 유물에 대한 관심이 꾸준히 늘어나는 가운데 유용한 참조점이 되기는 했다.

고문서학—방법과 기법, 마비용과 투스탱

근대 고문서학 분야는 프랑스인 베네딕트 수도사 장 마비용이 마련한 규약을 바탕으로 형성되었다. 그는 문서, 특히 교회 재산 소유권 다툼의 바탕이 된 메로빙거 시대 인가서의 진위를 밝히는 방법을 정립했다. 물리적 특징과 문서 소관을 두고 진위를 논하는 내용은 로마법, 특히 유스티니아누스법전에도 있었다.[68] 그러나 중세에는 문서를 취급하는 법규가 달라졌고, 표준화된 분석 규약이 필요하다는 인식에서 근대적 관행이 출현했다. 그런 분석 중에는 필적에 주목하는 방법도 있었는데, 이를 통해 다양한 문자와 글자체가 등장한 과정이 연구되기 시작했다.

1681년에 출간된 마비용의 『고문서론』은 기록학에서 여전히 참고 자료로 쓰이는 기초 연구서이다.[69] 그는 관찰과 엄밀한 평가에 기초해 문서를 검증하는 실증 규칙을 제시하려 했다. 출처나 소관 같은 쟁점도 꼼꼼하게 살폈다. 마비용은 증거가 희박한 고대에는 관심이 별로 없었지만, 문자의 완전한 역사에는 관심이 있었다. 그는 이처럼 유구한 역사를 인정하지 않고는 현재를 헤아릴 수 없다고 본 토머스 애슬이나 샤를프랑수아 투스탱 등에게도 상당한 영향을 끼쳤다.

마비용은 공문서 필체를 로마체, 고트체, 앵글로·색슨체, 랑고바르드체 등 네 종류로 구분했다. 이 분류법은 양식적 특징뿐 아니라 필체가 개발된 지역에도 근거했다. 그는 페니키아인의 이동과 그들이 그리스에 전해 준 선물뿐 아니라 이집트인도 언급했다. 룬 문자에 관해서는 올레 보름을, 문자의 발명에 관해서는 흐라바누스 마우루스를 인용하기도 했다. 그러나 신기원을 이룬 것은 그가 택한 방법이었다. 그는 고유물 증거를 검증하는 데 "신중과 절제"가 필요하다고 주창했다.[70] 진품성을 정확히 확인하려면 여러 요인을 살펴야 하므로 재료, 봉인, 광택, 서명 등으로 구체화된 모두가 검증 대상이 되었다. 필체는 언제든 쓸(모방할) 수 있으니, 역사 정보와 물증이 일치하지 않는다면 겉보기에 아무리 진품 같더라도 오인일 가능성이 있었다. 그는 앞에서 언급한 문자들이 로마 서체에서 어떻게 발전되어 나왔는지 서술했다. 마비용은 알파벳사 전문가가 아니었지만, 증거의 구체적 측면에 유의한 덕분에 후대에도 계속 쓰인 고문자 표준을 수립할 수 있었다.

그런 후작 중에서는 샤를프랑수아 투스탱의 『고문서학 신론』 (1750)이 언급할 만하다. 마비용의 방법을 문자와 알파벳의 역사에 직접 적용한 사례였다.[71] 처음부터 그는 "글을 모르는 무식쟁이가 무엇인가를 기억하려고 벽에 표시를 남기는 순간" 문자가 형성되었다고 시사했다.[72] 이는 신기한 학설이었지만, 발명과 기능성을 연계한 점은 묘하게 현대적이었다. 그는 일반적인 논리—"문자가 이미 존재하지 아니하였다면" 어떻게 모세가 계율을 쓸 수 있었겠느냐는 논리—를 내세워 앞서 익히 논한 성서 영역을 우회했다.[73] 흔한 기원(페니키아, 칼데아, 시리아 등) 문제와 키르허의 이집트 신성문자 기원설을 재검토하고는, 알파벳과 신성문자는 "하나는 소리를 적고 다른 하나는 생각을 담으므로" 각기 "고유한" 문자라고 시사했다.[74] 투스탱은 그리스 자모의 근원을 논하며 고대와 근대의 필수 저작을 모두 동원했다. 스칼리제르가 세 명문을 제시하며 내세운 주장은 비판했고, 새뮤얼 셕퍼드의 해석은 후하게 평가했다.

그의 고문자학 성향은 시게이온 문자 논쟁에 대한 입장에서 드러났다. 그는 상태가 더 좋은 명문을 제시하려 애쓴 셕퍼드를 예찬했다.[75] 셕퍼드의 이미지 하나가 불량 동판 탓에 훼손되었음을 지적한 그는 원본뿐 아니라 복제물의 물질적 성질에도 더욱 유의하는 태도를 보였다. "시게이온 명문은 알아보기가 무척 어렵다. 문자를 불량히 관찰하였다는 사실뿐 아니라, 변형되거나 심지어 철저히 훼손된 문자도 많다."[76] 그전에는 이미지 품질을 지적하거나 지식 전파에서 이미지의 역할을 특기한 이가 아무도 없었다. 세월이 흐르면서 카드모스 문자가 상당히 변형되었으리라는 점을 감안하더라도, 투스탱은 자신에게 제시된 증거에 만족하지 못했다. 그는 책의 마지막 부분을 여러 알파벳에 걸쳐 낱개 문자를 연구하며 유사점과 공통 기원의 증거를 찾는 데 할애했다. 이렇게 알파벳은 신중한 고문자학 비교 분석 대상이 되었다.

그는 알파벳의 기원을 논하며 당대의 핵심 쟁점으로 돌아갔다. "저자들의 증언과 최고(最古) 기념물을 바탕으로 가장 유구한 문자가 무엇인지 판단한다면, 모든 증거는 사마리아 오경을 가리킨다."[77] 무슨 고대 기념물을 가리키는 말이었을까? 이에 대한 답은 다른 권위서, 예컨대 에드먼드 치설의 연구나 글자가 새겨진 메달을 위해 참고했을 법한 페르 에티엔 수시의 1715년 저서 『히브리 메달 연구(Dissert: Sur les medailles Hebr.)』 같은 책에 실린 도판에서 찾아야 할 것이다. 마지막에 그는 이 질문에 대한 전문가들의 견해를 줄 세웠다. 한쪽에는 사마리아 문자가 가장 유구하다고 단언하는 학자들이 있었다. 반면 히브리(칼데아) 문자가 가장 유구하다고 주장하는 측에도 나름대로 탄탄하고 명망 높은 지지자들이 있었고, 그는 히브리 문자와 사마리아 문자가 바빌론 유수 전까지는 같은 문자였음을 독자에게 상기시켰다. 물증에 집중해야 한다고 주장하면서도, 그는 여전히 전문가들의 교과서적 견해를 조사하는 데 깊이 의지했다. 문서를 과학적으로 검증하는 연구가 실증 분야로 독립하지는 않지만, 고문서학 교본들은 더 완전한 고문자학의 발전을 예견했다.

관찰에 전념하기

초기 알파벳에 관한 실제 증거는 어디에서 찾을 수 있을까? 고유물 연구가들은 글귀가 새겨진 메달과 물건 컬렉션을 샅샅이 뒤졌다. 예컨대 카스파어 바저의 1605년 저서 『고대 히브리, 칼데아, 시리아 주화(De antiquis Numis Hebraeorum, chaldaeorum, et Syrorum S. Biblioa et Rabbinorum scripta meminerunt)』에는 정교한 주화 드로잉이 실렸다.[78] 문제는 이들 자료 대다수가 위작이었다는 사실이다. 16세기 내지 17세기 유럽에는 구할 만한 진품 유대 주화가 많지 않았다. 진품으로 널리 인정받은 주화 하나에는 고대 히브리 문자가 쓰여 있었고 유대·로마 전쟁 첫해에 주조되었다는 압인이 찍혀 있었다.[79] 이런 주화도 중요하기는 했지만, 이들은 서력 원년 직전 내지 직후 수십 년 사이에 제작된 후대 사례였다.

유대 학자들도 성서상 역사와 원조 알파벳의 증거를 찾아다녔다. 중세의 저명 랍비 모세스 벤 나흐만은 말년(1270년경)에 라헬의 무덤을 찾아 예루살렘에 갔다.[80] 그는 절반을 십일조 국세로 내도록 토라에 기술된 "신성한 세겔" 주화의 표본을 찾고자 했다. 아코(Akko. 오늘날 하이파 근처)에서 그는 "글귀가 새겨진 은화 한 닢"을 찾았다. "한쪽에는 아몬드 나뭇가지 같은 것이, 다른 쪽에는 일종의 접시가 있고, 양쪽 모두 테두리를 따라 글자가 또렷이 새겨져 있었다."[81] 그가 이 은화를 사마리아인들에게 보여 주자 그들은 글을 읽을 줄 알았다고 하는데, 이는 해당 글귀가 사마리아어를 적는 문자로 쓰여 있었음을 입증했다. 아울러 이 주화는 로마에 항거해 일어난 유대 반란(서기 66~70년) 중 주조된 것으로 고대 히브리 문자가 새겨져 있었다고도 한다. 나흐만의 서술은 사마리아 문자가 곧 고대 히브리 문자라는 주장을 뒷받침하는 근거로 쓰였다.

그림 5.4

카스파어 바저의 『고대 히브리, 칼데아, 시리아 주화』(1605)에 실린 고대 세겔화 드로잉. 서기 초 수 세기 중에 쓰인 고대 히브리 문자가 보인다.

켈뤼 백작은 처음으로 물건의 아름다움을 음미한 고유물 연구가에
속했다. 1756년부터 1767년 사이에 출간된 그의 『이집트, 에트루리아,
그리스, 로마 고유물집』에는 이집트, 에트루리아, 그리스, 로마 유물이
다수 실렸다.[82] 서문에서 그는 "유물의 도판을 새기기 시작할 때 나는
오로지 고대인이 남긴 증언의 증거로서만 이들 기념물에 유의하는 학자
들을 염두에 두었다"라고 적었다.[83] 그러나 이어서 그는 예술적 성질 때
문에 기념물을 살피는 사람에게도 관심을 두게 되었다. 켈뤼는 비교 관
찰 기술과 드로잉을 결합해야 한다고 주장했고, 글에 대한 지식보다 시
각적 기교를 노골적으로 강조했다.[84] 그는 자신이 "조각마다 재료와 비
례를 다 보고했다"라면서, "이러한 정확성이 무의미하다고 여기지 아니
한다"라고 덧붙였다.[85] 그는 유물의 질량과 크기, 비례, 세부 등에 획기
적으로 유의하면서, 물건의 특성을 바탕으로 쓰임새를 짐작할 수 있다
고 지적했다.

1770년대에 켈뤼는 몇십 년 전 리처드 포코키가 사자했던 시나이 명
문을 논의에 끌어들였다. 켈뤼가 선견지명 있는 관찰로 예견한 해석은
20세기 후반에야 인정받게 되었다. 다른 이들과 마찬가지로, 그 역시 페
니키아 문자가 이집트 문자에서 발생했을 가능성을 궁금해했다. "이 질
문이 특히 난감한 이유는 페니키아 기념물이 이집트 유물보다도 희귀하
기 때문이다. 우리가 아는 비문은 하나밖에 없는데 그나마도 페니키아
에서 나온 것이 아니다. 티레, 시돈, 시칠리아, 카르타고, 몰타에서 제작
된 몇몇 메달에는 여러 지역에서 변형된 글자들이 새겨져 있다. 그러나
대체로 이들에는 이집트 문자와의 뚜렷한 유사성이 있다."[86] 결국 그는
이 연구를 계속하자니 페니키아어로 쓰인 비문을 충분히 찾기가 어려운
장애가 있다고 인정했다. "우리가 쓰지 아니하는 언어의 알파벳을 복원
하려면, 적어도 우리가 아는 언어와 얼마간 관계가 있다는 점은 알아야
할 것이다. 아니면 어찌 그들을 비교하고 분석할 수 있겠는가?"[87]

또 다른 기념비적 공헌인 푸앵즈네 드 시브리의 1778년 저서 『메달
과학 신연구(Nouvelles recherches sur la science des medailles)』도 물
체를 관찰해 취할 수 있는 정보에 집중했다.[88] 그는 메달을 교환권, 실제
메달, 주화 등 세 종류로 나누었다. 이들 범주를 정교하게 다듬던 그는
메달에도 황제의 초상이 있는지 아니면 주화에만 있는지를 논하는 데
상당한 에너지를 쏟아부었다. 그러고는 메달 두 점을 집중적으로 논했
다. 하나는 사마리아 문자가 새겨진 것으로, 그는 이를 히브리어 소릿값

그림 5.5

푸앵즈네 드 시브리의
『메달 과학 신연구』(1778)에
복제된 고대 히브리 문자
주화(위 오른쪽, 아래 왼쪽).

으로 쉽게 옮길 수 있다고 말했다. 다른 하나는, 그의 주장에 따르면 한
쪽에는 사마리아 문자가 새겨져 있고 다른 쪽에는 미지의 문자가 쓰인
주화였는데, 그는 체계적 분석을 통해 이 문자가 아시아계 그리스 문자
임을 밝혀냈다. 먼저 그는 서자 방향을 기술하고 글귀의 특이한 배열을
살펴본 다음, 이로부터 끌어낼 수 있는 의미를 최대한 끌어냈다. 처음에
는 그도 서자 방향(원대 명문처럼 오른쪽에서 왼쪽이 아니라 왼쪽에서
오른쪽으로 쓰였다)을 볼 때 해당 문자가 고대 그리스 문자일 수는 없
다고 믿었지만, 점차 생각을 바꾸었다. 그는 새겨진 글귀를 "디돈 아헴,
시도니 프라트레(Didon Achem, Sidonii Fratre)"라고 해석했다. 시돈의
유대인이 유대의 형제들에게 제공한 원조금임을 알리는 문구였다. 이
를 근거로, 그는 해당 주화가 이스라엘이 해방된 첫 해에 만들어졌다고
추정했다. 시돈 주화에는 결실 없는 나무가 묘사되어 있었지만, 사마리
아 주화에는 열매가 맺혀 있었다. 시돈 주화에 새겨진 글을 읽으려면 글
자를 옆으로 돌려 보아야 했다. 그리고 왜 "유대 메달" 하나에는 그리스
서자가, 다른 하나에는 사마리아 서자가 새겨져 있는지, 왜 고대 시리아
어 문장에 그리스 문자가 쓰였는지도 설명해야 했다. 그가 내놓은 가설
은 시돈의 유대인이 상인들이었고 그들의 상거래에는 그리스 문자가 유
용했으리라는 것이었다. 전혀 틀린 생각은 아니었다.

괴상한 역사

켈뤼, 몽포콩, 드 시브리 등의 정교한 저작은 순회하는 진품실 노릇을 톡톡히 했고, 실제 컬렉션 자체보다 더 많은 사람에게 유물을 접할 기회를 주었다. 그러나 그들의 연구가 아무리 권위 있다 해도 그런 자료를 엉뚱하게 사용하는 일까지 막을 수는 없었다. 1752년 저서 『미지 문자 알파벳 소론(Ensayo sobre los alphabetos de las letres desconocidas)』에서 스페인 학자 벨라스케스 데 벨라스코는 베르나르 드 몽포콩의 책에 게재된 이미지와 풀비오 우르시노의 1577년 저서 『로마인 가족(Familia Romana)』에 실린 메달에 깊이 의지했다.[89] 그는 1636년 암스테르담에서 출간된 올로아 보르미오(올레 보름)의 책에서 룬 명문을 빌렸고, 꾸준히 인용된 주화 연구서인 슈판하임의 『고대 주화 기능 용도 연구』(1671)에서도 다른 사례를 가져왔다.

벨라스코는 페니키아와 사마리아 사례 등 명문에서 수집한 개별 자모들을 표로 만들어 체계적으로 문자를 비교했고, 그러면서 고전사를 넘어 고대 중동으로 범위를 넓혔다. 특히 고대 스페인 문자와 기원에 집중했는데, 이는 이베리아반도의 초기 페니키아 문자를 추적한다는 뜻이었다. 그는 이들이 페니키아에서 유래한 다른 알파벳들과 관계있다고 보았다. 벨라스코는 자신의 관찰을 익숙한 서사에―대홍수가 일어난 연도, 언어 혼란, "고대 스페인의 원시적인 문자"의 역사 등에―끼워 넣어 문자가 스페인에 전래된 연대를 측정하려 했다.[90] 그가 접할 수 있는 가장 오래된 명문은 기원전 500년경 사례뿐이었다. 그는 더 오래된 역사가 분명히 있다고 생각했지만, 그가 기댄 존엄한 출전 어디에도 그보다 오래된 물적 사료는 없었다.

하지만 벨라스코는 고대 스페인의 문자와 룬 문자 사이에 연관성이 있다고 보았으며, 고대 이베리아 명문의 뿌리가 고트 문자에 있다고 확신하기도 했다. 그는 덴마크의 권위자 올레 보름의 저서에 몰두했다. 그의 광범위한 연구서 『원대 덴마크 문자(Danica literatura antiquissima)』는 1651년에 출간된 상태였다. 페니키아 문자가 자신의 목적에 비춰 지나치게 "아시아적"이라고 느낀 벨라스코는 그와 무관한 계보를 찾으려고 부심했다(이 주제는 뒤에서 다시 다룬다). 그는 고대사 문헌에 푹 빠져 있었다. 벨라스코는 앞에서 언급한 표준 저자들도 원용했지만, 그보다 "원시 스페인"을 연구한 18세기 사학자 프란시스코 데 라 우에르타이 베가에 특히 의지했는데, 그가 주장하기로 "이들 문자는 라틴 문자나 그리스, 고대 시리아, 히브리 문자도, 우리가 기억하는 어느 타 민족의 문자도 아니"라 "스페인 토착 문자"였다.[91] 더욱이 우에르타에 따르면 "스페인의 문자는 모세나 아브라함 시대보다도 앞서므로 페니키아도, 카르타고도, 다른 어느 민족의 문자도 아니"었다.[92] 벨라스코는 유구함과 선재성이 스페인 문화의 독자적 순수성을 보장하는 증거라고 보았다.

익숙한 고전과 근세 참고 문헌을 인용하기는 했지만, 벨라스코는 실제로는 고문자학적 증거에 중점을 두었다.[93] 그는 메달과 유물에서 발췌한 알파벳 자모 각각을 비교했다. 형태 특징을 관찰하며 이들을 그리스, 페니키아, 룬 문자와 연관짓기도 했다. 그는 상세한 비교 결과를 기록했다. "카파: 첫째 케이(K)는 그리스 문자에서 흔하다. 둘째는 아래 선이 올라가 있다는 점만 첫째와 다르다. 이 때문에 에트루리아 문자와 룬 문자의 디감마(digamma)와 유사해진다. 셋째는 엠포리아의 메달 등에서 나온 것으로, 에트루리아 알파벳의 일부이다."[94] 고문자학을 근본 도구로 활용한 벨라스코는 스페인 알파벳의 기원이 아시아에 있지 않다는 주장을 뒷받침하는 확증으로 자모의 형태적 특징을 꼽았다. 그는 이처럼 괴상한 주장에 고문자학과 금석학 증거를 동원한 첫 학자도, 마지막 학자도 아니었다.

모범적인 토머스 애슬

많은 영국인 고유물 연구가 중에서도(여기에 소개한 소수 선별 사례에서도 드러나듯, 영국에는 고유물 연구가가 많았다), 『문자의 기원과 발전』(1784)을 써낸 토머스 애슬은 특히 돋보인다.[95] 런던탑 기록물 관리자였던 애슬은 능숙한 고문서학자로서 마비용과 투스탱의 교훈을 습득했다. 애슬이 취한 접근법은 두 가지 측면, 즉 문자의 시각적 속성과 역사적 틀에서 문자가 발전한 과정을 모두 강조했는데, 덕분에 그가 써낸 유명 저작들은 알파벳학을 근대적 형태로 발전시키는 데 특히 중요한 역할을 했다.

서문에서 그는 마비용에게 진 빚을 인정했다. "본 연구의 주요 목적으로는 거의 두 세기 동안 고문서 과학이라고 불린 분야를 설명하는 일이 있다. 이를 알면 우리는 필사본, 인가서, 기록, 기타 고대 기념물의 연대와 진품성을 바르게 판단할 수 있을 것이다."[96] 나아가 덧붙이기

로, "신학자와 법률가가 아무리 노고한다 해도 진작(眞作)의 제반 표증
(表證)으로 자신의 증언을 뒷받침하지 아니한다면 별 소용이 없을 것이
다".97 애슬이 취한 접근법은—흔히 벌어지는—위조에 대비해 "원래 수
단"의 진위를 가리려는 의도를 뒷받침했다.

애슬은 전문가처럼 꼼꼼히 옮긴 표본 도판을 수백 점 실었다. 소관
내력을 존중하는 태도를 입증하듯, 그는 모든 출전을 상세히 밝혔다. 예
컨대 표 2 상단 첫 명문에 관해서는 이렇게 밝혀져 있다. "라코니아(2)
아미클라이(Amyclae)에서 발견된 최고(最古) 명문으로, 트로이 봉쇄보
다 160년 전, 예수 탄생보다 1344년 전에 쓰인 듯하다(3). 현재 파리의
프랑스 국왕 수장고에 보존되어 있으며, 푸르몽(Fourmont) 수도원장
이 같은 도시에서 몇 점 더 발견하였다".98 또 다른 예로 창세기 필사본
표본 한 점에 대해서는 이렇게 특기했다. "그리스 주교 두 명이 필리피
(Phillippi)에서 가져와 헨리 8세에게 선물하면서 '오리게네스의 책'이
라고 말하였다고 한다. 엘리자베스 1세는 이 책을 자신의 그리스어 선
생인 존 포테스큐에게 주었고, 그는 이를 코튼의 장서에 맡겼다. 여기에
실린 표본은 글이 원상태일 때 만들어졌다".99

애슬은 문자가 "말소리를 표시하는 수단으로밖에" 여겨지지 않았으
며, 따라서 "그 형태는 미처 관심 대상이 되지 못하였다"라고 지적했다.
하지만 그가 시사하기로 "명문, 기념물, 인가서, 고대 기록의 연대와 진
위를 확인하려면 적정 지식이 절대적으로 필요하다".100 애슬은 절충적
이고 포괄적이었다. 예컨대 그는 헬몬트 남작이 주창하고 찰스 데이비
와 프랑스의 샤를 드 브로스도 지지한 설, 즉 알파벳 자모 형태가 발성
기관에 기초한다는 설을 인용했다. 아울러 모든 자모를 직선과 원이라
는 두 구성단위로 분해한 L. D. 넬름이나 알파벳 문자가 신성문자에서
기원했다고 시사한 앙투안 쿠르 드 제블린도 특기했다. 그러면서도 알
파벳 자모는 "임의적인 표시에 불과하다고 보아야 한다"라고 단정해 그
런 태도에 선을 긋기도 했다.101 이런 학자들이 인용되었다는 사실은 그
의 접근법이 얼마나 포괄적이었는지 암시한다.

애슬은 유럽, 아시아, 아프리카에서 쓰이는 문자 대부분이 "페니키
아에서 유래하였다"라고102 믿으면서도 모든 알파벳이 같은 뿌리에서
갈라져 나왔다고는 보지 않았다. 애슬의 연대기는 여전히 성서에 바탕
을 두었기에, 옥스퍼드에 있는 명문을 언급하며 제작 연대를 예수가 태
어나기 "2349년 전 (……) 모세가 기록한 대홍수"로 결정해 역사적 맥

락을 잡으려 했다.[103] 펠라스기아 문자에 관한 논의에서도 물증을 중시하는 태도는 이어졌다. "내가 본 (……) 가장 고대의 명문은 아펜니노산맥 움브리아 지역에 있는 도시 에우구비움(Eugubium)에서 1456년에 발견된 것이다. 황동판 일곱 개가 발견되었는데, 그중에서 다섯은 펠라스기아 또는 에트루리아 문자로, 둘은 라틴 문자로 쓰여 있었다."[104] 앞에서도 언급한 에우구비움(또는 이구비움) 동판인데, 애슬은 문자 형태 차이가 뜻깊다는 점을 인식하고 있었다.[105]

애슬이 역사의 물적 측면에 유의한다는 점은 과거에 사라진 도서관, 정치운동이나 사고 탓에 파괴된 물건, 사원, 컬렉션을 정리한 목록에서 드러났다.[106] 그는 연이어 일어난 파괴 사례(몇 개만 꼽아 보면, 알렉산드리아, 콘스탄티노플, 각종 수도원, 코튼의 장서 등)를 자세히 서술하고는 그 과정에서 유실된 고전의 비율을 나열하며 끝맺었다. 예컨대 할리카르나소스의 디오니시오스가 펴낸 로마 고대사 스무 권 중 남은 것은 열한 권밖에 없다고 애슬은 기술했다. 그가 이렇게 상술한 현황 목록은 무척 광범위했다.

애슬은 자신의 방법을 옹호하며 이렇게 주장했다. "오랫동안 고유물 연구는 고상한 학문에는 재능이 없어서 읽을 수도 없는 필사본, 손상된 석상, 닳아 빠진 주화, 부서진 물건을 그러모으느라 바쁜 일부 고리타분한 인물의 한가한 소일거리로 취급되어 웃음거리로 여겨졌다."[107] 그는 고유물학이 "신성"을 이해하는 데 필수라고 완강히 주장했다. "역사와 연대기의 철저한 지식 없이 어찌 성스러운 필자와 세속 필자의 조화를 꾀한다는 말인가? 그리고 고대 기념물, 석상, 주화, 필사본, 관습을 연구하지 아니하면 어찌 그러한 지식을 얻겠다는 말인가?"[108]

18세기 영국에는 애슬의 연구와 유사한 예가 많았다. 앞에서도 인용한 윌리엄 매시는 애슬보다 회의적인 편이었다. 그보다 먼저 비슷한 제목으로 써낸 저서 『문자의 기원과 발전』(1763)에서 그는 모세 기원설이 "저절로 목적이 성취되는 기적 대신" 쓰인다고 비판했다.[109] 그 역시 증거 부재에 주의를 환기시켰다. "우리에게는 아담 시대로부터 전해지는 기록이 없다. 천지창조 후 1000년간 글로 쓰인 기록은 일절 나오지 않았다."[110] 그가 계산하기로 노아의 대홍수는 창세기 1656년에 일어났는데, 시나이반도에서 이스라엘 민족이 방랑하기 전까지는 문자가 쓰인 기록이 없었다. 아브라함이 이집트에 가기 전까지는 글로 쓰인 계약의 흔적도 전혀 없었다. 매시는 성서 설화의 문화적 맥락, 바빌로니아와 이

그림 5.6 →

토머스 애슬, 『문자의 기원과 발전』(1784). 표 2. 맨 위에 실린 고대 그리스 명문이 형태 면에서 페니키아 문자와 무척 유사하다.

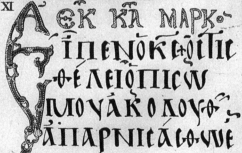

Tab. II. p. 66.

EXEMPLAR Literarum Graecarum ex Marm: et MSS.

집트 천문학의 혼합과 문자의 역할, 모세와 아브라함의 활동을 둘러싼 조건 등을 기술했다. 그는 신의 선물이라는 개념에 정면으로 배치되는 명제로 결론을 내렸다. "문자가 어떻게 출현하건 실제로 출현한다면 초기 시도는 틀림없이 거칠고 불규칙할 것이다."[111] 매시와 동시대에 활동했던 안셀름 베일리도 그와 마찬가지로 회의적이었다. 1758년에 써낸 『문학·철학 언어 개론─영어, 라틴어, 그리스어, 히브리어를 중심으로, 세 부에 걸쳐 문법, 논리, 비유, 관용구를 한눈에 보기(An Introduction to Languages, Literary and Philosophical: Especially to the English, Latin, Greek, and Hebrew; Exhibiting at One View Their Grammar, Rational, Analogy, and Idiom in Three Parts)』에서 그는 이렇게 말했다. "초기 문자 사용에 관하여서는 모세와 관련된 사실, 전설, 또는 역사 어디에도 확실한 증거가 없는 듯하다."[112] 하지만 베일리는 문자의 발명이 너무나 막대한 업적이기에 인간의 위업이라고는 상상할 수 없다고 보았다.

> 첫째, 이성을 통해 아는바 어느 인간이든 말소리에 적당한 문자를 꼭 필요한 수만큼 자연스럽게 떠올리기는 불가능에 가까우니, 그에게 모방과 변용은 쉬워도 발명은 쉽지 아니하기 때문이다. 그러므로 리비우스가 문자의 발견을 신성한 기적으로 보는 것도 정당하다. 둘째, 모세의 역사에 남은 증거로 보건대 히브리인이 도입한 문자는 인간이 아니라 하느님에게서 나온 듯하다. 셋째, 다른 민족에게는 시나이 산에서 율법이 전해지기 전부터 문자가 있었음을 증명하는 유적이 잔존하지 아니하며, 민족에 따라서는 훨씬 후대까지도 문자가 있었다는 증거가 없다.[113]

하지만 베일리는 증거와 논지를 무시하기에는 너무 근대적인 학자였으므로 브라이언 월턴이 지지한 주장, 즉 아시리아와 바빌론에서 일어난 발명이나 "페니키아인의 정반대"(필경 히브리인을 두고 한 말일 것이다)였다는 시리아인을 지지한 디오도로스의 설에도 마땅히 주목했다.[114] 그는 여러 언어의 관계를 정리하려고 부심했다. 칼데아어라고 불리던 언어는 다른 곳에서는 아람어로 알려졌지만 고대 시리아 문자로 기록되었고 유대에서 쓰이던 언어와도 달랐다. 그는 일각에서 아람 문자는 사마리아 문자와 같지만 에스라가 사마리아 문자를 원조가 아니라며 거부했다고 주장한다는 점도 알고 있었다. 원조 문자가 변형된 일을 두고는 "하느님께서 당신의 손가락으로 법률을 쓰시고 이를 십계라고 부르셨으니 그분이 바로 이 문자의 유일한 작자"라고 적었다.[115] 이처럼 박식과 회의가 혼합된 모습이 바로 18세기 말 알파벳 지식의 특징이었다.

민족주의와 괴상한 언어학

룬 문자에 대한 관심과 기원에 관한 주장들을 얼마간이라도 언급하지 않고는 17세기와 18세기 유럽의 알파벳 학계를 철저하게 논할 수 없을 것이다. 가장 자주 인용되는 초기 연구자로는 올레 보름[『덴마크의 룬 문자(Runica Danica)』, 1636]과 요한 게오르크 폰 에카르트[『독일인의 기원과 원대 정착지 등(De origine Germanorum eorumque vetustissimis coloniis etc)』, 1750]가 있다.[116] 보름은 모을 수 있는 문헌 증거를—고대(타키투스, 스트라본, 베르길리우스, 키케로, 디오니시오스, 에우세비오스, 요세푸스, 플루타르크 외에도 무수히 많은 저자)에서부터 근세[더브리 형제, 코르넬리우스 아그리파, 제임스 보너벤처 헵번, 필리프 멜랑크톤, 조제프 스칼리제르, 폴리도루스 비르길, 요하네스 트리테미우스 등]까지 150개가량 되는 자료를—총동원해 룬 문자가 히브리 알파벳에서 유래했다고 주장했다. 그의 연구를 바탕으로, 에카르트는 한 세기 후에 시각 자료를 곁들인 논지를 밝혔다.

  벨라스코와 마찬가지로 이들 저자는 서구어와 서양 문화의 환상적 기원 설화에 뿌리를 두고 자라나던 언어 민족주의에 가담했다. 민족마다 독특한 뿌리가 있다는 생각, 이와 아울러 문화정체성에 맞게 고유한 문자나 언어가 발명되었다는 생각은 18세기의 학문적 유행이었다. 켈트인, 튜턴인, 앵글로·색슨인, 아리아인은—심지어 벨기에인도—모두 알파벳이나 원조어를 발명한 민족으로 한 번씩 거명되었다. L. D. 넬름은 『언어와 문자의 기원과 요소를 연구하기 위한 시도(An Essay Towards an Investigation of the Origin and Elements of Language and Letters)』에서 알파벳 자모의 최소 그래픽 구성단위인 I와 O의 상징성을 통해 노아의 후손이 퍼져 나가 각지에 정착한 역사 전체를 상상했다.[117] 넬름은 켈트인이 원조 민족이라는 설을 옹호했는데, 이와 경쟁하는 입장들도 있었다.

  예컨대 요하네스 고로피우스 베카누스는 『안트베르펀과 키메르족의

(runic/ancient script line)   supersunt istæ.

(runic/ancient script line)

PAX VOBISCVM ET SALVS PAX

(runic/ancient script line)

Alphabeta Septem in Codice Ratisbonensi membranaceo seculi Undecimi repertæ

1.HEBRAICE 2.SIRIACE 3.ARABICE 4.AEGYPTIACE 5.GOTHICE 6.CHALDAICE 7.ALANICE

1. Hebraice	2. Siriace	3. Arabice	4. Aegyptiace	5. Gothice	6. Chaldaice	7. Alanice
a aleph	a ac	a afe	a atahe	a atahe	a alm	a alm
b beth	b berg	a caar	b binchin	b binchin	b bem	b bem
b beth	c con	b bica	c cinoht	c cinoht	c cem	c cem
g gimel	d dorn	b berih	d dmain	d dinain	d dem	d dem
g gemel	e car	c caon	e eni	e eni	e ethrin	e ethrin
d doloht	f feb	d doro	f fin	f fin	f fethim	f fethim
e he	g gebo	e cor	g gomor	g gomor	g gyth	g gyth
e he	h hagal	f feu	h helotha	h holothæ	h hiht	h
d/u uau	i is	g geur	i iamin	i iamin	i itohim	i
u uau	i cale	h heil	K Kattha	K Kattha	K Kam	k
z zai	k ker	i ios	l luxamius	l luxamius	l lathim	l
z zai	k xi	k xeir	m mihe	m mihe	m moin	m
t thæ	l lago	l lin	n naim	n naim	n nithoim	n
t thæ	m man	m men	o oldath	o oldath	o olph	o
i ioht	n nod	n naut	p pilon	p pilon	p pisas	p
c chaph	o odil	n net	q qum	q quin	q quimit	q
h chi	p perd	o of	r iron	r iron	r ir	r
l lamæ	q qur	p peru	f sicon	f sicon	f seith	f
m mem	r rat	q quor	t tola	t tola	t tiot brot	t
m mem	f sigo	r tir	u ur	u ur	x xith	
n mn	t tac	f sol	x xiron	x xiron	y yn	
f samet	u uur	t tau	y yph	y yph	z ziph	
c ain	x clux	u ur	z zain	z zain	r rofi	
f fe	y ine	x elx	thu			
f sad						
c cof						
r res						
f sen						
t tau						

기원(Origines Antwerpianae sive Cimmeriorum)』(1569)에서 가장 오래된 언어는 가장 단순한 언어일 것이라고 주장했다.[118] 그는 이런 관찰에 이어 환상을 펼치면서 "셸트강과 뫼즈강 사이 지역에서 쓰이는 안트베르펜 브라반트어가 바로 낙원에서 쓰이던 원조어"라고 시사했다.[119] 이런 낭설과 저자의 이름에 착안해 라이프니츠는 터무니없는 어원론을 가리키는 말로 '고로피즘'이라는 말을 지어내기도 했다. 스칼리제르는 고로피우스의 어원론을 두고 "이보다 더한 헛소리는 들어 본 적이 없다"라고 적기까지 했다.[120]

  18세기의 언어 연구는 좀 더 정교했다. '원조' 언어를 추적하려는 동기는 여전히 있었지만, 예컨대 알버트 스휠턴스는 히브리어, 최소한 연구 가능한 근대 히브리어는 모든 셈어의 조어(祖語)가 아니라고 지적했다.[121] 이는 아랍어 지식을 바탕으로 비교 관찰한 결과였다. '언어 혼란'이라는 유구한 개념으로도 직관된 것처럼, 여러 언어를 아우르는 어족이 있다는 인식은 분석의 기초를 성서에서 과학으로 옮겨 놓았다.[122] 그런데도 헨리 더뷔켄톱 같은 학자는 문자와 언어의 정체를 온통 혼동한 끝에 벨기에 문자가 가장 오래된 문자라고 주장하기도 했다.[123]

  롤런드 존스는 1976년 『언어 민족 기원론 후기(A Postscript to the Origin of Language and Nations)』에서 고대 브리턴족이 "본디 켈트 문자 또는 토스카나 문자를 보유하였다"라고 주장했다.[124] 그는 이 문자가 카드모스가 그리스인에게 전해 주고 로마인이 토스카나(에트루리아를 뜻했다)에서 가져다 쓴 것과 같은 문자라고 보았다. 그러나 뒤에서 그는 자모 모양과 발음이 전혀 다르다는 점을 근거로 이를 반박했고, 대신 켈트어가 원조어라는 주장을 제시했다. 이는 일반적인 켈트 민족주의의 일부였다.[125] 원조 영국인은 켈트인 또는 게일인이었다는 인식에는 더 긴 역사가 있지만(조지 뷰캐넌은 16세기에 이를 연구하기 시작했다), 18세기에는 민족정체성과 언어를 결합하는 철학 조류와 정치적 의도에 이런 인식이 연결되었다. 영어 단어의 켈트 어원을 찾고 O와 I의 극히 단순한 조합에서 알파벳의 근원을 찾으려는 노력은 인기 있는 오락거리가 되었다. 『영국 고고학(Archaeologia Britannica)』(1707)에서 에드워드 루이드는 게일어에서 "원조 언어를 추적"하겠다는 목표를 천명했다.[126] 그는 선행 연구, 즉 1605년에 나온 리처드 버스티건의 『타락한 고대 지성의 재건—고귀하고 명망 있는 영국 민족과 관련하여(A Restitution of Decayed Intelligence in Antiquities concerning the

그림 5.7 ←
요한 게오르크 폰 에카르트,
『독일인의 기원과 원대
정착지 등』(1750).

Most Noble and Renowned English Nation)』를 원용했다.[127] 제목부터 특출난 이 책에서 저자는 영국인이 독일인—즉 색슨인—의 후손이라고 주저없이 단정하면서, 원조 독일인의 언어를 어째서인지 "아일랜드" 언어와 융합시켰다. 아일랜드어는 본디 아담과 이브가 구사하던 독일어였다는 주장이었다. 상상력을 동원해 두 이름의 어원을 캔 그는 두 사람이 한 인물이라고, 그래서 아담의 아내 '이브(Eve)'에서 나온 단어 'even'이 '같은'을 뜻하게 되었다고 주장하기도 했다.[128]

이런 주장에는 대개 노아의 자식들이 흩어진 이야기가 어떤 식으로든 포함되었다. 특히 이색적인 예로는 19세기에 조지 존스가 『콜럼버스 이전 아메리카 고대사—원주민의 정체가 티레인 및 이스라엘인과 동일함을 증명함(The History of Ancient America prior to the Time of Columbus Proving the Identity of the Aborigines with the Tyrians and Israelites)』(1843)에서 내놓은 주장, 즉 아메리카 원주민이 곧 사라진 부족 또는 원조 부족이라는 서술이 있었다.[129]

맺는말

증거 검증을 중시하는 쪽으로 방향이 전환되고 관찰 실증법이 발전한 것이 바로 고유물 학계의 알파벳 연구 접근법에서 핵심이기는 했지만, 사라지지 않은 문헌 전통과 상호 인용의 역사는 해당 분야에 여전히 뚜렷한 영향을 끼쳤다.

고유물 연구자들의 설명에는 시각적, 언어적 형태에 관한 성실한 학문적 검증으로 뒷받침되는 완결성이 있었다. 이런 완결성 덕분에 그들의 연구는 역사적으로 알파벳의 발전이라는 근대적 개념이 어떻게 유물 분석을 통해 출현했는지 이해하는 데 특히 유익한 역할을 한다. 연대기적 기틀이 재고되면서 알파벳의 역사도 재구성되었다. 18세기 말에 이르면 걸출한 윌리엄 워버턴을 위시한 여러 학자가 문자는 그림문자에서 알파벳으로 진화했다는 가설을 내놓게 되었다. 이후 알파벳이 길고 복잡하고 문화적으로 풍성한 과정이 낳은 결과물이라는 인식은 알파벳의 정체와 기원을 이해하는 데 중추적 역할을 하게 되었다.[130]

고유물 연구는 야심적인 역사 사업뿐 아니라 지역사와 맹아적 민족주의에 대한 관심으로도 추동된 폭넓은 대중적 현상이었다. 고문서학은 진위 추정에 따라 전문적이고 정치적인 용도가 정해지던 문서 활용과 밀접히 연관된 분야였다. 두 분야 모두 실증적 접근법을 강조했다. 관련 학자들은 관찰을 중시하는 연구법을 통해 근대적 고고학 연구의 기초를 닦았고 고대 명문을 체계적으로 검증하는 고문자학과 금석학을 예견했다. 고유물 컬렉션은 정확한 유물 해석과 연대측정에 필수적인 맥락과 유래 내력으로부터 유물을 뿌리 뽑아 분리할 위험이 있었다. 이 접근법은 고고학 연구법이 출현하며 변화했다.

6

표의 수사법과
알파벳의 조화

1700년, 빌럼 후레이라는 네덜란드인 학자가 성서상 고대의 한 장면을 묘사한 동판화를 저서에 실었다.[1] 이 도판에는 고대 알파벳 문자 비교표가 그려져 있었다. 도상학적으로 중동 사막과 성서상 역사와 관련된 풍경에 포함된 이 표는 박식한 예수회 수사 아타나시우스 키르허의 1679년 저서 『바벨탑(Turris Babel)』에 실렸던 표를 거의 그대로 옮겨 온 것이었다.[2] 이처럼 새로운 맥락에서 시각 정보가 재활용된 덕에 해당 표는 의미가 굴절되었을 뿐 아니라 일정한 형식으로 굳어지기도 했다. 표는 과학자가 연산을 수행하거나 회계사가 장부를 관리하는 도구일 뿐만 아니라 대중이 상상하는 지식의 일부이기도 했다. 후레이의 이미지는 전문가가 아니라 일반 독자를 역사 이야기에 끌어들이려고 고안된 것이었다. 거기에서 표는 유용한 소품이자 권위 있는 장치였다. 습관적으로 쓰인 표는 점차 익숙하고 흔해졌으며 결국 디자인도 평범해졌는데, 그러면서 여러 문자 발전 단계와 분포 지역에서 알파벳 자모를 비교연구하는 데 다양하게 쓰이는 강력한 지적 도구가 되었다.

표는 유사점과 차이점에 효율적으로 주의를 끌고 시각적으로도 읽기 쉬운 정보 제시 수단이다. 그러나 그러면서 맥락이 쉽사리 희생되기도 한다. 명문 원본에서 발췌해 표에 배치한 자모들은 글자가 만들어진

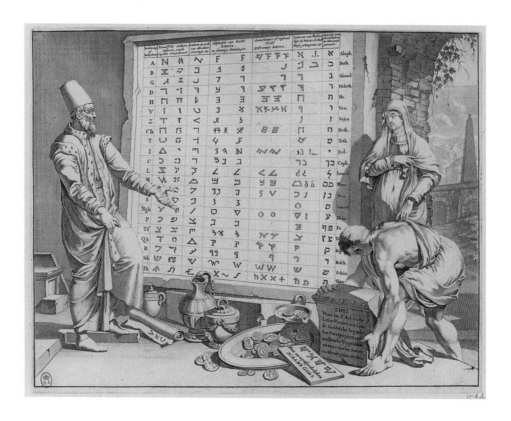

그림 6.1

빌럼 후레이, 『성서적 지혜를 위한 예비』(위트레흐트, 1700)에 실렸던 동판화의 복제화. 표제는 왼쪽부터 다음과 같다. "발음 또는 의미" "천사들이 내려 준 천상 문자와 비밀 문자" "아브라함이 강을 건넌 시대의 문자" "랍비 아사리아와 다양한 주화의 알파벳" "사마리아 문자 또는 고대 히브리 문자" "여러 랍비의 기록에 따르면 율법에 쓰인 모세의 문자" "오늘날 히브리 문자라고 불리는 에스라의 아시리아 문자". 피터르 바우데빈 판 데르 아 (Pieter Boudewyn Van Der Aa) 엮음, 『세계의 즐거운 전시장(La galerie agréable du monde)』(1729) 중.

장소와 정황을 이해하는 데 꼭 필요한 정보를 대부분 잃어버리지만, 형태 수준에서는 비교가 쉬워진다. 표 자체는 역사가 유구하고 현대 독자에게는 이제 익숙하다 못해 눈에 띄지도 않는 그래픽 형식이지만, 알파벳의 기원과 발전을 연구하는 데 표가 처음 쓰인 것은 코르넬리우스 아그리파가 소형 표본을 출간한 1530년대였다. 이후 17세기에는 역사 정보를 비교한다는 명분으로 표를 쓰는 관행이 융성하기 시작했다. 표는 지식에 관해 다양한 논지를 생성한다. 물론 형식이 유사하다고 해서 모두가 지적으로 같은 작용을 하지는 않는다.

표 형식

총람 저자들은 문자를 표본으로 제시하곤 했는데, 여기에서는 서로 다른 사례를 비교하기가—예컨대 그리스 문자 알파를 염두에 둔 채 히브리 문자 알레프와 로마 문자 A를 보기가—어려웠다. 비교 작업에는 이와 다른 형식이 필요했고, 표가 바로 그런 형식이었다.

고대 초부터 바빌로니아인은 산술, 회계, 심지어 동의어 같은 범주를 표현하는 데 표를 이용했다. 표와 그래픽 형식은 수학에—간단히는 수를 더하거나 빼는 일에도—필수적이다. 그러나 역사적인 문자 형태를 제시하고 비교하는 데 표를 이용하려면 개념 전환이 필요했다. 무엇을 어떻게 비교하느냐 하는 문제는 취할 수 있는 사료와 금석학적 증거에 따라, 그리고 문자 형태의 언어, 위치, 출처, 연대가 밝혀졌느냐에 따라 달라졌다.

이성적인 그리드 형식은 한 줄에 있는 모든 자모가 같은 글자의 다른 변종(알레프, 알파 등)인 것처럼 보이게 하고, 차이에 유의하는 한 방법으로서 유사점을 이용해 이들을 서로 비교하게 하는 그래픽으로 기능했다. 이 구조는 그래픽 유형분류체계였다. 가로 세로 각 단은 한 가지 유형을 보여 주었고, 범례들은 대개 가로로 나란히 제시되었다. 이런 배열 덕분에 크기나 획 방향 같은 형태 특징을 밀접하게 비교하는 등 시각적 방법을 십분 활용할 수 있었다. 그러나 이런—후레이의 삽화에 묘사된 것 같은—표를 만들려면 그래픽을 통한 재매개가 필요했다. 각 기호나 자모 형태는 별개로 모사되었으므로 정확성에 대한 의문을 불러일으켰다. 표에 소개되는 사례들은 원본에서 일어난 변형(닳은 주화, 희미해진 명문, 손으로 쓰이고 여러 차례 복제된 문서 등)이 모두 제거되고 다듬어진 모습을 보였다.

모든 새 사본은 나름대로 원본이기도 하다. 글자 크기는 동판 제작 과정에서 표준화되어 원본 크기를 반영하지 않았다. 다른 그래픽 형태상 특징이 권위를 띠는 경우도 있었다. 획, 글자 방향, 서자 방향, 비례 등 모든 세부는 알파벳의 초기 형성 과정을 추측하는 데 중요한 단서가 되었다. 표는 21세기에도 꾸준히 쓰이고 있으며, 개별 글자의 출처와 형태는 더욱 정교하게 고려되기에 이르렀다. 표는 어느날 갑자기 성숙한 모습으로 출현한 것이 아니라 드문드문 시간을 두고 발전한 형식이다.

다시 말하자면, 표본 일람표와 그래픽 표는 상당히 많은 시각 정보를 효율적으로 제시했다. 그러나 각 형식에는 고유한 수사적(修辭的) 성질과 현저한 예가 있었다. 형식은 표본 일람표(문자나 언어별로 분류된다), 비교표(지역과 연관된 사료나 기념물에 바탕을 둔다), 발달표(시대, 장소, 심지어 특정 유물과 연관되기도 한다)로 나뉜다. 개중에는 사료에서 직접 수집한 것(인쇄본 중에는 기욤 포스텔의 1538년 비교표가 초기 사례이다)도 있고 인쇄본에서 빌려 재배열한 것[에드워드 버나드의 『문자 세계(Orbis Eruditi)』(1689), 켈뤼 백작의 『이집트, 에트루리아, 그리스, 로마 고유물집』(1722), 찰스 모턴의 『표(Tables)』(1734), 애슬의 『문자의 기원과 발전』(1784)]도 있으며, 더 많은 물증이 나타나고 고대 가나안, 레바논, 시나이반도, 페니키아 지역의 언어 분포에 대한 지식이 확충되면서 특정 사물 또는 유적지와 연관된 표[포스터의 『단일 원세 언어(The One Primeval Language)』(1851), 마르크 리즈바르스키의 『북셈 금석학 편람(Handbuch der nordsemitischen Epigraphik)』(1898), 테일러의 『알파벳』(1883), 벤저민 새스의 『알파벳의 탄생과 발전(The Genesis of the Alphabet and Its Development)』(1988)]도 나타났다.

첫 문자 표―아그리파

그림 6.2

코르넬리우스 아그리파,
『오컬트 철학』, 1권(파리,
1531) 중.

코르넬리우스 아그리파의 초보적인 문자 표는 1531년 첫 저서 『오컬트 철학』에 실려 나왔다.[3] 천문 기호와 그리스, 라틴, 히브리, 칼데아 자모를 연관해 다섯 단으로 정리한 표였다. 문자별 자모는 크고 분명하게 찍

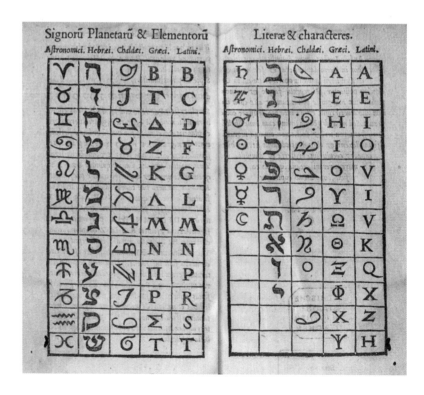

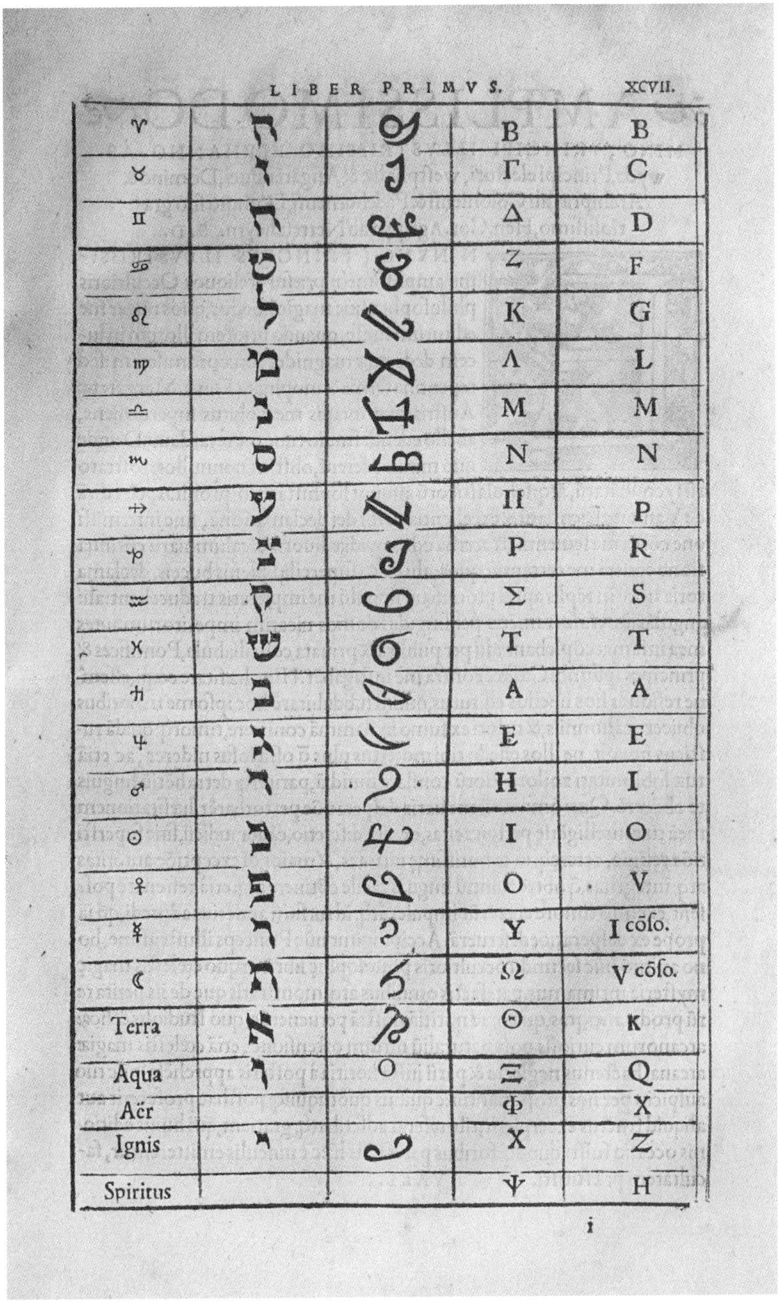

그림 6.3

아그리파, 1533년 판. 판별 차이가 특기할 만하다. 두 번째 판에는 칼데아 문자와 히브리 문자를 제외하면 금속활자가 쓰였고, 가운데 단에 목판으로 인쇄해 삽입한 칼데아 문자는 그리드에 제대로 맞지 않는다.

혀서 시각적 연관성이 있는 경우(예컨대 그리스와 라틴 또는 칼데아와 히브리), 이를 또렷하게 볼 수 있었다. 이와 같은 값의 상관관계는 같은 위치에 정렬된 요소 사이에 등가성이 있음을 시사하는 그리드 구조로 보강되었다. 헤르메스주의, 신플라톤주의, 오컬트 전통(마르실리오 피치노, 피코 델라미란돌라, 요하네스 로이힐린, 요하네스 트리테미우스 등의 저작)을 원용한 아그리파에게는 행성 연관론을 뒷받침해 주는 자료가 넉넉하게 있었다. 칼데아 문자의 시각적 출전은 밝혀져 있지 않고, 두 가지 다른 판에서 이들을 보여 주는 목판 도판도 동일하지 않다.[4] 아그리파의 표는 선례가 되었지만 안젤로 로카나 제임스 보너벤처 헵번의 일람표에 견주면 소박한 수준이었다.

표본 일람표—안젤로 로카와 제임스 보너벤처 헵번

안젤로 로카와 제임스 보너벤처 헵번이 각기 짠 두 표본 일람표는 무척 출중한 작품으로, 총람과 표 중간의 지적이고 수사적인 공간을 점했다. 이들은 문자를 맥락에서 분리해 보여 주었고, 알파벳을 체계적으로 비교하기보다는 그래픽 범례로 활용해 형태 중심으로 배열하고 제시했다. 문자를 언어나 역사와 연관하지도 않았고 자모를 비교하거나 변천 과정을 해석해 읽는 법을 제안하지도 않았다. 그러나 두 도표 모두 빈번히 인용되었으며, 각기 알파벳사 연구의 현황에 관해 고유한 정보를 제공했다는 점에서 뜻깊다.[5]

　　로카와 보너벤처의 도표는 압축된 공간에 그래픽 사례를 상당량 표시했고, 그러면서 기존 문자 형태에 관한 방대한 지식을 제시했다. 크기와 범위만으로도 극적인 그래픽 효과가 있었다.

　　로카가 1595년 로마에서 펴낸 대판 인쇄물 〈여러 언어의 알파벳과 발명자들(Variarum linguarum alphabeta et inventores)〉에는 총 열여덟 개 문자의 전체 자모가 제시되어 있었다.[6] 이에 더해 시모니데스가 지은 그리스 자모, 팔라메데스가 더한 자모, 기타 여러 알파벳 관련 전설에 관한 정보도 수록되었다.[7] 로카는 바티칸인쇄국(1587년 설립) 수장으로 임명되어 1591년 바티칸도서관 소장 자료를 철저히 기록한 『교황 식스투스 5세의 바티칸도서관』을 편찬했었다. 문자 표본 대판은 그로부터 4년 후에 제작했다.[8] 로카는 『교황 식스투스 5세의 바티칸도서관』에 실렸던 표본에 새로운 테두리와 해설을 덧붙여 자신의 인쇄물로 옮겼다.

그림 6.4 →

안젤로 로카, 바티칸 도서관에서 발췌한 범례가 실린 표본(1595), 부분.

VARIARVM LINGVARVM ALPHABETA

ET INVENTORES.

VAriarum linguarum Inuentores & Alphabeta ad studiosorum cancæ Commentario à F. Angelo Rocca à Camerino olim memoria digno, in splendidiorem, commodioremq́. locum rendissimo D. D. ALEXANDRO Peretto, Cardinali Montalto, magni sui Auunculi imaginem præseferenti, Andreas de Puttis

commoditatem & vtilitatem excerpta é Bibliothecæ Apostolicæ Vaticonscripto in Bibliothecam ipsam à SIXTO V. sanctæ record. & æterna translatam, miroq́. ædificio, & ornatu illustratam, Illustrissimo ac Reuerendissimo D. D. ALEXANDRO S. R. E. Viceancellario, eiusdem SIXTI ex Sorore Pronepoti, viuam Dat, Dicat, Donat. Romæ.   M. D. XCV.

IESVS CHRISTVS
SVMMVS MAGISTER CÆLESTIS DOCTRINÆ AVCTOR.

ADAM
Diuinitus edoctus, primus scientiarum & litterarum inuentor.

MOYSES
Antiquas Hebraicas litteras inuenit.

ABRAHAM
Syras, & Chaldaicas litteras inuenit.

ESDRAS
Nouas Hebræorum litteras inuenit.

Arabici Characteres.

PHOENIX,
Litteras Phœnicibus tradidit.

S. IO. CHRYSOSTOMVS
Litterarum Armenicarum Auctor.

S. HIERONYMVS
Litterarum Illyricarum inuentor.

S. CYRILLVS
Aliarum Illyricarum litterarum Auctor.

LINVS THEBANVS
Litterarum Græcarum inuentor.

CADMVS PHOENICIS FRATER
Litteras hasce in Græciam intulit.

CECROPS DIPHYES
Primus Atheniensium Rex, Græcarum litterarum inuentor.

PYTHAGORAS
Y. litteram ad humanæ vitæ exemplum inuenit.

SIMONIDES MELICVS
Quattuor Græcarum litterarum inuentor.

EPICHARMVS SICVLVS
Duas Græcas addidit litteras.

PALAMEDES
Bello Troiano Græcis litteras quattuor adiecit.

EVANDER CARMENTAE F.
Aborigines litteras docuit.

NICOSTRATA CARMENTA
Latinarum litterarum inuentrix.

A. B. C. D. E. G. H. I. L.
M. N. O. P. R. S. T. V.

CLAVDIVS IMP.
Tres nouas litteras adinuenit.

Reliquæ duæ vsu obliteratæ sunt.

MERCVRIVS THOYT
Ægyptijs sacras litteras conscripsit.

VLPHILAS EPISC.
Gothorum litteras inuenit.

DEMARATVS CORINTH.
Hetruscarum litterarum Auctor.

Isis Regina Ægyptiarum litterarum inuentrix.

Alphabetum ex septem Tabulis æneis Engubij iampridem repertis congestum.

Alphabetum Indorum.

ROMÆ,
Ex Typographia Dominici Basæ.   M. D. XCV.

CVM PRIVILEGIO, ET SVPERIORVM PERMISSV.

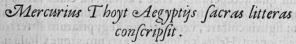

그림 6.5

로카의 『교황 식스투스 5세의
바티칸도서관』(1591)에
실린 표본 우측 상단에
소개된 알파벳.

문자 창제자는 익숙한 신화와 문헌 자료를 기준으로—아담, 아브라함,
토트 등으로—밝혀져 있지만, 소개된 표본 자체는 모두 검증된 실존 문
자였다. 로카의 놀라운 표본과 권위 있는 문헌 목록은 후대 학자들에게
표준 참고 자료가 되었지만, 현재 남은 원본은 몇 부 되지 않는다.[9]

그가 아담과 모세의 문자라고 밝힌 표본은 사실 고대 히브리 문자였
고, 아브라함의 이름이 붙은 문자는 고대 시리아 문자의 일종이었으며,
에스드라스(에스라)의 이름이 붙은 문자는 현대 히브리 문자, 포이닉스
또는 페니키아 문자는 서부 고대 시리아 문자의 일종이었다. 아랍, 아르
메니아, 일리리아, 인도 문자는 물론 키릴 문자와 룬 문자도 모두 검증
할 수 있는 문자였다. 정체가 불분명한 예는 토트가 창제한 이집트의 신
성한 문자라고 적힌 표본(오른쪽 단 둘째 줄)밖에 없었는데, 이 역시 중
세 연금술 문헌과 관계있을지 모른다. 바티칸인쇄국은 신앙 확산을 지
원하려는 목적에서, 예컨대 바티칸의 감독하에 성서 문헌을 출판하려고
교황 식스투스 5세가 설립한 기관이었다. 식스투스 5세가 새로 건립한
바티칸도서관의 프레스코화에는 여러 '이국적'인 알파벳 문자가 그려
져 있었는데, 이는 시모네 베로비오가 1587년에 펴낸 표본 일람표〈주
요 언어 열네 사례(Essemplare di XIIII lingue principalissime)〉[로마: 니
콜라스 반 아엘스트(Nicolas van Aelst)]에서 빌린 것이었을지도 모른
다.[10] 프레스코화 문자는 루카 오르페이의 방대한 『바티칸도서관 장서
에 묘사된 가공 자모와 글자(De caracterum et litterarum inventoribus
ex picturis Bibliothecae Vaticanae liber)』(1589)에도 기록되어 있다.[11]

이들 작품에 제시된 문자는 "이집트 문자"를 제외하면 모두 식별할 수 있는데, 후자는 로카의 인쇄물에서처럼 콥트 문자와 고대 시리아 문자, 가공된 형태가 섞인 혼종으로 보인다.

로카의 총람 도표도 제임스 보너벤처 헵번의 작품에 견주면 수수해 보일 정도이다. 헵번은 스코틀랜드 출신 히브리어학자로 17세기 초 바티칸의 동양 서적 및 필사본 관리자가 되었다.[12] 이는 그래픽 면에서 놀랍고 야심적인 도표를 만드는 데 필요한 여러 일차자료를 연구하기에 적합한 직책이었을 것이다.[13] 〈비르가 아우레아, 신성한 동정녀 마리아의 천상 황금봉(Virga Aurea, the Heavenly Golden Rod of the Blessed Virgin Mary in Seventy-Two Praises)〉은 1616년에 출간되었다.[14] 이 도표는 문자 72종(이 숫자에는 여러 의미가 있었는데, 예컨대 바벨의 혼란으로 빚어진 언어의 수가 바로 노아의 자식 한 명당 언어 하나에 해당하는 72개였다)이라는 믿기 어려운 범위를 통틀어 기존 자료를 선별하고 복제하는 데 진정 대가다운 솜씨를 보였다. 아무리 로카의 저작을 지침으로 삼았다고 해도, 추가 문자를 일일이 찾아 식별한 다음 도표 한 장에 꼼꼼히 다시 그려 넣는 데는 상당한 학문적 노력이 들었을 것이다.

〈비르가 아우레아〉는 신비주의적 문자와 실존 문자를 구별 없이 뒤섞었다. 헵번의 컬렉션은 범위만 해도 굉장했지만, 정교한 도판에 사자된 문자의 정확도 역시 놀라운 수준이었다. 실제 정보와 밀교 지식을 엄청난 박식으로 수집한 그의 작품은 표본 일람표의 집대성이라 할 만하다.[15] 도표 상단 오른쪽에는 익숙한 천상 문자가 다수 제시되어 있다. 에녹과 연관된 알파벳(사실은 히브리 문자), 아담, 솔로몬, 노아의 알파벳도 등장했다. 이국적 문자 목록은 '비밀 문자(Arcanum)'라고 밝혀진 독특한 기하학적 문자, '브라흐미 문자(Brachmanian)'라는 이름이 붙은 일종의 천상 문자, 방형 히브리 문자가 불꽃 모양 획으로 끊어진 이른바 '신비 문자(Mysticum)' 등으로 완성되었다. 나머지는 서방과 동방의 알려진 알파벳 범례들인데, 그중에는 정체가 미심쩍은 것도 몇 개(예컨대 페니키아, 갈릴리, 메르쿠리우스 문자 등) 감지된다. 이 외에 유대·사마리아 문자, 고대 히브리 문자도 있다. 바티칸인쇄국은 여러 언어의 폰트를 갖추고 있었으나, 이 표본 일람표가 동판으로 제작되었다는 사실은 컬렉션의 밀교적 속성을 시사한다. 에녹 문자나 아담 알파벳은 폰트로 제작된 적이 없어서 목판이나 동판, 캘리그래피로 복제되곤 했기 때문이다. 이 동판에서는 모든 문자가 세부까지 섬세하게 그려졌고, 자모 표

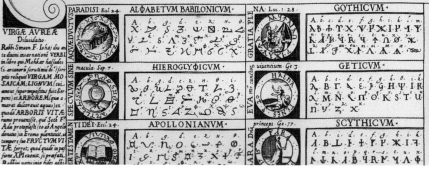

그림 6.6

제임스 보너벤처 헵번의
〈비르가 아우레아〉
(1616) 상단. 72개 문자 중
16종이 보인다.

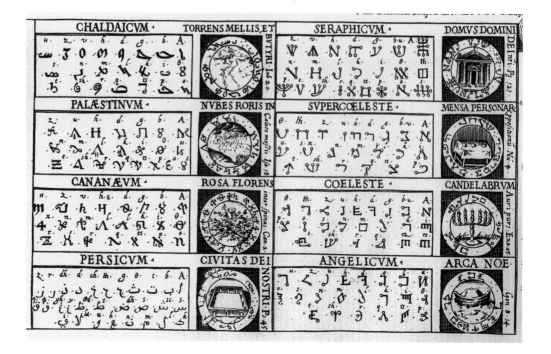

그림 6.7

헵번의 표본 우측 상단 부분.
천사, 천상, 칼데아(고대
시리아) 문자 등이 보인다.

본 상자 옆에 배치된 원형 장식용 삽화에도 적용되었다. 이들 장식물은
마치 모든 문자에 적통성이 있다고 시사하려는 듯 주화를 닮은 모습으
로 그려져 있다.

이처럼 근사한 작품이었지만, 〈비르가 아우레아〉는 아그리파의 이전
형식이 암시한 논리적 체계를 갖춘 표가 아니라 표본에 불과했다.

비교표와 그림을 통한 서사

아그리파의 첫 시도 후 거의 150년 만에 나온 아타나시우스 키르허의
『바벨탑』(1679)에 실린 표는 문자 비교를 위한 완성된 지적 도구였
다.[16] 자모들은 서로 비슷한 크기와 비례로 그려졌다. 원본 제작 방식이
남긴 흔적은 삭제되었다. 따라서 원문이 돌에 새겨졌는지, 잉크로 쓰였
는지, 주화로 주조되었는지, 아니면 다른 수단으로 만들어졌는지 알 도
리가 없어졌다. 실제로 이 표는 바로 그런 조건에서 문자를 분리해서 상
호 연관해 보려는 의도로 디자인되었다.

1630년대에 로마에 간 키르허는 로마대학도서관을 이용할 수 있었
는데도, 표에 실은 표본들의 정체는 명확히 밝힌 반면 출처는 제대로 밝

히지 않았다. 왼쪽부터 시작해—총 열 가지 문자가 수록된—여덟 단에
는 각각 소릿값(로마 대문자로 표기되었다), 천사들의 신화적 글자(천
상 문자와 불꽃 같은 자모), 강 건너기 문자(출처는 아브라암 데 발메스
로 밝혀져 있다), 원대 사마리아 문자(여러 저자들의 책에서 발췌했다
고 적혀 있다), 주화에서 따온 사마리아 문자, 십계명 석판에 쓰인 모세
문자, 고대 시리아 문자, 히브리 문자 등 표제가 붙어 있다. 신화 속 동물
들로 표제를 장식하고 우아하게 동판 인쇄한 이 표는 체계적인 비교표
의 모범이 되었다. 자모들은 알파벳 순서상 위치, 시각적 유사성(문자에
따라 각 자모가 달라지는 모습과 여러 글자에 걸쳐 나타나는 문자 사이
의 연관성을 보여 준다), 첫 번째 단에 표시된 '값'과의 관계에 따라 정
렬되었다. 이 구조의 중요성은 간과할 수 없다. 후대 고문자학과 언어학
연구에서도 외관상 유사성이 없는 문자들의 관계는 얼마간 바로 이런
속성, 즉 자모의 소릿값과 위치를 근거로 파악되곤 했다.

키르허의 책이 나온 지 20여 년 후, 후레이는 1700년 작 『성서적 지
혜를 위한 예비(Voor-Bereidselen tot de bybelsche Wysheid)』에서 키
르허의 표를 거의 통째 빌려 서두에서 소개한 삽화 안에 배치했다.[17] 그
는 생생한 장면에 표를 끼워 넣고 극적인 포즈를 취한 인물과 소품으로
둘러싸 일종의 사극으로 탈바꿈시켰다. 정보는 대부분 정확하게 옮겨
졌지만, 원본에서 고대 시리아 자모가 실린 단은 삭제되었고, 오른쪽 끝
세로 단 경계선 옆에는 히브리 자모의 명칭을 밝힌 열이 더해졌다. 고대
시리아 문자가 삭제된 이유는 설명되지 않았지만, 고대 히브리·사마리
아 문자와의 시각적 차이가 너무 뚜렷해서 열외로 보였는지도 모른다.

후레이의 동판을 보면, 여성 뒤쪽의 아치길 너머로 엿보이는 배경에
는 오벨리스크 하나와 돔 지붕이 덮인 건물 외에도 언덕으로 이어지는
유적이 있는데, 이는 고대 중동을 뚜렷이 가리킨다. 이들 모티프는 딱
히 예루살렘이나 알렉산드리아, 시돈 같은 구체적인 장소라기보다 막연
한 구약성서 배경 지역을 시사한다. 세 인물 중 오른쪽 어깨에 걸친 토
가 끈 말고는 벌거벗은 상반신을 드러낸 채 표 캡션이 새겨진 무거운 블
록을 들어 옮기는 근육질 남성은 전통의 힘을 구현한다. 네덜란드어로
쓰인 캡션은 해당 표를 이렇게 설명한다. "이 표는 신성한 원리에서 유
래한 고대 문자들을 복제하고 서로 비교하여 모두가 같은 모델의 후손
임을 보여 준다."[18] 이 블록에서 글자가 새겨진 면에는 그림자가 드리워
져 있는데, 덕분에 신중히 재단되어 모서리와 비스듬한 각도를 이루도

그림 6.8

아타나시우스 키르허,
『바벨탑』(1679).

록 놓인 판이 돋보이게 된다. 판에는 "부를 수 없는 신의 이름"이라는 말과 함께 표에서 "고대 히브리 문자"라고 분별된 사마리아 문자로 신명사문자가 쓰여 있다. 판을 기댄 대접시에는 다양한 형태의 히브리 문자가 새겨진 세겔화가 담겨 있다[주화 표면에 쓰인 라메드(lamed), 멤(mem), 사메크는 사마리아 문자와 일치하지 않는다]. 이는 반(半)세겔(유대인이 해마다 성전에 바쳐야 했던 헌금) 이야기와 고유물 수집가들의 주화 컬렉션(초기 문자의 출원)을 모두 가리키는 것이 분명하다. 이미지에서 가장 활기찬 인물은 왼쪽에 서서 표를 설명하는 남성이다. 페즈 모자, 부드러운 신발, 로브 등은 모두 고대 중동을 연상시키고, 로브에 붙은 족제비털 장식은 그가 권위 있는 인물임을 암시한다. 평범한 여성은 표를 통한 제시와 해설을 통해 모든 것을 분명히 이해하는 읽는 이 또는 보는 이 역을 맡는다.

후레이의 책에 실린 다른 판화들도 사극 장면처럼 개별 문자를 묘사했다.[19] 도판 1에는 낙타와 양, 다른 사람들과 함께 뗏목을 타고 강을 건너는 아브라함이 강 건너편을 가리키는 모습과 함께 아브라함의 알파벳이 강의 신 뒤편 벽에 나타나 있다. 도하 문자를 묘사한 장면이다. 도판 2에는 천사와 토론하는 에녹과 그의 문자가 등장한다. 문자는 판테우스의 책에서 인용했지만 자모 순서는 다르게 옮겨져 있다.[20] 도판 3에서는 에스라와 필경사들이 모여 앉아 부지런히 글을 적고 있다. 도판 4에는 그리스도와 선한 사마리아인의 모습과 더불어 두 가지 사마리아 알파벳(그중 두 번째는 고대 히브리 문자로, 표에서는 로카의 사례처럼 대개 히브리 문자와 연관되어 제시되곤 했다)이 포함되어 있다. 도판 5에는 터번과 로브를 근사하게 차려 입은 솔로몬 왕이 필경사에게 지시하는 모습이 그려져 있는데, 배경에는 공사 중인 거대 건물(필경 예루살렘 성전)이 있다(문자는 암브로조의 책에서 옮겼다). 도판 6에는 칼데아인 한 명이 석탄 단지를 휘젓는 한편 성직자는 제물을 바치고 그를 따르는 사람들은 기도하는 모습이 있다. 도판 7, 8, 9에도 이와 비슷하게 시리아 문자, 페니키아 문자, 두 가지 이집트 문자("신성문자" 포함)가 특정 상황에 적용되어 있다. 도판 10은 콥트 문자(키르허에서 옮긴 또 다른 그래픽 모티프와 함께)를 보여 주고, 11은 아르메니아 문자를, 12는 중국 한자를 제시한다. 마지막 공상화 도판은 이집트광 기독교인의 패스티시에 탐닉해 새와 뱀, 미라, 숫양, 황소, 넘쳐 흐르는 물 항아리, 젖이 여러 개 달린 고대의 다산 기원물을 들고 흠모하는 여성 등이 빛을 발하는 그리스도 주변을 둘러싼 모습을 보여 준다. 여기에서 그리스도가 손에 든 "나는 알파와 오메가"라는 문구가 새겨진 명판은 그와 T형 십자가 무리 사이의 가까운 거리를 강조한다. 그의 뒤편에 그려진 알파벳 자모들은 키르허의 『이집트인 오이디푸스(Oedipus Aegyptiacus)』에서 발췌해 다시 그린 것이다.[21] 이런 알파벳 표본이 표 형식을 취하지는 않았지만, 키르허의 표를 바탕으로 한 후레이의 작품과 연관해 볼 때, 성서상 역사를 유례 없이 생생하게 제시한 이들 그림은 해당 문자에 생동감을 부여했다.

후레이와 키르허의 저작을 기점으로 신화적 문자와 실존 문자를 혼합하는 관행은 사라졌고, 극적인 서사를 통해 역사를 설명하는 방법 역시 마찬가지였다. 문자의 역사를 이해하려는—그리고 '원조' 알파벳을 복원하려는—노력은 꾸준한 원동력이 되었지만, 새로 나타난 증거와 실증적 방법이 조합된 결과, 오컬트와 밀교 문헌 밖에서 천상과 마법 알파벳은 자취를 감추게 되었다. 16세기 내지 17세기에는 비슷한 총람, 불완전한 문자 표, 학술 연구 사례가 다수 배출되었지만, 18세기에는 합리적인 비교연구법이 표 형태에 적용되었다.[22]

영국의 표 제작자—에드워드 버나드와 찰스 모턴

로카나 헵번과 마찬가지로, 영국인 학자 에드워드 버나드도 도서관 사서로서 영국과 아일랜드의 도서관에서 퍽 다양한 필사본과 인쇄물을 접할 수 있었다. 1689년에 버나드는 관련 자료를 수집해 문자 30여 종이 포함된 대형 동판화를 제작했다. 1759년, 찰스 모턴은 버나드의 컬렉션에 주석을 더하고 나름대로 정보를 갱신해(버나드의 공로를 제대로 밝혔다) 대형 도판을 제작했다. 버나드의 표에는 신에게 도움 받아 사마리아 문자를 연구하고 "유용하면서도 보기에 나쁘지 않은"(버나드 자신의 표현) 방식으로 제시한다는 제목이 붙었다.[23] 버나드 자신이 주장하기로 그의 표 구조는 수십 개 문자의 자모를 눈에 띄는 괘선 없이도 단을 가로질러 비교해 볼 수 있도록 정렬했다는 점에서—어수선하고 답답하기는 하지만—기능적이면서도 매력적이었다. 이 도판은 아마추어를 위한 삽화나 오락거리가 아니라 학문을 위한 도구임이 분명했다.

18세기에는 다양한 라틴 문자와 그리스 문자는 물론 룬, 콥트, 포에니, 고대 시리아, 사마리아 문자에 관한 지식도 충분히 정립된 덕분에

그림 6.9 ↗
에드워드 버나드,
『문자 세계』(1689), 부분.

그림 6.10 →
찰스 모턴의 '동판에 새겨진 알파벳 문자 표'(1759), 부분. 대체로 버나드의 표에서 그대로 옮겨 온 것이다. 모턴이 덧붙인 내용은 아래에 있다.

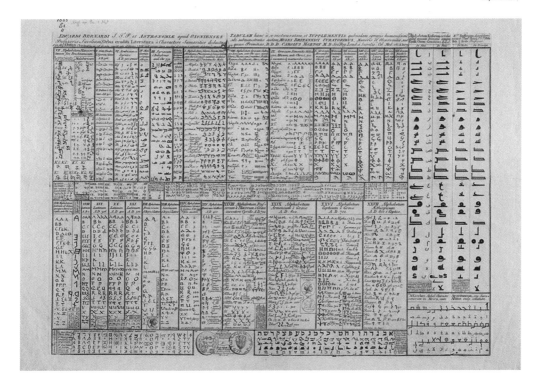

버나드는 시각적 증거를 역사상 특정 시기와 결부할 수 있었다. 오늘날에는 인정하기 어려운 연대기에 의존했으므로, 버나드가 측정한 연대는 해당 표본의 실제 연대를 측정하는 일보다는 당시 통용되던 역사 개념을 통찰하는 데 더 유용하다. 예컨대 그는 8단에서 "카드모스 문자"라고 이름 붙인 그리스 자모가 당시에 정설로 받아들여지던 서술에 따라 기원전 1500년경에 쓰였다고 시사하는가 하면, 1단에 있는 사마리아 문자는 노아, 아담, 아브라함과 연결해 서력기원 5000년 전에 쓰였다고 측정했다. 사마리아 문자에 천상 문자는 포함되지 않았지만, 이처럼 성서상 인물에게 문자의 기원을 귀속시키는 관행은 유구한 문헌 전통의 효력이 잔존한 결과였다. 당연한 일이지만, 현대에 가까워질수록 측정 연대도 정확해져서 그리스, 라틴, 색슨, 고트(룬), 러시아, 슬라브 문자 등의 연대는 서기 1세기로 측정되었다. 찰스 모턴은 버나드의 목록을 바탕으로 연구를 진행했다. 모턴은 대영박물관 수석 사서로서 로버트 할리가—그의 아들 에드워드 할리와 함께—수집한 방대한 희귀 필사본 컬렉션을 책임졌는데, 이 역시 중요한 일차자료를 제공했다.

모턴은 버나드의 도표에 출처 해설을 상당히 많이 덧붙였다. 그는 쿠픽체와 여러 초기 히브리 문자 원본에 관한 표도 하나 더했는데, 여기에 포함된 사례 중에서 필립 바턴이라는 인물의 박물관에서 모사해 온 고대 히브리 주화 하나는 이후 자주 인용된 존 잭슨의 『연대순 고유물』에도 소개된 바 있다.[24] 모턴의 참고 자료는 버나드의 원작에 가치를 더해 주었으며, 기입된 인명들[벨라스케스 데 벨라스코, 조지 히키스, 베르나르 드 몽포콩 등]은 전달 계보 안에서 익히 알려진 축에 속했다. 그는 사서이자 고문자학자였던 험프리 웨인리의 연구도 원용했다. 고유물학의 아버지 중 한 명인 웨인리는 할리 부자의 컬렉션이 대영박물관의 기초 자료로 국가에 매각되기 전 목록을 정리한 인물이다.[25] 버나드와도 함께 일한 웨인리는 보들리도서관에 있었고, 잉글랜드와 아일랜드 필사본을 정리한 작업뿐 아니라 고문자에 관한 식견으로도 유명했다. 고문자학자이자 고유물 연구가로서 그가 기울인 노력을 바탕으로 버나드와 모턴은 도판을 제작할 수 있었다.

고유물 연구와 고문서학

5장에서 서술한 대로, 증거에 입각한 고유물 연구 경향은 에드먼드 치셜이 시게이온 명문을 논한 1728년 저서 『아시아 고유물』에 실린 표에서 예증된다.[26] 치셜의 표는 버나드나 모턴의 방대한 도판과 대조적으로 간결하며 발달 중심 접근법을 강조하는 논리로 구성되어 있다. 1번으로 한데 분류된 맨 위 두 줄은 현대 히브리 자모와 이에 상응하는 원대 페니키아 자모를 비교했다. 함의는 분명했다. 형태는 달라졌지만, 전자(위)는 후자(아래)에서 유래했다는 것이다. 다음 줄에서는 페니키아 문자와 카드모스 계열 그리스 자모가, 세 번째 줄에서는 라틴 문자와 에트루리아 문자가 비교되었다. 몇몇 사마리아 자모와 부가적인 그리스 자모에 관한 해설이 마지막 두 줄을 차지했다. 발달 연대기를 통해 현대 로마 알파벳으로 이어지는 과정이 강조되었다. 하단에 배열되어 물증을 제시하는 주화들은 1657년 주요 다국어 성서를 출간한 주역인 브라이언 월턴의 책에서 가져온 것들이었다. 신비주의 문자는 일절 포함되지 않았다. 치셜의 학문적 의도는 알파벳의 기원과 발전 과정을 역사적으로 분석하기 위한 실증적 증거를 명료하게 제시하는 일이었다.

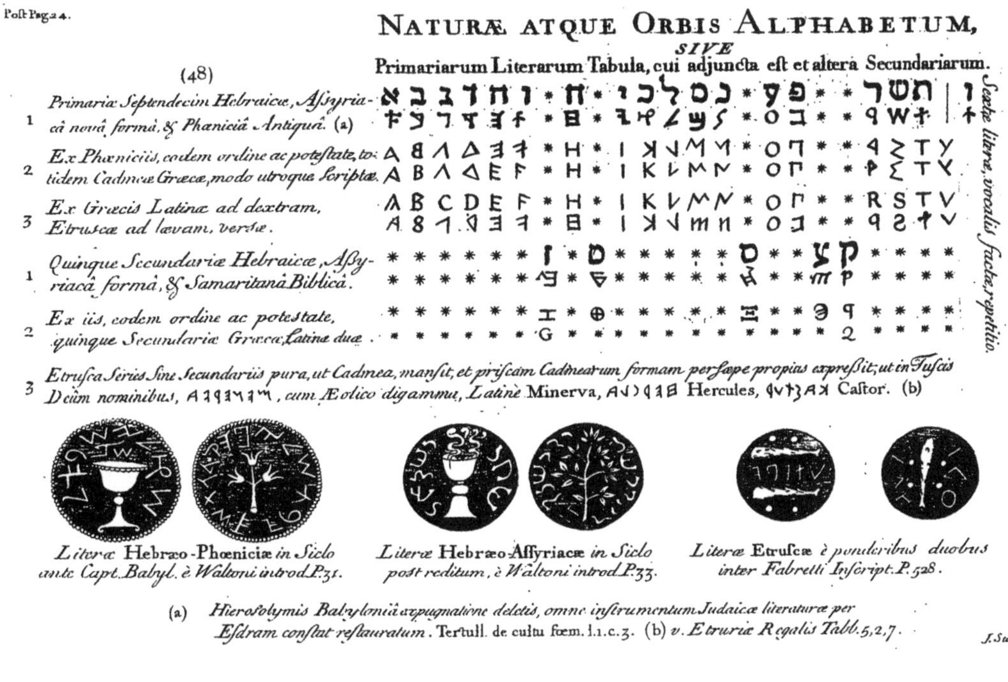

그림 6.11

에드먼드 치셜, 『아시아 고유물』(런던, 1728).

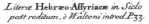

Literæ Hebræo-Phœniciæ in Siclo ante Capt.Babyl. è Waltoni introd.P.31.

Literæ Hebræo-Aſſyriacæ in Siclo post reditum, è Waltoni introd.P.33.

Literæ Etruscæ è ponderibus duobus inter Fabretti Inſcript.P.528.

베르나르 드 몽포콩,
『그리스 고문자학』(1708).

비슷하게 명료한 표가 베르나르 드 몽포콩의 1708년 연구에도 있었고 조반니 비안코니의 1763년 작에서도 되풀이되었다는 점을 보면, 이 형식이 얼마나 확고히 자리 잡았는지 알 수 있다.[27] 비안코니는 『원대 히브리와 그리스 문자(De antiquis litteris Hebraeorum et Graecorum)』에서 초기 히브리 문자는 폐지된 적이 없으며 세월에 따라 변형되었을 뿐이라고, 즉 현대의 방형 자모는 바빌론유수 이후 쓰이게 되었고 고대 자모는 사마리아 문자에 보존되었다고 주장했으며, 표를 이용해 이 주장을 뒷받침했다. 명확한 계보(요세푸스, 보시우스, 요하네스 북스토르프)가 있는 학설이었지만, 아담이나 아브라함, 노아, 에녹 같은 이름은 언급되지 않았다.

18세기에 여러 고문자, 고유물, 고문서학자는, 토머스 애슬의 표현으로, "서자의 기원과 발전"을 뒷받침하는 연구를 발표했다. 앞 장에서 고유물 연구를 다루며 논한 대로 애슬과 프랑스인 고문서학자 샤를프랑수아 투스탱은 이성적 도표의 뛰어난 예를 발표했다. 이들 표에서 문자의 구체적 속성을 정확히 살피려 한 태도는 모범적이었다.

그림 6.13

샤를프랑수아 투스탱, 『고문서학 신론』(1750). 일반적으로 사마리아 문자는 왼쪽 끝에 있다. 첫 줄에는 황소 머리 모양 A가 없고 K와 L 등에는 다양한 변종이 포함되어 있다.

그림 6.14

앙투안 쿠르 드 제블린,
『원시세계』(1777). 알파벳을
전혀 다른 관점에서 보며
문자 형태를 신성문자 등
그림문자의 역사에
편입시킨다. 왼쪽에서
다섯 번째 단에 "중국
문자"가 있다.

18세기 중엽에 이르러 알파벳학자들은 대체로 사마리아 문자와 고대 히브리 문자의 선재성을 경합시키는 한편 방형 현대 히브리 문자는 고대 성서에 쓰인 문자가 아니라는 점을 인정했다. 투스탱은 자신의 표에 "히브리, 페니키아, 또는 사마리아 문자"라는 제목을 붙여 세 고유 문자의 차이를 절사했다.[28] 고대 히브리 문자는 페니키아 문자의 분파로 기원전 800~700년에 나타났고, 사마리아 문자는 조금 후대인 기원전 600년경에 변형되어 나온 문자인데, 투스탱은 이들 문자가 모두 연관되어 있다고 정확히 파악했다. 그는 세 문자의 서로 다른 시대적, 지리적 분포는 언급하지 않고 접근법을 형태분석으로 제한했다.[29]

애슬이 연구에 원용한 여러 저자 중 한 명인 앙투안 쿠르 드 제블린은 희한한 인물이었다. 그는 헤르메스주의와 밀교 사상을 공부하고 근대 서유럽에서 타로점을 처음 주창했으며, 프란츠 메스머의 환자이기도 했다(1784년 그가 사망한 원인이 바로 메스머의 '치료법'에 있었는지

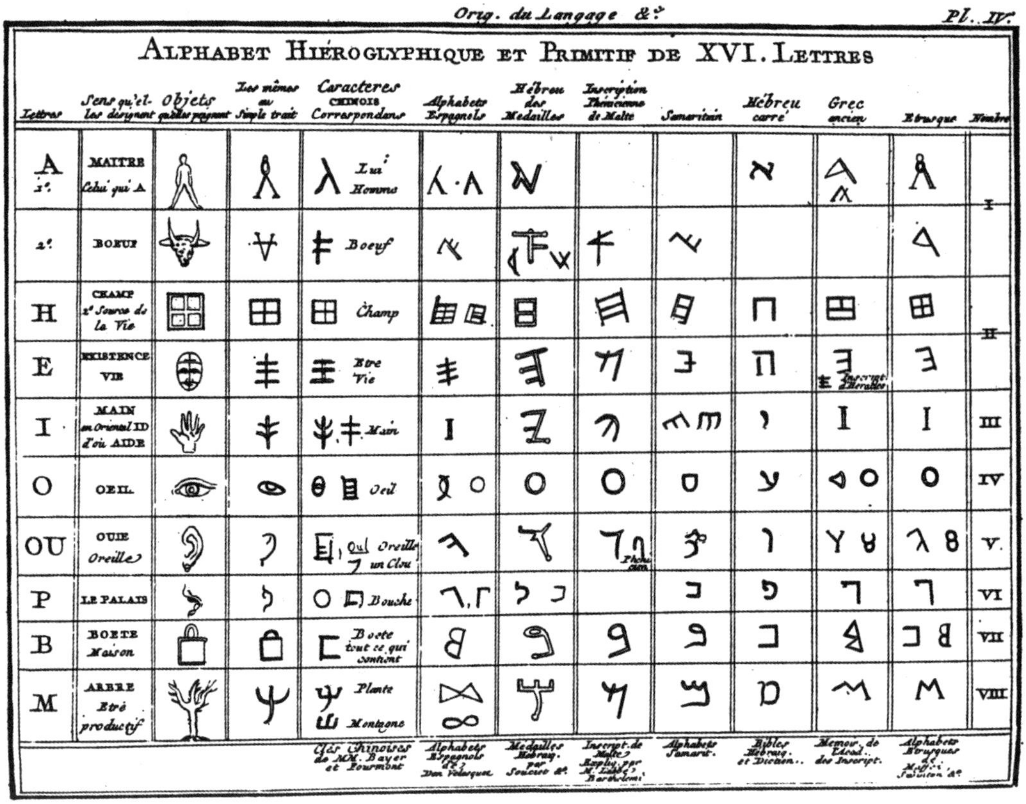

그림 6.14
앙투안 쿠르 드 제블린, 『원시세계』(1777). 알파벳을 전혀 다른 관점에서 보며 문자 형태를 신성문자 등 그림문자의 역사에 편입시킨다. 왼쪽에서 다섯 번째 단에 "중국 문자"가 있다.

도 모른다).[30] 제블린이 상정한 낭만적 "원시세계" 언어 개념은 18세기 계몽사상가들의 생각, 즉 근대문명이 등장하기 전에 인간은 자연 상태로 존재했다는 관념에 부합했다. 상징체계에 몰두했던 제블린에게는 도식적 형태―예컨대 알파벳 자모―에서 구상적 모티프를 보고 이를 공상적 가치와 연결하는 재주가 있었다. 제블린은 자모 16개를 제시한 표의 제목에 "신성문자"라는 용어를 썼지만, 이집트 문자를 직접 원용하지는 않았다. 제블린은 표의 이성적 구조에 의지해 로마 문자, 단어, 이미지와 스페인, 히브리, 페니키아, 그리스 문자뿐 아니라 중국 한자의 유사성을 시사하고 모든 문자에 공통 근원이 있다는 이론을 뒷받침했다.

제블린은 "자연"언어 개념, 즉 언어에는 본디 직접 연관된 실물이 있었다는 개념도 지지했다. 1773년부터 출간된 『원시세계(Le monde primitif)』에서 그는 문자가 "자연"을 바탕으로, 즉 눈으로 즉각 파악할 수 있는 대상의 시각적 표상으로 형성되었다는 이론을 내세웠다. 제블린의 표는 이런 역사를 시각적으로 뒷받침하는 증거로서 "신성문자"에 해당하는 선행 형태를 보여 주었고, 어음 분석은 낭만주의적 용어로 포장해 모든 발성에는 고유한 정서를 표현할 운명이 있다고 시사했다. 이는 장 자크 루소 같은 철학자도 동의하던 생각이었다. "원시" 알파벳에서 개별 자모는 고유한 대상물을 명기했으며, 발음은 "들을 때마다 연관 개념을 떠올리도록" 되어 있었다는 생각이었다.[31] 이런 인식에는 보편어에 관한 철학적 논쟁의 장구한 역사가 있었다.[32] 제블린은 모든 문자가 그림문자처럼 묘사법을 바탕으로 발명되었다고 믿었으며, 이로써 문자는 그림문자에서 음절문자를 거쳐 도식적 형태로 "진보"했다는 통념을 수용했다.[33] 추상적이고 도식적인 알파벳 형태가 어떤 식으로든 실물계에 근거하지 않고 개발되기는 불가능할 것 같았다. 물건은 목소리로 묘사되고 문자로 표현되어 마음에 표상된다―제블린에 따르면 이것이 바로 언어의 목적이었으나, 이는 역사적 관점이 아니라 철학적 입장이었으며, 그의 분석에는 고문자학 방법이 원용되지 않았다.

보편적 발전 과정을 뒷받침하는 증거로, 제블린은 중국 한자를 통해 형태 유사성에 근거한 공통 기원을 제시하려 했는데, 이는 흔한 오류였다. 그러나 그가 확신을 굳힌 근거는 신성문자였다. "우리는 알파벳 글자 자체가 신성문자이며 그 기원은 상고대로 거슬러 간다고 확신한다. 알파벳은 이집트 신성문자가 폐기되고 알파벳이 탄생했다고 믿어지는 시대보다도 훨씬 오래된 문자이다."[34] 그가 보기에 모든 자모는 본디 신

성문자였지만, 토트(메르쿠리우스)가 발명한 신성문자가 모두 자모로
발전하지는 않았다.

이처럼 신화와 환상이 뒤섞인 인식은 이집트 문자에 신관문자를 포
함시키지 않고 알파벳이 신성문자에서 직접 유래했다고 보는 역사관에
근거했다. 이는 도상이 점차 자모로 단순화하고 도식화하는 과정을 보
여 주는 제블린의 표에서 분명히 드러난다. 이집트가 끼친 실제 영향은
이보다 단순하기도 하고 복잡하기도 하지만, 제블린의 가설과 영 동떨
어져 있지는 않았다.

이와 대조적으로, 애슬은 수많은 출전 중 하나로 제블린을 원용하기
는 했지만, 그보다는 이성적이고 현실적이었다. 그는 증거를 신중히 수
집하고 투스탱처럼 꼼꼼히 옮긴 문자에 발견 지역을 연결하는 정보를
첨부했다. 애슬은 포에니 문자(카르타고에서 발견)와 펠라스기아 문자
(그리스에서 발견), 오스크 문자(이탈리아 남부)와 아르카디아 문자(펠
로폰네소스), 고대 갈리아 문자를 섬세하게 구분했다. 하지만 그도 투스
탱처럼 고대 문자 도판의 마지막 단은 넓게 잡아 "페니키아, 고대 히브
리, 사마리아 문자"라는 표제 하나에 원대 자모를 모두 몰아 넣었다.

애슬의 표는 "상고대 알파벳(Alphabeta Antiquissima)"과 "고대 알
파벳(Alphaeta Antiqua)" 등 두 부분으로 크게 나뉘었고, 하단에는 "페
니키아 알파벳" "에트루리아 일반 알파벳" "팔미라 알파벳" 등 세 단이
덧붙었다. "상고대" 알파벳 중 첫 열 개 표본은 "전체적인 윤곽에서 너
무나 익숙하여 모두가 같은 근원에서 유래하였다고 쉽게 인정할 수 있
으리라 생각한다"라고 밝히기도 했다.[35]

18세기에는 광범위한 수집과 고유물 연구열이 일어난 결과로 이처
럼 강력한 지적, 수사적 도구로서 문자를 비교하는 표가 탄생했다. 표
는 방대한 정보를 읽기 쉬운 그래픽 표현으로 비교해 주는 효과적인 시
각적 방법을 창출했다는 점에서 지적이었고, 엄밀히 진화나 파생 관계
가 없는 문자들 사이에 유사성이 있다고 암시하는 그리드 행렬 구조를
갖추었기에 수사적이었다. 그리드 배열은 페니키아 문자에서 그리스 문
자가, 그리스 문자에서 라틴 문자가 파생되는 등 진화가 선형적으로 일
어났음을 암시했다. 히브리 문자는 언제나 기준점이었지만 현대의 방형
문자로 제시되곤 했다. 때로 이는 현대 히브리 문자가 역사적으로 선재
했다는 그릇된 인상을 주었다. 실제로 확산과 변형이 일어난 양상은 대
체로 더 복잡했다.

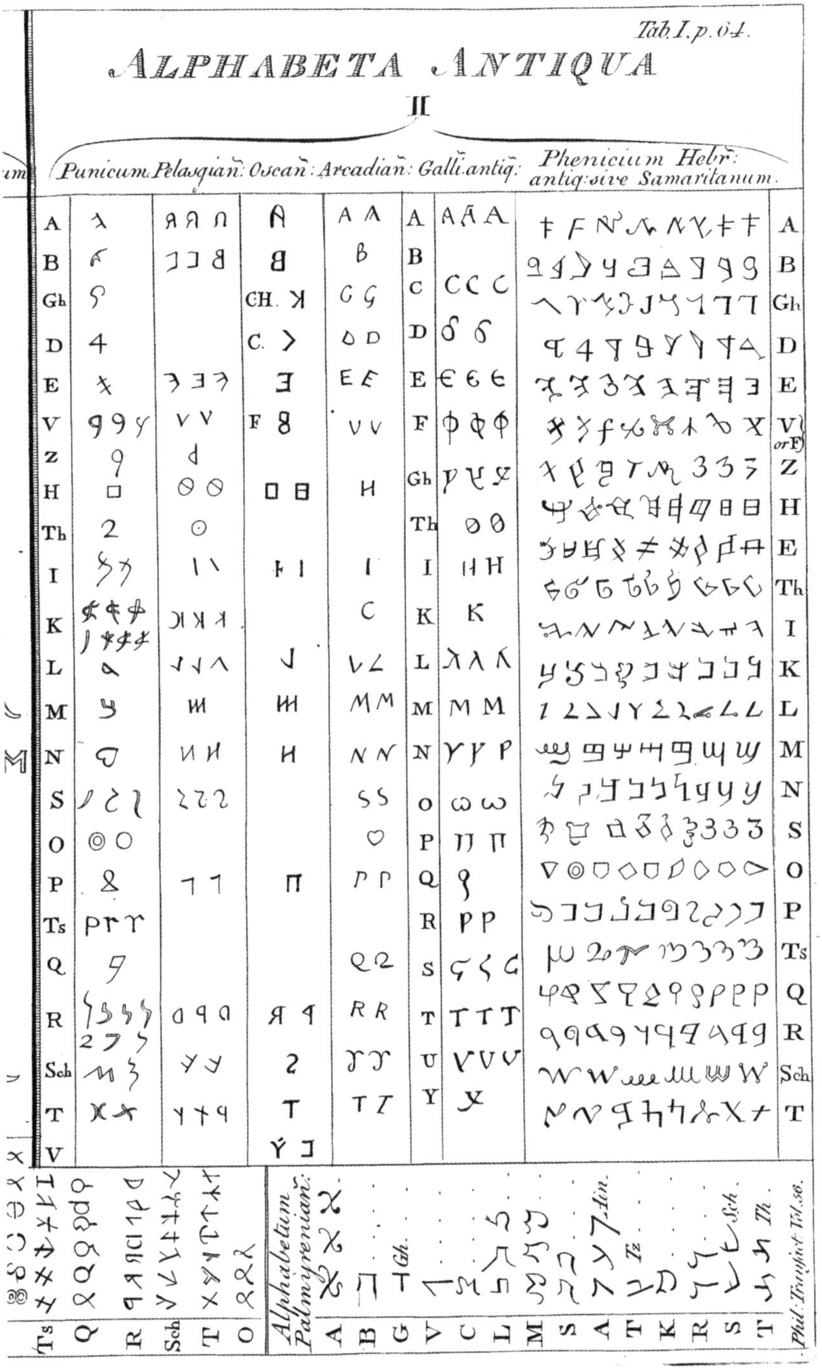
Tab.I.p.64.
ALPHABETA ANTIQUA
II
Punicum. Pelasgian: Oscan: Arcadian: Galli. antiq: Phenicium Hebr: antiq: sive Samaritanum.
Alphabetum Palmyrenian:
Phil: Transact: Vol. 56.

그림 6.15

토머스 애슬, 『문자의 기원과 발전』(1784). 오른쪽 끝 단 자모들의 상호 유사성이 특기할 만하다. 투스탱의 표에서는 상당히 다양한 형태를 띠었던 자모들이다. 페니키아, 히브리, 사마리아 문자의 상호 연관성을 강조하려는 의도였을 것이다.

표 구조에는 증거를 매우 기계적으로, 경우에 따라서는 실제보다 더 확고하게 해석하는 경향을 강화한다는 약점이 있었다. 형태는 이성적이지만, 표는 정보를 제시하며 이루어진 의사결정을 얼마간 은폐했다. 고문자학자들은 자모의 형태상 유사성만으로는 문자의 가족관계를 추정할 수 없다고 경고했지만, 표는 문자 형태 비교에 깊이 의지했다. 그래픽 특성을 맥락에서 분리해 모든 기호에 같은 방향성과 비례, 크기를 부여하기도 했다. 형태와 위치의 불규칙성은 삭제되었고, 개별 문자에서 일어날 법한 여러 변종은 단일 표본으로 대표되었다. 셈 금석학이 확고하게 정립된 후에는 이런 독특한—때로는 미묘한—변종을 변별하는 일이 학문의 중추적 요소가 되었다.

19세기에 이런 비교표는 역사언어학자와 고문자학자가 특정 지역은 물론 시대에 속하는 기념물의 명문 표본들을 비교하고 상호 관계를 상세히 분석하는 데 쓰였다. 이 계보에서는 독특한 인물 몇 명과 권위자 한 명이 특기할 만하다.

원세 알파벳의 조화

열정적인 학자였던 찰스 포스터는 성서의 정확성을 믿으면서도 이성적 원리에 따라 알파벳의 기원을 보는 포괄적 시각을 종합하느라 수년간 씨름했다. 성서상 연대기가 깊은 시간이라는 틀을 준거로 삼게 된 19세기 중엽에도 이는 이상한 입장이 아니었다. 평판화로 제작된 포스터의 근사한 표는 그의 논지를 명시적으로 제시했다.[36]

포스터는 시나이반도나 여타 고대 중동 지역을 방문한 적이 없었다고 한다. 그는 출판된 증거를 바탕으로 광범위한 문자 표를 제작했는데, 이 표에는 몇 가지 흥미로운 특징이 있었다. '조화'와 '원시' 개념이 조합된 표제는 바벨탑에서 벌어진 혼란을 수습하는 한편 인류 최고(最古)의 알파벳을 밝힐 수 있다는 의지를 가리켰다. 포스터의 연구는 몇 권으로 나뉘어 출간되었다. 이전 저서인 『아라비아 역사지리학(The Historical Geography of Arabia)』(1844)에서처럼 이 책에서도 그는 성서상 지명을 두고 당대 최고 학자와 여행가들의 최신 연구를 원용했다.[37] 포스터는 지역에 따라 단을 나누었다. 에티오피아, 시나이, 히슨 호레브(Hisn Horeb), 마레브(Mareb) 등 지명이 두드러진다. 언어명(예컨대 '아랍')만 붙은 표본은 소수밖에 없다. 그는 베히스툰 비문과 님루드,

바빌론에서 나온 설형문자, 아라비아반도 남부와 티레, 시돈, 카르타고, 몰타, 페트라에서 발견된 자모도 포함시켰다. 표에는 신성문자도 있고, 신관문자는 "토착문자(enchorial)"로 분류되어 로제타석 등과 연관지어져 있다. 비문에 관한 지리 정보에서 구체성이 늘어난 모습이다.

포스터는 G. F. 그레이의 서술에 깊이 의지했다. 그레이가 펴낸 시나이 명문 도판 177점은 포스터 등의 연구에서 비중 있는 시각 자료로 쓰였다.[38] 기존에 발표된 출전을 이용해 문자 표를 작성하는 방법은 관행이 된 상태였다. 포스터는 해당 자료를 다소 특이하게 해석한 덕분에 연구에 시대착오적 성격을 부여하게 되었지만, 알파벳의 기원을 해석하는 작업에서는 굳은 신앙이 여전히 생동했다. 이 표가 포함된 책의 본문에서 포스터는 개별 비문을 상세히 분석하면서 이른바 "시나이의 바위들에서 들리는 이스라엘의 목소리"가 성서상 역사를 확인해 주리라고 확신했다.[39]

이그네이셔스 도널리, 『대홍수 전 세계』, 1882년

지적 구조와 그래픽 형식은 내용에 불충하다. 아무리 엄밀하고 이성적인 구조라도 전혀 비이성적이거나 터무니없는 주장을 담을 수 있다. 1882년에 출간된 『대홍수 전 세계(The Antediluvian World)』에서 이그네이셔스 도널리가 제시한 표가 좋은 예다. 잃어버린 아틀란티스 대륙과 대홍수 전 문명 세계를 탐색하는 책에서, 도널리는 신대륙 문자와 고대 중동 문자를 결부시켰다. 마야 문자와 이른바 "중간 형태"가 모두 페니키아, 고대 히브리, 그리스 문자와 짝지어져 연결되었다. 포스터와 마찬가지로 도널리에게도 문자의 단일 공통 기원을 밝히려는 욕망이 있었다. 그러나 그는 플라톤 등이 대홍수를 언급하며 이를 설명했다고 상상했다. 구대륙과 신대륙 문자에 두루 연결된 공통 기원이 있다는 증거는 없었다. 그중 가장 오래되었다고 간주되던 올멕 문자는 대개 기원전 6세기 내지 5세기에 나타나 특히 마야에서 장기 지속되었다고 추정된다.[40] 하지만 도널리의 학설은 폭넓은 지지를 확보했고, 알파벳학에는 별 영향을 끼치지 않았어도 아틀란티스섬 이미지가 대중의 상상 속에 영원히 자리 잡게 하는 데는 성공했다.

대조적으로, 1883년에 출간된 아이작 테일러의 두 권짜리 연구서 『알파벳』은 사실에 기초한 권위 있는 문헌이었다.[41] 테일러는 새로 떠

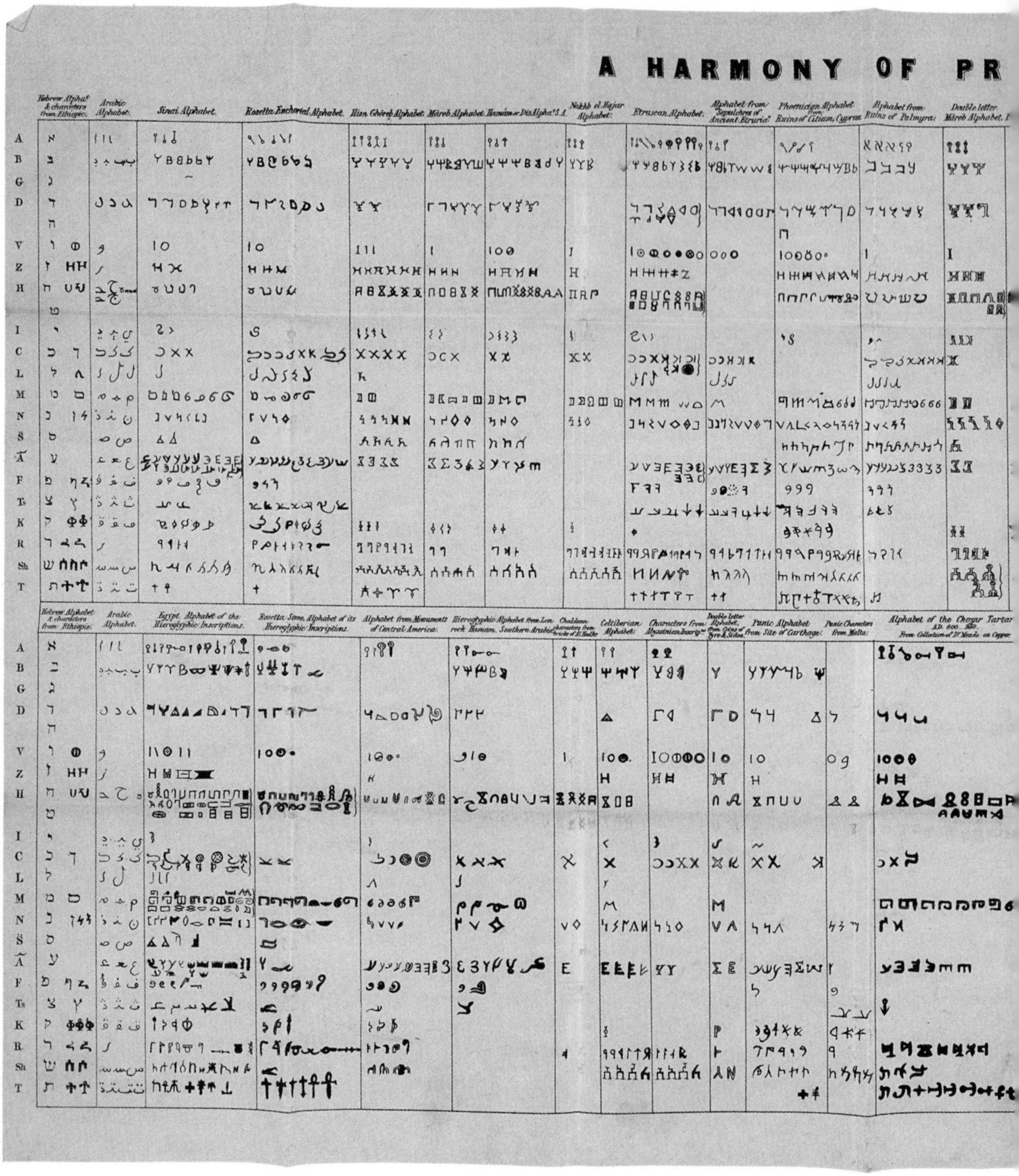

그림 6.16

찰스 포스터, 『단일 원세
언어』(1851), 부분.

...EVAL ALPHABETS.

Arrow-head Alpht Behistan.	Arrow-head Alpht Persepolis.	Enchorial Alphabet Persepolis.	Brick-formal characters Nimroud.	Enchorial characters Nimroud.	Egyptian characters Nimroud.	Arrowhead Alphabet Nimroud.	Arrow-head Alphabet Babylon.	Arrow-head Alphabet Babylon.	Mixed Alphabet Nimroud.	Alphabet of Obelisk Nimroud.

Axum Alphabet.	Abraxas Alphabet.	Tartaro-Siberian Alphabet.	Double-letter Punic Alphabet from Site of Carthage.	Etruscan Alphabet on blocks embedded in walls of Bustam.	Nabathean Alphabet. Um-Amdan Petra.

The Alphabet.

그림 6.17

이그네이셔스 도널리,
『대홍수 전 세계』(1882).
도표는 문자의 단일 기원설을
이루는 한 요소로 왼쪽 끝에
마야 문자를 보여 준다.
그런데 이 글자 형태조차
도널리의 주장을 뒷받침하지
않는다.

오르던 초기 알파벳 발전 과정 연구에 주목했다. "페니키아 알파벳"이라는 제목이 붙은 표는 훌륭히 디자인되어 책에 실린 여러 시각화 사례 중 하나에 불과했다. 포스터처럼 그도 발췌한 문자마다 구체적인 발굴 지역을 밝혔다. 게다가 세기 단위로 측정 연대를 덧붙여 시각 기호를 시간 축에 걸친 지리적 분포 양상의 증거로 볼 수 있게 했다. 이 표가 드러내는 개념과 구성의 명료성은 테일러 자신의 명쾌한 지성뿐 아니라 그가 참고한 연구들의 향상된 학술적 정교성을 구현했다.

테일러는 표에 수록한 이미지 중 일부를 사진술로 복제해 그래픽 형태의 신빙성을 확보했다고 애써 밝혔다. 1864년에 발견된 메샤 비석(모아브비라고도 알려졌다)에 포함된 문자가 그런 예였다. 이 비문의 제작 연대는 기원전 9세기로 측정되는데, 사용된 자모들은 완전히 성숙한 모아브 알파벳(고대 히브리 문자와 페니키아 문자의 일종)이었으며 글귀는 야훼라는 이름을 최초로 언급한 예로 간주되었다. 문자 형태는 원시적이기는커녕 상당한 성숙도를 보였다.

테일러는 이집트 신관문자 필기체와 페니키아의 도식적 문자 사이에 연관성이 있다고, 둘의 차이는 시간적 격차로 설명할 수 있다고 여전히 믿었다. 그리스 문자에서 로마 문자가 파생되는 데는 그보다도 짧은 시간이 걸렸다고도 특기했다.[42] 고고학적 증거는 거의 없었다. 테일러는 모아브비가—사해 동부에서—발견되기 전까지 현존하던 초기 알파벳 원형의 사례는 몰타와 사르디니아에서 나온 것이 전부였다고 적었다.[43] 테일러의 표에는 페니키아 알파벳의 변종이 지역별로, 즉 티레, 니네베, 아부심벨신전, 시돈, 마르세유, 카르타고, 스페인, 모아브, 유대,

그림 6.18

아이작 테일러, 『알파벳』 (1883). 페니키아 알파벳에 관한 표.

THE PHŒNICIAN ALPHABETS.

	PHŒNICIAN						PUNIC			ISRAELITE				SAMA-RITAN	
	Tyre	Nineveh	Abu Simbel	Sidon			Marseille	Carthage	Spain	Moab	Judæa	Maccabees		Nablus	
	Sec. x. B.C.	Sec. viii.	Sec. vii.	Sec. v.	Sec. iv.		Sec. iii.	Sec. ii.	Sec. i. A.D.	Sec. ix. B.C.	Sec. vii.	Sec. ii. B.C. Sec. i. B.C.	Sec. vi.	Modern	
Aleph															1
Beth															2
Gimel															3
Daleth															4
He															5
Vau															6
Zayin															7
Cheth															8
Teth															9
Yod															10
Kaph															11
Lamed															12
Mem															13
Nun															14
Samekh															15
'Ayin															16
Pe															17
Tsade															18
Q'oph															19
Resh															20
Shin															21
Tau															22
	I.	II.	III.	IV.	V.	VI.	VII. VIII.		X.	X.	XI.	XII. XIII.	XIV. XV.		

마카베오 가문, 나블루스(Nablus. 사마리아 문자 관련) 등으로 분별되어 있다. 해당 분야의 연구 현황을 철저히 파악하고 알파벳의 기원과 발전 과정을 보여 주는 증거를 신중히 따진 덕에 테일러의 글은 역사학적 맥락을 이해하는 데 요긴한 자료가 되었다.

19세기 언어학자와 근대 고문자학자

19세기 독일인 언어학자 빌헬름 게제니우스의 결정판 『히브리어 문법(Hebrew Grammar)』은 20세기에도 중쇄되고 번역된 권위 있는 참고서였다. 1910년에 출간된 영어판에는 명망 높은 폴란드인 셈어학자 마르크 리즈바르스키가 구성한 표가 포함되었다. 단 핵심 특징(표제에 연대와 지역이 조합된)은 테일러의 표와 유사했다. 특히 시리아, 레바논, 요르단, 팔레스타인·이스라엘, 시나이반도에서 이루어진 발굴 덕분에 증거는 더욱 풍부해졌고, 증거와 유적지를 연관하는 일이 연구의 가치를 높이는 데 중요하다는 점도 인정받게 되었다. 게제니우스의 책에 리즈바르스키가 짜 준 표는 리즈바르스키 자신의 저서에 실린 도표들과 더

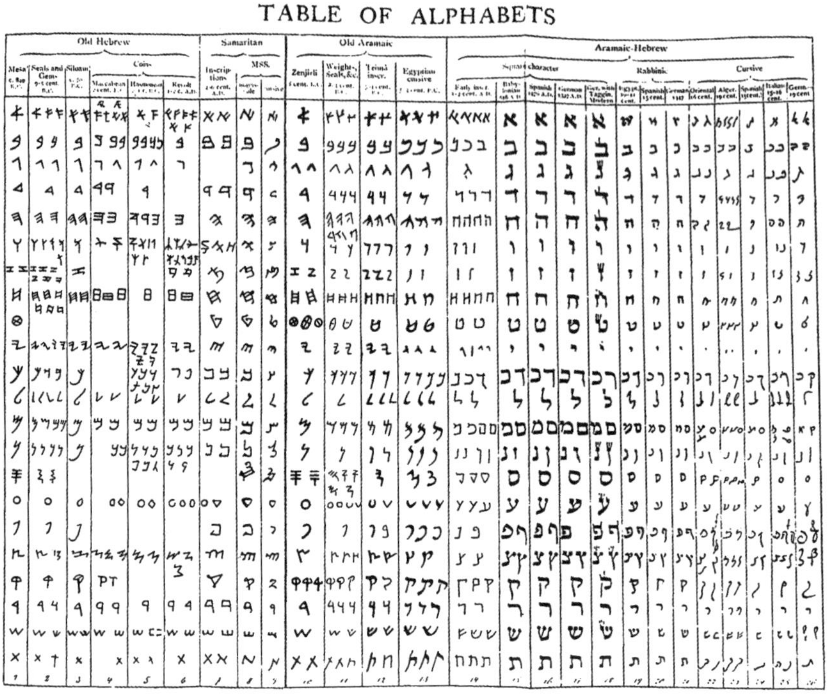

그림 6.19
마르크 리즈바르스키의 '알파벳 문자 표'. 빌헬름 게제니우스, 『히브리어 문법』, 영어 2판(1910) 중.

TABLE OF ALPHABETS

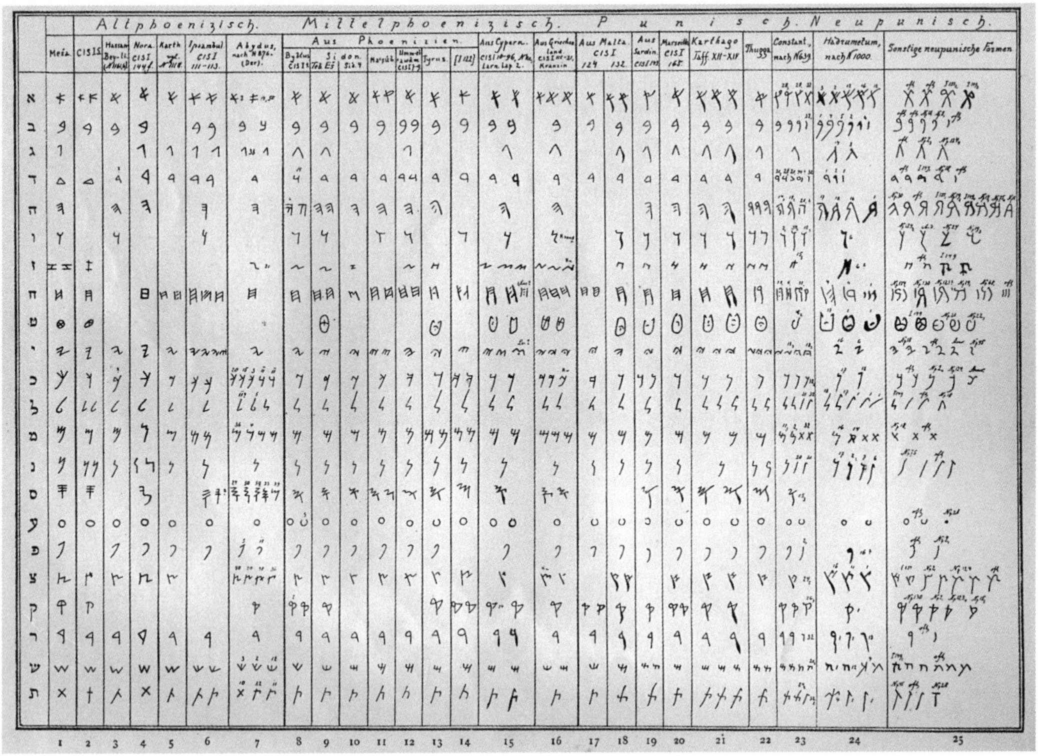

그림 6.20

마르크 리즈바르스키,
『북셈 금석학 편람』
(1898), 부분.

불어 성숙한 연구의 모범이었다. 그의 표는 더 정확하게 연관된 그래픽, 시대, 지리 정보를 통해 비교 구조가 보강된 모습을 보였다.

리즈바르스키가 1898년에 발표한 표는 섬세한 그래픽(예컨대 아람 문자, 팔미라 문자, 나바테아 문자 같은 범주를 구분하는 데 매우 효과적으로 쓰인 선 굵기 등)을 제시했다. 이런 기법은 일반적인 표의 단조로운 색조를 깨면서 독자의 주의를 끌었다. 리즈바르스키는 표본마다—발견지뿐 아니라—출원의 구체적인 물성도 밝혔다. 덕분에 표에서 전반적인 정보량이 상당히 늘었을 뿐 아니라, 후속 연구자들이 정보를 검증할 수도 있게 되었다. 한 줄에 제시된 문자는 모두 같은 비문에서 발췌한 것이었다. 이런 세부는 표의 일반 경향, 즉 기호를 맥락에서 끌어내 일반화하고 출처의 흔적을 지우는 경향을 상쇄했다. 전보다 훨씬 엄밀한 연구 관행을 알렸다는 점에서 이 작품의 중요성은 아무리 강조해도 지나치지 않다. 20세기와 21세기 금석학계에서 알파벳의 등장 과정을 추적 분석할 때 지리와 시대 정보가 얼마나 강조되는지 고려하면, 리즈바르스키의 접근법은 이해를 위한 지적 틀에서 일어난 변화를 스스로 구현했다고 할 만하다. 지리학과 금석학이 통합된 일은 새로운 사건이 아니었다. 10년 전에 발표된 연구에서 아돌프 키르히호프는 초기 그리스 문자의 자모 형태를 퍽 의도적으로 지도상에 배치한 바 있기 때문이다. 그러나 출처가 되는 명문까지 밝힌 것은 뚜렷한 발전이었다.

　리즈바르스키(를 위시한 당대 학자들)의 도표를 살펴보면 로마, 그리스, 히브리의 현대적인 문자 형태가 모두 페니키아 원형에서 파생되었다는 점을 시각적으로 분명히 알 수 있다. 알아볼 수 있는 자모가 천천히 형성되는 과정이 드러나도록 시각 정보가 정리된 덕이다. 형태 유사성은 분석의 토대로 중요하지만, 그것만으로는 절대로 충분하지 않다. 언어적, 문화적, 시대적 맥락이 시각적 증거를 뒷받침해야 한다.

그림 6.21

고드프리 드라이버, 『셈 문자』(1948). 페니키아 명문 문자 표.

THE ORIGIN OF THE ALPHABET　169

Hiero-glyph	Word	Meaning	Value	Phoenician Signs	Arabian Signs	Name Meaning	Value
⌐	id	'hand'	d	̉ ̉ ??	̉ b	yôḏ 'hand'	y
⌐	rʾ, rị	'mouth'	r	))))	0 0 m	pê 'mouth'	p
Y	zḥw-t	'prop'	—	Y Y Y Y	⊕ ▽	wāw 'peg'	w
~~	n-t	'water'	n	ʃ ʃ ʃ ʃ	‡ ᕒ	mîm 'water'	m
†	(?)	(?)	—	✗ ✗ +	✗ +	tāw 'mark'	t
))	qmȝ	'throw-stick'	—	٦ ∧ ٦	٦ ٦ ∧	gîmel 'throw-stick'	g
↦	zwn, zḥn	'arrow'	—				
↠	ʾ	'bolt'	ẓ	I I I	ꓕ Ꞁ	zayin 'weapon (?)'	z
Ω	ʾ	'folded cloth'	s				
𓁶	tp	'head'	—	٩ ٩ ٩ ٩	٦)	rêš 'head'	r
👁	ir-t	'eye'	—	O	o	ʿayin 'eye'	'(ʿ)
▭	rị	'door'	—	◁ ◁ ◁	ꞗ ꞗ	dâleṯ 'door'	d
𓃾	kȝ	'ox'	—	K K K	ⷹ ⷹ K	ʾāleph 'ox'	'(ʾ)
𓎛	ḥnʿ	'rush'	—	✔ ✔ ✔	ꟼ	kap 'hand; bough'	k
⌒⌒	ḫȝs-t	'hill-country'	—	W W	ꓛ ꓚ	šîn 'tooth; peak'	š
🜍	rwḏ	'peasant's crook'	—	L L L L	٦ ٦ ꓲ ꓲ	lāmeḏ 'goad'	l
🜍	ḥqȝ	'crooked staff'	—				
🜍	wsr	'sceptre'	—				
⊓	ḥ	'courtyard'	ḥ	٩ ٩ ٩ ٩	⊓ ⊓ c	bêṯ 'house'	b
🐟	in-t	'bulti-fish'	—	ꟻ ꟻ	ꟽ	sāmeḵ 'fish (?)'	s
🐍	wʿḏ-t	'cobra'	—	٦ ٦ ٦ ٦	٦٦ ٦	Aram. nûn 'fish'; Eth. naḥâs 'serpent'	n
	qȝl	'high'	—				
𓀁	ḥrị	'rejoiced'	—	٦ ٦ ꓱ ꓱ	ꓱ ꓵ	hê 'lo!'	h
	ḥr	'mourner'	—				
𓀒	ȝ	'twisted hank'	ḥ	ⴼ ⴼ ⴼ	m ꓱ	ḥêṯ	ḥ
				⊕	⊞	ṭêṯ	ṭ
		'grasshopper'	—	٦ ٦ ٦	ꞵ	ṣāḏê 'cricket'	ṣ
		'monkey'	—	ᵠ ᵠ	ꓱ	qôp 'monkey (?)'	q

¹ Taken only from inscriptions dated c. 1300–900 B.C.
² Chosen from the South-Arabian alphabets without regard to dialect with a view to comparison with the corresponding Phoenician letters.

FIG. 92. Comparison of Egyptian and Semitic letters.

19세기 말에 이르러 기원전 1000년경 이후 알파벳의 기본 역사가 정립되고 지도로 그려졌지만, 그보다 먼 과거의 역사를 구명하려면 다른 방법, 특히 고고학과 고문자학이 필요했다.

　　리즈바르스키의 전문적인 도표에서 글자 크기, 굵기, 전체적 외관이 표준화되어 있다는 사실은 표본의 확대·축소와 제작 기법에 통일성이 있었음을 암시한다. 그러나 리즈바르스키의 꼼꼼한 접근법은 20세기 셈 금석학 연구에서 모범이 되었다. 1948년도 저서『셈 문자—그림 문자에서 알파벳까지』에서 저명 학자 고드프리 드라이버는 책에 실린 표본이 사진으로 복제되었는지 아니면 원본을 손으로 따라 그린 것인지 밝히는 정보를 실었다.[44] 그의 저서에는 100점에 가까운 도표와 거의

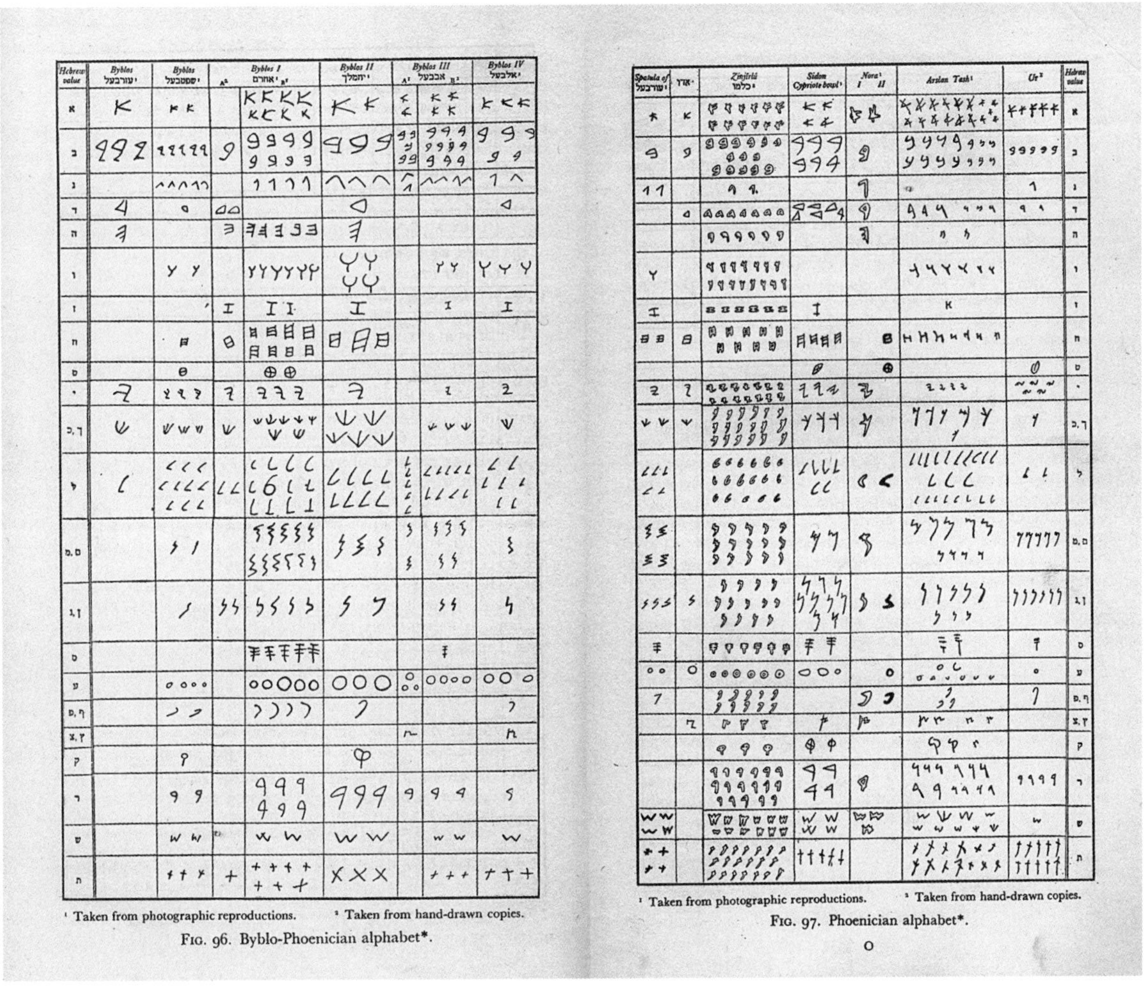

¹ Taken from photographic reproductions.　² Taken from hand-drawn copies.

FIG. 96. Byblo-Phoenician alphabet*.

¹ Taken from photographic reproductions.　² Taken from hand-drawn copies.

FIG. 97. Phoenician alphabet*.

60점에 이르는 사진 도판이 실렸는데, 이는 테일러가 증거 부족 문제를 지적했던 60년 전에 비해 접할 수 있는 세부 정보가 크게 늘어났음을 입증한다. 드라이버의 공헌에 관해서는 뒤에서 더 논하겠지만, 문자 표의 맥락에서 중요한 점은 그가 사료의 구체적 출처와 매체를—물건, 파편, 비문, 드로잉 등을—밝혔다는 점이다. 그의 표에는 개별 출처 안에서 발견된 변종들도 밝혀져 있는데, 덕분에 문자의 진화뿐 아니라 필사 관행도 뚜렷이 감지할 수 있다. 드라이버는 수메르의 그림문자에 기원이 있다는 설을 반박한 리즈바르스키를 인용(하고 동의)했지만, 이집트가 영향을 끼쳤으며 시나이반도가 바로 알파벳 문자가 문화적으로 형성된 곳이라는 설을 지지하는 입장들은 원용했다.

이처럼 주의 깊은 작업을 바탕으로 후대 학자들은 연구를 쌓아 나갔고, 새로 발견된 유물들을 획, 방향, 형태 등 모든 면에서 세세히 분석할 수 있게 되었다.

그림 6.22

벤저민 새스, 『알파벳의 탄생과 발전』(1988). 시나이 명문 번호와 연구 목적으로 새로 그린 문자를 보여 주는 표의 일부.

TABLE 4: THE LETTERS OF THE PROTO-SINAITIC INSCRIPTIONS

	345	346	347	347A	348	349	350	351	352	353	35
ʾ											
b											
g?											
d											
h											
w											
ḏ											
ḥ											
ḫ											
y											
k											
l											
m											
n											
ʿ											
p?											
ṣ?											
q?											
r											
š?											
t											
+											
Unidentified											
Unclear	1?				1?						
Total	14-16	29-30	3	2	9-10	27	13	17	26	34	

　　표에 관한 논의를 마무리하려면 능란한 금석문학자 벤저민 새스를 언급해야만 한다. 엄격한 학술 연구에 봉사하려는 목적에서 미세한 부분까지 관련 정보를 조직하고 제시하도록 디자인된 새스의 표에는 피상적인 미적 속성이 없었다. 그의 표는 그림을 이용한 표상이라기보다 오히려 스프레드시트에 가까웠다. 가령 후레이 같은 사람이 이런 표를 삽화나 서사적인 서술에 끼워 넣는 모습은 상상하기 어렵다. 새스는 구체적 물증에 기초한 정보를 표로 짰고, 각 물증은 고유 번호를 붙여 분별했다. 명문마다 부호 개수를 세는가 하면 형태와 방향의 변이를 특기했으며, 기호를 그려 옮길 때는 원래 조건—닳고 부서지고 파편화된 모습—을 살리기도 했다. 겉으로 보아도 방대한 작업이었다. 새스의 표는 실증적 접근법을 철저히 구현했다는 점에서 방법론적이었고, 동시에 우리가 알파벳이라고 부르는 놀라운 체계가 등장한 과정을 추적할 수 있는 장소와 유물에 유의했다는 점에서 실질적이기도 했다.

맺는말

그래픽 표는 알파벳의 기원과 발전에 관한 주장을 형성하고 제시하는 데 중요한 수단이 되었다. 이 연구 분야에서 행과 열로 이루어진 기본 그리드 형식에는 오랜—다른 분야에서는 더 오랜—역사가 있다. 이 형식은 맥락에서 발췌되어 일정한 크기, 비례, 순서로 제시된 기호들 사이에 유사성이 있다고 간주하는 구조를 통해 독자에게 효과적으로 연관성을 납득시키는 기능을 한다. 이런 이성적 방법이 공상적 목적에 전용될 수도 있지만, 그건 어떤 지식생산 형식이든 마찬가지이다. 고문자학이나 고고학 같은 엄밀한 분야도 괴상한 주장에 전용될 수 있다. 이들 분야가 이해를 넓히는 데 쓰일 때조차 그렇다. 알파벳의 기원과 발전에 관해 오늘날 우리가 아는 지식은 그런 연구에 기초한다. 물론, 증거가 비교적 희소한 탓에 줄거리 전체를 알기는 여전히 어렵다. 그러나 그럴듯한 추정에 필요한 자료는 역사상 어느 때보다 충분히 확보된 상태이다. 흥미롭게도, 연대와 기간을 조금만 수정하면 실증적 증거는 고대 전통과 고전기 역사 서술을 대체로 뒷받침한다.

7

근대 고고학

알파벳 관련 증거에
제자리 찾아 주기

근대의 과거사

페니키아 문자가 전파된 후 고대 유럽 상황에 관해서는 그리스, 로마,
에트루리아 등의 기념물과 주화에 새겨진 명문에서 얼마간 통찰을 얻을
수 있었다. 그러나 레반트 지역의 초기 알파벳 발전 과정에 관한 물증은
19세기 이전까지 부재하다시피 했다. 21세기에도 기원전 2000년대라
는 결정적 시기와 연관된 유물은 수백 점에 불과하다. 이처럼 적은 수량
은 같은 시대에 나온 설형문자 판과 신성문자 조각이 수십만 점에 이르
는 점과 대조된다.[1] 검증 가능한 고고학 유적지에서 발굴된 예는 그보다
도 적다. 새로운 유물이 발견될 때마다 최초의 흥분과 설렘은 고단하리
만치 상세한 분석으로 이어지곤 한다. 21세기에 새로 발견되는 유물은
잘 정립된 학문적 틀에 맞춰 체계적으로 정리되지만, 그런 틀이 만들어
지기까지는 상당한 노력이 필요했다.[2] 현행 연구는 아마추어 사업에서
전문 분야로 한 단계씩 발전한 근대 고고학 기법을 바탕으로 구축된다.
　알파벳의 초기 발전 과정에 관한 지도와 연표는 이집트와 레반트를
아우르는 지역에서 19세기부터 21세기까지 발견된 명문 덕분에 만들
어졌다. 그런 기초 사료가 발굴되는 동안, 서양의 역사 연대기 개념은

18세기 지질학자 제임스 허턴 등이 제안한 "깊은 시간(deep time)" 개념 덕에 변화하고 있었다. 모든 분야에서 즉시 또는 고르게 태도 변화가 일어나지는 않았지만, 알파벳의 기원에 관한 이해는 확실히 성서가 아니라 고고학적 시대 틀을 기준으로 삼는 방향으로 점차 바뀌어 갔다. '성지'와 연결된 모호한 설화는 과학적으로 구성된 역사로 대체되었다.

이제 우리는 알파벳의 기원을 연대기적으로나 지리적으로나 얼마간 신빙성 있게 기술할 수 있다. 기본 개요는 이렇다. 알파벳은 기원전 1800년경 또는 이후 레반트에서 셈어 사용 민족과 이집트 지역 주민이 문화적으로 교류하는 과정에서 형성되었다. 가장 오래된 증거는 이집트 나일강 서안 룩소르 북쪽의 와디 엘홀 유적지에서 발굴되었다. 시나이 반도와 비옥한 초승달 지대에서 발견된 후대 명문은 알파벳 서자가 점차 확산하고 진화하는 모습을 보여 주는데, 대다수 증거는 기원전 14세기 이후 유물로 측정된다. 기원전 2000년대 후반에는 비교적 표준화된 알파벳 문자—이른바 선형 페니키아 문자—가 티레, 비블로스, 시돈 같은 해안 도시 문화의 일부가 되었다. 이 초기 알파벳의 변종인 원시 가나안 문자는 라키시, 게제르, 텔 엘헤시 등 서쪽 지중해와 동쪽 유대의 산악지대 사이 해안 평원에 형성된 내륙 정착지에서 쓰였다. 이 활동은 기원전 10세기 내지 9세기, 즉 고고학에서 철기시대 I기와 II기로 분류되는 기술적·사회적 발전기에 일어났다.[3] 기원전 1000년 이후 이런 해안 도시를 중심으로 하는 해상무역을 통해 선형 페니키아 문자가 퍼져 나가며 알파벳 문자는 더 널리 확산했다. 그러는 동안 본고장에서는 고대 히브리 문자 같은 변종이 나타나기도 했다. 육상 통상로와 항만을 통해 스페인, 이탈리아, 그리스, 튀르키예, 기타 여러 섬에 알파벳 글자가 전래된 과정은 명문과 유물을 비교해 추적할 수 있다. 서양에서는 기원전 수백 년간 이들 문자가 변형을 거쳐 그리스, 에트루리아, 이탈리아, 이베리아 등의 변종이 되었다. 같은 근원에서 에티오피아, 아랍, 현대 히브리, 이어 인도 문자도 등장했고, 그중 다수는 기원전 수백 년 사이에 동양과 아시아에 정착했다. 최초 충격이 오늘날 세계의 모든 대륙에서 쓰이는 알파벳 문자의 토대로 발전하는 데는 2000년가량이 걸렸다.

이런 역사적 서사를 수립하고 검증하는 데는 근대 고고학이 필요했다. 고고학이 출현한 배경에는 구약성서의 진실성을 입증할 증거를 찾아 나선 미국, 영국, 유럽 학자들의 탐험이 있었다. 모든 시대의 알파벳학을 관류한 것과 같은 동기가 배경에 있었던 셈이다. 성서에서 거명된 장소를 찾으려는 충동은 시나이반도와 레반트의 지도를 그리는 동기가 되었다. 이는 수백 년간 이어진 충동이었다. '성서고고학' 개념이 이제는 해당 지역에 관한 연구를 지배하지 않지만, 탐험 초기에는 중요한 역할을 했다. 고고학 연구는 식민주의, 제국주의, 영토분쟁(이 지역에는 늘 정치적인 차원이 있다)뿐 아니라 문화 침탈과도 연관 있었다. 이 역시 현재까지 이어지는 유산이다. 고유물에 대한 통제권이 점차 지역 당국으로 옮겨 갔다고는 하지만, 아직도 많은 유물이 영국과 유럽의 박물관에 소장되어 있다. 역사적 민족정체성에 관한 논의는 현재 진행 중인 정치적 의도로 채워지기도 한다. 과연 여러 저자가 시사한 것처럼 "시나이반도의 바위들"에서는 "이스라엘의 목소리"가 울려 나오는가?[4] 민족 기원에 관한 신화를 다룰 때, 특히 고고학적 증거를 평가할 때에는 신중해야 한다. 원시 시나이 명문을 이집트에서 활동하던 셈어 사용자들이 만든 것은 사실이다. 그러나 이는 '이스라엘'이라는 민족정체성이 형성되기 훨씬 전의 일이다.[5]

　　고대 페니키아, 필리스티아, 가나안, 시나이반도 등지를 연구하는 고고학자들이 극복해야 했던 또 다른 문제는 해당 지역에서 발굴된 증거가 초기 이집트 문화나 후대 그리스·로마의 기념비적 사원과 궁전에 비해 크기와 외관에서 차이가 난다는 점이었다. 폐허화한 과거를 눈으로 확인할 수 있는 기념비적 유적지는 이탈리아 폼페이와 헤르쿨라네움을 중심으로 일찍이 17세기부터, 이집트 피라미드는 18세기 내지 19세기 초부터 발굴되기 시작했다. 사막 땅에 묻혀 있던 고대 바빌로니아와 아시리아의 거대 구조물은 19세기에 출토되었다. 고대의 사르곤왕궁, 아슈르바니팔도서관, 바빌론 공중정원은 말 그대로 흙을 걷어 내고 나서야 모습을 드러냈다. 그러나 이런 신화적 유적지에는 폐허에 투사할 긴 내력이 있었다.

　　알파벳을 개발한 지역 주민들은 기자 피라미드나 크노소스와 니네베의 궁전 같은 것을 전혀 짓지 않았다. 예컨대 늠름한 기자 피라미드는 기원전 3000년대 중엽에 지어졌지만, 시나이 사막의 바위에 거칠게 쓰인 글자들은 그보다 1000년가량 후에 새겨졌다. 기원전 1000년대의 '기념비적'인 초기 알파벳 비문은 소박하게 석관이나 명판에 쓰였다. 피라미드나 궁전에 새겨진 문자가 아니었다. 벽돌이나 도편(陶片), 분지 암벽에 새겨진 문자처럼 특히 중요한 증거 중에는 너무 하찮아서 애초에 눈길을 끌지 못한 것도 있었다.

알파벳과 연관된 고고학적 발견은 서로 다른 문화 집단에 속한 고대 인구가 함께 살던 몇몇 지역에 집중되어 있다. 페니키아라고 알려진 레반트 북부 연안, 오늘날 레바논에 해당하는 지역에서는 비블로스 왕실 명문을 위시해 고대 가나안 땅의 셈어 사용자 주민이 만든 여러 소품이 배출되었다. 연안 남쪽의 고대 필리스티아는 기원전 2000년대에 미케네가 무너지고 에게해에서 온 사람들이 점했다. 그들은 페니키아 또는 가나안 문자를 받아들여 필리스티아어를 적었다. 북쪽에는 고대 이스라엘이 요르단강을 가로질러 있었는데, 그곳 주민도 고대 유대, 모아브, 암몬, 에돔(Edom) 주민과 마찬가지로 셈어를 썼다. 이들 지역과 문화, 언어는 알파벳 문자의 변종 형태와 이름(모아브 문자, 암몬 문자 등)으로 연결되어 있다. 이 모두 기원전 1000년경까지 곳곳에 산재한 필기 문화에서 원시 가나안 문자에 뿌리를 두는 공통 알파벳이 쓰였음을 입증한다.

이보다 오래전에 남쪽 시나이반도의 바위에 새겨진 명문들에서는 이집트와 동북부 이웃 사이에서 그래픽 형태와 개념적 영향을 중심으로 복잡하게 이루어진 문화 교류를 통해 알파벳 계열 문자가 발전한 초기 역사에 관해 통찰을 얻을 수 있다. 1994년부터 1995년 사이에 와디 엘홀에서 초기 알파벳 문자가 발견되자 기원의 범위와 장소에 관해 새로운 추측이 일어났다. 이 과정에 관해 일관된 연표를 작성하려면 관련 증거가 거의 없는 긴 시기도 얼마간은 설명할 수 있어야 한다. 알파벳은 문화 교류가 활발히 일어나고 필기 관행이 나름대로 조직화되어 분산된 상태에서도 초기 문자 형태의 표준화가 이루어진 지역에서 수백 년에 걸쳐 형성되었다.

고대 레반트 지역에 관한 고고학 탐사가 낳은 가장 결정적인 효과는 한없이 구체적인 연대기 안에서 역사적 지식을 공간화했다는 점이다. 경관의 측면은 과학적 방법을 통해 지도로 그려졌고, 성층의* 수평 층은 계측되고 해석되었다. 근대의 실증적 방법을 통해 고고학은 애초에 알파벳이 개발된 곳에서 알파벳의 역사를 복원했다. 그러면서 알파벳의 위상도 변했다. 이제 더는 주어진 물건이 아니라 구체적인 역사적 정황과 연관할 수 있고 식별할 수 있는 사람들이 특정 시기에 특정 장소에서 만든 인공 체계로 인식되기에 이르렀다. 이런 이해는 근대 고고학 덕분에 알파벳이 실질적으로 재발명된 20세기 중반부터 몇몇 핵심 장소에서 발굴된 증거를 바탕으로 등장했다.

*
성층(stratification): 층이 두 가지 이상 퇴적되는 현상을 말한다. 고고학에서 자료의 형성 연대를 측정하는 데 쓰이는 층서법(層序法, stratigraphy)과 연관된 개념이다. 층서법은 지질학 개념이 고고학에 적용된 것으로, 지표면 아래 유적을 덮은 퇴적층 사이의 관계를 다룬다.

기원은 같지만, 원시 시나이 문자로 쓰인 셈 명문은 지리적으로나 시대적으로 후대에 같은 장소에서 새겨진 시나이 문자뿐 아니라 고대 가나안의 광범위한 지역에서 발견된 원시 가나안 문자(흔히 서북셈 문자라고 불린다)와도 구별된다. 초기 셈 명문은 소아시아반도 남부와 레반트 전역에서도 발견되었다. 여기에서 레반트는 고대 시리아·팔레스타인과 현 레바논, 요르단, 이스라엘, 시리아, 서이라크를 가리킨다.

레반트에 접근하기

19세기 중반 오스만제국이 통제하던 영토에 정치 변화가 일어나면서, 북으로는 알레포에서부터 남으로는 시나이반도와 이집트에 이르는 영역을 여행하기가 조금 쉬워졌다. 거의 한 세기 후, 제1차세계대전이 끝나고 국제연맹 결의에 따라 통제권이 프랑스와 영국으로 넘어가면서, 영국은 오늘날 이라크, 팔레스타인, 트란스요르단을 다스리고, 프랑스는 시리아와 레바논을, 나머지는 튀르키예가 통제하게 되었다. 이 지역의 복잡한 정치사는 고고학 연구에 상존해 온 측면이다.

이 지역에 관한 서양의 지리 지식에는 나름의 역사가 있었다. 사뮈엘 보샤르가 지명을 망라하고 성서 내용과 연관해 엮은 『신성 지리학(Geographia sacra)』(1646)은 19세기까지도 여행가들에게 출발점으로 쓰였다.[6] 보샤르의 목표는 지명 목록을 통해 대홍수 이후부터 언어 혼란 이전까지 노아의 자식들이 흩어져 간 양상을 추적하는 일이었다.[7] 이 외에도 별난 의도가 있었던 보샤르는 유사 철학적 설명을 이용해 히브리어와 칼데아어가 튜턴어와 켈트어에서 유래했음을 입증하려 했다. 프랑스인 철학자 볼테르는 보샤르의 공상을 가차없이 난도질했다. "티베르(Tiber)강 강변에서 쓰이는 표현들이 비스케이만 야만인의 방언에서 빌린 것이라고 주장하는 이 천재 양반의 자신감에 대경실색할 노릇이다."[8] 하지만 보샤르는 후대에도 권위자로 빈번히 인용되었고, 누구보다 '근대적'이던 19세기 성지 여행가들조차 보샤르의 관점을 일부 연구에 옮겨 넣었다 해도 부정확한 말은 아니다. 더 신빙성 있고 포괄적인 지리 지식을 엮은 이는 하드리아노 렐란도[본명 아드리안 레일란트]였다. 1715년에 초판이 출간된 그의 저서 『신성한 히브리 고유물(Antiquitates sacrae veterum Hebraeorum)』은 화보를 곁들인 고대 팔레스타인 지리서였는데, 이에 쓰인 자세한 지역 명명법은 고유물 연구의 기초가 되었다.[9] 이 지역에 관한 철저히 근대적인 조사는 영국 단체인 팔레스타인탐사기금에서 탐사대를 파견한 19세기 중반까지도 이루어지지 않았다.

근대 고고학의 도래

1907년, 프레더릭 존스 블리스는 종합적인 역사서 『팔레스타인 탐사 사업의 발전 과정(The Development of Palestine Exploration)』을 발표했다.[10] 고전 문헌과 순례 서사, 수백 년간 그곳을 여행한 이들의 설화를 요약한 그는, 19세기에 이르러 "학자들이 온도계, 망원경, 컴퍼스, 줄자를 들고 이 솔깃한 분야에 뛰어들 때가 왔다"라고 선언했다.[11] 그가 보기에 이 학자는 바로 근대 고고학의 창시자로 여겨지는 에드워드 로빈슨이었다. 블리스가 나열한 도구들은 로빈슨이 실증적 방법으로 전환한 사실을 강조했지만, 문헌은 새로운 발견을 여전히 자극하는 중요 토대였다. 로빈슨은 아드리안 레일란트, 카를 폰 라우머, 존 루이스 버크하트, 레옹 드 라보르드 등 저명한 해당 지역 지리학 권위자들에 의지했다. 모두 당시 일반적으로 통용되던 참고 자료였다.[12] 선배 연구자들과 마찬가지로, 그도 성지의 물리적 지리 안에서 성서와 관련된 장소들을 식별해 내려 했다.[13]

　　근대 고고학은 이런 지적 맥락에 두 가지 혁신적인 방법을 도입했다. 바로 공간화와 성층이었다. 두 방법 모두 물리적 공간을 역사와 연관해 읽을 수 있는 지표로 인식했다. 물건을 발굴 장소와 연관하고—때로는—연대가 측정되는 발굴지 지층과 결부해 봄으로써 특정 역사에 고유한 문화 발전과 사회 관습의 일부로 전환하는 방법이었다.

시돈 명문 발견

본토에서 처음 발견된 주요 페니키아 기념물은 고대 해안 도시 시돈 근처에서 출토되었고, 대중과 학계에 선풍을 일으켰다. 그전까지 확인된 페니키아 명문은—문자가 새겨진 몰타의 두 기둥을 제외하면—주화에 새겨진 것밖에 없었는데, 그중 가장 오래된 것은 기원전 15세기 물건이었다.[14] 그런데 1855년 2월 22일, 프랑스 영사관원으로 베이루트에 파견된 외교관 에메 페르티에는 고대 해안 도시 시돈 유적지의 동남쪽을 걸으며 고대에 공동묘지가 있었다고 믿던 곳에서 보물의 흔적을 찾고 있었다. 그는 돌무더기와 잔해로 무성한 지역에 이끌렸다. 조사 끝에 페르티에와 그가 고용한 일꾼들은 지하로 이어지는 갱도를 찾았고, 거기에서 왕릉을 발견했다.[15] 황금 같은 보물더미는 없었지만, 그들이 찾은 것은 어쩌면 훨씬 가치 있는 것이었다. 나중에 제5능이라고 명명된 곳에서 근사한 가나안어(셈어) 명문이 페니키아 문자로 쓰이고 이집트 양식으로 새겨진 석관 하나가 성한 상태로 출토되었기 때문이다. 오늘날 기원전 15세기 물건으로 측정되는 석관이었다.[16]

명문이 입증해 주는 역사와 연관된 바로 그 땅에서 처음으로 기념물이 발견되었다는 소식이 퍼져 나갔다. 광범위한 학문―역사, 문헌학, 고문자학, 성서학 등―연구에 증거를 제공한 발견이었다. 발굴 소식은 순식간에 퍼졌는데, 이와 관련된 세부 사항은 해당 유물이 제공한 알파벳 관련 정보뿐 아니라 19세기 중반 지식 유통 기술의 현황도 시사해 준다.

현장에서 명문과 석관을 손으로 그려 옮긴 미국인 선교사들이 있었다. 당대 서술에 따르면, 그중 하나를 그린 사람은 당시 시리아에 와 있던 올버니역사박물관(미국에서 가장 오래된 박물관 중 하나) 회원 C. V. A. 밴 다이크 박사였다고 한다. 그는 뉴욕주 북부의 동료에게 즉시 드로잉을 보냈다.[17] 런던으로도(분젠 경에게*) 한 부 발송되었는데, 분젠은 이를 셈어 지식이 있던 마르부르크(Marburg)의 학자 M. 디트리히에게 전달했다. 다른 드로잉 사본도 만들어졌고, 곧이어 명문을 해독 내지 번역하려는 시도가 이루어졌다. 하지만 미지 문자에 익숙하지 않은 사람이 명문을 사자한 탓에 사본에는 오류가 있었고, 이는 정확한 분석에 장애가 되었다(몇 글자는 읽을 수가 없었다).[18]

명문이 발견된 지 고작 몇 달 후인 1855년 4월에는 밴 다이크의 드로잉이 올버니역사박물관학회에서 발표되었고, 1855년 5월에는 솔즈베리와 기브스의** 명문 번역문이 《뉴헤이븐데일리펄레이디엄(New Haven Daily Palladium)》에 실렸으며, 비슷한 시도가 다수 이어졌다.[19]

한편 영국 영사와 벌인 소유권 분쟁이 해결되자, 프랑스는 시돈 인근 지하 무덤에서 물건을 꺼내 자국으로 옮겼다. 당대 증인에 따르면 일종의 의례 행렬이 있었던 모양이다. 무거운 석관의 가장자리를 꽃과 종려잎으로 장식하고 수레에 실은 다음 황소 여러 마리가 끌고 험준한 길을 걸어 프랑스 선박 라세리외즈(La Sérieuse)호로 옮겼다. 도시 주민 전체가 나와 행렬을 구경하며 환호했다. 모랫길에서 황소가 수레를 끌지 못

* 분젠 경: 독일 외교관 크리스티안 카를 요지아스 폰 분젠(Christian Karl Josias von Bunsen, 1791~1860)을 가리키는 듯하다.

** 솔즈베리와 기브스: 미국인 산스크리트어·아랍어 전문가 에드워드 엘브리지 솔즈베리(Edward Elbridge Salisbury, 1814~1901)와 미국인 과학자 조사이아 윌러드 기브스(Josiah Willard Gibbs, 1839~1903)를 말한다.

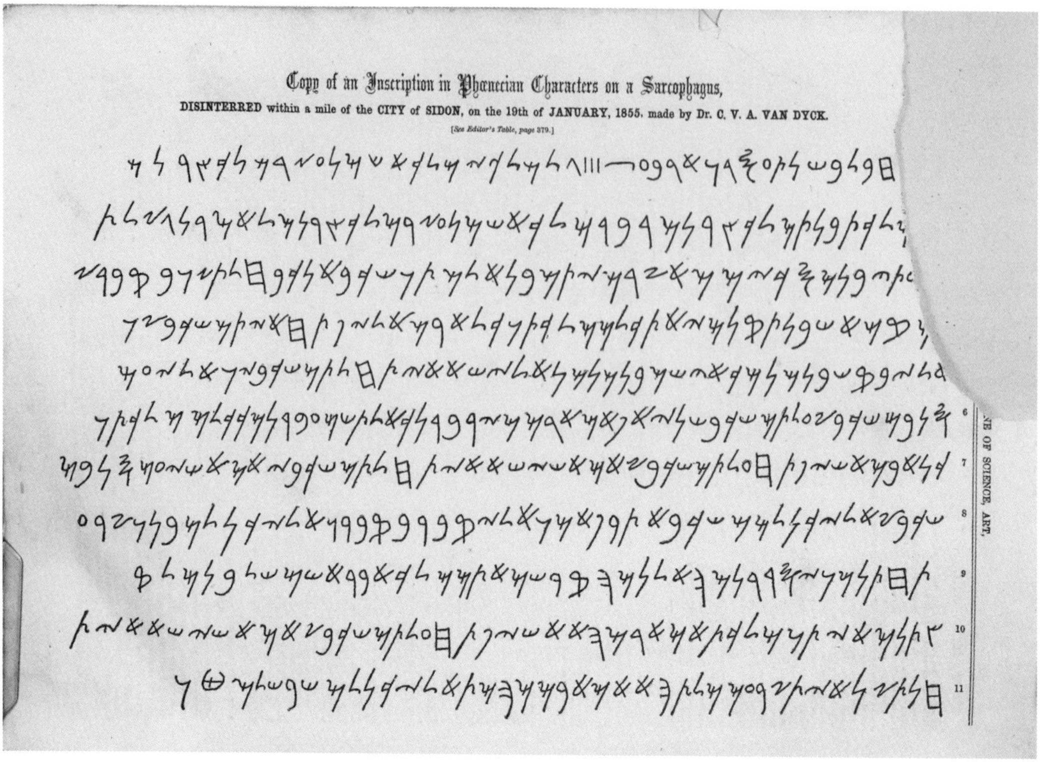

그림 7.1

1855년 1월 19일 C. V. A. 밴 다이크가 시돈에서 갓 토출된 시돈 기념물에서 옮긴 시돈 명문 사본. 그해 4월 《유나이티드스테이츠 매거진(United States Magazine)》에 소개되어 찬사를 받았다.

*
스퀴즈(sqeeze): 명문의 본을 뜨는 기법. 축축한 종이를 명문 표면에 대고 누르거나 액상 고무를 바른 다음 말려 떼어 낸다.

하자, 튼튼한 프랑스 해군 선원들이 물리력과 정신력을 동원해 과업을 도왔다고 한다.[20] 단단히 봉한 물건이 선적되자, 배는 프랑스를 향해 출항했다. 이 유물에 '페니키아' 정체성을 부여한 것은 식민주의적 약탈 행위였다(어쩌면 지금도 그렇다). '페니키아'는 고대에서 "서양으로 수용된 보물"처럼 시대착오적인 용어이다. 어떤 개체("민족, 정치체 또는 '국가'")도 "자신을 페니키아라는 이름으로 부르거나 인식했다는" 기록은 없기 때문이다.[21] 하지만 문헌 자료에서 이 용어는 특정 지역, 민족, 문자를 가리키는 말로 흔히 쓰이게 되었다. 이 책에서도 같은 용어가 쓰이지만 여느 지역이나 민족, 언어를 가리키는 명명법이나 마찬가지로 여기에도 복잡한 역사가 있다는 사실은 기억해야 한다.

1855년 8월, 프랑스의 부유한 귀족이자 고유물 연구가인 알베르 드 뤼인 공작이 석관을 획득해 루브르박물관에 기증한다는 발표가 나왔다. 뤼인은 명문의 스퀴즈를* 뜨고 히브리 문자로 전사해 발표했다. 이 기법은 미국 선교사들이 그린 그림보다 정확한 이미지를 제공했으며, 이렇게 향상된 사본을 바탕으로 새로운 번역이 이루어졌다. 석관과 명문에 관한 출판물은 빗발치듯 나왔다. 석관이 발견된 지 겨우 한 해가 지난 1856년, J. J. L. 바르제 신부는 명문이 불러일으킨 다양한 반응을 요약한 바 있다.[22] 이들은 당시에 출현하던 근대적 시대구분이 아니라 성서상 역사에 석관을 배치하려 했다는 점에서 시사적이다.

> 고대 페니키아 한가운데에 있는 시돈에서 페니키아 명문이 발견되었다는 사실은 이미 학계에 상당한 선풍을 불러일으켰다. 너나 할 것 없이 1000여 자인 비문을 해독하려고 참을성 없이 달려들었다. 개중에는 비문이 모세 시대에 새겨졌다고 믿는 이도 있었다. 그런가 하면 아브라함 시대의 유물이라고 추정한 이도 있었다. 대담한 이들은 대홍수 전대 물건이라고 보기도 하였다. 그들은 명문에 언급된 왕이 생전에 지극히 단단한 석재인 현무암에 석관을 새기고 지표면에서 2미터 깊이로 생바위를 파낸 무덤에 집어넣으라고 지시한 것은 전 세계와 온 주민을 집어삼킬 대재앙의 위협 때문이었으리라고 확신하였다.[23]

1859년에는 10여 종에 이르는 번역문이 나왔고, 이들이 유포된 범위도 넓어서 윌리엄 터너라는 학자는 명문에 포함된 모든 부호와 기호가 저자별로 어떻게 해석되었는지 나열하는 목록을 작성하기도 했다.[24] 여기에서 터너는 페니키아 명문에 쓰인 스물두 자모의 324개 변종을 확인하면서, 신중한—하지만 이론의 여지가 있는—기호 해석에 따라 본문의 뜻이 달라질 수 있는 부분을 지적했다.[25] 명문은 기원전 500년경 페니키아인이 사용한 언어에 관해 귀중한 정보를 제공했다. 그전까지는 길이를 불문하고 페니키아어로 쓰인 명문은 아예 발견된 바가 없었다. 터너는 이 글이 "조각가가 도구에 미숙한 모습을 보인" 첫 몇 줄을 제외하면 "숙련되고 능란한 솜씨로 새겨졌다"라고 밝혔다.[26] 실제로 명문은 고도로 표준화된 자모 형태, 오른쪽에서 왼쪽으로 진행하는 서자 방향, 일정한 각도, 크기, 글자 방향이 능숙하게 처리된 성숙성을 보였다. 문장의 내용은 평민이든 귀족이든 누구라도 죽은 왕의 관을 건드리면 불운이 닥치리라는 에슈무나자르 2세의 경고였다.

터너는 역사학과 고문자학의 증거를 결합하고 다른 명문, 특히 리처드 포코키가 1743년 키프로스에서 기록한 예와 "마르세유, 카르타고, 키티온(Citium), 몰타, 아테네, 그리고 페니키아와 북부 인근 지역에서 나온 주화 다수"에서 찾은 명문과 문자의 성숙도를 비교해 시돈 명문이 쓰인 연대를 측정하려 했다.[27] 핵심은 명문이 "페니키아 본토"에서 발견되었다는 사실의 중요성을 강조하는 데 있었다.[28]

터너는 페니키아어가 성서 히브리어에 가까우며 따라서 "히브리어 경전에 쓰인 언어를 밝히는 일에 직접 공헌"할 수 있다고 보았다.[29] 성서 히브리어는 기원전 10세기까지 쓰인 고대 가나안 셈어의 분파를 가리키는 용어이다.[30] 그는 명문의 철자법에 준모음(matres lectionis: '독해의 어머니') 등 세부 요소가 부재한다는 점을 특기했다. 번역에 뛰어든 여느 학자와 마찬가지로, 터너도 유물 원본은 본 적 없이 명문의 다양한 사본만 보았을 뿐이다. 그러나 그의 연구는 이처럼 풍성한 증거가 주어지기만 하면 금석학 연구법과 역사 분석이 얼마나 빨리 발전할 수 있는지 입증했다.

페니키아 명문이 제자리에서 처음 발견된 사건은 주목할 만하다. 역사 지식과 탐구를 근본적으로 바꾸어 놓은 사건이기 때문이다. 이후 이어진 발견은 시돈 왕실의 역사에 관해 더 완전한 그림을 그려 주었고, 새로운 명문이 발견될 때마다 문자 형태 목록도 늘어나 학자들은 그들 사이에서 미세한 변이도 식별할 수 있게 되었다. 한편 다른 주요 발견 중에는 지리학의 초점을 흥미진진하게, 즉 고대 모아브 왕국과 가장 중요한 도시 예루살렘으로 옮긴 예도 있었다.

더 많은 발견—메샤 비석

시돈 명문이라는 결정적 발견에 뒤이어, 알파벳의 초기 발전단계와 연관해 새로 밝혀진 유물의 수는 꾸준히 늘어났다. 그중에는 우연히 발견된 물건도 있었지만, 대다수는 점차 전문화하는 고고학자들의 체계적인 조사를 통해 나타났다.

발견된 정황이 극적이어서 특히 주목할 만한 물건이 둘 있다. 1868년에 발견된 메샤 비석(모아브비로도 알려졌다)과 1880년에 발견된 예루살렘의 실로암 명문이다. 시돈 석관과 마찬가지로, 이들도 이른바 '안전한' 고고학적 맥락에서 발견되었고, 방대한 문장 덕분에 금석학 분석 자료뿐 아니라 역사적·언어적 정보도 제공한 기념물이었다. 앞에서 특기한 것처럼, 에슈무나자르 왕의 시돈 명문은 석관을 건드리지 말라는 자기 지시적 내용이었다. 그러나 메샤 비석의 내용은 역사적 사건을 직접 언급했으며, 따라서 울림도 더했다.

1868년 8월, 영국성공회 선교단 일원으로 예루살렘에 파견된 프로이센인 프레데리크 클라인은 메샤 비석을 본 첫 유럽인으로 알려졌다. 클라인은 자탄(Zattan)이라는 지역 촌장과 함께 관광을 다니고 있었는데, 자탄이 그에게 디반[Dhibân, 사해 동쪽 현대 요르단에 있는 고대도시 디본(Dibon)]의 폐허에 있는 신기한 돌을 하나 보여 주겠다고 제안했다.[31] 비석은 바닥에 그냥 누워 있었다. 물건을 확인한 때는 이미 늦은 시각이었기에, 클라인은 예루살렘에 돌아가 전문가에게 보여 줄 요량으로 몇 단어만 옮겨 그리고 자리를 떠났다. 클라인이 서술하기로 비석은 "완벽하게 보존된 상태"였다.[32] 불행히도 상황이 뜻하지 않게 흘러간 탓에, 클라인은 이 기념비를 온전한 모습으로 본 첫 유럽인이자 마지막 유럽인이 되고 말았다.

매끄럽게 가공된 아름다운 검정 현무암 석비(높이는 90센티미터가 조금 넘고 너비는 절반쯤 되었다)에는 우아하게 새겨진 모아브어 비문이 있었다. 솜씨 좋게 마무리된 선형 페니키아 문자로 쓰인 문장으로, 훗날 기원전 9세기 중반 작품으로 측정되었다. 예루살렘에 돌아온 클라인은 프로이센 영사 페터만(Petermann) 박사에게 그림을 보여 주었다. 공교롭게도 페터만은 아마추어 고문자학자이기도 했다. 그는 그림 속 문자가 페니키아 문자임을 알아보았고, 베를린의 왕립박물관에 연락해 석비 취득 가능성을 타진했다. 몇 주가 지난 9월 15일, 그는 그때만 해도 간단해 보였던 거래를 승인받았다.[33] 그러나 석비 구매 협상에는 대략 한 해가 걸렸고 "아랍과 튀르키예의 여러 군사령관과 프로이센 정부"가 참여했다.[34] 결국에는 80파운드에 석비를 넘기는 데 모두가 합의했다.[35] 그러는 동안 팔레스타인탐사기금에서 일하던 영국인 찰스 워런이 석비의 존재를 눈치챘다. 물건을 옮기는 협상이 이미 진행 중임을 알게 된 그는 처음에는 사안을 보류했고, 석비는 1868~1869년 겨울 내내 제자리를 지켰다. 협상이 진행되며 석비의 가치를 깨달은 아랍인들은 가격을 높여 불렀다. 이에 프로이센 영사는 튀르키예 정부에 구매 협상을 도와 달라고 요청했다.

이처럼 협상이 지지부진한 가운데, 예루살렘에 파견 나온 프랑스 외교관 샤를 클레르몽가노도 석비에 관한 소식을 듣고는 구매 협상에 뛰어들었다. 이제 석비 하나를 두고 독일과 영국, 프랑스가 경쟁하는 상황이 되었다. 그러는 사이에 클레르몽가노가 야쿱 카라바카라는 아랍인 청년을 고용해 명문의 스퀴즈를 뜨게 했던 모양이다. 이 시도는 상황을 상당히 과열시켰고, 결국에는 베두인족과 다툼이 일어났다. 석비에서 인상을 떠 내려고 현장에 간 카라바카는 다리에 창상을 입고 말았다. 다행히도 "제밀(Djemîl)이라는 마부가 침착성을 발휘"하여 카라바카가 만들던 "여전히 눅눅한 스퀴즈지를 움켜쥐고는" 조각조각 비석에서 떼어 냈고,[36] 운 나쁜 카라바카는 그 자리에서 도망쳤다. 이 스퀴즈의 존재는 극도로 중요해졌다. 클레르몽가노가 지역 아랍인들에게 석비 취득 대가로 375파운드를 제시할 무렵, 나블루스 지사는 부하인 살트 시장을 시켜 물건을 손에 넣으려 했다.* 그러나 지역 베두인족은 전년도에 오스만 정부와 분쟁을 겪었던 터라, 튀르키예 당국에 물건을 넘기느니 차라리 부숴 버리자고 결정했다.[37] 모아브 왕국의 후손을 자처하는 지역 아랍인들은 석비 밑에 불을 지피고 뜨거워진 표면에 찬물을 부어 현무암

*
나블루스는 현재 팔레스타인 요르단강 서안 지구 북부에 있는 도시이고 살트(Salt)는 요르단 중서부의 도시이다. 모두 19세기에는 오스만제국 (현 튀르키예)의 영토였다.

비석을 산산조각 내어 버렸다. "곡식에 병충해가 내릴까" 걱정한 그들은 이들 조각을 곡창에 배분해 "옥수수에 축복이 내리도록" 했다.[38]

워런과 클레르몽가노는 잔해를 모아 일부는 파리로, 나머지는 잉글랜드로 보냈다. 탁본은 1870년대에 대영박물관에 영입된 저명 셈어학자 이마누엘 도이치(Immanuel Deutsch)에게 전해졌다.[39] 스퀴즈에서 얻은 정보를 바탕으로 새로 주조한 부분과 남은 파편을 짜깁기한 기념비가 복원되었다. 복원된 물건은 루브르에 보관되어 있다.

그림 7.4

짜깁기한 파편들로 이루어진 메샤 비석 또는 모아브비 (기원전 860).

기원전 860년경 물건으로 측정되는 메샤 비석은 서북셈어파의 일종이자 사라진 가나안어의 후손인 모아브어에 관한 주요 자료로 간주된다. 명문에 서술된 역사적 사건들은 메샤 왕이 모아브인을 이끌고 이스라엘과 싸워 이겼다는 성서 내용과 일치했다. 이스라엘이라는 이름이 명시적으로 쓰이고, 그렇기에 야훼라는 명칭 역시 중요성을 띠는 명문이다. 쓰인 문자는 페니키아 문자라고도 불리고 고대 히브리 문자라고도 불린다. 후대(기원전 5세기)에 쓰인 시돈 명문에 비해 좁고 길쭉한 인상이 덜하고 둥근 편인 자모 형태에서는 이미 숙련된 필경사의 일관성과 기량이 엿보인다.

시돈 명문과 마찬가지로 메샤 비석도 대중의 관심을 자극했고, 발견 소식과 역사를 둘러싼 복잡한 사연은 다양한 지면을 통해 널리 알려지게 되었다. 팔레스타인탐사기금의 조지 그로브가 쓴 글이 1870년 2월 《뉴욕타임스(New York Times)》에 실렸고, 다음으로 클레르몽가노의 설명이 《레뷰당스트뤽시옹퓌블리크(Revue d'instruction publique)》에, 곧이어 프레데리크 클라인의 글이 《폴몰가제트(Pall Mall Gazette)》에 게재되었다.[40] 모아브는 시돈에서 동남쪽으로 약 400킬로미터 떨어진 곳이었고 두 명문 사이에는 400년 시차가 있었지만, 학자들은 두 사례가 같은 확산과 발전 선상에 있다고 인식했다. 획을 늘여 쓰는 정도와 글자 방향에서 관찰되는 차이로 볼 때 석비에 쓰인 문자는 시돈 명문에 비해 초기 단계에 가까웠다. 그러나 양쪽에는 공히 알아볼 수 있는 문자들이 있었고, 고도로 표준화된 개별 기호도 모두 포함되어 있었다. 모아브비는 바다와 가깝고 목재가 풍부해 해상무역이 성했던 해안 강대 도시뿐 아니라 지역 전역에서 기원전 9세기에 이미 역사적 사건을 공식적으로 서술하는 데 선형 알파벳 문자가 쓰였다는 증거였다.

예루살렘 현장―실로암 명문

다음 주요 유물이 선풍을 일으킨 데는 예루살렘에서 발견되었다는 이유도 있었다. 앞에서도 언급한 에드워드 로빈슨은 1838년에 여행 중 실로암 터널을 탐사했다. 근세에는 1625년부터 알려진 실로암 터널은 성서상 인물 히즈키야와 관계있고 고대, 아마도 기원전 8세기 내지 7세기에 예루살렘 성벽 밖 성전산(Temple Mount) 아래 기혼샘에서 시내로 물을 끌어오려고 판 수로였다. 로빈슨은 첫 방문 이후 추가로 수로를 탐사하

그림 7.5

실로암 명문.

지 않았다. 시크 박사라는* 독일인 건축가의 현지 제자 한 명이 지하 수로에서 놀다가 명문을 발견한 것은 그로부터 40년이 넘게 지난 1880년이었다. 청년의 이름은 야코브 엘리아후였는데, 미끄러져 물에 빠졌던 그가 "수면 위로 올라오다가, 주변이 어두웠는데도 수로 남쪽 벽을 형성한 바위에 글자 같은 것이 새겨져 있음을 눈치챘다"라고 한다.[41] 시크 박사는 그 자리로 돌아가 명문을 옮겨 그리려 했지만, 채광이 나쁘고 조건이 열악했다. 몇 년 후 현장을 방문한 학자 아치볼드 세이스에 따르면, 시크는 "바위의 금과 흠까지 전부" 충실히 옮겼다고 한다. 나름대로 정확한 사본을 만들고자 했던 세이스는 "진흙탕에 몇 시간을 앉아 어두운 촛불 아래에서 작업하였다"라고 기록했다.[42] 결국 그의 "사본은 몇 군데 고칠 데가 있었다. 여섯 주 뒤에 구테(Guthe) 박사가 도착한 다음에야 정확한 사본을 얻을 수 있었다. 구테는 산을 적용해 침전된 석회를 제거하고 석판의 원래 모습을 노출시켰다. 거기에서 거푸집을 만들고 거푸집에서 스퀴즈를 떴다. 그 스퀴즈로 밝은 곳에서 느긋하게 연구할 수 있었다."[43]

　기원전 700년경 작품으로 측정되는 실로암 명문은 예루살렘에서 처음 발견된 초기 알파벳 기념물 문장이었다. 이런 이유만으로도 시돈 명문을 능가하는 유명세를 누리기에 충분했다. 명문에는 도시가 포위되었을 때 시내로 물을 끌어오려고 수로가 건설되었다는 이야기가 적혀 있었다. 이런 구체적인 정보와 철저히 검증된 장소 덕분에 명문에 쓰인 문

시크 박사: 콘라트 시크 (Conrad Schick, 1822~1901)를 말한다.

자의 연대를 제법 정확하게 측정할 수 있었다. 언어는 고대 히브리어였
고, 문자는 옛 페니키아 문자에서 유래한 고대 히브리 문자의 남방 분파
였다. 이처럼 중요성이 심대한 유물이니만큼 글자 하나씩 꼼꼼히 연구
해야 마땅했으며, 이는 지금도 마찬가지이다. 개별 자모 일부는 모아브
비보다 오래된 형태처럼 보였는데, 후자의 제작 연대는 기원전 850년
경으로 측정된다는 문제가 있었다. 이런 불일치가 당대 해당 지역에 분
산되어 있던 도시마다 필기 문화의 사회구조에 문자가 어떻게 내포되어
있었는지 설명해 준다는 연구가 있다.[44] 문자의 지역적 변화가 늘 동시
에 일어나지는 않았다.

이들 세 기념물만으로도 19세기 말 수십 년은 알파벳 고고학의 전환
점이 되었을 것이다. 시돈은 성층화된 유적지였고 실로암 터널은 읽을
수 있는 유적이었다. 모아브비에는 출토 맥락은 없었지만 발견과 연관
된 지리적 장소가 있었다. 새로운 유물이 다수 발견되어 알파벳의 발전
을 연구하는 데 필요한 증거의 총량은 급증했고, 지리적 범위도 꾸준히
확장했다. 예컨대 페니키아 명문이 새겨진 또 다른 기원전 9세기 유물
킬라무와 비석은 1888년부터 1902년까지 튀르키예 남부 삼알(Sam'al)
에 원정해 있던 독일 탐사단이 발견했다.[45] 안으로 파인 시돈 명문과 달
리, 이 비석의 글자들은 돋을새김되어 있었다. 역시 기원전 9세기 작으
로 측정된 명문은 고대 아람 문자로 분류되는 변종 페니키아 문자로 쓰
여 있었다. 비석에 새겨진 무늬 양식이 아시리아 모티프와 상당히 유사
하다는 사실은 알파벳 서자와 레반트 동북부 지역에서 내려온 광범위한
문화적 영향 사이에 연관성이 있음을 시사했다. 고대 중동에서는 설형
문자가 가장 오래된 문자였으므로, 외관상 차이가 극명한 쐐기 모양 기
호와 초기 알파벳의 관계에 관한 의문이 일었다. 1928년 우가리트 해안
지역에서 발견된 몇몇 점토판은 논쟁을 격화했다.

킬라무와 비석은 KAI 24로도 불리는데, 이는 관련 유물 명칭을 표준
화하려고 1960년에 처음 발표한 『가나안·아람 명문(Kanaanäische und
Aramäische Inschriften)』 일람에서 쓰인 이름이다. KAI 일람은 문자 형
태(페니키아, 포에니, 신포에니, 모아브, 암몬, 히브리, 아람)별로 분류
되고 지역(시리아와 소아시아, 이집트, 아프리카, 사르디니아, 그리스,
유럽 등)으로 세분되어 있다. KAI는 가나안 명문과 아람 명문 연구에서
여전히 표준으로 쓰이는 자료이다. 항목 수는 300점이 간신히 넘는 정
도이고, 각 품목의 언어, 자모 형태, 장소, 명문 내용은 철저히 연구되었

다. KAI라는 자료가 존재한다는 사실만으로도 이런 발견을 학계에서 주목하고 체계화했다는 증거가 된다. 다음에 서술할 아히람 석관에는 KAI 1이라는 특별한 명칭이 붙었고, 그 뒤로 발견 연도와 중요도에 따라 다른 주요 바빌로니아 명문들이 이어진다.

아시리아와 우가리트의 연관성

킬라무와 비석의 무늬 양식이 증명하는 것처럼 아시리아와의 연관성은 일찍이 1840년대부터 오스틴 헨리 레어드가 고대 아시리아의 수도 니네베를 체계적으로 발굴하며 발견한 바를 확인해 주었다.[46] 레어드는 설형문자 명문과 페니키아·셈 문자 도안이 모두 새겨진 기원전 8세기 사자 모양 무게 추를 몇 개 발굴했다.[47] 레어드의 주된 관심사는 니네베와 바빌론의 아시리아 유적이었으므로, 여기에서 그의 공로는 간략히 다뤄도 충분할 듯하다.[48] 그러나 그는 예상하지 못했던 페니키아 문자 인장 세 개를 찾았다고도 보고했다. 각주에서 레어드는 해당 글자들이 "필기체 알파벳으로서 페니키아 문자와 상당히 유사한 다른 셈어권 문자에 속할지도 모른다"라고 시사했다.[49] 그는 다른 흥미로운 파편도 찾았는데, 그중에는 그가 측정하기에 기원전 3세기 물건으로 "고대 칼데아 문자"(19세기 중반에는 아람 문자를 가리키는 말로 칼데아라는 말이 여전히 쓰였다)가 새겨진 테라코타 조각도 있었다.[50] 페니키아 문자를 닮은 고대 시리아 문자와 팔미라 문자가 섞인 모습이었다. 다시 말해, 사자 무게 추에서 발견된 명문처럼 여러 후대 서북셈 문자가 섞여 있었다는 뜻이다. 이런 이중언어 명문도 중요했지만, 머지않아 알파벳 원리와 설형문자의 더 혁명적인 관계가 드러났다.

1928년 시리아 북부 해안의 고대도시 우가리트 유적지에서 흥미로운 점토 명문, 이른바 라스 샴라 석판이 발견되었다. 스트라스부르에서 온 고고학자 클로드 셰퍼의 감독하에 8년간 신중히 우가리트를 파헤치던 탐사단은 기원전 14세기와 13세기 사이에 제작된 설형문자 석판을 다수 출토했다. 우가리트 명문은 설형문자가 셈어에 쓰였다는 명백한 증거였다. 이 문자에는 서른 가지 기호가 있었는데, 이는 기원전 1000년경 굳어진 스물두 자 문자가 바로 이 선행 체계가 축소된 결과일지도 모른다는 단서였다.[51] 기호들은 아카디아 설형문자와 구별되었고, 아베케다리움(대개 교육 목적에서 범례나 정렬한 단어 목록으로 만든 알파

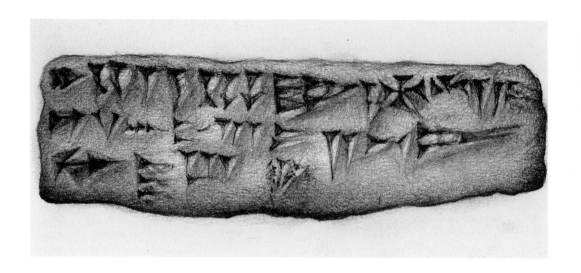

그림 7.6

라스 샴라 알파벳 석판.

벳 자모 명문)에서 발견된 자모 순서는 남북셈 알파벳에 모두 일치했다. 다시 말해, 이들 명문에는 셈어 음운을 표상하는 독특한 설형문자 집합이 쓰였다는 뜻이다. 발견 초기에 라스 샴라 석판은 페니키아 알파벳이 바로 이들 설형문자에서 유래했다는 설을 낳았다.[52] 결국 이 설은 인정받지 못했다.

하지만 셈어 사용자들이 언어의 구성단위에서 라스 샴라 설형 기호가 표상하는 음운을 추출했다는 사실은 근본적인 알파벳 서자 원리가 여러 공동체에 존재했음을 입증한다. 우가리트 설형문자의 쐐기 모양은 어떤 원시 가나안 문자에도 속하지 않는다. 후자는—새겨진 경우든 그려진 경우든—선형을 띤다. 우가리트는 항구였기에 이집트, 키프로스, 히타이트(소아시아반도에서 북부까지) 사이에, 어쩌면 미케네 그리스와도 문화 교류가 활발히 이루어진 장소였다.[53] 이 발견은 알파벳의 시각적 형태뿐 아니라 개념도 이 세계에 유포되어 있었음을 분명히 드러냈다.

언어 분석력은 말소리를 표상하기 위한 전제 조건이다. 이들 설형 기호는 다른 우가리트 서자에서 빌린 것이 아니라 음운 표상을 목적으로 특별히 만들어진 것이었다. 라스 샴라 명문은 연속적 발전 선상에서 벗어난 이례임이 밝혀지기는 했어도, 알파벳이 탄생한 폭넓은 과정을 이해하는 데는 변함없이 중요한 자료이다.

그림 7.7 →

에릭 버로스(Eric Burrows), '라스 샴라 알파벳의 원형들' (1936). 라스 샴라와 다른 현존 알파벳 형태를 비교하는 표. 설형 기호와 도식적 문자 사이에 형태 연관성은 별로 보이지 않는다.

Prototypes of the Ras Shamra Alphabet

#		a	b		#		a	b	
1	א			a	15	ל			l
2	ב			b	16	מ			m
3	ג			g	17	נ			n
4	ד			d	18	ס			s
5	ה			h	19	ע			ꜥ
6	ח			e	20	ע			gh
7	ח			e? u?	21	פ			p
8	ו			w	22	צ			ṣ
9	ז			z	23	צ			s̱
10	ח			ḥ	24	ק			q
11	ח			ḫ	25	ר			r
12	ט			ṭ	26	שׁ			ṣ́
13	י			y	27	שׁ			š
14	כ			K	28	ת			t

S = Sinaitic.   G = Gezer   A = Ain Shems.   H = Tel-Hesi.   D = T. Duweir.   P = Phœn.   ✕ = inversion.

비블로스 왕실 명문

1854년 시돈에서 에슈무나자르 석관과 함께 발굴되기 시작한 비블로스 왕실 명문 집성체는 새로운 발견이 나올 때마다 연구되고 체계적으로 정리되었다. 1881년에는 비블로스에서 독일인 고고학자 한 명이 글귀가 새겨진 흉상을 발견했다. 카르투슈에는 기원전 10세기에 이집트를 다스린 오소르콘의 이름이 새겨져 있었다. 당시 오소르콘의 영토는 레반트까지 확장되었다고 알려져 있었다.[54] 이와 함께 다소 거칠게 쓰인 알파벳 명문은 이집트와 셈족이 공존한 이중언어 다문화 환경이 존재했음을 뒷받침하는 증거였다. 이집트와 해안 도시들 사이의 정치·경제적 끈은 잘 알려져 있었지만, 두 문자의 정확한 연결점은 불분명했다. 신성문자는 분명히 회화적이고 도상적이지만 알파벳 명문은 선적이고 도식적이었다.

이 지역에 왕릉이 풍부하게 묻혀 있을 가능성이 크다고 인식한 고고학자들은 새로운 유물을 꾸준히 찾아다녔다. 1887년에는 에슈무나자르의 선왕인 타브니트의 석관 역시 시돈에서 발견되었다. 다른 발견도 이어졌다. 1895년 클레르몽가노가 발견한 아비바알 명문이 한 예였다. 극히 중요한 아히람 석관은 1923년에 발견되었고, 예히밀크 명문은 1930년에 처음 발표되었으며, 사파트바알 명문은 1936년에, 시피트바알 명문(KAI 7)은 1936년에 발견되었다(그러나 발표는 제2차세계대전이 끝난 후 1945년에 이루어졌다). 비블로스 왕실 명문이라는 집성체를 이루는 이들 유물은 기원전 10세기 내지 9세기 비블로스·시돈과 연관되며 잘 정립되고 철저히 표준화된 문자를 보여 준다.

이처럼 괄목할 만한 발견 가운데에서도 1923년에 발굴된 아히람 석관은 선형 페니키아 알파벳이 성숙한 단계를 표시한다는 점에서 두드러진다. 이 석관은 피에르 몽테가 이끈 비블로스 고대도시 발굴 현장에서 발견되었다.[55] 연대측정은 다양한 문제를 낳았다. 무덤 유적을 근거로 기원전 1200년까지 앞당겨 측정한 학자도 있었고, 명문에 담긴 역사 정보[비블로스 왕 아히람의 아들인 이토발이 만들었다는 말이 있다]와 문자 발전 단계를 고려해 기원전 900년까지 늦춰 잡은 이도 있었다.[56] 이 명문은 페니키아 문자가 지중해 주변으로 유포되기 시작할 무렵 어떤 상태였는지 이해하는 데 무척 중요했다. 이때 쓰인 형태가 통상항로를 따라 퍼졌다고 여겨지기 때문이다. 이른 측정 연대(예컨대 기원전 1200

년)는 페니키아 문자의 성숙과 유포 사이에 상당한 시대 차가 있음을 시사한다. 더욱이 그리스 테라에서 발굴된 최초의 명문은 석관 문자 도안보다 거친 모습으로 발전 단계상 전대에 속하는 것처럼 보이는데, 측정 연대는 오히려 후대여서 계산이 더욱 복잡해진다.[57] 문자가 널리 수용되면서 형태는 도리어 퇴보했는가? 아니면 단지 문자를 배워 써 보려던 사람들의 기술이 능숙하지 못했던 탓일까? 왕자에게 의뢰받은 필경사라면 페니키아인 선원과 질적으로 다른 솜씨를 보이리라 기대할 법도 하지만, 알파벳 명문의 형태는 제작 당시 문자의 진화 단계를 반영해야 한다.

몽테가 아히람 석관을 발견했을 때쯤에는 그런 발굴이 더는 기적처럼 찬사를 받지 않았다. 국제적인 관심은 여전했지만, 반응은 기존 학계 테두리 안에서만 나왔다. 하버드대학교의 찰스 토리는 명문이 발견된 지 2년 만인 1925년 《미국동양학회저널(Journal of the American Oriental Society)》에 실린 글에서 아히람 명문을 기술하면서 기존 문헌을 바탕으로 명문의 내용과 글자, 맥락을 분석할 수 있었다.[58] 토리는 석관에 기원전 13세기라는 측정 연대를 부여했는데, 이제는 인정받지 못하는 연대이다(현재 공감대는 기원전 850년이다). 그러나 그는 저명 학자 르네 뒤소와 마르크 리즈바르스키의 연구를 인용하며, 그들이 1924년에 발표한 번역과 해설을 출발점으로 삼았다. 짐작과 아마추어 같은 해독이 전문 학술 연구로 대체되었다.

비블로스 왕실 명문 집성체가 늘어나고 유적지와 명문 내용 자체의 역사 정보가 더해지면서, 훨씬 정확한 연대측정이—그리고 더 많은 논쟁이—가능해졌다. 왕계(王系)는 얼마간 부칭(父稱)을 통해(에슈무나자르는 타브니트의 '아들'로 식별된다) 확립할 수 있었지만, 역사적 연대측정을 위한 외부 준거들은 더욱 면밀해지던 층 관찰뿐만 아니라 현장의 다른 자료를 통해서도 수립해야 했다. 같은 고고학 층에 있는 물건이라도 가보(家寶)나 중요한 선물로 현장에 자리 잡은 것이라면 다른 것들보다 오래된 물건일 수도 있다.[59] 20세기 성서고고학의 중요 인물인 윌리엄 올브라이트는 연대를 측정할 때 "문법, 어휘, 철자" 지식도 감안해야 한다고 강조했다.[60]

모든 비블로스 명문은—아히람, 예히밀크, 엘리바알, 아비바알을 포함해—철기시대 선형 서북 명문의 동종으로 간주된다. 즉, 공통된 특징이 있고 서로 연관된 단일 명문 집성체라는 뜻이다. 메샤 비석을 포함해

ᛁ᛭᛫ᚻᛞᛁᛁᚲᛊ᛭᛬ᛁᛁᛊᛊ᛭ᚷᛁᛊᚹᛂᛁᛁᛊᚢᛁᛚᛊᛊᛁᛁᚢᛁᛊᛁᛁᛚᚲᛁᛁ᛭ᛁᛊᛈᚩᛊᛁᛈᚢᛡᛉᛡᛡᛜ
᛫ᛊᛡᛁᛉᛁᛁᚹᚷᛈᛁᛞᛊᚷᛁᛊᛈᛈ᛭ᚻᛞᛊᛊᛁᚲ᛫ᚷᛁ᛫ᛊᚷᛡᛡᚩᛁᛈᚷᚷᛉ᛭ᚻᛊᛁᚢᛖᚲᛉᛒᛉ

모아브 왕국 등 내지(內地) 지역사회와 연관된 유물은 페니키아 범례와 구별되는 독자적 변형으로 간주된다.

아히람 석관에 관해서는 명문이 후대에 더해졌을 가능성을 인정한다는 전제하에 미술사적 분석이 연대측정 논쟁에 참여하기도 한다.[61] 석관에는 죽은 아버지가 풀 죽은 꽃을 쥐고 슬픈 자세로 다른 팔을 들어 남은 아들을 축복해 주는 모습이 정교하게 새겨져 있다. 이 양식에는 이집트의 영향이 뚜렷하고, 이를 뒷받침하는 문화접촉에 관한 증거도 많다.[62] 미술사적 분석에 따르면 석관 제작 연대는 기원전 첫 밀레니엄 초, 1000년 언저리로 측정된다. 이런 분석에 따라 문자 형태가 레반트 지역의 문화 확산 과정에서 표준화되고 변화한 양상에 관한 세부 이해가 달라진다.

몽테, 뒤소, 모리스 뒤낭 등 20세기에 고대 시돈과 티레 인근을 꾸준히 탐사한 프랑스인 고고학자들은 비블로스 명문을 계속 늘려 갔지만, 서사가 복잡해진 것은 더 동쪽에서 발굴된 유물 때문이었다.

분산된 발견

광범위한 고대 가나안 지역 유적지들에서는 "하나 이상의 알파벳 문자가 기원전 2000년대 초 내지 중엽에 널리 사용"되었음을 시사하는 유물이 출토되었다.[63] 이들은 지리적 분포뿐 아니라 다양한 표준화 수준에서도 매우 흥미롭다. 벤 마자르나 크리스토퍼 롤스턴 같은 학자들이 단정한 대로, 이들 유물은 기원전 2000년대 말 레반트의 다양한 도시에 지역별 필기 문화가 분산되어 있었다는 설을 공히 뒷받침한다.

이처럼 다종한 물증이 일관된 역사 서사를 곧바로 제시해 주지는 않았다. 라스 샴라 석판은 우가리트에서 알파벳 구조가 이해되고 있었음을 시사했고, 비블로스 명문은 선형 문자가 성숙한 모습을 기록했다. 새로운 발견이 일어날 때마다 이들 명문을 단일 발전 선상에 결부시키는 큰 그림이 달라졌다. 특히 발전 초기 관련 유물은 빠진 경우도 많다. 텔

〿〿〿〿〿〿〿〿〿〿〿〿〿〿〿〿〿〿〿〿〿〿〿〿〿〿〿〿〿〿〿〿〿

엘헤시 유적지 발굴은 이런 고고학 연구에서 제기되는 난제를 생생히 예증한다.

저명한 영국인 고고학자 플린더스 페트리는 1890년 3월 텔 엘헤시 유적지를 발굴지로 선정했다. 이집트에서 벌인 탐사로 이미 유명했던 페트리는 시리아에서 파 볼 만한 곳을 찾게 해 달라고 튀르키예 정부에 허락을 구했다. 그 지역에 도착한 그는 여러 장소를 둘러보기 시작했다. 그중에는 움 라키스와 쿠르베트 아일란도 있었다. 이들 현대 지명은 그가 믿기로 각각 성서에 나오는 고대도시 라키시와 에글론이 변형된 것이었다. 두 지점을 처음 검토한 결과는 실망스러웠다. 조사할 만한 층은 표층밖에 찾지 못했는데, 거기에는 로마시대 유물만 가득했다. 그러나 텔 엘헤시에서 그는 "높이와 그리스 이전 도자 양식으로 보건대" 수확이 풍성할 수도 있겠다는 첫인상을 받았다. 페트리는 유적지를 물리적으로는 물론 개념적으로도 계측해 고고학적 잠재성을 가늠했다. 페트리가 고고학에 미친 근본적 공로 중에는 1877년에 써낸 『귀납 측량법(Inductive Metrology)』이 있었다. 책에서 그는 고고학적 관찰을 바탕으로 고대 측량법을 유추하는 접근법을 개괄했다.[64]

가자에서 26킬로미터 떨어진 곳에 있던 발굴 현장은 약 18미터 높이로 여러 층을 포함하기에 충분해 보였다. 발굴 허가를 얻은 페트리는 출토물을 감시하고 현장 작업을 위해 고용한 지역민과 소통을 중개하는 튀르키예 관리 한 명을 배정받았다.[65] 페트리는 텔 엘헤시의 성층을 서술하며 발굴 유물뿐 아니라 세심한 기법도 기록으로 남겼다. 기원전 1670년 유물로 측정된 최저층 원대 주거지는 일정한 벽돌은 쓰이지 않고 주로 말뚝으로 시공된 원형 석재층으로 이루어져 있었다. 이후 성채(城砦)가 차례로 복원되며 벽이 세워졌다. 가장 오래된 페니키아 도기는 무려 기원전 1350년 작품으로 추정되었고, 가장 최근 물건은 기원전 850년 작품이었으며, 이집트 물건은 전혀 발견되지 않았다.[66] 도자기 형태, 모양, 양식 변천에 관한 연구도 유용한 단서가 되었다. 그러나 이 모든 작업과 신중히 기록된 증거물 중에서도 명문은 도자기 파편 하

나에서밖에 발견되지 않았다.[67] 기호가 세 개밖에 없는 명문이었는데
도 상당한 관심이 모아졌다.[68] 처음에는 시나이 문자와 페니키아 문자
가 조합된 것으로 인식되었지만, 나중에는 텔 엘헤시의 필경사들이 "전
(前)페니키아 또는 적어도 비(非)페니키아 셈 알파벳을 사용"한 증거
로 해석되었다.[69] 이로부터, 특히나 이처럼 다양한 장소에서도 과연 선
형 페니키아 문자가 오랫동안 믿어진 것처럼 모든 셈 문자의 공통 근원
이었는가 하는 의문이 제기되었다.

누적되는 증거

시리아와 팔레스타인의 다른 유적지에서도 의미가 매우 큰 것에서부
터 미미한—그러나 중대한—것까지 다양한 명문이 꾸준히 발굴되었다.
1980년 아일랜드인 고고학자 스튜어트 매컬리스터는 팔레스타인탐사
기금과 공동으로 예루살렘에서 서쪽으로 32킬로미터 떨어진 게제르를
탐사하던 중 석회석 판을 하나 발굴했다. 연간 영농 활동 주기를 서술
한 내용 때문에 달력이라고 불리는 이 석판은 제작 연대가 기원전 10세
기로 측정된다.[70] 이 물건은 성층 유적지에서 발굴된 것이 아니었고, 명
문에 쓰인 언어(히브리어인가 페니키아어인가)와 문자(가나안 문자인
가 고대 히브리 문자인가)에 관한 논쟁은 아직도 이어지고 있다. 글자의
양식과 석판에 글자들이 배열된 모습은 비블로스 명문보다 훨씬 조잡하
다. 게제르에서 나온 도기 조각과 라키시에서 나온 단검에서는 발전단
계상 달력 석판보다도 이른 관련 자모들을 볼 수 있다. 이들은 원시 가
나안 문자라고 불리며 연대는 기원전 1500년 이후로 측정되지만, 집성
체는 한정된 편이다.[71] 일부 학자는 라키시 단검이 고대 중동에서 가장
오래된 알파벳 유물이며 무려 기원전 1750년 내지 1659년 물건일 수도
있다고 생각했지만, 현재는 13세기 유물일 가능성이 더 크다고 여겨진
다.[72] 같은 영역에서 출토된 그릇 조각은 기원전 13세기 내지 12세기 물
건으로 측정되기도 했지만, 기원전 17세기 내지 16세기 게제르 냄비에
새겨진 표시는 알파벳이 아니라고 일축된 상태이다.[73] 다시 말해, 이들
지역에서 나온 몇몇 명문은 페니키아 문자가 성숙하기 몇 세기 전에 제
작되었다고 측정된다는 뜻이다. 이처럼 이른 측정 연대와 이들이 발견
된 물리적 장소는 선형 페니키아 문자가 도입되기 전에도 알파벳 문자
가 지리적으로 분포되어 있었음을 시사했다.

1935년, 영국인 고고학자 제임스 레슬리 스타키는 또 다른 중요한 도편을 발견했다. 그중에는 네부카드네자르가 공격(기원전 605~587)해 오던 때 라키시 시와 예루살렘 당국이 주고받은 서한들이 있었다.[74] 식별 가능한 사건·인물들과 역사적 맥락을 통해 연대가 결정된 서한에는 고문자학과 언어 연구에 필요한 정보가—고전 히브리 서간문의 수사학 같은 세부 사항과 문법을 포함해—풍부했다.[75] 중요성 면에서는 기념비급이지만, 이런 도자기 파편은 몇몇 자모 형태를 무척 세부적으로 해석하는 극히 전문적인 논증에서만 의미를 띤다. 다른 단편도 점진적으로 누적되었고, 발굴될 때마다 학계는 흥분했지만, 사해문서가 발견되기 전까지 대중의 상상을 사로잡은 것은 극소수에 불과했다. 하지만 정작 사해문서에서 발견된 자료는 후기 고대 히브리 문자 사례 몇 개가 고작이다. 초기 알파벳의 역사를 이해하는 데 필요한 증거는 더 소박한 자료에서 꾸준히 나타났다.

예컨대 1954년 베들레헴 부근 요르단강 서안의 엘카드르 유적지에서는 기원전 1100~1050년경 물건으로 측정되고 초기 가나안 문자가 새겨진 화살촉 무리가 발견되었다. 문자 형태는 자세나 방향이 표준화되지 않은 모습이었다. 금석학 대가 프랭크 무어 크로스는 원시 가나안 문자의 초기 발전 과정에 관한 역사적 이해를 구축하는 데 결정적인 증거로 이 명문을 거론했다. 해당 지역과 지중해 연안 일대에서 나온 유물로, 물리적으로는 소박해도 의미는 심대한 발견 사례는—기원전 9세기 작으로 측정되는 키프로스의 허니먼 명문, 크레타섬 테케의 그릇, 사르디니아의 노라석 등—더 많이 거론하고 상술할 수 있다. 발굴된 물증 각각은 알파벳 형성에 이바지한 여러 문자의 발전, 변형, 분포를 조금씩 더 분석하는 기반이 되었다.

그러나 지중해 해안에서부터 레반트의 여러 장소에 이르는 지역에서 알파벳의 발전상이 꾸준히 그려지는 동안, 시나이반도에서는 다른 결정적 증거가 발견되었다. 그곳의 명문들은 고대부터 여행자 사이에 알려져 있었지만, 20세기 초 고고학자들은 이들에 새로 주목하며 알파벳의 기원을 더 선대로, 그리고 가나안 땅에서 먼 남쪽으로 옮겨 잡았다.

전근대인이 만난 시나이 명문

시나이 명문에 관한 최초 기록은 1세기 그리스 역사가 디오도로스가 남겼다. 그가 기술한 경험은 19세기의 어떤 서술에 인용되어 있다. "시칠리아의 디오도로스에 따르면 그의 시대와 선대에도 시나이반도에 이와 비슷한 곳, 물도 그늘도 없는 사막 한가운데에 야자수가 무성하고 샘과 개울이 있는 남향 오아시스가 있었다고 한다."[76] 디오도로스가 한 말을 직접인용하면 이렇다. "더욱이 경질석(硬質石)으로 지어지고 무척 많이 해묵은 제단이 있는데, 거기에는 언어를 알 수 없는 고대 문자들이 새겨져 있다."[77] 디오도로스의 서술은 여기에서 끝나지만, 이후 시나이 명문을 이스라엘 민족이 이집트에서 탈출해 걸은 여정의 일부로 본 여행가들에게 그가 남긴 글은 일종의 시금석이 되었다.

6세기 그리스 상인 코스마스도 시나이반도에서 본 명문에 관한 기록을 남겼다. 19세기 학자 찰스 포스터는 코스마스의 서술이 근세에 이르도록 거의 주목받지 못했다고 전하면서, 세부 사항을 상당히 자세히 덧붙였다.

이름은 코스마스이고 성은 인도를 여행하였다 하여 인디코플레우스테스(Indicopleustes)인 알렉산드리아의 상인이 시나이반도를 도보로 여행한 것이 대강 1300여 년 전의 일이다. 그는 사람이 살 수 없는 저 황무지 이곳저곳의 휴게소마다 모든 바위에 당시에나 현재에도 알 수 없는 언어의 명문이 무수하게 새겨져 있다는 사실을 처음 발견하거나 최소한 세상에 처음 알린 인물이기도 하다. 코스마스가 덧붙이기로, 저 명문의 의미를 이해하며 해석할 수 있노라 밝힌 몇몇 유대인 동반자에 의하면 모세와 출애굽 시대에 그들의 조상인 고대 이스라엘인이 시나이의 광야를 헤매던 중 새긴 글이라고 한다.[78]

나아가 포스터는 코스마스가 글을 쓰던 때가 "세계와 교회가 먼 과거에 관한 연구 외에 다른 사안에 몰두하던" 유스티니아누스 황제 시대였다고 지적한다.[79] 따라서 "이집트 상인의 『그리스도교 지리(Topographia Christiana)』라는 저작에 포함된 신기한 기록은 주목받지 못하였다. 우리 시대 18세기가 열리던 1706년에 저명한 몽포콩이 그 기록을 수록한 지리 연구서(현존하는 코스마스의 유일 저서)를 라틴어 번역과 주석을 달아 처음 출간하기 전까지는 6세기부터 계속된 휴식에서 깨어나지도 못하였다.”[80]

　이와 같은 고대 서술의 흔적은 자주 언급된 리처드 포코키의 1743년 저서 『동방 서술기』에 영감을 주었다.[81] 『동방 서술기』는 18세기에 고대 명문 증거물을 수집하는 데 필요했던 인내심에—그리고 특권에—바친 기념비 같은 책이었다. 포코키는 고대 유물과 바위 조각물을 직접 현장에서 본뜨려고 당시만 해도 외질 뿐만 아니라 위험하기도 했던 지역을 여행했다. 그는 고고학자가 아니었다. 스스로 땅을 파거나 지표면을 어지럽히지는 않았지만 성실한 기록을 남겼고, 기존 기념물에서 지형(紙型), 그의 표현으로는 “스퀴즈”를 전부 떠 냈다. 이런 기록은 정치하게 측량해 신중히 그린 그의 드로잉과 더불어 그가 보탠 중동 지방 명문 지식에서 중핵을 이루며, 현장에서 증거를 진지하게 실증연구하는 전례를 마련해 주었다.

　포코키는 자신의 여행이 이스라엘 자손들의 여정을 되밟는다고 여겼는데, 이는 이전이나 이후에 다른 여러 사람이 되풀이한 접근법이었다. 18세기에는 성서상 과거를 뒷받침하는 증거를 찾는 일이 여전히 흔한 주제였지만, 포코키는 명문을 본뜬다는 명시적 목적을 위해 시나이반도를 찾은 첫 유럽인 여행가였다. 『동방 서술기』의 상당 부분은 이집트에서 발견된 그리스 명문(눈에 띄었을 뿐만 아니라 읽기도 용이했을 것이다)을 연구하는 데 쓰였지만, 시나이산과 “이스라엘 자손”의 여정에도 몇 장을 할애했다. 그가 뜬 지형은 드로잉에 비해 중간에 왜곡될 여지가 적었다. 그리고 그는 표본을 취한 유적지 현장을 성실히 기록했다. 그가 시나이산으로 식별한 산 주변 계곡에는 명문이 새겨진 대석(大石)이 흩어져 있으며 산속에는 그런 돌이 더 많다는 기록도 남겼다. 장소는 중요했다. 진품성을 확인해 주었을 뿐만 아니라 사록(史錄)을 성서지리학에 연결해 주기도 했기 때문이다.

시나이반도 탐사

19세기까지도 시나이반도 여행 서사는 “우리 고대 신앙의 신비를 품은 척박한 나라들로의 여정”으로 규정되었다.[82] 이 묘사가 실린 로탱 드 라발의 『시나이반도와 중이집트 여행—역사, 지리, 금석학(Voyage dans le peninsule arabique du Sinai et l'Egypte moyenne, histoire, geographie, epigraphie)』(1855~1859)에는 이전 순례 서사들을 요약한 내용도 있었다. 라발은 히브리인이 이집트를 탈출하며 밟았다고 확신한 여로를 따라 무수한 바위에 새겨진 명문을 본 다른 여행가의 경험(18세기에 포코키와 덴마크인 탐험가 카르스텐 니부르 등이 서술한 바)을 원용했다.[83] 이처럼 익숙한 서사는 스스로 방대한 고고학 자료를 갖고 파리에 돌아가려고 탁본을 떠 가며 네댓 달간 여행한 과정을 단계별로 상술한 내용으로 뒷받침되었다.

포코키가 이들 명문에 쓰인 알파벳을 궁금해했듯, 라발도 마찬가지였다. 그는 물론이며 놀랍게도 지역 주민조차 거기에 쓰인 글자가 무엇인지 알지 못했다. 토착 아랍인이 발명한 문자라면 왜 그들조차 읽지 못하는가? 이 문자와 언어에 관한 기억은 어디에 있는가? 라발은 출애굽기에 묘사된 랜드마크를 이용해 탈출이 일어난 정확한 시대와 모세의 여정을 계산했다(예컨대 그는 성서에 거명되지 않았다는 이유로 멤피스가 출발지라는 설에 반대했다). 그러나 그의 관심은 대체로 와디 모카테브('글이 쓰인 계곡')의 보물에 있었다. 거기에 새겨진 글자들을 관찰하던 라발은, "시나이 명문에서 이집트 민중 알파벳의 스물두 자모를 일관되게 찾을 수 있다"라는 놀라운 인식에 다다랐다.[84] 이를 근거로 그는 "페니키아인과 후대의 팔미라인처럼 시나이인도 이집트에서 문자를 빌렸다"라고 결론지었다.[85] 나아가 거기에 쓰인 알파벳이 "고대 이집트에서도 별로 다르지 않은 형태로" 아랍어나 아람어를 적는 데 "널리 쓰였다"라고도 말했다.[86] 명문을 새긴 민족은 이스라엘인이 아니라면 나바테아인이 분명하다고 생각했다. 그러나 나바테아 알파벳은 기원전 200년경 페니키아 문자에서 갈라져 형성된 아람 문자의 분지로, 원시 시나이 문자보다 훨씬 후대에 나왔다. 이렇게 다른 두 문자로 새겨진 명문이 시나이반도에 혼재한 탓에 측정 연대와 기원에 관한 혼란이 일었다.

출애굽기 순례—아서 스탠리와 새뮤얼 샤프

이와 유사하게 19세기 중반에는 성서상 역사의 진실성을 복원하는 순례가 여러 인물을 고취했다. 몇몇 개인으로 아서 스탠리, 새뮤얼 샤프, 일라이 스미스, 에드워드 로빈슨 등을 꼽을 수 있다.[87] 1841년에 출간된 스미스와 로빈슨의 공저 『성서에 입각한 팔레스타인 탐사(Biblical Researches in Palestine)』는 고대 지도를 작성하고 기술한 여행에 기초했다.[88] 1857년에 스탠리는 『시나이와 팔레스타인의 지역사(Sinai and Palestine in Connection with Their History)』에서 이집트로부터 홍해 너머까지 "이스라엘 민족의 노정"을 추적했다. 그가 지역 지도를 그린 데는 어느 산이 원래 시나이산이었는지—무사(Musa)산인지 세르발(Serbal)산인지—논하려는 목적도 있었다. 스탠리는 시나이 명문이 6세기 중반에 유스티니아누스가 세운 성카타리나수도원보다 오래되었다고 확신했다. 그는 요세푸스가 묘사한 시나이산과 모세의 바위를 잠정적 기준으로 삼고 시선(視線) 등 경관 요소를 성서상 서술과 비교해 검증했다. 디오도로스와 코스마스뿐 아니라 1753년 출간된 클레이턴 주교의* 시나이 명문 서술과 G. F. 그레이의—자주 언급된—1820년도 서술을 인용하기도 했다. 그가 집중한 명문들은 와디 모카테브에 있었는데, 이곳은 전에도 식별된 바 있고 이후에도 여러 학자들이 방문한 지역이었다.

새뮤얼 샤프는 저서 『히브리 명문—이집트와 시나이 사이의 계곡에서(Hebrew Inscriptions: from the Valleys between Egypt and Mount Sinai)』(1875)에서 방금 언급한 당대 권위자들과 1840년 『아시아 연구(Studia Asiatica)』를 펴낸 라이프치히의 에두아르트 베어 교수, 찰스 포스터의 책 몇 편 등을 원용했다.[89] 샤프의 책에는 저자 자신이 현장에서 그린 드로잉뿐 아니라 그레이가 『시나이 명문(Sinai Inscriptions)』에 실은 드로잉도 포함되어 있었다.[90] 베어는 이들 명문을 "대부분 우리 시대 4세기에 히브리인도 유대인도 아닌 인근의 나바테아인이 썼다"라고 정확하게 추정했다.[91] 반대로, 포스터는 이들이 모세에 이끌려 방랑하던 "고대 이스라엘 민족의 유적"이라고 대체로 신앙에 근거해 시사했다.[92]

나아가 샤프는 이렇게 덧붙였다. "케임브리지의 파머 교수는 실제 바위를 검증한 유리한 입장에 있는데, 그가 「출애굽기의 사막, 1871년(Desert of the Exodus, 1871)」에서 진술한 견해에 따르면 시나이 명문은 아랍어에 가까운 아람어 또는 셈어 방언이다. 기독교적인 것도 일부 있으나 대부분은 이교도적이다. 상인과 짐꾼의 작품이고 가치가 별로 없으며, 이스라엘의 자손들과는 아무 상관이 없다."[93] 그는 파머를 계속 인용해 "와디 페이란(Wady Feiran)에서 세르발산 정상으로 올라가는 길에는 명문이 널려 있다"라고도 적었다.[94] 샤프는 선행 연구자 중 누구도 "그들의 의견을 최종으로 받아들이려면 필요한 조건을 만족시키지 못하였다"라고 믿어, 이의를 제기했다.[95] 베어에게는 시각적 기록은 있었지만 번역이 없었고, 포스터에게는 번역은 있었지만 시각적 기록이

* 클레이턴 주교: 아일랜드인 개신교 주교 로버트 클레이턴(Robert Clayton, 1695~1758)을 말한다.

없었으며, 파머에게는 둘 다 없었고 오직 일화처럼 기록된 관찰만 있었다. 이어 샤프는 명문 사본과 히브리 문자로 전사한 글, 번역문은 물론 문자 형태 표도 제시했다.

샤프는 시나이 명문에 쓰인 자모를 분석했다. 포코키와 마찬가지로 그도 이들 명문이 "대개 고귀한 바위", 즉 너무 높아 쉽사리 손이 닿지 않는 곳에 새겨져 있다는 사실을 관찰했다.[96] 명문은 펜으로 먼저 쓰고 파낸 형태라고 믿기도 했다. 그는 출애굽기 이야기가 기원전 1030년경에 쓰이고 기원전 870년경에 보강되었다고 추산했다.[97] 샤프는 명문이 문화적 관행에 내포되어 있었다고 보았다. 이에 쓰인 알파벳은 성서적 진실의 증거일 뿐 아니라 이를 새기는 수단이기도 했다. 그는 기원전

539년 키루스 2세의 정복부터 약 200년 후 알렉산드로스가 등장하기까지 "유대인이 페르시아와 그리스에 연이어 지배당하면서 보낸 고요한 수백 년간"에는 제작된 명문이 별로 없다고 관찰하면서도, 풍성하게 수확된 명문은 심층 연구를 기다리고 있다고 보았다.[98]

샤프는 1820년 《왕립학술원의사록(Transactions of the Royal Academy)》에 실려 자주 인용된 G. F. 그레이의 드로잉에 얼마간 의지했다.[99] 샤프는 명문을 글자 한 자씩, 부호 한 개씩 히브리 문자로 전사했다. "처음에는 바위에 불량하게 새겨지고 2000년이 지난 다음에는 불량하게 사자된 문자가 이제는 히브리 문자로 잘못 전사되고 영어로 잘못 번역된다는 점은 굳이 언급하지 아니하여도 될 것이다."[100] 그렇지만 샤프가 덧붙이기로 "우리의 시나이 명문들은 필사본에 쓰인 히브리 문자와 무척 다르다는 점을 인식하여야 한다. 인쇄본에는 후자를 사용하였지만, 명문들은 현행 히브리 문자의 이전 형태를 보여 준다."[101]

샤프는 시나이 명문을 역사적 사건, 예컨대 기원전 714년경 아시리아가 유대왕국을 침략하자 유대인이 이집트로 피난한 일과 관련지었다.[102] 그는 세르발산과 주변 계곡, 예컨대 와디 모카테브 등은 이집트에 살던 유대인이 모세가 율법을 받은 곳을 찾아 순례한 곳이었다고 보았다. 그가 추산하기에 시나이 명문은 1000년이 넘는 오랜 세월에 걸쳐 콘스탄티누스 황제 시대까지 계속 만들어졌지만, "미지의 문자"로 쓰인 글에는 "민족의 안녕을 위하여 여호와에게 드리는 경건한 기도"가 포함되어 있었다.[103] 그는 유대 원주민으로 '여호와'라는 이름을 부르는 유대인과 북부 주민으로 '엘로힘'이라는 명칭을 쓰는 유대인 사이에 언어학적 차이가 있다고 특기했다.[104] 시나이 명문에는 "그리스, 로마, 아시리아, 바빌로니아의 사람들처럼 바위에 새기는 일에 익숙했던 이들의 규칙성이 없다. 대체로 안일하고 부주의한 글씨체이다."[105] 이것들은 테베의 조각상에 그려진 것 같은 그라피티가 아니라 오로지 순례 목적에 맞는, 그런 목적으로 특별히 가져온 도구로 만든 명문이었다. 샤프는 명문에 포함된 개별 기호들을 신중히 옮기고 세심히 연구했다. 그는 와디 모카테브가 바빌로니아를 떠나 이집트로 피난해 그곳에 정착하고 순례에 나서는 등 수 세대에 걸쳐 이어진 난민 행렬이 통과한 주요 교차로라는 점을 알고 있었다.[106] 알파벳의 기원에 관해 더 포괄적인 이해가 드디어 형성되기 시작했다. 그러나 근대적인 역사 개념은 여전히 깊숙하게 뿌리내린 믿음과 맞서야 했다.

단일 원세 알파벳―끈질긴 믿음

시나이 명문에 관한 자료는 전문가뿐만 아니라 일반 독자를 위한 책과 교회학교 교과서에도 소개되었다. 이런 대중적 담론에 왕성히 참여한 인물이 바로 찰스 포스터였다. 성서상 역사를 조명하는 일반적 문헌과 달리, 제목에서 밝혔듯 그의 책은 "단일 원세 언어" 알파벳에만 집중했다.[107] 포스터의 "원세(primeval)" 알파벳은 제블린의 "원시(primitive)" 알파벳과 동류가 아니다. 원시라는 말은 쿠르 드 제블린 같은 이가 상상한 "자연" 기호, 즉 말과 개념 또는 사물의 일대일 관계를 통해 직접 소통된다고 믿어지는 기호와 동일시된다. "원세" 문자는 성서나 신비한 과거에 연대가 숨겨진 원조 문자로, 역사적 선재성을 통해 권위를 얻었다고 추정되었다. 이 논쟁은 역사적으로 정확한 알맹이가 조금밖에 없었기에 결국 믿음이 아닌 증거에 입각한 이해로 대체되었다. 포스터의 이론은 역사 패러다임을 구성하되 엄밀한 방법보다 상상에 치우치는 경향이 있었다. 이는 전체 제목 『시나이반도의 바위들에서 울리는 이스라엘의 목소리를 포함하여 사라진 사대륙 강대국의 알파벳 글자로 새겨진 고대 명문을 통하여 실험적으로 추적한 단일 원세 언어―그리고 이집트, 에트루리아, 남아라비아의 기념비에 남은 족장 전통』(1851)에서도 나타난다.[108] 캔터베리대성당 전도사였던 그에게는 "대홍수 전의 단일 언어"를 포함해 "계시의 진실"을 입증하겠다는 일념이 있었다.[109] 이처럼 언어 혼란 등 성서 서사 같은 과거 패러다임을 연상시키는 태도를 지녔던 포스터는 설형문자 명문과 "시나이반도의 바위"에 새겨진 명문의 모순을 해소하려고 부심했다.[110] 그는 기존 문헌에 몰두했고 카르스텐 니부르, 게오르크 프리드리히 그로테펜트, 오스틴 헨리 레어드 등 학자들의 연구를 익혔다. 그러면서도 아시리아, 바빌로니아, 페르시아는 성서상 '유배지'로서 말고는 의미가 없다고 시사했다.

포스터는 고대 명문을 연구하고 해독하던 여러 학자의 언어학적 전제 대다수를 일축했다. 헨리 롤린슨처럼 산스크리트어와 젠드를* 이용해 고대 페르시아어를 번역하려는 시도는 시간 낭비라고 생각했다.[111] 그는 시나이 명문이 이스라엘인의 작품이라면 출애굽기 관련 기록이 포함되어야 마땅하다고도 확신했다. 이런 두 원칙으로 무장한 포스터는 자신의 목적에 맞는 해독문을 마음대로 지어냈다. 그는 알파벳이 신성한 진실에 다가가는 수단으로서 거의 신탁과도 같다고 여겼다. 이 때문

* 젠드(Zend): 고대 페르시아의 종교 조로아스터교의 경전인 아베스타의 주역서. 젠드아베스타(Zend-Avesta)라고도 불린다.

에 에두아르트 베어처럼 고대 언어 지식에서 그를 앞서던 인물들과 갈
등을 빚기도 했다. 그들은 이런—베히스툰 등 아라비아와 시나이반도,
기타 지역에서 나온 설형문자 같은—명문이 제작된 폭넓은 역사 시대를
명민하게 이해했지만, 포스터는 모두 단일 세대의 작품으로, "광야를 헤
매던 이스라엘의 자필 기록"으로 읽기를 바랐다.[112]

특히 뜨거운 논쟁을 불러일으킨 세부는 십자가처럼 생긴 기호 T가
고대 명문에서 기독교도 저자를 나타내려고 쓰였느냐 여부였다. 베어는
이를 지지하는 입장이었지만, 포스터는 T가 의미나 용도에서 기독교에
국한되었다는 시각을 인정하지 않았다. 포스터가 "단일 원세 알파벳"을
추적하는 원동력은 증거보다 믿음에서 먼저 나왔다. 그는 고고학 연구
를 기존 논지로 유도했다. 예컨대 명문을 관찰하던 그는 말이나 염소 또
는 나귀 같은 이미지를 하나 발견했는데, 이를 바탕으로 나귀가 불손한
이스라엘인의 상징이라고 논하며, 근거로 예레미야서를 인용했다. "'이
집트 땅에서 우리를 이끌고 올라오신 분, 광야에서 우리를 인도하신 분,
그 황량하고 구덩이가 많은 땅에서, 죽음의 그림자가 짙은 그 메마른 땅
에서, 어느 누구도 지나다니지 않고 어느 누구도 살지 않는 그 땅에서,
우리를 인도하신 주님은 어디에 계십니까?' (……) 너는 이리저리 날뛰
는, 발이 빠른 암낙타와 같았다. 너는 사막에 익숙한 야생 암나귀와 같

그림 7.10
찰스 포스터의 『단일 원세
언어』(1851)에 복제된
에두아르트 베어의 그림.

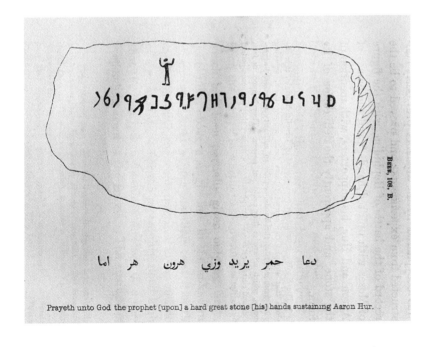

Beer, 108. B.

Prayeth unto God the prophet [upon] a hard great stone [his] hands sustaining Aaron Hur.

앗다."[113] 이처럼 불특정 동물의 그림에서 출발해 성서 구절 해석에 이르는 연쇄 연상을 통해 그는 스스로 이른바 "입증 가능한 해독"에 다다랐다. "지극히 자연스러운 기대와 달리" "구약성서를 한 구절도" 찾을 수 없다는 데 놀란 그는 이를 시나이 명문이 모세오경 이전에 새겨졌다는 단서로 보았다.[114] 그러나 명문 대다수에는 바깥쪽에 '민족'을 호출하는 글자 조합이 있었는데, 이는 이스라엘 개념과 동일시되던 구호였다(훗날 다른 연구자들도 재론한 개념이다).[115] 그는 알파벳이 모세의 문자라고 믿었기에, 글자가 새겨진 바위에 그런 문자가 존재한다는 사실은 경전에 부합해야만 했다.

나중에 드러난바 포스터가 해석하던 것은 스스로 바란 바보다 훨씬 후대, 즉 서력기원에 가까운 시대에 새겨진 나바테아 명문이었다. 투박하고 형식 없는 모양새는 이제 명문의 저자가 "페트라 나바테아인의 '시골 친척'"임을 시사한다고 해석된다.[116] 원시 시나이 명문이 나바테아 명문에서 완전히 분류되어 나오고 각 명문이 발견된 장소도 다른 고고학적 증거의 맥락에서 더 자세히 분석되기까지는 반세기가 더 걸렸다. 그런 발전에는 플린더스 페트리가 결정적인 역할을 했다.

페트리의 세라비트 엘카딤 발굴

1904년과 1905년 사이의 겨울, 플린더스 페트리는 몇몇 중요한 시대(기원전 1910년에서 1764년, 이어 기원전 16세기부터 1139년까지)에 터키석 채광이 이루어진 시나이반도 서남부 세라비트 엘카딤 지역에서 넉 달을 보냈다.[117] 탄광 노동은 북부 또는 당시 명칭으로 '서남아시아'에서 고용하거나 포로로 잡아 오거나 노예로 데려온 셈어 사용자들이 일부 맡았다. 페트리의『시나이 연구(Researches in the Sinai)』는 방대한 사진 기록, 현장 정보, 그가 다룬 유물들의 모체 문화에 관한 상세한 분석을 싣고 1906년에 출간되었다.[118] 페트리가 세라비트 엘카딤에서 발견한 명문은 금석학과 고문자학 연구에 결정적인 토대가 되었다.

『시나이 연구』에서 페트리는 10여 년 전 텔 엘헤시에 관한 서술에서 현장 발굴을 기록할 때만큼이나 꼼꼼히 원정의 모든 측면을 기술했다. 서문에는 낙타를 임대하고 안내인을 확보하고 신변 안전을 도모하는 데 드는 비용, 잉글랜드에서 밀가루를 들여올 때의 이점 등에 관한 실용적 조언이 있다. 페트리는 팔레스타인탐사기금의 지원으로 끝마친 지리 조사에 의지했다고 인정하면서도, 자신의 연구를 위한 기금을 소모한 탓에 얼마간은 발굴보다는 '사본'을 통해 연구하기에 적당한 곳을 찾아 시나이반도에 갔다고 밝혔다. 책 전체에서 페트리는 지역민을 폄하하는 등—그들이 없었으면 어떤 연구도 진행할 수 없었을 텐데도—식민주의적 편견을 드러냈다.

세라비트 엘카딤에 사원이 있다는 사실은 18세기 중반 카르스텐 니부르가 처음 기록했고, 페트리가 발굴한 후 현재까지 하버드대학교와 텔아비브대학교 등이 그곳을 탐사한 결과, 수많은 명문 관련 출판물이 나왔다.[119] 그러나 여러 발견 중에서도 초기 알파벳 명문이 새겨진 소형 적색 사암 스핑크스가 중요했다. 이 발견 덕분에 시나이반도 원정은 알파벳 역사학에서 특히 중대해졌다. "출애굽기 시대보다 몇 세기 전 해당 지역에서 쓰인 고유 문자"가 포함되어 있었기 때문이다.[120] 그전까지 알려진 바 없는 문자가 몇몇 바위 명문에 쓰인 사실을 처음 알아본 이는, 책에도 공로가 밝혀져 있는 페트리의 아내인 듯하다. 스핑크스에 새겨진 것도 그와 같은 문자였다.

스핑크스 명문에 관해서는 여러 해석이 있었는데, 페트리는 이를 현장에서 발견된 다른 명문들과 관련짓고 다음과 같은 결론을 내렸다. "잘 모르는 이가 이집트 문자를 무지하게 모방하여 끄적인 낙서 정도가 아니라 명확한 체계이다. 조각상과 사원에서 나온 스핑크스뿐 아니라 2.5킬로미터 떨어진 광산의 석판 세 점에서도 같은 기호 다섯 개가 같은 순서로 반복된다는 사실은 이 문자가 단순히 공상에서 나온 것이 아님을 밝혀 준다."[121] 명문 내용은 바알에게 셈어로 올리는 기도이고, 문자는 조야한 품질 탓에 대개 그라피티로 분류된다. 페트리는 현장(L 광산)에서 발굴된 도자기 조각과 연관해 명문의 연대를 기원전 1500년경으로 측정했다. 적색 사암이 쓰였다는 점도 이를 뒷받침했는데, 페트리에 따르면 해당 석재는 타후트메스 3세 때에만 쓰였기 때문이다. 페트리에게는 증거를 해석하는 나름의 준거들이 있었다. "나는 이를 페니키아인이 선택한 확정 알파벳보다 훨씬 전에 지중해 연안에서 쓰이던 여러 알파벳 가운데 하나로 보고자 한다. 어떤 기호군이 기원전 6000년 내지 7000년부터 꾸준히 쓰이다가 그중 일부가 지중해 연안에서 알파벳으로 굳어졌다. 카리아인과 켈트이베리아인(Celtiberians)이 가장 많은 기호를 보존했고, 셈인과 페니키아인은 더 적은 수만 남겼다."[122] 페트리는 연대를 잘못 측정했다. 현재 스핑크스는 기원전 1800년경에 만들어졌

힐다 페트리(Hilda Petrie)와
W. M. 플린더스 페트리가
세라비트 엘카딤에서 발굴
(1904~1905)한 스핑크스.

다고 추정되며 페트리의 사적인 이론인 선대 분산 기호군설은 받아들여
지지 않았다. 그런 선대 문자나 체계가 존재했다는 증거도 없다. 그러나
그는 마지막으로 중요한 의견을 개진했다. "이집트인 조각가만 한 기량
이 없었던 평범한 시리아인 노동자가 기원전 1500년에 문자를 익숙하
게 사용했으며, 이 문자는 신성문자나 설형문자와 구별된다."[123]

알파벳의 형성

1904년 시나이반도 원정 후, 페트리는 독특한 알파벳 형성론을 세웠다.
학계에서 지배적인 견해는 여전히 알파벳이 가나안에서 등장해 북부 해
안 도시에서 선형 페니키아 문자로 굳어진 후 확산되었다는 설이었다.
그는 "서양 알파벳이 페니키아 문자에서 유래했다는 전통적 시각"은
한 세대 전까지 알려졌던 "대부분의 사실에 잘 부합했다"라고 인정했
다.[124] 1912년에 출간된 『알파벳의 형성(Formation of the Alphabet)』에
서, 그는 문화의 교류와 순환이 알파벳의 기원과 발전에 바탕이 되었다
는 모델을 제안했다.
　　페트리의 책에 실린 표들은 이런 논지를 분명히 밝혔다. 그가 보기
에, 초기 문자 형태가 지리적으로 분산된 양상은 여러 장소에서 성숙된

형태로 진화가 일어났다는 증거였다. 그는 문화 교류와 접촉을 통해 지중해 연안에서 어떤 기호군이 등장하고 한 무리로 합쳐졌다고 믿었다. "여기에서 제시하는 관점은 어떤 단일 부족이나 개인이 발전된 문명에서 체계화된 알파벳을 발명하였다는 것이 아니다."[125] 페트리는 "오히려 다양한 목적에서 광범위한 기호들이 원시적인 형태로 점차 쓰이게" 된 결과 선대 기호체계가 나왔다고 보았다.[126] 그는 여러 장소에서 쓰인 기호들이 서로 다른 정교성이나 발달 수준을 보인다고 관찰했다. 그가 보기에 이는 공통 근원이 있다면 필경 여러 다른 시기에 도입되어 무척 다양한 변화 과정을 통해 제각각 변형되었다는 뜻이었다. 그런 과정 끝에 표준 기호들이 나왔다. 기호들이 고착된 후에 문화적으로 확산된 것이 아니라 창발적으로 출현했다는 개념은 흥미로웠지만, 실증적 증거에는 부합하지 않았다. 증거에 따르면 명문들의 근원은 분명히 페니키아에 있었기 때문이다. 그러나 페트리의 연구에서 확실히 밝혀진 사실은 분산과 표준화에 시간이 걸렸다는 점, 그리고 이는 여러 차례 이어진 접촉의 파동을 통해 일어났다는 점, 즉 이베리아반도, 이탈리아반도, 그리스, 소아시아에 다다른 문자는 조상은 같지만 성숙한 형태에 이른 이력은 제각각이라는 점이었다.

　그는 "페니키아 알파벳이 이집트와 무관한, 철저히 망실된 문자의 후손일 가능성은 언제나 있으며 어느 때에 가서는 이에 관한 흔적이 나타날 수도 있다"라고 시사했다.[127] 그는 서로 다른 알파벳 계열 문자간의 관계에 더 주목해야 한다고 생각했다. 필리프 베르제의 이베리아 알파벳을 예로 들면서, 글자 형태가 고대 페니키아 문자와 퍽 닮았음을 고려할 때 차입은 그보다 선대에 일어났으리라고 지적하기도 했다. 그러나 이베리아 알파벳에서는 그리스 알파벳을 닮은 기호들도 나타났다. 그는 이처럼 복합적 성격을 띠는 증거는 간단히 페니키아 문자에서 단선적으로 알파벳이 유래했다는 설에 어긋난다는 견해를 보였다. 자신이 "그리스·페니키아보다 훨씬 더 유구하고 광범위한" 자료를 찾았으며 따라서 분야 전체를 재고할 필요가 있다고 믿기도 했다. 모두 불확실한 측정 연대에 근거한 추론이었다.[128]

　페트리는 원래 기호체계에는 기호가 예순 개가량 있었으며 이 중 마흔네 개는 이집트에서 알파벳 이전, 신성문자 이전 상태로 확인할 수 있다고 제안했다. 기원이 명확한 자모도 있었다. 페니키아 자모 '차데'에 해당하는 선사시대 이집트 원조는 없다는 사실을 알았지만, 그가 믿기

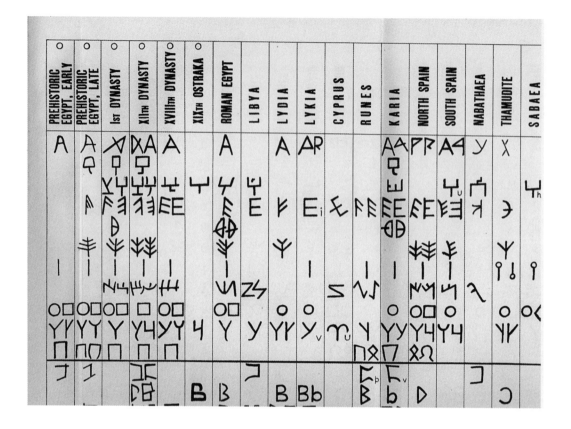

그림 7.12

W. M. 플린더스 페트리,
『알파벳의 형성』(1912),
표 일부.

로 기원전 1500년 내지 1000년에 기호체계에 추가된 크레타 신성문자
하나는 관련이 있다고 보았다. 이 측정 연대는 그가 상상하기로 기호체
계가 형성되는 데 필요했던 시간과도 부합했다.

페트리는 원대 기호들이 "정확한 형태가 필요하다고 여겨지기" 전
에, 즉 "극히 조악한 그림"과 간단한 표시만으로도 "마음을 충족시킬"
수 있었던 시대에 나왔다고 믿었다.[129] 아라비아의 동부식과 지중해 연
안의 서부식에는 공통점이 많지만 양쪽 모두의 근원으로 추정되던 페니
키아 기호에서는 그런 특징을 찾아볼 수 없다는 사실이 또 다른 증거가
되었다. 이를 뒷받침하려고, 그는 지리적으로 분산된 지역의 문자에서
공통으로 쓰이되 페니키아 문자에는 없는 기호 열 개를 꼽았다. 이들 기
호는 그가 믿기로 그리스 알파벳에도 등장하는데, 이는 단일 근원설에
배치된다는 것이었다.

연구를 요약하며, 페트리는 알파벳 문자가 발견된 지역마다 기호체
계를 배열하고 형태를 비교했다. 그는 제작 매재가 다르다는 점을 고려

VOWELS AND LABIALS.   II

VALUES	CRETE	PHYLAKOPI	LACHISH	PHOENICIA	THERA	MELOS	KORINTH	ATHENS	ABU SIMBEL	ELIS	HALIKARNASSOS	PELASGIC ITALY	FALISCAN	ETRUSCAN	OSCAN	LATIN	
a																	1
ai																	2
ai																	3
e																	4
e																	5
e																	6
i																	7
i																	8
o																	9
y																	10
ō																	11
b																	12
b																	13

해 기호들 사이에서 나타나는 일부 차이는 펜과 붓으로 글자를 쓸 때 둥근 형태를 좇는 경향이 낳은 결과라고 보았다. 예컨대 붓놀림에서는 꼬리와 획이 길어지지만 점토에 긁은 표시는 짧은 직선을 많이 보이고, 끌로 새긴 글자는 직선과 아울러 대개 각진 형태를 낳는다는 것이다. 결국 그는 "우리의 알파벳에 내장"되어 남은 기호체계가 "처음 구성된" 곳은 시리아 북부라는 결론에 다다랐다.[130] 이집트를 탐사한 적도 있는 페트리였지만 시나이 명문의 중요성은 충분히 이해하지 못했던 셈이다.

20세기 중반

1920년대와 1930년대에는 유럽, 영국, 미국의 다양한 탐사팀이 새로운 명문을 다수 발굴했다. 데이비드 다이링어는 높이 평가받는 1948년 저서 『알파벳—인류사의 열쇠』에서 이처럼 실체적으로 늘어난 자료를 원용할 수 있었다. 그는 근래에 더해진 지식을 인정하며 자신이 1943년

「팔레스타인 명문과 알파벳의 기원(The Palestinian Inscriptions and the Origin of the Alphabet)」이라는 논문에서 요약한 시대구분법에 따라 고고학적 증거를 세 부류로 나누었다.[131] 후대인 철기시대에 일어난 발전과 관련해 원시 시나이 명문의 가치를 지적하면서도, 다이링어는 "알려진 열 가지 가나안" 명문을 논하는 데 특히 열중했다. 드로잉을 보면 해당 기호들이 얼마나 난해했는지, 해독에 어떤 과제를 안겨 주었는지, 유물별로 얼마나 주목받았는지 알 수 있다. 이들을 그린 삽화에는 서로 다른 여섯 학자가 각 부호를 어떻게 해석했는지 보여 주는 설명표가 있다.

그림 7.13

데이비드 다이링어, 「팔레스타인 명문과 알파벳의 기원」(1943).

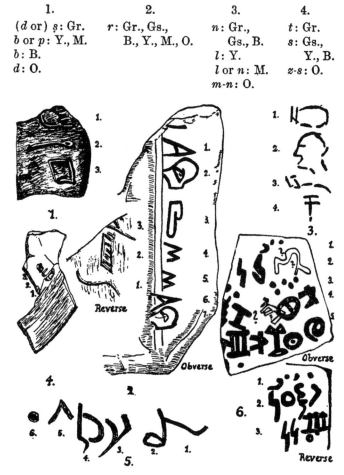

1.	2.	3.	4.
(*d* or) *ṣ*: Gr.	*r*: Gr., Gs.,	*n*: Gr.,	*t*: Gr.
b or *p*: Y., M.	B., Y., M., O.	Gs., B.	*s*: Gs.,
b: B.		*l*: Y.	Y., B.
d: O.		*l* or *n*: M.	*z-s*: O.
		m-n: O.	

Fig. 1. 1. Gezer Potsherd (c. XVIII-XVII cent. B. C.). 2. Shechem Stone Plaque (c. XVII-XVI cent. B. C.). 3. Inscription Lachish IV (Dagger) (c. 1700-1600 B. C.). 4. Tell el-Hesy Potsherd (c. XIV cent. B. C.). 5. Tell el-'Ajjûl Inscription (c. XIV cent. B. C.). 6. Beth Shemesh Ostracon (c. XIV cent. B. C.?), according to Yeivin and Maisler.

첫 세 물건은 1929년에 발견된 게제르 도기 조각, 1934년에 발견된 셰 켐 석판, 1934년에 발견되고 1936년과 1937년에 발표된 라키시 IV 단 검이다. 그는 이들에 청동기시대 중기, 즉 기원전 16세기 내지 15세기 라는 연대를 지정했다.

둘째는 기원전 14세기 유물로 측정된 무리이다. 1891년 페트리가 발굴한 텔 엘헤시 도기 조각, 1932년에 발견된 텔 엘앗줄 항아리, 1930 년에 발견된 베이트 세메시 도편(陶片) 등이 이에 속한다. 이들도 여러 학자의 권위를 원용해 상세히 제시되어 있다. 셋째 무리는 기원전 13세 기 후반 유물로, 그중 1934년에 발견된 라키시 물병에는 학자 열한 명 의 해석이 첨부되었다. 라키시 II 그릇, 라키시 III 향로, 마지막으로 라 키시 그릇은 모두 1934년부터 1936년 사이에 발견되었다.[132] 다이링어 의 표현으로는 모두 팔레스타인에서 발견되었는데, 이들과 시나이 명 문의 상관성을 평가하려면 기호를 철저히 검증하는 작업이 필수적이었 다. 다이링어는 이들이 '잃어버린 연결고리' 설을 뒷받침하는 증거라고 느끼지 않았다. 이 원시 가나안 유물에 새겨진 기호들 자체는 단일 파생 계보를 입증할 정도로 통일되어 있지 않았고, 원시 시나이 명문과 뚜렷 한 유사성을 보이지도 않았다.[133] 이처럼 소박하지만 능숙하게 연구된 사물들을 통해, 다이링어는 기원전 16세기부터 13세기, 즉 발전 과정상 중대 공백기에 청동기시대 가나안에서 다양한 알파벳 계열 문자가 발전 했음을 뒷받침하는 증거를 저울질했다.

최근 발견

알파벳의 기원과 발전에 관한 발견은 끝나지 않았다. 지난 40년 사이에 이해 판도를 바꾸어 놓은 주요 자료가 발굴되기도 했다. 1979년에 발 견된 케테프 힌놈 은제 부적 명문, 1993년 또는 1994년 이스라엘 북부 에서 여러 다른 물건 및 파편과 함께 발견된 텔 단 비석 등이 그런 예이 다.[134] 기원전 9세기 내지 8세기 물건으로 측정되는 텔 단 비석에는 잘 쓰인 아람 문자와 언어가 새겨져 있다. 이 비문은 전문 필경사의 익숙한 솜씨와 일정한 글씨체를 입증하는 뚜렷한 증거이다. 고른 자모는 제작 기술이 뛰어난 사람이 썼음을 보여 준다. 문자를 발명한 사람이 아니라 사용하던 사람이 쓴 비문이다.

2005년에 발견된 기원전 10세기의 자이트(Zayit)석은 고대 히브리

텔 단 비석, 기원전 800년.

문자 아베케다리움이 새겨진 석회암 바위이다. 알파벳 자모는 모두 갖
춘 듯하지만 글자 순서는 표준에서 벗어난다.[135] 자이트석은 예루살렘
서남쪽 48킬로미터 방면 고대 유대 저지대에 있는 구브린(Guvrin) 계곡
에서 발견되었고, 학계에서는 페니키아 문자를 바탕으로 가나안 중남부
에서 발전한 과도기 문자의 일부로 간주된다. 기원전 1000년 초 이 지
역 행정 중심지에서 문자가 폭넓게 쓰였다는 증거이다. 그러나 해당 지
역의 다양한 변종 문자 중에서 명문에 쓰인 문자의 정체를 구체적으로
규정하다 보면 그것이 페니키아 문자의 일종인 고대 히브리 문자의 최
초 사례인지 아니면 남가나안 문자의 일종인지가 불분명해진다.[136] 확
실한 결론을 내리는 데 필요한 증거가 더 나타나기 전까지는 풀기 어려
운 문제일 것이다.

2008년 10월, 예루살렘 서쪽 엘라(Elah) 계곡의 키르베트 케야파
(Khirbet Qeiyafa)에서 이시바알이라는 이름이 새겨진 물건 하나가 발
견되었고, 연대는 명문 내용과 맥락을 근거로 기원전 1020년 내지 980
년으로 측정되었다. 이시바알이라는 이름은 역대기에서 사울 왕의 역사

와 관련된다. 거기에서 이시바알은 사울의 아들로 왕위를 두고 다윗과 경쟁하는 인물이다.[137] 이런 유물을 연구하다 보면 파편 하나가 논지를 얼마나 뒷받침할 수 있느냐 하는 질문이 나온다.

2012년 고고학자 에일랏 마자르는 성전산 남쪽 성벽에서 명문 한 점을 발견했다. '오펠 피토스'라고 알려진 도자기 단지 조각은 연대가 기원전 11~10세기로 측정되며, 필시 굽기 전에 새긴 온전한 글자 다섯 자와 부분만 남은 글자 몇 자가 쓰여 있다.[138] 항아리의 유형과 형태, 점토의 출처, 발굴 장소 등이 모두 명문 해석과 연대측정에 활용된다.[139] 이런 발견은 유물의 역사적 위치를 찾으려 애쓰는 학자들 사이에 즉각 불꽃을 피우고 활발한 토론을 일으킨다.

맺는말

알파벳의 기원을 추적하는 일이 달성 가능한 과제인지는 모르겠지만, 그러려면 여러 곳에서 명문을 찾고 이들을 일관된 서사로 결합하려 애쓰는 작업이 필요했다. 트로이 등 특정 장소에 고정된 유적지를 찾아내려 애쓰는 것과는 다른 과제이다.

고고학적 인식과 연대기의 준거틀이 마련되자 이집트, 레반트 전역, 시리아, 키프로스, 기타 지중해 연안에서 발견된 사물들을 통일된 도식에 따라 분류할 수 있게 되었다. 예컨대 기원전 8세기 페니키아 인장 하나가 아일랜드에서 발견되기도 했고, 19세기에는 몰타에서 포에니 명문이 확인되기도 했다.[140] 이 모든 유물은 기원전 1000년경 페니키아인이 광대한 통상로를 통해 퍼뜨린 형태로 안정되기 전에 쓰인 알파벳의 일종을 보여 주었다. 지역별 차이와 역할은 다양했다. 1920년대에는 시리아, 레바논, 요르단 등지에서 이루어진 고고학적 발굴 덕분에 연구에 쓸 만한 유적지와 자료가 급증했다. 이런 작업은 현재도 진행 중이고, 모든 발견에는 기원전 2000년대에 레반트에서 알파벳 서자가 등장한 과정을 도식화한 기본 모델을 뒤흔들 만한 잠재력이 있다.

이 장에서 서술한 획기적 발견들이 일어난 '근대' 이래 고고학 연구법에는 변화가 일어났다. 층서법은 팔림프세스트처럼 개별 층이 분리된 상태를 유지하지 않고 상호 침투하는 상황을 인정하는 방향으로 수정되었다. 이런 조건은 역사 발전 과정에서 연이은 재사용으로 발생하기도 하고 유적지가 훼손되어 일어나기도 하는데, 수천 년간 훼손되지 않고 온전히 보존된 유적지는 거의 없다. 디지털이미징에서 일어난 혁신으로 비침습 자료 연구법이 출현했을 뿐만 아니라 읽을 수 있는 상태로 자료를 복원하는 기법도 나타났다.[141]

　　고고학 연구법과 발견 덕분에 알파벳 개념은 분산된 지리적, 문화적 교류를 통해 탄생한 역사적 구체(具體)로 변환했다. 이제 알파벳은 주어진 것이 아니라 특정한 지리적 장소와 시대에 위치한 구체적인 문화 환경에서 인간이 만든 것으로 여겨지게 되었다. 낡은 개념은 사라지지 않았고, 패러다임이 힘을 잃는 속도는 느리기만 하다. 19세기 내내 구약성서에 깊이 사로잡힌 학자들은 여전히 고고학적 증거들을 그런 틀에 맞춰 해석했고, 지금도 마찬가지이다. 증거에 따라 믿음을 바꾸기보다는 믿음에 부합하도록 증거를 빚어내는 편이 쉬운 모양이다.

8

초기 알파벳 해석하기

금석학과 고문자학

최근 상황

2014년 이스라엘 북부 메기도의 유적지에서 작은 고대 도자기 파편이 한 점 발견되었다. 표면에는 약 3000년 전에 붓으로 그린 듯한 문자 두 자가 쓰여 있었다. 해당 유적지는 고고학 용어로 '철기 IIA기 맥락'과 관계있었고, 따라서 유물의 연대는 기원전 1000년 내지 925년으로 측정되었다.[1] 이 작은 증거물이 발견되면서, 셈 금석학의 대가 벤저민 새스와 이스라엘 핑켈슈타인은 초기 알파벳 명문에 관해 자신들이 발표했던 기존 연구를 갱신하는 논문을 써냈다.[2] 단 두 자뿐이었지만 "기원전 9세기 원시 가나안 문자의 백조의 노래(The Swan Song of Proto-Canaanite in the Ninth Century BCE)"로 시작하는 거창한 제목을 합리화하기에는 충분했다.[3] 새스와 핑켈슈타인은 파편에 쓰인 문자가 "원시 가나안 문자가 필기체로 전환하는 과도기"를—바꾸어 말하면 다양한 공동체와 실천 양상 속에서 초기 필기체 형태가 성숙해 가던 시점을— 시사하는 뜻깊은 단서라고 주장했다.[4] 이 평가의 치밀도는 알파벳학의 성숙도를 나타낸다.

두 전문가, 즉 새스와 핑켈슈타인은 작은 고문자학 증거물 조각 하나라도 섬세하고 상세히 해석하면 역사에 관한 그림이 바뀔 수 있음을 극적으로 증명했다. 단 두 자가, 더욱이 하나는 부분만 보이는 글자인데도, 항아리 파편에 쓰인 글의 전체 윤곽을 드러냈다. 세부 사항은 극히 전문적이지만, 요점만 추리면 고고학 기법(층 연대측정, 재료 식별, 야금학을 포함해 당대의 도자기 제작 기술에 관한 지식)과 고문자학 기법(획 굵기와 순서를 보는 안목, 문자 방향 분석, 붓과 안료 같은 필기 재료 식별)이 결합된 결과 두 자모에 '진단적'* 성질이 있다고 선언할 수 있게 되었다는 말이다. 즉, 이 작은 표본이 남쪽의 시나이 문자와 서북쪽의 가나안에서 변용되고 분화된 알파벳 자모를 연결해 주는 결정적 발전 단계를 시사한다는 뜻이다. 이런 명문의 중요도에는 연대기뿐 아니라 지리학도 영향을 끼친다.

새스와 핑켈슈타인은 '베트'와 '헤'로 식별된 두 원시 가나안 문자를 그들이 동시대와 전대에 속한다고 믿은 문자들의 같은 자모와 대비시켰다. 모든 문자 사례는 셈 금석학자들(새스 포함)에 의해 연대, 장소, 형태, 방향, 획 굵기별로 신중히 분류되어 있었다.[5] 이를 바탕으로 기원전 9세기 전반에 원시 가나안 문자가 지리적으로 확산되고 독자적 서셈 문자로 떠오른 연대를 조정했다.[6] 겨우 두 자가 보일까 말까 한 도자기 조각 하나가 철기시대 초 고대 가나안의 여러 도시에서 알파벳이 전파되고 변형된 연대기 모델을 바꾸어 놓은 셈이다.

셈 금석학과 고문자학이 얼마나 복잡 미묘한 수준으로 진화했기에 미미한 증거물 한 조각이 역사 기록 분석에서 그처럼 극적인 중요도를 띠게 되었을까? 고도로 전문화된 두 분야의 연구는 고문자 분석을 통해 원시 가나안 문자와 페니키아 문자, 원시 시나이 문자의 차이가 정리된 18세기에 시작되었다.

근대 고문자학과 금석학

고문자학자와 금석학자는 일반화된 '알파벳의 기원' 개념을 명료하고 구체적인 특정 증거물에 연결하는 일을 맡는다. 일어난 지 거의 4000년 만에 알파벳의 초기 발전 과정이 검증 가능해졌고, 신화와 전설, 성서 이야기, 모호하거나 상상에서 나온 설화를 실증과학과 학문 연구로 반박할 수 있게 되었다. 고문자학과 금석학은 기호를 해석하고 고대 문헌

고고학에서 '진단적(diagnostic)' 유물은 연대측정이 가능하고 따라서 전체 맥락의 연대측정에 척도가 되는 사물을 뜻한다.

을 이해하는 해독 수단으로 출발했다. 그러다가 고고학에서 빌린 유형 배열 방법을 이용해 기호 자체를 체계적으로 연구하고 목록으로 구성하는 학문으로 발전했다.

실제 명문을 해석하는 작업에는 여러 난제가 있었고, 이는 지금도 마찬가지이다. 물리적 기호는 수천 년 세월이 흐른 끝에 희미해지거나 일부 지워진 경우가 많았다. 개별 글자는 식별이 어렵거나 불확실했다. 기원전 1000년경 문자가 표준화되기 전에는 글자 방향이 제각각이거나 가로가 아니라 세로로 배열되어 순서가 불분명한 경우가 많았다. 내용을 읽으려면 명문을 고대어와 연결해야 했다. 이들 언어 또한 국경선이나 문화 집단 안에서 각기 다른 발전과 분화 단계에 있곤 했다. 예컨대 고대 모아브어는 엘람어나 가나안어와 같은 뿌리에서 나왔지만 점진적 변형을 거쳐 후자와 구별되기 시작했다.

고문자학은 붓이나 펜을 이용해 손으로 남긴 표시를 연구하는 학문이다. 금석학은 돌이나 점토처럼 단단한 표면에 새긴 명문을 연구한다. 두 분야는 글자의 특정 형태, 자세, 획 패턴을 꼼꼼히 따진다는 점에서 서로 연관된다. 근대 고문자학은, 앞에서 고유물 연구를 논하며 밝혔듯이 장 마비용이 창시했다.* 허위 문서에 쓰인 글자를 감별하는 데 쓰이는 형태분석 기법 대다수는 역사적 명문을 연구하는 데에도 유용하다. 형태 증거만으로는 명문의 역사적 맥락을 실증적으로 파악하기 어렵지만, 증거 없는 역사 논리는 공상에 불과하다.

반면 금석학의 뿌리는 이국땅을 찾아가 폐허, 바위, 기념비 등 고대 유물에 새겨진 명문을 읽고 해독하려 애쓰던 용감한 여행가들의 호기심에 있다. 필사본과 인쇄본에 실린 고전 텍스트를 연구하는 일은 고대부터 끊이지 않고 이어졌으나, 그리스 라틴 명문은—자료는 풍부했으나—17세기 이후에야 형태와 유형을 다루는 연구가 체계화되었다.[7] 셈 금석학은 대체로 고고학적 발견에 힘입어 19세기에 나타난 분야이다. 고문자학 연구는 대부분 문서를 다루고 금석학은 유물을 다룬다고 하지만, 연구법을 선명하게 나눌 수는 없다. 금석학에는 때로 고고학적 맥락에 도움 받아 쓰인 언어, 문화 배경, 시대, 의미 등을 정립할 수 있다는 이점이 있는 반면, 고문자학은 유형 분석과 문서 출처에 깊이 의지한다.

두 분야에는 20세기 위인 프랭크 무어 크로스가 찬양한 "형태를 보는 안목"에 의지한다는 공통점이 있다.[8] 역사 지식, 성서고고학, 언어학적 식견이 모두 중요하지만, 글을 읽으려면 먼저 기호를 알아보고 분별

*

5장에서 마비용은 주로 고문서학(diplomatics)의 창시자로 소개되었다. 그러나 그는 여기에서 말하는 고문자학(palaeography)의 창시자로도 인정받곤 한다. 특히 초창기에는 두 분야에 공통점이 많았다.

할 필요가 있다. 메기도 도기 조각처럼 증거물이 파손되고 불완전한 경우가 많다는 점을 고려하면 간단한 과업이 아니다. 실제 기호를 시각적으로 해석하는 일은 고문자학과 금석학에서 여전히 밑바탕을 이룬다.

금석학과 고문자학 연구법은 알파벳을 구체화하면서 각 명문을 체계화된 글자 유형분류법에 따라 연구한다. 금석학자는 알파벳사의 법의학 전문가가 되어 더욱 복잡하고 분산된 방식으로 문자가 도입되고 지역별로 변형되는 과정으로 역사를 구체화한다.

샤를프랑수아 투스탱이나 장자크 바르텔레미 등 18세기 학자들은 페니키아와 셈 고문자학의 첫발을 내디뎠다.[9] 서양 문자사의 다양한 국면—설형문자, 키프로스 음절문자, 선문자 A와 선문자 B, 이집트 신성문자와 신관문자 등—이 발견되면서, 알파벳의 탄생에 관한 지식이 조금씩 넓어지기 시작했다. 19세기에는 설형문자를 해독해 중요 배경지식을 형성한 게오르크 그로테펜트나 페니키아 명문을 연구한 빌헬름 게제니우스 등이 선구적인 업적을 쌓았다.[10]

이후 수 세대에 걸쳐 학자들은 빈약한 증거를 이용해 고대 레반트라는 광대한 지리적 영역에서 수천 년에 걸쳐 일어난 역사를 짜맞췄다. 원시 시나이 명문으로 식별된 유물은 50점가량밖에 없고, 그나마 대다수에는 고작 몇 글자밖에 새겨져 있지 않다. 이보다는 넉넉하게 300여 점에 이르는 원시 가나안 문자와 초기 선형 페니키아 명문 사례가 서북셈 문자의 증거물을 이룬다. 위에서 언급한 메기도 명문이 그토록 중요한 이유이다. 알려진 문자의 기호 목록을 천천히, 신중히 작성한 일이 바로 19세기와 20세기 고문자학의 공로였고, 이는 지금도 진행 중이다.[11] 21세기에 이처럼 박식한 유물 검증은 디지털 기술의 도움을 받아 이루어지기도 한다. 컴퓨터를 이용하면 탈색이나 침식, 손상이 너무 심해 아무리 전문적인 학자라도 어쩔 도리가 없는 증거물에서 형상을 추출할 수도 있다.

이제는 역사적 증거가 상당히 많이 확보되어 있지만, 무엇을 증명하는 증거인가를 두고 벌어지는 논의는 주장하는 이가 누구냐에 따라 달라지곤 한다. 알파벳사 연구는 당파적 쟁점이나 정치성 없이 이루어지지 않았다. 지금도 고대 명문 해석은 방법뿐 아니라 믿음을 고수하는 관점에 따라 규정되기도 하며, 실증적 증거를 전통 서사와—특히 성서 전통과—조화시키려는 충동은 여전히 학계에서 논쟁과 분열을 일으키곤 한다.

페니키아어를 연구하려는 첫 시도

페니키아어의 정체에 관한 질문은 16세기와 17세기부터 조제프 스칼리 제르와 사뮈엘 보샤르 등 학자들을 사로잡았다. 당시 그들에게는 연구 할 만한 증거가 별로 없었다. 본토에서 처음 출토된 실제 페니키아어 텍 스트인 에슈무나자르 석관은 1855년에 발견되었다.[12] 그러나 지중해 연안의 명문은 기록되고 분석되어 초기 문자 형태에 관한 증거가 되기 시작했다. 다만 그중 다수는 페니키아 상인들이 문자를 퍼뜨린 기원전 10세기 내지 9세기보다 훨씬 후대에 제작된 자료였다.

　'고대'나 '원조' 문자와 마찬가지로, '페니키아' 문자를 찾으려는 탐 색에는 신화적 차원이 있었다. 유명한 예가 바로 다양한 17세기 자료에 소개되고 기술된 이른바 헤르메스주의적 지혜의 녹옥판 또는 타불라 스 마라그디나(Tabula Smaragdina)로, 이에 새겨진 명문이 페니키아어라 고 알려져 있었다. 석판의 텍스트는 역시나 기원이 불분명했고, 중세에 밀교 전통과 연관된 아랍어 또는 라틴어 저작에 실린 바 있었다. 아이 작 뉴턴도 번역한 이 글은 고대 지식의 원천으로 유명세를 얻었다.[13] 하 지만 이런 텍스트 전파는 어떤 구체적, 물리적 원본과도 관련이 없었다. 삽화로 소개된 녹옥판은 다양한 형태를 취했다. 1606년 하인리히 쿤 라트가 제작한 동판화에서는 헤르메스 트리스메기투스를 언급하는 라 틴어와 독일어 문장이 새겨지고 불로 된 왕관을 쓴 거석으로 묘사되었 다.[14] 그러나 독일인 연금술사 빌헬름 크리스토프 크릭스만의 1667년 저서에 묘사된 석판은 페니키아 문자 또는 고대 히브리 문자를 시사하 는 글자들이 새겨진 모습이었다. 크릭스만의 『이집트의 페니키아인과 여타 비(非)유대 민족의 시조 헤르메스 트리스메기투스, 또는 녹옥판 (Hermetis Trismegisti Phoenicum Aegyptiorum sed et aliarum Gentium Monarchae Conditoris sive Tabula Smaragdina)』에서 헤르메스 트리스 메기투스는 페니키아, 이집트, 기타 고대 민족을 세운 군주로 밝혀져 있 었다.[15] 크릭스만은 자신이 석판 원본을 복원했다고 주장했으며, 상형 문자처럼 묘사된 알파벳 자모는 이 주장에 진품성을 더해 주었다. 글에 쓰인 문자는 페니키아 문자가 아니다. 크릭스만이 이미지를 그럴듯하게 꾸미려고 문자 총람에 소개된 주화와 범례에서 다양한 고대 히브리 명 문을 원용해 그린 문자일 가능성이 크다.[16]

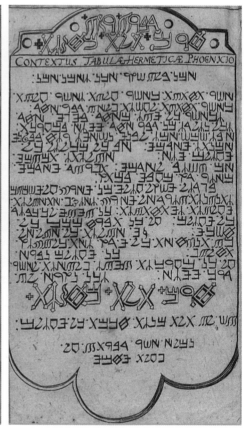

그림 8.1

빌헬름 크리스토프
크릭스만의 1667년 저서
『녹옥판』. 신비주의 전통을
암시하듯 시질처럼 고리가
달린 자모들과 더욱 선형적인
방형 자모들이 있다. 자모
형태는 고대 히브리 문자의
일종이다.

*

인스크립티오 멜리텐시스
프리마 빌링귀스(Inscriptio
Melitensis Prima Bilinguis):
라틴어로 '최초의 이중언어
몰타 명문'이라는 뜻이다.

첫 해독―바르텔레미 신부

진품으로 판별된 첫 페니키아 명문은 1964년 몰타에서 발견된 대리석
유물 두 점에 새겨져 있었다. 멜카르트 표석 또는 인스크립티오 멜리
텐시스 프리마 빌링귀스라고* 알려진 것들을 처음 알아본 사람은―자
세한 발견 정황은 기록되어 있지 않지만―이냐치오 데 코스탄초이고,
기요 드 마른이 만든 동판화를 통해 표석이 공개된 것은 수십 년 후인
1735년이다.[17] 그리스 문자와 페니키아 문자로 새겨진 명문의 연대는
현재 기원전 2세기로 측정된다.

　글을 번역하려는 시도는 뒤늦게 이루어졌다. 낯선 글자들을 둘러싼
혼란이 이어졌고, 페니키아어 지식이 부재한 사정도 마찬가지였다.[18]
그러나 1758년, 바르텔레미 신부는 프랑스의 왕립명문문예원에서 「몇
몇 페니키아 기념물과 알파벳에 관한 성찰(Reflexions sur quelques

monumens phéniciens et sur les alphabets qui en résultent)」이라는 제목
으로 표석에 관한 논문을 발표했는데, 여기에는 자모 형태에 관한 신중
한 고문자학 분석이 포함되어 있었다.[19]

바르텔레미는 페니키아 금석학의 현황을 돌아보며 논문을 열었다.
그는 스칼리제르와 보샤르가 페니키아 알파벳과 사마리아 알파벳에 같
은 이름을 부여했다고 지적하면서, 이는 오류라고—정확하게—진단했
다. (고대 히브리 문자에서 유래한 사마리아 문자는 기원전 6세기에 나
타났고, 따라서 페니키아 문자보다 후대에 개발되었다.) 18세기에 에드
워드 버나드와 베르나르 몽포콩은 사마리아 문자를 포에니(북아프리
카)와 페니키아의 메달에서 발견된 문자와 관련지은 바 있다. 바르텔레
미는 이 역시 문제라고 보았는데, 그것은 얼마간 버나드와 몽포콩의 해
석이 실제 기념물 관찰이 아니라 복제물에 근거했기 때문이었다. 몰타
명문 외에도, 바르텔레미는 동시대인 리처드 포코키가 키프로스에서 발

그림 8.2

기요 드 마른의 동판화
(1735)에 묘사된 멜카르트
표석. 레만, 「빌헬름
게제니우스」(2013) 중.

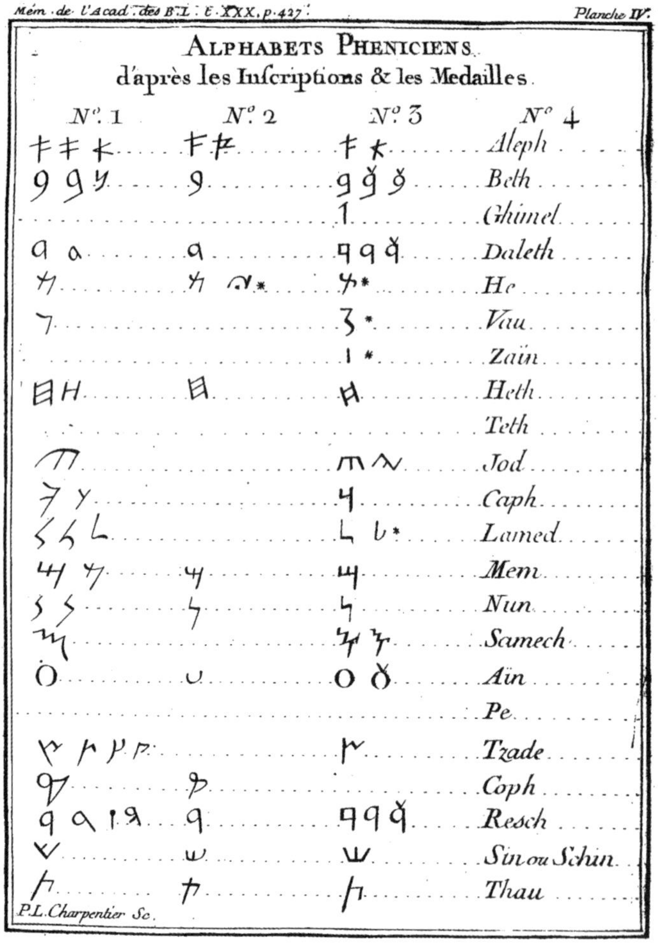

그림 8.3

바르텔레미 신부, 「몇몇 페니키아 기념물과 알파벳에 관한 성찰」(1758).

견한 유물들(일부 연대는 기원전 8세기로 측정되었다)도 인용했다. 마지막으로 그는 몰타 명판에 주목하면서, 우선 일부 부정확한 명문 사본과 샤를프랑수아 투스탱 등의 오역에 관해 서술했다. 여러 출판된 이미지 사이에 차이가 있음을 지적한 바르텔레미는 명판을 직접 확인해 보기로 했고, 프랑스인 고유물 연구가 켈뤼 백작에게 미리 편지를 보내 명문 탁본을 뜨게 해 달라고 허락을 구했다.

이 증거물을 입수한 바르텔레미는 명문을 새긴 이들이 항해 도중 항로에서 벗어나 몰타에 당도해 헤라클레스에게 봉헌한 페니키아인들이었다고 해석할 수 있었다. 그의 해독은 이제 다른 해석으로 대체되었지만, 그리고 성서를 언급하다 보니 미심쩍은 어휘가 쓰이기도 했지만, 바르텔레미는 명문에 남은 페니키아 자모 열일곱 자 중 열여섯 자를 정확하게 식별해 냈고, 이들 자모의 음과 이름을 표로 정리했다.[20] 흥미롭게도 그의 책에서는 페니키아 자모를 표상하는 데 히브리 활자가 쓰였다. 얼마간은 인쇄용 페니키아 활자가 존재하지 않았다는 사실 탓에 강구된 대용이었다. 그런 활자를 누가 무엇 때문에 만들었겠는가? 그러나 덕분에 훨씬 후대에 발명된 방형 현대 히브리 문자가 페니키아어 텍스트 전사에 쓸 수 있을 정도로 고대 페니키아 문자와 닮았다는 인식이 강해지기는 했다. 바르텔레미의 노력은 금석학에 단단한 기반을 다져 주었다.

체계화의 선구자―빌헬름 게제니우스

카일 매카터는 저서 『그리스 알파벳 고대사(The Antiquity of the Greek Alphabet)』(1975) 서문에서 페니키아 금석학의 발전 과정을 그리스·라틴 금석학과 나란히 추적했다. 매카터는 기존 고전 명문의 완전한 기록물을 처음 펴낸 독일 학자들을 특기하며 글을 열었다. 『그리스 명문 전집(Corpus inscriptionum Graecum)』은 아우구스트 뵈크가 처음 편찬했고 1828년부터 총서로 출간되었다. 이런 대규모 학술 사업은 포괄적인 학문 연구의 모델이 되었고, 체계적인 문자 비교를 위한 토대를 마련해 주었다. 총서가 나오기 전까지 증거물은 여러 유적지, 컬렉션, 기타 이런저런 장소에 흩어져 있었기 때문이다.

첫 그리스 금석학 교본인 요하네스 프란츠의 『기초 그리스 금석학(Elementa epigraphices Graecae)』은 그로부터 10여 년이 지난 1840년에 나왔다.[21] (물론 그리스어 문법서는 고대부터 존재했다.) 고대 그리스 명문 연구가 중요하기는 했어도 그것만으로 알파벳의 기원과 초기 발전 과정에 접근할 수는 없었다.

'페니키아인(foinikes)'이라는 용어는 18세기에 적극적으로 되살아났다. 이는 헤로도토스는 물론 에우세비오스를 통해 전승된 고대 역사가 상쿠니아톤을 발췌 인용하는 문헌 전통에서도 카드모스와 관련된 말이었다. 성서에서 '가나안인'은 포괄적인 용어이다. 1891년도 『백과사전(Cyclopedia)』의 저자 존 매클린톡은 페니키아인이라는 말이 구약성서에는 등장하지 않고 오로지 신약성서의 세 구절에만 나온다는 사실을 지적했다.[22] 해당 지역 주민은 자신을 밝힐 때 그런 말을 쓰지 않았다 [그들이 쓴 말은 '카나아님(Kana'anim)', 즉 가나안인이었다]. 페니키아인 개념은 서양 문자의 창제자를 편리하게 지칭하는 정체성이 되었다.

적당한 지역에 살던 그들은 소속 종교도 불분명했다. 셈어를 썼지만 유대인은 아니었고, 유목민이나 부족민이 아니라 발달한 도시에 정주하던 사업가들이었다. 농경보다 모험을 즐겼고 용맹한 민족으로 묘사할 수 있었으며, 자색 염료, 목재(레바논 향나무), 유리, 섬유, 포도주를 수출할 줄 아는 고대 선진문화를 구가했다. 금속, 노예, 향신료, 보석, 동물을 수입했고 방대한 통상로를 운영했으며, 지중해 연안과 어쩌면 영국까지 뻗어 나간 집산지를 통해 아라비아와 인도를 연결했다.[23] 교환 체계를 통해 재화를 유통했는데, 대부분은 직접 생산하지 않은 재화였다. 알파벳도 그중 하나였다. 페니키아에서 발명된 부분은 일부에 지나지 않는 알파벳이지만, 그래도 유목민 부족이나 사막 주민보다는 이들 같은 해상 탐험가들과 연관되는 편이 나아 보였을 것이다.

티레, 비블로스, 시돈 등 주요 도시 주변 지역의 고고학은 19세기 말에서 20세기 초에야 비로소 성숙했다. 그리고 다시 밝히지만 바르텔레미의 세심한 연구가 이루어진 18세기 중반부터 페니키아 명문 연구와 동의어가 되다시피 한 빌헬름 게제니우스의 책이 나오기까지 거의 반세기 동안에는 새로운 물증이 거의 출현하지 않았다. 1837년 라이프치히에서 출간된 게제니우스의 기념비적 노작 『페니키아어 기념물의 문자(Scripturae linguaeque Phoeniciae monumenta quotquot supersunt)』는 이런 이유로 더욱 출중하고 중요하다.[24] 매카터는 이 책이 "셈 금석학의 과학을 출범시켰다"라고 평가한다.[25]

1813년에 게제니우스는 히브리어 문법서를 써내기도 했는데, 이 책은 이후 수 세대에 걸쳐 주요 참고서로 쓰였다.[26] 비범한 지성을 전환해 훗날 페니키아어 연구의 기초가 된 저서를 준비하면서, 게제니우스는 문헌학에 쓰이는 형태소 분석과 형태분석 기법, 즉 음운 변화와 단어 형태를 꼼꼼히 분석하는 방법을 명문 연구에 적용했다. 그는 형태 특징을 분석하는 일이 언어와 역사를 이해하는 일과 분리될 수 없다는 사실을 알았지만, 명문을 읽고 기호를 체계화하는 기술이 필수적이라는 사실도 알았다. 이들 자모가 언제 어디에서 유래했느냐 하는 질문에는 답할 수 없어도, 셈어학자로서 전문성을 활용해 언어의 구조와 명문에 쓰인 관습을 분석할 수는 있었다.

게제니우스의 책은 분량이 500쪽이 넘었다. 첫 장에서 그는 당시까지 알려진 페니키아 문자의 역사를 제시했다. 공상에 빠지는 일은 없었다. 그의 역사는 서북아프리카 등 지중해 연안에서 발견된 포에니 명문으로 시작했고, 연구에 쓰인 참고 문헌 목록(당시 학술 현황을 요약해 주는 유용한 자료)도 포함되어 있었다. 이 출전 목록을 검토해 보면 18세기 말 고유물 연구의 일부로 고대 명문에 대한 관심이 부풀어 올랐다는 사실을 알 수 있다. 바르텔레미와 1750년에 시작된 존 스윈턴의 연구가 핵심 자료였고, 야코프 르헨페르트의 1706년 저서는 페니키아 문자 사례를 밝히려는 첫 시도로 인용되었다. 게제니우스는 현존하는 모든 고유물 관련 자료를 샅샅이 뒤져 증거를 찾아냈고, 두 번째 장에서는 페니키아 명문이 발견된 지역과 시대를 죄다 상술했다. 그가 꾸민 목록에는 아테네, 카르타고, 사르디니아, 영국, 시칠리아, 이탈리아 등지의 기념물과 컬렉션이 망라되어 있었다. 이런 노력을 통해 그는 페니키아 알파벳의 개별 자모에 관한 서술을 다듬었다. 마지막 권에는 토기 조각과 도편을 묘사한 동판화와 그런 유물에서 나온 자모들의 섬세한 드로잉이 실렸다. 백과사전 같은 이 책은 자모 형태 목록에 대한 체계적 접근법을 수립했다.[27]

매카터가 지적하기로 게제니우스는 박식한 히브리어 지식에 의지해 페니키아 문자로 쓰인 셈어를 해독했으며, 따라서 그의 접근법은 대체로 형태적이고 서지학적이었다.[28] 게제니우스는 페니키아어가 독립된 언어이며 히브리어나 칼데아어(고대 시리아어), 아랍어 등—모두 선대 가나안어에 뿌리를 두고 후대에 나타난 변종—의 혼종이 아니라고 주장했다. 페니키아 문자에 대한 이해를 높이려고, 게제니우스는 명문마다 등장하는 자모를 모두 목록화했다. 일부 후대 고문자학자들은 이런 접근법을 비판하며 알파벳의 발전 과정은 한 자씩 단편적으로 연구할 수 없다고, 오히려 전체 글자 수와 변형에 주목하며 체계 전반을 연구해 나가야 한다고 주장했다. 페니키아 금석학 초기 단계에 이런 방법은 불가능했고, 후대 학자들은 모두 게제니우스의 기념비적 노력 위에서 연구를 발전시켰다.

학문 분야로서 금석학은 꾸준히 발전했고, '셈'이라는 명칭은 식별 기준이 단일 민족에서 언어권으로 이동했음을 알렸다.[29] 1833년, 게제니우스와 동시대에 활동한 독일인 셈어학자 에두아르트 베어는 또 다른 총괄서『원대 셈 명문과 문서(Inscriptiones et papyri veteres Semitici)』를 써냈다.[30] 이어 1840년에는 시나이 명문에 집중한 저서『미지의 자모와 언어로 쓰인 시나이산의 원대 명문(Inscriptiones veteres litteris et lingua hucusque incognitis ad Montem Sinai)』이 나왔다.[31] 베어는 당시로서는 가장 광범위하고 권위 있는 시각 자료였던 시나이 명문에 관해 이전에 출간된 자료와 번역문에 깊이 의지했다. 그중에는 누구나 인용하던 그레이도 있었는데, 베어의 글에서는 그의 번호 체계, 위치 정보, 히브리어 번역이 인용되었다. 베어는 바르텔레미에게도 의지해 그가 언어의 기본 요소로 간주했던 단음절어를 표상하는 데 자모가 어떤 역할을 했는지 추측하기도 했다.[32] 이런 음성학적 분석은 포코키, 니부르, 그레이 등 이전 연구를 바탕으로 이루어졌고, 이후 다른 셈어학자들을 통해 확장되었다.[33]

한편, 어느 프랑스인 학자가 근대적인 방법의 렌즈를 통해 해묵은 이집트 영향설을 재검토하면서, 알파벳의 기원에 관한 역사적 이해에 우회로가 나타나기도 했다.

이집트 가설―신관문자를 통한 우회로

서양에서 신성문자는 고대 초부터 알려져 있었다. 수백 년간 유럽인의 상상을 매료시킨 신성문자는 시야에서 사라진 적이 없었다.[34] 17세기 예수회 학자 아타나시우스 키르허는 광범위하고 종합적인 언어 기원 연구에서 신비주의와 역사적 접근법을 결합해 이집트인이 알파벳을 발명했다는 인식을 조성했다.[35] 키르허는 콥트 문자, 즉 기원전 2세기에 이집트어를 적는 데 쓰인 그리스식 문자에 매료되었다. 그러나 키르허의 주된 열정은 신성문자에 있었다. 그는 유구하고 섬세한 이집트 문명이 모든 고대 지성의 근원이라고 보았다.[36] 콥트 문자와 이집트의 연관성을 바탕으로 그는 상형(신성)문자에서 알파벳 문자가 유래하는 깊은 역사를―부정확하게―상상했다. 키르허의 신성문자 해석은 기껏해야 추측이었고 낮춰 말하면 공상에 불과했다. 그는 이런 연구에 필요한 엄밀한 고문자학과는 거리가 멀었다.

이집트 언어와 문자에 관한 지식은 유명한 로제타석의 다중언어 명문이 해독되면서 확충되었다. 로제타석 해독은 1799년에 발견된 후 20년이 넘게 걸린 과업이었다. 영국인 학자 토머스 영과 프랑스인 문헌학자 장 프랑수아 샹폴리옹은 해독에 성공한 덕분에 유명인이 되었다. 거대한 기원전 2세기 석판에 세 가지 문자와 두 언어가 새겨져 있었는데, 텍스트는 어느 이집트 사제단이 내놓은 퍽 일상적인 행정명령이었지만, 덕분에 그리스 명문과 신성문자 명문을 상호 비교하고 이들을 세 번째

문자인 신관문자 명문과 연관시킬 수 있게 되었다. 그전까지 이집트어
에 쓰이는 필기체 속기법 신관문자와 이에서 파생된 민중문자는 별 관
심을 끌지 못했다. 필기체 문자는 수 세대에 걸쳐 일종의 알파벳 서자로
오인되기도 했다. 상형 신성문자에서 도식적인 필기체 신관문자와 이를
더 쉽게 쓴 민중문자로 이어지는 이집트 문자 계보는 알파벳의 기원이
나 발전과 아무 직접 관련이 없었지만, 그런 오해가 지속된 바탕에는 독
특한 고대 파피루스 한 점의 발견이 있었다.

프랑스인 고고학자 에밀 프리스 다벤은 1846년 이집트 테베의 어느
지역민으로부터 파피루스 하나를 구입했고, 1847년에는 사본을 공개했
다. 파피루스에 쓰인 신관문자는 알파벳 표기법을 연결해 주는 결정적
증거로 해석되었다.[37] 현재는 기원전 1800년경에 제작되었다고 측정
되는 이 유물은 당시까지 발견된 가장 오래된 파피루스로 믿어졌다.[38]
살아남은 열여덟 면에 무척 발달된 붓글씨를 우아하게 쓴 솜씨 덕분에
1883년, 권위 있는 알파벳 역사가 아이작 테일러는 프리스 파피루스가
"가장 완벽한 초기 신관문자 표본"이라고 묘사하기도 했다.[39] 테일러
는 기존 학술 문헌뿐 아니라 시각적 분석을 통해서도 알파벳과 연관된
증거를 제시하면서, 고대 신관문자 형태가 "몇몇 셈 문자 자모에 있는
꼬리"와 상통한다고 시사했다.[40] 필사본의 내용은 문서가 쓰인 연대보
다 오래된 듯했는데, 프리스는 그 내용이 이집트 역사에서 힉소스의 침
략이라고 알려진 사건보다 선대에 속한다고 믿었다. 힉소스는 동방에서
온 셈어권 민족으로, 기원전 1630년경 이집트 북부와 나일강 삼각주를
정복하고 100년가량 지배했다. 그보다 먼저 이집트 주민과 뒤섞여 살았
던 여러 가나안인 집단처럼 힉소스도 고유 언어를 가져왔다. 신관문자
는 셈족 정복기에 문학과 상업에 일상적으로 쓰이던 문자였다. 다시 말
해, 잘 정립된 형태로서 정교하고 노동집약적이며 의례적인 신성문자로
는 감당하기 어려운 용도에 다양하게 쓰이던 문자였다는 뜻이다. 힉소
스는 린드 파피루스로 알려진 유명 수학 논문 같은 선대 이집트 문서를
사자해 보존했다고 알려져 있었다. 신관문자 수용설의 논거는 신속하게
생산되는 잉크와 붓 또는 펜 획이 신입 주민의 언어를 표상하는 데 쓰였
다는 것이었다.[41] 테일러는 프랑스인 학자 에마뉘엘 드 루제가 이들 문
자를 "셈 알파벳 자모의 원형"으로 보았다고 지적하기도 했다.[42]

영국인 학자 히스 목사는 "1856년 《먼슬리리뷰(Monthly Review)》
에 실린 소논문"으로 파피루스의 내용에 처음 주의를 환기한 인물로

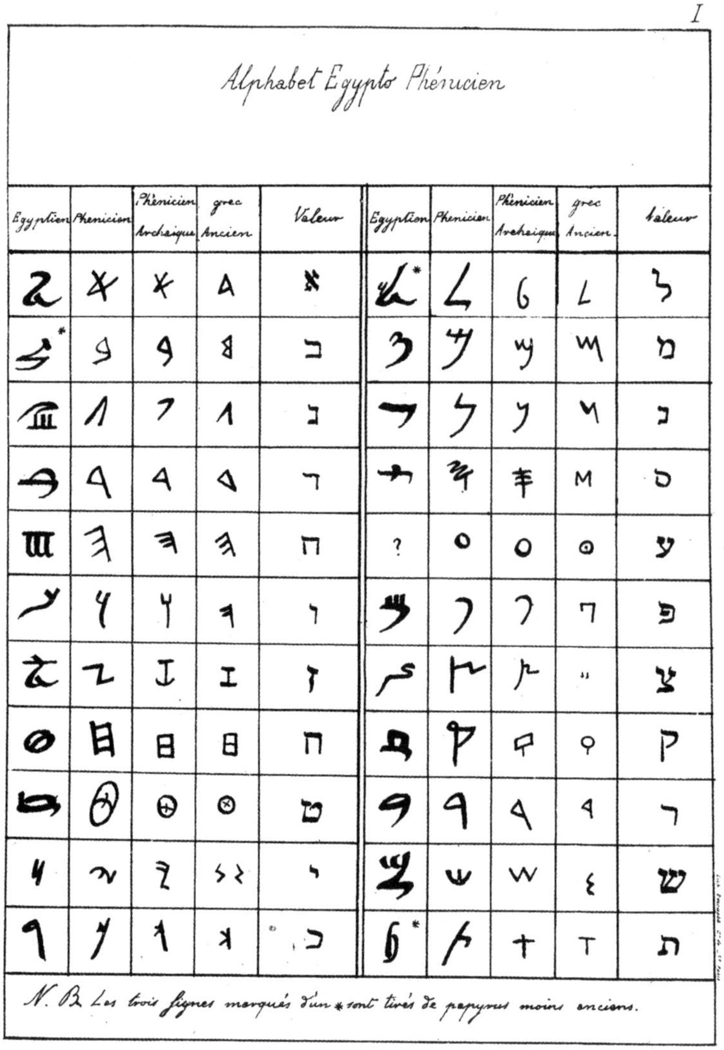

그림 8.4

드 루제의 표. 신관, 페니키아, 구식 페니키아, 고대 그리스, 히브리 문자를 보여 준다. 특히 도식적인 신관문자 형태를 신중히 골라 설득력 있는 시각적 논지를 내세운다.

인정된다.[43] 그러나 폭넓은 연구 끝에 『명문문예원 의사록(Comptes rendus des séances de l'Académie des Inscriptions et Belles-Lettres)』(1859)에 「페니키아 알파벳 이집트 기원론(Mémoire sur l'origine égyptienne de l'alphabet phénicien)」을 발표한 이는 저명 이집트학자 드 루제였다.[44] 논문 초록은 이렇게 시작한다. "과학적으로 보건대 셈 민족이 채용한 다양한 알파벳이 원래는 하나였으며 이로부터 전 유럽과 아시아 일부로 퍼져 나간 변종이 파생되었음에는 의문의 여지가 남지 아니한다. 여러 고고학자가 이집트에서 알파벳의 원형을 찾으려고 분투하였으나 만족스러운 결과에 다다르지 못하였다. 드 루제 씨는 선행 연

I

Alphabet Egypto Phénicien

Egyptien	Phénicien	Phénicien Archaïque	grec Ancien	Valeur	Egyptien	Phénicien	Phénicien Archaïque	grec Ancien	Valeur

N. B. Les trois signes marqués d'un * sont tirés de papyrus moins anciens.

구자들이 사용한 것보다 훨씬 오래된 문서를 기초로 한 연구에서 자신이 이러한 난제에 대한 해답을 발견하였노라고 믿는다."[45]

　드 루제를 격려해 준 이는 그의 가설을 지지한 멘토 고고학자 프랑수아 르노르망이었다. 르노르망이 믿기로, "페니키아인은 풍부한 신성문자에서 몇몇 형상을 선택하여 이로써 표상되는 각 대상의 이름 첫머리에 페니키아어의 핵심 요소가 하나씩 들어가도록 하였다."[46] 예컨대 이집트 기념비에서 그들은 황소 머리 이미지를 하나 골랐는데, 그것은 신성문자로서 해당 이미지가 무엇을 의미하느냐와 무관하게 단지 황소를 뜻하는 단어인 '알루프'가 알레프로 시작하기 때문이었다는 뜻이다. 두음법(acrophony. 자모에 바로 그 자모로 시작하는 이름을 붙이는 일)이라고 알려진 방법으로, 이로써 명명된 대상의 이미지와 연상관계가 생긴다. 사실, 두음법은 대개 기억술로 쓰이지 도식적 형태가 그림문자 원형에서 유래했다는 증거가 되지는 않는다. 그러나 드 루제는 분석을 진행하며 알파벳에 조응하는 음을 표상하는 신관문자만 택하고 다른 형태들은 무시했다. 여기에서 그는 르노르망의 가설, 즉 페니키아인이 신관문자에서 빌린 원형은 신성문자가 도식화된 형태로서 신관문자가 표상했던 의미가 아니라 소릿값을 기준으로 했다는 설을 따랐다.[47] 그로써 드 루제가 내놓은 결론은 페니키아 자모가 상응 소릿값을 표상하는 이집트 기호에서 유래했다는 것이었고, 이는 다른 학자인 방 드리발 신부의 지지를 얻었다.[48]

　드 루제는 고문자 분석을 위한 기본 규칙을 규정했다. "① 자모에 해당하는 가장 오래된 페니키아 원형을 고른다. ② 이를 원조 셈 알파벳만큼이나 오래된 이집트 필기체와 결부한다. ③ 비교 대상은 알파벳 문자 중에서 선택하여야 한다. ④ 기호 단위로 비교하여야 하며 두 언어의 음운이 상응하여야 한다. 자모 간 유사성은 각각이 변형된 과정을 지배한 정황을 연구함에 있어 차이를 설명할 수 있도록 접근하여야 한다."[49] 이처럼 체계적인 접근법 덕분에 시각적으로 정확해 보이는 인상이 도출되었고, 그가 만든 표는—전제는 틀렸지만—수사학적 효용성을 증명했다.

　드 루제는 선행 연구자들이 알 수 없었던 새로운 고고학 유물을 몇 점 접했다. 그중 하나가 바로 1855년에 발견된 에슈무나자르 석관의 출중한 시돈 명문이었다. 이 명문에는 발달된 페니키아 알파벳 자모 전체가 포함되어 있었다. 드 루제는 이들 기호와 프리스 파피루스 필기체 신관문자 사이에 상응 관계가 있다고 믿고 이를 발표했다. 언뜻 보기에 반박하기 어려운 가설이었지만, 그가 정리한 관계는 역사적 계보나 연관성이 아니라 형태 유사성에 근거했다.

드 루제의 표는 생생한 시각적 논지를 제시했다. 이에 따르면 신관문자는 후대에 나타난 페니키아 문자와 더 후대에 나타난 그리스 문자의 근원이었다. 그는 심지어 "이집트·페니키아 알파벳"이라는 용어를 창안해 표 제목에 넣고 이집트 신관문자가 페니키아 문자의 원형 노릇을 했다고 주장하기까지 했다.[50] 드 루제만 그랬던 것이 아니다. 1861년 런던에서 출간된 프리드리히 발호른(Friedrich Ballhorn)의 『그래머토그래피—고대어와 근대어 알파벳 참고서(Grammatography: A Manual of Reference of the Alphabets of Ancient and Modern Languages)』에 실린 표를 보면, "원대 문자" 단에 신성문자, 신관문자, 민중문자 기호가 히브리 알파벳 자모와 연결되어 있다.[51] 고대 알파벳 명문이 없는 상태에서, 이 가설은 알파벳의 기원을 고대 유물과 동일시하고픈 욕망에 힘입어 확고히 정착했다. 이 외에도 가설에서 근원으로 제시된 예로는 앞에서 소개한 라스 샴라 설형 음절문자, 키프로스 음절문자, 미노스 선문자 A와 B 등이 있다.

설형문자 다시 보기

우가리트 석판을 제외하면, 설형문자에 관한 논의가 알파벳사에서 차지하는 위치는 대체로 부수적이다. 이정표가 된 저서 『설형문자 명문의 고고학(The Archaeology of Cuneiform Inscriptions)』(1908)에서 이전 세기에 일어난 고고학적 발견들을 요약하던 영국인 아시리아학자 아치볼드 세이스는 중동에서 바빌로니아 문화의 역할이 "꾸준히 드러났다"라는 견해를 밝히면서, 당시에도 현재 못지않게 "상당한 상호 교류가 있었다"라고 강조했다.[52] 그는 "고대 동양에서 지역 간 교류가 부재했다는 낡은 생각을 재고"해야 한다고 촉구했다.[53] 세이스는 설형문자 유물 컬렉션이 근래 들어 눈에 띄게 늘어났다는 점(방대한 대영박물관 자료가 한때는 작은 상자 하나에 다 들어 있었다)도 특기했다. 그는 설형문자 명문을 처음 알린 인물로 페르세폴리스궁전 폐허에서 명문 몇 점을 사자한 이탈리아인 작곡가 겸 여행가 피에트로 델라 발레를 꼽았다.[54] 18세기에 이미 덴마크인 탐험가 카르스텐 니부르가 몇 권에 달하는 자료를 발표한 적이 있는데도 잉글랜드에서는 20세기 초까지 설형문자 명문에 관한 연구가 거의 나오지 않았다고도 지적했다.[55] 니부르는 명문을 해석하려 애쓰면서 나름대로 글자를 분석했는데, 이에 따르면 어떤 "설형문자에는 글자가 마흔두 개밖에 쓰이지 않았으며, 따라서 그는 이 문자가 알파벳이라고 결론지었다".[56] 1802년경, 설형문자 연구에서 중요한 인물인 독일인 고문서학자 게오르크 그로테펜트는 이 명문에 세 가지 다른 언어가 쓰여 있다는 사실을 깨달았다.[57] (역사적으로 설형문자는 약 열다섯 개 언어에 쓰였다.) 세이스는 설형문자 해독을 진전시킨 노작들을 추적했다.[58] 그는 오랜 연구 끝에 음절식 설형문자와 음소식 설형문자가 구분되고 "1849년 프랑스인 학자 드 솔시(de Saulcy)가 입증"한 것처럼 "아시리아어는 셈어였음"이 밝혀진 과정을 기록했다.[59] 그는 셈어와 설형 기호가 결부되면서 라스 샴라 기호의 정체가 알파벳이냐 아니냐를 두고 벌어진 논쟁도 매듭지어졌다고 믿었다. 바로 그런 연구가 19세기에 설형문자와 고대어를 연구하는 토대를 닦아 주었다.

"고고학적 자료"에 관한 장 서두에서, 세이스는 고고학이 "귀납적 과학"이라고 설득력 있게 주장했다. "관찰하고 다룰 수 있으며 모든 적정 관찰자가 검증할 수 있는 대상들을 비교하고 정리하여 결론을 유도한다."[60] 고고학은 "독일 친구들이 말하는 객관적 사실을 기초로 하며, 과학적 결과를 내놓을 수 있는 유일한 방법, 즉 평범한 세상 논리를 신중한 규율과 조심스러운 실험을 통해 적용하는 방법을 사용한다".[61] 그는 이런 접근법을 "과학적 증거가 무슨 의미인지" 이해조차 못 하는 이들의 "순전히 문학적인" 방법과 대립시켰다.[62]

하지만 결과적으로 우가리트 설형문자 아베케다리움은 폭넓은 알파벳사의 연속선상에 속하지 않는다. 키프로스나 미노스 관련설도 엉뚱한 단서였고, 이들과 연관된 증거는 지리적으로 너무 제한되거나 역사적으로 너무 동떨어져서 청동기시대 레반트에서 문자 기원의 토대가 되기에는 무리였다. 알파벳의 기원은 다른 곳에 있었다. 그러나 이집트 신관문자와 라스 샴라 설형문자가 표음문자처럼 쓰였다는 인식은 알파벳 표기법 또한 어떤 지적 과정을 통해 가나안어 등 셈어를 구성하는 음운에 대한 이해에서 유래했으리라는 추정을 뒷받침해 주었다.

전문화하는 고문자학과 금석학

고문자학은 전문 연구뿐 아니라 일반 독자를 위한 출판 부문에서도 발전했다. 필리프 베르제의 총괄서『고대 문자의 역사(L'histoire de l'écriture dans l'antiquité)』(1891)가 그런 예에 해당한다.[63] 베르제는 이 책을 한때 스승이자 저명 금석학자인 에르네스트 르낭에게 헌정하면서, 그의 노고 덕분에 "알파벳사의 중심"에 있는 페니키아 금석학이 이제 그리스 라틴 금석학과 위상을 나란히 하는 과학으로 인정받게 되었다고 적었다.[64] 실제로 1864년에 출간된 저서『페니키아 탐사(Mission de Phénicie)』에서 르낭이 서술한 고고학적 발견들은 게제니우스가 지적했을 정도로 희박하던 레바논 지역 유물에 중요한 보탬이 되었다.[65]

아이작 테일러의 1883년 2부작『알파벳』처럼, 베르제도 고고학과 고문자학의 노력을 요약하며 문자의 발전 과정을 지도로 그렸다. 한 세기 전 선배 학자들과 달리, 테일러와 베르제는 모두 고유물 연구(고전 인용 계보)를 언급하지 않으려 했고, 대신 전문 학자들의 과학 출판물과 학술지를 광범위하게 원용했다. 베르제는 증거를 제시할 때 사진 복제술을 활용해 객관적인 느낌을 더했다.

그림 8.5

필리프 베르제,『고대 문자의 역사』(1891). 사려 깊은 자료 제시 방법을 보여 준다. 사마리아어 십계명이 거의 전부 실린 석판을 측방 조명으로 근사하게 촬영해 명문이 잘 드러난다. 배경을 지워 낸 덕분에 삼차원 물체처럼 보이기도 한다. 부호들은 최대한 신중하게 전사되어 있다. 이후 사마리아 문자를 다른 셈 문자와 대조하는 표가 몇 쪽 이어진다.

베르제는 고문자학과 금석학을 소수 학문으로 취급하지 않고 폭넓은 형태 연구법을 통해 고고학적 증거를 해석하는 접근법으로 다루었다. 배경이 깔끔하게 지워진 베르제의 사진 이미지는 유물을 기계처럼 정확히 묘사했고, 이에는 특정 속성과 비교 사례에 시선을 집중시키도록 능숙하게 디자인한 표와 꼼꼼하게 다시 그린 명문이 덧붙었다. 테일러의 책처럼 베르제의 저서도 문자의 역사에 관한 주요 참고서였고, 여전히 그렇다.

베르제의 서문은 이렇게 시작된다. "이제 우리는 히브리 알파벳이 가장 오래된 문자이며 최초의 인간이 언어와 함께 선물받은 문자라고 믿던 시대에서 멀리 벗어나 있다."[66] 신화는 과학으로 대체되었다. 베르제는 신대륙 문자와 한자가 별도로 발전했다는 논의를 포함시켰고, 셈 알파벳과 이집트 신성문자, 바빌로니아·아카드 설형문자의 관계는 입증되지 않았다는 점도 분명히 밝혔다.

그는 독일과 프랑스 학자들의 주요 연구를 통해 셈 금석학이 발전한 과정을 추적했다. 그가 페니키아 금석학의 출발점으로 삼은 것은 바르텔레미 신부와 몰타 표석의 그리스어·페니키아어 이중언어 명문이었다. 바르텔레미는 "다른 문자의 정밀한 비교에 기초한 엄격한 방법을 이용해" 명문을 번역했다.[67] 덕분에 그는 "페니키아라는 이름 아래에 누적된 광기에서 페니키아 연구를 분리할 수 있었다"[68] "다른 문자의 정밀한 비교"가 바로 금석학 연구법을 요약해 주는 열쇠 말이었다.

베르제는 새로운 비교 방법을 창안한 인물로 게제니우스를 꼽으면서 그의 1837년 저서 『페니키아어 기념물의 문자』를 인용했지만, 19세기에는 더 많은 증거가 나타나 게제니우스가 그처럼 치밀하게 연구한 명문 여든다섯 점을 보완하게 되었다고 지적했다. 아울러 베르제는 에슈무나자르 석관을 루브르에 기증한 뤼인 공작의 주도로 프랑스에서 일어난 셈 금석학 분야 학술 사업의 역할도 인정했다.

자신이 연구하는 분야의 역사를 개괄한 베르제는 최근 상황으로 시선을 옮겨, 명문 수가 늘어나 좋아진 점으로 셈 알파벳의 "다양한 가족을 분별"하고 연대기를 정리할 수 있게 된 점을 꼽았다.[69] 그의 스승인 르낭은 1864년 첫 저서를 발표한 후 10년간 페니키아 금석학을 제도화하는 데 중대한 역할을 했다(콜레주드프랑스에 개설된 강좌들도 마찬가지였다).[70] 모든 페니키아 명문을 통합하자는 결정이 내려진 결과 르낭과 드 루제 등이 참여하는 국제 사업이 일어났다. 1881년 파리에서 첫 권이 출간된 『셈 명문 전집(Corpus inscriptionum semiticarum)』(그리스 명문 전집을 모델로 삼았다)은 해당 분야의 토대를 굳혔다.[71] 이 컬렉션은 여러 부로 나뉘어 각각 페니키아, 아람, 히브리, 힘야르 문자 등 셈 알파벳의 주요 가족을 하나씩 다루었다(마지막 가족에는 아라비아나 예멘 등 후대에 갈라진 분지에서 쓰이는 남셈 문자가 포함된다).

베르제는 지리의 중요성을 인식하고 이들 문자 가족을 지도에 배치했다. 그는 페니키아 문자가 티레와 시돈 근처 본토에서 출현했고 키프로스와 카르타고를 지나 서진해 지중해 연안의 여러 장소로 퍼졌다는 근본 인식에서 출발했다. 페니키아 남부에서 알파벳은 이스라엘왕국 시대(기원전 1050년 이후)와 기원전 2세기 마카베오 가문 시대 등 두 차례에 걸쳐 형태가 다른 두 가지 히브리 문자를 낳았다고도 밝혔다. 기원전 8세기부터 시리아에서 아람 문자 같은 지역 세력권 문자가 나타났으며, 페르시아가 지배하던 시기에 어떤 분지는 남으로 이집트에까지 다다랐다고 적기도 했다. 방형 히브리 문자와 유사한 팔미라 문자와 아람 유목민의 문자인 나바테아 문자, 고대 시리아 문자, 마침내는 아랍 문자가 서력기원전 마지막 세기에 시나이반도와 아라비아 중앙을 관통했다. 자오선 아래쪽에서는 7세기에 이슬람교 확산을 통해 아랍 문자가 도입되기 전까지 힘야르 문자와 에티오피아 문자가 쓰였다. 베르제가 책을 쓴 19세기 후반 상황에서 이는 완전한 서술이었다.

베르제는 금석학 연구법 덕분에 문자 형태에서 추적할 수 있는 변화를 바탕으로 연대 결정이 가능해졌다는 사실을 알았다. 그는 알파벳이 다른 문자보다 빠르고 급격히 변형되었다고 상상했다. 이집트 신성문자는 어쩌면 신성한 성격을 띤 까닭에 수백 년간 같은 형태를 유지했지만, 세속적이고 평범한 페니키아 서자는 효율성을 중시한—글 쓰는 중간에 손을 떼는 일이 되도록 없기를 바랐던—필경사들의 노동을 통해 신속하게 변했다.[72] 에슈무나자르 명문으로 돌아간 그는 거기에 쓰인 문자가 거의 전부 성숙해 있다는 점을 특기했다. "고대 알파벳에 있었던 각지고 급격한 모양이 사라졌다. 자모들은 더 비스듬하고 행 진행 방향으로 기울어져 있다. 한편 꼬리는 더 길고 일정한 형태와 규칙적인 각도를 유지한다. 알파벳 전체가 필기체에 가까워지는 경향을 보인다. 구식 페니키아 문자는 분리된 요소들로 이루어져 있으나 시간이 흐르며 한 획으로, 차츰 곡선으로 쓰는 습관이 생겨났다. 자모 멤(mem)과 신(sin)이 그러한 예에 해당한다."[73]

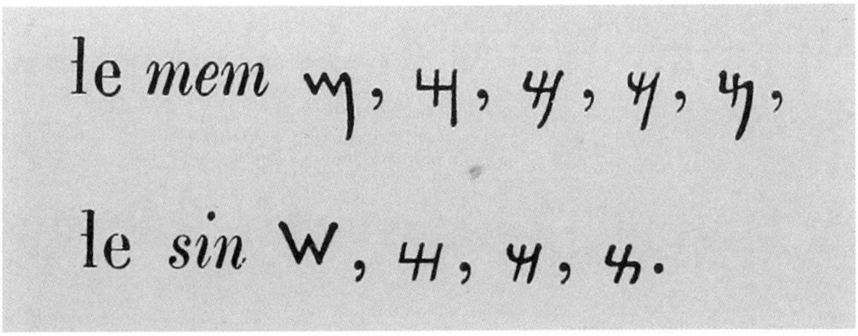

le mem ʍ, ५, ५, ५, ५,

le sin w, ५, ५, ५.

베르제는 시간과 장소의 지표 같은 흔적으로서 글자에 나타난 미세 변화에 주목했으며, 개별 기념물과 명문을 상세하고 면밀히 조사했다. 그는 물증에서 특성이 소멸하거나 발달하는 역동적 과정을 강조했다. 예컨대 포에니 명문과 신(新)포에니 명문의 차이를 논하면서, 그는 필기체가 다시 정교해지는 단계에 들어갔음을 시사하는 세부를 특기했다. 신포에니 문자는 포에니 문자보다 후대에 나타났는데도 더 각지고 단순하다. 이에 그는 이런 관찰이 필사본이 아닌 명문을 증거로 다룬 결과일지도 모른다고, 즉 필기 매재의 효과일 수 있다고 단서를 달기도 했다.

히브리 알파벳으로 주의를 돌린 베르제는 관련 증거가 워낙 없으므로 히브리 문자의 역사는 "아주 작은 물건"으로 환원될 수도 있다고 시사했다. 간단히 말해, "우리에게는 고대 히브리 서자가 표기된 기념물이 없다시피 하다".[74] 히브리인이 글을 쓰지 않아서가 아니다. 다윗과 솔로몬 시대의 정복 활동에 관한 고대 서술에는 비석이 다수 묘사되어 있다. 베르제가 시사하기로 기원전 800년에 이미 히브리 문학이 존재했으며, 유대인이 책의 민족으로 알려진 것도 그런 이유에서였다. 그러나 고대 히브리어와 밀접히 연관된 문자가 쓰인 주요 셈 금석문 기념물은 여전히 1869년에 발견된 모아브비밖에 없었다. 여기에서도 베르제는 명문에서 히브리 문자의 관련 자모와 특히 유사하고 페니키아어에서 '알레프'와 '요드'가 쓰인 자리에 있는 글자['헤(hé)'와 '바우(vau)']에 주의를 환기시키는 등 고문자학적 세부로 논지를 뒷받침했다.[75] 모아브비 문자의 정교성을 근거로 베르제는 페니키아 문자만큼이나 오래된 히브리 문자가 존재했으며 기원전 1000년경에는 상당히 발달한 상태였다고 확신했다. 고문자학과 금석학 연구법을 사용한 결과 그는 알파벳을 세부 요소로 원자화하는 동시에 모든 기성 증거를 지리적, 연대기적, 언어학적으로 통합된 분석에 대입해 체계화할 수 있었다.

그림 8.6

필리프 베르제, 『고대 문자의 역사』(1891), 부분. 왼쪽부터 오른쪽으로, 본디 짧은 평행선들로 이루어졌던 부호들이 변화하는 모습을 보여 준다.

체계적 질서—마르크 리즈바르스키

실무자이자 역사가로서 베르제는 금석학 기법의 가치를 입증했다. 그러
나 19세기 최고의 참고서를 발표한 이는 1898년 『북셈 금석학 편람』을
써낸 폴란드인 문헌학자 마르크 리즈바르스키였다.[76] 1928년에 쓰인
부고(訃告)에서, 리즈바르스키는 난잡한 페니키아 명문들에 질서를 부
여한 인물로 묘사되었다.[77] 리즈바르스키의 연구는 전문가를 겨냥했다.
그는 유물 무리별로 메샤 비석(모아브비 명문)에서부터 페니키아, 포
에니, 고대 히브리, 사마리아 등으로 문자가 진보하는 과정을 보여 주면

그림 8.7

마르크 리즈바르스키,
『북셈 금석학 편람』(1898).
이미지와 문자 연구.

서 서로 다르게 처리된 증거물을 비교할 수 있게 했다.[78] 포괄적인 표에
는 문자들의 개별 출처가 밝혀져 있는데, 덕분에 무리들이 명료해지고
상대적 연령과 상호 관계가—그리고 고대 중동 지리와의 관계가—드러
난다. 일반화되는 것은 아무것도 없다. 모든 관찰은 특정하며, 도판에는
표본의 구체성이 보존되어 있다. 이 작품과 60년 전에 나온 베어의 책
이 보이는 격차는 극적이다. 베어는 신중한 관찰자였고 그의 목록에는
각 명문의 장소와 조각술이 밝혀져 있었다. 그러나 리즈바르스키는 베
르제와 마찬가지로 정확한 증거물 사본을 고도로 구조화된 형식으로 제
시했다.

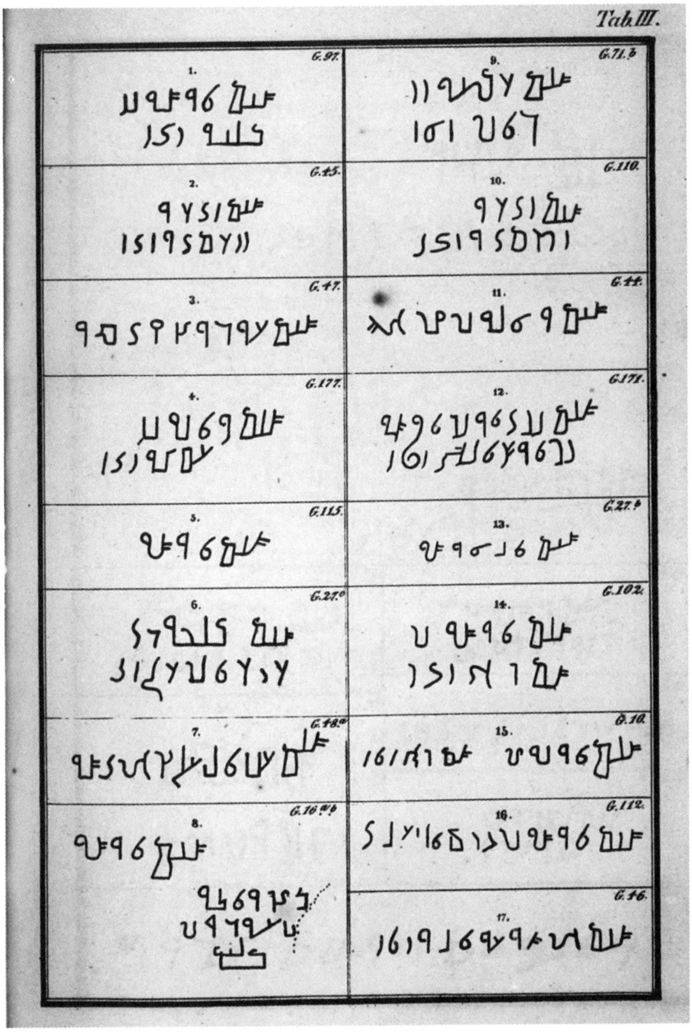

그림 8.8

에두아르트 F. F. 베어,
『원대 셈 명문과 문서』
(1833). 그레이의
드로잉에서 옮겨 왔다.

새로운 이집트 가설—앨런 가디너의 중요 논문

20세기 초에 알파벳학은 리즈바르스키의 연구에 구현된 조건으로 안정화된 듯했다. 셈어 표기에 적합한 알파벳이 기원전 1000년경 페니키아에서 굳어졌고 이후 통상로를 따라 지중해 연안으로 퍼졌음이 분명했다. 알파벳은 얼마간 완성된 개체로 전파, 수용되고 지역별로 변형되었다고 인식되었다. 이는 그리스, 라틴, 아랍 등 고대 중동 전역의 문자가 모두 이 원조 문자의 후손이라는 역사적 이해에도 부합했다. 메샤 비석은 기원전 9세기 작으로 측정되었고, 다른 바빌로니아 명문, 특히 중요한 에슈무나자르 석관도 이 서사에 맞아떨어졌다. 아히람 석관은 본향에 페니키아 문자가 정착해 거의 영구화된 기점을 기원전 1000년으로 확정하는 역할을 했다. 물론 아라비아, 소아시아, 그리스, 이탈리아, 스페인, 북아프리카에서는 수용 과정에서 알파벳에 변화가 일어났다. 하지만 이 서술도 페니키아 문자나 그것의 직접적 선조가 어떻게 나타났는지는 여전히 설명하지 못했다.

세라비트 엘카딤 인근에서 페트리가 발견하고 위치와 연대에 근거해 원시 시나이 명문으로 명명된 유물은 새로운 이집트 기원설의 가능성을 제기했다. 이전까지 이집트 가설에서는 여러 요인이 문제가 되었는데, 그중에는 신관문자가 이미 정교하게 다듬어진 기원전 2000년부터 1800년까지 시기와 세련된 페니키아 문자가 등장한 시기 사이에 시대 차가 있다는 문제도 있었다. 거의 1000년에 달하는 시간 동안 무슨 일이 일어났는가? 한편, 신관문자가 페니키아 문자의 선조가 아니라면, 새로 출현하던 알파벳 문자의 초기 형태 사례가 존재해야만 한다.

1916년, 영국인 이집트학자 앨런 가디너는 《이집트고고학저널(Journal of Egyptian Archaeology)》에 이정표 격인 논문 「셈 알파벳의 이집트 기원(The Egyptian Origin of the Semitic Alphabet)」을 기고했다.[79] 연구 현황 요약으로 글을 시작한 그는 셈 문자 연구에서 "풀리지 않은 문제"로 "기원전 10세기"경 "시리아 땅에서 등장"한 "스물두 개 선형 기호로 이루어진 알파벳"의 발원 문제가 있다고 적었다.[80]

가디너는 페니키아 문자가 "너무나 단순하고 따라서 너무나 완벽한 도구"이기에 "더 원시적인 기록 방법이 분명히 선재"하였으리라고 시사했다.[81] 그는 이 문자가 인근 지역의 더 오래된 문명에서 쓰이던 문자를 모델로 삼았으리라고 믿었다. 몇 가지 후보가 있었다. 이집트 신성문자(키르허, 르노르망, 그의 제자 드 루제), 신관문자(드 루제 자신이 주장했다), 바빌로니아 설형문자(시각적 형태를 알파벳 문자와 연결해 주는 고문자학적 증거가 없어서 매우 불완전한 가설이었다), 키프로스 문자(초기 음절문자이지만 지리적으로 분산되지 않았다), 크레타 문자(미노스 선문자 A와 B 사례를 다양하게 발굴한 아서 에번스가 주장했지만, 이들 문자 역시 지리적 범위가 좁다) 등이 그런 후보였다. 가디너는 페트리의 "결정화(結晶化)"론—알파벳은 지중해 연안에 유포된 기호류를 바탕으로 형성되었다는 주장—도 인용했다.[82]

폭넓은 관점을 취한 가디너는 '페니키아' 문자의 기원에만 초점을 두지 않고 더 광범위한 선행 범주, 즉 '원시 셈 문자'로도 관심을 넓혔다. 그는 1901년에 리즈바르스키가 페니키아 문자를 원시 셈 문자와 구별하지 않으면서도 사바 문자(기원전 500년경에 쓰이게 되었다) 같은 여러 후대 문자의 공통 조상으로 간주했다고 지적했다. 가디너가 보기에 리즈바르스키가 저지른 가장 큰 오류는 현존하는 최고(最古) 바빌로니아 명문 이후 페니키아 알파벳이 별로 변하지 않았다고 해서 그전 수세기 동안에도 별다른 변화가 일어나지 않았으리라고 가정한다는 점이었다.[83] 가디너는 알파벳의 초기 발전 과정이 여러 점진적 단계를 거쳤다고 생각했다.

가디너는 전파 역사를 정립하는 데 자모 이름의 뜻에 상당한 중요성을 부과하며 이름이 일차적(원조)인가 아니면 이차적(수용)인가 하는 문제에 집중했다.[84] 열일곱 개 자모에서는 이름과 자모가 유래한 근원 이미지가—'알프'는 황소, '베트'는 집을 뜻하는 등—뚜렷했다.[85] 그러나 다섯 개 자모 이름은 의미가 없거나 히브리어로도 논쟁의 여지가 많았다. 그를 위시한 여러 학자는 그리스 자모 이름이 기원전 4~5세기에 형성되었으며 히브리어 이름을 무의미하게 음역한 결과일 뿐임을 알고 있었다. 즉, 에우세비오스(3~4세기)가 말한 대로 그들은 "그리스 옷을 입은" 히브리어 이름일 뿐이었다.[86] 그는 자모 이름 덕분에 그리스 자모들의 연대가 기원전 700년경으로 측정되었으며 대다수 학자는 그런 이름이 "원시 시나이 자모의 그림문자 원형"을 가리킨다고 믿는다는 사실을 알고 있었다. 예컨대 '알레프'라는 이름이 황소를 뜻한다면, 원조 기호도 소머리 모양이었으리라는 가정이 있었기 때문이다. 이런 추정은 "몇몇 초기 셈 문자 자모 형태가 이름이 나타내는 모양에 대략 부합한다"라는 사실로서 입증되었다.[87]

그가 지적하기로, 리즈바르스키는 이름을 무시하고 나름의 도식에 따라 자모의 시각적 특징을 해석했다. 페니키아 문자 '델트(delt)'는 문이 아니라 여성의 가슴이었다는 주장이 한 예였다. 가디너는 도식적 기호와 도상적 이미지의 유사성을 지나치게 강조하는 일에 대해 회의적이었다.[88] 그런데도 알파벳의 초기 원시 선조가 그림문자나 신성문자라고 추정하기는 했는데, 이는 얼마간 이름 때문이었다. 그가 보기에, 그렇다면 기원전 2000년에 도상적 특징이 사라진 설형문자는 탈락이었고, 남은 후보는 미노스 문자, 히타이트 문자, 이집트 문자밖에 없었다. 이집트 신성문자와 원시 셈 문자 사이에는 중요한—모음을 명확히 표시하지 않고 자음만 표시한다는—구조적 공통점이 있었다. 대조적으로, 키프로스 문자 같은 지중해 문자와 바빌로니아 문자는—모음과 자음이 결합한—음절문자였다. 이런 음성표기법상 유사성을 근거로, 가디너는 초기 알파벳 표기법과 이집트 문자 사이에 연관성이 있다고 주장하며, 지리적 위치를 고려할 때 이집트가 "셈족이 글을 배운 학교"였을 가능성이 가장 크다고 지적했다.[89] 그는 접촉이 일어났을 개연성이 가장 높은 장소로 레바논과 시나이반도를 상정했지만, 전자에서는 이집트의 파라오 문화와 통상한 증거가 나오지 않았다고 지적했다. 20세기에는 통상 교류를 뒷받침하는 증거가 더 많이 출토되었지만, 이는 가디너의 책이 나온 1916년 이후에 일어난 일이다. 하지만 그도 시나이반도에는 기원전 3000년대부터 1000년대까지 접촉이 일어난 흔적이 많다는 사실을 알고 있었다.

페트리의 발견을 참고한 가디너는 그가 『이집트탐사기금(Egypt Exploration Fund)』(1905)에 소개한 명문 중 신성문자가 아닌 작품 열 점을 언급했다. 이들 명문에는 "미지의 문자", 즉 그림문자의 특징을 띠지만 어떤 이집트 문자에도 속하지 않는 기호들이 있었다. 페트리는 이들 명문의 연대를 기원전 1500년경으로 측정했다. 가디너는 이들이 무려 기원전 1700년 유물이라고 상상했고, 이집트인들과 함께 시나이반도에서 임시로 일하던 외국인 노동자의 작품이라고 확신했다. 이 이야기에서 그런 "아시아인"(당시에 레반트 민족을 일컫던 말)이 존재했다는 고고학적 증거는 중요한 비중을 차지했다. 그런 증거가 없다면 실제 접촉과 교류 기회가 있었음을 증명하기가 불가능하기 때문이다. 셈어권 민족이 이집트에서 문자를 빌리려면 반드시 이집트에 실존한 적이 있어야 했다.

가디너는 금석학적 근거에서 식별하기로 "이집트 신성문자에는 낯설지만 원시 셈 자모의 이름이나 형태에는 잘 부합하는 기호들"에 관한 주장을 이어 갔다.[90] "일부 개별 상형기호의 형태를 원대 셈 문자와 비교하면서 한쪽에서 다른 쪽으로의 전환이 얼마나 쉽게 발생할 수 있었는지 감탄하지 않을 수 없다."[91] 그는 셈 알파벳으로 '바알라트(Ba'alat)'(이집트어로 여신 하토르에 해당하는 셈어 이름)라는 단어의 철자에 일치하는 특정 기호 배열이 반복된다는 점을 특기했다. 가디너가 조사한 명문 열한 점에는 개별 기호가 150개 포함되어 있었는데, 이들은 서른두 유형으로 정리할 수 있었다. 이 중 여섯 유형(황소, 집, 물, 눈, 머리, 십자)은 셈 알파벳에서 이름에 뜻이 있는 열일곱 자모와 연결할 수 있었다. 하지만 현존 셈 자모와 어떤 유사성도 없는 기호도 제법 많았다.

이를 바탕으로, 그는 "적어도 기원전 1500년 이전에 시나이반도―즉 셈족 영토―에는 거의 확실히 알파벳의 특징을 띠며 필경 이집트 신성문자를 모델로 만들어진 문자가 존재하였다"라고 결론지었다.[92] 이는 중대한 주장이자 신관문자 기원론과 뚜렷이 차별되는 논지였다. 원시 시나이 기호와 시리아, 레바논, 고대 가나안 등 북부에서 나타난 문자의 연관성은 여전히 불분명했지만, 가디너는 알파벳의 기원이 된 장소와 대략적 연대를 확고히 정립했다.

체계화에서 유형분류법으로

가디너가 알파벳의 초기 발전 단계에 이집트 문자가 영향을 끼쳤음을 뒷받침하며 제시한 증거는 도발적이었지만, 연구 자체는 아직 완성된 상태가 아니었다. 원시 시나이 기호와 성숙하고 우아한 선형 페니키아 문자의 시간적 격차 문제는 여전히 남아 있었다. 실존 증거가 없는 시간적 간극이 수백 년에 달했다.

미노스 전문가 아서 에번스는 이집트 문자가 아니라 선문자 B와 A가 알파벳의 선조일지도 모른다고 주장했다.[93] 그는 이들 미케네 문자와 후대 문자 사이에 연속성이 있다고 보았고, 기원전 1200년경 이른바 미케네의 몰락이 일어나기 전, 일찍이 기원전 1600년에 차용이 발생했을 수도 있다고 믿었다. 에번스는 페니키아 알파벳에 쓰이는 기호와 크레타 문자 간에 뚜렷한 형태상의 관계가 있다고 보았지만, 크레타 문자가

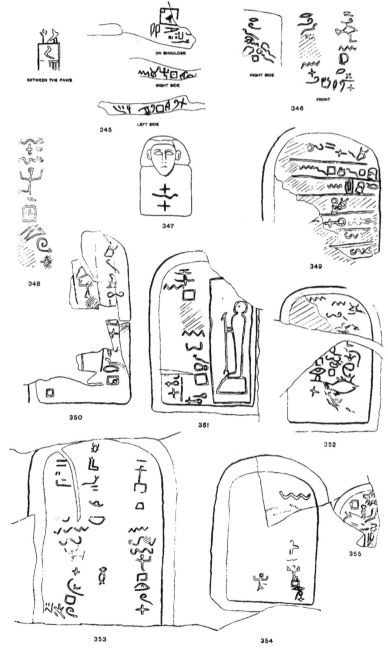

Journal of Egyptian Archaeology, Vol. III

Plate III, p. 12

The Inscriptions in the New Sinaitic Script

그림 8.9

앨런 가디너, 「셈 알파벳의 이집트 기원」(1916). 스핑크스에서 나온 시나이 명문(위 왼쪽의 머리와 팔 등을 보라)을 페트리를 인용해 보여 준다.

고향 밖으로 확산했음을 증언하는 고고학적 증거는 없었다. 그보다 후에 책을 쓴 페트리는 크레타 문자도 알파벳 형성의 바탕이 된 기호체계의 일부였다고 보았다. 그러나 선문자 B가 실제로는 그리스어를 표기하는 데 쓰인 문자임이 밝혀지자, 이 주장은 무너지고 말았다. 셈어를 적으려고 선대에 만들어진 페니키아 문자가 후대에 개발된 문자에서 유래했을 수는 없기 때문이다.

고대 레반트 지역에서 이루어진 발견들은 복합적인 그림을 서서히 그려 주기 시작했다. 이로써 기원전 2000년대 초의 원시 시나이 문자(페트리가 발견하고 가디너가 집중했던 문자)는 서셈 문자의 직근(直根)인 원시 가나안 문자와 연결되었다. 이 연구에서 결정적이었던 두 인물이 바로 성서고고학자 윌리엄 올브라이트와 그의 제자로서 20세기에 셈 금석학과 고문자학의 기초를 다진 프랭크 무어 크로스였다. 두 사람 모두 저명 학자일 뿐 아니라 영향력 있는 스승이었다.[94]

마르크 리즈바르스키는 1928년, 즉 올브라이트가 학자로서 성년에 이르자마자 사망했다. 크로스는 그보다 한 세대가 어렸다. 올브라이트는 장소를 중시하고 도기 조각의 형태(유형)분류법을 이용해 현장에서 연대를 측정하는 일이 중요하다고 강조하는 고고학 훈련을 받았다.[95] 올브라이트는 1948년에 이집트에 갔고, 결국 시나이 명문에 관한 자신의 판단을 재고하면서 이들의 연대를 가디너가 생각한 것보다 수백 년 후인 기원전 1500년경으로 고쳐 잡았다. 덕분에 이들 초기 문자와 페니키아 문자의 시간 차가 좁혀졌다. 올브라이트는 시나이 문자에서 자음 표기용 고유 기호 스물일곱 개를 식별해 냈다. 불완전하고 손상되어 기호를 식별하기가 어려운 명문을 세밀하게 분석한 솜씨는 무척 꼼꼼했다. 훈련받지 않은 눈으로 보면, 몹시 닳고 불분명한 표시를 대상으로 한 그의 금석학 연구는 거의 불가능하게 느껴질 정도이다.

크로스는 자신의 연구와 훗날 벤저민 새스 등 제자들의 작업을 통해 올브라이트의 원시 가나안 알파벳학을 중대한 면에서 발전시켰고, 덕분에 기원과 발전의 포괄적인 그림이 그려졌다.[96] 새스는 크로스의 중요성을 이렇게 묘사했다. "지대한 연구 업적, 특히 1954년과 1967년에 그가 써낸 선구적 논문은 (……) 원시 가나안 고문자학에 굳은 토대를 닦았다."[97] 같은 글에서 새스는 원시 시나이 명문과 초기 원시 가나안 명문의 "텍스트 부족과 파편적 속성"을 재론했다.[98] 시간적 거리와 역사적 증거의 훼손을 고려할 때, 이는 셈 금석학을 제약하는 요인이었다.

　　새스가 언급한 크로스의 중요 논문 두 편은 「원시 가나안 알파벳의 진화(The Evolution of the Proto-Canaanite Alphabet)」(1954)와 「알파벳의 기원과 초기 진화(The Origin and Early Evolution of the Alphabet)」(1967)이다. 전자는 최근에 이루어진 발견과 연구 성과를 개괄하며 근래에 시나이 명문의 연대가 기원전 1500년으로 수정된 일을 옹호하는 내용으로 시작한다.[99] 크로스가 지적하기로, 셈 문자가 이집트 문자에서 두음법을 통해 유래했다고 주장한 가디너의 1916년 논문 이후 달라진 것은 별로 없었다. 그러나 1950대에 비블로스와 고대 팔레스타인, 시리아, 요르단 지역에서 중요 증거가 발견되면서 원시 가나안 문자의 발전을 분석할 수 있게 되었다. 크로스는 다양한 유물을 나열했는데, 그중에는 아히람 석관 같은 기념비적 유물도 있었지만, 소박한 물건—청동 주걱, 화살촉, 도편 등—도 적지 않았다. 의미심장하게도 이들은 기념물이 아니었다. 그렇지만 이처럼 작은 파편들이 시나이 명문에서부터 기원전 1050년경의 비블로스 명문에 이르는 시기에 알파벳 문자가 발전한 과정을 추적하는 데 결정적인 근거가 되었다. 지방 도시와 지역에 걸쳐 매우 다양한 변종이 분산되어 있었는데, 이를 알파벳 문자가 확산하고 변형된 과정을 지도로 그리는 데 이용할 수 있었다.[100] 크로스가 언급한 유물은 분명한 연대기를 수립하는 데 상당한 영향을 주었고, 이런 중요성을 인정받아 고유명사로—'라키시 물병'이나 '베이트 셰메시 도편' 등으로—불리게 되었다. 덕분에 1954년에 이미 크로스는 "알파벳 문자의 진화가 진행된 대략적 계보"를 자신 있게 논할 수 있었다.[101]

　　크기와 수효는 소박하지만 이들 발견이 중요한 이유는 기원전 2000년대 원시 시나이 명문에 기록된 이집트식 근원 문자와 기원전 1000년경의 비블로스 기념물, 예컨대 아히람 석관(구체적으로 기원전 850년)에 쓰인 세련된 문자 사이 시기에 관한 중대한 증거가 되기 때문이다. 도기 조각, 물병, 화살촉 등 물건에 초창기 원시 시나이 문자가 원시 가나안 알파벳을 거쳐 진화한 과정을 보여 주는 기호들이 적혀 있었다. 이런 유물은 고대 레반트 전역에 퍼져 있었다. 기원전 1000년쯤 이들은 정제된 선형 페니키아 문자로 이어졌고, 이로부터 고대 히브리, 모아브, 엘람, 기타 셈 문자가 나타났다. 서자 방향과 자모 방향, 획이나 모양 같은 특징에서 나타나는 변화는 기원전 17세기에서 12세기에 이르는 발전 기간을 측정하는 데 도움이 되었다.[102] 이들 파편은 점진적 발전 단계들을 뒷받침하는 중대 증거가 되었다.

후에 써낸 논문 「초기 알파벳과 솥—유형학적 유물 연대측정법 성찰(Early Alphabets and Pots: Reflections on Typological Method in the Dating of Human Artifacts)」(1982)에서 크로스는 자신의 방법론을 명시적으로 기술했다. 그는 스승 올브라이트를 언급하면서 어떻게 그가 플린더스 페트리의 연구를 바탕으로 형태 속성과 연대측정 체계를 연관시키는 고고학 연구법에 근거해 유형학적 기틀을 수립했는지 설명했다. 유형학적 방법은 문자를 포함한 인공물의 형태가 시간에 따라 발달하며 변한다는 가정에 입각한다. 이런 '순차 연대측정법(sequence dating)'은 연속성을 드러내는 기법으로, 개인 필경사나 지역사회 등 다른 요인이 엄밀한 '진보' 연대기에 변화를 가할 수 있다는 전제하에, 금석학 연구에서 여전히 널리 쓰인다.[103] 크로스는 "언어 변화와 철자법 발전"에 모두 유의해야 한다고 강조했으나 문화적 맥락이나 조건은 고려하지 않았다.[104] 그가 굳건히 정립한 것은 형태분석 방법이지만, 구체적인 발원지와 발원 순간에 대한 질문에 답하려면 역사적 정황을 고려하지 않을 수 없다. 언제 어디에서, 어떤 조건에서 셈어 사용자들이 일종의 이집트 문자를 수용했으며 그런 알파벳이 확산하고 성숙하는 데는 얼마나 오랜 시간이 걸렸는지에 관해서는 여러 세부 사항이 여전히 불분명한 상태이다.

우회로—브라질의 '페니키아인'

페니키아의 유구한 역사를 향한 열정이 얼마나 뜨거웠던지, 그들의 역사적 선재성 추정이 수천 년 전으로 확장된 데 그치지 않고 지리적 범위 또한 개연성을 거스르며까지 넓어졌다. 1826년, 요세프 갈레아라는 신부가 몰타에서 '페니키아 문자' 명문이 새겨진 돌을 하나 발견했고, 포르티아 뒤르방 후작은 거기에 아틀란티스 대륙에 대한 언급이 있다고 해석했다.[105] 이 돌은 가짜였다. 날조된 증거에 기초한 뒤르방의 번역은 바로 일축되었다. 그러나 브라질로 항해한 용감한 무역상 이야기와 연관된 허위 명문 또 하나는 비교적 오래 유명세를 누렸다.[106] 드로잉을 바탕으로 한 명문 번역문은 잠시 화려한 이목을 끌었고, 심지어 당대 저명 고문자학자들의 관심을 받기까지 했다.[107]

한 세기 후 크로스도 이 위조품을 상대했다.[108] 석문은 1872년 브라질 파라이바에서 발견되었다고 하나, 돌 자체는 확인된 적이 없었다. 하

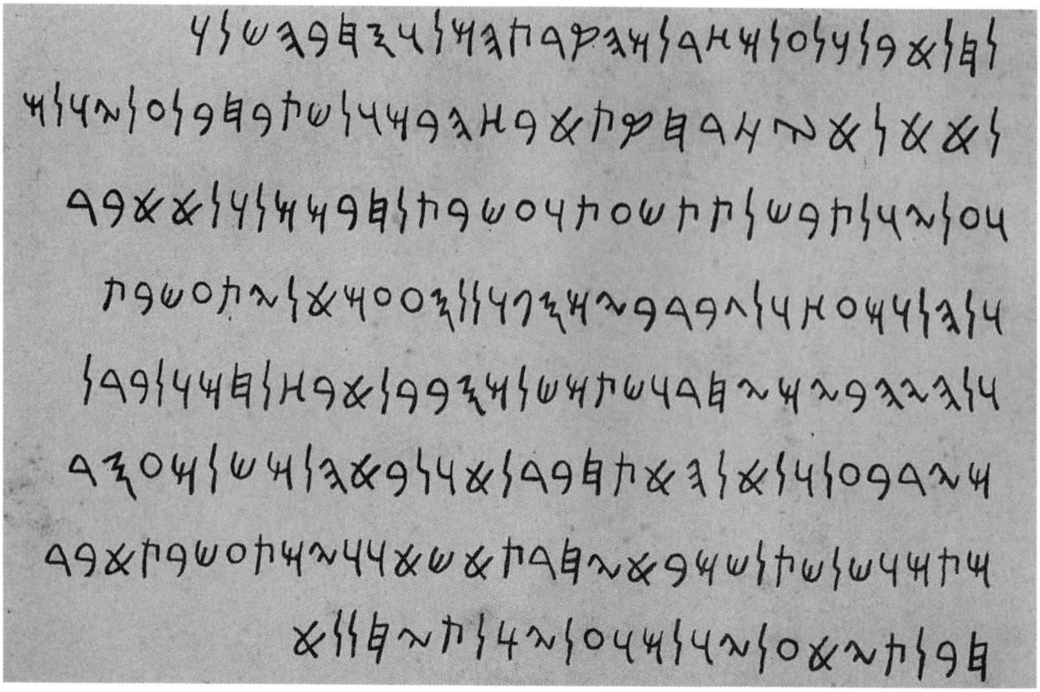

그림 8.10

파라이바 '페니키아' 명문,
1872년.

지만 '페니키아' 명문 사본 한 점은 1873년 명망 있는 브라질역사지리
연구소(Instituto Histórico e Geográfico Brasiliero) 소장에게 송부된 바
있다.[109] 그는 이를 리우데자네이루에 있는 국립박물관 관장 라지슬라
우 지소자 멜루 네투 박사에게 보냈고, 관장은 이를 발표했다.[110] 원본
출처를 확인하려는 시도는 당시에나 이후에나 줄곧 막다른 골목에 부
닥쳤다. 출처로 알려진 안토니우 아우베스 다코스타라는 사람도 원본
유물만큼이나 정체가 불분명했다. 따라서 이후 모든 '번역'은 명문 '사
본'을 바탕으로 이루어졌다. 번역된 글에는 시돈 사람들이 아프리카 항
로에서 벗어나 브라질에 상륙했다고 서술되어 있었다. 이는 크로스에
게 짓궂은 농담거리로 충분했다. "여성 세 명이 남성 승무원 열두 명과
함께 선상에서 2년 넘게 지내었건만 출생아에 관한 언급이 없는 독특한
상황에 (……) 주목한다."[111] 하지만 명문에 희생자에 관한 언급이 있기
는 하다. 크로스는 자모 형태에 대한 고유 지식을 바탕으로 위조품을 묘
사했다. "해당 명문에서 놀랍고도 의심스러운 면은 명료성에 있다."[112]
무슨 영문인지 네투가 명문을 사자한 시점까지 글자들이 완벽하게 보존
되어 있었기 때문이다(명문이 적어도 1500년간 아무 마모나 손상 없이

온존했다는 뜻이다). 페니키아 명문의 역사 서술에 정통했던 크로스는 "모두 1870년에 현존했던 명문이나 19세기 중엽 출판물에 실린 표준 페니키아 문자 자모표를 통해 알려져 있었던 문자 형태"라는 점도 지적 했다.[113] 다시 말해, 크로스는 명문에 쓰인 문자의 범례들이 모두 기존 학술 문헌에 기록되어 있었으며, 명문이 진품이라면 그런 범례에서 벗 어나는 사례가 있었을 가능성이 크다는 점을 알았다.

이 명문은 이미 오래전에 위조품으로 판명되었는데도 크로스가 논 의에 뛰어든 것은 오로지 1968년 저명 성서학자 사이러스 고든이 파라 이바 명문을 옹호하며 자신이 이를 번역하는 데 성공했다고 주장했기 때문이었다.[114] 고든이 문서의 신빙성을 옹호한 근거는 자신이 네투의 원본을 사본으로 입수했다는 데 있었다. 그전까지 그가 본 것은 1899년 (이때 이미 마르크 리즈바르스키는 파라이바 명문이 위조품이라고 판 명한 상태였다)에 발표된 "지저분한 사본"밖에 없었다고 한다.[115] 고든 은 명문에 쓰인 문자의 연대를 기원전 6세기경, 즉 유명한 에슈무나자 르 석관 명문보다 조금 이른 때로 측정했다. 고든은 자신의 주장을 옹호 하며, 명문에 포함된 모든 언어적 '오류'가 19세기 위조꾼에게는 알려 지지 않았던 다른 초기 사례에서도 발견된다는 점을 특기했다. (예컨대 명문에서 '남자'를 뜻하는 단어는 1933년 현존 증거가 발견되기 전까 지 입증되지 않은 상태였다.) 고든은 깊이 존경받는 신대륙 고고학자 젤 리아 너톨을 인용하며 페니키아인이 아메리카를 방문하고 식민지로 삼 았다는 설을 열심히 옹호했다. 파라이바 명문을 언급하지는 않았지만, 1901년에 너톨이 그렇게 주장했던 것은 사실이다.[116] 명문을 지어낸 이 가 누구이건, 사본만 유포해 재료나 발견 장소, 고고학적·물리적 증거에 대한 검증 기회를 없애 버린 것은 영악한 생각이었다. 결국 이 경우에는 금석학자가 감정인이 되었다.

20세기 중반의 평가— 이그나체 겔프, 데이비드 다이링어, 고드프리 드라이버 외

셈 금석학 분야가 확장하면서, 전문가와 종합 지식인, 대중 지식인 모두 알파벳 관련 지식을 생산하고 유포하는 데 나름대로 역할을 했다.

고드프리 드라이버가 1940년대 초에 했던 강연 원고를 엮어 펴낸 『셈 문자』에는 여러 표준 참고서와 기타 알려진 자료 목록이 인용되어 있었다.[117] 셈 금석학에서는 전문화가 기하급수적으로 진행된 결과 학술지만 해도 100종에 가까울 정도였다. 50년 후인 1997년 『알파벳의 초기 역사(The Early History of the Alphabet)』를 펴낸 요세프 나베에게는 원용할 만한 전문가가 훨씬 더 많았다.[118] 모든 유물, 파편, 글자가 새겨진 도자기 조각, 화살촉, 그릇에는 저마다 전문화된 참고 문헌 목록이 있었다.

학술 문헌과 별개로, 이그나체 겔프와 데이비드 다이링어는 대중의 이해를 넓히는 데 이바지한 중요 저서를 한 권씩 써냈다. 겔프는 아시리아학자였고, 『문자 연구(A Study of Writing)』에서 그는 문자가 그림문자에서 표의문자, 음절문자를 거쳐 마침내 알파벳으로 발전했다는 일반적 패러다임을 주장했다.[119] 이처럼 단선적이고 지나치게 확고한 순서는 다른 문자보다 알파벳에 특권을 부여했고, 1952년 처음 발표된 후 상당한 수정을 겪게 되었다.[120] 숙련된 셈어학자이자 셈 명문에 관한 주요 참고서의 편집자였던 다이링어는 고전 『알파벳—인류사의 열쇠』를 1948년에 발표했다.[121] 겔프와 다이링어는 거의 정확히 동년배였고, 두 사람 다 일반 독자에게 전문 지식을 전해야 한다고 믿었던 인문학적 역사 연구 전통에서 성장했다.

드라이버와 다이링어는 모두 초기 시나이 명문과 팔레스타인 명문의 연대를 조화시키려고 부심했다.[122] 드라이버는 이르면 기원전 1800년 유물로 측정되는 시나이반도의 증거물을 이용해 게발(Gebal. 페니키아 도시 시돈의 해안 북쪽)에서 나온 유물 역시 제1기에 해당하는 기원전 1800~1650년에 속한다고 단정했으며, 게제르와 셰켐(요르단강 서쪽의 내륙 도시들)에서 나온 다른 증거물도 같은 시대에 두었다. 그의 연대기에서 제2기에 해당하는 기원전 1700~1550년에는 "고고학적으로 기원전 1600년 이전으로 측정되는 층"에서 나온 유물들(라키시 단검과 텔 엘헤시 도자기)이 포함되었으며, 이어 "다음 시기 (……) 대략 기원전 1400년 내지 1100년은 이런 유적지에서 나온 다른 유물들로 구성된다".[123] 이런 시대구분법은 다이링어의 연대와도 일치했지만, 원시 시나이 문자와 원시 가나안 문자의 연속성에 관해서는 두 학자의 의견이 정면 대립했다. 드라이버는 새로운 증거로 볼 때 초기 알파벳이 북방으로 퍼져 변형된 역사가 입증된다며 단일 발전사를 주장했다. 다이링어는 이에 수긍하지 않았다. 그는 이 서사가 지나치게 단순하고 환원적이라고 생각했다. 1943년에 발표한 상세 분석에서 그는 현존하는 파편,

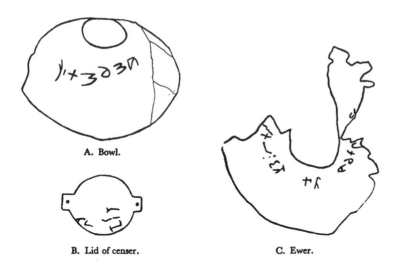

A. Bowl.

B. Lid of censer.

C. Ewer.

그림 8.11

고드프리 드라이버,
『셈 문자―그림문자에서
알파벳까지』(1948). 라키시
도기 조각을 묘사한 세부
드로잉.

이에 쓰인 부호와 텍스트 각각에 관한 금석학 연구 현황을 요약했는데, 이에 따르면 심지어 어떤 자모가 쓰였느냐를 두고도 상당한 해석 차가 있었다. 그는 해당 증거가 원시 시나이 명문과 가나안 명문 사이의 '잃어버린 연결고리'를 뚜렷하게 증명해 주지는 않는다고 결론지었다.[124]

드라이버는 필기 재료 분포 분석을 통해 형태적 연속성과 차이가 결합된 현상을 설명했다. 파피루스가 이집트에서 페니키아 지역으로 수입되었다는 사실은 잘 알려져 있었는데도 페니키아에서 발견된 파피루스 유물은 드물었다. 점토는 시리아나 팔레스타인에 별로 풍부하지 않았기에 해당 지역에서는 쓰이지 않았다. 그는 필기 재료의 변화가 자모 형태에서 일어난 변화, 즉 필기체에 가까운 펜과 붓 형태를 설명해 준다고 믿었고, 이는 최근 들어 학자들이 석문 형태에서 필기체 페니키아 문자가 발전된 과정을 서술하며 취하는 접근법이 되었다.[125]

이집트에 근원과 영향이 분명히 있었다면, 표준화된 비블로스 문자의 발전 수준은 여전히 문제였다. 어떤 중간 단계도 기록된 바 없었기 때문이다. 시나이 명문의 연대를 늦춰서 기원전 1500년으로 잡는다 해도 기원전 1000년까지는 증거가 부재하는 간극이 있었다. 따라서 기원전 13세기 중엽으로 측정되는 라키시 물병 같은 유물(1934년 스타키가 발견했다)은 크기는 작아도 의미는 심오했다. 이를 위시한 중요 유물들은 신중히 정리되어 단일 발전사를 뒷받침하는 증거로 쓰였다. 드라이버가 지적한 대로, 올브라이트는 북셈어에서 유의미한 음운이 스물두 가지로 축소된 후에 페니키아 알파벳이 개발되었다고 주장했다(이전 시대에 우가리트 설형문자는 약 스물아홉 가지 음운을 표상했다). 언어가 기호에 맞게 변하기는 어려우므로 기호가 언어의 구조에 부합해야 했다.[126] 음절문자가 알파벳 표기법으로 변형된 선례는 없었으며 구조적 차이가 너무 커서 그런 일이 벌어지기는 어렵다고 여겨졌다.

이런 점 등을 고려한 끝에, 드라이버는 현재까지도 선호되는 기원설에 다다랐다. "당연히 셈족, 되도록 가나안 계통 민족이 점유했던 이집트 인근 지구가 그런 장소일 것이다."[127] 그렇다면 이로써 "완성된 알파벳이 서반구 모든 민족에게 전해졌다. 이는 셈족이 인류에게 준 선물 가운데 하나이고, 알파벳은 그것 하나밖에 없다."[128] 남은 질문은 그 셈족이 어떤 민족이었으며 그들이 언제 이집트에 살았느냐였다. 그들은 힉소스와 달랐고 영구 정착지가 없었으며 확실한 자리는 잡지 못했던 것으로 보였다.

벤저민 새스와 알파벳의 탄생

『알파벳의 탄생과 발전―기원전 2000년대』(1988)에서 벤저민 새스도 연구 현황 요약으로 책을 시작했다.[129] 새스가 책을 쓰던 시대에는 이전 세대 학자들이 접하지 못한 주요 증거가 발견되고 분석된 상태였다. 게다가 스스로 선선히 인정한 것처럼, 그는 크로스와 올브라이트의 연구를 원용할 수도 있었다. 새스가 갱신한 목록에는 원시 시나이 명문 서른 점과 원시 가나안 명문 서른 점가량, 초기 페니키아 명문 사례들이 확실성은 일정하지 않지만 대략 연대순으로 배열되어 있었다. 새스가 말한 대로, 믿을 만한 연대측정법은 안전한 유적지의 층서법과 유형분류법, 알려진 역사적 사건이나 인물이 언급된 경우, 방사성연대측정법 등 세 가지밖에 없었다.[130] 원시 시나이 명문은 발견 연도순으로 배열했는데, 그건 "어떤 내적 발전 계보도 식별할 수 없기 때문"이었다.[131] 새스는 선행 연구자들의―성취뿐 아니라―단점과 특이점도 깐깐하게 지적했다. 예컨대 저명 셈어학자 후베르트 그리메가 20세기에 한 선행 연구를 두고는 "그는 모든 것을―바위에 난 자국, 돌 색조 차이, 명문 사진에서 보이는 그림자까지―문자로 지목했고 그의 해독법은 모세, 하트셉수트(Hatshepsut), 야훼, 시나이 등을 끌어들였다"라고 꼬집었다.[132] 새스는 좀 더 분별력 있었다.

2005년에 나온 『밀레니엄 전환기의 알파벳―기원전 1150~850년경 서셈 알파벳(The Alphabet at the Turn of the Millennium: The West Semitic Alphabet, ca. 1150-850 BCE)』에서 새스는 원시 가나안 문자가 출현해—기원전 750년경까지—페니키아 문자에 이어 아람 문자로 분화한 연대기를 재고했다.[133] 그는 자모 형태에 '진단적' 성질을 부여하는 형태 변화가 중요하다고 상정했다. 여러 비블로스 명문에 걸쳐 '베트' 자가 변형된 모습을 예로 들며, 그는 어떻게 신중한 관찰로 문자를 식별하고 연대를 측정할 수 있는지 밝혔다. 그의 직접 대조 방법 중에는 각 명문의 개별 부호를 연구하는 방법이 있었다. 새스는 이들 부호의 지리적 위치에 관한 세부 사항을 제시했고, 위치가 옮겨진 유물은 원래 어디에 있었는지 밝혔으며, 글이 새겨진 구체적 표면 또는 사물(벽, 바위, 물건, 판 등)과 발견된 장소(광산 폐기장인지 신전 길인지)를 기술했다. 그의 관찰은 미묘하고 섬세했다. 예컨대 올브라이트가 '베트'라고 해석한 부호를 그는 '레시'라고 해석하면서, 이를 '베트'라고 고집하려면 "오른쪽에 있는 선(들)을 무시해야 한다"라고 시사했다.[134] 물증을 해석하는 데는 이런 수준의 섬세함이 필수적이다. 그는 원시 가나안 사례(서북셈 문자)와 원시 시나이(남부) 사례를 신중히 구분했다.[135] "텍스트 부족" 탓에 이들 문자의 진화를 완전히 해독하거나 기술하기가 불가능하다는 점은 여전히 그를 괴롭혔다.[136]

새스가 살펴본 유물 중 핵심은 페트리가 세라비트 엘카딤에서 발견한 문자, 즉 '원시 시나이'라고 지칭되는 문자였다. 새스는 페트리가 이들을 페니키아 문자 역사의 일부로 상상하지 않았다고 특기했다. 세라비트 엘카딤의 반(半)상형 기호는 지리적으로나 형태적으로나 레반트 북부 해안 지역에서 쓰이던 선형 알파벳과 거리가 너무 멀었기 때문이다. 앞에서 논한 대로 가디너는 원시 시나이 명문의 연대를 기원전 19세기 내지 18세기로 측정했다. 크로스는 이를 기원전 1500년경 이후로 다시 잡았다. 새스는 이런 발명의 맥락이 성립하려면 시나이반도에 셈족이—용병으로든 다른 임시 주민으로든—머물렀어야 한다고 단정했다. 터키석 탄광 인근에는 영구 정착지의 증거가 없다고 지적한 새스는, 접촉이 일어났다고 알려진 세 시기를 연관짓고 이 중 한 시기에 문화 차용이 발생해 알파벳이 출현했다고 단정했다.[137] 새스에 따르면, 기원전 2000년부터 1300년까지 시나이 명문은 "떠다녔다". 가장 이른 문화접촉 연대, 즉 이집트 제12왕국 시대(기원전 1991~1783)를 부여한다면, 이 문자에서 원시 가나안 문자가 파생되기까지 수백 년간 이어진 "고문자학적 멈춤"을 설명해야 했다.[138] 최초 발명 이후 시나이반도에서 알파벳이 발전한 중간 단계나 꾸준히 쓰인 증거는 발견되지 않았다. 500년간 지속된 '침묵'은 개연성이 없어 보였다.

증거를 살펴본 새스는 "지금까지 알파벳의 탄생 연대를 결정하려 한 시도가 모두 부딪힌 심각한 장애물"을 넘어서려면 알파벳이 "기원전 13~12세기 팔레스타인에서 '원시 시나이' 형태가 점차 사라지고 선형적인 자모 형태로 전환되기 직전에 태어났다"라고 인정해야 한다는 결론에 다다랐다.[139] 그는 팔레스타인의 어떤 명문도 "14세기 이전 작품이라고 자신 있게 결정할 수 없"으므로, 기원전 14세기에 사막에 배치되어 채석장과 광산에서 일하던 "이집트 군대의 아시아계 용병이 부대의 필경사가 쓰던 이집트 문자에 노출되었다"라는 시나리오가 가장 개연성 있다고 믿었다.[140] 이집트인 필경사는 "이집트 문자문화를 지니고

그림 8.12

비블로스 명문에서 나온 '진단적' 자모. 벤저민 새스, 『밀레니엄 전환기의 알파벳—기원전 1150~850년경 서셈 알파벳』(2005) 중.

	Ger-baal arrow-head	Ruwei-seh arrow-head	Kefar Veradim bowl	Tekke bowl	Eli-baal	Byblos spatula	Yahi-milk	Ahi-ram	Abi-baal
alep		✳K		K	K	K	K	K	K
bet	♭	9	9	9	9	9	9	99	9
gimel	⌐			7	7		∧	11	
dalet	◁	◁					◁	◁▽	
he							∃	∃∃∃	
waw					Y	Y	YY	YYY	
zayin					I	I	I	II	
het	▦		日	日	目	目目	目目	目	
ṭet								⊕	
yod	?	?			?	?	?	?	
kap		ψ	ψ	ψ	ψ	ψ	ψ		
lamed	J		ι	L	L	L	L	L	
mem			∿	?	?	??	??	??	?
nun	?	?	N	??	?	??	??	???	
samek			╤	╤	╤		╤	╤╤	
ʿayin	O	O	⊙	?	O	O	O	O	O
pe			?						
ṣade	??	?		?					??
qop							φ		
resh	9			9	?		9	9	9
shin			W	W	W	W	W	W	
taw				+	X	+	+		

◣ 'Eccentric'   ◥ Non-archaizing

다녔”으므로 알파벳 발원에 필요한 조건은 “문화적 소양이 있는 도시 중심지가 아니어도” 이런 집단의 문화 교류 상황에 존재했다는 결론이었다.[141]

새스는 역사적 사건을 포함하는 체계적 연대표에 기존 증거를 통합시켰다. 비블로스 명문의 연대는 조정되었다. 예컨대 아히람 석관의 연대를 기원전 1000년에 가깝게 조정하면서 원시 시나이 문자가 원시 가나안 문자를 거쳐 페니키아 문자로 성숙한 시간이 단축되었다. 완전히 발달된 페니키아 문자의 최초 사례인 아히람 명문은 페니키아 문자 표준화의 종착점으로 여겨진다.[142]

새스는 선행 연구자들과 같은 자료를 원용했다. “1929년에 게제르에서 발견된 작은 파편에는 원시 시나이 문자와 유사한 자모 세 자가 있는데” 이는 “크기에 반비례하는 관심을 불러일으켰다.”[143] 1930년대에 베이트 셰메시에서 발견된 도편(기원전 1150~1100년경 유물로 측정)과 라키시에서 발견된 단검과 물병, 그릇은 “원시 가나안 고문자학 연구의 토대를 닦았다.”[144] 그러나 그에게는 다른 유물도 있었다. 예컨대 엘 카드르(베들레헴 인근)에서 발견되어 1954년 처음 발표된 화살촉은 원시 가나안 문자에서 페니키아 문자로 이행하는 중단 단계를 뚜렷이 보여 주었고, 기원전 13~12세기 유물로 측정되었다.[145] 크로스가 시사한 대로, “화살촉에 쓰인 짧은 글 덕분에 선대 그림문자(원시 가나안 또는 고대 가나안 문자)가 초기 선형(페니키아) 알파벳으로 이행하는 도중의 알파벳 기호를 안정적으로 해석하게 되었다.”[146] 새스는 새로운 발견에 비춰 자신의 과거 연구를 꾸준히 수정했다. 그런 발견 중에서도 1990년대 중엽의 와디 엘홀 명문만큼 극적인 충격을 던진 예는 없었다.

와디 엘홀—역사적 정황

이집트 사막에 있는 와디 엘홀 계곡은 한때 활동과 무역이 성했던 곳이다. 1990년대에 그곳에서 명문이 발굴된 일은 알파벳학 관련 최근 발견 중에서도 가장 중요한 사건이다.[147] 1993~1994년에 이를 발견한 존 다넬·데버라 다넬 부부는 유구한 카라반 통행로의 바위 벽에 그라피티 같은 명문이 새겨진 것을 눈치챘다. 시나이반도 외에 다른 이집트 지역에서는 이와 같은 기호가 발견된 적이 없었다. 와디 엘홀은 아프리카 대륙 룩소르 근처 왕가의 계곡에 있다. 이 계곡은 주요 카라반 통행로였고,

지역 전체가 수천 년간 교통 거점이었기에 광범위한 고고학적 유물이 남아 있다. 존 다넬에 따르면, 그중에는 "이집트 선사시대 이전에서부터 프톨레마이오스 시대와 로마시대까지 연대가 다양한" 명문도 다수 있다고 한다.[148] 과거 수천 년간 그곳은 상당한 전략 요충지였고, 바위들은 측정 연대가 기원전 2050년에서부터 1350년에 이르는 명문들로 뒤덮여 있었다.[149] 대다수는 이집트 신관문자이지만, "와디 엘홀에는 짤막한 초기 알파벳 명문도 두 점 남아 있다".[150] 이들은 "정교한 신관문자에서 탈피"한 형태 면에서 시나이 명문과 다르다. 다넬은 이들이 "투박하게 그려졌고 신성문자 같은 모양을 띤다"라고 묘사했다. 그는 이 형태가 "바위에 글을 새겨 넣는 데" 특히 적합하다고 지적했다.[151] 더욱이 이 알파벳 명문은 고문자학적으로 세라비트 엘카딤에서 나온 원시 시나이 문자와 관련지을 수도 있었다.[152]

다넬 부부는 1999년 셈어학자 브루스 주커먼과 함께 고도로 정교한 사진 장비 팀을 이끌고 현장에 돌아와 명문을 기록했다. 그들의 첫 발표는 학계에 대지진을 일으켰고, 《뉴욕타임스》 등 주류 미디어의 헤드라인을 장식했다.[153] 하버드대학교 명예교수로서 논평을 부탁받은 프랭크 무어 크로스는 이들이 "가장 오래된 알파벳 문자가 분명하며 매우 중요하다"라고 말했다. 후대의 셈 문자와 유사한 기호가 충분히 확인되므로, 와디 엘홀 문자는 "단일한 알파벳 진화 선상에 속한다"라고 볼 수 있다는 말도 덧붙였다.[154] 발견 위치가 시나이반도나 고대 가나안의 시리아·팔레스타인 지역이 아니라 이집트라는 점도 전례가 없었다. 발견 맥락에 관한 다른 정보(같은 유적지에는 알파벳이 아니라 이집트 문자가 새겨진 명문도 있었다)와 더불어, 이 명문은 이집트 모델을 제 목적에 맞게 수용한 셈어 사용자들이 존재했음을 강력히 시사했다. 까다로운 문제는 연대측정이었다.

다넬은 기호에서 머리가 뾰족하게 처리된 점과 물을 뜻하는 기호 방향이 후대 사례에서 보이듯 수평이 아니라 수직이라는 점을 근거로 명문의 연대를 기원전 2000년으로 결정했다. 기원전 1800년이나 그보다 이른 연대를 제안한 이도 있다.[155] 문자가 셈어를 표상한다는 데는 이론의 여지가 없었고, 이 발견은 알파벳의 원년을 시나이 명문에 부여된 연대(기원전 1600)보다 300년가량 앞당겼다.[156] 이처럼 이른 연대 결정은 극적이지만, 부정확할 수도 있다.

다넬은 이집트 중왕국(기원전 2050~1550)의 사회 상황에 관한 역

그림 8.13

와디 엘홀 유적지에서 나온
긁어 쓴 알파벳 기호.

사적 논지도 제시했다. "서아시아인들이 보조 병력으로 무장"해 "이집
트에서 파견한 시나이반도 채굴 원정대"에 동행했다는 주장인데, 가디
너나 새스 등도 같은 주장을 내세운 바 있다.[157] 그러나 다넬은 이런 교
류가 벌어진 지역을 와디 엘홀 유적지로 확장해 그곳을 "중왕국 시대에
알파벳을 낳은" "이집트 원정대의 용광로"로 묘사했다.[158] 더욱이 그는
해당 알파벳 명문을 "아시아인"(앞에서 밝힌 대로 이는 이집트인이 이
집트 동쪽의 민족을 통칭하는 말이었다) 지휘를 맡은 "베비(Bebi)"라는
장군의 용병대와 관련짓기도 했다. 다넬이 이어 가기로 이들 명문은 "글
을 읽을 줄 모르는 '야만인'들이 신성문자 명문을 보고 어쩌다가 만들어
낸" 것이 아니라 문화 접경에서 일어난 교류의 산물이었다.[159]

　서른 개가량 되는 기호로 이루어진 와디 엘홀 명문은 글자 방향, 모
양, 서자 방향, 순서 등 모든 면에서 분석되었다. 제작에 관한 상세 연구
를—새겨진 깊이, 방향, 파인 선의 굵기에 대한 분석을—통해 각 부호가
어떻게 새겨졌는지에 관한 정보마저 수집되었다. 이 연구 덕분에 "수평
선은 분리된 요소로서 이어진 선 하나씩으로 그어졌다"라거나 "위쪽 고
리는 이어진 곡선이다" 같은 진술이 나왔다.[160] 연대측정과 내용 해독
에 관해서는 여전히 논의가 진행 중이고, 신성문자나 신관문자가 시각
적 원형이 되었는지 여부 역시 마찬가지이다. "소머리, 꼬인 섬유, 감긴
밧줄"은 신성문자 원형을 시사하는 반면 "뱀, 앉은 사람, 머리, 눈" 등은
신관문자가 근원임을 시사한다.[161] 양식적 특징과 "앉은 인물의 다리와

서셈어연구사업(West
Semitic Research Project)의
매릴린 런드버그가 그린
와디 엘홀 명문.

발이 '지그재그' 모양으로 표상된 점" 외에도 이런 그래픽 요소가 연대
측정에 쓰인다.[162]

　실제로 누가 이들 명문을 만들었느냐 하는 질문은 여전히 남아 있
다. 글을 쓸 줄 아는 사람, 즉 개념이나 실제로서 문자에 익숙한 사람들
이 지역을 방문해 이들 기호를 만들었을까? 아니면 글을 쓸 줄 모르던
사람들이 이집트에서 문자 개념을 받아들여 자신들의 셈어에 맞는 문자
를 창제하기로 했을까?[163] 이 발견이 끼친 영향은 여전히 심대하지만,
"알파벳 문자가 지리적으로 이집트에서 시작했을 개연성"은 이제 강력
히 지지받는 가설이다.[164] 일부 학자는 여전히 와디 엘홀 명문의 연대를
기원전 1900~1800년으로 앞당기려 애쓰지만, 알파벳의 발명과 발전을
둘러싼 정황과 연대를 가장 잘 설명하는 것은 새스의 주장인 듯하다. 그
렇다고 학계에서 논쟁이 사그러진 것은 아니다.

역사와 맥락에 관한 21세기 논쟁

2016년 저서 『세계에서 가장 오래된 알파벳(The World's Oldest Alpha-
bet)』에서 더글러스 페트로비치는 모세가 시나이산에서 신에게 석판
을 받았다는 대니얼 디포의 서술을 언급하며 논의를 시작했다.[165] 페트
로비치의 의도는 명확했다. 그는 디포의 이야기가 "성서를 낭만적으로
묘사"하고 "현실에는 근거가 없음"을 입증하고 싶어 하면서도, "다른
고대 알파벳은 일찍이 기원전 1842년에도 존재했다고 알려진 원시 히
브리 자음문자(PCH)에서 유래했다"라는 주장에 근거가 있다고 믿었
다.[166] 성서역사학, 고고학, 고문자학을 공부하고 고대어에 능통한 페트

로비치는 알파벳의 최초 형성을 기술하는 데 필요한 여러 조건을 충분히 인식하고 있었다.[167] 페트로비치의 주장은 이집트 궁정에서 자라난 히브리어 사용자들이 어린 시절 중세 이집트어를 익히고 두음법에 따라 이집트 기호 중 스물두 개 단어를 골라 히브리어를 위한 알파벳을 구성할 수 있었으리라는 것이었다.[168] 사실 이는 훨씬 오래전에 드 루제가 제기한 신관문자 기원설과도 유사하고, 페트로비치의 측정 연대도 프리스 파피루스에 가까웠다. 그러나 중대한 질문은 기원전 2000년대 명문에 쓰인 언어가 히브리어인가 아니면 다른 셈어인가 하는 점이다. 다른 학자들의 이견을 무릅쓰고, 페트로비치는 스스로 믿기에 "이집트 신성문자 뿌리에서부터 이스라엘왕국 시대 형태까지" 스물두 개 자모 모두가 유래하고 발전한 과정을 추적했다.[169]

관련 지역과 시대에 일어난 파생과 분화를 언급하며, 고 요세프 나베는 기원전 1000년경(시리아·팔레스타인에서 철기시대가 시작된 때) 원시 가나안 문자라는 공통 선조에서 세 가지 알파벳 문자―페니키아, 히브리, 아람 문자―가 발전해 나왔다고 말했다.[170] 이 시기에 "선적인 형태가 발전하고 오른쪽에서 왼쪽으로 진행하는 서자 방향이 안정되고 자모 수가 스물두 개 자음으로 축소되면서 원시 가나안 문자는 페니키아 문자로 발전했다".[171] "히브리인"은 두 세기에 걸쳐 가나안에서 "문자와 여타 문화적 가치"를 받아들였지만, "독자적 민족 문자"를 개발할 때는 "당대 페니키아 문자를 따랐다".[172] 곧이어 아람 문자가 개발되었고, 이 역시 페니키아 문자를 빌려 왔다. 결국, 나베가 결론짓기로 이 시기에 나온 문자의 언어와 정체성을 결정하는 일은 내용과 역사 정보에 좌우되었다.

이런 배경에서, 저명 성서학자 겸 셈어학자 크리스토퍼 롤스턴은 "세라비트 엘카딤과 와디 엘홀에서 나온 원시 시나이 명문"이 히브리어가 아니라고 주장했다.[173] 그는 각 명문의 연대를 한 요인으로 지적했다. 와디 엘홀 명문은 기원전 18세기로 추정할 수 있지만 "독자적인 고대 히브리 문자로 쓰인" 최초 사례는 기원전 9세기 이전으로 측정되지 않으며, 두 문자는 형태적으로 다르다는 것이다.[174] 롤스턴은 시나이 문자를 이집트 탈출 이후 이스라엘 민족과 관련짓는 시각이 "더는 인정받지 못하는 낭만적 관점"이라고 주장한 요세프 나베를 인용했다.[175] 그러나 무엇보다 롤스턴은 언어학적 증거를 바탕으로 명문에 쓰인 언어가 기원전 2000년대 서북셈어 방언이라고 주장했다. 그는 '가나안어'가 여러 셈어를 아우르는 통칭이라고 지적했다. 이들은 공통 단어가 너무 많아서 구별하기가 특히 어렵다.[176] 시나이 명문에는 총 스물일곱 개 자모가 있지만, 후자인 고대 히브리 문자는 스물두 자로 정제되어 있었다. 더군다나 롤스턴이 지적한 대로 시나이 명문에 쓰인 문자는 "하나로 독립된 민족 문자"가 아니라 "이 모든 문자의 초기 조상"이었다. '원시 시나이'라는 용어를 수용하기는 하되, 롤스턴은 역사적 이유에서 "초기 알파벳류"라는 용어를 쓰자고 제안했다.[177] 이른 연대 탓에 시나이 명문은 다른 알파벳 문자의 조상 역을 맡게 되었다.[178] 새스 등의 주장을 근거로 저 조상 역의 연대는 기원전 13세기에 가까운 쪽으로 당겨졌고, 이후 알파벳은 고대 팔레스타인으로 전파되어 원시 가나안 문자로 정착한 듯하다.

진행 중인 연구

고문자학은 개별 부호와 기호에 관한 형태 연구에서 출발해 점차 고도로 정교한 목록으로 이어졌다. 현행 금석학에서 형태분석은 한 가지 차원일 뿐이다. 현재 활동하는 서셈 금석학자 중 가장 중요한 인물인 롤스턴은 저서 『고대 이스라엘 주변 세계의 문자와 문자성(Writing and Literacy in the World of Ancient Israel)』에서 금석학 연구법을 개괄했다.[179] 2010년에 출간된 이 책은 번역, 자모 유형의 관찰 분류, 고고학적 맥락, 역사 등 다양한 전문 지식이 결합했을 때 비로소 가능한 지적 종합을 예증한다. 그 결과, 금석학 연구는 자체로도 중요하지만 나아가 기원전 1200년에 시작된 이른바 초기 철기시대 문화를 이해하는 초석이 되기도 한다. 알파벳의 기원은 좀 더 오래되었지만, 롤스턴의 연구가 초점을 두는 부분은 해당 문화 단계에서 문자성이 맡은 역할이다.

　　롤스턴의 책에서는 금석학적 증거가 가독성 높은 초석이 된다. 문자에서 다양한 지역별 차이가 나타났다는 사실은 지역 방언들이 분별되었다는 뜻이고, 서로 다른 지역사회와 도시가 분별되기 시작했다는 뜻이기도 하다. 이런 연구가 권위를 인정받으려면 금석학적 증거와 장소가 안정된 관계를 확보해야 한다. 그리고 여기에서 층서법적 발굴과 기록 기법은 특정 도기 조각의 명문이 언제 새겨졌으며 어떤 조건에서 쓰였는지 밝히는 데 일정한 역할을 한다. 텍스트 내용 분석을 통해서는 다른 역사 기록이나 정보와 상호 참조가 가능해진다. 롤스턴 등 이 증거를 연구한 이들이 얼마나 구체적으로 사안을 논할 수 있었는지는 그가 쓴 서문 서두에서 분명히 드러난다. "라키시 II 도편에는 기원전 6세기 초 전략상 중요한 유대 도시가 파괴되기 직전 시기에 라키시의 왕실 요새에서 지휘관[예컨대 야우시(Ya'ush)]에게 보고된 부대 움직임[예컨대 유대군 지휘자 코냐후(Conyahu)의 부대가 이집트로 이동], 식량 배급 상황, 선지자의 경고 등 정보가 포함되어 있다."[180] 역사적 사실과 검증된 사건이 서로 연관되어 이 연대를 뒷받침한다.

롤스턴은 기원전 12세기와 11세기에 문자를 쓰고 가르치고 표준화한 여러 교육, 행정 활동을 서술한다. 우리는 시리아 왕실과 신생 이스라엘에서 벌어진 모의와 정치적 음모에 관해 알게 된다. 승리와 죽음에 관해 배우고, 제례 용품과 보물을 알게 되고, 야훼뿐 아니라 여러 여신과 신에게 바치는 기도에 관해서도 배운다. 금석학적 증거만으로는 부족하다. 도편과 화살촉 등 문자가 새겨진 물건은 이처럼 다양한 시간과 장소에서 문화와 언어가 처했던 특정 조건을 증언한다. 이런 증거를 해석하면 신생 민족과 종교의 문화사 전체를 구축할 수 있게 된다.

금석학적 증거에는 희한한 면이 하나 있는데, 바로 단순한 고유물—발전 초기 단계에 속하는 유물—이 아니라 고유물화된 특징을 보이는 물건이 작은 부분집합을 이룬다는 점이다. 고유물화란 실제보다 오래된 것처럼 보이게 하려고 지난 시대 문자의 시각적 특징을 부여해 명문을 만드는 행위를 말한다. 이에는 상당한 상상력이 필요하고, 이를 실행하려면 대단히 세련된 솜씨가 있어야 한다. 필경사는 물건을 인위적으로 낡아 보이게 하려는—'옛것' 같은 느낌을 주려는—욕망을 고려해야 했을 테고, 특정 문자 형태를 찾아내 특징을 모방할 줄도 알아야 했을 것이다. 롤스턴은 이른바 텔 파카리야 명문에 새겨진 페니키아 문자의 일종에서 그런 관행 여부를 확인하는 일이 얼마나 복잡한지 설명한다. 이에 관한 논쟁은 무척 전문적이다. 먼저 중심 지역이나 인구 밀집 지역에서 문자가 진화하는 동안 주변 지역사회에서는 낡은 형태가 유지되어 문자가 안정된 지 한 세기가 넘은 뒤에도 별다른 변형 없이 사용되지는 않았는지 확인해야 한다. 유물의 연대는 문자 양식보다 훨씬 후대이고, 새스와 롤스턴은 모두 "고유물화는 실존 현상이며 파카리야는 교과서적 사례"라는 데 동의한다.[181] 롤스턴은 "문자 자체"의 내부 요소를 집요하게 분석해 해당 문자가 "[기원전] 11세기 내지 10세기로 측정되지 않는다"라는 사실을 증명한다. 그는 "하향 세로 획"이나 "바닥 수평

선"을 검증하고는 명문이 기원전 9세기에 제작되었으나 그보다 오래된 물건처럼 보이게 만들어졌다고 결론짓는다. 이런 양식적 특징은 문화가 교류되고 문자와 언어가 공유되던 광범위한 지역에서 장소에 따라 고도로 개별화된 복잡한 필경 문화가 발달했다는 점을 말해 준다.

금석학은 개별 기호와 부호를 식별하는 데서 출발해 성숙했지만, 이런 식별에 동원된 유형학적 기법도 구체적이고 물리적이며 실질적인 체계로서 알파벳을 이해하는 연구법에서 중요한 역할을 한다. 기원전 9세기 필경사가 고대 양식을 모방하려 했는지 아니면 단순히 지역에서 볼 수 있었던 범례를 사자했는지는 알아내지 못할 수도 있지만, 이런 질문을 할 수 있는 것도 근대 금석학자들의 기술 덕분이다.

컴퓨터를 이용한 연구법도 이 분야가 발전하는 데 이바지했다. 브루스 주커먼과 서셈어연구사업은 혁신적인 이미징 기술을 개발했다.[182] 조명, 스캐닝, 사진 같은 몇 가지 방법을 통해 유물에서 서로 다른 특징을 추출하고 이 정보를 컴퓨터로 합쳐 고대 명문의 가독성을 최적화하는 기술이다. 다중 분광, 반사율 변환, 사진 영상 기술이 하나로 합쳐진다. 그 결과 인간의 관찰력을 보완하는 불간섭 접근법이 가능해진다. 컴퓨터가 산출하는 결과물은 말 그대로 육안으로는 볼 수 없는 무엇이다. 셈어와 셈 금석학에 관한 전문 지식과 더불어, 이런 이미징 기술은 주커먼이 매릴린 런드버그, 레타 헌트와 공동으로 관리하는 디지털 명문 라이브러리 인스크립티팩트의 토대가 되었다.[183] 손으로 열심히 글자를 베끼던 금석학이 이렇게까지 발전했다.

맺는말

셈 금석학은 소수 페니키아 명문을 연구하는 데서 출발했다. 시나이 바위 새김에 관한 호기심은 오래전부터 있었다. 시돈과 비블로스 기념물에 새겨진 우아한 선문자와 시나이반도의 투박한 그림문자 같은 표시를 관련지으려면 천천히 누적되는 증거를 꾸준히 연구해 이들이 단일한 알파벳 발전 과정의 일부임을 입증해야 했다. 18세기 사제 바르텔레미의 연구가 정교하고 체계적이며 종합적인 현재 학계의 연구법으로 발전하기까지, 금석학은 해독과 체계적 분류, 초기 알파벳형 기호 식별에서 출발해 문화적, 역사적 상황에서 진행된 과정으로서 알파벳의 기원과 발전 과정을 이해하는 단계로까지 진화했다.

셈 금석학자들은 문자 기호에 관한 실증적 연구와 언어, 역사적 맥락, 문화사에 관한 지식을 결합한다. 그들은 고고학 유적지에서 나온 문자 증거를 검증해 남으로는 이집트에서부터 북으로는 고대 레바논과 시리아·팔레스타인까지 여러 장소에서 나타난 알파벳의 일관된 그림을 그린다. 물증 형태분석은 여전히 이 분야를 뒷받침한다. 모든 증거를 정교하게 연구하고 기원전 2000년대 이후 제작되어 현존하는 모든 기호를 꼼꼼히 정리하려면 고도로 능숙한 전문가 집단이 필요하다.

이 장에서는 금석학에서 이루어진 출중하고 경외스러운 업적은 물론 알파벳의 역사에 관해 여전히 답이 나오지 않은—아마도 영원히 나오지 않을—질문 일부를 요약하고 서술했다. 그러나 역사학 주제로서 금석학에는 뚜렷한 계보와 유산이 있다. 알파벳은 기원전 2000년대 초에 시작된 문화적 조건과 교류의 결과로서 특정한 역사적 맥락에서 출현한 구체적 산물이다. 이것이 바로 층서법, 시대구분법, 역사와 언어 지식, 시각적 분석에 관한 전문 지식 등이 결합되어 고도로 정제된 지적 과정이 내놓은 결론이다. 이제 금석학 분야에는 출중한 학자가 너무 많아서 목록 하나로 나열하기가 어려울 지경이다. 앞에서 지목해 논한 개인들은 유일한 주요 인물이 아니라 결정적인 연구 결과를 내놓은 사람들일 뿐이다.[184]

역사적 구체로서 '알파벳'은 유물에 맞게 서사를 끌어가기도 하고 때로는 증거를 서사에 맞추기도 하는 준거틀을 통해 꾸준히 해석된다. 그리고 알파벳 역사학의 정치성은 모든 발견과 증거에 정서적 무게가 덧붙는 분야에 여전히 남은 특징이다.

9

알파벳 효과와
문자의 정치학

일관된 서사

실증적 증거가 축적되면서, 19세기 후반에 이르러 고문자학, 금석학, 고고학, 고어, 역사 같은 영역의 학문적 해석 방법은 점차 정교해지고 엄밀해졌다. 그 결과 정확히 어디에서, 언제, 누가 알파벳을 발명했는지 이해하는 일도 더욱 섬세해졌고, 지금도 계속 섬세해지고 있다. 이제는 기본 역사를 제시하기에 충분한 학문적 공감대가 형성된 상태이다.

역사 교훈

기원전 7500년경 초기 수메르문명에서 첫 원시 문자와 표장을 이용한 회계 제도가 개발되고 기원전 3000년경 그림문자와 설형문자가 나타난 이래 고대 중동에는 문자 개념이 있었다. 수메르 문자가 이집트 신성문자와 어떤 관계이냐는 여전히 풀리지 않은 질문이다. 그러나 기원전 2000년대에는 이집트와 시나이반도에서 동북으로 지중해 연안을 따라 현 이스라엘, 레바논, 요르단, 시리아에 이르는 지역에서 문화 교류가 일어나면서 알파벳 문자가 등장했다. 음소문자가 등장하려면 두 가

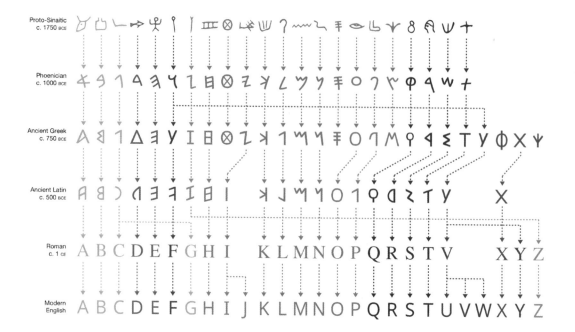

그림 9.1

맷 베이커(Matt Baker),
'알파벳의 진화'. 이 표는
서구 알파벳의 계보에 집중해
그리스, 로마, 라틴 문자가
원시 시나이 문자, 페니키아
문자와 어떻게 연결되는지
보여 준다.

지 근본 조건이 반드시 갖춰져야 했다. ① 언어 사용자들에게 구어의 어음을 본질적이고 유의미한 음운으로 분절할 만한 지식이 충분히 있어야 했고, ② 일정하게 표준화된 기호집합이 공용되려면 이를 뒷받침할 만한 문화 조건이 갖춰져야 했다. 기원전 2000년대 고대 세계에는 두 조건을 만족시키는 장소가 곳곳에 있었다. 미케네문명에서는 선문자 B와 키프로스 음절문자가 이런 조건을 만족시킨 듯하고, 오늘날 시리아 서부에서는 우가리트 설형 음절문자가, 이집트에서는 음절 단위 서자에 쓰이던 신관문자가 같은 조건에 부합했던 것으로 보인다. 이와 같은 청동기시대 후기의 문자 발전은 기원전 1500년 내지 1300년에 일어났다.

알파벳으로 발전한 기호는 이르면 기원전 1800년에 나타났는지도 모르지만, 일부 학자는 여전히 그보다 후대인 기원전 1400~1350년을 유력 연대로 믿는다. 가장 오래된 알파벳 명문은 한때 교통 중심지였던 이집트의 와디 엘홀 계곡에 있고, 그 지역을 방문한 셈어 사용자들이 만들었다고 추정된다. 이 명문은 정립된 문자가 아니라 생성 중인 문자의 시각적 특징(거친 디자인, 서툰 제작 기술, 불완전한 반복성)을 보인다. 와디 엘홀 인근 지역에는 셈족이 장기간 거주한 정착지가 없었다. 하지만 개발 도중에 있는 알파벳이 새겨진 명문은 지리적으로 이집트에서부터 시나이반도를 지나 여러 레반트 지역까지 넓은 영역에 분포되어 있다.[1] 물증이 없는 탓에 페니키아 상인들이 지중해를 통해 확산시키기 전 알파벳이 정확히 어디에서 안정되었는지에 관해서는 세부 사항을 많이 알아내기가 어려울지도 모르지만, 대략적인 윤곽은 위에서 요약한 경로를 좇았다. 기원전 1400~1200년에 나온 아베케다리움에서 증명되듯, 알파벳이 확산될 즈음에는 자모 이름과 순서가 확정된 상태였다.[2]

고 요세프 나베의 학술 업적과 크리스토퍼 롤스턴, 벤저민 새스, 이스라엘 핑켈슈타인 등 여러 학자의 지속적인 연구는 이런 서술의 굳건한 토대가 된다. 현장 연구와 미시 분석은 디지털 기술 등 발달된 연대 측정, 이미징, 부호 분류 기법으로 보조된다.[3] 새로운 증거물이 발견될 때마다 이곳 또는 저곳에서 발전이 일어난 연대가 미묘하게 조정될 수는 있지만, 점진적이어도 꾸준한 과정 끝에 기원전 2000년대에 완전히 통일되고 일관된 '알파벳'이 등장했다는 기본 사실은 바뀌지 않는다.

어쩌면 여기가 바로—현실적이고 이성적인 학자들의 연구를 요약하며—역사학적 알파벳 연구를 마무리하기에 좋은 지점인지도 모르겠다. 그러나 마지막 장에서는 문자의 정치학을 조명하면서 이 책의 더 폭넓은 명제, 즉 알파벳은 발견된 것이 아니라 알파벳을 대상으로 삼는 지식 생산 양식을 통해 발명된 것이라는 명제로 되돌아가려 한다. 이 장에 기록된 여러 편견은 실증에 기초한 관찰에 비해 눈에 띄는 편이다. 그러나 실증적 연구도 믿음과 가치관에 근거할 수 있다. 전문가는 당대 기술을 활용해 어떤 형태는 분별하고 다른 형태는 그러지 않도록 훈련받는다. 알파벳 연구 분야라고 해서 분열과 균열이 없지는 않으며, 증거 해석을 뒷받침하는 믿음 탓에 논쟁도 꾸준히 일어난다.

이처럼 논쟁적이고 때로는 우려스럽기까지 하지만 열띤 견해로 이루어진 연구들과 함께 책을 맺으면서, 지적 경향에도 유행이 있다는 점, 지금은 가치 중립적인 듯한 기법도 시간이 흐르면 나름대로 시야를 제한하는 가정을 드러낼지 모른다는 점을 밝히려 한다. 고고학자, 고문자학자, 셈어학자의 전문성에는 반박의 여지가 없다. 그러나 현재 중심의 사고에는 여전히 맹점이 있다. 수 세대 후에 알파벳이 어떻게 상상될지는 현재의 역사적 위치에서 예측하기가 불가능하다.

알파벳 역사학의 역설 중에는 증거가 늘어난 19세기에 문화적 편견과 오해를 사는 해석도 함께 늘어났다는 사실이 있다. 헤로도토스와 구약성서상 역사시대부터 알파벳의 기원은 동방 셈어권 민족들과 연관되어 있었다. 지적 편견은 여러 물결을 타고 논의에 들어왔다. 먼저 19세기 후반에는 페니키아인과 인도·유럽인의 유구한 역사에 대한 회의가 일어났고, 이어 그리스 고전 시문학과 언어 분석에 기초한 주장이 나타났다. 역사 서사는 정치 노선에 따라 양극화되었다. 셈 알파벳과 그리스 알파벳의 이분법적 구별은 가치 평가가 실린 문화차이론으로 굳어졌다. 문자성에 관한 양분론적 인식이 '우월'한 문화와 '열등'한 문화를—그리고 문자를—나누는 수단으로 쓰였다. 알파벳학은 학문이 신념 체계로 규정된다는—그리고 정당화된다는—원리를 여실히 입증하는 사례이다.

알파벳의 기원에 관한 근대적 학문 연구는 어느 문화가 더 유구하느냐를 따지는 포괄적 역사 논쟁과 교차한다. 문학, 철학, 기술 발명과 법률이나 회계 제도 같은 행정 구조 표현의 선재성을 두고 벌어지는 다툼에서는 역사적 사실이 당파적 신념과 뒤섞인다. 페니키아인, 수메르인, 중국인, 인더스문명, 켈트인 등은 모두 오늘날 텔레비전에서 고대 기념비의 비밀을 설명할 때 걸핏하면 거론되는 외계인처럼 종종 '최고(最古)' 문명이라는 대중적 지위를 누렸다. 주류 학계는 극단적이거나 검증할 수 없는 해석을 꺼리지만, 실증적 증거는 어떤 관점에나 유리하게 쓰일 수 있다.

아리아인 등장하다

알파벳학에 영향을 끼친 정치 개념 하나가 페니키아인의 역사에서 셈족의 흔적을 지우려는 시도로 나타났다. 19세기 중반부터 아르튀르 드 고비노는 400쪽짜리 방대한 저서 『인종 불평등론(Essai sur l'inégalité des races humaines)』(1853~1855)에서 아리아 인종 개념을 내세우기 시작했다.[4] 아리아인을 일컫는 산스크리트어는 베다 시대(기원전 2000년대 중엽)에* 인도·이란어에 나타났다. 그러나 19세기에는 베다경이 형성된 시기가 몇천 년 이른 기원전 6000~7000년경으로 앞당겨 추정되기도 했다(지금은 성립되지 않는 가설로 간주된다). 폭넓은 인도·유럽어족 집단에 적용되던 아리아라는 용어는 독일인 언어학자 프리드리히 막스 뮐러와 고비노 등이 금발에 푸른 눈을 지닌 정체불명의 상상 속 선사시대 지배 인종을 지칭하는 데 쓰면서 비로소 인종적 성격을 띠게 되었다. 프랑스 귀족 고비노는 프랑스혁명의 여파로 떠오른 엘리트주의적·인종주의적 편견을 지지하는 글을 썼고, 미국에서 이 글은 노예제도를 지지하는 근거로 이용되었다. 그의 책에는 알파벳을 직접 논하는 내용

*
베다 시대: 인도 역사에서 베다경이 이루어진 시대를 말한다. 대개 후기 청동기 시대와 초기 철기시대에 해당하는 기원전 1500~500년을 가리킨다.

이 거의 없었지만, 알파벳 연구 분야에서 활동하는 학자들은 그가 사용한 어휘와 인종 정체성 개념을 흡수했다.

　그런 학자 중 한 명이 바로 아이작 테일러였다. 그는 권위 있는 알파벳 관련서 외에도 1889년 『아리아인 논쟁(The Aryan Controversy)』이라는 책을 써내 관련 논의에 학문적 명료성을 더하려 했다. 고비노와 달리 테일러는 역사와 언어 지식에 통달했고 18세기 문헌학자들의 획기적인 연구에도 익숙했다. 그들은 언어들의 구조적 관계를 바탕으로 산스크리트어가 모든 인도·유럽어의 공통 조어(祖語)라고 상정했다(오늘날 산스크리트어는 그보다 오래된 인도·아리아어에서 유래했다고 간주된다). 테일러가 지적한 대로, 셈어나 함어처럼 노아의 후손이 차지한 지역, 즉 레반트·아프리카와 그곳 주민이 쓰는 언어를 관련짓는 명명법 전통을 따른다면, 유럽어에는 '야벳어'라는 표찰이 붙었어야 한다. (성서에 따르면, 노아의 아들 중 야벳은 대홍수 후 지구를 나눌 때 유럽 땅을 할당받았다고 한다.) 문제는 아리아라는 말이 지리적으로 연관된 언어권 이상을 표시하게 되었다는 점이다.

　테일러는 아리아라는 용어가 독일인 언어학자 프리드리히 막스 뮐러의 발명품이라고 밝혔다. 나아가 그는 1865년 뮐러가 한 강연 시리즈에서 "인도인, 페르시아인, 그리스인, 로마인, 슬라브인, 켈트인, 독일인을 포함"하는 "아리아 인종"에 관해 이야기하면서 "짓궂은 말"을 "여느 석학보다 자주" 입에 올렸다고 지적했다.[5] 그에 대한 반론으로, 테일러는 인종과 언어가 서로 동일하지도 않고 중첩되지도 않음을 입증하는 인류학적, 언어학적 증거를 수집했다. 그는 후자의 역사 서술만을 바탕으로 전자의 우월성을 내세우는 주장을 일축했다. 그러나 인종 불평등 개념과 이로써 허용되는 온갖 정당화에는 힘이 있었다. 테일러 자신도 그리스의 독립적 근원을 고려하는 서사를 결연히 뿌리치지 못했다. 그는 자신이 발전된 문자 형태로 간주했던 키프로스 음절문자에 관한 논의를 끌어들여 "그리스인이 페니키아인에게서 알파벳을 획득하지 못하였더라도 전혀 다른 근원을 바탕으로 훌륭하기가 그 못지 아니한 알파벳을 개발하는 데 진작에 성공하였으리라"라는 점을 밝히려 했다.[6] 하지만 이는 순전히 추측이었을 뿐이다. 키프로스 음절문자는 기원전 1100년경에 출현했는데, 뿌리에는 미노스 선문자 B(이 역시 일러봐야 기원전 1600년에 등장했다)가 있을 수도 있고, 어쩌면 두 문자 모두 이집트나 메소포타미아의 더 오래된 문자에 공통 선조를 두었을지도 모른다. 미케네 시대에 키프로스에서는 무역과 교류가 활발히 일어났으며, 셈어나 기타 아프리카·아시아어를 위해 개발된 문자 모델이 키프로스 문자를 발전시키는 기폭제가 되었을 수도 있다. 그러나 테일러는 이런 이론을 뒷받침하는 고고학적 증거를 알지 못했다.

대체로 분별력 있는 테일러의 키프로스 음절문자 논의에도 다음과 같은 유감스러운 말이 포함되어 있다. "아리아어의 미묘한 굴절 기제와 더불어 모음의 근본적인 속성이야말로 알파벳 발전의 최종 단계가 대체로 아리아인에 의하여 완성된 주된 이유에 속한다." 그에 따르면, 셈 문자에서 일어난 여러 발전이 결국 "인도 북부의 아리아 인종 손에 들어가 발명사상 과학적으로 가장 완벽한 알파벳의 선조가 되었다".[7] 기원전 2000년대로 역사적 뿌리가 거슬러 가는(인도·유럽어의 기원은 그보다 조금 선대에 속한다) 남인도 언어권에 '인도·아리아'라는 정체성이 부착되었던 셈이다.[8] 테일러의 용례에서 인도·아리아에는 인종적 의미가 없었다. 문화적 의미만 있었을 뿐이다. 아리아어가 인도·유럽어와 동일시될 수 있다면, 그리고 그것이 현대 유럽어의 근원이며 가장 오래된 원조어라는 주장이 성립된다면, 셈어권 근원의 위상은 아예 무시하거나 격하하지는 않더라도 더 포괄적인 과정에 종속시킬 수 있었다. 셈어의 원시어는 아마도 기원전 1만 6000년으로 거슬러 가는 아프리카·아시아어에 뿌리를 둘 것이다.[9] 특정 알파벳 변종이 다른 것보다 '완벽'하다는 상찬에는 언어마다 음운 구조에 부합하는 표기법이 필요하다는 구체적 요건을 평가절하하는 편견이 담겨 있다.

'신기루' 떨쳐 내기

1893년, 살로몽 레나크는 파리에 근거한 학술지 《랑트로폴로지(L'anthropologie)》에 「동양이라는 신기루(Le mirage orientale)」라는 논문 2부작을 써내면서, 서양 문화가 '아시아'에서 유래했다는, 그가 보기에 미신에 불과한 설을 떨쳐 내겠다는 의욕을 표했다.[10] 그가 가리킨 것은 고대부터 '아시아'로 간주된 레반트 셈족의 민족문화였다. 그가 겨냥한 표적에는 페니키아가 서양 문화의 근원이라는 개념도 있었지만, 더 폭넓게 인도·유럽어가 현대 유럽어의 토대라는 인식도 있었다. 그가 써낸 논문은 서양 문명과 언어의 기원을 '동방'에서 찾고자 한 19세기식 열정에 대한 반동에 속했다.

수 세대에 걸쳐 학자들은 히브리어가 '원조' 언어임을 입증하려 했다. 그러나 근대의 과학적 분석은 서로 다른 언어 집단이 등장하는 과정에 관한 실증적 연구의 일부로 단어 형태, 음운변화, 기타 구조적 특징을 추적하기 시작했다. 19세기에 언어 연구는 역사언어학과 비교문헌학 분야를 통해 과학적 토대로 옮겨지게 되었다. 언어 변화와 파생에 관한 기술적 연구는 산스크리트어에 집중되었다. 독일인 문헌학자 프란츠 보프는 산스크리트어가 가장 오래된 인도·유럽어라는 주장을 내세웠다. 현대 유럽어가 공유하는 어원과 문법의 가장 오래된 형태가 산스크리트어에 보존되어 있다는 주장이었다. 후대 연구에서는 산스크리트어 자체도 선대 인도·아리아어에서 유래했으며 기원전 2000년경에 나타났음이 증명되었지만, 학계와 대중은 모두 보프의 견해에 매료되었다. 한 예로, 어느 영리한 위조꾼이 그런 신화적 역사에 대한 열광에 착안해 데바나가리 문자(고대 인도에서 쓰이던 브라흐미 알파벳의 주요 현대 분지) 몇 자를 석기시대 동굴 명문에 더해 텍스트의 상상 속 과거를 입증하려 한 일도 있었다.

산스크리트어는 인도·유럽어의 근원이 아니었지만, 이 언어 이론은 서양 문명의 근원이 고전, 주로 그리스에 있다는 생각에 익숙해 있던 19세기 문화에 상당한 파급이 있었다. 서양 문화와 언어에 그보다 오래된 원시 유럽 선조가 있다는 생각은 고대 중동 셈어권 근원설의 대안이 되었다. 레나크는 18세기와 19세기에 유럽 문화가 이집트에서 영향 받았다는 인식이 늘어남에 따라 히브리어가 가장 오래된 언어라는 생각이 설 땅을 잃었다고 지적했다. 1847년에 발견된 프리스 파피루스는 알파벳 문자가 이집트 신관문자에서 유래했다는 오해를 낳기까지 했다. 히브리어와 문자의 역사, 그리고 기원전 11세기에 셈어권 주민 사이에서 알파벳이 발전한 과정은 19세기 언어학자들이 흔히 접할 수 없었던 사실에 근거했다.

레나크가 원용한 역사 모델에서는 비위계적이고 반인종주의적인 가치와 '선진'문화의 우월성을 공언하는 가치가 대립되었다. 알파벳학에 직접 관여하지는 않았지만, 그는 알파벳이 발전하고 확산된 후 서력기원까지 2000년간의 인도·아리아, 페니키아, 유럽의 영향 관계를 재구성하려 했다. 논문 서두에서 레나크는 페니키아의 유물, 지명, 지중해 일대에서의 영향력을 밝히는 과정에서 개연성 없는 과거상이 창출되었고 그러면서 페니키아가 실제 공산보다 훨씬 오래되고 광범위했던 것처럼 보이게 되었다고 시사했다. 19세기 후반에 페니키아는 아나톨리아와 키프로스에서부터 영국제도에 이르는 모든 알려진 원대 정착지의 주인으로 인정받고 있었다. 페니키아인이 방문하거나 장기간 머물렀음을 시사하는 위조 명문이 페루와 신대륙에서 '발견'되기까지 했다. 레나크가 의심을 품은 것도 무리가 아니었다.[11]

레나크는 유럽 문화가 인도·아리아어권에서 기원했다는 주장과 페니키아에서 기원했다는 주장에서 민족주의적 경향을 감지했다. 레나크가 원래 진행하던 인류학 연구는 고대 민족에 초점을 두고 신석기 문화의 여러 특징을 체계적으로 검토해 문화 교류 연대기를 수립하는 작업이었다. 그는 고대 세계의 다양한 지역에서 일어난 동물 사육, 주석 도입, 청동과 철 사용 등 인류 발전의 여러 측면을 논했다. 논문의 다른 부분에서는 기원전 1250년경 그리스 남부에 세워진 어느 대문에 사자를 그려 넣은 미케네인이 어떻게 그 동물을 알았겠느냐고 묻기도 했다. 레나크의 시대에는 그 지역에서 사자가 사라진 상태였지만, 프랑스의 동굴벽화에도 그려져 있고 그리스에도 살았다는 점은 헤로도토스를 위시해 고전 저자들도 기록한 바 있다. 실제로 서력기원 초까지만 해도 유럽 남부 일부 지역에서는 이런 동물이 서식하고 있었다.

하지만 레나크는 동양 문명의 '선재성'을 격렬히 반대했다. 그는 그리스미술에서 발견되는 그래픽 모티프나 장식물 양식을 이집트와 바빌로니아의 영향으로 설명할 필요는 없으며 그리스인의 독자적 상상에서도 그런 요소를 찾아낼 수 있다고 시사했다. 심지어 레나크는 역영향이 일어난 역사를 가공하기까지 했다. 논문 1부 끝에서 그는 미케네문명이 후대에 시리아와 이집트와 접촉하며 "동양화"되기는 했어도 "기원은 오로지 유럽에 있는" 문명이었다고 선언했다. 미케네 유물에서 발견되는 시각적 모티프를 두고는 페니키아인이 미케네에서 보고 이집트로 가져간 요소라고 주장한 고고학자 아르투어 밀히회퍼를 인용하기도 했다.[12] 그리스 문화가 이집트미술의 근원이라는 개념에는 신빙성이 없었다.

그러나 레나크의 주장에 숨은 함의는 분명했다. 유럽 문화는 고대 중동 문화와 구별되어야 하지만 또한 아리아(특히 인도·아리아)에 뿌리를 둔 근원과도 다르다는 것이었다. 레나크는 유대인이었고 유대적 이상과 연관된 지적 활동에 헌신적이었다.[13] 언어학자 막스 뮐러가 내세운 대로 그리스 신화의 기원이 인도·아리아인에게 있다고 상정해 서양 문화가 아리아인에게서 유래했다는 설을 정당화하는 논리는 19세기 프랑스 등 유럽에서 점차 반유대주의적이고 인종주의적인 담론과 연합하게 되었다. 그래서 레나크는 '아리아' 인종 개념과 영향에서 스스로 거리를 둔 채 서양 문화가 유럽에서 고유하게 기원했다고 주장했다. 비교 종교학에 관한 어느 주요 연구에서, 그는 모든 종교에 신화적 신념 체계의 특징이 있다고 강력히 주장했다. 어느 종교도 우월하다고 볼 수 없다는 주장이었다. 종교적 신념을 거부하고 세속적 이성을 옹호했던 레나크는 "혈통에 기초한 인종적 위계와 종교적 위계를 모두" 반대한다고 주장했지만, 그가 내세운 논지는 달랐다.[14] 그의 상대주의적이고 보편주의적인 신념은 20세기 초 수십 년간 점차 거센 비판에 부딪혔고, 새로 떠오르는 유대 민족주의 시오니즘 운동과 반유대주의 운동에 모두 반발을 샀다.

　알파벳 관련 문헌에서 자주 언급되지는 않지만, 카일 매카터는 1975년 그리스 알파벳의 유구한 역사에 관한 믿음을 다룬 글에서 레나크를 논한 적이 있다.[15] 매카터는 레나크가 동양주의의 "신기루" 아래에서 지나치게 신화화된 아리아인과 페니키아인의 과거 영향에서 벗어나 유럽의 정체성을 분별하려 했다고 주장했다. 그러는 과정에서 그는 인종주의적 문화차이론, 특히 그리스 문화가 '우월'하며 거기에서 변형된 알파벳이 고유한 독자성을 띤다는 이론에 일조했다.

"수메르·아리아인"

1927년 로런스 워델은 역사 기록을 한층 왜곡하는 아리아인 신화를 지지하는 저서를 냈다. 영국 육군 장교이자 탐험가이자 수메르에 매료된 아마추어 고고학자였던 워델은 『알파벳의 아리아 기원(The Aryan Origin of the Alphabet)』에서 자신의 해석을 내놓았다.[16] 서두는 다음과 같다. "알파벳의 기원과 (……) 창시자는 미지의 상태이다. (……) 그런데도 많은 현대 저자는 알파벳의 창시자가 셈족이라고 가정한다."[17] 이는 워델이 설명하기로 그리스인들이 알파벳을 페니키아 왕 카드모스의 작품으로 인정했기 때문인데, 여기서 페니키아인이 셈족이라고 "잘못" 여겨졌다는 주장이었다.

　워델의 명제에서는 서양의 아리아·수메르인 조상이 초기 영국과 직접 연결되었다. 그는 알파벳의 기원이 "메소포타미아 밖의 수메르인 또는 아리아인"이라고 보았고, 구체적인 장소로 인더스강 유역을 지목하면서도 이를 카파도키아와 킬리키아·시리아(Cilicia-Syria, 소아시아)의 히타이트인과 결부시켰다.[18] 나아가 그는 "이들 히타이트인, 어쩌면 '하티(Khatti)' 또는 '카티(Catti)'인"에게는 "고대 브리턴 왕이라는 부족 칭호"도 있었다고 적었다.[19] 이런 지리적 왜곡을 통해, 그는 "위대한 발명가" 카드모스의 계보를 꾸며 냈다.[20]

　그가 "페니키아인에게 아리아인의 인종 속성이 있었음"을 뒷받침하는 증거를 제시하면서, 몇 가지 쟁점이 떠오르게 되었다.[21] 예컨대 그는 1924년 프랑스 루아르강 지역 글로젤의 어느 농장 지하실에서 발견된 석판 일부에 "페니키아풍" 문자가 있다고 거론했다. 이 자료는 어디에서나 위조로 판명되었으며, 1927년에 이미 국제인류학연구원이 선임한 위원회에서는 글로젤 유물이 가짜라고 선언한 바 있었다.[22] 최근 연구에서는 이들 점토 유물의 연대가 서기 초, 어쩌면 서기 700년 정도의 늦은 시기로까지 측정되지만, 워델은 기원전 1050년 이전 또는 페니키아 알파벳이 안정되었다고 믿어지는 때에 "브리턴·페니키아 왕들"이 새긴 명문을 자신이 발견했다고도 주장했다.[23]

　워델은 알파벳의 기원을 이집트나 바빌로니아에서 찾으려는 시도가 모두 실패했다고 단호하게 주장했다.[24] 그는 저명 이집트학자 플린더스

글로젤 '명문'. 직선으로 이루어진 현대적 글자 형태로, 페니키아 문자의 우아함과 품위, 필사 양식은 전혀 보이지 않는다.

페트리의 1912년 저서 『알파벳의 형성』을 인용하면서, 알파벳의 기원
이 단일하지 않다는 그의 이론을 유용했다. 페트리가 제안한 "형성"은
분산된 인구와 지역에서, 오늘날 이해하기로는 페니키아인들이 문자를
전파하고 확산시킨 결과, 점진적으로 일어난 과정이었다. 그러나 워델
은 페트리의 논지를 오용해 셈어권 기원설을 거부하고 고문자학 증거
대부분을 왜곡했다. 페트리가 스페인과 테라에서 수집한 명문에 관한
해석을 변질시켜 이들의 기원이 아리아인에게 있다고도 주장했다. 심지
어 1000~2000년에 이르는 시간 차를 무시하고 후대, 즉 서기에 들어 나
타난 오검 문자와 룬 문자까지 끌어들여 셈 문자와 아리아 문자를 구분
했다. 워델은 자신의 주장을 옹호하려고 "브리턴·아리아" "인도·아리
인", 마침내는 "수메르·아리아" 같은 어휘를 개발했다.[25] 이런 신조어는
역사적 현실에는 근거가 없었지만 그의 목적에는 부합했다. 마치 어근
에 숨은 연관성을 파악하면 역사를 이해할 수 있다는 듯했지만, 거론된
단어들은 이미 여러 언어를 가로질러 번역된 말이었다.

　워델은 알파벳이 레반트 연안에서 페니키아인이 발명한 것이 아니
라 북시리아, 즉 수메르에서 태어났다고 결론지었다. 수메르어는 인도·
유럽어와 무관한 '고립어'였지만, 워델은 수메르어가 "어휘와 구조 면
에서 근본적으로 아리아어"라고 단정했다.[26] 그는 수메르어가 영어의
선조라고 밝혔고, 기원전 3세기 인도·아리아인 황제 아소카왕과 연관
성이 입증되었다고 스스로 믿은 아리아어에 이를 결부시켰다. 마지막으
로 그는 로마제국 건립 이전 영국에서 수메르어가 쓰였다고 시사하기도
했다.[27]

　워델은 이런 곡해를 뒷받침하는 표를 작성했다. 모호한 연대와 장소
를 거론하며 그가 수메르 문자라고 밝힌 문자가 확산된 증거를 제시하
는 표였다.[28] 그는 각 자모의 수메르 혈통을 자세히 기술하는 내용도 포
함시켰는데, 여기에서 수메르 문자와 연관된 셈어인 아카드어는 편리하
게도 아리아어로 표현되어 있었다. 워델은 엉터리 철자법을 동원하고
체코인 언어학자 베드리히 흐로즈니 교수 같은 사람을 인용해 자신의
역사 판타지를 전개했다. 흐로즈니는 히타이트인이 인도·유럽어와 단
자음 문자를 사용했다고 올바르게 단정한 인물인데, 워델은 그의 연구
를 자신의 목적에 맞춰 왜곡했다.

　워델은 어떤 셈어도 알파벳 서자의 모태가 아니라고 부정하면서, 알
파벳은 "단어를 쓰는 데 필요한 음운이 불과 24개 남짓이라는 사실과

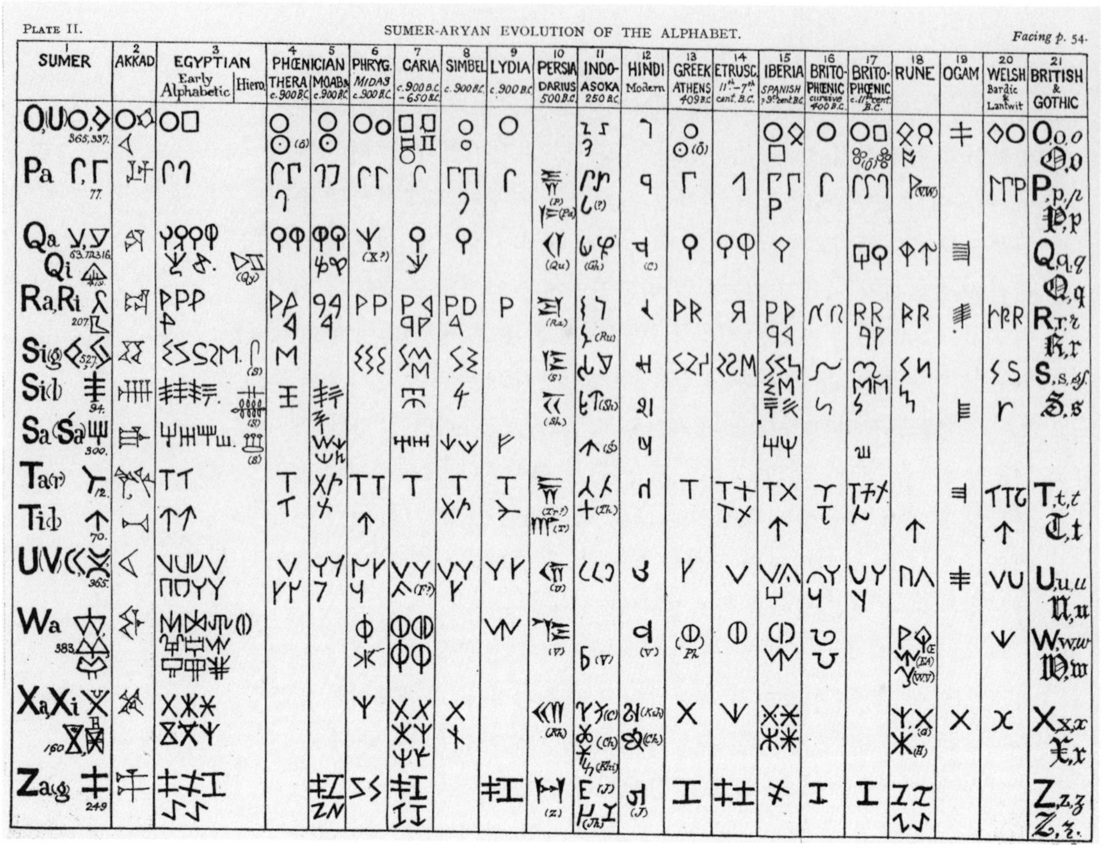

PLATE II.										SUMER-ARYAN EVOLUTION OF THE ALPHABET.										Facing p. 54.
1 SUMER	2 AKKAD	3 EGYPTIAN Early Alphabetic / Hiero.	4 PHŒNICIAN THERA / MOAB c.900 B.C.	5 PHRYG. MIDAS c.900 B.C.	6 CARIA c.900 B.C.	7 SIMBEL	8 LYDIA c.900 B.C.	9 PERSIA DARIUS 500 B.C.	10 INDO- ASOKA 250 B.C.	11 HINDI Modern	12 GREEK ATHENS 409 B.C.	13 ETRUSC 11th–7th cent. B.C.	14 IBERIA SPANISH 7th–3rd cent. B.C.	15 PHŒNIC cursive 400 B.C.	16 BRITO-PHŒNIC	17 RUNE	18 OGAM	19 WELSH Bardic Lantwit	20/21 BRITISH & GOTHIC

(행 기호 표시: O,U,O… / Pa / Qa Qi / RaRi / Sig Sib SaSa / Tam Tib / UV / Wa / XaXi / Zag)

그림 9.3

로런스 워델, 『알파벳의 아리아 기원』(1927)에 실린 표. 대다수 기호는 선형 페니키아 문자와 초기 그리스 문자를 조합한 모습이다.

극히 도해적인 형태로 그런 음운을 표현하는 기존의 선형 수메르 그림 문자라면 현재의 내부 용도로 충분하다는 사실"을 알아낸 "드문 천재" 의 최고 업적이라고 묘사했다.[29] 이 발명가는 "아마 히타이트인이거나 히타이트·페니키아인, 따라서 아리아 인종이었을 것"이다.[30] 워델은 카 드모스 왕이 기원전 1200년경에 일어난 트로이전쟁과 동시대 인물이었 으며, 따라서 그리스에서 융성한 원조 아리아 문명의 일부였다고 강조 했다.[31] 워델의 의도는 결론에서 분명히 드러났다. "셈족(히브리인 포 함)과 함족이 아리아 문명의 주요 요소와 함께 알파벳 문자도 아리아인 지배자들로부터 빌렸음이 드러난다. (……) 고로 이는 필자가 지난 저 서에서 내린 결론, 즉 문명은 대체로 인종과 연관된 문제이고 고등 문 명은 대체로 북구 장두(長頭) 인종의 특별히 재능 있고 과학적인 아리 아인 선조들이 진화시킨 문화를 통한 아리아화라는 결론에 보충 증거 를 제공해 준다."[32] 마지막으로 그는 아프리카인과 부시먼의 인종적 결함, 고트족 전통의 힘, 그리고 헤리아(Heria) 왕 치하에서 쓰인 전설, 즉 토르 또는 아르투르(Ar-Thur) 이야기를 포함해 아리아인 또는 수메르·아리아인이 끼친 여러 공헌을 지적했다.[33] 이처럼 북반구 유럽인과 초기 브리턴인을 인종적으로 아프리카 민족과 나누어 대비시킨 그는 아서(Arthur)왕을 수메르·아리아인으로 둔갑시키기까지 했다.[34]

아마도 워델의 책은 반유대주의를 가장 노골적으로 표현한 사례겠지만, 1920년대와 1930년대에 왜곡된 지적 판단을 반영했던 알파벳 기원론은 그뿐만이 아니었다. 그리스 알파벳이 페니키아 문자와 어딘지 '다르다'는 생각, 그리고 페니키아인과 셈 정체성을 분리할 수 있다는 생각은 끈질기게 이어졌다. 워델의 책이 나온 지 반세기 후, 마틴 버널은 이렇게 말했다. "의식적으로건 무의식적으로건, 19세기 말과 20세기 초에 거의 모든 유럽 교양인은 그리스를 유럽과 아리아 인종의 정수로 보았고, 페니키아인은 셈 동족인 유대인을 닮았다고 간주했다."[35] 버널은 언어학자 막스 뮐러가 1888년에 한 "아리아 인종, 아리아인 혈통, 아리아인의 눈과 머리카락을 운운하는 민족학자는 장두족(長頭族) 사전이나 단두족(短頭族) 문법을 운운하는 언어학자만큼이나 심각한 죄인이다"라는 말을 두고, 그를 두둔했다.[36] 그러나 뮐러 자신도 때로는 "아리아 인종"이라는 말을 쓰며 인종적 편견을 부채질했다.[37]

1장에서 이미 논한 버널은 이렇게 알파벳의 기원을 아리아인에게서 찾으려 한 시도들이 어떻게 1925년에서 1940년 사이에 부각되어 학계의 반유대주의 유행과 연관되었는지 정리했다.[38] 그리스인이 아리아인의 인도 정복에 관여했던 북방 침략 민족의 일부였다는 인식은—피부색과 연관된 명백한 인종문제를 해결해 주는 한편—'코카서스인'이라는 신어(新語)를 유행시키기도 했다. 19세기 초에 요한 프리드리히 블루멘바흐 등이 인종을 유형별로 분류하려고 창안한 용어와 개념을 발전시킨 것이었다. 1920년대에는 '아시아 스텝'과 일부 유럽인의 아나톨리아 기원설을 동시에 상기시키는 이주설을 바탕으로 '코카서스 인종'에 해당하는 초기 그리스인, 즉 '전(前) 헬라인' 개념이 개발되기도 했다.[39] DNA 연구는 이민사에 관한 이해를 꾸준히 넓혀 주고 있지만, 알파벳의 기원이나 확산에 관한 대체 학설을 지지해 주지는 않는다.[40]

'그리스' 알파벳

"고대 그리스의 여러 위대한 성취 중에서도 알파벳이야말로 아마도 가장 경이롭고 필시 가장 영향력 있는 업적일 것이다."[41] 1997년 로저 우더드가 쓴 이 말은 '그리스' 알파벳에 관한 전형적인 단정이다.[42] 뒤에서 우더드가 "페니키아 자음문자의 어깨를 딛고 선"이라고 단서를 달기는 했지만, 위 서술에서 알파벳은 변용이나 변형이 아니라 독자적 발명품이 되어 있다.[43] 그리스 알파벳이—그리스 문화 전반이—끼친 영향은 무비판적으로 찬미되고 그 우월성은 문화 발전, 지적 혁신, 자아와 타자 개념에 가한 변화, 심지어 인지의 생리학적 토대에 가한 변화 등을 들어 예찬된다. 20세기에는 이처럼 알파벳 역사학을 정치적으로 해석하는 태도가 전례 없이 널리 수용되었다. 어쩌다가 우더드의 발언 같은—흔한 오해를 담은—말이 고고학 연구는 물론이거니와 그리스인이 전해준 페니키아인 카드모스 이야기나 구약성서에 기록된 모세 이야기마저도 대체하게 되었을까? 카드모스나 모세 이야기가 역사적 사실과 다르기는 하지만, 그래도 알파벳 문자의 속성에 관한 가정과 문자성에 대한 가치평가에 기초한 우더드의 단언보다는 실질적 개연성이 높은 편이다. 그의 전제—논리, 이성, 그리스식 민주주의가 의심의 여지 없는 "천재성"을 표상하며 서양 문화가 거둔 주요 성취와 진보의 토대라는 전제—를 인정하느냐 여부와 별개로, 그처럼 동방/셈과 서양/인도·유럽의 문자를 선명하게 나누는 일은 정당화될 수 없다.

이렇게 그리스 알파벳과 셈 알파벳을 분리하는 관점에 따라, '알파벳 효과'라는 치명적 개념이 정립되었다. 마셜 매클루언, 해럴드 이니스, 월터 옹 등을 위시한 캐나다 미디어이론가 집단, 이른바 '토론토학파'와 밀접히 연관된 '알파벳 효과'는 로버트 로건이 창안해 1987년 저서 제목에 쓴 말이다.[44] 이 개념을 먼저 주창했던 사람 중 일부, 특히 잭 구디는 로건의 책이 나올 때쯤 이미 자신의 과거 명제를 수정하고 있었지만, 로건은 오히려 선행 연구자들의 작업을 바탕으로 개념을 한층 심화한 상태였다.

그의 논지에서 문제가 된 부분은 그리스 문화가 예술, 철학, 정치학, 과학 업적 면에서 고대 중동의 셈 문화뿐 아니라 중국과 인도 문화보다도 우월했다는 단정이었다. 이성적 사고와 민주주의, 개인 개념, 실증과학이 그리스 문명의 고유한 성취이고, 음성 표기가 가능했던 이른바 그리스 알파벳이 이런 발전을 촉진하는 데 주요 역할을 맡았다는 주장이었다. 다시 말해, 그리스 알파벳은 우월한 발전의 일부인 동시에 원인으로도 지목되었다.

이런 편견의 뿌리는 서유럽 고전학에서 명확하게 확인된다. 아프리카·이집트 문화가 그리스에 끼친 영향을—그리스인 자신은 잘 알고 있었던 역사인데도—지우는 작업은 고전 학계에 인종적 편견이 스며들게 했다. 버널은 이런 접근법의 인종주의적 분위기를 가장 먼저, 가장 철저히 비판한 인물이었다. 그리스 알파벳의 전파 연대를 결정하는 일도 이야기의 일부였지만, 더 포괄적인 문자 정치학에서는 구술성과 문자성에 관한 추정이 발전하다 못해 알파벳의 신경학적·생리학적 효과까지 나아가고, 다른 사회를 '젠더화'해 규정하는 데까지 다다르기도 했다.

이런 편견에 관한 연구는 호메로스 서사시에 관한 고전학 연구에서 출발해 두뇌, 알파벳, 문자성에 관한 연구로까지 나아간다.

호메로스의 시

1930년대에 발표된 밀먼 패리의 연구(1장에서 논했다)를 이어받은 학자들, 특히 앨프리드 로드와 에릭 해블록은 호메로스의 구술문화와 플라톤의 문자언어 형식 사이에 급격한 단절이 있다고 생각했다.[45] 이를 바탕으로 그들이 내놓은 여러 주장은 20세기 후반에 증폭되기도 하고 수용되기도 했으며 비판적으로 분석되기도 했다.

예컨대 해블록은 "그리스식 사유"로 형성된 "서양 정신" 개념을 개발하고, 이는 이전의 전통과 깊은 단절을 표하며 알파벳의 뿌리인 셈 문자 등 문화적 영향과 뚜렷하게 구분된다고 시사했다.[46] 그는 알파벳 서자와 이성적 사고의 관계가 서양 문화에 그리스식 토대를 닦아 주었다고 강조했다. 패리도 해블록도 노골적으로 인종주의적인 관점을 제안하지는 않았지만, 서양 문화의 아시아적 뿌리를 일축함으로써 그리스인의 우월성과 "인종적 순수성"을 옹호하는 일이나 마찬가지인 효과를 낳기는 했다.

토론토대학교의 다른 교수들과 마찬가지로, 해블록도 문자성의 정의에 관심이 많았다. 패리의 관점을 이어받은 그는 시작(詩作)에서 구술성과 문자성에 이분법적 차이가 있다고 강조했다. 그가 이런 이론을 처음 직접 천명한 책은 1963년에 출간된 『플라톤 서설(Preface to

Plato)』이지만, 그의 논지는 영향력 있는 선행 연구자들의 주장과 상당 부분 상통했다.[47] 그는 알파벳이 도입되면서 그리스 문학 작법에서—그리고 지적인 접근법에서—단절이 일어났다고 서술했는데, 그를 꾸준히 괴롭힌 문제는 알파벳이 도입된 시기였다.[48] 해블록은 기원전 5세기에 "인간의 지성"이 "발견"된 사건, 그가 묘사하기로 "언어학적"인 사건이 일어났고, 그 결과 "구약성서에는 부재하는 자아와 영혼" 개념을 소크라테스가 발견하고 플라톤이 "텍스트화"했다고 믿었다.[49] 그러나 알파벳이 전파된 기원전 8세기 혹은 7세기는 플라톤의 "단절"이 일어난 5세기보다 이른 시대라는 점이 문제였다.

해블록은 이 주제를 평생 탐구했다. 1971년에 출간된 『그리스 문자성의 서막(Prologue to Greek Literacy)』에서 그는 여전히 패리의 연구를 직접 원용했다.[50] 해블록은 호메로스가 알파벳 문자를 언급하지 않았다는 사실을 지적했다.[51] 그러나 아무리 호메로스 시대에 제작된 금석학적 증거나 명문이 없다 해도, 해블록은 "호메로스보다 앞서거나 그와 동시대에 살았던 그리스인들이 문자를 쓰지 않았다고는 믿기 어렵다"라고 시사했다.[52] 그는 수 세기 전에 문자를 사용했던 미케네문명을 다시 상기시켰지만, 그들의 문자는 물론 이에 대한 기억조차도 쓰이거나 언급되지 않고 사라진 상태였다.

해블록은 연대 결정 등 여러 쟁점을 두고 꾸준히 씨름했지만, 그의 책에서 더욱 극단적인 주장은 연대와 무관하게, 오히려 문화정치와 관련해 나왔다. 문자가 존재하기 전에 그리스인은 "민주화"될 수 없었다고 해블록은 말한다. 민주주의 개념의 발명이 그리스 도시국가가 거둔 성취인지는 모르겠지만, 법률이나 기록, 행정처럼 시민조직에 중요한 다른 실무는 오래전부터 존재했다. 해블록은 구약성서 텍스트를 호메로스 서사시와 그리스 희곡에 극적으로 대비시키면서, 히브리어 성서는 "단순한 사람"에게 호소하는 데 힘이 있는 텍스트이기에 "인간 경험의 소박한 복잡성"마저도 결여되어 있다고 시사했다.[53]

해블록은 그리스 민족의 인종적 우월성을 노골적으로 거론했다. "그리스인의 유전자는 예술과 지성에서 창의적 노력을 성취하기에 유리한 자질을 성인에게 부여했다."[54] 비록 알파벳을 재작업한 그리스인들이 인종적 우월성이 아니라 "기술적" 우수성을 행사했다고 단서를 달기는 했지만, 그가 "유전자"를 상기시킨 점은 다른 의미를 시사한다. 해블록은 모음이 아니라 별개 자음의 발명에 집중했다(그는 미케네 선문

자 B에 이미 모음이 쓰였다는 점을 알고 있었다). 이와 관련된 기술적 세
부 논의는 흥미롭다. 알파벳이 개발된 셈어권에서는 삼자음 어근만으로
도* 충분히 명료하게 언어를 쓸 수 있었다. 해블록은 자음을 "지성의 대
상"이라고 부르면서 음성언어를—유성음과 무성음의—단위 조합으로
이해하는 원자화 과정을 강조했다. 그는 "어떤 입으로든 말할 때 내는
실제 소리를 표시하는 데 만족"한 이전 체계와 "그런 소리를 추상적 구
성단위로 분석한 그리스 문자 같은 체계"를 대비시켰다.[55] 다른 곳에서
해블록은 음절문자가 기호 각각에 모음이 있다는 점에서 "낭비가 많다"
라고 비판했다.[56] 그는 "물질 원자론"을 개발한 그리스인이기에 문맥과
무관하게 소릿값을 분별하는 원소들의 집합으로서 알파벳을 이해할 수
있었다고 믿었다.[57] 앨런 가디너의 분석을 통해 음운 분석과 추상화는
기원전 17~15세기 이집트 문자에도 존재했음이 밝혀졌다. 해블록이 주
장한 차이는 언어학적 검증을 이겨 내지 못했다.

  해블록은 그리스 구술문화에 독특한 힘이 있었으며 덕분에 말소리
를 추상적 구성단위로 분석할 수 있었다고 믿었다.[58] 그리스 알파벳이
기원전 8세기 중반 이전에 '발명'될 수는 없었으므로, 해블록은 리스 카
펜터의 연구에 근거해 그리스 시문학은 문자 도래 이전에 이미 충분히
형성된 상태였으며 후대에는 위대한 성취가 재확인되었을 뿐이라고 시
사했다. 그는 이전 형태에 비해 알파벳 서자가 배우기 쉬웠으므로 전보
다 더 많은 인구가 참여할 수 있었다고 강조했다. 이 주장은 유대 문화
의 근본적인 측면, 예컨대 모든 남자아이는 토라를 익히고 문자성을 입
증하는 바르 미츠바에** 대비해야 한다는 점 등을 무시했고, 바빌로니
아와 이집트에서 이루어진 필사 학교와 전통도 간과했다.[59]

  해블록의 단선적 문자성 개념은 어떤 면에서도 미묘한 차원을 보
이거나 더 큰 문화 발전 패턴에 관한 논의에 부쳐지지 않았다. 그는 단
지 우월한 문명에 특정 형태의 그리스 문자성이 필수 불가결하다고 믿
었을 뿐이다. 1883년에 아이작 테일러가 고안한 구분법, 즉 셈 알파벳
은 "미개"하고 그리스와 로마 알파벳은 "고상"하다는 구별은 고전학의
유산으로 남았다.[60] 1986년에 나온 『뮤즈, 글쓰기를 배우다(The Muse
Learns to Write)』에서 해블록은 자신의 주장을 한층 넓혔다. 그리스 철
학은 알파벳 덕분에 등장했고[61] 자아는 소크라테스가 발견하고 플라톤
이 텍스트화했으며[62] 그리스 철학 전통에서는 아는 자로부터 앎이 분리
되었다는[63] 주장이었다. 이 주장이 과연 그리스 문헌 분석으로 뒷받침

＊
삼자음(三子音) 어근:
히브리어 등 셈어에서 대다수
단어의 어근을 이루는 자음
순열. 한 예로 북서셈어에
해당하는 히브리어에서
카프(k)-타브(t)-베트(b)
삼자음은 '카타브(kātab.
그가 썼다)' '카타브누
(kātabnū. 우리가 썼다)'
'코테브(kōtēb. 글 쓰는
사람)' '미크타브(miktāb.
문자)' 등 주로 글 쓰기와
관련된 단어들을 파생하는
어간이 된다.

＊＊
바르 미츠바[Bar Mitzvah.
여성은 바트 미츠바(Bat
Mitzvah)]: 유대교의 성년식.

되느냐보다는 해블록이 알파벳에 결정론적 역할을 부여했다는 점이 중요하다. 그는 한 가지 철학적 개념—지식 주체와 대상의 구분—에 무비판적으로 긍정적인 가치를 부여했다.

해블록은 그리스 이전 문명에서 "그리스 문자혁명" 같은 것은 가능하지 않았다고 잘못 결론지으며, 그가 오래 견지했던 문자성과 문명의 연관성을 되풀이했다.[64] 이처럼 가치판단적인 명제는 토론토학파와 그들에게 영향받은 다른 학자들도 개진했다. 알파벳에 관한 여러 표준 참고서에서 이런 '그리스 기원설'은 꾸준히 반복되고 있다.[65]

문자성 논쟁—옹, 구디, 매클루언

20세기 들어 융성한 커뮤니케이션 분야에서는 문자를 단지 표기 방식이 아니라 정치권력 체계로 보는 관점이 늘어났다. 1950년 캐나다인 역사가 해럴드 이니스는 『제국과 커뮤니케이션(Empire and Communication)』을 발표했다.[66] 이 획기적인 책에 연이어 『커뮤니케이션 편향(The Bias of Communication)』(1951)이 나왔다.[67] 이니스는 도로, 철도, 출판망, 문화를 연장하는 복잡한 시스템 같은 인프라스트럭처를 강조했다. 그의 작업은 20세기 초 프로파간다와 관련 효과에 대응해 나온 결정론적 미디어 기술 연구[68]에서 벗어났다. 이니스는 비슷한 분석이 거의 없던 시절, 미디어의 구체적인 속성을 기술했다. 문자와 관련 기질(基質), 형태 특징의 역사에 관한 연구는 고문서학 연구법의 기초였지만, 예컨대 이집트 문화에서 석재와 파피루스의 차이, 또는 서자와 인쇄의 차이에 관한 이론적 논지 구성은 새로운 시도였다.[69]

이니스는 문자에 공간 확장성이 있다고 지적했다. 덕분에 제국은 대면 행정의 한계 너머로 영토를 늘릴 수 있다. (바로 이 사실이 로마가 쇠퇴한 이유이기도 했다. 세금 부담에 허덕이는 원거리 인구를 통제할 능력 이상으로 제국이 확대되었기 때문이다.) 알파벳은 이니스가 명확히 밝히기로 고대 중동에서 발전했으며 상업에 밀접히 결부되었고, 이니스가 지적하기로 지식에는 별 관심이 없었던 페니키아인의 기업활동을 보조하는 데 쓰였다.[70] 대조적으로 히브리인 사이에서 알파벳은, 이니스의 표현을 빌리자면 언어와 말에—이미지에 앞서는—특권을 부여했고 경전 숭배를 조장했다. 그는 히브리 문학의 풍성함과 일신교의 창조, 신생국가에서 정치조직을 창출하는 데 알파벳이 맡은 역할을 인정했다.[71]

이니스는 비결정론적 접근법, 즉 기술 체계와 미디어가 폭넓은 문화 조건의 일부로서 그로부터 고립되지 않는 접근법을 옹호했지만, 다른 토론토학파 학자들은 더 완강한 이분법으로 노선을 변경했다. 1964년 『미디어의 이해(Understanding Media)』로 대중적 선풍을 일으킨 마셜 매클루언은 카드모스 신화를 냉혹하게 논하며 미디어 연구를 시작했다.[72] 매클루언은 신화에서 카드모스가 용의 이빨, 즉 문자를 땅에 심자 그곳에서 군인들이 자라났다는 부분을 부각시키며, 군대 경영과 권력, 문자의 연관성을 강조했다. 매클루언은 음소문자가 "의미론적으로 무의미한 소리에 조응하도록 쓰이는, 의미론적으로 무의미한 문자" 집합이라고 묘사했다. 본질적 의미나 가치가 결여된 임의적 코드(code)인데도 알파벳은 인간 문화에 가장 "만연하는 기술"이 되었다. 원자론적 구성단위 개념은 기술적 효용성 이론의 토대가 되었다. "오직 알파벳 문화에서만 서로 연결된 단선 배열이 정신과 사회조직의 보편적 형태로 습득되었다. 모든 종류의 경험을 균일한 단위로 나누어 신속한 행동과—지식에 적용되는—형태 변화를 꾀하는 방법이 바로 서양이 인간과 자연을 모두 지배하게 된 비결이었다."[73]

이 논의의 부분집합에서는 문자성의 정치학이 확대되기도 했다.[74] 『커뮤니케이션 편향』(1951)에서 이니스는 미디어가 문화를 존재하게 한다는 "프런티어" 방식으로 문자성을 이해할 수는 없다고 주장했다.[75] 그는 문자성이 특정 문화 발전 단계를 야기했는지 아니면 뒤따랐는지 숙고했다. 예컨대 고대 중동 연구자 장 보테로 외 『서양의 조상(Ancestor of the West)』(2000) 저자들은 문자가 나타난 곳마다 국가와 사회가 있는 것이 아니라 국가와 사회가 있는 곳에서만 문자가 나타났다고 지적했다.[76] 문자가 필요하거나 이로워지는 조건을 성찰해 보면 사업, 회계, 통신 등 사회적 인프라스트럭처가 중요하다는 점을 분명히 알 수 있다. 시는 구술로도 존재할 수 있지만, 영수증이나 증서에는 물적 실체화가 필요하다.

역시 영향력 있는 인물인 잭 구디와 이언 와트는 구술성과 문자성의 이분법을 일찍부터 주창했다. 1963년에 그들이 공저한 논문 「문자성의 결과(The Consequences of Literacy)」에는 20세기 초 선구적 인류학 연구에 등장했던 '원시'사회와 '선진'사회 같은 구식 모델에 대한 비판이 이미 깔려 있었다.[77] 그런 인류학서 중에는 뤼시앵 레비브륄의 『'원시인'의 정신세계(How "Natives" Think)』(1910)도 있었는데, 이는 "원시적"

정신에 관한 이론을 상술한 책이었다.[78] 구디와 와트는 "문자를 쓰느냐 쓰지 않느냐" 하는 이항대립이 그런 철 지난 개념에 부합하지 않는다는 점을 분명히 밝혔지만, 문화의 두 상태를 구분하는 태도는 여전히 남아 있었다. 중국을 포함한 고대문명 문자를 서술할 때는 문자성 획득이 어려워서 오직 전문가들만 문자에 능숙했다고 시사하기도 했다.[79] 심지어 히브리 문화도 "구약성서가 필사된 지 한참 지난 후에도 여전히 구술로 전파되었다"라는 지적도 했다.[80] 그들은 구술성과 문자성의 상호 의존을 검토하지 않았다.

구디와 와트는 그리스의 문자성을 대(對)이집트 교역이 융성해 파피루스 유통이 시작된 경제호황기와 관련지었다. 그들은 그리스 알파벳을 "변형된 셈 문자"로 묘사하고 수용 연대는 정설과 같은 기원전 8세기 말로 측정했으며, 도자기 조각에 사람 이름을 적어 내도록 한 도편추방제가 있었던 점으로 미루어 솔론 시대(기원전 539~534)에는 문자성이 광범위하게 존재한 듯하다고 추정했다.[81] "그리스 정신" 개념에 대해서는 반대를 표하면서도, 그들은 알파벳의 발전이 그리스 문화에서 "불변의 비인격적 논리" 등 분석적 경향을 창출하는 데 일익을 맡았다는 믿음은 고수했다.[82] 이런 입장을 뒷받침하려고, 그들은 언어학자 벤저민 워프뿐 아니라 서양의 이성적 사고방식이 서구 언어의 특정 성질과 직접 연관된다고 본 사회학자 막스 베버도 원용했다. 그들이 꼽은 이성적 성질 중에는 그리스 철학과 체계적 지식 형성의 전형적 특징으로 간주되는 분류법 고안 능력도 있었다. 이런 입장에 대한 반론은 비교언어학에서 나왔고, 1977년에 구디는 알파벳에 관한 자신의 입장을 변경하고 문자성 대 비문자성 분류법을 재고하기에 이르렀다.

구디의 후기 연구에서 발전된 측면 하나가 바로 그리스 문자성의 '인지적' 특징에 대한 관심이었다. 1977년에 나온 『야생 정신 길들이기(Domestication of the Savage Mind)』에서, 그는 문자성의 심리적 효과를 밝히려 했다. 그는 알파벳뿐 아니라 "아랍, 인도, 일본, 중국 등 다른 문자를 쓰는 문화와 서양 문화 사이에 인지적 차이가 있는지 더 깊이 탐구하는 두뇌 관련 연구"가 필요하다고 요구했다.[83] (사실, 아랍 문자와 인도계 문자는 셈 문자에서 유래했다.[84]) 구디는 "문화적 현상과 생물학적 현상의 인과관계"와 "유전자·문화 공진화론"에 집중했다.[85] 그는 신경학적 변형, 즉 자연선택에 개입해 유전자형에 관여하는 변화를 뒷받침하는 증거를 찾고자 했다. 만약 "유기체가 노출되는 과업에 따라 뇌와 신경계가 선별적으로 자신을 조직"한다면, 알파벳은 어떤 변형을 초래했을까?[86]

이 질문에 답하고 이를 문화에 관한 일반화로 확장하며 신경학적 특징와 연결하는 작업은 로버트 로건, 데릭 드 커코브, 이반 일리치 등의 연구에서 중심을 차지했다.

알파벳 효과—로건과 드 커코브

마셜 매클루언은 알파벳과 성문법, 일신교, 과학, 논리학, 개인주의 간에 어떤 직접적 인과관계가 있다고도 단정하지 않았다.[87] 그러나 토론토학파 학자 데릭 드 커코브는 알파벳에 신경학적이고 사회적 영향력이 있었다고 믿는다. 1980년(매클루언이 사망한 해)에 발표한 「그리스 비극론(A Theory of Greek Tragedy)」에서 그는 연극이 발전하면서 글을 쓰지 않는 인구에게도 알파벳 효과가 미쳤다고 제안했다. 이 효과에는 주의 지속 시간의 연장, 경험을 순열로 분절하는 능력, 시각적 기교를 훈련하고 음성 코드를 구사하고 순열을 분석하고 선형적 사고방식을 따르는 능력 등이 있었다.[88] 그 결과(이 책에서는 인과관계가 분명히 표현되었다), "기억의 속성이 분명히 바뀌었을 것이다. 소리와 이미지를 기억하는 것이 아니라 코드를 기억하게 되었다".[89] 그리스 연극은 공간화와 조직화를 통해 "문자성을 실습"하고 "새로운 교육 방식에 적응"할 기회를 제공했다고, 그는 시사했다.[90] 연극은 "음소문자가 조성하는 새로운 시각적 종합을 외연화하는 무대"가 되었다.[91] 드 커코브의 평가에 따르면, "알파벳과 연극의 결합된 효과는 인간 신체를 고립시키고 재정의하고 수직화·집중화·측방화"했으며 "음소문자 사용은 좌뇌의 신경활동을 촉진할 수 있었다".[92]

드 커코브의 이론에서는 서자 방향이 핵심 역할을 한다. 그는 기원전 7세기에는 셈 문자에서처럼 오른쪽에서 왼쪽으로 쓰다가 6세기에는 부스트로페돈으로, 다음으로는 글자들이 마치 대형을 이루는 병정들처럼 고른 간격으로 수직선에 정렬되는 스토이케돈을 거치는 등 서자 방향이 변한 과정을 추적했다. 기원전 403년에 이오니아 알파벳이 공식 수용되면서, 마침내 기원전 5세기 말에 왼쪽에서 오른쪽으로 진행하는 서자 방향이 표준화되었다. 드 커코브는 이 결정이 좌뇌의 지배를 보강했다고 강경히 주장하며, 이를 "서양 정신의 고유한 특징"으로 간주했다.[93]

해블록의 이론과 발맞춰 드 커코브는 다른 차이들—"아는 이"와 "앎"
의 분리 등—도 음소문자에 원인이 있으며 연극의 발명으로 가속화되었
다고 보았다. 그는 "그리스인들이 페니키아 문자에 고정된 글자들을 도
입해 모음을 표상했을 때 읽기와 뇌의 관계가 변화했다"라고 확신했다.
얼마간 이는 강요된 "문자의 재측방화"를 통해 "형상" 인식이 "순열"
감지로 전환된 결과였다.[94]

후기 연구에서 드 커코브는 노골적으로 물었다. "그리스인이 개발하
고 지금도 그리스에서(그리고 라틴 문자와 키릴 문자로 변형되어 서양
의 다른 지역에서도) 사용되는 완전한 음소문자가 공간화된 두뇌 처리
편향성을 조장하는 효과를 낳았을까?"[95] 이 명제의 핵심인즉 셈 문자
의 자음 표기법은 정확한 이해를 위해 문맥을 요하므로 그리스 알파벳
이 지원한 순열 기반 읽기와 근본적으로 달랐다는 인식이었다. 그가 주
장하기로 읽는 방식에 변화가 생기면서 뇌가 재조직되었고, 이는 서구
적 인지 편향에 지대한 영향을 미쳤다는 것이다.[96] 드 커코브는 뇌 활동
과 문자 특성 사이에 "인과관계"가 있다고 확신했다.[97]

우연한 일치와 인과성은 구분하기 어렵다. 로버트 로건은 간결하고
정통한 연구를 통해 음소문자와 다른 문화 요소가 동시에 발생한 사실
이 인과성을 평가하는 데 딜레마가 된다는 증거를 제시했다. 그가 간단
히 지적한 점은 성문법과 일신교, 알파벳이 모두 고대 중동에서 기원전
2000년대라는 같은 시기에 출현했다는 사실이었다. 로건의 저서 『알파
벳 효과(The Alphabet Effect)』는 서두에서 토론토학파 동료들로부터
받은 영향을 명확히 인정한다. 그가 처음 자신의 생각을 정리한 「알파
벳, 발명의 어머니(Alphabet, the Mother of Invention)」는 1977년 매클
루언과 공저한 글이었다.[98] 미디어가 "새로운 사회적 패턴을 창출하는
능동적 힘"이라는 개념을 형성하는 데 이니스 또한 중요한 영향을 끼쳤
다고 언급된다.[99] 로건은 알파벳의 역사적 발전 과정을 종합하며 시나
이반도와 가나안에서 요세프 나베의 도식에 따라 "원시 가나안 문자"라
는 이름으로 알파벳의 기원을 추적했다.[100]

로건은 해블록을 인용하며 그리스 알파벳이 "더는 향상시킬 수 없
는" 발명이라고 말하는 한편, 역시 문자의 역사를 포괄적으로 연구한 이
그나체 겔프가 셈 알파벳을 두고 "참된" 알파벳이 아니라 음절문자라고
주장했음을 특기했다.[101] [후자는 최근 연구에서 피터 대니얼스도 취
한 입장이다. 그는 이를 구별하려고 '아브자드(abjad)'라는 용어를 제안

했다.] 하지만 로건은 인과성에 관한 논의를 오로지 그리스인과, 그가 말하기로 알파벳 사용이 낳은 "무의식적 효과"와 "부산물"에 집중했다.[102] 이런 효과에는 코드를 쓰고 해독하는 능력과 음성신호를 기호로 변환하는 능력, 연역적으로 사고하는 능력, 정보를 분류하는 능력, 단어를 알파벳순으로 정렬하는 능력 등이 있었다.[103] "부산물"은 추상, 분석, 합리성, 분류 기능 등이었다.[104] 이 주장은 논쟁을 일으키며 다른 학자들의 반박을 불렀는데, 특히 한자를 연구하는 학자들의 반론이 거셌다. 로건은 특정 미디어에 국한된 명제를 다양하게 제시했는데, 분야 안에서 이들은 새롭고 자극적인 주장이었다. 그는 서양과 동양의 사고 패턴이 각자 쓰는 문자만큼이나 양극화되어 있다고 시사하는 놀라운 말도 했다.[105] 이런 일반화는 복잡한 현상을 지적인 도식에 끼워 맞추고 이분법으로 환원하는 경향이 있다. 그는 이런 목적에 적합한 대립 항 목록을 작성한 다음, 중국 과학에서 일어난 혁신은 "추상 과학"이 아니라 단순한 "기술적 진보"라고 묘사했다.[106] 노장 사상과 유학, 중국 논리 철학이 정치적 이익에 복무했다는 묘사에서는 서양 과학에도 교회 등 권력기관과 연관해 유사한 역사가 있다는 사실이 무시되었다. 그는 존경받는 20세기 중국 역사가 조지프 니덤을 인용하면서, 그의 문화 조건 분석에는 핵심 요소, 즉 문자에 차이가 있다는 점과 중국 문자가 유연하고 효율적인 분류법을 뒷받침하기에는 역부족이라는 점이 누락되었다고 시사했다.

로건의 연구는 도미닉 유의 체계적인 비판 대상이 되었다. 2003년에 써낸 「로건의『알파벳 효과』에 대한 생각들(Thoughts on Logan's *The Alphabet Effect*)」에서 그는 단도직입적으로 말했다.[107] "로건의 기본 전제, 즉 한자는 본질적으로 알파벳 글자보다 추상성이 떨어진다는 전제는 부정확하다." 일부 한자는 그림문자에 기원을 두지만, 실질적 기능을 보면 한자도 말소리를 표상한다. 중국 법체계가 문자와 무관하다는 로건의 말도 마찬가지로 오류라고 유는 덧붙였다. 나아가 로건은 "중국 문자에는 추상적 또는 과학적인 사고에 적대적인 무의식적 효과 또는 숨은 효과가 있다"라는 주장을 뒷받침하는 증거를 제시하지 않았다.[108] 중국인의 사고는 그림문자에 기원을 두기에 추상적이기보다 현실적이며, 알파벳은 "분류 작업에 자연스러운 도구"라는 로건의 가설은 더 근본적인 사실, 즉 분류는 근대 과학의 열쇠가 아니라는 사실을 놓치기도 했다. 유가 말하기로, 분류는 일상생활과 문화 운영에 필수적인 구분과 의사결정에 연관된 인지과정이다. 근대 과학은, 유가 지적하기로 분류가 아니라 방법, 관찰, 가설, 검증과 관련된다. 책의 다른 부분에서는 로건도 "보편성, 추상, 분류 같은 요소는 (……) 음성표기의 영향으로 바빌로니아인의 사고에서 핵심을 이루게 되었다"라고 지적하며 단서를 달았다.[109]

유는 비판을 이어 갔다. "로건의 주장 중 가장 터무니없는 것은 알파벳 서자가 일신교의 발전을 부추겼다는 주장이다."[110] 저명한 고대문화 역사가 세스 샌더스는 유대인이 민족정체성, 일신교 신앙과 동시에 히브리 문자를 발명했다는 이론을 정립했다.[111] 로건과 샌더스는 모두 개념에서 일어난 변화가 정치조직에 영향을 끼쳤다고 믿었다(다만 샌더스는 유대교 기도문의 언어 구조도 강조했다). 처음 모세 전통을 논하면서 로건은 일신교가 단지 '신'의 수를 줄이는 문제가 아니라 전혀 다른 신성 개념, 즉 신체로 구현되거나 가시적인 신이 아니라 추상적인 신성과 연관된다는 점을 인식했다. 그리스인이 일신교를 창안했다는 말은 신뢰도가 떨어졌다. 알파벳을 수용한 그리스인은 일신교와 거리가 멀었다. 그리스 종교의 신들은 신체로 구현되고 의인화된, 비이성적이고 흠결 있는 존재였기 때문이다. 로건은 "문자성이 그리스 정신을 장악하는 데에는" 500년가량이 걸렸다고 말하며 그리스 종교에 대한 분석을 정당화했다.[112] 이 주장은 역사적 증거와 조화되기 어렵다.[113] 그리스인의 사고에 끼친 영향을 마지막으로 논하는 부분에서, 로건은 알파벳이 "문자 이전 인간"의 복합감각적 경험에서 시각적 형태가 분리되는 데 얼마나 큰 영향을 끼쳤는지 강조했다.[114] 가설을 검증할 방법이 없는 이상, 이는 단지 주장일 뿐이다.

알파벳 효과에 대한 반론

로건의 주장을 가장 체계적으로 반박한 글은 2004년 폴 그로스윌러가 「알파벳 효과 떨쳐 내기(Dispelling the Alphabet Effect)」라는 제목으로 발표한 논문이다.[115] 그로스윌러가 말하기로, '알파벳 효과'의 핵심 전제는 알파벳이 비(非)알파벳 문화에는 없는 지적 성취의 토대를 제공해 서양 문명을 유독 이롭게 했다는 생각이었다.[116] 그는 해럴드 이니스, 마셜 매클루언, 월터 옹, 잭 구디 등을 이런 명제 수립에 참여한 인물로 꼽았고, 구디는 후대 연구에서 이런 관점을 이완했다고 지적하기도 했다. 그로스윌러는 다른 문화권에도 추상적 사고와 발전이 있었음을 지적한 비교언어학자들을 지칭하며 논지를 펼쳤다. 예컨대 그가 언급한 바이(Vai)어 연구를 보면, 사회화 패턴이 바뀌는 데 문자성보다는 오히려 학교교육이 더 큰 영향을 끼쳤다고 한다.[117]

그런데도 기본 신조는 바뀌지 않았다고 그로스윌러는 지적했다. "캐나다 커뮤니케이션이론은 음소문자가 야기한 서양 문명의 우월성을 주된 신조로 받아들였다."[118] 그로스윌러는 대안으로 "문자 효과"를 제안하며 사회문화 모체 안에서 문자성의 조건을 더 신중히 연구해야 한다고 주장했다.[119] 그는 이니스가 종이와 알파벳의 조합이 구술 전통을 "견제"하고 세속적 노동과 행정에 일조했다고 믿었던 점을 지적했다. 한 가지 기질에만 집중하며 점토, 파피루스, 양피지, 돌 등이 끼친 영향을 무시했다는 지적이었다. 중국에서는 종이와 유교, 보고서와 소식지의 커뮤니케이션 제국이 서기 2세기부터 존재했다.[120] 시각적 서양 문화와 청각적 동양 문화를 대립시킨 매클루언의 명제는 성립하지 않았다. 매클루언은 알파벳이 고대 세계의 균형을 깼다고 처음 시사한 사람이 해블록이라고 믿었다. 해블록과 마찬가지로, 매클루언도 알파벳이 중국과 구별되는 문명, 그가 추정하기로 선형적 합리성도 없고 개인이나 개별 시민도 없는 중국과는 다른 문명을 창출했다고 상상했다.[121]

로건의 주장에서 그로스윌러가 비판한 주요 지점은 알파벳 자모는 추상적이지만 중국 문자는 그렇지 않다는 단정이었다. 그로스윌러는 일찍이 '알파벳 효과'를 주창했던 구디가 자문화중심주의를 근거로 지지를 철회했다고도 지적했다. 1996년 저서 『서양 안의 동양(The East in the West)』에서 구디는 자기 자신의 과장된 시각을 비판했다.[122] 자신의 예전 입장을 수정한 그는 알파벳 효과 대신 "문자 효과"를 주장했다. "알파벳에 너무 많은 공을, 서양에 너무 많은 공을 돌리는 것은 유럽이 저지른 중대한 자문화중심주의 오류이다."[123] 구디는 그리스 문자의 조상 셈 문자에 대한 고전 교육의 편견을 깨달았고, 그리스 알파벳이 자신이 과거에 생각했던 것처럼 극적인 발전은 아니었음을 이해하게 되었다고도 밝혔다. 『서양 안의 동양』에서 그는 알파벳 선전이 일종의 자문화중심주의라고 시사했으며, 실제로 고대 세계의 여러 청동기 문화에서는 공통된 발전이 일어났다고 인정했다.

그로스윌러는 드니즈 슈망브세라의 획기적인 문자사 연구도 언급했는데, 그가 회계 표장, 즉 인상을 찍는 토제 물체를 이용한 설형 원시 문자의 발전에 관해 서술했기 때문이었다. 이 서술은 표준 문자사에 대한 대안을 제시했다. 중문(中文)과 문자성을 대비해 볼수록 한자의 긴 수명과 보편적 용도가 두드러지기도 했다. 한자는 수백 년간 사실상 변하지 않았고, 언어가 다른 여러 인구가 사용하지만 누구나 읽을 수 있는 형태를 띤다. 한자는 알파벳 문자와 근본적으로 대조된다. 일정한 알파벳 가족(예컨대 그리스 문자나 키릴 문자가 아니라 로마 자모 형태에 뿌리를 둔 알파벳)에 속하는 자모는 읽을 수는 있어도 적힌 언어의 뜻에 관해서는 아무 단서도 제공하지 않는다. 다시 말해, 그로스윌러가 지적한 대로 알파벳 서자는 한자 기반 문자에 비해 언어를 초월해 읽기가 어렵다.

가장 준엄한 비판

마틴 버널은 당연시되던 그리스 알파벳의 우월성에 대해 가장 강한 비판을 내놓았다.[124] 버널은 그리스 알파벳과 셈 문자의 근본 차이를 주장한 고전학자들의 연구에서 인종적 편견을 감지하고 추적했다. 그는 뿌리가 되는 고대 중동의 셈 문자에서 그리스 알파벳을 구별하는 근거들이 마치 그리스 문자가 독특한 발명품인 것처럼 보이도록 설계되었다고 설득력 있게 논증했다. 페니키아 정착지 개념을 폄하하려는 의도가 단지 그리스인의 인종 정체성을 보존하는 데에만 있다고 주장하기도 했다. 차용을 고립시키고 크레타, 로도스, 키프로스 등 본토에서 먼 곳에서 벌어진 일로 치부함으로써 그리스 본토가 그런 접촉에서 유리되어 있었다고 시사하려 했다는 주장이었다.[125]

이른바 그리스 문자의 우월성은 셈 문자보다 완전한—모음을 포함한—표기법을 구현했다는 인식에 근거했다. 셈 알파벳의 자음 기반 표기법—특히 셈어 특유의 삼자음 어근—은 그리스어 등 인도·유럽어에 적합하지 않았다. 셈 문자는 '원시적'이고 그리스 변종은 '선진적'인 것처럼—또는 그리스 문자야말로 '진짜' 알파벳인 것처럼—보이려고, 이런 언어적 차이는 흐려지곤 했다. 이 논지는 오용된 언어학 원리를 근거로 이념을 정당화했다. 그런 논리라면 1과 0으로 구성된 이진법은 나머지 여덟 수를 포함하지 않으므로 원시적이라고 말할 수도 있을 것이다.

버널의 논지에서 핵심부는 각 알파벳 형태가 바로 전 형태에서 직접 자라나는 '나무'형 파생설을 해체하는 것이었다.[126] 그는 이 가설이 지나치게 단순하고 유치하다고 비판하면서, 상당한 증거를 끌어모아 다양한 형태의 초기 셈 알파벳이 출현하고 변형되었으며 여러 장소에서 형식과 모양이 꾸준히 진화하는 동시에 확산되었음을 밝혔다. 버널은 이런 유포가 일어나기 오래전에 고대 중동에서 개발된 원시 가나안 문자에 초점을 두면서, 이탈리아 남부와 스페인 등 지중해 연안에서 일어난 여러 변형이 이런 과정을 입증한다고 지적했다.

버널의 논의는 30여 년이 지난 지금도(『카드모스 문자』는 1990년에 출간되었다) 여전히 설득력 있다. 그의 지적에 관해서도 열혈 지지자와 비방자가 다 있지만, 그 못지않게 논란 많은 대화가 '알파벳 효과'의 초기 개념을 바탕으로, 대개 빈약한 증거에 기대어 일어나기도 했다. 한 사례가 바로 이반 일리치와 배리 샌더스이다.[127] 그들의 1998년 공저 『ABC, 민중의 마음이 문자가 되다(ABC: The Alphabetization of the Popular Mind)』는 다음과 같은 말로 시작된다. "알파벳은 대다수 신성문자와 표의문자, 그리고 가장 중요하게는 셈 문자가 창제된 목적과 정반대로 작용했다."[128] 표의문자는 조용했고 이를 읽는 일은 마치 수수께끼를 푸는 것과 같았다. 나아가 저자들은 이렇게 지적했다. "기원전 1400년경 갑자기 이집트 신성문자 전통과 메소포타미아 설형문자의 경계선에서 새로운 종류의 문자가 등장했다."[129] 그렇게 나타난 북셈 비블로스 알파벳에 모음이 없다는 점을 특기한 저자들은 이 문자가 "진짜" 알파벳이 아니라고 격하하며 이렇게 말했다. "가나안의 목가 부족 집단이 발명의 주인공을 자처했던 뻔뻔스러움이 소스라치도록 놀랍다."[130] 그러나 원조를 주장하는 문자들—셈, 그리스, 우가리트, 이집트 등—은 모두 후대 학자들의 창작이지 원대 필경사들의 자칭이 아니었다. 버널이었다면 비판 대상으로 삼기에 알맞다고 여겼을 법한 주장이었다.

버널은 '그리스 알파벳'을 독자적 문자로 만들어 버린 1920년대와 1930년대 학계의 반유대주의, 반동양주의, 반아프리카주의를 특히 예리하게 논했다. 그는 그림문자-음절문자-음소문자를 각각 점차 발전된 단계로, 이전 형태를 능가하는 단계로 상상하는 문자 진보 모델을 비판했다.[131] 2008년 로버트 프레이저는 『탈식민주의 시각으로 본 책의 역사(Book History through Post-colonial Eyes)』에서 비슷한 대상을 비판하며, 구술 사회가 문자를 먼저 쓰지 않고 인쇄나 디지털 기술 단계로 직행할 수도 있음을 입증했다.[132] 문자성의 이점을 당연시하는 문제적 규정에 관해서도 상당한 연구가 발표되어 알파벳이 우월하다는 주장의 근거에 변화를 가하기도 했다. 지식을 탈식민화하고 서양 전통에 관한 가정을 재고하는 비판적 개입이 일어나면서 해블록 등이 단언한 가치는 재규정되었다. 문자의 정치성은 다른 문화투쟁이나 질문에서 분리할 수 없으며, 알파벳의 역사에 관한 논쟁은 신념 체계 안에서 꾸준히 벌어지고 있다.

다른 이분법과 해석들

여러 저자가 자신의 다소간 독특한 해석에 맞춰 역사 기록을 읽어 나갔다. 그들은 역사적 증거를 이용해 알파벳이 다른 문화적 변형이나 발전상보다 열등하거나 월등하다는, 또는 그런 변화를 나타낸다는 관점을 입증하려 했다. 예컨대 1998년 저서 『알파벳과 여신의 대결(The Alphabet versus the Goddess)』에서 레너드 실레인은 고대 문화에 알파벳이 도래하며 여성적 원리가 격하되었다고 주장했다.[133] 그 결과 '여신' 숭배가 쇠퇴하고 남성적이며 가부장적인 가치가 성장했다는 주장이었다. 실레인은 고대 중동 문화를 연구하며 메소포타미아에 존재했던 여신들—인안나, 이시스, 아세라, 아스타르테 등—을 강조했다.[134] 그는 모든 여신에게 젊고 약하며 주로 생식에 쓰이는 남성 배우자가 있었던 점을 지적했다. 이들 문화권 일부에서 문자는 여신과 관련지어졌다. 예컨대 수메르인은 설형문자를 곡식의 여신 니사바가 준 선물로 여겼다. 실레인은 위에서 다룬 신경학적 효과를 언급하며, 알파벳이 추상적 사고나 체계적 지식과—원인까지는 아니더라도—관계가 있다고 본 선행 연구자들에게 동의했다.[135] 고정된 젠더 본성을 말하는 것은 아니라고 부인하며 처음부터 '남성성'과 '여성성'은 젠더화한 개인과 연관된 특성이 아니라 기술(記述) 용어일 뿐이라고 분명히 밝히기는 했지만, 그는 전통적인 이항대립을 이용해 서술을 이어 갔다. "더 많은 사람이 글을 읽고 쓸 수 있게 되면서 펜을 쥔 오른손이 의사소통에서 점차 중대한 역할을 맡게 되었고, 그러면서 문화를 남성화했다."[136]

실레인의 주장에서 또 다른 면은 우상에서 말씀(logos)으로 무게가 옮겨진 점인데, 이는 로건도 유대 문화에서 알파벳의 역할과 관련해 언급한 바 있다. 그러나 이 주장은 알파벳이 고전 세계로 전파된 부분을 고려하면 무력해진다. 그리스와 로마에서는 추상적 논리가 발전했는데도 여신으로 충만한 우상숭배 문화가 고도로 발달했기 때문이다. 실레인은 "여신을 강탈한 무뢰배는 알파벳 문자성이었다"라는 명제로 열광적인 지지자를 다수 확보했다.[137] 알파벳이 변혁의 도구였느냐 하는 쟁점은 알파벳을 도입하고 사용한 문화의 다른 조건과 연관해 보아야 한다. 알파벳이 '여신' 문화의 쇠퇴에 책임이 있는가? 고대 중동과 고전 세계는 상반되는 증거를 제시한다.

2009년 텍스트 『히브리어의 발명(The Invention of Hebrew)』에서 세스 샌더스는 고대 유대 사회에서 알파벳이 맡은 역할에 관해 다른 주장을 전개했다.[138] 역사적 증거와 문헌자료를 원용하며, 그는 알파벳의 발전이 다양한 지역 집단 사이에서 분산되어 일어난 비선형적 과정이었다고 서술했다. 원대 알파벳 서자는 표준화되어 있지 않았고, 히브리어는 기원전 1000년경까지도 공용어로 쓰이지 않았다. 기원전 10~9세기에는 세 가지 지역어, 즉 암몬어, 모아브어, 아람어가 문자로 쓰였다. 그렇게 쓰인 글에는 일인칭 정복 서사도 있었지만, 샌더스가 보기에 가장 중요한 것은 이스라엘 민족을 일컫는 말로 너희가 빈번히 등장하는 성서 텍스트였다. 여기에서 '민족'은 한 행위자로서 모세율법뿐 아니라 구약성서 서사에 기록된 법률도 따르도록 지시받게 되었다. 샌더스가 보기에, 알파벳의 결정적인 역할은 민족을—국가가 아니라 민족을—집단적 정체성으로 상상하고 부르는 정치적 신념과 연관해 일어났다. 샌더스는 성서 텍스트와 알파벳 문자의 역할이 대중(the public)을 생성하는 데 어떤 역할을 했는지 고찰했다. 대중은 성서 구절에서 끊임없이 직접 호명되지만, 또한 청동기시대 명문으로 증언되기도 한다.

맺는말

지난 세기에 알파벳의 기원과 발전 역사를 정립하는 데 필요한 물증은 상당히 증가했다. 명백한 편견이 내재하는 해석 틀도 마찬가지로 늘어났다는 점은 흥미로운 사실이다. 그러나 현재 통용되는 알파벳 개념은 기원과 초기 발전 양상을 검증 가능한 방식으로 연구하기에 충분한 사료와 실증적 발견에 기초해 있다. 문화적 가공물로서 알파벳은 이제 잘 알려진 대로 시각 기호, 명문 제작 관행, 언어 분석, 의사소통 개념이 교환되는 과정에서 창조되었다. 알파벳은 고대 중동에서 장기간 존속한 제국들—이집트, 아카디아, 바빌로니아—에서 출현해 여러 곳에 흩어진 부족 사이에서 굳어졌으며, 셈어 사용자들은 선재하는 기호를 바탕으로

Genealogy of the Semitic Family of Alphabets.

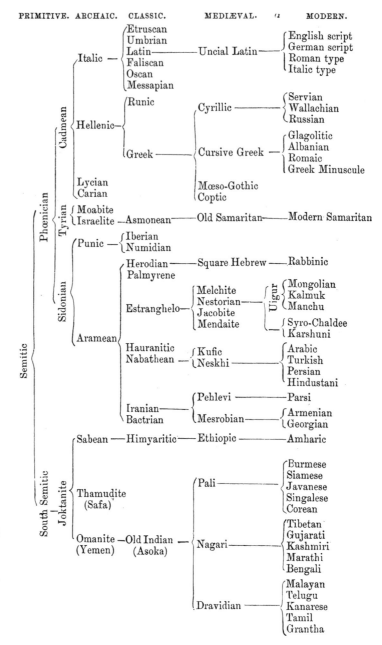

그림 9.4
아이작 테일러, 『알파벳』
(1883)에 실린 표. 셈 문자
직근에서 알파벳형 문자들이
파생된 모습을 보여 준다.
최근 학계에서 이런 나무
모델은 지나치게 단정적이고
환원적이라고 비판하지만,
공통 근원 연결 관계는
여전히 명료하게 드러난다.

PRIMITIVE.	ARCHAIC.	CLASSIC.	MEDIÆVAL.	MODERN.
		Italic	Etruscan / Umbrian / Latin / Faliscan / Oscan / Messapian	Uncial Latin → English script / German script / Roman type / Italic type
	Cadmean	Hellenic	Runic / Greek	Cyrillic → Servian / Wallachian / Russian ; Cursive Greek → Glagolitic / Albanian / Romaic / Greek Minuscule
		Lycian / Carian		Mœso-Gothic / Coptic
	Tyrian	Moabite / Israelite — Asmonean	Old Samaritan	Modern Samaritan
		Punic — Iberian / Numidian		
		Herodian / Palmyrene	Square Hebrew — Rabbinic	
	Sidonian	Aramean — Estranghelo	Melchite / Nestorian / Jacobite / Mendaite	Uigur → Mongolian / Kalmuk / Manchu ; Syro-Chaldee / Karshuni
		Hauranitic / Nabathean	Kufic / Neskhi	Arabic / Turkish / Persian / Hindustani
		Iranian / Bactrian	Pehlevi — Parsi ; Mesrobian — Armenian / Georgian	
		Sabean — Himyaritic — Ethiopic — Amharic		
	Joktanite	Thamudite (Safa)	Pali	Burmese / Siamese / Javanese / Singalese / Corean
		Omanite (Yemen) — Old Indian (Asoka)	Nagari	Tibetan / Gujarati / Kashmiri / Marathi / Bengali
			Dravidian	Malayan / Telugu / Kanarese / Tamil / Grantha

G

안정된 집합을 만들고 이를 굳건한 체계로 다듬었다. 알파벳은 왕실 행정이나 회계 업무을 위해 창제되지도 않았고, 기념비에 명문을 새기려고 만들어지지도 않았다. 오히려 주변적이고 소박한 소규모 표시와 기호들을 바탕으로 출현했다. 그런 알파벳은 지중해 연안의 다양한 인구 집단을 포함해 고대 세계에서 새로 출현한 여러 민족 사이에서 쓰이게 되면서 다목적성과 유연성을 입증했다. 확산 과정에서 다양한 언어 사용자의 필요에 따라 형태가 변형되었고, 때로는 자모 수도 달라졌다. 시각적 다양성이 너무 커진 나머지 현재 쓰이는 문자들은 모두 같은 근원에서 유래했는데도 연관성을 보기가 어려워졌다.

　구성물, 즉 지적 탐구를 통해 구축된 대상으로서 알파벳은 다양한 이론적 신념을 지닌 필자들의 호기심을 꾸준히 자극한다. 새로운 증거가 밝혀지더라도 알파벳은 과거와 현재 전 지구 문화의 필수 불가결한 요소로서 계속 존재할 것이다.

　탈식민주의이론과 서자, 문자성, 문자에 관한 문화연구는 알파벳 연구의 일부를 이루는 인종적 선입견과 문화적 편견에 대해 날카로운 논의를 촉발시켰다. 디지털 미디어에 비판적으로 참여하면 코드의 한 형태로서 알파벳의 정체를 재고하는 기회가 생기기도 한다. 디지털 미디어와 월드와이드웹 프로그래밍언어에서 영숫자표기법이 작동하는 데는 헤게모니와 문화제국주의 문제가 노골적으로든 암묵적으로든 여전히 남아 있다. 알파벳이 전 지구적 헤게모니에 얼마나 깊이 개입하느냐가 바로 본 연구 뒤에 짤막하게 붙인 덧말의 주제이다.

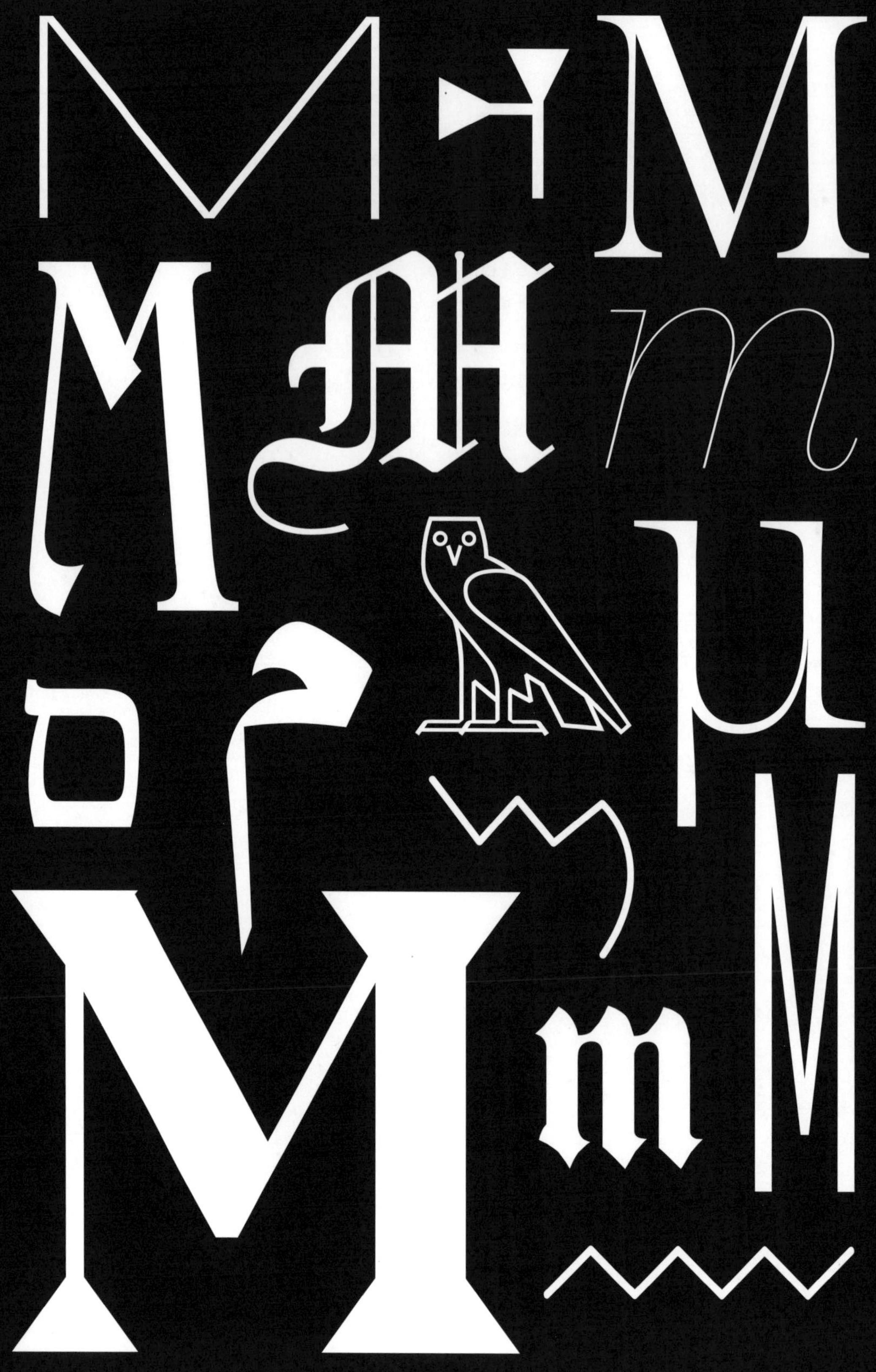

덧말

알파벳의 동력과
전 지구적 헤게모니

알파벳은 광범위한 지역과 시대에 걸쳐 채용된 덕분에 인류사에서 가장 중요한 혁신 중 하나가 되었다. 그러나 알파벳은 식민화와 정상화 세력과 연관해서도 치명적인 편에 속한다. 문자성은 해방뿐 아니라 권력에도—그리고 남용에도—필수 불가결한 수단이다. 알파벳은 너무나 자연스러워서 가정 자체가 사라져 버린 표준에 따라 정보와 지식을 조직하는 방법이다.[1] 그러나 내구성과 다용성은 알파벳 서자의 정체성에서 두드러지는 특징이기도 하다.

컴퓨터 미디어와 디지털 통신망은 기계적 디지트와 비트로 이루어진 이진코드 바로 위 단계에서 영숫자표기법과 밀접하게 연관된다. 고대부터 전해진 코드가 전 지구적 체제에 통합되어 있는 셈이다. 그러나 이런 기술적 인프라스트럭처의 면면은 진행 중인 상당한 규모의 불평등과 권리 박탈을 낳는 문화적 편견을 인코딩하기도 한다. 알파벳 기호의 집요한 체계는 동시대 전 지구 네트워크에서, 심지어 알파벳을 쓰지 않는 언어권에서도 동력을 행사한다.

알파벳의 기원에 관한 관념은 고대부터 현재까지 이어지는 문헌자료의 사슬을 형성한다. 알파벳의 정체성을—그리고 행사 중인 도구적 동력을—구성하는 이론적 논의는 관련 문헌을 원용하기도 하지만 동시대 삶에서 알파벳 문자성의 정치학을 건드리기도 한다. 일본·한국·중국 문자(한자에서 영향 받은 문자)를 제외하면, 알파벳 문자는 세계의 문자 체계를 구성한다. 그리고 모든 알파벳 문자는 같은 원시 셈 문자에서 유래해 유럽, 아라비아, 아프리카, 동남아시아 너머로 확산되고, 그러면서 시각적으로 그리스·키릴·타밀·버마·발리·로마·타이 문자 등으로 분화한 결과이다.

　지식의 탈식민화가 학술 대화 주제로 익숙해진 현재 학계에서는 알파벳을 중립적인 기술로 생각하는 일이 더는 용인되지 않는다. 분명히 알파벳 자체는 복잡한 문화 체계이고, 알파벳의 동력은 얼마간은 도구적이고 얼마간은 우연적이며 때로는 의도적으로 사용되어 긍정적이거나 부정적인 효과를 낳는다. 표준법은 표준을 따르는 쪽보다 정하는 쪽에 힘이 실리는 비대칭적 정치구조의 일부가 된다. 어떤 양식을 띠든 문자성은 권리를 부여하는 동시에 박탈하기도 한다. 그러나 기억과 소통을 다루는 문화가 존재하는 한 알파벳의 유산은 지속될 가능성이 크다고 보는 편이 현실적이다. 그나마 고귀하고 독특하고 본질적으로 인간적인 가치가 보존되는 것도 알파벳이 존재하는 덕분이다. 지식과 상상을 생산하고 전파하는 일에서 알파벳이 차지하는 역할과 역사적 위상은 우리 인간성의 상당 부분을 해치지 않고서는 지워 버릴 수 없을 것이다. 알파벳은 여러 전 지구적 체제에서 존재감을 지키며 오랜 역사를 구가한 가공물이다. 결론으로 몇 가지 쟁점을 간략히 언급하려 한다. 능동적 동인(動因)으로서, 열린집합(수학적 의미에서)으로서, 논리 구조로서, 그래픽 요소의 컬렉션으로서, 문자성의 동인으로서, 커뮤니케이션 인프라스트럭처에 각인된 전 지구적 헤게모니 체제로서 알파벳이 그런 쟁점이다.

알파벳 애니미즘과 동력—루서 마시의 전망

능동적 동인으로서 알파벳을 논하기 위한 출발점은 조금 엉뚱하고 기억하는 이도 별로 없는 사례이다. 1885년 뉴욕역사협회에서는 루서 마시라는 인물이 알파벳을 두고 "모든 생각과 표현의 알파이자 오메가"라고 묘사하는 연설을 한 일이 있었다.[2] 이 자체는 독창적인 문장이 아니었지만, 마시는 이에 독특한 의미를 더했다. 그는 카드모스라는 인물과 그의 행동이 지니는 중요성을 상기시키며 연설을 시작했다. "그리스도가 태어나기 1200년 전에 모래사장을 터덜터덜 걸으며 페니키아에서 그리스로 문자를 실어 나른 카드모스는 자신이 어떤 미지의 힘을 싣고 가는지 꿈이나 꾸었겠습니까?"[3]

마시는 애니미즘 이론에 기반해 다소 신비주의적인 방향으로 독특한 주장을 펼쳐 나갔다. 카발라 신도나 소크라테스 이전 철학자처럼 문자에 우주 원소로서 동력이 있다고 느낀 그는 "세계를 변혁하는 힘이 문자 안에 잠자고 있습니다"라고 말했다.[4] 그는 1846년에 발견된 프리스 파피루스를 언급하면서 이를 "모세보다 늙고, 어쩌면 아브라함보다도 늙었으며, 모아브비보다 먼저 태어난" "이상한 파피루스 노숙자"라고 불렀다.[5] 이렇게 성서와 고고학적 증거를 결합하는 것은 당시에 흔한 일이었다. 그러나 그의 발표는 신기한 쪽으로 방향을 틀었다. 그는 인류 진화사를 언급하면서 "사지동물이나 거대 파충류 같은 모습이, 아니 이처럼 기기한 계통을 넘어 식물 조상이 아브라함과 모세와 욥기의 저자 같은 모습으로 발전하기까지" 얼마나 긴 시간이 걸렸겠느냐고 물었다.[6]

진화론이 대중의 상상을 사로잡았던 것은 분명하지만, 식물계와 심지어 그보다도 단순한 생물 형태로까지 되짚어가는 것은 보기 드문 통찰이었다. "어떤 원형질로부터 그러한 조상 식물이 진화하였는지, 이 현명한 증인은 말이 없습니다. 오로지 알파벳만이 선조 개체로부터 그리도 강력한 창조의 비밀을 끌어낼 수 있었을 것입니다." 그는 이런 선조를 "원형질 조상"이라고 부르며 동료들에게 자연사의 비유에서 펼쳐지는 단일 진화의 사슬로서 문자의 세계를 "읽으시라"라고 촉구했다. "페니키아가 등장하기 수백억 년 전에 삼엽충이나 버섯, 방사대칭동물, 딱정벌레, 연체동물의 카드모스가 알파벳을 발명하였다면, 오늘날 발달된 형태의 인간은 들판이나 숲을 걸으면서 언제―국화나 엉겅퀴 같은―식물 선조를 향해 모자를 벗어 자손으로서 예를 갖춰야 할지 알 수 있었을 것입니다."[7] 진화가 인간에서 끝나리라고는 믿지 않는다고 밝힌 맺음말은 현저하고 통렬했다. 먼 미래를 내다본 그는 "길고 긴 생명의 알파벳에서 우리의 XYZ였던 것이 이제는 우리의 ABC가 되었습니다"라고 시사했다. 그는 자모 조합에 끝이 없음을 찬양하고 "즉시 취하지 못하는 조합이란 없으며 수행하지 못하는 거동도 없습니다"라고 낙관했다. 그의 발표는 상상력 넘치는 말로 마무리되었다. "아침마다 우리는 글자들이 밤 활동을 마치고 새로운 위치에 있는 모습을 봅니다."[8]

마시의 언어에는 어쩔 수 없는 시적 성질이 있었다. 원자론적이고 애니미즘적인 접근법에는 물론 전례가 있었지만, 마시의 생각에 비춰 흥미롭게 고려할 만한 것은 현재 우리 환경에서 사물이—이 경우에는 알파벳 문자가—지니는 동력이다. 구체적으로 마시가 상상한 모습은 아니겠지만, 문자에는 동력이 있다. 정체성도 있고, 컴퓨터가 등장하면서 알파벳의 근본 정의를 이해하는 준거틀이 새로이 나타나기도 했다. 더욱이 전 지구적 네트워크로 연결된 커뮤니케이션 환경에서 알파벳은 표준에 의지하는 탓에 여러 수준의 인프라스트럭처에 서구적 편견을 불어넣는 지대한 헤게모니 체제의 필수 요소가 된다. 셈어권 사막 공동체의 기호와 부호 들이 이제는 인코딩된 정보교환의 일정 수준에서 작동하는 디지털시스템의 바탕을 이루는 심벌세트가 되었다. 시나이반도에서, 와디 엘홀에서, 비블로스의 페니키아 석관에서, 게제르의 도기 조각에서, 라키시의 단검에서, 이 외 청동기·철기시대 문명의 단편에서 발견된 자모 형태가 놀랍게도 여러 규모의 커뮤니케이션에서 우리 일상생활의 필수 불가결한 일부가 된 셈이다.

문자의 시각적 정체성과 '열린' 집합

컴퓨터가 등장하면서 문자의 정체성을 개념화하는 새로운 가능성이 생기기도 했다. 기원의 역사와는 거리가 멀지만, 이는 알파벳 개념에 흥미로운 차원을 더해 준다. 모스부호나 여타 암호가 그렇듯 알파벳 자모도 서로 다른 표시나 이미지 세트 중 쓸 만한 것이 있다면 무엇으로든 대체할 수 있는, 분별되는 기호들의 집합일 뿐인가? 아니면 모든 자모를 유일하고 의미 있게 해 주는 본질, 자모 형태의 우주론적 정체성, 이미지의 형태 특성에 부여된 마술적 성질이 있는가?

문자와 레이아웃을 생성하는 프로그램 텍(TeX)과 메타폰트를 개발한 수학자 도널드 커누스(Donald Knuth)는 예기치 못한 측면에서 문자의 정체성 문제에 부딪혔다.[9] 그는 개별 알고리듬 기술(記述)을 통해 자신이 생각하는 형태의 "본질"을 인코딩함으로써 어떤 폰트로든 자모를 그려 낼 수 있는 프로그램을 설계하려 했다. 커누스는 디자인 스펙트럼의 한쪽 끝에 산세리프체가 있고 다른 쪽 끝에는 가령 흑자체 같은 형태가 있으며 둘 사이에는 온갖 변형체가 다 있는 디자인 플랫폼을 상상하며 한동안 씨름했다. 결국 이 개념에는 수학적 결함이 있음이 밝혀졌다. 문자에는 단일 알고리듬으로 지정할 만한 개별적 형태 정체성이 없었다. 자모의 가독성과 변별성은 같은 폰트 또는 서체 안에서 서로 어떤 차이를 보이느냐에 따라 좌우되었다. 자모 하나를 기술하는 가능성의 수효만도 무한한 것으로 나타났다. 이런 기술은 더글러스 호프스태터가 말한 열린집합의 일부였다.[10] 열린집합은 개별 원소의 범주가 확장되는 집합을 가리킨다. 예컨대 '의자'라는 집합에 속하는 물건은 형태 요건을 통해—다리 네 개, 좌판 하나, 등판 하나 같은 식으로—엄밀히 기술할 수가 없다. 오히려 이 집합은 '의자다움'이라는 다소 애매한 기준을 만족시키는 예시가 새로 나올 때마다 확장된다. 커누스가 발견하기로 문자의 정체성도 이와 유사했다. 철저히 혁신적인 폰트에는 부서지거나 왜곡되거나 정교하게 장식되었는데도 가독성은 있는 자모가 포함되기도 한다. 이런 이론적 자각에는 광학문자인식(OCR)처럼 컴퓨터 환경에서 문자를 식별하는 조작과 연관된 함의가 있다.

문자의 논리적 정체성—유니코드

디지털 캐릭터 코드, 특히 유니코드는 세계의 모든—또는 대다수—문자에 쓰이는 글자, 글리프, 기호 등 캐릭터를 변환하고 컴퓨터 디스플레이에 표출하며 다양한 프로토콜에서 정확하게 식별해 주는 영숫자 표준이다. 이 인코딩 표준은 1980년대에 처음 제정된 후 꾸준히 갱신되었다. 혁신과 변화에 발맞춰 새로운 표준이 정기적으로 발표된 결과이다. 유니코드는 이제 국제표준화기구에서 관리하지만,* 바탕이 된 연구는 산업 표준의 필요성이 인정되면서 제록스에서 수행했다.[11] 유니코드는 '코드 공간'에 마련된 칸에 값을 할당해 캐릭터마다 고유한 정체성을 부여한다. 이 값은 표현(폰트와 글리프 라이브러리)에 연동되어 저장되고 표시된다. 유니코드에서 개별 고유문자가 어떻게 식별되느냐를 두고 벌어지는 다툼은 알파벳의 정체성 문제와 직결된다.[12] 현재 벌어지는 논쟁은 이 책 전체에서 다룬 화제들과 놀라우리만치 유사하다.[13] 페니키아 자모에는 고유한 유니코드 ID가 부여되어 있다. 그렇지만 고대 히브리 문자가 발견되었으니 이에 포함된 기호를 위해 새로운 캐릭터 공간을 마련해야 할까? 이들은 같은 문자인가 다른 문자인가? 여기에서 우리는 근본 질문으로 되돌아간다. 무엇이 '원조' 알파벳이고 그 정체성은 어떻게 규정되는가? 라키시에서 쓰이던 알파벳을 표시하려면 비블로스 왕실 명문에 쓰인 것과는 다른 캐릭터 세트가 필요하다. 그렇지만 이들

*
정확히 말하면 유니코드 컨소시엄(Unicode Consortium)이라는 비영리단체(미국 캘리포니아주 마운틴뷰 소재)가 국제표준화기구(ISO)와 협력해 관리한다.

이 구조적으로 구별되는 문자라고 말할 수 있을까? 포함된 기호 수나 순서가 다른가? 이는 원시 시나이 문자에도 적용되는가?

유니코드는 복잡한 기술이다. 언어와 문화의 경계를 가로질러 표준을 제정하는 것은 보통 일이 아니다. 텍스트 인코딩의 목적은 컴퓨터에서 규정된 캐릭터 세트를 명료화하는 법을 규정하는 데 있었다.[14] 이 정의에서 '캐릭터'는 소통의 최소 단위를 뜻하므로 특정 폰트나 문자 이미지(이는 캐릭터의 표현형이다)와 혼동하지 말아야 한다. 캐릭터의 개념적 정의는 주어진 세트에 고유한 개체가 얼마나 있느냐에 따라 결정된다. 그러므로 라틴 알파벳으로 영어를 쓰려면 대소문자 각각 스물여섯 개와 숫자, 문장부호 등이—128개 코드 포인트가—필요하다.[15] 라틴 알파벳이 변형된 다른 유럽어를 쓰려면 억양 표시가 포함된 추가 캐릭터가 있어야 한다. 캐릭터는 고유한 정체성을 띨 수 있지만, 캐릭터의 표현은 다양할 수도 있다. 유니코드에서는 모든 언어의 모든 캐릭터에 고유 번호가 할당된다. 이 '번호'는 바이트로 인코딩된다. 첫 유니코드 시스템에는 개체가 256개밖에 없었는데 2바이트 시스템이 도입되면서 고유 캐릭터 6만 5536개를 운영할 수 있게 되었다. 세계의 갖은 언어(중국어, 일본어, 한국어)와 모든 알파벳 문자(키릴 문자, 그리스 문자 등)에 포함된 캐릭터 수를 고려하면 어림도 없는 수였다. 현행 유니코드에는 백만 개가 넘는 코드 포인트 또는 고유 개체가 포함되어 있다.

유니코드는 캐릭터의 표현을 저장하지 않는다. 고유식별자만 보존할 뿐이다. 캐릭터의 모양이나 캐릭터가 그려지는 방식은 스크린 디스플레이, 프린터, 브라우저, 출력장치 프로토콜에서 표현형과 폰트의 라이브러리에 따라 달라진다. 유니코드는 형태가 아니라 분별되는 고유성 개념에 기초하며, 얼마나 많은 개체가 개별적으로 식별되어야 하느냐에 따라 결정된다. 그러나 유니코드의 정체성(알파벳학에서 중대한 점)은 영숫자 코드(유니코드 '철자'라고 불린다)로 작성된다. 예를 들면 '더하기' 기호에는 '+'처럼 생긴 '대표 글리프'도 있지만 컴퓨터 처리용 십육진수 002B로 작성되는 번호 2B도 있다. '더하기표'라는 표준 명칭과 기타 속성(예컨대 "캐릭터 다음에 줄 바꿈 가능")도 있다.[16] 기술 자료에서 거듭 강조되듯 "유니코드 캐릭터 정의는 논리적"이며 캐릭터의 정체는 인간 독자가 읽을 수 있도록 '대표 글리프'로 시각화된다. 컴퓨터는 캐릭터가 구체적인 표현을—디지털 형태로든 아니면 앞에서 밝힌 다른 디스플레이로든—불러낼 고유 개체라는 점만 알면 된다.

	1090	1091
0	✗ 10900	ʔ 10910
1	ϑ 10901	✓ 10911
2	∧ 10902	✓ 10912
3	▲ 10903	◥ 10913
4	⋋ 10904	ш 10914
5	◄ 10905	⨍ 10915
6	∼ 10906	/ 10916
7	⩔ 10907	⌐ 10917
8	(✦) 10908	≥ 10918
9	⋔ 10909	⌃ 10919
A	⩘ 1090A	// 1091A
B	∠ 1090B	/// 1091B
C	⨲ 1090C	▨
D	⨎ 1090D	▨
E	⩩ 1090E	▨
F	∘ 1090F	· 1091F

Letters

10900　ｘ　PHOENICIAN LETTER ALF
　　　　→ 05D0 א hebrew letter alef
10901　ϑ　PHOENICIAN LETTER BET
　　　　→ 05D1 ב hebrew letter bet
10902　∧　PHOENICIAN LETTER GAML
　　　　→ 05D2 ג hebrew letter gimel
10903　▲　PHOENICIAN LETTER DELT
　　　　→ 05D3 ד hebrew letter dalet
10904　ⅈ　PHOENICIAN LETTER HE
　　　　→ 05D4 ה hebrew letter he
10905　ⅈ　PHOENICIAN LETTER WAU
　　　　→ 05D5 ו hebrew letter vav
10906　∼　PHOENICIAN LETTER ZAI
　　　　→ 05D6 ז hebrew letter zayin
10907　ⅈ　PHOENICIAN LETTER HET
　　　　→ 05D7 ח hebrew letter het
10908　θ　PHOENICIAN LETTER TET
　　　　→ 05D8 ט hebrew letter tet
10909　ⅈ　PHOENICIAN LETTER YOD
　　　　→ 05D9 י hebrew letter yod
1090A　ⅈ　PHOENICIAN LETTER KAF
　　　　→ 05DB כ hebrew letter kaf
1090B　∠　PHOENICIAN LETTER LAMD
　　　　→ 05DC ל hebrew letter lamed
1090C　ⅈ　PHOENICIAN LETTER MEM
　　　　→ 05DE מ hebrew letter mem
1090D　ⅈ　PHOENICIAN LETTER NUN
　　　　→ 05E0 נ hebrew letter nun
1090E　ⅈ　PHOENICIAN LETTER SEMK
　　　　→ 05E1 ס hebrew letter samekh
1090F　∘　PHOENICIAN LETTER AIN
　　　　→ 05E2 ע hebrew letter ayin
10910　ⅈ　PHOENICIAN LETTER PE
　　　　→ 05E4 פ hebrew letter pe
10911　ⅈ　PHOENICIAN LETTER SADE
　　　　→ 05E6 צ hebrew letter tsadi
10912　ⅈ　PHOENICIAN LETTER QOF
　　　　→ 05E7 ק hebrew letter qof
10913　ⅈ　PHOENICIAN LETTER ROSH
　　　　→ 05E8 ר hebrew letter resh
10914　ш　PHOENICIAN LETTER SHIN
　　　　→ 05E9 ש hebrew letter shin
10915　⨍　PHOENICIAN LETTER TAU
　　　　→ 05EA ת hebrew letter tav

Numbers

10916　/　PHOENICIAN NUMBER ONE
10917　⌐　PHOENICIAN NUMBER TEN
10918　≥　PHOENICIAN NUMBER TWENTY
10919　⌃　PHOENICIAN NUMBER ONE HUNDRED
1091A　//　PHOENICIAN NUMBER TWO
1091B　///　PHOENICIAN NUMBER THREE

Punctuation

1091F　·　PHOENICIAN WORD SEPARATOR
　　　　• sometimes shown with a glyph for a short
　　　　　vertical bar
　　　　→ 002E · full stop
　　　　→ 00B7 · middle dot
　　　　→ 2E31 · word separator middle dot

그림 10.1

페니키아 문자를 위한
유니코드 표준 일부. 표준에
적시된 대로, 대표 글리프는
'규범적'이지 않다. 오른쪽
단에 있는 유니코드 설명은
방형 현대 히브리 문자와
연결되어 있다.

유니코드 페니키아어를 구성하는 글리프들은 여러 면에서 고대 히브리 문자의 후기 형태와 유사하지만 그보다 800년 내지 900년 전에 나온 초기 형태와는 다르다. 정체성에 관한 질문은 두 문자의 차이가 단지 서로 다른 글리프(표현과 표시) 때문인가, 아니면 서로 다른 논리적 범주를 포함하는가에 중점을 둔다. 선대 문자 형태가 고유 문자라는 주장은 시각적 증거로 쉽게 뒷받침된다. 그러나 그런 차이는 팔라티노와 코믹 산스의 a에도 적용된다.* 논리적으로는 두 글리프가 동일하기 때문이다(위치, 역할, 정체가 같고 로마 알파벳에서 '힘'도 같다). 현재 페니키아 문자와 고대 히브리 문자는 같은 유니코드 자판을 사용한다.

그래픽 요소

광학문자인식(OCR)에서 알파벳 표기법의 시각적 형태는 유니코드와 상당히 다르게 취급된다. OCR는 시각장애인을 위한 독서 장치를 만든다는 목적에서 발명되었지만, 이 기술이 인쇄물을 디지털 파일로 재매개하는 작업에 유용하다는 점이 금세 드러났다.[17] 1970년대에는 주요 기술 기업에서 OCR 시스템을 개발했고, 21세기에는 고해상도 스캐너 등 고급 장비뿐 아니라 전화기 하나로도 OCR 처리가 가능해졌다.

OCR은 한 회에 한 자씩 처리하게 되어 있지만, 복합 단위를 다룰 수 있는 필기체와 단어 인식 프로그램도 개발되어 있다. OCR 프로그램은 텍스트를 이미지로 취급한다. 노이즈와 배경색을 지우고 시각 정보를 흑백으로 축소하며 기울기나 기타 왜곡을 바로잡은 다음 문단과 포맷 요소를 고립시키는 '영역 나누기' 등 준비 작업을 할 때는 특히 그렇다. 그러고 나서 프로그램은 분할 프로토콜을 통해 캐릭터를 고립시킨다. 개별 자모를 식별하는 데는 매칭, 특성 추출, '교차점' 같은 방법이 쓰인다. 전사된 텍스트는 대개 사전이나 어휘 목록을 통해 단어와 철자를 교정하고 정확도를 높이는 과정을 거친다. '매칭'을 사용하는 프로그램에서는 패턴 인식에 기초해 자료가 처리되고, 인식 대상 문자는 글리프 세트와 비교 분석된다. 글리프 세트는 폰트에 따라, 심지어 육필에 따라 달라질 수 있다. OCR 프로그램을 '훈련'시키는 데 원본 문서를 바탕으로 글리프 세트를 생성하는 과정이 포함되기도 한다. 전통적인 고문자학 훈련과 별반 다르지 않다. 이런 환경에서 알파벳 캐릭터는—또는 어느 글리프라도—원자화된 이미지로 취급된다.

*
팔라티노(Palatino)와 코믹 산스(Comic Sans): 팔라티노는 헤르만 차프(Hermann Zapf)가 디자인하고 1949년에 출시된 활자체이다. 우아하고 고전적인 세리프체로서 획 대비가 분명하고 구조가 단정하다. 소문자 a는 '복층' 형태를 띤다. 코믹 산스는 빈센트 코네어(Vincent Connare)가 디자인하고 1994년에 마이크로소프트가 배포한 폰트이다. 이름이 시사하듯 문자 형태는 만화에 쓰이는 글자체를 연상시키며, 마치 손으로 쓴 듯 불규칙적이고 비뚤비뚤해 캐주얼한 인상을 준다. 소문자 a는 '단층' 형태이다.

특징 형상 인식과 처리는 더 복잡하다. 문자의 구성단위를—획, 고리, 교차선 등을—규정해야 하기 때문이다. 다시 말해, 특징 형상 인식 모델에서 문자는 존재 또는 부재로 정체가 결정되는 더 작은 구성단위의 조합으로 이해된다. 필기체로 표현된 문자는 폰트(형태가 표준화되어 더 쉽게 패턴화되고 매칭된다)보다 더 복잡한 형태를 띠므로, 육필에는 대개 이런 처리가 필요하다. 특징 형상 감지를 변형한 것이 교차점 방법이다. 이 기술은 각 문자에 인위적으로 그리드를 적용하고 처리 용도에 맞게 영역을 구획한 다음 그리드상 특정 영역에 존재하거나 부재하는 요소를 추적한다. 그러고는 이 구석이나 저 구석에 닿는 획이 있는지, 이 사분면이나 중심에 획이 있는지 등을 확인하는 프로토콜이 작동한다. 이 기법도 특징 형상 목록에 비춰 문자를 식별하지만, 육필 인식보다는 단순하고 도식적이다.[18] 어떤 경우든 문자는 집합이나 모델과 연관해 개별 정체성이 결정되는 그래픽 형태로 취급된다. 더 정교한 처리 방법이 끊임없이 개발되고 있으며, OCR의 규모와 폭과 범위도 꾸준히 확대되고 있다. 그러나 통계형이건 휴리스틱이건 신경망이나 여타 프로토콜 기반형이건 간에, 모든 방법은 알파벳을 그래픽 면에서 분별되는 요소들의 집합으로 인식한다. 이때 요소의 정체성은 상대와 차별되는 능력으로 규정된다.[19]

문자성의 동인

문자의 정체성은 디지털 네트워크에서 작동하지만, 알파벳의 헤게모니는 인간 세계에서도 기능한다. 문자성 개념은—더 큰 정치·사회 패턴과 연관된—강압과 지배에 결부되곤 하지만, 해방과 권리 신장 또한 그와 무관하지는 않다.

서양 문화에서 문자성 획득은 'ABC' 학습 과정과 동일시되곤 한다.[20] 그런 배움을 텍스트와 그래픽에 인코딩하는 수단을 분석해 보면, 문자성 교육에 도덕, 윤리, 정치, 종교 등 제반 가치관이 포함된 놀라운 모습을 볼 수 있다. 16세기 중반에 출간된 몇몇 초기 입문서는 A 자를 익히기 위한 연상 문구로서 "아담의 몰락, 우리 모두 타락(In Adam's Fall, we sinned all)"이라는 글귀로 시작되곤 했다.[21] 이처럼 발랄한 훈계가 수백 년간 문자 교육의 일부로 찍혀 나왔다. 다른 운문과 주제로는 농장 생활, 예의범절, 동물과 새 등도 있었고, 특히 어린이책 산업이 확

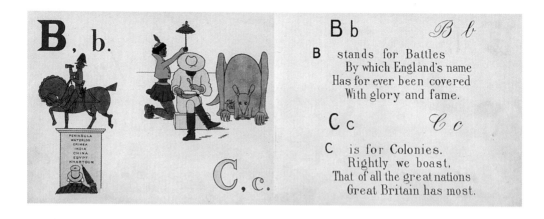

그림 10.2

어니스트 에임스 부인,
『아기 애국자를 위한 ABC』
(런던: 딘앤드선스, 1899).

대되고 아동 문맹퇴치운동이 벌어진 19세기에는 철도와 배에 관한 내용도 많았다. ABC 학습서가 급증하면서 문화적 가치를—그리고 편견을—주입하려는 노골적인 기획도 나타났다. 영국의 유명 출판사 딘앤드선스가 펴낸 『아기 애국자를 위한 ABC(An ABC for Baby Patriots)』는 특히 충격적이다.[22] 어니스트 에임스(Ernest Ames) 부인(가명?)이라는 사람이 쓴 이 책은 특정 행동과 가치관을 정상화하는 이념적 내용이 문자 교육에 침투한 좋은 사례이다. 인종주의, 성차별, 종 차별, 장애인 차별, 계급주의, 제국주의 등 사실상 모든 형태의 암묵적인—또는 의도적인—편견이 이 책에 등장한다. 알파벳 문자성이 흔한 사회개조 도구가 되어 특정 관점을 정상화하고 보상과 승급으로 이루어진 교육체계에 통합시킨 사례이다.

아동을 위한 알파벳 학습서는 거의 모두 이런 이중 목적, 즉 문자성 요소를 소개하는 동시에 지배문화나 주류문화의 가치관을 머릿속에 심어 주는 역할을 했다. 문화적 헤게모니와 알파벳의 관계, 즉 영숫자표기법을 통해 문자성이 도입되거나 강요되는 현상은 알파벳을 행정, 교육, 발전의 적극적 도구로 보는 독자적 연구 영역을 이룬다. 페니키아 문자가 전파된 역사에서 확인한 대로, 알파벳의 전 지구적 확산은 무역 통상을 따랐다. 그러나 알파벳은 산업을 따라—시나이 광산 채굴 원정대의 경우(와디 엘홀과 그리스 도서 전역의 명문)처럼—퍼지기도 했고 탐험과 식민지화를 따르기도 했다. 알파벳은 선교단뿐 아니라 표준 코드에 의지해 종교와 행정을 집행해야 하는 지역 정부가 수입하기도 했다.

아프리카와 아라비아, 인도, 유럽, 신대륙, 아시아에서 알파벳 서자가 채용되고 변형된 배경에 언제나 한 나라나 민족이 다른 쪽을 공격한 역사가 있었다는 시각은 지나치게 단순할 것이다. 그러나 알파벳 문자성이라는 지배 양식을 강요하는 데 별다른 함의가 없다고 보는 시각도 순진하기는 하다. 알파벳은 효율적이고 유연한 소통법이자 표기법이다. 알파벳 수용은 문화적 맥락 내부에서 표기를 향한 추동이 일어나 자발적, 자율적으로 이루어진 경우도 많았다. 동력을 지닌 알파벳은 이념의 도구이기도 하다. 알파벳의 존재는 사실상 통제의 동인일 수밖에 없다.

　이 현상을 연구한 크레이그 브랜디스트는 러시아혁명에서 알파벳이 맡았던 역할을 논한 바 있다. 그는 키릴 문자에 대한 태도가 어떻게 "제정러시아 정책과 연관되어 오염"되었는지, 새로 건립된 소비에트연방에서 이런 유산을 피하려고 고안해 도입한 변형 라틴 알파벳이 어떤 문제를 일으켰는지 꼼꼼히 기록했다.[23]

　이 과정을 뒷받침하는 여러 사례가 인용되기도 했다. 철자법의 정치성과 현지인에게 강요되는 문자성의 억압적 측면에 관해서는 상당한 문헌자료가 존재한다. 엄밀히 말해 이들은 알파벳의 '기원'에 관한 역사학에 속하지 않는다. 여기에서 그런 자료를 간략히 언급하는 이유는 역사에 대한 어떤 논의도 문화력을 행사하는 도구로서 알파벳의 현실과 함의를 무시할 수는 없다는 인식을 알리기 위해서이다.

전 지구적 헤게모니

한자문화권에서는 커뮤니케이션시스템 인프라스트럭처에 알파벳이 '각인된' 정도가 특별히 문제가 된다. 단순히 알파벳 자모에 대응 한자를 연결하거나 대체하는 방법으로는 이 문제가 해결되지 않는다. 2017년에 써낸 획기적인 저서 『한자 타자기의 발달사(The Chinese Typewriter: A History)』에서 톰 멀레이니는 보편주의적 가정이 어떻게 정보 인프라스트럭처의 일부가 되었는지 탐구했다.[24] 예컨대 모스부호의 경우, 멀레이니는 시스템의 기초에 영숫자가 깔린 탓에 중국 한자에는 적용하기가 거의 불가능했다는 사실을 설명했다. 아무리 빈약하고 기본적인 한자 세트라도 전신으로 보내려면 점과 선으로 이루어진 기호를 필요한 수만큼 늘려야 했지만 이는 불가능했기 때문이다. 해결책으로 나온 이중 변환 방식에서는 전송하기 전에 모든 글자를 영숫자 코드로 번역해야 했다.[25] 이에 필요한 맥동 수는 알파벳 자모보다 훨씬 많았고, 모든 메시지는 암호장을 이용해 재번역해야 했다. 그래야 영숫자 캐릭터

순열을 중국어 한자 어휘로 바꿀 수 있었기 때문이다. 속도, 효율성, 지적 노력 면에서 약점이 뚜렷했던 셈이다. 알파벳 모스부호는 한 번만 번역하면 되었지만, 중국어 전신부호는 몇 차례 번역해야 했으므로 노동량은 물론 오류가 발생할 여지도 그만큼 커졌다.

중국어 '타자기'를 만들려면 서양식 설계를 근본적으로 뜯어고칠 필요가 있었는데, 이 작업은 20세기에 들어서야 성과를 거두었다.[26] 멀레이니가 상술한 대로, QWERTY 자판을 이용한 컴퓨터 기반 커뮤니케이션이 등장하자 한자 기반 시스템에는 정교하게 가공된 해결책이 필요해졌다.[27] 그 결과 다중 변환 방식이 다시 한번 등장했다. 첫 키를 치면 여러 단계에 걸친 선택 과정 중 일차 선택 기준이 입력되는 방식이었다. 첫째 기준에 맞는 후보 글자들이 화면에 나타나면 그중에서 필자에게 필요한 글자의 번호나 순서를 선택하게 되어 있었다. 이 시스템은 '입력 방식 편집기(input method editor)', 즉 IME를 통한 순차 변환에 의지했다.[28] 선택 과정은 키와 캐릭터가 일대일로 연결되지 않고 여러 단계에 걸쳐 이루어지는 방식이다.

멀레이니가 밝힌 대로, "많은 이가 특정 언어 지식 없이도 작동하고 중립적이며 '보편적'이라고 여기는" 기술은 세계의 거의 모든 문자에 적용할 수 있었다. 다만 중국어는 예외였다. 전신부호부터 현재까지, 그는 어떻게 중국 문자가 "구조적으로 '불평등'한 위치"에 서게 되었는지 개괄했다.[29] 다음에 인용한 멀레이니의 말처럼, 이런 구조적 문제는 거의 모든 규모의 정보기술에 존재한다. "컴퓨터 역사 초기에 서양 엔지니어들은 가로 5단 세로 7단으로 구성된 도트 매트릭스 그리드가 가독성 있는 라틴 알파벳 문자를 인쇄하기에 충분한 해상도라고 결정했다. 중국어에서—알파벳은 쓰이지 않고 자소는 구조적으로 훨씬 복잡 미묘하며 다양한 문자에서—같은 결과를 얻으려면 이 그리드를 최소 가로 18단 세로 22단으로 확대해야 했다." 이런 그래픽을 디지털 조작을 위해 이른바 '비트 코딩'으로 변환할 때는 계산이 더욱 복잡해졌다. 멀레이니가 지적하기로 "128개 주소는 라틴 알파벳의 모든 자모와 더불어 숫자와 핵심 영숫자 기호 및 기능을 수용하기에 충분한 공간"이었지만 "7만 자가 넘는 한자를 처리하려면 이론상 적어도 16비트 아키텍처가 요구되었다".[30]

컴퓨터 인프라스트럭처의 광범위하고 미묘하며 심지어 은밀한 역장(力場)에는 알파벳의 완전한 헤게모니가 현존한다. 이런 디자인을 일부러 의도한 주체는 없다 해도 우연한 효과에는 실질적인 결과가 따른다. '문자'는 스스로 행동하지 않고 알파벳도 마찬가지이지만, 전 지구적 커뮤니케이션 구조에 알파벳과 영숫자 체계가 통합된 결과, 지금과 무척 다른 조건과 상황에서 출현했던 알파벳은 수천 년 만에 헤게모니 세력이 되었다.

맺는말

디지털 환경에서 고유식별자를 만드는 데 쓰이는 요소는 영숫자이다. 기본 유니코드를 이루는 아라이바 숫자와 0은 고대 셈 문자에 없었고 페니키아 문자의 일부도 아니었다. 문자가 그동안 어떤 삶을 살았건 간에 전 지구적 국제 네트워크 환경에서 맡는 역할을 통해 알파벳은 계속 필수적이고 강력한 힘이 된다. 우리는 거의 4000년 전 고대 레반트의 사막 환경에서 셈어를 쓰던 민족이 만든 고대 발명품에 스스로 인식하는 것보다 더 깊이 의존한다. 다른 어떤 커뮤니케이션 시스템이나 부호도 이처럼 집요하게, 이처럼 만연하게, 이처럼 성공적으로 통합되지는 못했다. 알파벳은 인간이 만든 제도의 주요 구성단위이고, 기호집합에서 알파벳 문자가 개별적이지만 상관된 요소로 작동하는 힘은 더욱 커지기만 했다. 알파벳의 기원 이야기와 역사는 학술적으로 연구하고 대중이 상상력을 펼치는 분야로 여전히 남아 있다. 만약 현재 환경에서 알파벳을 제거하고 과거 알파벳의 흔적을 전부 지워 버리면 인간 문화와 발전의 역사도 대부분 사라져 버릴 것이다. 알파벳 서자가 주요 소통 수단으로 쓰이지 않는 지역에서도 현재처럼 네트워크로 연결된 세상의 커뮤니케이션시스템 인프라스트럭처는 알파벳에 의지한다. 더 중요한 것은 지금 이 순간 떠오르는 표준과 캐릭터 코드의 복잡성, 역사적 증거 개념의 변화, 인간 지식 패러다임의 전환 등을 고려할 때, 우리는 여전히 알파벳을 발명하고 있다는 점이다.

주

머리말

1. 문자와 알파벳의 역사에 관한 최근 연구는 길게
   나열할 수 있을 것이다. 본문에서 언급한 저자들
   외에도 다음을 참고할 만하다. Albertine Gaur, *A
   History of Writing* (London: British Library, 1984);
   Steven R. Fischer, *A History of Writing* (London:
   Reaktion, 2001); Geoffrey Sampson, *Writing Systems*
   (Stanford: Stanford University Press, 1985); Peter
   Daniels and William Bright, *The World's Writing
   Systems* (New York: Oxford University Press, 1996).
2. John F. Healey, *The Early Alphabet* (Berkeley:
   University of California Press, 1990); Joseph
   Naveh, *The Early History of the Alphabet* (Jerusalem:
   Hebrew University; Magnes Press, 1982); Andrew
   Robinson, *The Story of Writing* (London: Thames
   and Hudson, 2007); Anne-Marie Christin, *L'histoire
   de l'écriture* (Paris: Flammarion, 2001) 등.

1. 알파벳은 언제 '그리스 문자'가 되었는가?

1. Herodotus, *Histories*, book V, trans. A. D. Godley,
   Loeb Classical Library (Cambridge, MA: Harvard
   University Press, 1920~1925). 윌리엄 세이어(William
   Thayer)의 웹사이트에 발췌본이 실려 있다. http://
   penelope.uchicago.edu/Thayer/E/Roman/Texts/
   Herodotus/5C*.html〔역주: 온라인 자료는 주소를
   재확인해 유효하지 않은 주소에는 역주를 달았다. 간행
   연도나 날짜가 밝혀지지 않은 온라인 자료는 저자가
   밝힌 검색일 대신 역자의 검색일을 주소 뒤에 덧붙였다〕.
2. Isaac Taylor, *The Alphabet* (London:
   Kegan Paul, Trench, 1883).
3. 워드히포(WordHippo)에 실린 두 그리스 단어의 정의를
   볼 것. https://www.wordhippo.com〔2023. 11. 19.〕.
4. Lilian Jeffery, *Local Scripts of Archaic Greece*
   (Oxford: Clarendon Press, 1961).
5. Herodotus, *Histories*. 조금 다른 번역문은
   Herodotus, *The History*, trans. George
   Rawlinson (New York: Dutton, 1862)을
   볼 것. 포덤대학교고대사자료실(Fordham
   University Ancient History Source)에 발췌본이
   있다. https://sourcebooks.fordham.edu/
   ancient/430phoenicia.asp〔2023. 11. 19.〕.
6. Herodotus, *Histories*.
7. 실제로 『역사』의 '증거물' 또는 현존 필사본은 서로
   별다른 차이를 보이지 않는다. 신뢰할 만하다고
   간주되는 공통 자료를 바탕으로 쓰인 텍스트라는
   뜻이다. '라우렌티아누스(Laurentianus) 70.3'이라고
   알려진 10세기 필사본이 "가장 오래되고 믿을 만한
   증거물"로 간주된다. R. A. McNeal, "On Editing

Herodotus", *L'antiquité Classique* 52 (1983): 110~129를 볼 것. 아울러 Jesica Jayd Lewis, "A History of the Histories: From Papyrus to Codex, From Codex to Today", *A&P: Antiquorum et praesentis*, December 20, 2014, www.antiquorumetpraesentis.com도 볼 것〔현재는 폐쇄된 웹사이트이다〕. 조금 다른 번역문은 포덤대학교고대사자료실에 실린 발췌본을 볼 것. https://sourcebooks.fordham .edu/ancient/430phoenicia.asp〔2023. 11. 19.〕.

8. John K. Papadopoulos, "The Early History of the Greek Alphabet: New Evidence from Eretria and Methone", *Antiquity* 90, no. 353 (October 2016): 1238~1254. 에레트리아에서 발견된 명문에는 페니키아 알파벳으로 프리기아어를 적은 텍스트가 포함되어 있다. 프리기아인은 소아시아에서 왔고 그들이 쓰던 언어는 셈어가 아니었으므로 그리스인과 접촉하기 전에 이미 자신들의 목적에 맞게 알파벳을 변형했으리라는 추정이 가능하다. 이런 복잡성은 알파벳이 확산되며 지역에 뿌리내리는 매개가 된 문화 교류에서 전형적인 특징이었고, 단일한 전파 과정을 추적하기가 얼마나 어려운지 드러낸다.

9. 미케네 그리스어는 원시 그리스어에서 발전했으며 두 언어 모두 인도·유럽어족에 속한다.

10. Roger Woodard, *Greek Writing from Knossos to Homer* (New York: Oxford University Press, 1977), 218~219.

11. 이스팔레우시스 이시도루스의 7세기 작 『어원지』를 제외하면 고대 말에서 근세 초까지 학계에서 이루어진 문자와 문자사에 관한 논의는 거의 남아 있지 않다.

12. Godfrey Driver, *Semitic Writing: From Pictograph to Alphabet* (Oxford: Oxford University Press, 1954), 128~129.

13. *The Annals of Tacitus*, book 11, Loeb Classical Library (Cambridge, MA: Harvard University Press, 1937). 빌 세이어의 웹사이트에 실린 발췌본, http://penelope.uchicago.edu/Thayer/E/Roman/ Texts/Tacitus/Annals/11A*.html〔2023. 11. 19.〕.

14. Adolf Kirchhoff, *Studien zur Geschichte des griechischen Alphabets* (Berlin: F. Dümmler, 1877).

15. Driver, *Semitic Writing*, 129.

16. Driver, 129.

17. Driver, 129. 아게노르는 카드모스의 부친이다.

18. Driver, 128~129.

19. Claude Duret, *Thrésor de l'histoire des langues de cest univers* (……) (Cologny: Matt. Berjon, pour la Société Caldoriene, 1613).

20. Duret, 644. 따로 밝히지 않은 경우 영역자는 필자이다.

21. Duret, 644.

22. Hermannus Hugo, *De prima scribendi* (……) (Antwerpen: Officina Plantiniana, 1617), 26.

23. Thomas Godwin, *Romanae historiae anthologia recognita et aucta* (London: Henry Cripps, 1661~1662), 248.

24. Godwin, 248.

25. 루카누스의 라틴어 텍스트는 이렇게 시작한다. "Phoenices primi (famae si credimus) ausi / Mansuram rudibus vocem signare figuris".

26. Lucan, *Pharsalia*, book 3, Massilia, trans. Sir Edward Ridley (London: Longmans, Green, 1905), 69.

27. 고전 저자를 인용하고 또 고전을 인용하는 다른 저자를 인용한 저자는 많다. Edward Stillingfleet, *Origines sacrae* (London: R. W. for Henry Mortlock, 1662); John Marsham, *Chronicus canon* (London: T. Roycroft, 1672); Anselm Bayly, *An Introduction Literary and Philo-sophical to Languages* (London: John Rivington, 1756); Thomas Astle, *The Origin and Progress of Writing, as well Hieroglyphic as Elementary* (London: T. Payne and Son, 1784); Henry Noel Humphreys, *The Origin and Progress of the Art of Writing* (London: Ingraham, Cooke, 1854) 등이 그런 예다. 이 외에도 여러 저자가 있다.

28. Guillaume Postel, *Linguarum duodecim characteribus differentium alphabetum introductio, ac legendi modus longè facilimus* (Paris: Apud Dionysium Lescuier, 1538).

29. John Jackson, *Chronological Antiquities, or The Antiquities and Chronology of the Most Ancient Kingdoms, from the Creation of the World, for the Space of Five Thousand Years, in Three Volumes* (London: Printed for the author, 1752).

30. Jackson, 5~6.

31. 인용 관례는 여전히 최소 수준이었다. 에드워드 스틸링플리트처럼 박식한 저자도 예외는 아니어서, 출전은 여백에 적었지만 참고 문헌 목록은 싣지 않았다. 이런 주석을 해독하려면 대다수 출전에 익숙해야 했다.

32. McNeal, "On Editing Herodotus".

33. Stillingfleet, *Origines sacrae*, 18.

34. Stillingfleet, 18.

35. Stillingfleet, 19.

36. Stillingfleet, 20.

37. Stillingfleet, 22.

38. Stillingfleet, 21.

39. Stillingfleet, 24.

40. 스트링플리트는 포스텔, 로이힐린, 트리테미우스, 아그리파 등 카발라 전통에 속하는 필자는 아무도 포함시키지 않았다. 이처럼 이성적 역사와 신비주의를 분리하는 태도는 인용사에서 두드러진 사례가 되었다.

41. Astle, *The Origin*.

42. Astle, 33~34.

43. Astle, 36.

44. Astle, 33.

45. Astle, 33.

46. Astle, 32.

47. P. Austin Nuttall, *A Classical and Archaeological Dictionary* (⸱⸱⸱⸱⸱⸱) (London: Whittaker; Oxford: J. H. Parker, 1840).

48. Nuttall, viii.

49. Edward Pococke, *India in Greece* (London: John Griffin, 1852), 23~24.

50. Pococke, 15.

51. 이 점에서 이들은 북부의 도리아인, 서부의 아이올리스인, 소아시아의 아카이아인과 구별된다.

52. Taylor, *The Alphabet*, 2에 인용된 Hugh James Rose, *Inscriptiones Graecae vetustissimae* (London: John Murray, 1825).

53. Taylor, 2.

54. Taylor, 3.

55. Taylor, 19~22.

56. Elena Martin Gonzalez, "The Drawings on the Rock Inscriptions of Archaic Thera (IG XII 3, 536~601; IG XII 3 Suppl. 1410~1493)", 145th Annual Meeting of the Society of Classical Studies, Chicago, IL, January 2014. 곤살레스는 제프리를 주된 권위자로 인용한다.

57. A. W. Johnston, "The Alphabet", *Sea Routes from Sidon to Huelva: Interconnections in the Mediterranean*, ed. N. Stampolidis and V. Karageorghis (Athens: Museum of Cycladic Art, 2003), 263~276.

58. Taylor, *The Alphabet*, 8.

59. Kirchhoff, *Studien*.

60. Taylor, *The Alphabet*, 22~27.

61. Taylor, 58~59.

62. 그는 이오니아, 에게, 코린토스, 아르고스, 아티키, 펠로폰네소스 문자 사이의 여러 변종을 기술했는데, 그중 가장 다른 것은 에비아 문자라고 여겼다.

63. Taylor, *The Alphabet*, 61.

64. Jeffery, *Local Scripts*, 1.

65. Jeffery, 2.

66. Jeffery, 7.

67. Jeffery, 9에 인용된 Diodorus, *Bibliotheca Historica*, 5:58.

68. Jeffery, 17.

69. Jeffery, 17.

70. Humphreys, *The Origin and Progress*, 11에 인용.

71. Ingrid D. Rowland, "Athanasius Kircher and the Egyptian Oedipus", *The Ecstatic Journey: Athanasius Kircher in Baroque Rome* (Chicago: University of Chicago Press, 2000), 1~20. 패덤 아카이브(Fathom Archive)에 실린 발췌본, http://fathom.lib.uchicago.edu/1/777777122590; Athanasius Kircher, *Prodromus Coptus sive Aegyptiacus* (Rome: Typis S. Cong. De Propag. Fide, 1636).

72. Yale Peabody Museum of Natural History, "Echoes of Egypt", https:// echoesofegypt.peabody.yale.edu/egyptosophy/ sphinx-mystagogaturris-babel, 〔2023. 11. 19.〕.

73. Adam Parry, *The Making of Homeric Verse: The Collected Papers of Milman Parry* (Oxford: Clarendon Press, 1971).

74. Rhys Carpenter, "The Letters of Cadmus", *American Journal of Philology* 56, no. 1 (1935): 5.

75. Carpenter, 7.

76. Carpenter, 6.

77. Carpenter, 10.

78. Carpenter, 8.

79. Carpenter, 10.

80. Carpenter, 9.

81. Carpenter, 9.

82. Carpenter, 10.

83. Carpenter, 10.

84. Martin Bernal, *Cadmean Letters* (Winona Lake, IN: Eisenbrauns, 1990), 1.

85. 더 최근에 빌레메인 발은 언어학적, 고고학적, 금석학적 증거를 꼼꼼히 재평가하면서 알파벳의 전파가 버널이 제안한 시대보다는 늦지만 전통 고전학계 학설보다는 이른 시대에 시작되었다고 주장했다. Willemijn Waal, "On the 'Phoenician Letters': The Case for an Early Transmission of the Greek Alphabet from an Archaeological, Epigraphic, and Linguistic Perspective", *Aegean Studies* 1, no. 4 (December 2018): 83~125.

86. Woodard, *Greek Writing*, 3~4.

87. Lukasz Niesiolowski-Spano, "Early Alphabetic Scripts and the Origin of Greek Letters", *Haec mihi in animis vestris templa: Studia Classica in Memory of Professor Lesław Morawiecki*, ed. Piotr Berdowski and Beata Blahaczek (Rzeszów: Institute of History, University of Rzeszów, 2007), 47~63.

88. Woodard, *Greek Writing*, 5.

89. Lukasz Niesiolowski-Spano, "Early Alphabetic Scripts".

90. Lukasz Niesiolowski-Spano, 184에 인용된 Christos G. Doumas, "Aegeans in the Levant: Myth and Reality", *Mediterranean People in Transition: Thirteenth to Early Tenth Century BCE*, ed. S. Gitin, A. Mazar, and E. Stern (Jerusalem: Israel Exploration Society, 1998), 129~137.

91. Waal, "On the 'Phoenician Letters,'" 89. "셈어학자(Semitist)"는 발의 표현이다.

92. Waal, 89. 발이 덧붙이기로 카펜터는 이와 대조적으로 기원전 9~8세기 페니키아 문자가 더 유사하다고 보았다.

93. Waal, 97에 인용.

94. Waal, 100.

95. Laurence de Looze, *The Letters and the Cosmos* (Toronto: University of Toronto Press, 2016), 5.

96. Godwin, *Romanae historiae*에 인용된 *Euseb. Praepar. Evang. Lib.*, 18.

2. 신이 내린 선물

1. 성서고고학 분야의 역사에 관한 논의는 다음을 볼 것. Thomas W. Davis, *Shifting Sands: The Rise and Fall of Biblical Archaeology* (Oxford: Oxford University Press, 2004).

2. "The Book of Shemot (Exodus): Chapter 24", Jewish Virtual Library (American-Israeli Cooperative Enterprise), 1917년 유대교출판회(JPS) 번역본에 기초한 영역문, https://www.jewishvirtuallibrary.org/shemot-exodus-chapter-24. 킹 제임스(The King James) 성서에 실린 마지막 구절도 이와 거의 같다. "주께서 모세에게 말씀하셨다. 내가 있는 이 산으로 올라와 머물러 있어라. 내가 훈계와 계명을 기록한 돌판을 너에게 주리니 너는 이를 그들에게 가르칠 것이다."

3. 대중문화에서 이 소재가 어떻게 다루어지는지 엿보려면 다음을 볼 것. lostinspace, "The Columns of Seth and Their Possible Existence", AboveTopSecret.com, November 22, 2004, http://www.abovetopsecret.com/forum/thread99782/pg1.

4. "Hebrew: In Ancient Jewish Scriptures", Jewish Virtual Library, https://www.jewishvirtuallibrary.org/hebrew-in-ancient-jewish-scriptures (2023. 11. 19.).

5. 다음을 볼 것. "Decalogue", Jewish Virtual Library, https://www.jewishvirtuallibrary.org/decalogue (2023. 11. 19.).

6. Peter Kirby, "Clement of Alexandria, The Stromata, or Miscellanies", Early Christian Writings, 2001~2021, http://www.early christianwritings.com/text/clement-stromata-book1.html. 에우세비오스의 3세기 작 『복음의 예비(Praeparatio Evangelica)』를 20세기에 영역한 판에도 거의 같은 내용이 포함되어 있다. "그러나 에우폴레모스가 가로되 최초의 현자는 모세였으며 그가 유대 문자를 처음 가르쳤으니 유대인으로부터 페니키아인이, 페니키아인으로부터 그리스인이 문자를 배웠고, 유대인에게 기록된 율법을 알려 준 사람이 바로 모세였다." "Eupolemus", Jewish Virtual Library, https://www.jewishvirtuallibrary.org/eupolemus (2023. 11. 19.).

7. 이 번역문에 쓰인 '문법(grammar)'은 문자를 뜻하는 그리스어 '그라마타(grammata)'를 옮긴 말이었을 가능성이 크다. Kirby, "Clement of Alexandria".

8. Stephen A. Barney et al, *The Etymologies of Isidore of Seville* (Cambridge: Cambridge University Press, 2006), 39, https://sfponline.org/Uploads/2002/st%20isidore%20in%20english.pdf.

9. 다음을 참고하라. Tim Denecker, "The Origin and Nature of Language", *Ideas on Language in Early Latin Christianity from Tertullian to Isidore of Seville*,

10. "Joseph Justus Scaliger", *Encyclopedia Britannica*, https://www.britannica.com/biography/Joseph-Justus-Scaliger (2023. 11. 19.).

11. Joseph Scaliger, *Opus novum de emendatione temporum* (Lutèce: Mamert Pattison for Sebastien Nivelle, 1583).

12. 1604~1606년에 기록된 솔직한 담화를 모은 책 『세쿤다 스칼리게라나(Secunda Scaligerana)』에 알파벳순으로 정리된 내용을 믿을 수 있다면, 이것이 바로 조제프 쥐스튀스 스칼리제르가─위그노이자 비범한 문헌학자로서 유럽 최초의 연구 교수(1593년부터 1609년 사망하기 전까지 레이던대학교에 재직했다)였던 그가─플라비우스 요세푸스를 두고 제자들에게 한 찬사였다. C. P. E. Nothaft, "Josephus and New Testament Chronology in the Work of Joseph Scaliger", *International Journal of the Classical Tradition* 23, no. 3 (2016): 246~251, https://link.springer.com/article/10.1007%2Fs12138-016-0403-9.

13. *The Works of Flavius Josephus, Jewish Historian*, trans. William Whiston (London, 1737), https://penelope.uchicago.edu/josephus/ant-1.html.

14. Flavius Josephus, *Of the Antiquities of the Jews, Book I, Containing the Interval of 3833 Years from the Creation to the Death of Isaac* (London, 1737), chap. 2, http://penelope.uchicago.edu/josephus/ant-1.html. 다음 인용문에서 볼 수 있듯이, 이 문장은 세월이 흐르는 동안 거의 변하지 않았다. "족장 셋은 (……) 지상 만물이 불이나 대홍수로 파괴되리라는 아담의 예언을 알고 철학과 천문학이 인간의 기억에서 지워져 망각에 묻혀 버릴까 두려웠기에, 각기 벽돌과 돌로 세운 두 기둥에 자신의 지식을 새겨 전자가 물로 파괴된다면 후자가 남아 인류에게 천문학 지식을 전수해 주도록 하였다. 이 기둥은 지금도 시리아드 땅에서 볼 수 있다." Henry Christmas, *Universal Mythology* (London: J. W. Parker, 1838), 54.

15. 더 자세한 논의는 다음을 볼 것. Alexander Winslow, "The Pillars in the Land of Siriad", Squires Publishing, http://www.squirespublishing.co.uk/files/syriad.htm.

16. 세파리아(Sefaria) 웹사이트에는 『형성의 서』가 기원전 200년에서 서기 200년 사이에 쓰였다고 나와 있지만, 어떤 학자는 이 책이 전대에 쓰인 텍스트와 전통을 흡수해 중세에 만들어졌다고 추정하기도 한다. A Living Library of Jewish Texts, Sefaria, https://www.sefaria.org (2023. 11. 19.).

17. "Sefer Yetzirah", Sefaria, https://www.sefaria.org/Sefer_Yetzirah?lang=bi (2023. 11. 19.).

18. "Sefer Yetzirah", trans. Sefaria Community

Translation, https://www.sefaria.org/Sefer_Yetzirah.1?ven=Sefaria_Community_Translation&lang=bi (2023. 11. 19.).

19. *Sefer Yetzirah*, trans. Isidor Kalisch (New York: L. H. Frank, 1877), 15, https://archive.org/details/sketchoftalmudwo02kali (2023. 11. 19.).
20. Guillaume Postel, *De originibus seu de Hebraicae linguae & gentis antiquitate, deque variarum linguarum affinitate liber* (Paris: Apud Dionysium Lescuier, 1538); Jacques Gaffarel, *Curiositez inouyes sur la sculpture talismanique des Persans, horoscope des patriarches et lecture des estoilles* (Paris: Hervé du Mesnil, 1629).
21. John F. Ptak, "Catechizing the Sky—Writing on the Stars", JF Ptak Science Books, https://longstreet.typepad.com/thesciencebookstore/2010/10/catechizing-the-sky-writing-on-the-stars.html (2023. 11. 19.).
22. 신비주의 사상이 주류 학계에서 분리되었다고 말하는 편이 더 정확할 것이다. 이에 대한 관심 자체가 사그러진 적은 없다.
23. Rob Barrett, "Johann Reuchlin, Philologist and Mystic: The Christian Rediscovery of Hebrew" (Vancouver: Regent College, 2001), 1, https://www.academia.edu/333690/Johann_Reuchlin_Philologist_and_Mystic_The_Christian_Rediscovery_of_Hebrew. 어떤 학자는 근 1000년간 유럽 학계에서 히브리어에 대한 무지가 이어졌다는 사실이 반유대주의 탓이라고 보기도 한다. 자세한 내용은 배럿의 논의 참고.
24. 문법서와 사전이 융성했다. Barrett, 6.
25. Barrett, 15.
26. Barrett, 6에 인용된 Johannes Reuchlin, *Recommendation Whether to Confiscate, Destroy and Burn All Jewish Books*, trans. Peter Wortsman (New York: Paulist Press, 2000).
27. Jé Wilson, "Francis van Helmont and the Alphabet of Nature", *Public Domain Review*, June 1, 2016, https://publicdomainreview.org/2016/06/01/francis-van-helmont-and-the-alphabet-of-nature/.
28. Allison Courdert, *The Impact of the Kabbalah in the Seventeenth Century: The Life and Thought of Francis Mercury van Helmont (1614–1698)* (Leiden: Brill, 1999).
29. Courdert, *The Impact*.
30. Pico della Mirandola, *Heptaplus* (Venice: Bernardinus Venetus, 1489); Abraham de Balmes, *Mikneh Avram: Peculium Abrae; Grammatica Hebraea una cum Latino* (Venice: Daniel Bomberg, 1523); Hermannus Hugo, *De prima scribendi*. 피코 델라미란돌라에 관해서는 다음을 볼 것. Chaim Wirszubski, *Pico della Mirandola's Encounter with Jewish Mysticism* (Cambridge, MA: Harvard University Press, 1989).
31. Brian Copenhaver, "Giovanni Pico della Mirandola", *Stanford Encyclopedia of Philosophy*, https://plato.stanford.edu/entries/pico-della-mirandola/#WorkRepu (2023. 11. 19.).
32. Saverio Campanini, "The Quest for the Holiest Alphabet in the Renaissance", *A Universal Art: Hebrew Grammar across Disciplines and Faiths*, ed. Nadia Vidro, Irene E. Zwiep, and Judith Olszowy-Schlanger (Boston: Brill, 2014), 211.
33. Alexander Top, *The Olive Leafe* (London: W. White for George Vincent, 1603), n.p.
34. Top, n.p.
35. Top, n.p.
36. Hugo, *De prima scribendi*.
37. Nicholas Hudson, *Writing and European Thought, 1600–1830* (Cambridge: Cambridge University Press, 1994), 33~34.
38. Postel, *Linguarum*; Theodore Bibliander, *De ratione communi omnium linguarum & literarum commentarius* (Zurich: Christophe Frosch, 1548); Scaliger, *Opus novum*; Angelo Rocca, *Bibliotheca apostolica Vaticana* (Rome: Typographia Apostolica Vaticana 1591).
39. Bibliander, 39.
40. 이 때문에 몇 세기 후에는 출처를 추적하기가 어려워지기도 한다.
41. Duret, *Thrésor*.
42. Duret, 643~644.
43. Duret, 643~644.
44. Duret, 116~118.
45. 기독교와 유대교 카발라 문헌은 대부분 중세 후기에, 대개 12세기 이후 스페인에서 작성되었지만, 『형성의 서』의 연대는 적어도 서기 2세기 또는 이전으로 측정되는 것이 일반적이다. 확실한 것은 해당 시기에 알렉산드리아의 클레멘스가 쓴 글에는 『형성의 서』와 유사하며 이를 읽고 쓴 것처럼 보이는 대목이 있다는 점이다.
46. 고전과 교부 저자들은 대개 약어로 지칭되었고, 연도와 판, 쪽이나 절 번호 등은 밝히지 않은 경우가 많았다. 뒤레의 관례는 아직 근대 학술 표준에 접근하지 않았다.
47. 예컨대 1672년에 써낸 『이집트, 히브리, 그리스 문헌 연대기 조사(Chronicus canon Aegyptiacus, Ebraicus, Graecus, & disquisitiones)』에서 존 마셤(John Marsham)은 토트/메르쿠리우스가 문자를 발명했다고 언급하면서도 문자는 아시리아에서 왔다는 플리니우스의 견해도 인용했고, 이집트나 시리아가 근원이라고 말한 사람도 있다고 지적하고는 "유대인 사이에서는 아담의 아들 셋이 두 기둥에 글을 새겼다는 전승이 있다"라는 말로 마무리하면서, 당연히도 요세푸스를 인용했다.

고전 출전에서도 나타나는 이런 인용 사슬은 과거
권위자가 제공한 정보를 반복하고 되풀이했다.

48. Duret, *Thrésor*, 129.

49. James G. Fraser, "A Checklist of Samaritan Manuscripts Known to Have Entered Europe before AD 1700", *Abr Nahrain* 21 (1982~1983): 10~27; M. Gaster, "Jewish Knowledge of the Samaritan Alphabet in the Middle Ages", *Studies and Texts* (London: 1928), 1:600~613.

50. 사해문서가 발견되기 전까지는 서기 초에 나온 그리스어판보다 오래된 구약성서 필사본이 알려진 바 없었다.

51. Daniel Defoe, *An Essay upon Literature, or An Enquiry into the Antiquity and Original of Letters* (……) (London: Thomas Bowles, 1726).

52. 천지창조 연도를 기원전 4004년으로 보는 연대기에 따르면 대략 300년이지만, 경우에 따라서는 600년까지 늘어나기도 했다. 다음을 볼 것. William Austin, "The Hebrew Chronology Corrected for Half-Years and Synchronized to Mesopotamian and Egyptian History" (2016), https://www.academia.edu/20426570/The_Hebrew_chronology_from_Noah_to_Moses_corrected_for_half_years.

53. Defoe, *An Essay*, 3.

54. Defoe, 4.

55. Defoe, 10.

56. 페니키아 주화 중 인정된 측정 연대가 가장 오래된 것은 기원전 450년인데, 그중에는 돌고래나 부엉이 모티프가 찍힌 것이 많았고 명문이 없는 것도 있었다. Mike Markowitz, "CoinWeek Ancient Coin Series—Coinage of the Phoenicians", *CoinWeek*, February 29, 2016, https://coinweek.com/ancient-coins/coinweek-ancient-coin-series-coinage-of-the-phoenicians/. 디포는 이들이 포함된 화폐 컬렉션을 접했을 가능성이 크다.

57. Defoe, *An Essay*, 15.

58. Defoe, 20.

59. Defoe, 20.

60. 성서 연대기에서 흔히 쓰이는 자료는 제임스 어셔(James Ussher)의 『구약성서 연보(Annales veteris testamenti, a prima mundi origine deducti)』(런던, 1650)였지만, 그는 출애굽기 연대를 기원전 1446년으로 측정했으므로 디포가 원용한 자료는 다른 권위서였음이 분명하다.

61. Sir Walter Raleigh, *The Historie of the World in Five Books* (London: William Stansby for Walter Burre, 1614).

62. Defoe, *An Essay*, 38.

63. Defoe, 38.

64. Defoe, 43.

65. Defoe, 50에는 토머스 뱅이 인용되어 있다. 뱅의 원문을 확인해 보면 긴 알파벳 목록이 제시되어 있는데, 이들은

아담, 아담의 아들들, 셋, 셋의 아들들, 에녹, 칼데아, 아시리아, 시리아, 페니키아, 이집트, 에티오피아, 모세, 아브라함, 메르쿠리우스, 멤논, 이시스(Isis), 에스드라스, 카드모스, 리누스, 포이닉스(Phoenix), 케크롭스 디피에스, 에우안드로스(Euandros), 니코스트라타(Nicostrata), 사투르누스, 피타고라스, 에피카르무스 시쿨루스, 시모니데스 멜리쿠스, 팔라메데스, 클라우디우스 황제, 히에로니무스, 크리소스토무스, 울필라스 등의 이름이 붙어 있다.

66. 뒤레, 로카, 테세오 암브로조, 요하네스 판테우스(Johannes Pantheus), 보너벤처 헵번 등이다.

67. Defoe, *An Essay*, 79.

68. 18세기에는 이 영역에서 활동하는 학자가 대폭 늘어났다. 이 장 뒤에서 언급되는 샤를 투스탱의 참고 자료 개요 목록이 한 단서이다.

69. Bayly, *An Introduction*, 38.

70. Bayly, 27.

71. 특히 27에서 베일리는 피에르 베스니에와 브라이언 월턴을 인용한다. Pierre Besnier, *La Réunion des Langages* (Paris, 1674); Brian Walton, *Biblia sacra polyglotta* (London: Thomas Roycroft, 1657). 월턴의 다국어 인쇄에는 고대 시리아, 아라비아, 그리스, 히브리, 사마리아, 라틴 문자 폰트가 쓰였다.

72. Bayly, *An Introduction*, 30~31에는 출전이 다음과 같이 밝혀져 있다. "(Nat. Hist. b. 7, c. 12, c. 56; Siciulus, B.5; Eusebius, *Praep. Ev.* l. 10; Clem, *Strom* l. 1; Augustine, *De Civ Dei.*; Dr. John Owen, *Theol.* l. 4, c. 3; Gale, *In the Court of the Gentiles*, part 1, b. 1, c. 10; Wolseley, *Reasonableness of Christian Belief*; Johnson, *Preface to a Sermon*)".

73. Bayly, 33.

74. Bayly, 33.

75. Bayly, 34.

76. Bayly, 38.

77. 베일리가 본 것은 기원전 2세기 내지 1세기에 만들어진 주화였을지도 모른다. 카드만은 이들을 "고대 히브리 알파벳을 인위적으로 되살린" 물건으로 간주했다. L. Kadman, "The Hebrew Coin Script: A Study in the Epigraphy of Ancient Jewish Coins", *Israel Exploration Journal* 4, no. 3/4 (1954): 168.

78. 잭슨이 말한 것은 구약성서를 그리스어로 번역한 칠십인역성경이고, 요세푸스가 참고했다는 히브리어판은 무엇을 뜻하는지 불분명하다. Jackson, *Chronological Antiquities*, xi.

79. Jackson, 85.

80. Jackson, 87.

81. Jackson, 87.

82. Jackson, 90.

83. Charles Toustain, *Nouveau traité de*

diplomatique (Paris: Guillaume Desprez and Pierre Guillaume Cavelier, 1750), 572.

84. 투스탱이 나열한 저자는 제네브랑(Genebrand), 벨라르미노(Bellarmin), 아리아스 몬타누스(Arias Montanus), 에티엔 모랭(Etienne Morin) 신부, 위에(M. Huet), 몽포콩(Montfaucon), 칼메(Calmet), 르노도(Renaudot), 빌랄판두스(Willalpandus), 스칼리제르, 흐로티위스(Hugo Grotius), 호팅어(Hottinger), 카소봉(Casaubon), 드루시우스(Drusius), 바저(Waser), 브리어우드(Brerewood), 카펠레(Capelle), 월턴, 부샤르(Bouchard), 보시우스, 프리도(Prideaux), 셕퍼드(Shuckford), 에두아르 베르나르(Edouard Bernard), 시몽(Simon) 등이다. 몇몇은 비교적 익숙하다.

85. Toustain, Nouveau traité, 594.

86. Astle, The Origin, 11. 애슬이 나열한 식자 중에는 익숙한 이름(에우세비오스, 클레멘스, 이시도루스)도 여럿 있고, 이제는 알아보기 어려운 인물도 있다. 와이즈(Wise), 윈더(Windar), 핼헤드(Halhed)에게 보낸 편지로 유명해진 코스터드(Costard) 등이 그렇다.

87. Astle, 11.

88. Astle, 11.

89. Astle, 12.

90. Astle, 12.

91. Astle, 12.

92. Astle, 12~13.

93. Astle, 13.

94. Astle, 14.

95. Astle, 15.

96. Astle, 25.

97. Astle, 20.

98. Richard Pococke, A Description of the East and Some Other Countries (London: 1743).

99. Pococke, 142.

100. 다음을 볼 것. Douglas Petrovich, The World's Oldest Alphabet (Jerusalem: Carta, 2016). 그리고 이에 대해 크리스토퍼 롤스턴이 펼친 반론도 볼 것. Christopher Rollston, "The Proto-Sinaitic Inscriptions 2.0: Canaanite Language and Canaanite Script, Not Hebrew", December 10, 2016, Rollston Epigraphy, http://www.rollstonepigraphy.com/?p=779.

3. 중세의 필사생

1. 이 장에 인용된 다른 연구들과 더불어 다음 자료는 이런 그래픽 알파벳의 계보를 정리하는 데 귀중한 도움이 되었다. Gideon Bohak, "The Charaktêres in Ancient and Medieval Jewish Magic", Acta classica universitatis scientiarum debreceniensis 47 (2011): 25~44; Gideon Bohak, Ancient Jewish Magic: A History (Cambridge:

Cambridge University Press, 2008); Michael W. Herren, Cosmography of Aethicus Ister: Edition, Translation, and Commentary (Turnhout: Brepols, 2011). 존 맨더빌의 알파벳에 관해서는 다음을 참고했다. Malcolm Letts, Mandeville's Travels: Texts and Translations, vols. 1 & 2 (Milton Park, Abingdon: Routledge, 2011).

2. 알파벳 자모에 대한 신비주의적 해석은 예컨대 서기 2세기의 영지주의자 마르쿠스(Marcus)와 연관된다. Lynn Thorndike, A History of Magic and Experimental Science, vols. 1~2, The First Thirteen Centuries of Our Era (New York: Columbia University Press, 1923), 370.

3. Deborah Hayden, "Language and Linguistics in Medieval Europe", Oxford Research Encyclopedias, April 26, 2017, https://doi.org/10.1093/acrefore/9780199384655.013.380. 이 논문에서 헤이든은 지역 언어 연구와 문법서가 늘어났고 아일랜드어, 웨일스어, 고대 노르드어가 연구되며 관련 문법서가 만들어지기 시작했다고 지적한다.

4. Hayden, n.p.

5. 이 교수직에 임용된 이는 알레포에서 아랍어를 연구하고 동양을 널리 여행한 성서학자 에드워드 포코키(Edward Pococke)였다. 그는 2장에서 언급한 『동방 서술기』를 지은 18세기 여행가 리처드 포코키의 먼 친척이었다. 두 사람 모두 19세기 저술가 에드워드 포코키의 먼 친척이었는데, 그는 1852년 저서 『그리스의 인도』에서 인도가 그리스 문화에 영향을 끼쳤다고 주장했다.

6. Peter N. Miller, "The 'Antiquarianization' of Biblical Scholarship and the London Polyglot Bible (1653~57)", Journal of the History of Ideas 62, no. 3 (July 2001): 463~482.

7. Miller, 468.

8. Horst Weinstock, "Roger Bacon's Polyglot Alphabet", Florilegium 11 (1992): 160~178. 중세 영국에는 히브리어를 조직적으로 교육할 수단이 거의 없었다. 바인슈토크는 베이컨이 히브리어를 익힌 배경을 자세히 논하며 베이컨의 히브리 문자 용법에 셈어로서 히브리어의 구조에 대한 이해가 결여되어 있음을 신중히 분석한다.

9. Weinstock, 162. "그는 히브리어를 1240년 이전과 1247~1257년에 잉글랜드에서 또는 1240~1247년과 1257~1268년에 프랑스에서 익혔을 것이다." 바인슈토크는 앞서 내놓은 설명을 이어 간다. "1158년 이후 아브라함 벤 메이르 이븐 에즈라가 런던 내외에 머문 일이 중세 영어 시대 히브리어 연구를 확립하고 고취시켰을 것이다." 사자심왕 리처드는 "생빅토르수도원 학자들"에게 "친유대 경향"이 있다고 비난하기도 했다.

10. 6세기 이후에 제작된 카이로 게니자 필사본을 볼 것. "Cairo Genizah", University of Cambridge Digital

Library, https://cudl.lib.cam.ac.uk/view/MS-
TS-K-00001 -00064/1 〔2023. 11. 19.〕.

11. Bohak, "The Charaktêres", 27~28.

12. Bohak, 27.

13. Bohak, 27~28.

14. Bohak, 34.

15. Venetia Porter, "The Use of Arabic Script in
Magic", *The Development of Arabic as a Written
Language*, ed. M. C. A. Macdonald, *Supplement to
the Proceedings of the Seminar for Arabian Studies*
40 (Oxford: Archaeopress, 2010), 131~140.

16. Bohak, "The Charaktêres", 36. 그는 뉴욕공공도서관
(New York Public Library)에 소장된 필사본 'Heb.190
(olim MS Sassoon 56)'(1460년대)과 'MS Geneva 145
(olim MS Sassoon 290)'(16세기 초)를 출처로 인용한다.

17. 이 중 다수는 15세기 연금술사 파라켈수스
(Paracelsus)의 글에 체계적으로 정리되어 있다.

18. 모리기는 조금 후대 관행을 다룬다. Marco Moriggi, *A
Corpus of Syriac Incantation Bowls* (Leiden: Brill, 2014).

19. Austen Henry Layard, *Discoveries in the Ruins
of Nineveh and Babylon; with Travels in Armenia,
Kurdistan and the Desert, Being the Result of a Second
Expedition Undertaken for the Trustees of the British
Museum* (London: John Murray, 1853), 518.

20. David Jackson, "The aljamiadas of Spain", *Medieval
Musings*, May 24, 2015, http://www.davidjackson.info/
voynich/2015/05/24/the-aljamiadas-of-spain/.

21. A. G. Avilés, "Alfonso X y el Liber Razielis: Imágenes de
la magia astral judia en el scriptorium alfonsi", *Bulletin
of Hispanic Studies* 74, no. 1 (Jaunary 1, 1997): 21~39.

22. Daniel Harms, "Magical Manuscripts Online at
the University of Leipzig", *Papers Falling from
an Attic Window*, August 10, 2013, https://dan
harms.wordpress.com/2013/08/10/magical-
manuscripts-online-at-the-university-of-leipzig/.

23. J. H. Chajes, *Between Worlds: Dybbuks, Exorcists,
and Early Modern Judaism* (Philadelphia:
University of Pennsylvania Press, 2011), 64.

24. Chajes, 209.

25. 가파렐은 포스텔이 『페니키아 문자, 또는 라틴어와
그리스어의 고대 문자, 그 고대 기원 등(De
foenicvm literis, seu, de prisco Latinae & Graecae
linguae charactere, eiusq[ue], antiquissima origine
& vsu)』(1552)에서 전개한 주장, 즉 아랍어가
히브리어보다 오래되었다는 주장을 문제 삼았다.

26. Jacques Gaffarel, *Unheard-of Curiosities: Concerning the
Talismanical Sculpture of the Persians and the Reading of
the Stars*, trans. Edmund Chilmead (London: Humphrey
Moseley, 1650), author's additions, n.p. 이 목록은

트리테미우스, 피코, 알베르투스 마그누스, 로저
베이컨, 판테우스, 마르실리오 피치노(Marsilio Ficino),
로이힐린, 아그리파, 플러드, 뱅 외에도 여러 인물로
이어지는 직계 계보를 나타낸다는 점에서 유용하다.
다른 부분(263)에서 그는 랍비 모세스 벤 나흐만(Moses
ben Nahman) 등 유대교 랍비들을 인용하기도 한다.

27. Gaffarel, 433.

28. Gaffarel, 303.

29. Porter, "The Use of Arabic Script", 136.

30. Abu Bakr Ahmad ibn Ali Ibn Wahshiyyah, *Ancient
Alphabets and Hieroglyphic Characters Explained*, trans.
Joseph Hammer von Purgstall (London: Bulmer, 1806),
iv. 원문 필사본에 관한 일부 기록은 남아 있을 법하다.

31. Porter, "The Use of Arabic Script", 136.

32. Porter, 136에 인용된 *The Encyclopedia of
Islam* (Leiden: Brill, 1971), 963~965.

33. Patricia Cone and Michael Cook, *Hagarism:
The Making of the Islamic World* (Cambridge:
Cambridge University Press, 1977), 209~210.

34. Ibn Wahshiyyah, *Ancient Alphabets*, iv.

35. Ibn Wahshiyyah, 41.

36. Ibn Wahshiyyah, 117~118.

37. 바이에른주립도서관(Bayerische Staatsbibliothek)에는
아랍어 필사본이 한 부 보존되어 있다. [BSB-Hss Cod.
arab. 789] Ibn-Waḥšīya, Aḥmad Ibn-ʿAlī: Kitāb Šauq
al-mustahām fī maʿrifat rumūz al-aqlām [u.a.] - BSB
Cod.arab. 789 (Constantinople, 1791, Bavarian State
Library, Digitale Bibliothek), https://www.digitale-
sammlungen.de/en/view/bsb00037029?page=,1.

38. 아벤 바시아라는 이름은 여러 곳에서 등장한다.
한 예로 다음을 볼 것. Richard Rolt Brash, *The
Ogham Inscribed Monuments of the Gaedhill*
(London: George Bell and Sons, 1879), 368.

39. Ibn Wahshiyya, *An Explanation of Ancient Alphabets and
Hieroglyphics (Kitab Shawq al-Mustaham)*, trans. Joseph
von Hammer-Purgstall, ed. Jason Colavito, 제이슨
콜래비토 웹사이트, http://www.jasoncolavito.com/
ancient-alphabets-explained.html 〔2023. 11. 19.〕.

40. 포터는 이 책의 실제 저자가 아부 탈리브 알자야트(Abu
Talib al-Zayyat)라고 추정한다. 그가 근거로 삼은
자료는 다음과 같다. T. Fahd, "Ibn Wahshiyyahh",
Encyclopedia of Islam, new edn. iii (Leiden: Brill 1971),
963~965. 포터는 프랑스국립도서관 소장 필사본 BN
2676의 90면과 BN 2675에 소개된 아랍 마법 문자와
와흐시야의 문자를 비교한 연구도 인용한다. 이 필사본,
즉 『키타브 미프타흐(Kitab miftah)』(1303~1304)에는
알파벳 스물네 종이 수록되어 있는데, 그중
다수는 아랍 자모가 '아브자드(abjad)' 순서에
따라 기호로 대체된 상상 문자이다.

41. 중세 후기 텍스트에 전대의 단편들과 전통이
흡수된 경우가 많은 것처럼, 『라지엘의 서』는
『비밀의 서』에 일부 근거했다.

42. Johannes Trithemius, *Steganographia* (Francofvrti:
Ex officina typographica Matthiæ Beckeri,
sumptibus Ioannis Berneri, 1608).

43. 조지프 피터슨이 말하기로, "역사가 린 손다이크(Lynn
Thorndike)에 따르면 [헵타메론을] 저명한 의사인
피에트로 다바노(1250~1316)의 저작으로 간주하는
일은 '확실히 미심쩍어 보인다'". Joseph Peterson,
"Peter of Abano: Heptameron, or Magic Elements"
(최종 수정 April 14, 2023), *Twilit Grotto: Archives of
Western Esoterica*, http://www.esotericarchives.com/
solomon/heptamer.htm. 피터슨은 다음을
인용한다. Thorndike, *A History of Magic*, 2:912.

44. 해당 문자가 금속활자로 근사하게 복제된
예는 Balmes, *Mikneh Avram*을 볼 것.

45. Ibn Wahshiyyah, *Ancient Alphabets*, 118.

46. Thorndike, *A History of Magic*, 340~347.

47. 에녹서는 '외전'으로 분류된다.

48. 에녹서 관련 문헌 목록은 Thorndike, 주석 341을 볼 것.

49. James C. VanderKam, "The Book of Enoch and
the Qumran Scrolls", *The Oxford Handbook of the
Dead Sea Scrolls* (New York: Oxford University
Press, 2010), 초록 https://doi.org/10.1093/oxf
ordhb/9780199207237.003.0011.

50. Martin Findell, "The Book of Enoch, the
Angelic Alphabet and the 'Real Cabala'", *Henry
Sweet Society Bulletin*, May 2007, 7~22.

51. Findell, 12에 인용된 Joseph Peterson, *John
Dee's Five Books of Mystery* (York Beach,
ME: Weiser, 2003), 268~271.

52. Findell, 13.

53. 대영도서관에는 존 디의 서고에서 나온 필사본 몇 부가
있고, 슬론(Sloane) 필사본 '[3188][3189][Sloane
3846 fol. 154r-158v Royal MS17Axlii]'으로 분류되어
있다. 대영도서관 웹사이트(https://www.bl.uk/
manuscripts/)에서 개별 문서를 검색할 수 있다.

54. 천사어에 관해서는 다음을 볼 것. Donald
Laycock, *The Complete Enochian Dictionary*
(York Beach, ME: Weiser, 1994).

55. Meric Casaubon, *A True and Faithful Relation of What
Passed for Many Years between John Dee and Some
Spirits* (London: D. Maxwell, 1659), preface, n.p.

56. Nick Pelling, "The Voarchadumia & John Dee",
Cipher Mysteries, May 23, 2009, http://
ciphermysteries.com/2009/05/23/the-
voarchadumia-john-dee.

57. Herren, *Cosmography*, 216~217. 헤렌은

다음 두 이스테르 필사본을 모두 인용한다.
"Murbach hymnal", fol. 2, "The Cosmography of
Aethicus", Oxford Bodleian Library, Junius 25,
fol. 59v; Aethicus Ister, "Cosmographia", Leiden,
Universiteitsbibliotheken, Voss. Lat. F 113, fol. 30r.

58. René Derolez, *Runica manuscripta* (Brugge: De
Tempel, 1954), chap. 3, appendix, 274~278.

59. Abbey of St. Gall, Codex Sangallensis 878, 321~322,
http://www.e-codices.unifr.ch/en/csg/0878.

60. Derolez, *Runica manuscripta*, xliv. 룬 필사본
연구의 역사를 상세히 논한 책으로는
아직도 이만한 저작이 없다.

61. E. J. Christie, "By Means of a Secret Alphabet:
Dangerous Letters and the Semantics of
Gebregdstafas", *Modern Philology* 109, no. 2 (2011):
145~170, https://www.jstor.org/stable/10.1086/
663211?seq=1#metadata_info_tab_contents.
시대가 어긋난다는 사실은 내가 관찰한 점이고,
성 히에로니무스를 언급한 이는 크리스티이다.

62. Hrabanus Maurus, "De inventione", German
National Museum, MS 1966 fol. 121v~122r.
Derolez, *Runica manuscripta*, 308에 인용.

63. St. John's College, Oxford, Byrhtferth
manuscript, c.1110 (St. John's 17_005v).

64. Melchior Goldast, *Rerun alamannicarum scriptores aliquot
vetusti* (Frankfurt: Wolffgang Richter, 1606). 이에 관한
상세한 논의 역시 Derolez, *Runica manuscripta*를 볼 것.

65. Derolez, *Runica manuscripta*. 이 연구의 몇몇 판은
노르드어, 영어, 게르만어 전통에 집중한다.

66. Iain Macleod Higgins, *The Book of John Mandeville*
(Indianapolis, IN: Hackett Publishing, 2011), xii~xiii.

67. Letts, *Mandeville's Travels*, xxxix.

68. Derolez, *Runica manuscripta*, 136.

69. Geraldine Heng, *Empire of Magic: Medieval
Romance and the Politics of Cultural Fantasy* (New
York: Columbia University Press, 2003), 459.

70. Marcia Kupfer, "'. . . lectres . . . plus vrayes':
Hebrew Script and Jewish Witness in the Mandeville
manuscript of Charles V", *Speculum* 83 (2008): 60.

71. Heng, *Empire*, 458~459에 인용된
Letts, *Mandeville's Travels*, 152.

72. Heng, 459~460.

73. Kupfer, "'. . . lectres . . . plus vrayes,'" 59.

74. Kupfer, 58~111.

75. Kupfer, 65에 인용된 히브리 고문자학자 쥐디트
올쇼비슐랑제르(Judith Olszowy-Schlanger).

76. 쿠퍼는 1370~1380년경 북프랑스에서 제작된 모세스
벤 야코브의 필사본을 특기한다. Moses ben Jacob,
Great Book of Precepts (Paris, BnF, MS hébr. 375).

77. Kupfer, 84.

78. Kupfer, 67. 주문된 필사본이 제작된 때는 1371년경으로 측정되고 유대인 추방령이 내려진 것은 그보다 20년 후였지만, 반유대주의는 해당 시기 내내 극성이었다. 쿠퍼는 14세기 초 샤를이 압수되었던 유대 서적 다량을 파리 거주 유대인에게 선물하며 유화적 제스처를 보였고 유대 인구를 겨냥한 의심과 혐의를 일부 덜어 주기도 했다고 지적한다. 샤를은 유대인 추방이 실시되기 전인 1380년에 죽었다.

79. 그러나 내가 본 것은 없다.

80. Elmar Seebold, "Mandeville's Alphabets", *Beitrage zur Geschichte der deutschen Sprache und Literatur*, Band 120 (Paris: Niemeyer, 1998), 435~449. 제볼트의 목록은 유용하다. 그는 이집트 문자의 근원을 이스팔레우시스 이시도루스에서, 사라센 문자의 한 가지 근원은—나는 확인하지 못했지만— 맨더빌의 가장 오래된 영어 필사본(BL, Add 17335 fol 29nr)에서 찾아낸다. 페르시아 문자는 사실 칼데아 문자이다. 아무튼 중요한 것은 여러 문자의 사본과 변형판 또는 유사물과 모작이 충분하다 보니 사자 과정에서 훼손되거나 이름이 바뀌는 등 변형이 가해져도 일정한 범례 형성이 가능했다는 점이다.

81. 대다수 권위자는 마르틴 로트(Martin Roth)가 실제로 글을 썼다고 믿는 듯하다.

82. Bernhard von Breydenbach, *Prefatio in opus transmarine peregrinations ad venerandum et gloriosum spulcrum Dominicum in Iherusalem* (Mainz: Erhard Reuwich, 1486).

83. 바이에른주립도서관의 헬가 레반이 쓴 해설문. Helga Rebhan, "Pilgrimage to the Holy Land: Die heyligen reyssen gen Jherusalem zuo dem heiligen grab", World Digital Library, Library of Congress, https://www.wdl.org/en/item/18395/.

84. 또 다른 사례연구로는 다음을 볼 것. Sebastian Kempgen, "The Mysterious 'Alphabetum Iliricum Sclavorum'" (University of Bamberg, 2015), https://kodeks.uni-bamberg.de/slavling/downloads/SK_IllyrianSlavicAlphabet.pdf. 이 '낯선' 슬라브 알파벳이 어쩌면 글라골 문자에서 갈라져 나왔을지도 모른다고 여기고 발전 과정을 추적하는 글이다.

4. 언어 혼란과 문자 총람

1. 1500년 이전에 나온 초기 인쇄물에서는 알파벳 총람이 실린 예를 찾지 못했다. 트리테미우스의 『암호학』은 1499년에 편찬되었지만 실제 출판은 1606년에야 이루어졌고, 마우루스의 「발명(De inventione)」 등을 통해 이루어지던 알파벳 필사본 전승 흐름을 이어받았다.

2. 사베리오 캄파니니에 따르면, 유럽에서 이국, 특히 '동양' 문자 수집열은 신대륙 진출과 함께 정점에 다다랐다고

한다. 이런 활동의 중심지 중 하나가 바로 무역에 유리한 위치에 있던 베네치아였다. Campanini, "The Quest".

3. Conrad Gessner, *Mithridates* (Tiguri: Excudebat Froschouerus, 1555).

4. Gessner, 1.

5. Erich Poppe, "The Celtic Languages in Conrad Gessner's *Mithridates* (1555)", *Zeitschrift für celtische Philologie* 45, no. 1 (2009): 240.

6. Conrad Gessner, *Bibliotheca universalis* (Zurich: Christophorum Froschoeuerum, 1545).

7. Campanini, "The Quest".

8. Charles Forster, *The One Primeval Language Traced Experimentally*, 3 vols. (London: Richard Bentley, 1851).

9. 필사본으로 전승된 알파벳 표본에 관해서는 Derolez, *Runica manuscripta*를 볼 것.

10. Edmund Fry, *Pantographia: Containing Accurate Copies of All the Known Alphabets in the World; Together with an English Explanation of the Peculiar Force or Power of Each Letter: To Which Are Added, Specimens of All Well-Authenticated Oral Languages; Forming a Comprehensive Digest of Phonology* (Printed by Cooper and Wilson, for John and Arthur Arch, Gracechurch-Street; John White, Fleet-Street; John Edwards, Pall-Mall; and John Debrett, Piccadilly, 1799).

11. Daniels and Bright, *The World's Writing Systems*.

12. *Congregatio de Propaganda Fide* (Rome: Vatican, 1636).

13. 로이힐린(1455~1522), 피에트로 갈라티노(Petrus Galatin, 1460~1540), 스칼리제르(1540~1609), 요하네스 북스토르프(Johannes Buxtorf, 1564~1629), 후대에는 에체힐 슈판하임(Ezechiel Spanheim, 1629~1710) 등이 흔히 거론된다. 이스팔레우시스 이시도루스와 알렉산드리아의 클레멘스는 가끔 언급되지만, 흥미롭게도 흐라바누스 마우루스(780~856)는 룬 문자 맥락 밖에서는 언급되지 않는다.

14. Johannes Trithemius, *Polygraphia* (Oppenheim: Ioannis Haselbergi de Aia, 1518); Johannes Pantheus, *Voarchadumia* (Venetiis: Diebus Aprilis, 1530); Heinrich Cornelius Agrippa von Nettesheim, *De occulta philosophia* (Cologne, 1531); Guillaume Postel, *Linguarum duodecim characteribus differentium alphabetum introductio* (Paris: Apud Dionysius Lescuier, 1538); Teseo Ambrogio, *Introductio in Chaldaicum linguam* (Pavio: Excudebat Papiae Ioan. Maria Simoneta Cremonen[sis] in canonica Sancti Petri in caelo aureo, su[m]ptibus & typis, authoris libri, anno à Virginis partu, 1538).

15. Giovanni Battista Palatino, *Libro nuovo* (Stampata in Roma: Appresso Campo di Fiore, nelle case di m. Benedetto Gionta: Per Baldassarre di Francesco

Cartolari perugino, 1540); Urbanus Wyss, *Das Schreibbuch* (Zurich, 1549); Theodor de Bry and Israel de Bry, *Alphabeta et charactères* (Frankfurt, 1596).

16. Duret, *Thrésor*.

17. Joannes Baptista Gramaye, *Specimen litterarum & linguarum universi orbis* (⋯⋯) (Ath: Ionannes Masius, 1622); Samuel Purchas, *Hakluytus posthumus, or Purchas His Pilgrimes* (London: Henry Fetherston, 1624).

18. Blaise de Vigenère, *Traicté de chiffres* (Paris: Chez Abel L'Angelier, au premier pillier de la grand' salle du Palais, 1586); François Colletet, *Traittez des langues estrangères, de leurs alphabets, et des chiffres* (⋯⋯) (Paris: Jean Promé, 1660).

19. Trithemius, *Polygraphia*.

20. David A. King, *The Ciphers of the Monks: A Forgotten Number Notation of the Middle Ages* (Stuttgart: F. Steiner, 2001).

21. Trithemius, *Polygraphia*, 281~288.

22. Trithemius, 281~288.

23. Trithemius, *Polygraphia*.

24. Johannes Trithemius, *Polygraphie* (Paris: Jacques Kerver, 1561), 178~179.

25. Trithemius, 179.

26. Trithemius, 180.

27. Edward Edwards, *Memoirs of Libraries: A Hand-book of Library Economy* (London: Trübner, 1859), 265~267. 에드워즈는 해당 자료의 카탈로그가 남아 있지 않다고 했지만, 트리테미우스는 이 작업을 1502년경에 시작했다고 한다.

28. M. Dorothy Neuhofer, *In the Benedictine Tradition* (Lanham, MD: University Press of America, 1999), 40; Roland O. Behrendt, O.S.B., *The Library of Sponheim Abbey under Abbot Trithemius (1483–1506)* (Latrobe, PA: American Benedictine Academy, Library Section, St. Vincent's Archabbey, August 1958), 8에 인용된 Johann Georg von Eckhart, *De origine Germanorum eorumque vetustissimis coloniis, migrationibus ac rebus gestis* (Gottingen: J. G. Schmid, 1750), l.c. II:1828의 *Nepiachus*.

29. Neuhofer, 40. 다음을 인용한다. R. W. Seton-Watson, "The Abbott Trithemius", *Tudor Studies* (London, 1924); Behrendt, "The Library of Sponheim Abbey", 6.

30. 월드캣(WorldCat) 웹사이트에는 초판이 나온 후 약 100년 사이에 나온 프랑스어판과 라틴어판 십여 종이 등재되어 있다.

31. Trithemius, *Polygraphia*, 181. Eckhart, *De origine Germanorum*와 비교해 볼 것. 그러나 트리테미우스의 표본 중 에카르트의 것과 일치하는 것은 없다.

32. Trithemius, 182. 도라쿠스는 뒤팽이 아그리파를

원용하는 구절에서 언급된다. Louis Ellies Du Pin, *A New History of Ecclesiastical Writers* (London: Tim Child, 1710), 403.

33. Trithemius, *Polygraphia*, 183.

34. 히쿠스는 Arthur Machen, *The Enchanted Treasure, or The Spagyric Quest of Beroaldus Cosmopolita* (London: Thomas Marvell, 1888) 중 트리테미우스의 책을 요약하는 부분에서 언급된다.

35. 룬 문자는 영국 제도의 중세 필사본에서 다양한 형태로 발견되며 트리테미우스의 책에 실린 것과 유사한 모습을 보인다. 이로써 추정컨대 트리테미우스는 베다 베네라빌리스 등의 텍스트에서 룬 문자를 빌렸을지도 모른다. 다음을 볼 것. Kate Thomas, "How Many Alphabets?", *Medieval Manuscripts Blog*, May 10, 2019, https://blogs.bl.uk/digitisedmanuscripts/2019/05/how-many-alphabets.html.

36. Trithemius, *Polygraphia*, 186.

37. Trithemius, 186.

38. Pantheus, *Voarchadumia*, 12~13.

39. Cornelius Agrippa, *Three Books of Occult Philosophy*, trans. J. French (London: Gregory Moule, 1651), 438.

40. Agrippa, 162.

41. Agrippa, *De occulta philosophia*.

42. 이 문자에 관해서는 피에트로 다바노가 쓴 어떤 필사본의 흔적도 찾지 못했지만, 이는 물론 그런 필사본이 실존하지 않았다는 결정적 증거가 아니다.

43. Leonhard Thurneysser, *Onomasticum* (Berlin: Nicolaum Voltzen, 1583), 181.

44. Agrippa, *Three Books*, 160.

45. Agrippa, 316.

46. Agrippa, 439.

47. Postel, *Linguarum*.

48. Brandon Wheeler, "Guillaume Postel and the Primordial Origins of the Middle East", *Method and Theory in the Study of Religion* (Leiden: Brill, 2012), https://www.academia.edu/14955597/Guillaume_Postel_and_the_Primordial_Origins_of_the_Middle_East.

49. Wheeler, 4.

50. Wheeler, 8.

51. Postel, *Linguarum*.

52. James G. Fraser, "Epigraphy and Paleography as Scientific Disciplines", *Perspectives on Language and Text: Essays and Paper in Honor of Francis I. Anderson's Sixtieth Birthday, July 28, 1985* (Winona Lake, IN: Eisenbrauns, 1987), 27. 프레이저는 세크레트를 인용하며 포스텔이 입수한 필사본이 1482년 내지 1486년에 야쿠브 마하신(Ya'qub b. Mahasin)이 저술한 문서라고 밝힌다. François Secrete, *Bibliographie des manuscrits de Guillaume Postel* (Geneva: Droz, 1970).

53. Alan David Crown, *Samaritan Scribes and Manuscripts* (Tübingen: Mohr Siebeck, 2001), 270. 크라운은 포스텔의 지면에 실린 표에서 처음 나오는 글자들은 형태가 비뚤비뚤한 것으로 보아 다른 필사본이 아니라 주화에서 사자한 것이라고 시사했다.

54. Crown, 271.

55. Crown, 274.

56. Nathan Schur, "The Return of the Diaspora Samaritans to Nablus at the End of the Middle Ages", http://members.tripod.com/~osher_2/html_articles/Diaspora.htm 〔2024. 3. 9.〕.

57. 피에트로 델라 발레(Pietro della Valle)는 1616년 다마스쿠스에서 사마리아 오경을 구매했는데, 이 책이 1631년 모랭 대역본의 저본이 되었다.

58. Fraser, "Epigraphy".

59. Campanini, "The Quest", 209.

60. Campanini, 201.

61. Campanini, 201.

62. Campanini, 207~208.

63. Campanini, 208.

64. Abraham de Balmes, *Mikneh Avram: Peculium Abrae; Grammatica Hebraea una cum Latino* (Venice: Daniel Bomberg, 1523).

65. Campanini, "The Quest", 214. 발메스는 이스라엘인이 "아둔한 민족, 쿠타인"(여기에서는 사마리아인과 동의어이다)에게 (고대) 히브리 문자와 아람어를 남기고 그 대신 이 문자〔트란시투스 플루비〕와 히브리어를 가져갔다고 여겼다.

66. Campanini, 214.

67. Campanini, 227.

68. Ambrogio, *Introductio*, 196~197.

69. Palatino, *Libro nuovo*.

70. Wyss, *Das Schreibbuch*.

71. Israel de Bry and Theodor de Bry, *Alphabeta*.

72. Thomas Harriot, *A Briefe and True Report of the New Found Land of Virginia* (Francoforti ad Moenvm: Typis I. Wecheli, svmtibvs vero T. de Bry, 1590).

73. *Tyrannies et cruatez des Espagnols* (Antwerp: Ravelenghien, 1579) 번역본, *Narratio Regionum indicarum per Hispanos Quosdam devastatarum verissimai* (Oppenheim: John-Theod. De Bry, 1614) 중 바르톨로메 데 라스 카사스.

74. de Bry, *Alphabeta*, n.p.

75. 더브리 형제의 『전 세계의 알파벳과 문자』에 소개된 문자로는 고대 칼데아 문자, 아브라함 문자(고대 시리아 문자) 중 엘파(elpha), 고대 시리아 문자 중 올라프(olaph), 페니키아 문자 중 두 줄로 나뉜 알파, 시리아 문자(Siriorum) 중 알린(alyn), 에스라 전대 히브리 문자 중 알레프와 몇몇 천상 문자와 '뛰는 알레프',

천상 문자 중 등이 휜 베트, 말라흐 문자(아그리파에서 옮겼다), 에스드라스 문자(방형 히브리 문자), 모세 문자(고대 히브리 문자), 히브리 문자(붓으로 쓴 방형 문자), 토트 문자, 이집트 문자[Aegyptiarum. Thomas Bang, *Caelum orientis et prisco mundi triade exercitatio literarium repraesentatum curisque* (Hauniae: Petri Morsingi, 1657), 114에 실린 것과 같다], 이집트 문자(Aegyptiorum) 중 아테무스(Athemus), 이집트 문자(Aegyptiacum) 중 a, j 모양, 아랍 문자(Arabum) 중 엘라프(elaf), 아랍 문자(Arabicum) 중 엘리프(eliph), 사마리아 문자 중 알레프, 키릴 문자, 그리스 문자, 카드모스 페니키아 형제 문자 중 피타고라스가 더한 y, 시모니데스가 더한 자모 넷, 에피카르모스가 더한 자모 둘, 팔라메데스(Palamedes)가 더한 자모 넷, 야곱 문자 중 알파 베다(Alfa Veda), 히에로니무스 문자(일리리아 문자), 성 키릴로스 문자, 슬라브 문자(Sclavorum) 중 아크(Ac)와 부크(Buc), 슬라브 문자(Sclavor), 크로아티아 문자, 모스크바 문자, 아르메니아 문자, 크리소스토모스 문자(Chrysostomus), 인도 문자, 히타이트 문자, 데마라투스 코린토스 문자(Demaratus Corinth), 우필라스 문자(Uphilas. 고트 문자), 사라센 문자, 로마 문자, 그리고 라틴 문자에 속하지만 양식이 다른 열두 가지 민족 문자(흑자체 외) 등이 있다.

76. Duret, *Thrésor*.

77. Duret, 표제면.

78. Duret, 6.

79. Duret, 6.

80. Duret, 28.

81. Duret, 6.

82. Duret, 42~43.

83. Duret, 39~40에서 아담에 관한 논의. 하지만 그는 아담이 얼마나 오래 살았는지 언급하지 않는다.

84. Duret, 42.

85. Duret, 117.

86. 뒤레는 소실되기 전 그리마니의 장서도 접했고 데 판티의 장서도 활용했다. Campanini, "The Quest", 228~229.

87. 1616년 제임스 보너벤처 헵번이 펴낸 〈비르가 아우레아, 신성한 동정녀 마리아의 천상 황금봉(Virga Aurea, the Heavenly Golden Rod of the Blessed Virgin Mary in Seventy-Two Praises)〉에는 알파벳 72종이 제시되어 있었다. Adam McLean, "The Virga Aurea", *Hermetic Journal*, 1980. 연금술 웹사이트(The Alchemy Website)에도 게재되어 있다. http://www.levity.com/alchemy/virga_aurea.html 〔2023. 11. 19.〕. '72'라는 수는 구약·신약성서와 관련된 상징성을 띤다.

88. 그의 시리아 문자는 암브로조의 책에서 옮겨 온 것이었고, 페니키아 문자(그리스에 도입된 점을 의식해 '이오니아 문자'라는 이름이 붙어 있었다) 다음에는 콥트 문자의 변종인 이집트 문자와 이집트인의

종교와 신앙에 관한 논의가 뒤따랐다. 페니키아
문자와 이오니아 문자는 366쪽에 제시되었다.

89. Duret, *Thrésor*, 589.
90. Duret, 314.
91. Duret, 324.
92. Vigenère, *Traicté*. 그리고 Colletet, *Traittez*.
93. Vigenère, 288~289.
94. Vigenère, 337~340.
95. Vigenère, *Traicté*.
96. Colletet, "Advis du lecteur", *Traittez*, n.p.
97. 「독자에게 알림」에서 코유테는 풀비오
    몬타우리라는 인물의 책을 출전으로 밝혔지만,
    나는 어떤 제목이나 철자로도 그런 인물이나
    그가 썼다는 필사본을 찾지 못했다.
98. 파비앵 시몽은 베르나르 콜롱바와 만프레트
    페테르스(Manfred Peters)의 공동 연구를 인용해
    "텍스트의 단편들"로 이루어진 저작에서 그와 같은
    대규모 도용은 드문 일이 아니었다고 지적한다.
    게스너의 『미트리다테스』를 계량서지학적으로 분석한
    결과를 인용하며, 시몽은 텍스트의 47퍼센트가
    인용구였고 11퍼센트는 언어 표본이었으며
    42퍼센트만이 저자가 쓴 글이었다고 밝힌다. 이렇게
    그는 해당 작품을 평범한 책의 전통에 배치한다.
    Fabien Simon, "Collecting Languages, Alphabets and
    Texts: The Circulation of 'Parts and Texts' among
    Paper Cabinets of Linguistic Curiosities (Sixteenth-
    Seventeenth Century)", *Pieces and Parts in Scientific
    Texts*, vol. 1, ed. Florence Bretelle-Establet and
    Stéphane Schmitt (New York: Springer, 2018), 310.
99. Purchas, *Hakluytus posthumus*.
100. Gramaye, *Specimen litterarum*.
101. Purchas, *Hakluytus posthumus*, 1:1.
102. Purchas, *Hakluytus posthumus*.
103. Purchas, 1:93.
104. Purchas, 1:176~177.
105. Purchas, 1:178.
106. Bang, *Caelum orientis*.
107. 아담, 아담의 아들들, 셋, 셋의 아들들, 에녹, 칼데아인,
    아시리아인, 시리아인, 페니키아인, 이집트인,
    에티오피아인, 모세, 아브라함, 메르쿠리우스 등이다.
108. Bang, *Caelum orientis*, 100.
109. Bang, 104, 105.
110. Bang, 106.
111. Bang, 125.
112. Fry, *Pantographia*.
113. Fry, *Pantographia*.
114. 프라이의 참고 문헌 목록에서는 더브리, 로카, 뱅,
    슈라더 등이 빠진 점이 눈에 띈다. 프라이가 칼데아
    문자의 출전으로 나열한 자료는 다음과 같다.

이븐 와흐시야(원서 9~10세기, 요제프 하머
    폰 푸르크슈탈의 번역본은 1801)
『피카트릭스』(대영도서관 소장 필사본, 10세기
    후반 또는 11세기 그리무아르)
『라지엘의 서』, 13세기 라틴어 필사본이
    현존 최고(最古) 자료
『호노리우스의 맹세서』, 13세기 그리무아르
피에트로 다바노(1250~1316)
트리테미우스, 『암호학』, 1499
트리테미우스, 『다중 표기학』, 1518
기욤 포스텔, 1538
테세오 암브로조, 1539
파라켈수스, 1530년대
코르넬리우스 아그리파, 『오컬트 철학』
    (1509~1510, 출판은 1531)
팔라티노(Palatino), 1540
요하네스 판테우스, 1530, 『보아르카두미아』
존 디, 에녹 문자, 1580년대
파젤루스(Fazellus), 1579
〈비르가 아우레아〉, 1616
뒤레, 『세계 언어사의 보배』, 1619
자크 가파렐, 1629
아타나시우스 키르허, 1643~1649
에체힐 슈판하임, 1671
피에르 시몽 푸르니에(Pierre Simon
    Fournier, Le Jeune), 1766
드 시브리(De Sivry), 1778
에드먼드 프라이, 1799
115. Bright and Daniels, *The World's Writing Systems*.

5. 고유물 해설

1. Joseph Levine, *Battle of the Books: History
   and Literature in the Augustan Age* (Ithaca,
   NY: Cornell University Press, 2018), 3.
2. Cyril Mango, "The Triumphal Way of
   Constantinople and the Golden Gate", *Dumbarton
   Oaks Papers* 54 (2000): 183~184.
3. Isabel Yaya, "Wonders of America: The Curiosity
   Cabinet as a Site of Representation and
   Knowledge", *Journal of the History of Collections*
   20, no. 2 (November 2008): 173~188.
4. Bernard de Montfaucon, *Antiquité expliquée et
   representée en figures* (Paris: F. Delaulne, 1719).
5. Comte de Caylus, *Recueil d'antiquités égyptiennes,
   étrusques, grecques et romaines* (Paris: Chez
   Desaint et Saillant, 1752~1757), ii.
6. William Massey, *The Origin and Progress of Letters*
   (London: Printed for J. Johnson, 1763), 24.

7. Vivian Salmon, "The Study of Foreign Languages in 17th Century England", *Histoire épistémologie langage* 7, no. 2 (1985): 45~70, https://www.persee.fr/doc/hel_0750-8069_1985_num_7_2_1314.

8. Otto Zwartjes, "Portuguese Missionary Grammars in Asia, Africa, and Brazil, 1500–1800", *Historiographia Linguistica* 39, nos. 2~3 (January 2012): 383~392, https://doi.org/10.1075/hl.39.2-3.11fer.

9. Salmon, "The Study of Foreign Languages", 45~70.

10. Christian Ravis, *Discourse of the Oriental Tongues* (London: Thomas Slater and Thomas Huntington, 1649), 3.

11. Ravis, 5.

12. Ravis, 5. Salmon, "The Study of Foreign Languages", 59~60에도 라피스가 아프리카·아시아어족이라는 말을 쓰지는 않았지만 히브리어, 칼데아어, 사마리아어, 고대 시리아어, 아랍어, 에티오피아어 사이에 가족 유사성이 있음을 인식했다는 말이 있다.

13. Gaster, "Jewish Knowledge".

14. Jean Morin, *Exercitationes ecclesiasticae in utrumque Samaritanorum Pentateuchum* (Paris: Antonius Vitray, 1631).

15. Peter Miller, *Peiresc's Orient: Antiquarianism as Cultural History in the Seventeenth Century* (Abingdon, Oxfordshire: Routledge, 2012), 167.

16. Anthony Grafton, "Joseph Scaliger and Historical Chronology: The Rise and Fall of a Discipline", *History and Theory* 14, no 2 (May 1975): 156~183.

17. Sir Walter Raleigh, *The Historie of the World* (London: William Stansby for Walter Burre, 1614).

18. Raleigh, 250.

19. James Ussher, *Annales veteris testamenti, a prima mundi origine deducti* (London: J. Flesher, J. Crook, and J. Baker, 1650).

20. James Ussher, *Annals of the World* (London: J. Flesher, J. Crook, and J. Baker, 1650).

21. Sir Isaac Newton, *The Chronology of Antient Kingdoms Amended* (London: J. Tonson, 1728).

22. John Jackson, *Chronological Antiquities*.

23. Jackson, *De.Civ.Dei.*, 15:1 인용.

24. Jackson, xii.

25. Jackson, 109.

26. 그는 모랭과 키르허를 인용해 자신의 주장을 뒷받침한다.

27. Jackson, *Chronological Antiquities*, 82.

28. Jackson, 82~83.

29. Jackson, 87.

30. Jackson, 88.

31. Jackson, 90.

32. 잭슨이 동판 원본을 보았는지 여부는 불분명하다. 동판 명문이 처음 발표된 때는 19세기 중엽이다.

33. Levine, *Battle*, 170.

34. 자세한 서술은 다음을 볼 것. E. L. Hicks et al., *Greek Inscriptions in the British Museum* (*GIBM*) (Oxford: Clarendon, 1874~1916), 3:149~150.

35. Levine, *Battle*, 169.

36. 시게이온 명문이 발견되기 얼마 전인 1704년경 윌리엄 레이(William Raye) 영사는 그리스 주화를 모아 보들리에 보냈다. 보들리도서관 연보에는 이에 대한 상술이 있는데, 이들이 어떤 물의를 일으켰는지 읽어 보면 재미있다. William Dunn Macray, *The Annals of the Bodleian Library, Oxford* (Oxford: Clarendon Press, 1890), 173.

37. James Henry Monk, *The Life of Richard Bentley: With an Account of His Writings* (London: J. G. and F. Rivington, 1833), 2:157.

38. 명문과 연대측정 논쟁, 문자 형태에 대한 자세한 분석은 Hicks et al., *GIBM*, 149~150을 볼 것.

39. Dr. Bentley to Dr. Mead (CCXXV), *The Correspondence of Richard Bentley*, ed. Christopher Wordsworth (London: John Murray, 1842), 581~590.

40. Dr. Bentley to Dr. Mead (CCXXV), 581~590.

41. Dr. Bentley to Dr. Mead (CCXXV), 582.

42. R. C.가 '어번 씨(Mr. Urban)'에게 보낸 11월 20일 자 편지에는 맞은편 도판 III 동화에 복제된 명문에 관한 서술이 있다. *Gentleman's Magazine* 85 (January 1799): 25, https://archive.org/details/sim_gentlemans-magazine_1799-01_69_1/page/n33/mode/2up.

43. 저자는 'R. C.'라는 약자로만 밝혀져 있다.

44. Levine, *Battle*.

45. Bernard de Montfaucon, *Palaeographia Graeca* (Paris: L. Guerin, 1708). 그리고 *Antiquity Explained* (London: J. Tonson and J. Watts, 1721).

46. Levine, *Battle*, 174에 인용.

47. Montfaucon, *Antiquity Explained*, vol. 4, 28~30. Levine, *Battle*에 인용.

48. Montfaucon, *Palaeographia Graeca*, 304.

49. Montfaucon, 123 맞은편.

50. Montfaucon, 123 맞은편.

51. Montfaucon, *Antiquity Explained*, preface, n.p.

52. Montfaucon, preface, n.p.

53. Montfaucon, introduction, vol. 1.

54. Ezechiel Spanheim, *Dissertationes de præstantia et usu numismatum antiquorum* (Amstelodami: Daniel Elsevir, 1671).

55. Godwin, *Romanae historiae*.

56. Godwin, 248.

57. Godwin, 249.

58. Edward Stillingfleet, *Origines sacrae, or A rational account of the grounds of Christian faith* (London: R.W. for Henry Mortlock, 1662).

59. Samuel Shuckford, *The Sacred and Prophane History of the World Connected, from the Creation of the World to the Dissolution of the Assyrian Empire at the Death of Sardanapalus, and to the Declension of the Kingdoms of Judah and Israel, under the Reigns of Ahaz and Pekah* (London: R. Knaplock and J. Tonson, 1731).

60. 영국을 강조한 예는 다음을 볼 것. William Stukeley, *Palaeographia Britannica, or Discourses on Antiquities in Britain* (London: Printed for R. Manby, 1743).

61. Shuckford, *The Sacred and Prophane*, 220.

62. Shuckford, 228.

63. Shuckford, 254.

64. Charles Davy, *Conjectural Observations on the Origin and Progress of the Alphabet* (London: T. Wright for T. Cadell, 1772), 5.

65. Davy, 9.

66. Davy, 105.

67. Johanna Drucker, *The Alphabetic Labyrinth: The Letters in History and Imagination* (London: Thames and Hudson, 1994); Alexander Melville Bell, *Visible Speech* (London: Simkin, Marshall, 1867).

68. Jean Mabillon, *De re diplomatica* (Luteciæ Parisiorum: Sumtibus Ludovici Billaine, 1671).

69. Randolph Head, "Documents, Archives, and Proof around 1700: Diplomatics, the ius archivi and State Practice in the Seventeenth and Eighteenth Centuries", *Historical Journal* 56, no. 4 (2013): 909~930.

70. Mabillon, *De re diplomatica*, preface, n.p.

71. 또 다른 실용 지침서인 알덴부르크의 다음 책은 질의 응답 형식으로 고문자학적 고문서학 원리를 소개했다. Augustin Aldenbruck, *In artem diplomaticam isagoge* (Col. Claud. Aug. Agripp.: Ludovicum Schorn, 1765).

72. Toustain, *Nouveau traité*, 559.

73. Toustain, 572.

74. Toustain, 577.

75. Toustain, 585~586. 셕퍼드의 책이 아닌 『그리스 고문자학』이 언급된 것은 아마도 그 책에 실린 델로스와 시게이온 명문을 가리키기 위해서였을 것이다. 다음 쪽에서 투스탱은 셕퍼드의 『연결된 세계의 신성한 역사와 세속적인 역사』를 제법 자세히 서술하고 1권 260쪽을 인용한다.

76. Toustain, 585.

77. Toustain, 592.

78. Kaspar Waser, *De antiquis Numis Hebraeorum, chaldaeorum, et Syrorum S. Biblioa et Rabbinorum scripta meminerunt* (Switzerland: Officina Wolphiana, 1605).

79. 하임 기틀러(Haim Gitler)가 기획한 다음 전시회 웹사이트. *More than Money*, Israel Museum, Jerusalem, 1999, https://museum.imj.org.il/coins.

80. Yosef Ofer, "The Half Shekel, Nahmanides, and Ancient Coins", Bar-Ilan University. 온라인 간행물 주소가 유효하지 않음.

81. Ofer, "The Half Shekel".

82. Caylus, *Recueil d'antiquités*.

83. Caylus, vi.

84. Caylus, xii.

85. Caylus, xiii.

86. Caylus, 74.

87. Caylus, 75.

88. Poinsenet de Sivry, *Nouvelles recherches sur la science des medailles* (Maestricht: Jean-Edme Dufour and Phillippe Roux, 1778), 88~89.

89. Velásquez de Velasco, *Ensayo sobre los alphabetos de las letras desconocidas* (Madrid: Antonio Sanz, 1752).

90. Velasco, 7.

91. Velasco, 7.

92. Velasco, 7.

93. 메달에 관한 자료와 권위서에서 그는 스트라본, 필로스트라토스(Philostrato), 근대 그리스 문자, 원시 그리스 문자, 에트루리아 문자, 아르카디아 문자, 펠라스기아 문자, 고대 라틴 문자, 고트 문자, 룬 문자, 페니키아 문자, 사마리아 문자(몽포콩에 따라), 사마리아와 페니키아 문자(에드워드 버나드에 따라), 고대 시리아 문자, 칼데아 문자, 히브리 문자, 스페인 페니키아 문자[렌보르드(Rhenvord)에 따라], 포에니 문자, 페니키아 문자(Phenician)[출처는 스윈턴(John Swinton)], 페니키아 문자(Phenician)(치셜), 사마리아 문자(월턴), 보샤르의 사마리아/페니키아 문자, 스칼리제르의 페니키아 문자, 켈트이베리아 문자(Celtiberico), 투르데탄 문자(Turdetano), 바스툴·페니키아 문자(Bastulo-phenicio) 등을 끌어낸다.

94. Velasco, *Ensayo*, 51.

95. Astle, *The Origin*.

96. Astle, ii.

97. Astle, iv.

98. Astle, 66~67. 주 2에서 그는 라코니아라는 도시에 관해 더 자세한 정보를 제공하고, 주 3에서는 해당 텍스트가 "트로이 전쟁보다 200년 전에" 쓰였다는 쿠르 드 제블린의 말을 인용한다.

99. Astle, 70.

100. Astle, ii.

101. Court de Gébelin, *Le monde primitif* (Paris, 1777~1796), 119.

102. Astle, *The Origin*, 50.

103. Astle, 5.

104. Thomas Astle, *On the Radical Letters of the Pelasgians* (London: Printed by J. Nichols, 1785), 5.
105. Astle, 6.
106. Astle, *The Origin*, v~xii.
107. Francis Grosse and Thomas Astle, *The Antiquarian Repertory* (London: Edward Jeffery, 1807), iii.
108. Grosse and Astle, iv.
109. Massey, *The Origin*, 19~20.
110. Massey, 20~21.
111. Massey, 31~33.
112. Bayly, *An Introduction*, 33.
113. Bayly, 34.
114. Bayly, 35.
115. Bayly, 38.
116. Ole Worm, *Runir, seu, Danica literature antiquissima* (Hafniae: Melchiorus Martzan, 1651). 그리고 Eckhart, *De origine Germanorum*.
117. L. D. Nelme, *An Essay towards an Investigation of the Origin and Elements of Language and Letters* (London: T. Spilsbury for S. Leacroft, 1772).
118. Johannes Goropius Becanus, *Origines Antwerpianae, sive Cimmeriorum Becceselana novem libros complexa: Atvatica I. Gigantomachia II. Niloscopivm III. Cronia IV. Indoscythica V. Saxsonica VI. Gotodanica VII. Amazonica VIII. Venetica & Hyperborea IX (……)* (Antwerp: Christophori Plantin, 1569).
119. Becanus, 3, 아담에 관한 논의.
120. "Johannes Goropius Becanus", *Wikipedia*, https://en.wikipedia.org/wiki/Johannes_Goropius_Becanus〔2023. 11. 19.〕.
121. Albert Schultens, *Origines Hebraeae sive Hebraeae Linguae antiquissima natura et indoles* (Lugduni Batauorum: Samel et Joannem Luchtmans et Joannem le Mair, 1761).
122. 다음을 볼 것. Michael Covington, "Albert Schultens on Language Relationship", *Linguistics* 17, nos. 7~8 (1979), https://doi.org/10.1515/ling.1979.17.7-8.707.
123. Henri de Bukentop, *Alphabetum Graecum & Hebraïcum: Quo singularum litterarum utriusque linguae figura proponitur, genuinus sonus adstruitur, legendi methodus traditur* (Louvain: Typis viduae Henrici van Overbeke, Anno 1704).
124. Rowland Jones, *A Postscript to the Origin of Language and Nations* (……) (London: J. Hughes, 1764), 13.
125. Charles Vallancey, *Prospectus of a Dictionary of the Language of the Aire Coti, or Ancient Irish, Compared with the Language of the Cuti, or Ancient Persians, with the Hindoostanee, the Arabic, and Chaldean Languages* (Dublin: Graisberry and Campbell, 1802).
126. Edward Lhuyd, *Archaeologia Britannica* (London: 1707), preface, n.p.
127. Richard Verstegan, *A Restitution of Decayed Intelligence in Antiquities concerning the Most Noble and Renowned English Nation* (Antwerp: Robert Bruney, 1605).
128. Verstegan, 188.
129. George Jones, *The History of Ancient America prior to the Time of Columbus Proving the Identity of the Aborigines with the Tyrians and Israelites* (London: Longman, Brown, Green, and Longmans, 1843).
130. Nicholas Hudson, *Writing and European Thought, 1600–1830* (Cambridge: Cambridge University Press, 1994).

6. 표의 수사법과 알파벳의 조화

1. Willem Goeree, *Voor-Bereidselen tot de bybelsche Wysheid, en Gebruik der heilige en kerklijke Historien: Uit de alder-oudste Gedenkkenissen der Hebreen, Chaldeen, Babyloniers, Egiptenaars, Syriers, Grieken en Romeinen* (Utrecht: Anthony Schouten and Hermannus Ribbius Boeckverkoopers, 1700).
2. Athanasius Kircher, *Turris Babel* (Amstelodami: Janssonio-Waesbergiana, 1679).
3. Agrippa, *De occulta philosophia*.
4. 데이비드 킹은 중세 필사본에 등장하는 이런 문자의 잠재적 출전들을 구체적으로 밝힌다. David A. King, "The Ciphers as Presented by Agrippa of Nettesheim", *The Ciphers of the Monks: A Forgotten Number Notation of the Middle Ages* (Stuttgart: Franz Steiner Verlag, 2001), 196~197.
5. 철저한 에드먼드 프라이가 두 도표 중 어느 쪽도 언급하지 않으며 로카의 다른 연구조차 아예 언급하지 않는다는 점이 흥미롭다. 당대에 상상할 수 있었던 표본은 모조리 긁어모은 그였으므로, 해당 연구는 접하지 못했기 때문이리라 추측할 만하다.
6. Angelo Rocca, *Variarum linguarum alphabeta et inventores* (Rome: Ex typographia Dominici Basae, 1595).
7. 로카는 피타고라스가 좋아한 자모, 즉 에피카르모스가—카드모스가 들여온 문자를 보완하려고—추가한 자모를 언급한다.
8. Angelo Rocca, *Bibliothea apostolica Vaticana Sixto V* (Rome: Typographia Apostolica Vaticana, 1591). 이 책은 바티칸도서관 프레스코화의 도상학적 기초가 되었다. 다음을 볼 것. Paul Nelles, "The Vatican Library Alphabets, Luca Orfei, and Graphic Media in Sistine Rome", *For the Sake of Learning*, ed. Ann Blair and Anja-Silvia Goeing (Leiden: Brill, 2016), n4.
9. 월드캣에는 우피치미술관도서관, 하버드대학교

휴턴도서관, 취리히중앙도서관(Zentral-
bibliothek)에 한 부씩 남아 있다고 기록되어 있다.

10. Nelles, "The Vatican Library Alphabets", 441~468.

11. Nelles, 447. 넬스는 〈주요 언어 열네 사례〉를
필기 교본들과 연관하는데, 이는 옳다.

12. Nelles, 441~468.

13. 헵번은 무척 젊었을 적인 1591년에
히브리어 문법서를 써냈다.

14. Hepburn, *Virga Aurea*.

15. McLean, "The Virga Aurea"에는 헵번과 비전(秘傳),
도판의 상징성에 관한 유용한 맥락 정보가 있다.

16. Kircher, *Turris Babel*.

17. Goeree, *Voor-Bereidselen Tot.*

18. 구글 번역의 도움으로 내가 옮겼다.

19. 후레이는 플리니우스, 랍비들, 플루타르크,
키케로, 시칠리아의 디오도로스, 플라톤
등 익숙한 저자들을 인용했다.

20. 알레프는 아래 줄 오른쪽에 있었고, 첫 줄은
T로 시작해 몇몇 복모음으로 끝났으며,
가운데 줄은 K와 L로 시작했다.

21. Athanasius Kircher, *Oedipus Aegyptiacus*
(Rome: Mascardi, 1652).

22. 예컨대 다음이 있다. Bibliander, *De ratione communi*;
Luca Orfei, *De caracterum et litterarum* (⋯⋯) (Rome:
Gio. Batt. Rossi, 1589); Bang, *Caelum orientis*.
인용되는 권위자의 목록은 길지만 익숙해진다.

23. Edward Bernard, *Orbis eruditi literarum*
(Oxoniae: Apud Theatrum, 1689), n.p.

24. Jackson, *Chronological Antiquities*, 116~117.

25. Deirdre Jackson, "Humfrey Wanley and
the Harley Collection", *eBLJ* (*British Library
Journal*), article 2 (2011), https://www.bl.uk/
eblj/2011articles/pdf/ebljarticle22011.pdf.

26. Edmund Chishull, *Antiquitates Asiaticæ Christianam
æram antecedents* (London: William Bowyer, 1728).

27. Giovanni Bianconi, *De antiquis litteris
Hebraeorum et Graecorum Libellus* (Bononiae:
Apud Thoman Colli ex typographia S. Thomae
Aquinatis, 1763). 1748년 판도 있다.

28. Toustain, *Nouveau traité*, table 1, "Alphabet General".

29. Toustain, 594에는 이에 권위를 실어 준 학자들의
긴 목록이 있다. 제네브랑, 벨라르미노, 아리아스
몬타누스, 에티엔 모랭 신부, 위에, 몽포콩, 칼메, 르노도,
빌랄판두스, 스칼리제르, 호로티위스, 호팅어, 카소봉,
드루시우스, 바저, 브리어우드, 카펠레, 월턴, 부샤르,
보시우스, 프리도, 셔퍼드, 에두아르 베르나르, 시몽,
슈판하임, 마이어(Meier), 콘링기우스(Conringius),
북스토르프, 시카르트(Schickard), 풀러(Fuller),
브로턴(Broughton), 유니우스(Junius),

라이트풋(Lightfoot) 등이다. 모두 무엇이 가장
오래된 문자인지를 두고 열띠게 논쟁한 인물들이다.

30. 1911년 판 『브리태니커 백과사전』 온라인의
제블린 항목에서 얻은 정보이다.

31. Court de Gébelin, *Le monde primitif*, 11~13.

32. James Knowlson, *Universal Language Schemes in England*
(Toronto: University of Toronto Press, 1975).

33. 자주 인용되지만 독창적이라기보다 전형적인
사례로는 다음이 있다. Ignace Gelb, *A Study of Writing*
(Chicago: University of Chicago Press, 1952).

34. Court de Gébelin, *Le monde primitif*, 119~120.

35. Astle, *The Origin*, 64 맞은편 table 1.

36. Charles Forster, *A Harmony of Primeval
Alphabets* (London: Richard Bentley, 1852).

37. *Journal of the Royal Geographical Society
of London* 13~14 (1843), l~li.

38. Forster, *A Harmony*, 6.

39. Forster, 1.

40. 최근 베라크루스에서 발견된 카스카할 석괴(Cascajal
Block)에 준해 추정하면 기원전 900년까지 거슬러간다.

41. Taylor, *The Alphabet*.

42. Taylor, 18, 39.

43. Taylor, 121. 에슈무나자르 석관은
1855년 시돈 인근에서 발견되었다.

44. Driver, *Semitic Writing*.

7. 근대 고고학

1. 가나안 명문과 아람 명문은 공식적으로 300점이 간신히
넘는다. 시나이 명문은 총 50점가량이 있고, 대다수는
불과 몇 글자로만 이루어져 있다. Herbert Donner,
Wolfgang Röllig, and O. Rössler, *Kanaanaische und aram-
aische Inschriften* (Wiesbanden: Harrassowitz, 2002~).

2. Benjamin Sass and Israel Finkelstein, "Epigraphic
Evidence from Jerusalem and Its Environs at the Dawn
of Biblical History: Facts First", *New Studies in the
Archaeology of Jerusalem and its Region* 11 (2017): 21~26.

3. Sass and Finkelstein, 25.

4. Forster, *The One Primeval Language*, 1:1.

5. 언어와 민족정체성 형성에 관해서는 다음을 볼 것.
Seth Sanders, *The Invention of Hebrew* (Urbana:
University of Illinois Press, 2011).

6. Samuel Bochart, *Geographia sacra, cuius pars prior
Phaleg de dispersion Gentium et terrarium divisione facta
in aedification turris Babel pars posterior Chanaan de
coloniis et sermone Phoenicum* (Frankfurt on Mainz:
Impensis Johannis Davidis Zunneri, typis Balthasaris
Christophori Wustii, 1674). 초판은 1646.

7. Bochart, *Geographia sacra*.

8. 인용문 출전은 다음과 같다. (François-Marie Arouet) Voltaire, *Dictionnaire Philosophique* (1764), "Augure", 197, https://archive.org/details/dictionnaire phi05beucgoog. 다음도 볼 것. "Samuel Bochart", Wikipedia, https://en.wikipedia.org/wiki/Samuel_ Bochart〔2023. 11. 19.〕.

9. Adriaan Relaant, *Antiquitates sacrae veterum Hebraeorum* (Lipsiae: Apud Joh. Fridericum Wehrmannum; Typis Jo. Heinrici Richteri, 1713).

10. Frederick Jones Bliss, *The Development of Palestine Exploration* (New York: Scribner, 1907). 1903년도 엘리(Ely) 강연을 바탕으로 출간된 책이다. 블리스는 성서에 묘사된 지리로 시작해 이집트 탐사 기록과 기원전 1500년경의 텔 엘아마르나(Tell el-Amarna) 문자(설형)를 논하고 정교한 목록에서 고전 저자들의—요세푸스, 에우세비오스, 히에로니무스, 여러 기독교 순례자 등의—서술을 다룬다. 1장 "The Dawn of Exploration"과 2장 "The Age of Pilgrimage"를 볼 것.

11. Bliss, 189에 인용된 로스웰 히치콕(Roswell D. Hitchcock) 박사.

12. Relaant, *Antiquitates sacrae*; Karl von Raumer, *Palästina* (Leipzig: F. A. Brockhaus, 1835); John Lewis Burckhardt, *Travels in Arabia* (London: H. Colburn, 1829); Léon Marquis de Laborde, *Journey through Arabia Petra to Mount Sinai* (London: John Murray, 1836).

13. Bliss, *The Development*, 195, 로빈슨을 논하는 대목.

14. Markowitz, "Coinage of the Phoenicians".

15. 이 유적은 마가라트 아블룬(Magharat Abloun)이라고 불린다.

16. 석판은 현무암의 일종으로 이집트 동부에서 나는 각섬암으로 만들어졌다.

17. 1855년 4월 3일 박물관 회의실에서 열린 회합 기록. *Transactions of the Albany Institute* 4, art. 4 (1855): 68~69. 시리아에 있던 밴 다이크가 보낸 통신문을 간사가 "참석자들에게 제시했다"라는 기록이 있다.

18. *Transactions*.

19. William T. Turner, "Remarks on the Phoenician Inscription of Sidon", *Journal of the American Oriental Society* 7, no. 48 (1860): 50. 1859년 10월 26일 학회에서 발표된 논문이다.

20. M. L'Abbé J. J. L. Bargès, *Mémoire sur le sacrophage et l'inscription funéraire d'Eschmounazar roi de Sidon* (Paris: Benjamin Duprat, Libraire de l'Institut de la Bibliothèque Impériale des Sociétés Asiatiques, de Paris, de Londre, de Madras et de Calcutta, etc., 1856).

21. Reinhard Lehmann, "Much Ado about an Implement!", *Understanding Relations between Scripts II, Early Alphabets*, ed. Philip J. Boyes and Philippa M. Steele (Oxford, UK: Oxbow Books, 2020), 72.

22. Bargès, *Mémoire*.

23. Bargès, 1.

24. Turner, "Remarks", 48~59.

25. Turner, "Remarks".

26. Turner, 50.

27. Turner, 57.

28. Turner, 57.

29. Turner, 58.

30. '성서 히브리어'라는 용어에는 문제가 있다. '히브리어'는 시대에 맞지 않으며 성서에서는 '가나안어'라는 말을 쓰기 때문이다. 기원전 1000년경부터 서기 초까지 가나안어를 기록하는 데 쓰이던 문자는 페니키아 문자와 거의 동일하다.

31. Reverend James King, *Moab's Patriarchal Stone: Being an Account of the Moabite Stone, Its Story and Teaching* (London: Bickers, 1878), 1.

32. King, 5.

33. King, 7. 그의 생생한 묘사를 간접인용했다.

34. A. H. Sayce, *Fresh Light from Ancient Monuments* (London: Religious Tract Society, 1883), 77.

35. Sayce, 76~77.

36. King, *Moab's Patriarchal Stone*, 21.

37. King, 21.

38. King, 22.

39. Charles Warren, "The Moabite Stone: Captain Warren's First Account of the Inscription from the Moab", *Quarterly Statement of the Palestine Exploration Fund*, January 21, 1870, 169~183, https://www.biblicalstudies.org.uk/pdf/pefqs/ 1869-71_169.pdf. 이 글에는 석판 발견과 분석에 관한 여러 기록과 서한, 서술이 포함되어 있다.

40. Warren, n.p.

41. Sayce, *Fresh Light*, 169.

42. Sayce, 169.

43. Sayce, 169.

44. Christopher Rollston, *Writing and Literacy in the World of Ancient Israel* (Boston: Brill, 2010).

45. Anson Rainey, *The Sacred Bridge: Carta's Atlas of the Biblical World* (Jerusalem: Carta, 2006).

46. Daniel Silas Adamson, "The Men Who Uncovered Assyria", *BBC Magazine*, March 22, 2015, https:// www.bbc.com/news/magazine-31941827.

47. Gareth Brereton, "Lion Hunting: The Sport of Kings", *The British Museum Blog*, January 4, 2019, https://blog.britishmuseum.org/lion-hunting-the-sport-of-kings-2/.

48. Layard, *Discoveries*.

49. Layard, 155n.

50. Layard, *Discoveries*.

51. Naveh, *The Early History*, 30~32.

52. Eric Burrows, "The Origin of the Ras Shamra Alphabet", *Journal of the Royal Asiatic Society of Great Britain and Ireland* 68, no. 2 (April 1936): 271~277. 버로스는 이 발견에 기해 스프렝글링(M. Sprengling), 페브리에(J. G. Février), 개스터(T. Gaster), 비로요(M. Virolleaud), 세이스를 위시해 당대의 저명 권위자들이 내놓은 여러 가설을 개괄한다.

53. J. Philip Hyatt, "The Ras Shamra Discoveries and the Interpretation of the Old Testament", *Journal of Bible and Religion* 10, no. 2 (May 1942): 67~75. 석판은 발견 즉시 발표되지 않았고, 하이엇은 단편적인 번역, 불확실한 해석, 기존 지식의 맹점 등 여러 문제를 지적하며 석판 분석에 신중을 기했다. 그러나 그가 강조하기로, 이 자료는 구약성서 연구에 필요한 최초의 진본 일차자료에 속한다는 점에서 여전히 발전이라 할 만했다. (그가 지적하기로, 그전까지는 고전 저자들에 대한 의존이 심했다.)

54. Alfred Weidemann, *Ägyptische Geschichte* (Gotha: F. A. Perthes, 1884).

55. Pierre Montet, *Byblos et l'Egypte, Quatre Campagnes des Fouilles, 1921–1924* (Paris: P. Geuthner, 1928~1929), 228~238, Tafel CXXVII~CXLI.

56. Reinhard G. Lehmann, "Wer war Aḥīrōms Sohn (KAI 1:1)? Eine kalligraphisch-prosopographische Annäherung an eine epigraphisch offene Frage", *Neue Beiträge zur Semitistik: Fünftes Treffen der ArbeitsgemeinschaftSemitistik in der Deutschen MorgenländischenGesellschaft vom 15.–17. Februar 2012 an der Universität Basel (AOAT 425)*, ed. V. Golinets et al. (Münster: Ugarit-Verlag, 2015), 163~180.

57. Edward M. Cook, "On the Linguistic Dating of the Phoenician Ahiram Inscription (KAI 1)", *Journal of Near Eastern Studies* 53, no. 1 (January 1994): 33.

58. Charles C. Torrey, "The Ahiram Inscription of Byblos", *Journal of the American Oriental Society* 45 (1925): 269~279, https://www.jstor.org /stable/pdf/593505.pdf.

59. Christopher Rollston, "The Dating of the Early Royal Byblian Phoenician Inscriptions: A Response to Benjamin Sass", *Maarav* 15, no. 1 (2008): 57~93.

60. Rollston, 59.

61. Edith Porada, "Notes on the Sarcophagus of Ahiram", *Journal of the Ancient Near East Society* 5, no. 1 (1973): 354~372.

62. Porada, "Notes".

63. Ben Haring, "Ancient Egypt and the Earliest Known Stages of Alphabetic Writing", *Understanding the Relations Between Scripts II, Early Alphabets*, ed. Philip J. Boyes and Philippa M. Steele (Oxford, UK: Oxbow Books, 2020), 62.

64. W. M. Flinders Petrie, *Inductive Metrology, or The Recovery of Ancient Measures from the Monuments* (London: Hargrove Saunders, 1877).

65. W. M. Flinders Petrie, *Tell el-Hesi* (London: Published for the Committee of the Palestine Exploration Fund, 1891).

66. Petrie, *Tell el-Hesi*.

67. Petrie, 50.

68. Julian Obermann, "A Revised Reading of the Tell el-Hesi Inscription, with a Note on the Gezer Sherd", *American Journal of Archaeology* 44, no.1 (January~March 1940): 93~104.

69. Obermann, 99.

70. "Gezer Calendar", *Jewish Virtual Library*, https://www.jewishvirtuallibrary.org/gezer-calender〔2023. 11. 19.〕. 출처으로 *Encyclopedia Judaica*, 2008이 인용되어 있다.

71. Naveh, *The Early History*, 26.

72. Sariel Shalev, *Swords and Daggers in Late Bronze Age Canaan* (Stuttgart: Franz Steiner Verlag, 2004), 12.

73. Ben Haring, "Ancient Egypt", 58~60.

74. Harry Torczyner et al., *The Lachish Letters* (Oxford: Oxford University Press, 1938); W. F. Albright, "The Oldest Hebrew Letters: The Lachish Ostraca", *Bulletin of the American Schools of Oriental Research* 70 (April 1938): 11~17.

75. Dennis Pardee, "Lachish Ostraca", *Context of Scripture* 3, no. 42 (2002): 78.

76. Edward Robinson and Eli Smith, *Biblical Researches in Palestine and the Adjacent Regions, Journal of Travels in the Year 1838* (Boston: Crocker and Brewster, 1841), 1:596.

77. Diodorus Siculus, *Bibliotheca historica*, 60~30 BCE, book 3, section 42. 윌리엄 세이어의 토머스 브라운(Thomas Browne) 웹사이트에 발췌되어 있다. http://penelope.uchicago.edu/Thayer/E/Roman/Texts/Diodorus_Siculus/3C*.html〔2023. 11. 19.〕.

78. Forster, *The One Primeval Language*, 1:2.

79. Forster, 3.

80. Forster, 3. 코스마스의 저작이 널리 수용되고 읽히지 않은 것은 특유의 반(反)프톨레마이오스적 접근법 때문이었던 듯하다.

81. Pococke, *A Description*.

82. Lottin de Laval, *Voyage dans la peninsule arabique du Sinai et l'Egypte moyenne, histoire, geographie, epigraphie* (Paris: Gide, 1855), introduction.

83. Laval, 24.

84. Laval, 353.

85. Laval, 353.

86. Laval, 353.

87. Arthur Stanley, *Sinai and Palestine in Connection with Their History* (London: John Murray, 1857). 그리고 Samuel Sharpe, *Hebrew Inscriptions: From the Valleys between Egypt and Mount Sinai* (London: John Russell Smith, 1875).

88. Robinson and Smith, *Biblical Researches*.

89. Eduard F. F. Beer, *Studia Asiatica* (Leipzig: Joannis Ambrosii Barys, 1840). 그리고 Forster, *The One Primeval Language*.

90. G. F. Grey, "Inscriptions from the Waady El Muketteb, or The Written Valley; copied, in 1820, by the Rev. G. F. Grey, and communicated to the Royal Society of Literature in 1830", *Transactions of the Royal Society of Literature of the United Kingdom*, vol. 1, part 2 (1830): 147~148; N. N. Lewis and M. C. A. MacDonald, "W. J. Bankes and the Discovery and Identification of the Nabataean Script", *Syria* 80 (2003): 41~110.

91. Sharpe, *Hebrew Inscriptions*, iii.

92. Forster, *The One Primeval Language*, 1:2.

93. Sharpe, *Hebrew Inscriptions*, iv.

94. Sharpe, iv.

95. Sharpe, iv.

96. Sharpe, 11.

97. Sharpe, 11~12.

98. Sharpe, 15.

99. Grey, "Inscriptions".

100. Sharpe, *Hebrew Inscriptions*, 30.

101. 지리적 위치를 기술한 샤프는 명문을 새긴 이들이 그냥 지나가던 사람들이 아니라 이집트에서 순례 목적으로 그곳을 방문하고 돌아간 사람들이라고 추측한다(1~2).

102. Sharpe, 2.

103. Sharpe, 9.

104. Sharpe, 8.

105. Sharpe, 11.

106. Sharpe, 13. 그는 기원전 6세기―정확히는 기원전 538년―인물로 추정되는 욥기의 저자가 "세르발산과 주변에 있던 이들 명문을 기술했다"라고 시사한다.

107. Forster, *The One Primeval Language*.

108. Forster, *The One Primeval Language*.

109. Forster, 3:iv.

110. Forster, 3:7.

111. Forster, 3:41~42.

112. Forster, 1:58~65에서 포스터는 거듭 이렇게 주장하지만, 정확한 문구는 찾을 수 없다.

113. Forster, 1:58~59.

114. Forster, 1:62.

115. Forster, 1:58. "그 민족은 나귀처럼 발길질을 해 댔다."

116. Jane Taylor, "The Writing on the Rocks", *Al-Ahram Weekly Online*, post no. 620, January 9~15, 2003. 현재는 삭제된 자료.

117. Kirsopp Lake and Robert P. Blake, "The Serâbît Inscriptions: I. The Rediscovery of the Inscriptions", *Harvard Theological Review* 21, no.1 (January 1928): 1~8.

118. W. M. Flinders Petrie, *Researches in the Sinai* (London: John Murray, 1906).

119. 첫 사례는 다음과 같다. Alan Gardiner and T. Eric Peet, *The Inscriptions of Sinai* (London: Egypt Exploration Fund, 1917). 수정된 설은 다음을 볼 것. Jaroslav Cerny, *The Inscriptions of Sinai, II*, Egypt Exploration Society Memoir 45 (London: Egypt Exploration Society, 1952~1955).

120. Petrie, *Researches*, vii.

121. Petrie, 130.

122. Petrie, 131~132.

123. Petrie, 132.

124. W. M. Flinders Petrie, *The Formation of the Alphabet*, British School of Archaeology in Egypt 3 (London: Macmillan; Bernard Quaritch, 1912), 1.

125. Petrie, 2.

126. Petrie, 2.

127. Petrie, 8.

128. Petrie, 2.

129. Petrie, 7.

130. Petrie, 19.

131. David Diringer, "The Palestinian Inscriptions and the Origin of the Alphabet", *Journal of the American Oriental Society* 63, no. 1 (March 1943): 24~30.

132. Diringer, 24.

133. Diringer, 24.

134. A. Biran and Joseph Naveh, "The Tel Dan Inscription: A New Fragment", *Israel Exploration Journal* 43 (1993): 81~98. 다음에 다시 실렸다. Joseph Naveh, *Studies in West-Semitic Epigraphy* (Jerusalem: The Hebrew University; Magnes Press, 2009), 256~273.

135. Ron E. Tappy et al., "An Abecedary of the Mid-Tenth Century B.C. from the Judaean Shephelah", *Bulletin of the American Schools of Oriental Research* 344 (November 2006): 5~46.

136. David M. Carr, "The Tel Zayit Abecedary in (Social) Context", *Literate Culture and Tenth-Century Canaan: The Tel Zayit Abecedary in Context*, ed. Ron E. Tappy and Peter Kyle McCarter (Winona Lake, IN: Eisenbrauns, 2008), 113~129; Peter Kyle McCarter, "Paleographic Notes on the Tel Zayit Abecedary", Tappy and McCarter, *Literate Culture*, 45~60.

137. Ministry of Tourism, "Earliest Known Hebrew

Text Unearthed at 3,000 Year Old Judean Fortress", Israel Ministry of Foreign Affairs, October 30, 2008, https://mfa.gov.il/MFA/IsraelExperience/History/Pages/Earliest_Hebrew_text_unearthed_3000-year-old_Judean_fortress_30-Oct-2008.aspx (더는 유효하지 않은 주소); Yosef Garfinkel et al., "The Eshbaal Inscription", Khirbet Qeiyafa Archaeological Project, Hebrew University of Jerusalem, http://qeiyafa.huji.ac.il/eshbaal.asp.

138. Alan Millard, "The New Jerusalem Inscription—So What?", *Biblical Archaeology Review* 40, no. 3 (May~June 2014), https://www.baslibrary.org/biblical-archaeology-review/40/3/6.

139. Douglas Petrovich, "The Ophel Pithos Inscription: Its Dating, Language, Translation, and Script", *Palestine Exploration Quarterly* 147, no. 2 (2015): 130~145; Eilat Mazar and David Ben-Shlomo, "An Inscribed Pithos from the Ophel, Jerusalem", *Israel Exploration Journal* 63, no. 1 (January 2013): 39~49.

140. Albert de Luynes, *Mémoire sur le sarcophage et l'inscription funéraire d'Esmunazar, roi de Sidon* (Paris: Henri Plon, 1856), 65.

141. Bruce Zuckerman, Marilyn Lundberg, and Leta Hunt, "Inscriptifact Digital Image Library", http://www.inscriptifact.com〔2023. 11. 19.〕.

8. 초기 알파벳 해석하기

1. Benjamin Sass and Israel Finkelstein, "The Swan-Song of Proto-Canaanite in the Ninth Century BCE in Light of an Alphabetic Inscription from Megiddo", *Semitica et Classica, International Journal of Oriental and Mediterranean Studies* 9 (2016): 19.

2. Sass and Finkelstein, 19~43.

3. Sass and Finkelstein, 19.

4. Sass and Finkelstein, 19.

5. Benjamin Sass, *The Alphabet at the Turn of the Millennium: The West Semitic Alphabet, c.1150–850 BCE* (Tel Aviv: Emery and Claire Yass Publications in Archaeology, 2005).

6. Sass, 26.

7. 16세기와 17세기에 조제프 스칼리제르나 에체힐 슈판하임 같은 학자들이 중요한 영향을 끼쳤다면, 분야로서 금석학이 속한 시대는 18세기 말과 19세기 초이다.

8. Frank Moore Cross, *Leaves from an Epigrapher's Notebook* (Winona Lake, IN: Eisenbrauns, 2002). 그리고 Jo Ann Hackett and Walter E. Aufrecht, eds., *"An Eye for Form": Epigraphic Essays in Honor of Frank Moore Cross* (Winona Lake, Indiana: Eisenbrauns, 2014).

9. Charles Toustain, *Nouveau traité*, 653~654에는 페르수시, 아타나시우스 키르허, 사뮈엘 프티(Samuel Petit), 베르나르 드 몽포콩, 조제프 스칼리제르, 새뮤얼 셔퍼드, 게라르두스 보시우스 등이 언급된다. 이 지적 계보는 명확히 정립되고 정기적으로 인용되며, 에티엔 모랭과 랍비 아자리아의 저작 역시 마찬가지이다. 투스탱은 에드먼드 치셜과 에드워드 버나드도 인용한다.

10. 마르크 리즈바르스키, 조지 컴(George A. Combe), 윌리엄 올브라이트, 프랭크 무어 크로스, 고드프리 드라이버, 카일 매카터(P. Kyle McCarter), 요세프 나베, 벤저민 새스, 이스라엘 핑켈슈타인, 크리스토퍼 롤스턴 등 여러 학자가 이 연구를 현재로 연장시켰다.

11. 크리스토퍼 롤스턴, 더글러스 페트로비치(Douglas Petrovich), 에밀 푸크(Émile Puech) 등 여러 학자의 노력을 통해 이루어지고 있다.

12. Reinhard G. Lehman, "Wilhelm Gesenius and the Rise of Phoenician Philology", *Biehefte zur Zeitschrift für die alttestamentliche Wissenschaft*, Band 427 (Berlin: De Gruyter, 2013).

13. Isaac Newton, "Keynes MS 28", *The Chymistry of Isaac Newton*, ed. William R. Newman, June 2010, http://webapp1.dlib.indiana.edu/newton/mss/dipl/ALCH00017.

14. Heinrich Khunrath, *Amphitheatrum saptientiae aeternae, solvis verae* (Hanoviae: Excudebat Guilielmus Antonius, 1609).

15. Iulia Millesima, "Kriegsmann: Sun, Moon, Wind and Earth in Tabula Smaragdina", *Labyrinth Designers and the Art of Fire*, 2021, https://www.labyrinthdesigners.org/alchemic-authors-1598-1832/kriegsmann-sun-moon-wind-earth-in-tabula-smaragdina/.

16. Roberto Weiss, "The Study of Ancient Numismatics during the Renaissance (1313–1517)", *Numismatic Chronicle* 8 (1968): 177~187.

17. Lehmann, "Wilhelm Gesenius".

18. Lehmann, 213~214.

19. L'Abbé Jean-Jacques Barthélemy, "Réflexions sur quelques monuments phéniciens, et sur les alphabets qui en résultent", *Memoires de l'Académie des Inscriptions et Belles Lettres* 30 (1764): 405~426.

20. Lehmann, "Wilhelm Gesenius".

21. Johannes Franz, *Elementa epigraphices Graecae* (Berolini: F. Nicolai, 1840).

22. John McClintock, *Cyclopedia of Biblical, Theological, and Ecclesiastical Literature*, vol. 8 (New York: Harper and Brothers, 1881).

23. Mark Cartwright, "Trade in the Phoenician World", *Ancient History Encyclopedia*, April 1, 2016, https://www.ancient.eu/article/881/trade-in-the-phoenician-world/.

24. Wilhelm Gesenius, *Scripturae linguaeque Phoeniciae monumenta quotquot supersunt* (Leipzig: Vogel, 1837).

25. P. Kyle McCarter, *The Antiquity of the Greek Alphabet,* Harvard Semitic Monographs 9 (Cambridge, MA: Harvard College, 1975), 3.

26. Wilhelm Gesenius, *Hebräische Grammatik* (Halle, 1813). 십여 가지 판과 번역서로 출간되었다.

27. Gesenius, *Scripturae*.

28. McCarter, *The Antiquity*, 3.

29. 동셈어(아카드어, 바빌로니아어, 아시리아어), 서셈어 (히브리어, 페니키아어, 모아브어, 아몬어 등 가나안어와 어쩌면 우가리트어), 아람어, 남셈어(남아라비아어, 에티오피아어, 아랍어) 등으로 나뉘는 셈어 분화에 대한 명료한 논의는 다음을 볼 것. Naveh, *The Early History*, 8~9. 셈 문자는 언어 분화와 일치하지 않는다.

30. Eduard Friedrich Ferdinand Beer, *Inscriptiones et papyri veteres semitici* (……) (Leipzig: Typographia Fridericines 1833).

31. Eduard F. F. Beer, *Inscriptiones veteres litteris et lingua hucusque incognitis ad Montem Sinai* (Leipzig, 1840).

32. Beer, "Theses", *Inscriptiones et papyri*, 22.

33. Pococke, *A Description*; Carsten Niebuhr, *Travels through Arabia* (Edinburgh: R. Morison and Son, 1792); Grey, "Inscriptions".

34. Erik Iversen, *The Myth of Egypt and Its Hieroglyphs in European Tradition* (Copenhagen: Gad, 1961).

35. Kircher, *Oedipus*.

36. Rowland, "Athanasius Kircher".

37. François Joseph Chabas, "Le plus ancien livre du monde: Étude sur le Papyrus Prisse", *Revue archéologique 15ième Année*, no. 1 (avril à septembre 1858), 1~25; Franz Joseph Lauth, *Papyrus Prisse* (Munich: Bayerischen Akademie der Wissenschaften, 1869).

38. 필사본 이미지는 프랑스국립도서관(Bibliothèque Nationale) 웹사이트 'Papyrus Prisse' 페이지에서 볼 수 있다. https://gallica.bnf.fr/ark:/12148/btv1b8304609v.image 〔2023. 11. 19.〕.

39. Taylor, *The Alphabet*, 95~96.

40. Taylor, 95~96.

41. Taylor, 96.

42. Taylor, 98. 신관문자에 관한 상술은 Sass, *The Alphabet*, 141을 볼 것.

43. C. W. Goodwin, "Hieratic Papyri", *Cambridge Essays: 1858*, Members of the University (London: Parker and Sons, 1858), 276.

44. Emmanuel de Rougé, "Mémoire sur l'origine égyptienne de l'alphabet phénicien", *Comptes rendus des séances de l'Académie des Inscriptions et Belles-Lettres* (1859): 115~124.

45. De Rougé, 115.

46. De Rougé, 116.

47. De Rougé, 117.

48. 이상은 프랑스어로 쓰인 서술을 내가 번역하고 간접인용했다.

49. De Rougé, *Mémoire sur l'origine égyptienne de l'alphabet phénicien* (Paris: Maisonneuve, 1874), 11.

50. De Rougé. 표는 맨 뒤 110쪽 다음에 나온다.

51. Friedrich Ballhorn, *Grammatography: A Manual of Reference of the Alphabets of Ancient and Modern Languages* (London: Trübner, 1861), 8~9.

52. Rev. A. H. Sayce, *The Archaeology of Cuneiform Inscriptions* (London: Society for Promoting Christian Knowledge, 1908), v.

53. Sayce, vi.

54. Pietro della Valle, *Viaggi di Pietro Della Valle* (Rome, 1650).

55. Carsten Niebuhr, *Travels through Arabia* (Edinburgh: R. Morison and Son, 1792).

56. Sayce, *The Archaeology*, 10.

57. Georg Grotefend, *Neue Beiträge zur Erläuterung der persepolitanischen Keilschrift* (Hannover: Hahn, 1837).

58. Sayce, *The Archaeology*, 4~15.

59. Sayce, 19.

60. Sayce, 36.

61. Sayce, 36.

62. Sayce, 37.

63. Philippe Berger, *L'histoire de l'écriture dans l'antiquité* (Paris: L'Imprimerie Nationale, 1891).

64. Berger, dedication, n.p.

65. Ernest Renan, *Mission de Phénicie* (Paris: Imprimerie Imperiale, 1864). 르낭의 연구에 관해서는 논란이 있었다. 특히 그가 유대인에 대해 부정적인 시각을 보였기 때문이었다. 엄격한 생물학적 인종주의는 피했지만, 그는 일부 시각에서는 못마땅하고 보기에 따라서는 악랄한 수준에 못 미치는 반유대주의를 신봉했다.

66. Berger, *L'histoire*, vii.

67. Berger, 164.

68. Berger, 164.

69. Berger, 165. 베르제는 여러 저자의 연구가 특히 중요하다고 언급하면서도 출전은 충분히 밝히지 않는다. 르낭뿐 아니라 아르노(Arnaud), 프레넬(Fresnel), 드 솔시(de Saulcy), 드 롱페리에(de Longpérier), 드 보귀에(de Vogüé), 워딩턴(Waddington) 등이 언급된다.

70. Berger, 165~166.

71. *Corpus inscriptionum semiticarum* (Paris: Académie des Inscriptions et Belles-Lettres, Reipublicae Typographeo, 1881).

72. Berger, *L'histoire*, 169.

73. Berger, 175.

74. Berger, 183.

75. Berger, 189. 이 단락의 주요 내용은 베르제의 글을 번역하고 간접인용한 것이다.

76. Mark Lidzbarski, *Handbuch der Nordsemitischen Epigraphik* (Weimar: Emil Felber, 1898).

77. S. A. C., "Obituary", *Journal of the Royal Asiatic Society of Great Britain and Ireland*, no. 4 (October 1929): 872~874.

78. G. A. Cooke, *A Text-book of the North Semitic Inscriptions* (Oxford: Clarendon Press, 1903). 이는 같은 자료 상당 부분을 다루는 영어 교본이다.

79. Alan Gardiner, "The Egyptian Origin of the Semitic Alphabet", *Journal of Egyptian Archaeology* 3, no. 1 (January 1916): 1~16.

80. Gardiner, 1.

81. Gardiner, 1.

82. Gardiner, 1~2. 그는 이를 조금 더 자세히 논하며 바빌로니아 기원설을 주장한 인물 몇몇—볼(Ball), 델리치(Delitzsch), 호멜(Hommel) 등—을 나열한다. 그가 출전으로 인용하는 자료는 게제니우스와 카우치(Kautzsch)의 『히브리어 문법』 28판(!)이다. 그는 르네 뒤소가 크레타/미노스 문자 기원 논리에 이바지한 점도 지적한다.

83. Gardiner, 2~3.

84. Gardiner, 7.

85. Gardiner, 5.

86. Gardiner, 5.

87. Gardiner, 6.

88. Gardiner, 8~9. 히브리 명칭이 그리스어에서 왔다고 시사하는 매컬리스터의 주장을 완파한다.

89. Gardiner, 11.

90. Gardiner, 14.

91. Gardiner, 14.

92. Gardiner, 16.

93. Arthur Evans, *Scripta Minoa* (Oxford: Oxford University Press, 1909) 중 페니키아 알파벳에 관한 섹션들.

94. Hackett and Aufrecht, "An Eye for Form", ix. 머리말에는 크로스가 '형태를 보는 안목(eye for form)'을 강조하는 바람에 어느 제자가 가게마다 다니며 '아이퍼폼(eifferform)'이라는 물건을 찾아 헤맸다는 일화가 적혀 있다.

95. 올브라이트는 이상주의자이자 독실한 기독교 신자로서 '성지'와 그곳의 유물이 전 세계인의 것이라고 열렬히 주장했다. 다른 고고학자들, 예컨대 록펠러재단에서 후원받은 시카고대학교동양연구소 같은 곳에서는 좀 더 세속적인 증거 해석을 강조했다.

96. Benjamin Sass, *The Genesis of the Alphabet and Its Development in the Second Millennium BC* (Wiesbaden: Otto Harrassowitz, 1988), 2.

97. Sass, 1.

98. Sass, 2.

99. 크로스가 연대를 수정한 데는 올브라이트가 1948년에 써낸 논문 「시나이반도에서 나온 초기 알파벳 명문과 그 해독(The Early Alphabetic Inscriptions from the Sinai and Their Decipherment)」에서 자신의 연구를 수정한 영향이 있었다. 이 연도는 올브라이트가 진품을 확인하는 데 핵심 역할을 한 사해문서가 발견된 시기와 일치한다는 점에서 유의미하지만, 1954년에는 그가 집중하는 금석학적 증거물로 다른 유물들이 전면에 부각된 상태였다.

100. Frank Moore Cross, "The Origin and Early Evolution of the Alphabet", *Eretz-Israel* 8 (Israel Publication Society, 1967), *Leaves*, 309. 크로스는 지리적으로 분산된 증거물 사례로서 1930년대에 발견된 라키시 물병과 그릇, 베이트 세메시에서 나온 도편, 텔 에사렘(Tell es-Sarem)에서 나온 토기 조각을 논한다.

101. Cross, "The Origin and Early Evolution", *Leaves*, 310.

102. 크로스는 1975년에 써낸 논문에서 이런 주장을 재검토했다. Frank Moore Cross, "Early Alphabetic Scripts", *Symposia Celebrating the Seventy-Fifth Anniversary of the Founding of the American Schools of Oriental Research (1900-1975)*, ed. F. M. Cross (Cambridge, MA: ASOR, 1979).

103. Frank Moore Cross, "Alphabets and Pots: Reflections on Typological Method in the Dating of Human Artifacts", *Leaves*, 344. 본디 1980년 4월 14일 존스홉킨스대학교에서 W. F. 올브라이트가 강연하며 발표한 글이다. 그 자신이 쓴 *Yahweh and the Gods of Canaan* (Garden City, NY: Doubleday, 1968)을 인용한다.

104. Cross, "Alphabets and Pots", *Leaves*, 347.

105. Marquis de Fortia d'Urban, "Discourse Composed for the Asiatic Society", February 4, 1828, trans. Jason Colavito, 2015, https://www.jasoncolavito.com/eumalos-on-atlantis-hoax.html.

106. 페니키아인이 아메리카를 발견했다는 설에 관해 인기 있는 사례로 다음이 있다. Thomas Crawford Johnston, *Did the Phoenicians Discover America?* (San Francisco, CA: Geographical Society of California, 1892). 잉글랜드, 아일랜드, 스페인 등지에 페니키아인 정착지가 있었다는 주장은 18세기 말부터 19세기까지 종종 출현했다.

107. The Paraiba inscription, *Life*, June 10, 1968. 그리고 Cyrus H. Gordon, "The Canaanite Text from Brazil", *Orientalia*, n.s., 37, no. 4 (1968): 425~436.

108. Frank Moore Cross, "The Phoenician Inscription from Brazil: A Nineteenth-Century Forgery", *Orientalis* 37, no. 4 (1968), *Leaves*, 238~249.

109. Cross, "The Phoenician Inscription", 238.

110. Cross, 238.

111. Cross, 240.

112. Cross, 239.

113. Cross, 239.

114. Cyrus H. Gordon, "The Authenticity of the Phoenician Text from Parahyba", *Orientalia*, n.s., 37, no.1 (1968): 75~80.

115. 자세한 내용은 Gordon, 75를 볼 것.

116. Gordon, 80에 인용된 Zelia Nuttall, *The Fundamental Principles of Old and New World Civilizations* (Cambridge, MA: Peabody Museum, 1901).

117. Hubert Grimme, *Althebräische Inschriften vom Sinai* (······) (Hannover: H. Lafaire, 1923); Eckard Unger, *Babylonian Writing* (서지 사항 불명확); David Diringer, *The Antique-Hebrew Inscriptions from Palestine* [내가 찾아낸 것은 이탈리아어판 뿐이다. *Le iscrizioni antico-ebraiche palestinesi* (Firenze: F. Le Monnier, 1934)]; 이 외에 오버먼(Julian Obermann), 스프렝글링, 뒤낭, 부틴(Butin), 쿠크(G. A. Cooke)의 알려진 연구 목록 같은 표준 참고 자료이다.

118. Naveh, *The Early History*.

119. Gelb, *A Study*.

120. Gelb, *A Study*.

121. David Diringer, *The Alphabet: A Key to the History of Mankind* (New York: Philosophical Society, 1948).

122. Driver, *Semitic Writing*. 1954년에 처음 나왔고 1976년 홉킨스(S. A. Hopkins)가 개정했다.

123. Driver, 99.

124. Diringer, "The Palestinian Inscriptions", 24~30.

125. Lehmann, "Much Ado".

126. Driver, *Semitic Writing*, 138.

127. Driver, 187.

128. Driver, 197.

129. Sass, *The Genesis*.

130. Sass, *The Alphabet*, 147.

131. Sass, *The Genesis*, 145.

132. Sass, 4. 그리고 Herbert G. May, "Moses and the Sinai Inscriptions", *Biblical Archaeologist* 8, no. 4 (December 1945): 93~99에서 그리메의 연구는 "상상력을 지나치게 발휘하고 정통 문헌학 원칙을 철저히 무시한 결과"로 묘사된다(98).

133. Sass, *The Alphabet*.

134. Sass, 47.

135. Sass, 1.

136. Sass, *The Genesis*, 2.

137. Sass, *The Alphabet*, 148.

138. Sass, 135.

139. Sass, 149.

140. Sass, 149.

141. Sass, 150.

142. Sass, *The Genesis*, 4.

143. Sass, 5.

144. Sass, 5.

145. Sass, 5.

146. Frank Moore Cross, "Newly Found Inscriptions in Old Canaanite and Early Phoenician Scripts", *Bulletin of the American Schools of Oriental Research*, no. 238 (Spring 1980): 1~20. Cross, *Leaves*, 213에도 실렸다.

147. John Coleman Darnell et al., "Two Early Alphabetic Inscriptions from the Wadi el-Hôl", *Annual of the American Schools of Oriental Research* 79 (2005): 73.

148. John Coleman Darnell, "Wadi el-Hol", *UCLA Encyclopedia of Egyptology (UEE)*, May 26, 2013, 3, https://escholarship.org/content/qt1sd2j49d/qt1sd2j49d.pdf?t=qlp9at. Darnell et al., "Two Early Alphabetic Inscriptions", 74에서 재인용.

149. Darnell et al., "Two Early Alphabetic Inscriptions", 74.

150. Darnell, "Wadi el-Hol", 6.

151. Darnell, 7.

152. Darnell et al., "Two Early Alphabetic Inscriptions", 75.

153. John Noble Wilford, "Discovery of Egyptian Inscriptions Indicates an Earlier Date for Origin of the Alphabet", *New York Times*, November 13, 1999, https://archive.nytimes.com/www.nytimes.com/library/national/science/111499sci-alphabet-origin.html.

154. Wilford, "Discovery".

155. Elizabeth J. Himelfarb, "First Alphabet Found in Egypt", *Archaeology* 53, no. 1 (2000): n.p.

156. Wilford, "Discovery".

157. Darnell, "Wadi el-Hol", 7.

158. Darnell, 7.

159. Darnell, 7. 여기에서 다넬은 이들 기호를 문맹이 만들었다는 오를리 골트바서(Orly Goldwasser)의 주장을 반박한다.

160. Darnell et al., "Two Early Alphabetic Inscriptions", 83~84.

161. Darnell et al., 86.

162. Darnell et al., 86.

163. Orly Goldwasser, "How the Alphabet Was Born from Hieroglyphs", *Biblical Archaeology Review* 36, no. 2 (March~April 2010): 40~53.

164. Darnell et al., "Two Early Alphabetic Inscriptions", 90.

165. Petrovich, *The World's Oldest Alphabet*, 1.

166. Petrovich, 1.

167. Petrovich, 5.

168. Petrovich, 6. 거의 원문 그대로 옮겼다

169. Petrovich, 10.

170. Joseph Naveh, "The Scripts in Palestine and Transjordan in the Iron Age", *Studies in West-Semitic Epigraphy* (Jerusalem: Hebrew University; Magnes Press, 2009), 3. 원작 논문, 1970.

171. Naveh, 3.

172. Naveh, 3.

173. Christopher Rollston, "The Proto-Sinaitic Inscriptions 2.0: Canaanite Language and Canaanite Script, Not Hebrew", *Rollston Epigraphy*, December 10, 2016, http://www.rollstonepigraphy.com/?m=201612.

174. 롤스턴은 그리메의 『고대 히브리 명문(Althebräische Inschriften)』(하노버, 1923)에 이런 해석의 전례가 있다고 지적하기도 했지만, 이 역시 오류이다.

175. Naveh, *The Early History*, 26. Rollston에 인용.

176. 롤스턴은 명문에 쓰인 단어가 페니키아어일 수도 있고 아람어, 에돔어, 히브리어, 모아브어, 또는 아몬어일 수도 있다고 시사한다.

177. 롤스턴의 목록은 다음과 같다. W. F. Albright, *The Proto-Sinaitic Inscriptions and Their Decipherment* (Cambridge, MA: Harvard University Press, 1966); Cross, *Leaves*; McCarter, *The Antiquity*; Sass, *The Genesis*; Gordon Hamilton, *The Origins of the West Semitic Alphabet in Egyptian Scripts* (Washington, DC: Catholic Biblical Association, 2006); Sanders, *The Invention*.

178. 특정 자모 형태, 조합, 단어에 관한 자세한 논의는 Rollston, "Proto-Sinaitic Inscriptions"를 볼 것.

179. Rollston, *Writing and Literacy*.

180. Rollston, 1.

181. Rollston, 39.

182. Bruce Zuckerman, *West Semitic Research Project*, USC, Dornsife, https://dornsife.usc.edu/wsrp〔2024. 3. 9.〕.

183. Bruce Zuckerman, Marilyn Lundberg, and Leta Hunt, InscriptiFact, http://www.inscriptifact.com/aboutus/index.shtml〔2024. 3. 9.〕.

184. 미처 언급하지 않은 인물로는 아다 야르데니(Ada Yardeni), 오를리 골트바서, 벤 마자르, 세스 샌더스 등이 있다. 셈 금석학의 발전과 역사에 관해서만도 책 한 권을 쓸 수 있을 것이다.

9. 알파벳 효과와 문자의 정치학

1. Israel Finkelstein and Benjamin Sass, "The West Semitic Alphabet Inscriptions", *HeBAI* 2 (2013): 149~220.

2. 라스 샴라 석판의 우가리트 음절문자와 이즈벳 사르타 도편이 두 사례이다. 하나는 설형문자 형식이고 다른 하나는 원시 가나안 문자이다. Naveh, *Studies in West-Semitic Epigraphy*, 94.

3. 다음을 볼 것. West Semitic Research Project, USC Dornsife, https://dornsife.usc.edu/wsrp〔2024. 3. 9.〕.

4. Arthur de Gobineau, *Essai sur l'inégalité des races* (Paris: Firmin Didot, 1853~1855).

5. Isaac Taylor, *The Origin of the Aryans*, 2nd ed. (London: W. Scott, 1892), 3~5.

6. Taylor, 49.

7. Taylor, 49~50.

8. 미탄니는 시리아 지역을 점하고 북으로는 아나톨리아, 동남으로는 메소포타미아까지 뻗어 나간 왕국이었다. 기원전 1500년경 인더스강 유역으로 이주했을 가능성이 있다. Joshua J. Mark, "Mitanni", *World History Encyclopedia*, April 28, 2011, https://www.ancient.eu/Mitanni/. 미탄니는 후르리인(Hurrians)과 인도·아리아인이 혼합된 민족이었다고 여겨진다.

9. 초기 언어의 근원과 확산 과정을 추적하기는 어렵다. 인간이 최초로 언어를 사용한 시점도 5만 년 전부터 200만 년 전까지 다양하게 추정된다. 다음을 볼 것. Michael Balter, "Human Language May Have Evolved to Help Our Ancestors Make Tools", *Science*, January 13, 2015, https://www.sciencemag.org/news/2015/01/human-language-may-have-evolved-help-our-ancestors-make-tools.

10. Salomon Reinach, "Le mirage orientale", *L'anthropologie* (Paris, 1893), 540. 레나크의 연구를 철저하고 섬세하게 논한 글로는 다음을 볼 것. Aron Rodrigue, "Totems, Taboos, and Jews: Salomon Reinach and the Politics of Scholarship in Fin-de-Siècle France", *Jewish Social Studies*, n.s., 10, no. 2 (Winter 2004): 1~19.

11. Reinach, 540.

12. Reinach, 723.

13. Rodrigue, "Totems", 1~19.

14. Rodrigue, 14.

15. McCarter, *The Antiquity*.

16. Laurence A. Waddell, *The Aryan Origin of the Alphabet* (London: Luzac, 1927).

17. Waddell, 1.

18. Waddell, 63.

19. Waddell, 64.

20. Waddell, 67.

21. Waddell, 2.

22. Alex Boese, "The Myserious Glozel Finds", *Museum of Hoaxes*, http://hoaxes.org/archive/permalink/the_mysterious_glozel_finds〔2023. 11. 19.〕.

23. Waddell, *The Aryan Origin*, 72.

24. Waddell, 6.

25. Waddell, 3, 13 외.

26. Waddell, 9.

27. Waddell, 15.

28. Waddell, *The Aryan Origin*.

29. Waddell, 66.

30. Waddell, 66.

31. Waddell, 67.

32. Waddell, 71.

33. Waddell, 73.

34. Waddell, *The Aryan Origin*.

35. Bernal, *Cadmean Letters*, 7.

36. Bernal, 7.

37. 아리아 인종의 우월성 담론이 발전하고 확산된 과정을 논하는 일은 이 책의 범위를 넘어선다.

38. Bernal, *Cadmean Letters*.

39. Bernal, 6.

40. 예컨대 데이비드 라이시가 하버드대학교 의과대학에서 한 연구가 있다. 다음을 볼 것. David Reich, "Ancient DNA Tells Tales of Humans' Migrant History", *Science Daily*, February 21, 2018, https://www.sciencedaily.com/releases/2018/02/180221131851.htm.

41. Woodard, *Greek Writing*, vii.

42. Woodard, vii.

43. Woodard, vii.

44. Robert Logan, *The Alphabet Effect* (New York: Morrow, 1986).

45. Milman Parry, "Studies in the Epic Technique of Oral Verse-Making: I. Homer and Homeric Style", *Harvard Studies in Classical Philology* 41 (1930): 73~148.

46. 이들 개념은 에릭 해블록의 저서들을 관류한다. Eric Havelock, *Prologue to Greek Literacy* (Cincinnati: University of Cincinnati Press, 1971), 2; *Origins of Western Literacy* (Toronto: Ontario Institute for Studies in Education, 1976); *The Literate Revolution in Greece and Its Cultural Consequences* (Princeton, NJ: Princeton University Press, 1981), 82; *The Muse Learns to Write: Reflections on Orality and Literacy from Antiquity to the Present* (New Haven, CT: Yale University Press, 1986).

47. Eric Havelock, *Preface to Plato* (Cambridge, MA: Harvard University Press, 1963).

48. John Halverson, "Havelock on Greek Orality and Literacy", *Journal of the History of Ideas* 53, no. 1 (1992): 148; Havelock, *Literate*, 82.

49. Havelock, *The Muse*, 114.

50. Havelock, *Prologue*.

51. Eric Havelock, "Prologue to Greek Literacy", 1970년 11월 17일 신시내티대학교에서 행한 강연 자료집, 1.

52. Havelock, *Prologue*, 3.

53. Havelock, 9.

54. Havelock, 10.

55. Havelock, 6~7.

56. Havelock, *Origins*, 39.

57. Havelock, 42.

58. Havelock, *Prologue*, 6; *Literate*, 330.

59. Leonard Shlain, *The Alphabet versus the Goddess* (New York: Viking, 1998).

60. Martin Bernal, *Cadmean Letters*, 2.

61. Havelock, *The Muse*, chapter 10, "The Special Theory of Greek Literacy", 98~116.

62. Havelock, 114.

63. Havelock, 114.

64. Havelock, 1.

65. Oscar Ogg, *The 26 Letters* (New York: T. Y. Crowell, 1948); Hans Jensen, *Sign, Script, and Symbol* (New York: Putnam, 1969); Berthold Ullmann, *Ancient Writing and Its Influence* (New York: Cooper Square Publishers, 1963).

66. Harold Innis, *Empire and Communication* (Oxford: Clarendon, 1950); *The Bias of Communication* (Toronto: University of Toronto Press, 1951). 프리드리히 키틀러(Friedrich Kittler), 독일 미디어이론과 연관해 이니스를 논한 예로 다음을 볼 것. Till A. Heilman, "Innis and Kittler: The Case of the Greek Alphabet", *Media Transatlantic: Developments in Media and Communication Studies between North American and German-Speaking Europe*, ed. Norm Freisen (Cham: Springer International Publishing, 2016), 91~110, https://doi.org/10.1007/978-3-319-28489-7_6. 키틀러(Friedrich Kittler)는 알파벳이 숫자, 음악, 음성을 표기하기에 멀티미디어 기능을 지니며 "전체로서 존재를 (……) 단일 부호를 통해 명시해" 표상하는 기능이 있다고 말했다(91).

67. Harold Innis, *The Bias of Communication*.

68. 예컨대 1930년대에 해럴드 라스웰(Harold Lasswell)과 선전분석연구소(Institute for Propaganda Analysis)에서 한 연구가 있다.

69. 이 외에도 물성에 관한 논지를 매우 섬세하고 구체적인 연구로 발전시킨 20세기 연구자들―예컨대 로제 카르티에(Roger Chartier), 마르셀 코엔(Marcel Cohen), 키틀러, 리사 기텔먼(Lisa Gitelman) 등―이 있다. 다음을 볼 것. Johanna Drucker, *The Visible Word* (Chicago: University of Chicago Press, 1994).

70. Harold Innis, *Empire and Communications* (Oxford: Oxford University Press, 1950), 64.

71. Innis, 77.

72. Marshall McLuhan, *Understanding Media* (New York: McGraw-Hill, 1964), 8, 82.

73. McLuhan, 85.

74. Robert Babe, *Canadian Communication Thought: Ten Foundational Writers* (Toronto: University of Toronto Press, 2000); Lester Faigley, "Material Literacy and Visual Design", *Rhetorical Bodies*, ed. Jack Selzer and Sharon Crowley (Madison: University of Wisconsin Press, 1999), 171~201.

75. Innis, *The Bias*.

76. Jean Bottero, Clarisse Herrenschmidt, and Jean-Pierre Vernant, *Ancestor of the West* (Chicago: University of Chicago Press, 2000).

77. Jack Goody and Ian Watt, "The Consequences of Literacy", *Comparative Studies in Society and History* 5, no.3 (April 1963): 304~345.

78. Lucien Levy-Bruhl, *How "Natives" Think* (London: G. Allen and Unwin, 1926). 프랑스어 원서, *Les fonctions mentales dans les sociétés inférieures* (Paris: F. Alcan, 1910).

79. Goody and Watt, "The Consequences of Literacy", 313.

80. Goody and Watt, 317.

81. Goody and Watt, 319.

82. Goody and Watt, 320.

83. Jack Goody, *Domestication of the Savage Mind* (Cambridge: Cambridge University Press, 1977).

84. Goody, 5.

85. Goody, 6.

86. Goody, 7.

87. Cameron McEwen, "Writing and the Alphabet in Innis and McLuhan", *McLuhan's New Sciences*, July 26, 2017, https://mcluhansnewsciences.com/mcluhan/2017/07/writing-and-the-alphabet-in-innis-and-mcluhan/.

88. Derrick de Kerckhove, "A Theory of Greek Tragedy", *SubStance* 9, no. 4 (1980): 24.

89. De Kerckhove, 24.

90. De Kerckhove, 27.

91. De Kerckhove, 28.

92. De Kerckhove, 32.

93. De Kerckhove, 33.

94. De Kerckhove, 12.

95. De Kerckhove, "Critical Brain Processes Involved in Deciphering the Greek Alphabet", *The Alphabet and the Brain: The Lateralization of Writing*, ed. Derrick de Kerckhove and C. J. Lumsden (Berlin: Springer, 1988), 401.

96. Derrick de Kerckhove and Charles J. Lumsden, *The Alphabet and the Brain* (Berlin: Springer, 1988), introduction.

97. De Kerckhove, "Critical Brain Processes", 412.

98. H. M. McLuhan and R. K. Logan, "Alphabet, Mother of Invention", *Et Cetera* 34 (December 1977): 373~383.

99. Logan, *The Alphabet Effect*, 23~24.

100. Logan, 35.

101. Daniels and Bright, *The World's Writing Systems*.

102. Logan, *The Alphabet Effect*, 21.

103. Logan, 21.

104. Logan, 21.

105. Logan, *The Alphabet Effect*. 이 책 전반을 관류하는 논지이지만, 특히 3장 "A Comparison of Eastern and Western Writing Systems and Their Impact on Cultural Patterns"(46~58)에서 두드러진다.

106. Logan, 51.

107. Dominic Yu, "Thoughts on Logan's 'The Alphabet Effect,'" 최종 수정 January 3, 2003, https://web.archive.org/web/20160413133632/http://rescomp.stanford.edu/~domingo2/zok/logan.html. *Wayback Machine*, June 15, 2021을 통해 접속.

108. Logan, *The Alphabet Effect*, 55.

109. Logan, 69.

110. Yu, "Thoughts".

111. Sanders, *The Invention of Hebrew*.

112. Logan, *The Alphabet Effect*, 103.

113. Logan, 103.

114. Logan, 121.

115. Paul Grosswiler, "Dispelling the Alphabet Effect", *Canadian Journal of Communication* 29, no. 2 (2004): 145~158.

116. Grosswiler, "Dispelling".

117. Michael Ridley, "Are Reading and Writing Doomed?", *Proceedings, ACRL Fourteenth National Conference*, March 12~15, 2009, 210~213, https://www.ala.org/acrl/sites/ala.org.acrl/files/content/conferences/confsandpreconfs/national/seattle/papers/210.pdf.

118. Grosswiler, "Dispelling", 145.

119. Grosswiler, 145.

120. 다음을 볼 것. Jack Gernet, *A History of Chinese Civilization* (Cambridge: Cambridge University Press, 1982); Derk Bodde, *Chinese Thought, Society, and Science* (Honolulu: University of Hawaii Press, 1991); Sylvia Scribner and Michael Cole, *The Psychology of Literacy* (Cambridge, MA: Harvard University Press, 1981). 거닛은 서양보다 중국에 교육받은 사람이 더 많다고 말한다. 한자는 기원전 3세기 이후 바뀌지 않았고 중국어를 못 해도 읽을 수는 있다. (중국어 외에서도 같은 한자가 쓰인다.) 기원전 2세기 텍스트도 현대에 쓰인 글처럼 쉽게 읽을 수 있다. 속기술이 처음 개발된 곳도 중국이며, 보드는 한자와 사고방식—명료성보다는 모호성과 중국어의 의미 다중성, 평행성—사이에 연관성이 있다고 시사했다.

121. Marshall McLuhan, *War and Peace in the Global Village* (New York: McGraw-Hill, 1968).

122. Jack Goody, *The East in the West* (New York: Cambridge University Press, 1996).

123. Grosswiler, "Dispelling", 57에 언급된 Jack Goody, *The Interface between the Written and the Oral* (New York: Cambridge University Press, 1987), 56.

124. Bernal, *The Cadmean*.
125. Bernal, 9. 베리(J. B. Bury)의 『그리스사(History of Greece)』에서 "가나안인이 그리스 인구에 셈족의 피를 주입했다고 생각할 이유가 없다"라는 취지의 문장을 인용한 부분을 볼 것.
126. Bernal, 3.
127. Ivan Illich and Barry Sanders, *ABC: The Alphabetization of the Popular Mind* (New York: Random House, 1998), 9.
128. Illich and Sanders, 9.
129. Illich and Sanders, 10.
130. Illich and Sanders, 11.
131. Bernal, *The Cadmean*.
132. Robert Fraser, *Book History through Post-colonial Eyes* (New York: Routledge, 2008).
133. Leonard Shlain, *The Alphabet*.
134. Shlain, 6.
135. Shlain, 66.
136. Shlain, 67.
137. Shlain, 430.
138. Sanders, *The Invention of Hebrew*.

덧말. 알파벳의 동력과 전 지구적 헤게모니

1. Judith Flanders, *A Place for Everything* (New York: Basic Books, 2020).
2. Luther Marsh, "The Alphabet—The Vehicle of History" (New York: New York Historical Society, November 17, 1885), 6.
3. Marsh, 9.
4. Marsh, 8.
5. Marsh, 8.
6. Marsh, 15.
7. Marsh, 19.
8. Marsh, 25.
9. Donald Knuth, *TEX and METAFONT: New Directions in Typesetting* (Providence, RI: American Mathematical Society, 1979).
10. Douglas Hofstadter, "Metafont, Mathematics, and Metaphysics: Comments on Donald Knuth's Article 'The Concept of a Meta-Font,'" *Visible Language* 16, no. 4 (Autumn 1982): 309~338.
11. Unicode Consortium, "History of Unicode", November 18, 2015, https://unicode.org/history/.
12. Unicode Consortium, https://home.unicode.org/basic-info/overview. 아람 문자 인코딩에 관한 흥미로운 의견 교류 자료로는 다음을 볼 것. Deborah Anderson et al., "Script Encoding Initiatve", July 29, 2007, http://unicode.org/L2/L2007/07236-aramaic-support.pdf.
13. 다음을 볼 것. Peter Kirk, "Response to the revised 'Final Proposal for Encoding the Phoenician Script in the UCS,'" *Gentle Wisdom*, June 7, 2004, https://www.gentlewisdom.org/qaya/academic/hebrew/Phoenician.html.
14. 이 두 문단에 관한 출전은 다음과 같다. Jukka K. Korpela, *Unicode Explained* (Boston: O'Reilly, 2006), 3 이후.
15. '로마자 기본(Basic Latin)'은 처음 인코딩된 유니코드 영역이어서 128포인트를 사용했지만, 전체 라틴 알파벳은 약 1374포인트를 사용한다.
16. Korpela, *Unicode Explained*, 17.
17. David Liedle, "A Brief History of Optical Character Recognition", *Filestack*, November 9, 2018, https://blog.filestack.com/thoughts-and-knowledge/history-of-ocr/.
18. Margaret Rouse, "OCR (Optical Character Recognition)", *TechTarget*, April 2019, https://searchcontentmanagement.techtarget.com/definition/OCR-optical-character-recognition.
19. Mohamed Cheriet, et al., *Character Recognition Systems* (Hoboken, NJ: John Wiley and Sons, 2007).
20. Patricia Crain, *The Story of A* (Palo Alto: Stanford University Press, 2001).
21. Preston R. Salisbury, "Analysis of Primers in the de Grummond Children's Literature Collection", *SLIS Connecting* 3, no. 2 (2014), https://aquila.usm.edu/cgi/viewcontent.cgi?article=1067&context=slisconnecting.
22. Alex Q. Arbuckle, "1899: An ABC for Baby Patriots", *Mashable*, https://mashable.com/2016/08/27/abc-for-baby-patriots/ 〔2023. 11. 19.〕.
23. Craig Brandist, *The Dimensions of Hegemony: Language, Culture, and Politics in Revolutionary Russia* (Chicago: Haymarket Books, 2016), 168.
24. Tom Mullaney, *The Chinese Typewriter: A History* (Cambridge, MA: MIT Press, 2017), 9.
25. Mullaney, 10~11.
26. Mullaney, 239.
27. Mullaney, 239.
28. Mullaney, 239.
29. Mullaney, 110.
30. 톰 멀레이니의 2017년 10월 4일 매사추세츠공과대학교(MIT) 강연 소개, "Computer Wars: Chinese script in the age of alphanumeric hegemony", MIT Events Calendar, https://calendar.mit.edu/event/computer_wars_chinese_script_in_the_age_of_alphanumeric_hegemony#.XVagsZNKiqA 〔2023. 11. 19.〕.

참고 문헌

일차자료

이 절에 나열된 저작들은 모두 알파벳 역사학의 연구 대상이다. 이 영역의 일차자료 저작을 전부 나열하면 훨씬 긴 목록이 나올 것이다. 여기에는 이 책에서 논한 자료만 포함시켰다. 두 번째 절 '핵심 참고 자료'에는 내가 원용했지만 일차 대상물로 논하지는 않은 주요 학술 자료가 나열되어 있다.

Agrippa von Nettesheim, Henry Cornelius. *De occulta philosophia*. Paris, 1531~1533.
—. *Three Books of Occult Philosophy*. Trans. J. French. London: Gregory Moule, 1651.
Albright, William Foxwell. "The Oldest Hebrew Letters: The Lachish Ostraca". *Bulletin of the American Schools of Oriental Research* 70 (April 1938): 11~21.
—. *The Proto-Sinaitic Inscriptions and Their Decipherment*. Cambridge, MA: Harvard University Press, 1966.
Aldenbruck, Augustin. *In artem diplomaticam isagoge*. Col. Claud. Aug. Agripp; Ludovicum Schorn, 1769.
Ambrogio, Teseo. *Introductio in Chaldaicum linguam* (……). Pavio: Excudebat Papiae Ioan. Maria Simoneta Cremonen[sis] in canonica Sancti Petri in caelo aureo, su[m]ptibus & typis, authoris libri, anno à Virginis partu, 1539.

Astle, Thomas. *The Origin and Progress of Writing, as well Hieroglyphic as Elementary*. London: T. Payne and Son, 1784.
Ballhorn, Friedrich. *Grammatography: A Manual of Reference to the Alphabets of Ancient and Modern Languages*. London: Trübner, 1861.
Balmes, Abraham de. *Mikneh Avram: Peculium Abrae; Grammatica Hebraea una cum Latino nuper edita*. Venice: Daniel Bomberg, 1523.
Bang, Thomas. *Caelum orientis et prisci mundi triade exercitationum literariarum repraesentatum curisque*. Hauniae: Petri Morsingi, 1657.
Bargès, M. L'Abbé J. J. L. *Mémoire sur le sacrophage et l'inscription funéraire d'Eschmounazar, roi de Sidon*. Paris: Benjamin Duprat, Libraire de l'Institut de la Bibliothèque Impériale des Sociétés Asiatiques, de Paris, de Londre, de Madras et de Calcutta, etc., 1856.
Barthélemy, L'Abbé Jean-Jacques. "Réflexions sur quelques monuments phéniciens, et sur les alphabets qui en résultent". *Mémoires de l'académie des inscriptions et belles lettres* 30 (1764): 405~426.
Bayly, Anselm. *An Introduction Literary and Philosophical to Languages*. London: John Rivington, 1756.
Becanus, Johannes Goropius. *Origines Antwerpianae, sive Cimmeriorum Becceselana novem libros complexa:*

Atvatica I. Gigantomachia II. Niloscopivm III. Cronia IV. Indoscythica V. Saxsonica VI. Gotodanica VII. Amazonica VIII. Venetica & Hyperborea IX (……). Antwerp: Christophori Plantin, 1569.

Beer, Eduard Friedrich Ferdinand. *Inscriptiones et papyri veteres semitici* (……). Leipzig: Typographia Fridericines, 1833.

——. *Inscriptiones veteres litteris et lingua hucusque incognitis ad Montem Sinai.* Leipzig, 1840.

——. *Studia Asiatica.* Leipzig: Joannis Ambrosii Barys, 1840.

Bentley, Richard. *The Correspondence of Richard Bentley, edited by Christopher Wordsworth.* London: John Murray, 1842.

Berger, Philippe. *L'histoire de l'écriture dans l'antiquité.* Paris: L'Imprimerie Nationale, 1891.

Bernal, Martin. *Cadmean Letters.* Winona Lake, IN: Eisenbrauns, 1990.

Bernard, Edward. *Orbis eruditi literarum.* Oxoniae: Apud Theatrum, 1689.

Bianconi, Giovanni. *De antiquis litteris Hebraeorum et Graecorum Libellus.* Bononiae: Apud Thoman Colli ex typographia S. Thomae Aquinatis, 1763.

Bibliander, Theodore. *De ratione communi omnium linguarum.* Zurich: Christoph Frosch, 1548.

Bliss, Frederick Jones. *The Development of Palestine Exploration.* New York: Scribner, 1907.

Bochart, Samuel. *Geographia sacra, cuius pars prior Phaleg de dispersion Gentium et terrarium divisione facta in aedification turris Babel pars posterior Chanaan de coloniis et sermone Phoenicum.* Frankfurt on Mainz: Impensis Johannis Davidis Zunneri, typis Balthasaris Christophori Wustii, 1674; original publication 1646.

Breydenbach, Bernhard von. *Prefatio in opus transmarine peregrinations ad venerandum et gloriosum spulcrum Dominicum in Iherusalem.* Moguntino: Erhard Reuwich, 1486.

Bukentop, Henri de. *Alphabetum Graecum & Hebraïcum: Quo singularum litterarum utriusque linguae figura proponitur, genuinus sonus adstruitur, legendi methodus traditur.* Louvain: Typis viduae Henrici van Overbeke, Anno 1704.

Burckhardt, John Lewis. *Travels in Arabia.* London: H. Colburn, 1829.

Carpenter, Rhys. "Letters of Cadmus". *American Journal of Philology* 56, no.1 (1935): 5~13.

Casas, Bartolomé de las. *Narratio Regionum indicarum per Hispanos Quosdam devastatarum verissima.* Oppenheim: John-Theod. De Bry, 1614. 이 책은 다음 책의 번역서이다. *Tyrannies et cruatez des Espagnols* (Antwerp: Ravelenghien, 1579). 그리고 이 책 또한 다음 책의 번역서이다. *Brevissima relaçion,* (Seville: Sebastian Trugillo, 1552).

Caylus, Comte de. *Recueil d'antiquités égyptiennes, étrusques, grecques et romaines.* Paris: Chez Desaint et Saillant, 1752~1757.

Chabas, François Joseph. "Le plus ancien livre du monde: Étude sur le Papyrus Prisse". *Revue archéologique* 15, no. 1 (avril à septembre 1858): 1~25.

Champollion-Figeac, M. (Jacques-Joseph). Introduction to *Universal Palaeography, or Facsimiles of Writings of All Nations and Periods,* by J. B. Silvestre, xvii~lxix. Trans. Frederic Madden. London: H. G. Bohn, 1849.

Chishull, Edmund. *Antiquitates Asiaticæ Christianam æram antecedentes.* London: William Bowyer, 1728.

——. *Inscriptio Sigea antiquissima Boustrophedon exarata.* London: William and John Innys, 1721.

Christmas, Henry. *Universal Mythology.* London: John W. Parker, 1838.

Clermont-Ganneau, Charles Simon. *Inscription égypto-phénicienne de Byblos, comptes rendu, Académie des inscriptions et belles-lettres.* Paris, 1903.

Colletet, François. *Traittez des langues estrangères, de leurs alphabets, et des chiffres* (……). Paris: Jean Promé, 1660.

Congregatio de Propaganda Fide. Rome: Vatican, 1636.

Cooke, G. A. *A Text-book of the North Semitic Inscriptions.* Oxford: Clarendon Press, 1903.

Corpus inscriptionum semiticarum. Paris: Académie des Inscriptions et Belles-Lettres, Reipublicae Typographeo, 1881.

Cross, Frank Moore. *Leaves from an Epigrapher's Notebook.* Winona Lake, IN: Eisenbrauns, 2002.

——. "Newly Found Inscriptions in Old Canaanite and Early Phoenician Scripts". *Bulletin of the American Schools of Oriental Research,* no. 238 (Spring 1980): 1~20.

Cross, Frank Moore. "The Phoenician Inscription from Brazil: A Nineteenth-Century Forgery". *Orientalia* 37, no. 4 (1968): 437~460.

Crown, Alan David. *Samaritan Scribes and Manuscripts.* Tübingen: Mohr Siebeck, 2001.

Daniels, Peter, and William Bright. *The World's Writing Systems.* New York: Oxford University Press, 1996.

Darnell, John Coleman, F. W. Dobbs-Allsopp, Marilyn J. Lundberg, P. Kyle McCarter, and Bruce Zuckerman with the assistance of Colleen Manassa. "Two Early Alphabetic Inscriptions from the Wadi el-Hôl". *Annual of the American Schools of Oriental Research* 79 (2005): 65~123.

Davis, Thomas W. *Shifting Sands: The Rise and Fall of Biblical Archaeology.* Oxford: Oxford University Press, 2004.

Davy, Charles. *Conjectural Observations on the Origin and Progress of the Alphabet.* London: T. Wright for T. Cadell, 1772.

De Bry, Theodor, and Israel De Bry. *Alphabeta et charactères*. Frankfurt, 1596.

Defoe, Daniel. *An Essay upon Literature, or An Enquiry into the Antiquity and Original of Letters* (⋯⋯). London: Thomas Bowles, 1726.

de Kerckhove, Derrick, and C. J. Lumsden, eds. *The Alphabet and the Brain: The Lateralization of Writing*. Berlin: Springer, 1988.

DeLooze, Laurence. *The Letters and the Cosmos*. Toronto: University of Toronto Press, 2016.

de Mely, Fernand. *La Virga Aurea du J-B Hepburn*. Milan: Arche Milan, 1984.

de Rougé, Emmanuel. "Memoire sur l'origine égyptienne de l'alphabet phénicien". *Comptes rendus des séances de l'Académie des Inscriptions et Belles-Lettres* (1859): 115~124.

Derolez, René. *Runica manuscripta*. Brugge: De Tempel, 1954.

Diringer, David. *The Alphabet: A Key to the History of Mankind*. New York: Philosophical Society, 1948.

—. *Le iscrizioni antico-ebraiche palestinesi*. Firenze: F. Le Monnier, 1934.

—. "The Palestinian Inscriptions and the Origin of the Alphabet". *Journal of the American Oriental Society* 63, no. 1 (March 1943): 24~30.

Donner, Herbert, Wolfgang Röllig, and O. Rössler. *Kanaanaische und aramaische Inschriften (KAI)*. Wiesbanden: Harrassowitz, 2002~.

Driver, Godfrey. *Semitic Writing from Pictograph to Alphabet*. Oxford: Oxford University Press, 1954.

Duret, Claude. *Thrésor de l'histoire des langues de cest univers* (⋯⋯). Cologny: Matt. Berjon, pour la Société caldoriene, 1613.

Eckhart, Johann Georg von. *De origine Germanorum*. Goettingae: Sumptibus Ioh. Guil. Schmidii, 1750.

Edwards, Edward. *Memoirs of Libraries: A Handbook of Library Economy*. London: Trübner, 1859.

Evans, Arthur. *Scripta Minoa*. Oxford: Oxford University Press, 1909~1952.

Finkelstein, Israel, and Benjamin Sass. "The West Semitic Alphabet Inscriptions". *HeBAI* 2, no. 2 (2013): 149~220.

Fischer, Steven R. *A History of Writing*. London: Reaktion, 2001.

Flanders, Judith. *A Place for Everything*. New York: Basic Books, 2020.

Forster, Charles. *The One Primeval Language Traced Experimentally*. 3 vols. London: Richard Bentley, 1851.

Franz, Johannes. *Elementa epigraphices Graecae*. Berolini: F. Nicolai, 1840.

Fry, Edmund. *Pantographia: Containing Accurate Copies of All the Known Alphabets in the World; Together with an English Explanation of the Peculiar Force or Power of Each Letter: To Which Are Added, Specimens of All Well-Authenticated Oral Languages; Forming a Comprehensive Digest of Phonology*. Printed by Cooper and Wilson, for John and Arthur Arch, Gracechurch-Street; John White, Fleet-Street; John Edwards, Pall-Mall; and John Debrett, Piccadilly, 1799.

Gaffarel, Jacques. *Curiositez inouyes hoc est curiositates inauditae de figuris Persarum talismannicis, horoscopo patriarcharum et characteribus coelestibus*. Paris: Hervé du Mesnil, 1629.

—. *Curiositez inouyes hoc est curiositates inauditae de figuris Persarum talismannicis, horoscopo patriarcharum et characteribus coelestibus*. Paris: Hervé du Mesnil, 1631.

—. *Unheard-of Curiosities: Concerning the Talismanical Sculpture of the Persians and the Reading of the Stars; Englished by Edmund Chilmead*. London: Humphrey Moseley, 1650.

Gardiner, Alan. "The Egyptian Origin of the Semitic Alphabet". *Journal of Egyptian Archaeology* 3, no. 1 (January 1916): 1~16.

Gardiner, Alan, and T. Eric Peet. *The Inscriptions of Sinai, Egypt Exploration Society Memoir*. London: Egypt Exploration Society, 1917.

—. *The Inscriptions of Sinai*. Revised by Jasolav Cerny. Egypt Exploration Society Memoir 45. London: Egypt Exploration Society, 1952~1955.

Gébelin, Antoine Court de. *Le monde primitif*. Paris: Chez l'auteur, 1777~1796.

Geisler, Wilhelm. *De literaturae phoneticae origine atque indole: disseruit tabulis literas veterum semitarum indorum graecorum italorum himjaritarum normannorum anglosaxonum ulfilae scripturam cuneatam iranicam exhibentibus*. Berolini: Apud Ferd. Duemmlerum, 1858.

Gelb, Ignace. *A Study of Writing*. Chicago: University of Chicago Press, 1952.

Gesenius, Wilhelm. *Hebräische Grammatik*. Halle, 1813.

—. *Scripturae linguaeque Phoeniciae monumenta quotquot supersunt*. Leipzig: Vogel, 1837.

Gessner, Conrad. *Bibliotheca universalis*. Zurich: Christophorum Froschouerum, 1545.

—. *Mithridates*. Tiguri: Excudebat Froschouerum, 1555.

Gobineau, Arthur de. *Essai sur l'inégalite des races humaines*. Paris: Firmin Didot, 1853~1855.

Godwin, Thomas. *Romanae historiae anthologia recognita et aucta*. London: Printed for Henry Cripps, 1661~1662.

Goeree, Willem. *Voor-Bereidselen tot de bybelsche Wysheid, en Gebruik der heilige en kerklijke Historien: uit de alder-oudste Gedenkkenissen der Hebreen, Chaldeen, Babyloniers, Egiptenaars, Syriers, Grieken en Romeinen*. Utrecht, 1700.

Goldast, Melchior. *Rerun alamannicarum scriptores aliquot vetusti*. Frankfurt: Wolffgang Richter, 1606.

Goodwin, C. W. "Hieratic Papyri." *Cambridge Essays: 1858*, 226~282. London: Parker and Sons, 1858.

Goody, Jack. *The East in the West*. New York: Cambridge University Press, 1996.

Gordon, Cyrus H. "The Authenticity of the Phoenician Text from Parahyba." *Orientalia*, n.s., 37, no. 1 (1968): 75~80.

—. "The Canaanite Text from Brazil." *Orientalia*, n.s., 37, no. 4 (1968): 425~436.

Gramaye, Joannes B. *Specimen litterarum & linguarum universi orbis* (······). Ath: Ionannes Masius, 1622.

R. C. 'Mr. Urban'에게 보낸 편지. *Gentleman's Magazine* 85 (January 1799): 24~27.

Grey, Rev. G. F. "Communicated to the Royal Society of Literature in 1830." *Transactions of the Royal Society of Literature of the United Kingdom* 1, no. 2, 147~148.

Grimme, Hubert. *Althebräische Inschriften vom Sinai* (······). Hannover: H. Lafaire, 1923.

Grose, Francis, and Thomas Astle. *The Antiquarian Repertory*. London: Edward Jeffery, 1807.

Grotefend, Georg. *Neue Beiträge zur Erläuterung der persepolitanischen Keilschrift*. Hannover: Hahn, 1837.

Gutwein, Johann Balthasar. *Alphabeta varia ex antiquis diplomatis et codicibus mss.: Diversorum saeculorum excerpta et adfacilem eorum lectionem conducentia*. Würzburg, 1765.

Hamilton, Gordon. *The Origins of the West Semitic Alphabet in Egyptian Scripts*. Washington, DC: Catholic Biblical Association, 2006.

Harriot, Thomas. *A Briefe and True Report of the New Found Land of Virginia*. Francoforti ad Moenvm: Typis Ioannis Wecheli, svmtibvs vero T. de Bry, 1590.

Havelock, Eric. *The Literate Revolution in Greece and Its Cultural Consequences*. Princeton, NJ: Princeton University Press, 1981.

—. *The Muse Learns to Write: Reflections on Orality and Literacy from Antiquity to the Present*. New Haven, CT: Yale University Press, 1986. 〔에릭 A. 해블록, 『뮤즈, 글쓰기를 배우다』, 권루시안 옮김, 파주: 문학동네, 2021.〕

—. *Origins of Western Literacy*. Toronto: Ontario Institute for Studies in Education, 1976.

—. *Preface to Plato*. Cambridge, MA: Harvard University Press, 1963. 〔에릭 A. 해블록, 『플라톤 서설』, 이명훈 옮김, 파주: 글항아리, 2011.〕

—. *Prologue to Greek Literacy*. Cincinnati: University of Cincinnati Press, 1971.

Hepburn, James Bonaventure. *Virga Aurea*. Rome, 1616.

Herodotus. *Histories*. Book V, trans. A. D. Godley. Loeb Classical Library. Cambridge, MA: Harvard University Press, 1920~1925. 〔헤로도토스, 『역사』, 천병희 옮김, 파주: 도서출판 숲, 2009 외 다수.〕

Hicks, E. L., C. T. Newton, Gustav Hirschfeld, and F. H. Marshall. *Greek Inscriptions in the British Museum* [*GIBM*]. 4 vols. Oxford: Clarendon, 1874~1916.

Hugo, Hermannus. *De prima scribendi origine* (······). Antwerp: Officina Plantiniana, 1617.

Humphreys, Henry Noel. *The Origin and Progress of the Art of Writing*. London: Ingraham, Cooke, 1854.

Ibn Wahshiyyah, Ahman ibn Ali, *Ancient Alphabets and Hieroglyphic Characters Explained*. Trans. Joseph Hammer von Purgstall. London: Bulmer, 1806.

Illich, Ivan, and Barry Sanders. *ABC: The Alphabetization of the Popular Mind*. New York: Random House, 1998. 〔이반 일리치, 배리 샌더스, 『ABC, 민중의 마음이 문자가 되다』, 권루시안 옮김, 파주: 문학동네, 2016.〕

Innis, Harold. *The Bias of Communication*. Toronto: University of Toronto Press, 1951. 〔해럴드 이니스, 『커뮤니케이션 편향』, 윤주옥 옮김, 서울: 한국문화사, 2016.〕

—. *Empire and Communications*. Oxford: Oxford University Press, 1950. 〔해럴드 이니스, 『제국과 커뮤니케이션』, 김문정 옮김, 서울: 지만지, 2008.〕

Jackson, John. *Chronological Antiquities, or The Antiquities and Chronology of the Most Ancient Kingdoms, from the Creation of the World, for the Space of Five Thousand Years: In Three Volumes* (······). London: Printed for the author, 1752.

Jeffery, Lilian. *Local Scripts of Archaic Greece*. Oxford: Clarendon Press, 1961.

Jensen, Hans. *Sign, Script, and Symbol*. New York: Putnam, 1969.

Johnston, Thomas Crawford. *Did the Phoenicians Discover America?* San Francisco, CA: Geographical Society of California, 1892.

Jones, George. *The History of Ancient America prior to the Time of Columbus Proving the Identity of the Aborigines with the Tyrians and Israelites*. London: Longman, Brown, Green, and Longmans, 1843.

Jones, Rowland. *A Postscript to the Origin of Language and Nations* (······). London: J. Hughes, 1764.

Josephus, Flavius. *Of the Antiquities of the Jews, Book I, Containing the Interval of 3833 years from the Creation to the Death of Isaac*. London, 1737. http://penelope.uchicago.edu/josephus/ant-1.html. 〔요세푸스, 『(하버드판) 요세푸스』. 3, 유대고대사 1~6권』, 성서자료 연구원 옮김, 서울: 달산, 1992 외.〕

King, James. *Moab's Patriarchal Stone: Being an Account of the Moabite Stone, Its Story and Teaching*. London: Bickers, 1878.

Kircher, Athanasius. Oedipus Aegyptiacus. Rome: Mascardi, 1652.

—. *Turris Babel*. Amstelodami: Janssonio-Waesbergiana, 1679.

Kirchhoff, Adolf. *Studien zur Geschichte des griechischen Alphabets*. Berlin: F. Dümmler, 1877.

Knuth, Donald. *TEX and METAFONT: New Directions in Typesetting*. Providence, RI: American Mathematical Society, 1979.

Korpela, Jukka K. *Unicode Explained*. Boston: O'Reilly, 2006.

Laborde, Léon Marquis de. *Journey through Arabia Petra to Mount Sinai*. London: John Murray, 1836.

Lake, Kirsopp, and Robert P. Blake, "The Serâbît Inscriptions: I. The Rediscovery of the Inscriptions". *Harvard Theological Review* 21, no. 1 (January 1928): 1~8.

Lauth, Franz Joseph. *Papyrus Prisse*. Munich: K. Bayerischen Akademie der Wissenschaften, 1869.

Laval, Lottin de. *Voyage dans la peninsule arabique du Sinai et l'Egypte moyenne*. Paris: Gide, 1855.

Layard, Austen Henry. *Discoveries in the Ruins of Nineveh and Babylon; with Travels in Armenia, Kurdistan and the Desert, Being the Result of a Second Expedition Undertaken for the Trustees of the British Museum*. London: John Murray, 1853.

Lenormant, François. *Essai sur la propogation de l'alphabet phénicien dans l'ancien monde*. Paris: Maisonneuve, 1872~1875.

Lhuyd, Edward. *Archaeologia Britannica*. London: 1707.

Lidzbarski, Mark. *Handbuch der Nordsemitischen Epigraphik*. Weimar: Emil Felber, 1898.

Logan, Robert. *The Alphabet Effect*. New York: Morrow, 1986.

Lucan. *Pharsalia*. Book III, Massilia, trans. Sir Edward Ridley. London: Longmans, Green, 1905.

Luynes, Albert de. *Mémoire sur le sarcophage et l'inscription funéraire d'Esmunazar, roi de Sidon*. Paris: Henri Plon, 1856.

Mabillon, Jean. *De re diplomatica*. Luteciæ Parisiorum: Sumtibus Ludovici Billaine, 1681.

Machen, Arthur. *The Enchanted Treasure, or The Spagyric Quest of Beroaldus Cosmopolita*. London: Thomas Marvell, 1888.

Macray, William Dunn. *The Annals of the Bodleian Library, Oxford, A.D. 1598–A.D. 1867*. Oxford: Clarendon Press, 1890.

Marsh, Luther. "The Alphabet—The Vehicle of History". New York: New York Historical Society, November 17, 1885.

Marsham, John. *Chronicus canon Aegyptiacus, Ebraicus, Graecus et disquisitiones*. London: T. Roycroft, 1672.

Massey, William. *The Origin and Progress of Letters*. London: Printed for J. Johnson, 1763.

McCarter, P. Kyle. *The Antiquity of the Greek Alphabet*. Harvard Semitic Monographs 9. Cambridge, MA: Harvard College, 1975.

McLean, Adam. "The Virga Aurea". *Hermetic Journal*, 1980. http://www.levity.com/alchemy/virga_aurea.html.

McClintock, John. *Cyclopedia of Biblical, Theological, and Ecclesiastical Literature*. Vol. 8. New York: Harper and Brothers, 1879.

McLuhan, Marshall. *Understanding Media*. New York: McGraw-Hill, 1964. 〔마셜 맥루언, 『미디어의 이해』, 김성기·이한우 옮김, 서울: 민음사, 2002 외.〕

Monk, James Henry. *The Life of Richard Bentley: With an Account of His Writings*. London: J. G. and F. Rivington, 1833.

Montet, Pierre. *Byblos et l'Egypte, Quatre Campagnes des Fouilles, 1921–1924*. Paris: P. Geuthner, 1928~1929.

Montfaucon, Bernard de. *Antiquité expliquée et representée en figures*. Paris: F. Delaulne, 1719.

—. *Palaeographia Graeca*. Paris: L. Guerin, 1708.

Morin, Jean. *Exercitationes ecclesiasticae in utrumque Samaritanorum Pentateuchum*. Paris: Antonius Vitray, 1631.

Mullaney, Tom. *The Chinese Typewriter: A History*. Cambridge, MA: MIT Press, 2017. 〔토머스 멀레이니, 『한자무죄, 한자 타자기의 발달사』, 전주범 옮김, 파주: 한울아카데미, 2021.〕

Naveh, Joseph. *The Early History of the Alphabet*. Jerusalem: Hebrew University; Magnes Press, 1982.

—. *Studies in West-Semitic Epigraphy*. Jerusalem: Hebrew University; Magnes Press, 2009.

Nelme, L. D. *An Essay Towards an Investigation of the Origin and Elements of Language and Letters*. London: T. Spilsbury for S. Leacroft, 1772.

Newton, Sir Isaac. *The Chronology of Antient Kingdoms Amended*. London: J. Tonson, 1728.

Niebuhr, Carsten. *Travels through Arabia*. Edinburgh: R. Morison and Son, 1792.

Notes of the meeting in the Institute Rooms, April 3, 1855. *Transactions of the Albany Institute* 4, art. 4 (1855): 68~69.

Nuttall, P. Austin. *A Classical and Archaeological Dictionary* (······). London: Whittaker; Oxford: J. H Parker, 1840.

Nuttall, Zelia. *The Fundamental Principles of Old and New World Civilizations*. Cambridge, MA: Peabody Museum, 1901.

Ogg, Oscar. *The 26 Letters*. New York: T. Y. Crowell, 1948.

Orfei, Luca. *De caracterum et litterarum inventoribus* (······). Rome: Gio. Batt. Rossi, 1589.

Palatino, Giovanni Battista. *Libro nuovo d'imparare a scrivere*. Stampata in Roma: Appresso Campo di Fiore, nelle case di m. Benedetto Gionta: Per Baldassarre di Francesco Cartolari perugino, 1540.

Pantheus, Johannes. *Voarchadumia*. Venetiis: Diebus Aprilis, 1530.

Parry, Adam. *The Making of Homeric Verse: The Collected Papers of Milman Parry*. Oxford: Clarendon Press, 1971.

Parry, Milman. "Studies in the Epic Technique of Oral Verse-Making: I. Homer and Homeric Style". *Harvard Studies in Classical Philology* 41 (1930): 73~148.

Petrie, W. M. Flinders. *The Formation of the Alphabet*, British School of Archaeology in Egypt 3. London: Macmillan; Bernard Quaritch, 1912.

—. *Inductive Metrology, or The Recovery of Ancient Measures from the Monuments*. London: Hargrove Saunders, 1877.

—. *Researches in the Sinai*. London: John Murray, 1906.

—. *Tell el-Hesi*. London: Published for the Committee of the Palestine Exploration Fund, 1891.

Petrovich, Douglas. "The Ophel Pithos Inscription: Its Dating, Language, Translation, and Script". *Palestine Exploration Quarterly* 147, no. 2 (2015): 130~145.

—. *The World's Oldest Alphabet*. Jerusalem: Carta, 2016.

Pico della Mirandola, Giovanni. *Opera*. Venice: Bernardinus Venetus, de Vitalibus, 1498.

Pococke, Richard. *A Description of the East and Some Other Countries*. London: 1743.

—. *India in Greece*. London: John Griffin, 1852.

Postel, Guillaume. *De originibus seu de Hebraicae linguae & gentis antiquitate, deque variarum linguarum affinitate liber*. Paris: Apud Dionysium Lescuier, 1538.

—. *Linguarum duodecim characteribus differentium alphabetum, introductio, ac legendi modus longè facilimus*. Paris: Apud Dionysium Lescuier, 1538.

Purchas, Samuel. *Hakluytus posthumus or Purchas His Pilgrimes*. London: Henry Fetherston, 1625.

Raleigh, Sir Walter. *The Historie of the World in Five Books*. London: William Stansby for Walter Burre, 1614.

Raumer, Karl von. *Palästina*. Leipzig: F. A. Brockhaus, 1835.

Ravis, Christian. *A Discourse of the Oriental Tongues*. London: Thomas Slater and Thomas Huntington, 1649.

Rawlinson, Henry. *A Commentary on the Cuneiform Inscriptions of Babylonia and Assyria, including Readings of the Inscription of the Nimrud Obelisk and a Brief Notice of the Ancient Kings of Nineveh and Babylon*. London: John W. Parker, 1850.

Reinach, Salomon. "Le mirage orientale". *L'anthropologie*, 4:539~578. Paris, 1893.

Relaant, Adriaan. *Antiquitates sacrae veterum Hebraeorum*. Lipsiae: Apud Joh. Fridericum; Wehrmannum: Typis Jo. Heinrici Richteri, 1713.

Renan, Ernest. *Mission de Phénicie*. Paris: Imprimerie Imperiale, 1864.

Robinson, Edward, and Eli Smith. *Biblical Researches in Palestine and the Adjacent Regions, Journal of Travels in the Year 1838*. Boston: Crocker and Brewster, 1841.

Rocca, Angelo. *Bibliotheca apostolica Vaticana Sixto V*. Rome: Typographia Apostolica Vaticana, 1591.

—. *Variarum linguarum alphabeta et inventores*. Rome: Ex typographia Dominici Basae, 1595.

Rollston, Christopher. "The Dating of the Early Royal Byblian Phoenician Inscriptions: A Response to Benjamin Sass". *Maarav* 15, no. 1 (2008): 57~93.

—. "The Proto-Sinaitic Inscriptions 2.0; Canaanite Language and Canaanite Script, Not Hebrew". December 10, 2016. http://www.rollstonepigraphy.com/.

—. *Writing and Literacy in the World of Ancient Israel*. Leiden: Brill, 2010.

Rose, Hugh James. *Inscriptiones Graecae vetustissimae*. London: John Murray, 1825.

Sampson, Geoffrey. *Writing Systems*. Stanford: Stanford University Press, 1985.

Sass, Benjamin. *The Alphabet at the Turn of the Millennium: The West Semitic Alphabet, c.1150–850 BCE.*. Tel Aviv: Emery and Claire Yass Publications in Archaeology, 2005.

—. *The Genesis of the Alphabet and Its Development in the Second Millennium BC*. Wiesbaden: Otto Harrassowitz, 1988.

Sass, Benjamin, and Israel Finkelstein, "Epigraphic Evidence from Jerusalem and Its Environs at the Dawn of Biblical History: Facts First". *New Studies in the Archaeology of Jerusalem* 11 (2017): 21~46.

—. "The Swan-Song of Proto-Canaanite in the Ninth Century BCE in Light of an Alphabetic Inscription from Megiddo". *Semitica et Classica, International Journal of Oriental and Mediterranean Studies* 9 (2016): 19~43.

Sanders, Seth. *The Invention of Hebrew*. Urbana: University of Illinois Press, 2011.

Sayce, A. H. *The Archaeology of Cuneiform Inscriptions*. London: Society for Promoting Christian Knowledge, 1908.

—. *Fresh Light from Ancient Monuments*. London: Religious Tract Society, 1883.

Scaliger, Joseph. *Opus novum de emendatione temporum*. Lutèce: Mamert Pattison for Sebastien Nivelle, 1583.

Schultens, Albert. *Origines Hebraeae sive Hebraeae Linguae antiquissima natura et indoles*. Lugduni Batauorum: Samel et Joannem Luchtmans et Joannem le Mair, 1761.

Sharpe, Samuel. *Hebrew Inscriptions: From the Valleys between Egypt and Mount Sinai*. London: John Russell Smith, 1875.

Shlain, Leonard. *The Alphabet versus the Goddess*. New York: Viking, 1998.

Shuckford, Samuel. *The Sacred and Prophane History of the World Connected, from the Creation of the World to the Dissolution of the Assyrian Empire at the Death of Sardanapalus, and to the Declension of the Kingdoms of Judah and Israel, under the reigns of Ahaz and Pekah*. London: R. Knaplock and J. Tonson, 1731. 초판 1728.

Siculus, Diodorus. *Bibliotheca Historica*. Book 3, section 42. http://penelope.uchicago.edu/Thayer/E/Roman/Texts/Diodorus_Siculus/3C*.html.

Sivry, Poinsenet de. *Nouvelles recherches sur la science des medailles*. Maestricht: Jean-Edme Dufour and Phillippe Roux, 1778.

Spanheim, Ezechiel. *Dissertationes de præstantia et usu numismatum antiquorum*. Amstelodami: Daniel Elsevir, 1671.

Stanley, Arthur. *Sinai and Palestine in Connection with Their History*. London: John Murray, 1857.

Stillingfleet, Edward. *Origines sacrae, or a Rational Account of the Grounds of the Christian Faith*. London: Printed by R. W. for Henry Mortlock, 1662.

Stukeley, William. *Palaeographia Britannica, or Discourses on Antiquities in Britain*. London: Printed for R. Manby, 1743.

Tappy, Ron E., and Peter Kyle McCarter, eds. *Literate Culture and Tenth-Century Canaan: The Tel Zayit Abecedary in Context*, 113~129. Winona Lake, IN: Eisenbrauns.

Taylor, Isaac. *The Alphabet*. London: Kegan Paul, Trench, 1883.

—. *The Origin of the Aryans*, 2nd ed. London: W. Scott, 1892.

Taylor, Jane. "The Writing on the Rocks". *Al-Ahram Weekly Online*, post no. 620, January 9~15, 2003. 현재는 삭제된 자료.

Thurneysser, Leonhard. *Magna alchymia*. Cöln, 1583.

—. *Onomasticum*. Berlin: Nicolaum Voltzen, 1583.

Top, Alexander. *The Olive Leafe*. London: W. White for George Vincent, 1603.

Torczyner, Harry, Lankester Harding, Alkin Lewis, and J. L. Starkey. *The Lachish Letters*. Oxford: Oxford University Press, 1938.

Torrey, Charles C. "The Ahiram Inscription of Byblos". *Journal of the American Oriental Society* 45 (1925): 269~279. https://www.jstor.org/stable/pdf/593505.pdf.

Toustain, Charles. *Nouveau traité de diplomatique*. Paris: Guillaume Desprez and Pierre Guillaume Cavelier, 1750.

Trithemius, Johannes. *Polygraphia*. Oppenheim: Ioannis Hasebergi de Aia, 1518.

—. *Steganographia*. Francofvrti: Ex officina typographica Matthiæ Beckeri, sumptibus Ioannis Berneri, 1608.

Turner, William T. "Remarks on the Phoenician Inscription of Sidon". Presented to the Society, October 29, 1855. *Journal of the American Oriental Society* 7 (1860): 48~59.

Ullman, Berthold. *Ancient Writing and Its Influence*. New York: Cooper Square Publishers, 1963.

Ussher, James. *Annales veteris testamenti, a prima mundi origine deducti*. London: J. Flesher, J. Crook, and J. Baker, 1650.

Vallancey, Charles. *Prospectus of a Dictionary of the Language of the Aire Coti, or Ancient Irish, Compared with the Language of the Cuti, or Ancient Persians, with the Hindoostanee, the Arabic, and Chaldean Languages*. Dublin: Graisberry and Campbell, 1802.

Valle, Pietro della. *Viaggi di Pietro Della Valle*. Rome, 1650~1658.

Velasco, Velásquez de. *Ensayo sobre los alphabetos de las letras desconocidas*. Madrid: Antonio Sanz, 1752.

Verstegan, Richard. *A Restitution of Decayed Intelligence in Antiquities concerning the Most Noble and Renowned English Nation*. Antwerp: Robert Bruney, 1605.

Vigenère, Blaise de. *Traicté de chiffres*. Paris: Chez Abel L'Angelier, au premier pillier de la grand' salle du Palais, 1586.

Waddell, Laurence A. *The Aryan Origin of the Alphabet*. London: Luzac, 1927.

Warren, Charles. "The Moabite Stone: Captain Warren's First Account of the Inscription from the Moab". *Quarterly Statement of the Palestine Exploration Fund*, January 21, 1870, 169~183. https://www.biblicalstudies.org.uk/pdf/pefqs/1869-71_169.pdf.

Waser, Kaspar. *De antiquis Numis Hebraeorum, chaldaeorum, et Syrorum S. Biblioa et Rabbinica scripta meminerunt*. Switzerland: Officina Wolphiana, 1605.

Weidemann, Alfred. *Ägyptische Geschichte*. Gotha: F. A. Perthes, 1884.

Woodard, Roger D. *Greek Writing from Knossos to Homer*. New York: Oxford University Press, 1997.

Worm, Ole. *Runir, seu, Danica literature antiquissima*. Hafniae: Melchiorus Martzan, 1651.

Wyss, Urbanus. *Libellus valde doctus elegans et utilis, multa et varia scribendarum literarum genera complectens*. 1549.

Zuckerman, Bruce. *West Semitic Research Project*. USC, Dornsife. https://dornsife.usc.edu/wsrp/.

핵심 참고 자료

Avilés, A. G. "Alfonso X y el Liber Razielis: Imágenes de la magia astral judia en el scriptorium alfonsi". *Bulletin of Hispanic Studies* 74, no. 1 (1 January 1997): 21~39.

Barney, Stephen A., W. J. Lewis, J. A. Beach, and O. Berghof. *The Etymologies of Isidore of Seville*. Cambridge: Cambridge University Press, 2006.

Barrett, Rob. "Johann Reuchlin, Philologist and Mystic: The Christian Rediscovery of Hebrew". Vancouver: Regent College, 2001. https://www.academia.edu/333690/Johann_Reuchlin_Philologist_and_Mystic_The_Christian_Rediscovery_of_Hebrew.

Biran, A., and Joseph Naveh. "The Tel Dan Inscription: A New Fragment". *Israel Exploration Journal* 43 (1993): 81~98.

Bodde, Derk. *Chinese Thought, Society, and Science*. Honolulu: University of Hawaii Press, 1991.

Bohak, Gideon. Ancient Jewish Magic: A History. Cambridge: Cambridge University Press, 2008.

—. "The Charaktêres in Ancient and Medieval Jewish Magic". Acta classica universitatis scientiarum debreceniensis 47 (2011): 25~44.

Bottero, Jean, Clarisse Herrenschmidt, and Jean-Pierre Vernant. Ancestor of the West. Chicago: University of Chicago Press, 2000.

Brandist, Craig. The Dimensions of Hegemony: Language, Culture, and Politics in Revolutionary Russia. Chicago: Haymarket Books, 2016.

Brash, Richard Rolt. The Ogham Inscribed Monuments of the Gaedhill. London: George Bell and Sons, 1879.

Brereton, Gareth. "Lion Hunting: The Sport of Kings". The British Museum Blog, January 4, 2019. https://blog.britishmuseum.org/lion-hunting-the-sport-of-kings-2/.

Burrows, Eric. "The Origin of the Ras Shamra Alphabet". Journal of the Royal Asiatic Society of Great Britain and Ireland 68, no. 2 (April 1936): 271~277.

Campanini, Saverio. "The Quest for the Holiest Alphabet in the Renaissance". A Universal Art: Hebrew Grammar across Disciplines and Faiths, ed. Nadia Vidro, Irene E. Zwiep, and Judith Olszowy-Schlanger, 196~245. Boston: Brill, 2014.

Cartwright, Mark. "Trade in the Phoenician World". Ancient History Encyclopedia, April 1, 2016. https://www.ancient.eu/article/881/trade-in-the-phoenician-world/.

Chajes, J. H. Between Worlds: Dybbuks, Exorcists, and Early Modern Judaism. Philadelphia: University of Pennsylvania Press, 2011.

Cheriet, Mohamed, Nawwaf Kharma, Chen-Lin Liu, and Ching Y. Suen. Character Recognition Systems. Hoboken, NJ: John Wiley and Sons, 2007.

Christie, E. J. "By Means of a Secret Alphabet: Dangerous Letters and the Semantics of Gebregdstafas". Modern Philology 109, no. 2 (2011). https://www.jstor.org/stable/10.1086/663211?seq=1#metadata_info_tab_contents.

Christin, Anne-Marie. L'histoire de l'écriture. Paris: Flammarion, 2001.

Colavito, Jason, ed. "An Explanation of Ancient Alphabets & Hieroglyphics". http://www.jasoncolavito.com/ancient-alphabets-explained.html, 2023. 11. 19. 다음 번역문을 소개하는 글. Ibn Wahshiyya, Kitab Shawq al-Mustaham (863 CE), trans. Joseph von Hammer-Purgstall (1806).

—. "Eumalos of Cyrene on Atlantis". 2015. http://www.jasoncolavito.com/eumalos-on-atlantis-hoax.html. 다음 번역문을 소개하는 글. Marquis de Fortia d'Urban, "Discourse Composed for the Asiatic Society", February 4, 1828, trans. Jason Colavito.

Cone, Patricia, and Michael Cook. Hagarism: The Making of the Islamic World. Cambridge: Cambridge University Press, 1977.

Cook, Edward M. "On the Linguistic Dating of the Phoenician Ahiram Inscription (KAI 1)". Journal of Near Eastern Studies 53, no. 1 (January 1994): 33~36.

Courdert, Allison. The Impact of the Kabbalah in the Seventeenth Century: The Life and Thought of Francis Mercury van Helmont (1614-1698). Leiden: Brill, 1999.

Covington, Michael. "Albert Schultens on Language Relationship". Linguistics 17, nos. 7~8 (1979). https://doi.org/10.1515/ling.1979.17.7-8.707.

Crain, Patricia. The Story of A. Palo Alto: Stanford University Press, 2001.

De Kerckhove, Derrick. "A Theory of Greek Tragedy". SubStance 9, no. 4 (May 1981): 23~36.

Denecker, Tim. "The Origin and Nature of Language". Ideas on Language in Early Latin Christianity from Tertullian to Isidore of Seville. Vigiliae Christianae, Supplements, vol. 142. Boston: Brill, 2017. https://brill.com/abstract/book/9789004276659/B9789004276659_003.xml.

Doumas, Christos G. "Aegeans in the Levant: Myth and Reality". Mediterranean People in Transition: Thirteen to Early Tenth Century BCE, ed. S. Gitin, A. Mazar, and E. Stern, 129~137. Jerusalem: Israel Exploration Society, 1998.

Drucker, Johanna. The Alphabetic Labyrinth: The Letters in History and Imagination. London: Thames and Hudson, 1994.

—. The Visible Word. Chicago: University of Chicago Press, 1994.

Du Pin, Louis Ellies. A New History of Ecclesiastical Writers. London: Tim Child, 1710.

Fahd, T. "Ibn Wahshiyyah". Encyclopedia of Islam, 2nd ed., ed, P. Bearman, Th. Bianquis, C. E. Bosworth, E. van Donzel, and W. P. Heinrichs, 3:963~965. Leiden: Brill 1971.

Faigley, Lester. "Material Literacy and Visual Design". Rhetorical Bodies, ed. Jack Selzer and Sharon Crowley, 171~201. Madison: University of Wisconsin Press, 1999.

Findell, Martin. "The Book of Enoch, the Angelic Alphabet and the 'Real Cabala.'" Henry Sweet Society Bulletin, May 2007, 7~22.

Fraser, James G. "A Checklist of Samaritan Manuscripts Known to Have Entered Europe before AD 1700". Abr Nahrain 21 (1982~1983): 10~27.

—. "Epigraphy and Paleography as Scientific Disciplines". Perspectives on Language and Text: Essays and Paper in Honor of Francis I. Anderson's Sixtieth Birthday, July 28, 1985. Winona, IN: Eisenbrauns: 1987.

Fraser, Robert. *Book History through Post-colonial Eyes.* New York: Routledge, 2008.

Gaster, M. "Jewish Knowledge of the Samaritan Alphabet in the Middle Ages". *Studies and Texts*, 600~613. 2 vols. London, 1928.

Gaur, Albertine. *A History of Writing.* London: British Library, 1984.

Gernet, Jack. *A History of Chinese Civilization.* Cambridge: Cambridge University Press, 1982.

Goldwasser, Orly. "How the Alphabet Was Born from Hieroglyphs". *Biblical Archaeology Review* 36, no. 2 (March~April 2010): 40~53.

Gonzalez, Elena Martin. "The Drawings on the Rock Inscriptions of Archaic Thera (IG XII 3, 536–601; IG XII 3 Suppl. 1410–1493)". 145th Annual Meeting of the Society of Classical Studies, Chicago, IL, January 2014.

Goody, Jack, and Ian Watt. "The Consequences of Literacy". *Comparative Studies in Society and History* 5, no. 3 (April 1963): 304~345.

Grafton, Anthony. "Joseph Scaliger and Historical Chronology: The Rise and Fall of a Discipline". *History and Theory* 14, no. 2 (May 1975): 156~183.

Grosswiler, Paul. "Dispelling the Alphabet Effect". *Canadian Journal of Communication* 29, no. 2 (2004): n.p. https://cjc-online.ca/index.php/journal/issue/view/.

Hackett, Jo Ann, and Walter E. Aufrecht, eds. *"An Eye for Form": Epigraphic Essays in Honor of Frank Moore Cross.* Winona Lake, IN: Eisenbrauns, 2014.

Haring, Ben. "Ancient Egypt and the Earliest Known Stages of Alphabetic Writing". *Understanding the Relations Between Scripts II, Early Alphabets*, ed. Philip J. Boyes and Philippa M. Steele, 53~68. Oxford, UK: Oxbow Books, 2020.

Hayden, Deborah. "Language and Linguistics in Medieval Europe". *Oxford Research Encyclopedias.* New York: Oxford University Press, 2017. https://doi.org/10.1093/acrefore/9780199384655.013.380.

Head, Randolph. "Archives, Documents, and Proof around 1700: Diplomatics, the ius archivi and State Practice in the Seventeenth and Eighteenth Centuries". *Historical Journal* 56, no. 4 (2013): 909~930.

Healey, John F. *The Early Alphabet.* Berkeley: University of California Press, 1990.

Heilman Till A. "Innis and Kittler: The Case of the Greek Alphabet". *Media Transatlantic: Developments in Media and Communication Studies between North American and German-speaking Europe*, ed. Norm Friesen, 91~110. Cham: Springer International Publishing, 2016.

Heng, Geraldine. *Empire of Magic: Medieval Romance and the Politics of Cultural Fantasy.* New York: Columbia University Press, 2003.

Herren, Michael W. *Cosmography of Aethicus Ister: Edition, Translation, and Commentary.* Turnhout: Brepols, 2011.

Higgins, Iain Macleod. *The Book of John Mandeville.* Indianapolis: Hackett Publishing, 2011.

Himelfarb, Elizabeth J. "First Alphabet found in Egypt". *Archaeology* 53, no. 1 (2000): n.p. https://archive.archaeology.org/0001/newsbriefs/egypt.html.

Hofstadter, Douglas. "Metafont, Mathematics, and Metaphysics: Comments on Donald Knuth's Article 'The Concept of a Meta-Font.'" *Visible Language* 16, no. 4 (Autumn 1982): 309~338.

Hudson, Nicholas. *Writing and European Thought, 1600–1830.* Cambridge: Cambridge University Press, 1994.

Hyatt, J. Philip. "The Ras Shamra Discoveries and the Interpretation of the Old Testament". *The Journal of Bible and Religion* 10, no. 2 (May 1942): 67~75.

Iversen, Erik. *The Myth of Egypt and Its Hieroglyphs in European Tradition.* Copenhagen: Gad, 1961.

Jackson, David. "The almajiadas of Spain". *Medieval Musings*, May 24, 2015. http://www.davidjackson.info/voynich/2015/05/24/the-aljamiadas-of-spain/.

Jackson, Deirdre. "Humfrey Wanley and the Harley Collection". *eBLJ (British Library Journal)*, article 2 (2011). https://www.bl.uk/eblj/2011articles/pdf/ebljarticle22011.pdf.

Johnston, A. W. "The Alphabet". *Sea Routes from Sidon to Huelva: Interconnections in the Mediterranean*, ed. N. Stampolidis and V. Karageorghis, 263~276. Athens: Museum of Cycladic Art, 2003.

Kadman, L. "The Hebrew Coin Script: A Study in the Epigraphy of Ancient Jewish Coins". *Israel Exploration Journal* 4, nos. 3/4 (1954): 150~169.

Kalvesmaki, Joel. "The Orthodox Possibilities of the Theology of Arithmetic". Clement of Alexandria, *Stromates*, 6.140.4~6.141.1. https://chs.harvard.edu/CHS/article/display/6309.7-the-orthodox-possibilities-of-the-theology-of-arithmetic-clement-of-alexandria.

Kempgen, Sebastian. "The Mysterious 'Alphabetum Iliricum Sclavorum.'" University of Bamberg, 2015. https://kodeks.uni-bamberg.de/slavling/downloads/SK_IllyrianSlavicAlphabet.pdf.

King, David A. *The Ciphers of the Monks: A Forgotten Number Notation of the Middle Ages.* Stuttgart: F. Steiner Verlag, 2001.

Kirk, Peter. "Response to the revised 'Final Proposal for Encoding the Phoenician Script in the UCS.'" *Gentle Wisdom*, June 7, 2004. https://www.gentlewisdom.org/qaya/academic/hebrew/Phoenician.html.

Knowlson, James. *Universal Language Schemes in England*. Toronto: University of Toronto Press, 1975.

Kupfer, Marcia. "'. . . lectres . . . plus vrayes': Hebrew Script and Jewish Witness in the Mandeville manuscript of Charles V". *Speculum* 83 (January 2008): 58~111.

Laycock, Donald. *The Complete Enochian Dictionary*. York Beach, ME: Weiser, 1994.

Lehmann, Reinhard G. "Much Ado about an Implement!" Chap. 5, *Understanding Relations between Scripts II, Early Alphabets*, ed. Philip J. Boyes and Philippa M. Steele. Oxford, UK: Oxbow Books, 2020.

—. "Wer war Aḥīrōms Sohn (KAI 1:1)? Eine kalligraphisch-prosopographische An näherung an eine epigraphisch offene Frage". *Neue Beiträge zur Semitistik. Fünftes Treffen der ArbeitsgemeinschaftSemitistik in der Deutschen MorgenländischenGesellschaft vom 15.–17. Februar 2012 an der Universität Basel* (AOAT 425), ed. V. Golinets, H. Jenni, H.-P. Mathys, and S. Sarasin, 163~180. Münster: Ugarit-Verlag, 2015.

—. "Wilhelm Gesenius and the Rise of Phoenician Philology". *Bieheste zur Zeitschrift für die alttestamentliche Wissenschaft*, Band 427, 209~266. Berlin: De Gruyter, 2013.

Letts, Malcolm. *Mandeville's Travels: Texts and Translations*. 2 vols. Milton Park, Abingdon: Routledge, 2011.

Levine, Joseph. *Battle of the Books: History and Literature in the Augustan Age*. Ithaca, NY: Cornell University Press, 2018.

Lewis, Jesica Jayd. "A History of the Histories: From Papyrus to Codex, From Codex to Today". *A&P: Antiquorum et Praesentis*, December 20, 2014. www.antiquorumetpraesentis.com.

Lewis, N. N., and M. C. A. MacDonald. "W. J. Bankes and the Discovery and Identification of the Nabataean Script". *Syria* 80 (2003): 41~110.

Levy-Bruhl, Lucien. *How "Natives" Think*. London: G. Allen and Unwin, 1926. 프랑스어 원서, *Les fonctions mentales dans les sociétés inférieures* (Paris: F. Alcan, 1910).

Liedle, David. "A Brief History of Optical Character recognition", *Filestack*, November 9, 2018. https://blog.filestack.com/thoughts-and-knowledge/history-of-ocr/.

Mango, Cyril. "The Triumphal Way of Constantinople and the Golden Gate". *Dumbarton Oaks Papers* 54 (2000): 173~188.

Markowitz, Mike. "CoinWeek Ancient Coin Series—Coinage of the Phoenicians". *CoinWeek*, February 29, 2016. https://coinweek.com/ancient-phoenician-coins/.

May, Herbert G. "Moses and the Sinai Inscriptions". *Biblical Archaeologist* 8, no. 4 (December 1945): 93~99.

Mazar, Benjamin. "The Phoenician Inscriptions from Byblos and the Evolution of the Phoenician-Hebrew Alphabet". *The Early Biblical Period: Historical Studies*, ed. S. Ahituv and B. A. Levine, 231~247. Jerusalem: IES, 1986 (초판 1946).

Mazar, Eilat, and David Ben-Shlomo. "An Inscribed Pithos from the Ophel, Jerusalem". *Israel Exploration Journal* 63, no. 1 (January 2013): 39~49.

McLuhan, Marshall. *War and Peace in the Global Village*. New York: McGraw-Hill, 1968. 〔마셜 매클루언·퀜틴 피오리, 『지구촌의 전쟁과 평화』, 서울: 커뮤니케이션북스, 2022.〕

McNeal, R. A. "On Editing Herodotus". *L'antiquité classique* 52 (1983): 110~129.

Millard, Alan. "The New Jerusalem Inscription—So What?" *Biblical Archaeology Review* 40, no. 3 (May~June 2014). https://www.baslibrary.org/biblical-archaeology-review/40/3/6.

Miller, Peter N. "The 'Antiquarianization' of Biblical Scholarship and the London Polyglot Bible (1653–57)". *Journal of the History of Ideas* 62, no. 3 (July 2001): 463~482.

—. *Peiresc's Orient: Antiquarianism as Cultural History in the Seventeenth Century*. Abingdon, Oxfordshire: Routledge, 2012.

Millesima, Iulia. "Kriegsmann: Sun, Moon, Wind and Earth in Tabula Smaragdina". *Labyrinth Designers and the Art of Fire*, 2021. https://www.labyrinthdesigners.org/alchemic-authors-1598-1832/kriegsmann-sun-moon-wind-earth-in-tabula-smaragdina/.

Nelles, Paul. "The Vatican Library Alphabets, Luca Orfei, and Graphic Media in Sistine Rome". *For the Sake of Learning*, ed. Ann Blair and Anja-Silvia Goeing, 441~468. Leiden: Brill, 2016.

Neuhofer, M. Dorothy. *In the Benedictine Tradition*. Lanham, MD: University Press of America, 1999.

Niesiolowski-Spano, Lukasz. "Early Alphabetic Scripts and the Origin of Greek Letters". *Haec mihi in animis vestris templa: Studia Classica in Memory of Professor Lesław Morawiecki*, ed. Piotr Berdowski and Beata Blahaczek, 47~63. Rzeszów: Institute of History, University of Rzeszów, 2007.

Nothaft, C. P. E. "Josephus and New Testament Chronology in the Work of Joseph Scaliger". *International Journal of the Classical Tradition* 23, no. 3 (2016): 246~251.

Obermann, Julian. "A Revised Reading of the Tell el-Hesi Inscription, with a Note on the Gezer Sherd". *American Journal of Archaeology* 44, no. 1 (January~March 1940): 93~104.

Papadopoulos, John K. "The Early History of the Greek Alphabet: New Evidence from Eretria and Methone". *Antiquity* 90, no. 353 (October 2016): 1238~1254.

Pardee, Dennis. "Lachish Ostraca". *Context of Scripture* 3, no. 42 (2002). https://www.bible.ca/ostraca/Ostraca-Lachish-Letters-Jeremiah-YHWH-Egypt-Fire-Signals-Azekah-weakening-hands-nebuchadnezzar-587BC.htm.

Pelling, Nick. "The Voarchadumia & John Dee". *Cipher Mysteries*, May 23, 2009. http:// ciphermysteries.com/2009/05/23/the-voarchadumia-john-dee.

Pingree, David. "Some of the Sources of the Ghāyat al-hakīm". *Journal of the Warburg and Courtauld Institutes* 43 (1980): 1~15.

Poppe, Erich. "The Celtic Languages in Conrad Gessner's Mithridates (1555)". *Zeitschrift für celtische Philologie* 45, no. 1 (2009): 240~250.

Porada, Edith. "Notes on the Sarcophagus of Ahiram". *Journal of the Ancient Near East Society* 5, no. 1 (1973): 354~372.

Porter, Venetia. "The Use of Arabic Script in Magic". *The Development of Arabic as a Written Language*, ed. M. C. A. Macdonald, *Supplement to the Proceedings of the Seminar for Arabian Studies* 40, 131~140. Oxford: Archaeopress, 2010.

Rainey, Anson. *The Sacred Bridge: Carta's Atlas of the Biblical World*. Jerusalem: Carta, 2006.

Reich, David. "Ancient DNA Tells Tales of Humans' Migrant History". *Science Daily*, February 21, 2018. https://www.sciencedaily.com/releases/2018/02/180221131851.htm.

Ridley, Michael. "Are Reading and Writing Doomed?" *Proceedings, ACRL Fourteenth National Conference*, March 12~15, 2009, 210~213. https://www.ala.org/acrl/sites/ala.org.acrl/files/content/conferences/confsandpreconfs/national/seattle/papers/210.pdf.

Robinson, Andrew. *The Story of Writing*. London: Thames and Hudson, 2007. 〔앤드류 로빈슨, 『문자 이야기』, 박재욱 옮김, 서울: 사계절출판사, 2003.〕

Rodrigue, Aron. "Totems, Taboos, and Jews: Salomon Reinach and the Politics of Scholarship in Fin-de-Siècle France". *Jewish Social Studies*, n.s., 10, no. 2 (Winter 2004): 1~19.

Rouse, Margaret. "OCR (Optical Character Recognition)". *TechTarget*, April 2019. https://searchcontentmanagement.techtarget.com/definition/OCR-optical-character-recognition.

Rowland, Ingrid. "Athanasius Kircher and the Egyptian Oedipus". *Fathom Archive*, University of Chicago, 2004. http://fathom.lib.uchicago.edu/1/777777122590/.

Salisbury, Preston R. "Analysis of Primers in the de Grummond Children's Literature Collection". *SLIS Connecting* 3, no. 2, article 7 (2014). https://aquila.usm.edu/slisconnecting/vol3/iss2/7/.

Salmon, Vivian. "The Study of Foreign Languages in 17th Century England". *Histoire épistémologie langage* 7, no. 2 (1985): 45~70.

Scribner, Sylvia, and Michael Cole. *The Psychology of Literacy*. Cambridge, MA: Harvard University Press, 1981.

Seebold, Elmar. "Mandeville's Alphabets". *Beitrage zur Geschichte der deutschen Sprache und Literatur*, 366~377. Paris: Niemeyer, 1998.

Schur, Nathan. "The Return of the Diaspora Samaritans to Nablus at the End of the Middle Ages". https://members.tripod.com/~osher_2/html_articles/Diaspora.htm.

Shalev, Sariel. *Swords and Daggers in Late Bronze Age Canaan*. Stuttgart: Franz Steiner Verlag, 2004.

Simon, Fabien. "Collecting Languages, Alphabets and Texts: The Circulation of 'Parts of Texts' among Paper Cabinets of Linguistic Curiosities (Sixteenth-Seventeenth Century)". *Pieces and Parts in Scientific Texts. Vol. 1*, ed. Florence Bretelle-Establet and Stéphane Schmitt, 297~346. New York: Springer, 2018.

Tappy, Ron E., P. Kyle McCarter, Marilyn J. Lundberg, and Bruce Zuckerman, "An Abecedary of the Mid-Tenth Century B.C. from the Judaean Shephelah". *Bulletin of the American Schools of Oriental Research* 344 (November 2006): 5~46.

Thomas, Kate. "How Many Alphabets?". *Medieval Manuscripts Blog*, May 10, 2019. https://blogs.bl.uk/digitisedmanuscripts/2019/05/how-many-alphabets.html.

Thorndike, Lynn. *A History of Magic and Experimental Science during the First Thirteen Centuries of Our Era*. 8 vols. New York: Columbia University Press, 1923.

VanderKam, James C. "The Book of Enoch and the Qumran Scrolls". *The Oxford Handbook of the Dead Sea Scrolls*. New York: Oxford University Press, 2010. https://www.oxfordhandbooks.com/view/10.1093/oxfordhb/9780199207237.001.0001/oxfordhb-9780199207237-e-11.

Waal, Willemijn. "On the 'Phoenician Letters': The Case for an Early Transmission of the Greek Alphabet from an Archaeological, Epigraphic, and Linguistic Perspective". *Aegean Studies* 1, no. 4 (December 2018): 83~125.

Weinstock, Horst. "Roger Bacon's Polyglot Alphabet". *Florilegium* 11 (1992): 160~178.

Weiss, Roberto. "The Study of Ancient Numismatics during the Renaissance (1313–1517)". *Numismatic Chronicle* 8 (1968): 177~187.

Wheeler, Brandon. "Guillaume Postel and the Primordial Origins of the Middle East". *Method and Theory in the Study of Religion*, 1~20. Leiden: Brill, 2012. https://www.academia.edu/14955597/Guillaume_Postel_and_the_Primordial_Origins_of_the_Middle_East.

Wilford, John Noble. "Discovery of Egyptian Inscriptions Indicates an Earlier Date for Origin of the Alphabet". *New York Times*, November 13, 1999. https://archive.nytimes.com/www.nytimes.com/library/national/science/111499sci-alphabet-origin.html.

Winslow, Alexander, "The Pillar in the Land of Siriad". Squires Publishing, 1998~2009. http://www.squirespublishing.co.uk/files/syriad.htm.

Wirszubski, Chaim. *Pico della Mirandola's Encounter with Jewish Mysticism*. Cambridge, MA: Harvard University Press, 1989.

Yaya, Isabel. "Wonders of America: The Curiosity Cabinet as a Site of Representation and Knowledge". *Journal of the History of Collections* 20, no. 2 (November 2008): 173~188.

Yu, Dominic. "Thoughts on Logan's 'The Alphabet Effect.'" 최종 수정 January 3, 2003. https://web.archive.org/web/20160413133632/http://rescomp.stanford.edu/~domingo2/zok/logan.html.

옮긴이의 말

"당신은 시인인가요, 미술가인가요, 소설가인가요, 학자인가요, 디자이너인가요, 미학자인가요? 아니면 굳이 따지지 않으시는 편인가요?" "저는 책을 만드는 저술가입니다."*

『알파벳의 발명』은 조해나 드러커가 2022년에 써낸 작품이다. 위에 인용한 인터뷰의 질문이 시사하듯, 드러커의 직업이나 활동 분야를 타인이 간단히 규정하기는 쉽지 않다. 저자는 1970년대 초에 샌프란시스코의 캘리포니아미술공예대학[California College of Arts and Crafts. 현 캘리포니아미술대학(California College of the Arts)]에서 인쇄술을 전공하고 인쇄소 조판공, 그래픽디자이너 등으로 활동하다가 1982년 캘리포니아대학교 버클리(University of California, Berkeley)에서 알파벳 상징성을 주제로 석사학위를, 1986년 같은 학교에서 언어의 시각적 표상으로서 글쓰기를 연구해 박사학위를 받았다. 인문학자이자 시각예술 이론가이자 역사가로서 저자는 지난 30년간 10여 권에 이르는 저서를 발표했다. 미술가로서 드러커는 책 형식을 띠는 미술작품, 즉 '아티스트 북(artist's book)'을 수십 권 발표했으며, 2012년부터 2014년까지 북아메리카 순회 회고전 《드럭워크스(Druckworks)》를** 열기도 했다.

Manuel Portela, Catarina Figueiredo Cardoso, John D. Mock, and Ana Paula Dantas, "'Eye-Mind-Design-Production': An Interview with Johanna Drucker", *MATLIT. Materialidades da Literatura* 1, no. 1 (2013), https://doi.org/10.14195/2182-8830_1-1_10 재인용.

**

작가의 이름과 '작품'을 뜻하는 영어 단어를 결합한 조어이지만, '인쇄 출판물'을 뜻하는 독일어 Druckwerk를 연상시키기도 한다.

그래픽디자인, 타이포그래피, 실험문학, 미술, 디지털 인문학 등 다양한 분야에 이바지한 드러커이지만, 그의 연구와 창작을 일관하는 관심사는 "시각적 지식생산, 특히 그래픽을 통한 의사소통과 언어의 시각적 형태"일* 것이다. 초기 저작 『가시 언어—실험 타이포그래피와 현대미술(The Visible Word: Experimental Typography and Modern Art)』(1994)에서 저자는 미래주의, 다다, 입체주의 등 20세기 초 현대주의 예술 사조에서 문자와 활자, 인쇄 출판을 이용한 작업이 어떻게 전위 운동의 물적 토대를 구성하며 시각 작업과 언어 작업의 통합을 시도했는지 연구했다. 그러한 예술의 배경으로서 인쇄술과 필기 등 언어의 표상에 쓰인 기법들을 살펴보는가 하면, 초기 전위예술에서 개발된 기법들이 1920년대와 1930년대에 문학과 상업미술에 끼친 영향을 시사하기도 했다. 한편, 드러커가 1995년에 써낸 『아티스트 북의 세기(Century of Artists' Books)』는 20세기에 새로 출현한 예술 형식으로서 아티스트 북을 본격적으로 다룬 첫 연구서에 속하며, 2005년에 나온 에밀리 맥배리시(Emily McVarish)와의 공저 『그래픽디자인의 역사—비판적 안내서(Graphic Design History: A Critical Guide)』는 선사시대부터 현대까지 일상생활에서 다양한 시각 매체가 맡은 사회적, 문화적 역할을 추적해 양식이나 사조 또는 전문가 집단의 활동에 중점을 두는 기존 디자인사에 대안을 제시했다.

언어의 시각적 형태에 대한 관심이 시각예술을 넘어 문학으로 확장된 것은 자연스러운 일이었을 것이다. 드러커는 언어를 재료로 활용하는 현대미술 작업과 시각시(視角詩), 실험 출판, 인터넷 공간에서 언어의 활용 등을 논하는 글을 문학 학술지에 꾸준히 발표했고, 그중 일부를 『언어의 구상화—책, 글쓰기, 시각시에 관한 에세이들(Figuring the Word: Essays on Books, Writing and Visual Poetics)』(1998)로 엮어 내기도 했다. 비교적 최근에 그가 발표한 반(半)자서전적 전기 『일리아즈드—어느 현대주의자의 메타 전기(Iliazd: A Meta-Biography of a Modernist)』(2020)는 일리아 즈다네비치(Ilia Zdanevich, 1894~1975)라는, 비교적 알려지지 않은 전위예술가의 생애를 통해 타이포그래피와 문학, 미술이 급진적으로 상호 침투하는 실천의 생생한 예를 그려 보인다.

20세기 현대주의와 전위예술은 드러커가 꾸준히 탐구한 주제이지만, 그의 예술관이 그런 전통에 머물러 있는 것은 아니다. 2005년에 써낸 『달콤한 꿈—동시대 미술과 공모(Sweet Dreams: Contemporary Art

조해나 드러커 웹사이트,
https://www.johannadrucker.net/index.html.

and Complicity)』에서처럼, 그는 전위예술 전통에서 '진정성'의 조건으로 여겨진 부정(否定)과 대립(對立)의 가치관이 지나치게 단순할 뿐만 아니라 공모와 처세로 물든 현실을 은폐하기도 한다고 비판하면서, 주류 매체와 물질문화에 더 긍정적으로 관여하는 동시대 미술가들의 작업을 조명하기도 했다. 즉, 예술가이자 예술 연구자로서 드러커는 배타성과 일원성에 맞서 다원성, 혼종성, 포용성을 역사에서 추적하고 동시대 미술평론과 작업에서 추구한다고 말할 수 있다.

드러커가 신종 학문인 디지털 인문학에 이끌린 배경에도 혼종과 융합에 대한 관심이 있었을지 모른다. 디지털 인문학은 컴퓨터 기술과 기법을 문학, 역사, 철학과 같은 전통적 인문학에 적용하는 연구 분야이다. 드러커는 디지털 인문학을 선구한 버지니아대학교(University of Virginia)에서 사변적 컴퓨팅(speculative computing)을 탐구하는 연구소 스펙랩(SpecLab)을 공동 설립했다. 사변적 컴퓨팅은 디지털 인문학에서 형식논리에 근거한 컴퓨팅 모델이 주관적 판단에 기초한 방법보다 우위를 차지하는 경향을 반성하고 이 서열을 반전시켜 오히려 디지털 환경에 인문학을 적용해 보고자 형성된 분야이다. 이러한 인식을 바탕으로 스펙랩에서 이루어진 연구로는 지식생산 수단으로서 그래픽의 역할을 검증하는 '시간 모델링(Temporal Modeling)', 사적 경험을 포착하고 시각화하는 시스템 '주관적 기상학(Subjective Meteorology)', 아티스트 북을 인터넷에 기록하는 데이터베이스 '아티스트 북스 온라인(ABsOnline)', 독서 과정에서 주관적으로 변형되고 생성되는 텍스트를 구상화해 해석 과정을 연구하는 '패러크리티컬 디먼(Paracritical Demon)' 프로젝트 등이 있으며, 이들은 드러커의 2009년 저서 『스펙랩―디지털 미학과 사변적 컴퓨팅(SpecLab: Digital Aesthetics and Speculative Computing)』에 기록되어 있다. 드러커가 스펙랩에서 개발한 개념 틀 중에서도 정보 유통과 지식생산에서 과학과 추상 논리―'마테시스(mathesis)'―에 비해 소극적인 비중을 차지했던 그래픽과 물성, 이른바 '그라페시스(graphesis)'의 역할을 재평가하는 일은 그의 다른 연구와 특히 밀접하게 상통하는 주제이다. 이를 탐구한 저서로는 『그라페시스―지식생산의 시각적 형식(Graphesis: Visual Forms of Knowledge Production)』(2014)이나 『시각화와 해석―정보 표현에 대한 인문학적 접근(Visualization and Interpretation: Humanistic Approaches to Display, MIT Press, 2020)』 등이 있다.

그리고 마지막으로 버클리 석사학위논문에서부터 드러커가 꾸준히 탐구한 주제, 알파벳 역사학이 있다. 초기 저서 『알파벳의 미로—역사와 상상 속의 문자』(1995)에서 그는 알파벳 자모, 즉 음소문자이기에 소릿값 외에 아무 내용적 의미도 띠지 않는 기호 형식에 인간이 투사한 의미와 상징의 역사를 추적했다. 고대 그리스인과 로마인은 어떻게 알파벳 자모를 우주의 기본 단위로 이해했는가? 기독교 시대에는 알파벳에 어떤 신성한 힘("나는 알파이자 오메가요")이 부여되었는가? 유대교 신비주의 카발라에서 알파벳 문자는 어떤 위상을 차지했는가? 근세의 문자 형태는 어떻게 계몽과 합리주의 정신을 구현하게 되었는가? 이런 질문을 살펴보면서, 그는 언어학적 기능으로 환원되지 않는 매체로서, 또는—이 책에는 미처 등장하지 않는 용어이지만—그라페시스의 일부로서 알파벳의 물성을 서술한다.

『알파벳의 미로』를 발표한 지 27년 후에 나온 『알파벳의 발명』은 알파벳 역사학을 다룬다는 공통점이 있지만, 범위와 접근법은 퍽 다르다. 전자가 알파벳 문자에서 자극받은 상상과 호기심에 초점을 두었다면, 후자는 알파벳의 기원과 발전을 탐구하는 문자사의 역사를 더 폭넓게 다룬다. 또는 저자의 말을 빌리면 "『알파벳의 미로』는 시기별로 그래픽 형태로서 문자에 관해 알려지거나 가정된 바가 무엇이었는지 서술했다. 그러나 『알파벳의 발명』은 우리가 이 역사에 관해 아는 바를 어떻게 알게 되었는지 서술한다."(11쪽) 그리고 이 '어떻게'에서 실증과학이 지배적 위상을 차지하기 전에—나아가 과학 시대 이후에도—종교와 정치 이념은 물론 문자 총람이나 사자 관행, 도표와 같은 시각 매체가 우리의 앎에 끼친 영향을 분석한다. 알파벳의 기원과 역사를 구명하려는 시도는 매번 알파벳을 새롭게 '발명'한다. 우리의 앎은 앎의 대상을 얼마간 규정하며, 이는 앎의 근본 수단인 문자에도 적용된다.

이렇게 책을 만드는 저술가 조해나 드러커의 폭넓은 학문 세계를 숨가쁘게 개괄해 『알파벳의 발명』을 둘러싼 맥락을 간략히 그려 보았다. 한국어로는 옮긴이 중 한 명(최슬기)이 번역한 아티스트 북 『다이어그램처럼 글쓰기(Diagrammatic Writing)』(2019)에 이어 두 번째로, 본격 학술서로는 처음 소개되는 저자의 책이다. 텍스트의 내용뿐 아니라 형식과 글자의 형태까지 고려하는 저자의 글을 번역하는 일은 만만하지 않았지만, 결국 우리는 아마도 끝까지 알아낼 수 없을 숨은 의도를 짐작하거나 저자와 접촉해 일일이 확인하는 일을 포기하고 주어진 텍스트를 객관적 대상물로 해석하는 방법을 택했다. 아무튼 텍스트의 물성은 얼마간 텍스트의 자율성을 의미하기도 하므로, 저자도 이러한 선택이 터무니없다고 여기지는 않으리라 믿는다.*

한국어판에서 명백히 사라지거나 왜곡된 측면이 하나 있다. 알파벳 자모가 아니라 한글을 통해 전달되는 탓에, 이 책에서는 원서의 자기반영적 차원, 즉 알파벳에 관한 이야기를 알파벳으로 제시한다는 독특한 조건이 재현되지 않는다. 그 대신 이 지면에는 음소문자라는 점에서 알파벳이기도 하지만 다른 알파벳과 발생 계통을 공유하지 않는다는 점에서는 '알파벳'이 아니기도 한 문자, 역사적 사실로도 발명되었고 개념적·은유적으로도 여러 차례 재발명된 문자가 있다. 이 독특한 문자가 글에 새로운 감각적 자질을 더해 상징적 차원을 보충해 주면 좋겠다.

2024년 5월
최성민·최슬기

*

더 기술적인 면에서는 역어 선택에서 고민한 부분도 있다. 예컨대 대개 '문자'로 번역되는 여러 용어(writing, writing system, letter, character, script 등)가 원서에서는 경우에 따라 다른 의미로 쓰이기도 하고 호환적으로 쓰이기도 한다. 전자와 후자에서 모두 일관성 있게 변별되는 역어들을 찾기는 어려워서, 일반적으로는 '문자'라는 말로 통칭하되 특별히 구별할 필요가 있는 경우에만 letter는 '자모'(음소문자 체계에 쓰이는 낱낱의 글자)로, character는 문맥에 따라 '글자'(문자에서 체계가 아니라 부호 자체를 가리킬 때)또는 '캐릭터'(컴퓨팅의 맥락에서)로, writing은 '서자(書字)'(문자로 쓰인 글과 쓰는 행위를 포함하는 경우)로 옮겼다. writing system을 '문자 체계'로 구별해 옮기는 법도 고려했지만, '문자'라는 말에 이미 '기호 체계'라는 의미가 담겨 있으므로 굳이 복잡한 말을 쓸 필요가 없다고 판단했다. '특정 알파벳을 이용해 쓰는 문자' 또는 '특정 언어를 표기하는 데 쓰이는 문자'라는 의미에서 script는 만족스러운 고유 역어를 아직 찾지 못했다.

찾아보기

029 Philos

알파벳의 발명

1판 1쇄 인쇄 2024년 7월 1일
1판 1쇄 발행 2024년 7월 24일

지은이 조해나 드러커(Johanna Drucker)
옮긴이 최성민 최슬기
펴낸이 김영곤
펴낸곳 ㈜북이십일 아르테

책임편집 김지영
편집 최윤지
디자인 슬기와민
표지·간지 이미지 레이 갠시 해머스(Rae Ganci Hammers)
기획위원 장미희
출판마케팅영업본부 본부장 한충희
마케팅 남정한 한경화 김신우 강효원
영업 최명열 김다운 김도연 권채영
해외기획 최연순 소은선
제작 이영민 권경민

출판등록 2000년 5월 6일 제406-2003-061호
주소 (10881) 경기도 파주시 회동길 201(문발동)
대표전화 031-955-2100
팩스 031-955-2151
이메일 book21@book21.co.kr

ISBN 979-11-7117-668-7 (03900)

㈜북이십일
경계를 허무는 콘텐츠 리더
북이십일 채널에서 도서 정보와
다양한 영상 자료, 이벤트를 만나세요!

인스타그램 instagram.com/21_arte
instagram.com/jiinpill21
페이스북 facebook.com/21arte
facebook.com/jiinpill21
포스트 post.naver.com/staubin
post.naver.com/21c_editors
홈페이지 arte.book21.com
book21.com